Friedrich Schleiermacher

Schleiermachers Werke

Erster Band

Verlag
der
Wissenschaften

Friedrich Schleiermacher

Schleiermachers Werke

Erster Band

ISBN/EAN: 9783957007520

Auflage: 1

Erscheinungsjahr: 2016

Erscheinungsort: Norderstedt, Deutschland

Hergestellt in Europa, USA, Kanada, Australien, Japan
Verlag der Wissenschaften in Hansebooks GmbH, Norderstedt

DANIEL FRIEDRICH ERNST SCHLEIERMACHER

Nach der Büste von C. Rauch 1825

(In der Aula der Universität Berlin)

Schleiermacher.

Fr. D. E. Schleiermacher, Werke.

Auswahl in vier Bänden.

Mit einem Bildnis Schleiermachers/und einem Geleitwort von Prof. D. Dr. Aug. Dorner/herausgegeben u. eingeleitet von Dr. Otto Braun und Prof. D. Joh. Bauer.

Fritz Eckardt Verlag.
Leipzig 1910.

Schleiermachers Werke.

Erster Band.

Geleitwort von August Dorner / Vorwort / Einleitung von Otto Braun / Kritik der Sittenlehre / Akademieabhandlungen / Register / Zur Textbehandlung.

Fritz Eckardt Verlag.
Leipzig 1910.

Inhalt.

	Seite
Geleitwort	I
Vorwort	XXXIII
Allgemeine Einleitung	XXXV
Inhaltsanalyse der „Grundlinien"	CI
Kritik der Sittenlehre	1
Akademieabhandlungen	347
Register	533
Zur Textbehandlung	545

Geleitwort.

Nachdem die skeptische Hochflut in Deutschland sich zu verlaufen begonnen hat, fängt man wieder an, sich zu dem Idealismus des vorigen Jahrhunderts zurückzuwenden; „Zurück zum Idealismus", „Hinauf zum Idealismus" lautet die Devise. Der „Kampf um die Weltanschauung" macht sich in der Repristination der Romantik Luft. Andere wollen Werke von Hegel oder Schelling in neuen Ausgaben zugänglich machen. Die vorliegende Sammlung gibt ausgewählte Werke von Schleiermacher und Teile einzelner Werke. Da ich in der Rückkehr zu dem Studium des deutschen Idealismus eine durchaus berechtigte Reaktion gegen den seichten Empirismus sehe, so habe ich gerne die Bitte des Herausgebers erfüllt, ein Begleitwort zu diesem Unternehmen zu schreiben, indem ich auf diejenigen Momente hinweise, welche für die Gegenwart die Lebensarbeit Schleiermachers noch bedeutsam erscheinen lassen. Denn daß man vergangene Zeiten einfach repristinieren kann, davon ist natürlich nicht die Rede.

Die Philosophie Schleiermachers ist durch ihre Eigenart befähigt, der Gegenwart noch reiche Ausbeute zu gewähren, weil bei ihm sehr verschiedene Elemente miteinander kombiniert sind. Er hat einmal die historische Richtung in der Philosophie inauguriert, durch seine Übersetzung des Plato und die mannigfachen Abhandlungen in der Akademie der Wissenschaften über Philosophen des klassischen Altertums, und er hat doch nicht, wie es nach ihm geschah, diese Untersuchungen als Selbstzweck behandelt, sondern in seiner Kritik der bisherigen Sittenlehre das historische Material nach großen Gesichtspunkten kritisch gesichtet, um durch diese historische Kritik hindurch sich seinen eigenen Weg zu bahnen. Hierdurch trägt aber seine Kritik einen ganz anderen Charakter als die Kants. Denn während Kants Kritik sich auf die Untersuchung der menschlichen Geistesvermögen reduziert, hält sich Schleiermachers Kritik an den geschichtlichen

Zusammenhang. Auf Grund historischer Kritik will er seine Ansicht aufbauen. Daß er dabei auch philologisch vorgeht, wie er überhaupt auf die Bedeutung der Sprache für das Erkennen und auf den verschiedenen Gebrauch der Sprache im rhetorischen, poetischen, didaktischen Sinne großes Gewicht legt, entspricht durchaus modernen wissenschaftlichen Tendenzen. Wenn er aber in seiner Erkenntnistheorie grundsätzlich das Recht der Kritik geltend macht, ja es als eine ethische Forderung ansieht, daß der Erkenntnisprozeß stets ein kritisches, ja skeptisches Moment in sich aufnehmen müsse, so ist er darin von Kantischem Geist beeinflußt.

Mit dieser kritischen Richtung scheinen nun diejenigen Werke in Widerspruch zu stehen, die zuerst seinen Namen bekannt gemacht haben, die Monologen und die Reden über Religion, die einen weit mehr dichterischen als kritischen Charakter tragen. Allein gerade das ist ein charakteristisches Merkmal der Persönlichkeit Schleiermachers, daß er mit der kritischen Anlage eine seltene Tiefe des Gemütes und eine reiche Phantasie verbindet. Die Kritik war imstande sein Gefühlsleben zu zügeln, wie er in den Monologen die Besonnenheit der Jugend als die Quelle der Jugend des Alters preist. In seinem Gemütsleben ist die Mystik begründet, die er in dem Gebiete der Religion vertritt, in der er die Anschauung mit dem Gefühl verbindet; die Phantasie aber ist es, die ihm den Sinn für das Gebiet der Ästhetik eröffnet, auf deren Verbindung mit der Geselligkeit und mit der Religion er nach Andeutungen Kants in der Kritik der Urteilskraft in origineller Weise zuerst eingehend aufmerksam gemacht hat.

Seine ganze Größe aber zeigt sich erst, wenn man die spekulative und dialektische Kraft hinzunimmt, die ihn auszeichnet. Er geht auf eine einheitliche Weltanschauung aus, ist aber zugleich so vielseitig interessiert, daß er die größten Gegensätze in sich vereinigt. Einmal ist gerade für die Gegenwart die Grundposition seiner Erkenntnistheorie von hohem Werte. Wie Kant die Empfindung und Anschauung von dem Verstande und dessen apriorischen Kategorien unterschied, so hat Schleiermacher die empirische und spekulative Wissenschaft unterschieden. Während die absolute Philosophie die empirischen Wissenschaften von der Philosophie nicht zu unterscheiden vermochte und die von der Empirie ausgehenden Philosophen für die Philosophie kein besonderes Gebiet übrig haben, da alles nur Abstraktion aus den Empirie sein soll, so hat Schleiermacher beide Gebiete anerkannt und für jedes eine relative Selbständigkeit beansprucht. Dabei bleibt er nicht bei dem Kantischen Subjektivismus stehen, für den die Natur nur Erscheinung, im Grunde von dem Ding an sich abgesehen unser eigenes Produkt ist, für den die Geisteswissenschaften mit der Untersuchung der Geisteskräfte und ihrer Betätigung im wesentlichen erledigt sind und der schließlich seiner gesamten Grundrichtung nach sich mit der Untersuchung des Subjekts begnügt, wie seine ganze Erkenntnistheorie sich auf die Erforschung der Erkenntnisvermögen und seine Ethik sich auf die subjektive Gesinnung der Hauptsache nach beschränkt. Schleiermacher dagegen ist objektiv gerichtet. Er erkennt die Gegensätze von Real und Ideal an, die in der absoluten Identität eins sind, während Kant mehr subjektiv in einem Wesen mit intellektueller Anschauung den Gegensatz von Anschauung und Begriff ausgeglichen fand. Weil aber für Schleiermacher beides, Real und Ideal, in der absoluten Identität eins ist, so tritt in der Welt der Gegensatz von Real und Ideal nicht absolut auf, sondern in dem Realen ist das Ideale und im Idealen das Reale enthalten. Er sagt von vornherein: Wissen und Sein gibt es für uns nur in Beziehung aufeinander. Das Sein ist das Gewußte, und das Wissen weiß um das Seiende. So ist das Wissen von vornherein auf das Sein gerichtet; aber auch das Sein ist für das Wissen da. Das Ideale, das Wissen, hat eo ipso Beziehung auf das Reale, das Sein. Das Reale ist eo ipso auch Gewußtes, das Sein hat Beziehung auf das Wissen. Zwar muß das höchste Wissen über alle Gegensätze hinaus sein, aber unser Wissen kann nur ein Ineinander von Gegensätzen umfassen und ist ein Abbild des höchsten Wissens. Der letzte Gegensatz, unter dem wir alles Wissen zusammenfassen können, ist der des Geistigen und Dinglichen, oder des Wissenden und des Gewußten, oder des das Sein Wissenden und des gewußten Seins. „Das Ineinander aller Gegensätze alles dinglichen und geistigen Seins als dingliches d. h. gewußtes ist die Natur; und das Ineinander des Dinglichen und Geistigen als geistiges d. h. wissendes ist die Vernunft." Die Vernunft also ist Wissen vom Sein und umfaßt das Ineinander aller Gegensätze wissend; die Natur dagegen ist gewußtes Sein, das ebenfalls das Ineinander aller Gegensätze umfaßt. Für Schleiermacher gibt es also kein Wissen, das nicht eine Beziehung zu der Realität hat und kein Sein, kein Ding an sich, das ohne Beziehung auf das Wissen wäre. Vernunft und Natur sind die beiden Objekte des Wissens. Denn die Vernunft als wissende kann sowohl sich selbst[1]) wissen als auch die Natur. So gibt es also Vernunftwissenschaft und Naturwissenschaft. Ein zweiter Gegensatz ist aber der des Allgemeinen und Besonderen, des Wesens und der Erscheinung. Erscheinung hat aber hier nicht den Kantischen Sinn, sondern die Erscheinung ist die reale Betätigung der Kraft im besonderen, das „Dasein", wie das Wesen oder die Kraft immer in der Erscheinung hervortritt. Hiernach ist das Wissen auch wieder ein doppeltes; es kann überwiegend auf das Wesen gerichtet sein, dann ist es mehr allgemein, spekulativ, oder auf die Erscheinung, dann ist es „beachtend", auf das Konkrete überwiegend gerichtet, empirisch. Schleiermacher unterscheidet sich hier von Kant dadurch, daß er die Vernunft keineswegs bloß formal denkt. Für Kant sind die Kategorien lediglich formal und können ohne Beziehung auf die Anschauung und Empfindung in keiner Weise irgendeine Erkenntnis gewähren. Schleiermacher denkt die Vernunft produktiv, da sie auf ihre Weise auch das Sein umfaßt und so kann es nach ihm eine spekulative Wissenschaft geben, weil die Vernunft nicht bloß formal ist, sondern auch einen Inhalt hat, die Prinzipien des Seins, „das Wesen", in sich birgt, wenn auch als wissende auf ideale Weise. Andererseits ist die Erscheinung das Einzelne, Besondere für sich zwar dem Begriff nicht völlig zugänglich und kann deshalb auch nicht a priori konstruiert werden, aber sie ist doch Erscheinung des Wesens, das sich in ihr in konkreter individueller Form darstellt. So erkennt Schleiermacher eine empirische Naturwissenschaft an, unterscheidet aber von ihr die Naturphilosophie, oder spekulative Physik, die die leitenden Prinzipien der empirischen Naturwissenschaft umfaßt. Ebenso gibt es eine spekulative Vernunftwissenschaft, die die Aktivität der Vernunft auf die Natur ihren Grundbegriffen nach schildert, die Ethik und eine empirische Vernunftwissenschaft, die Geschichte. Die Prinzipien zum Verständnis der Geschichte enthält die Ethik. **Schleiermacher will also die empirischen Wissenschaften zu ihrem selbständigen Recht kommen lassen, ohne der Spekulation zu nahe zu treten.** Beide

---

[1]) Im Unterschied von Kant, der die Existenz der theoretischen Vernunft bezweifelt und leugnet, daß man die Existenz des der synthetischen Tätigkeit zugrunde liegenden Ich erkennen könne, ist für Schleiermacher auch die Vernunft als wissende nicht aller Realität bar, sondern auch ihr liegt ein Sein zugrunde, wie es für ihn überhaupt kein Wissen ohne Wollen, ohne Tätigkeit gibt. Und ebenso ist auch das zu erkennende Objekt nicht bloß Phänomen, da das Sein selbst intelligibel ist, für das Wissen bestimmt ist.

sind nach dem Gesagten in der Dialektik begründet, welche das Wissen an sich untersucht und die Einheit von Erkenntnistheorie und Metaphysik darstellt.

Eine Verbindung der empirischen und spekulativen Vernunftwissenschaft, der Geschichte und Ethik hat Schleiermacher in kritischen und technischen Disziplinen gefunden, welche die Grundsätze der spekulativen Vernunftwissenschaft auf die empirischen Zustände teils zum Behufe der Kritik anwenden, teils um technische Anweisungen für die Durchführung dieser Grundsätze unter empirischen Verhältnissen zu geben.

In der Psychologie ferner ist eine Kombination von Vernunft- und Naturwissenschaft gegeben. Denn die Seele mit ihrem Organismus stellt diejenige Vereinigung von Vernunft und Natur dar, welche die Grundlage für das sittliche Handeln ist. Man kann nun die Seele mit ihrem Organismus von der Naturseite betrachten, sofern sie der Gipfel des Naturlebens ist. Man kann sie aber auch ethisch betrachten, sofern sie mit ihren Vermögen aus der gattungsmäßigen Tätigkeit der Vernunftwesen hervorgeht. Die Psychologie ist also ebenso ethisch bestimmt wie physisch, und da sie es mit der Vereinigung von Vernunft und Natur in einem Einzelwesen zu tun hat, ist sie auch metaphysisch begründet. Ethik, Physik, Metaphysik sind an der Psychologie beteiligt. „Im einzelnen, im höheren Sinne für sich Setzbaren ist das Ineinander des Dinglichen und Geistigen ausgedrückt im Zusammensein und Gegensatz von Seele und Leib." Das Werk des Geistigen in der Natur ist die Gestalt, das Werk des Dinglichen in der Vernunft ist das Bewußtsein; wo Gestalt, da ist auch entsprechendes Bewußtsein. Ohne Gestalt wäre der Leib ohne Geistiges, bloßer Stoff. Ohne dingliche Affektion wäre die Seele ohne Bewußtsein. (Psychophysik.) Bewußtsein ist nur, wo Sein, Dingliches gewußt wird, Bewußtsein ist immer ein Wissen von einem Sein.

Man ist heute vielfach geneigt, die Psychologie zur Grundwissenschaft zu machen, da alles psychologisches Phänomen sei. Schleiermacher geht dieser Einseitigkeit gegenüber davon aus, daß es für das Erkennen nicht genüge, bloß die subjektiven seelischen Erscheinungen zu untersuchen, die ihm vielmehr selbst zugleich objektiv begründet sind. Das Subjekt ist nicht das alleinige Fundament des Erkennens, dieses ist vielmehr an das reale Objekt gebunden, wie umgekehrt das letztere der erkennenden Vernunft zugänglich ist. Das Erkennen ist für ihn nicht bloß eine psychologische Funktion, sondern das Hereinnehmen des Seins, des Realen, der Natur in die Vernunft, des Objektiven in das Subjekt. So überwindet er auf seine Weise die Einseitigkeit des psychologischen Subjektivismus. Und doch hat er auf der anderen Seite sowohl den psychophysischen Zusammenhang als auch die große Bedeutung der Psychologie für die Geisteswissenschaften erkannt, ja er hat zuerst die Religion psychologisch untersucht.

Schleiermacher vereinigt die dialektische Kraft mit der Glut der Mystik und der Schärfe des kritischen Verstandes. Es gibt vielleicht keine Schrift, die in so virtuoser Weise die Vereinigung der Dialektik mit der psychologischen Analyse darstellt, wie seine Glaubenslehre. Obgleich nur als Sammlung von Reflexionen über Einzelerfahrungen gedacht, ist sie doch mit einer so konzentrierten Einheitlichkeit, einer so inneren Beziehung der einzelnen Teile aufeinander, die alle als Teile einer Grunderfahrung aufgefaßt werden, mit einer so virtuosen dialektischen Kunst aufgebaut, daß sie in dieser Beziehung nicht übertroffen ist. Dieselbe Verbindung von dialektischer Kunst mit psychologischer Analyse finden wir auch in seiner „christlichen Sitte" und würden wir wohl in noch höherem Maße finden, wenn er sie noch selbst hätte herausgeben können. Besonders beachtenswert aber ist es, mit welcher Präzision er sich über die Methode selbst Rechenschaft gibt. Dafür ist ein glänzendes Beispiel seine Hermeneutik und Kritik, in der er die Prinzipien der Erkenntnistheorie auf das philologische Verständnis anwendet und zugleich auch hier die große Bedeutung der Psychologie für das richtige Verstehen und Beurteilen der Schriftsteller hervorhebt. Kurz, wenn Schleiermacher auch nicht so einseitig ist, die Psychologie zu der Grundwissenschaft überhaupt zu machen, so ist es doch bei ihm ein charakteristischer Zug, daß in seiner Ethik wie in seiner Religionswissenschaft und in der „kritischen Disziplin" der Ästhetik, wie in der technischen, der Pädagogik, die Psychologie eine hervorragende Rolle spielt.

Er hat der Religion eine besondere Provinz im Seelenleben zuweisen wollen und ihr dadurch eine eigentümliche Stellung gegeben, die sie von dem Intellektualismus und Moralismus befreien soll. Neben dem Willen, den er als das ursprüngliche Organ, und dem Erkennen, das er als das ursprüngliche universale Symbol der Vernunft ansah, betont er das Gefühl, das unmittelbare Selbstbewußtsein, und während das Subjekt in dem Willen aus sich herausgeht, im Erkennen dagegen das Objekt in sich hereinnimmt und ihm den Stempel der Vernunft verleiht, stellt das Gefühl, das unmittelbare Selbstbewußtsein die Indifferenz von beiden dar. Eben daher soll auch in dem Gefühl die Gottheit gegenwärtig sein, welche die gegensatzlose Einheit der Gegensätze ist. Denn da im Erkennen ein Hereinnehmen des Objektiven, dem Subjekt Äußerlichen in die Vernunft und im Wollen ein Heraustreten der Vernunft in die äußere objektive Welt vor sich geht, ist die Gottheit für das Erkennen und Wollen die transzendente Voraussetzung, sofern sie die Vereinbarkeit von Vernunft und Natur als die letzte Einheit garantiert; und im unmittelbaren Gefühl ist sie als solche Einheit gegenwärtig. Wenn er in den Reden die Religion als Einswerden mit dem Unendlichen bezeichnet, so ist eben seine Meinung, daß das unmittelbare Selbstbewußtsein imstande ist, diese Einheit, die allen Gegensätzen zugrunde liegt, inne zu werden; und dasselbe tritt in der Dialektik hervor, wenn er Gott in dem Gefühl als dem Indifferenzpunkt der Gegensätze sein läßt. Es scheint dem zu widersprechen, wenn er andererseits in der Ethik das Gefühl doch wieder nur als das individuelle ursprüngliche Symbol bezeichnet. Damit scheint er dem Gefühl eine einseitige Stellung zu geben, nämlich auf der Seite des symbolisierenden Handelns, während das Gefühl die Indifferenz des Gegensatzes darstellen soll. Aber einmal wird hierdurch das Gefühl oder das unmittelbare Selbstbewußtsein schon eo ipso als Produkt des Handelns der Vernunft vernünftig, was man für Schleiermachers Religionsbegriff nicht aus den Augen lassen darf. Sodann aber ist in dem Gefühl doch eine unmittelbare Einheit von Vernunft und Natur gegeben, ein Bewußtsein realster Art, Selbstbewußtsein, individuelles Selbstbewußtsein, also eine ganz andere Art von Einheit von real und ideal als im Erkennen oder Wollen: der Gegensatz von real und ideal ist eben hier ausgeglichen in dem unmittelbaren Bewußtsein des Selbst von sich als Realität. Endlich aber ist gerade in diesem Ausgleich auch die Einheit der Gegensätze von Vernunft und Natur, von real und ideal, d. h. die höchste Einheit oder das absolute Wesen unmittelbar gegenwärtig. Das Selbstbewußtsein in seiner Unmittelbarkeit ist zugleich Gottesbewußtsein. Beides läßt sich seiner Meinung nach gar nicht trennen. Als die höchste Einheit ist die Gottheit in dem unmittelbaren Selbstbewußtsein eo ipso gegenwärtig.

Wenn Schleiermacher dieses selbe Bewußtsein in seiner Glaubenslehre absolutes Abhängigkeitsbewußtsein nennt, so scheint das hiermit nicht zu stimmen. Allein das verbindende Glied ist in dem Einheitsbewußtsein gegeben. Nur in diesem Gottesbewußtsein ist wirklich das Bewußtsein der Einheit vollzogen, während in den anderen Funktionen einseitige Betätigung ist. Geht man nun von der Tatsache aus, daß das Subjekt sich zu der Welt im Gegensatz befindet, ihr relativ frei und relativ abhängig gegenübersteht, so kann die Einheit nur gefunden werden in der absoluten Abhängigkeit, d. h. darin, daß die relative Freiheit wie die relative Abhängigkeit von der Welt auf das Absolute zurückgeführt wird, daß das Subjekt sich mit der Welt absolut von Gott abhängig weiß. Das unmittelbare Selbstbewußtsein kann die Einheit nur voll darstellen, wenn in ihm auch der Gegensatz von relativer Freiheit und relativer Abhängigkeit zur Einheit gebracht ist, d. h. wenn dieses unmittelbare Selbstbewußtsein eo ipso zugleich absolutes Abhängigkeitsbewußtsein ist. Gott ist in dem unmittelbaren Selbstbewußtsein als die alle in ihm vorhandenen Gegensätze aussöhnende Einheit, nicht als die alles konkrete Bewußtsein auslöschende, das individuelle Bewußtsein vernichtende Einheit. Erst wenn die Gegensätze klar hervorgetreten sind, kann in dem religiösen Bewußtsein auch die Einheit dieser Gegensätze klar erfaßt werden. Gott ist in dem Menschen gegenwärtig, indem der Mensch sich mit seinen Gegensätzen auf die letzte Einheit bezieht, von der alle Gegensätze umspannt werden, und das geschieht in seinem unmittelbaren Selbstbewußtsein, in welchem der Gegensatz von real und ideal zur Einheit gebracht ist, in welchem der Gegensatz von relativer Freiheit und Abhängigkeit in dem schlechthinnigen Abhängigkeitsbewußtsein ausgeglichen ist. Zugleich aber tritt hier zutage, daß die Seele nicht in der Einheit untergeht. Indem sie sich mit allen Gegensätzen schlechthin abhängig weiß, weiß sie sich von Gott unterschieden, mit dem sie sich eins weiß.

So ist hier das Individuellste unmittelbar auf Gott bezogen und eben dadurch auch in die göttliche Einheit aufgenommen, aber nicht für sich allein, sondern mit all den Gegensätzen und Beziehungen, in denen es steht; eine solche Religion kann nicht egoistisch sein; sie enthält eo ipso die Unterordnung alles Konkreten unter die Einheit und den Antrieb alle Gegensätze durch die Einheit auszugleichen. Erkennen wie Handeln sind in einer so bestimmten Frömmigkeit der Einheit untergeordnet. Diesem unmittelbaren individuellen Selbstbewußtsein ist die Gottheit auf die Weise immanent, daß zugleich der gesamte Inhalt des Welt- und Selbstbewußtseins in das Gottesbewußtsein aufgenommen ist, so daß Gott als die allumfassende Einheit in dem unmittelbaren Selbstbewußtsein gewußt wird. Es ist klar, daß seine metaphysische Position, welche die Einheit der Gegensätze von real und ideal, von Vernunft und Natur in Gott zusammenfaßt, in seiner Mystik ihren Höhepunkt erreichen muß, weil das unmittelbare Selbstbewußtsein die konzentrierteste Einheit der Gegensätze in der Welt darstellt.

Diese Mystik ist auch interessant, insofern Schleiermacher in dem unmittelbaren Selbstbewußtsein den Punkt gefunden zu haben glaubt, der den Menschen direkt mit Gott verbindet. Kant hatte nur von der praktischen Vernunft aus einen Schluß auf Gott gewagt, während er der theoretischen Vernunft die Gotteserkenntnis verwehrt hatte. Nur mittels der praktischen Vernunft und des moralischen Gottesbeweises sollte der Schritt in die transzendente, die Erfahrung übersteigende Welt gemacht werden. Zwar ist auch bei Kant das Streben nach einer abschließenden Einheit der Faktor, der ihn zu der Gottesidee treibt, indem wir theoretisch Gott als das All der Realität denken, ohne ihn freilich als wirklich existierend beweisen zu können, und ihn praktisch als den postulieren, der die Einheit von Sitten- und Naturgesetz garantiert und damit die Durchführbarkeit des Sittengesetzes in der Natur verbürgt. Aber diese Einheit ist bei Kant teils Postulat, teils überhaupt nur theoretische „regulative, nicht konstitutive" Idee. Schleiermacher dagegen hat in dem unmittelbaren Selbstbewußtsein Gott als Objekt der Erfahrung. Die Einheit ist hier unmittelbar gegeben, während sie bei Kant nur erschlossen ist. Gott ist im Gefühl, sofern hier die unmittelbare Einheit von Vernunft und Natur gegeben ist. Wenn dagegen Kant gelegentlich die praktische Vernunft für sich selbst den Gott in uns nennt, so hat er da gänzlich übersehen, daß der homo Phaenomenon und die Natur auch noch da ist, und negiert im Grunde die Natur oder schließt die ganze phänomenale Welt von der Beziehung zu Gott aus. Schleiermacher konnte in dem Gottesbewußtsein wirklich den einheitlichen Abschluß unseres Bewußtseins finden und so ist das Gottesbewußtsein die höchste Erscheinungsform der Vernunft in individuellen Ichpunkten. Eben damit ist aber die Kantische Trennung zwischen dem konkreten empirischen Menschen, der nur Erscheinung sein soll, und dem abstrakten allgemeinen Vernunftwesen, das in allen gleich ist, ebenfalls überwunden. Das individuell bestimmte unmittelbare Selbstbewußtsein ist direkt mit Gott verbunden. Daher ist durch die Beziehung auf Gott die konkrete Welt nicht ausgeschlossen. Vielmehr hat die Religion zugleich individuelle Färbung und das ist das psychologische Element in ihr.

Wie er aber so imstande ist, die Mannigfaltigkeit des religiösen Lebens zu verstehen, so ist auch durch diese Kombination die Ethik bereichert. Denn in der unmittelbaren Einheit mit Gott, in dem alle Gegensätze ausgeglichen sind, ist das individuelle Moment zugleich mit dem universellen verbunden, und was Schleiermacher in seinen Monologen geltend gemacht hatte, daß die Individualität sich ausleben solle, indem sie sich zum Spiegel der ganzen Welt macht und sich allseitig betätigt, ist hier religiös sanktioniert, aber nicht in der Art der Romantiker, die das Recht der Individualität einseitig ausbilden. Vielmehr ist das Empirische, Einzelne immer mit dem Vernünftigen, Idealen verbunden, das universell ist. Das Individuum weiß sich mit allen anderen Individuen von Gott abhängig und hierin liegt auch die Anerkennung der anderen Individuen und der Ausgleich des Gegensatzes von individuell und universell. Ja man kann sagen, daß die göttliche Einheit, die in jedem Subjekt ist, der göttliche Geist, dazu dient, die Gemeinschaft zu fördern, indem die Individuen durch ihre gemeinsame Beziehung auf die Gottheit zusammengehalten, in ihren individuellen Bestimmtheiten einander gegenseitig anschauen und so sich gegenseitig bereichern.

Man hat gemeint, Schleiermacher habe durch das Bewußtsein der absoluten Abhängigkeit die Tätigkeit der Subjekte und ihre Freiheit lahm gelegt. Allein das ist durchaus nicht der Fall. Denn Gott ist als aktueller in dem Bewußtsein vorhanden und nur an dem Gegensatz der relativen Freiheit und relativen Abhängigkeit kommt die absolute Abängigkeit zum Bewußtsein, die aber gar nicht die Freiheit ausschließt, sondern sie begründet. Gott ist — objektiv ausgedrückt — nach Schleiermacher Kausalität setzende Kausalität. Indem die Subjekte sich von ihm absolut abhängig wissen, wissen sie sich auch in ihrer relativen Freiheit durch Gott bestärkt. Der Gott, von dem sie abhängen, ist aktueller Gott und wird in der höchsten Form der Religion als die Quelle der Aktivität gewußt, der Mensch weiß sich von Gott als tätigem abhängig, der ihn aktiv macht. Die Abhängigkeit von Gott gibt zur Selbsttätigkeit gegenüber der Welt den Impuls. Der Mensch weiß Gott in sich wirkend. Während Kant nur eine mit der Vorstellung von Gott verbundene schlechthin autonome Tätigkeit kennt, hat Schleiermacher die eigene Tätigkeit zugleich als von Gott begründete aufgefaßt. Wenn die Vertreter der Prädestination jede Selbsttätigkeit im Grunde leugnen müßten und Kant Gottes Aktion zurückstellte, versuchte Schleiermacher eine Verbindung der Abhängigkeit mit der Freiheit, der Frömmigkeit mit der Sittlichkeit herzustellen. Da ist es ganz begreiflich, daß Schleiermacher durch die Religion nicht das Erkennen oder Handeln lahm legt. Im Gegenteil ist Gott die Voraussetzung dafür, daß erkannt und gehandelt werden kann, weil er die Gegensätze von Subjekt und Objekt, von Vernunft und Natur zur Einheit zusammenhält. Das Gottesbewußtsein steht also im Gegenteil mit dem Denken und Handeln im Bunde, weil es Gott als die Voraussetzung, ohne die beides nicht möglich ist, im unmittelbaren Bewußtsein hat.

Eben hierin ist es auch begründet, daß Schleiermachers Ethik nicht etwa bloße Gesinnungsethik ist, wie die Kantische Ethik. Er geht zwar in der religiösen Ethik von der Grundgesinnung aus, welche in dem Gottesbewußtsein gegeben ist. Aber dieses wird zum Antrieb, die Einheit der Vernunft und der Natur durch das Handeln der ersten auf die letztere herzustellen; das entspricht durchaus der Einheitstendenz, deren man sich in der Frömmigkeit bewußt wird, führt aber zugleich zu einer konkreten Ausgestaltung der Ethik. Daher hat Schleiermacher gegen Kant die Kulturethik geltend gemacht, ohne die einheitliche Gesinnung zurückzustellen. Bei Kant ist Dualismus zwischen Vernunft und Natur; Schleiermacher hat ihm vorgeworfen, daß er nur eine einschränkende aber keine produktive Ethik habe. Man hat gemeint, daß Schleiermachers Ethik vieles aufgenommen habe, was nicht der Ethik angehöre; man hat einen Gegensatz zwischen Kultur oder Zivilisation und Ethik gesetzt und von einer Kulturkomödie geredet. Schleiermacher hat von seinem Standpunkte aus weder die theoretische und praktische Vernunft, noch die Sittlichkeit und Kultur auseinanderreißen können. Vielmehr ist die eine Vernunft organisierend und symbolisierend tätig; das theoretische Erkennen ist ebenso sittliche Aufgabe wie die Naturbeherrschung, und selbst die Religion zieht er in den Kreis des sittlichen Lebens.

Es könnte hier eine bedenkliche Unklarheit vorzuliegen scheinen, indem einerseits die Religion die Quelle des Sittlichen und andererseits sittliches Produkt sein soll. Allein von der sittlichen Seite liegt hier kein Widerspruch vor, weil Schleiermacher den allgemeinen Grundsatz ausspricht, daß das Sittliche Produkt und produzierend zugleich sei, jedes Produkt wieder produzierend wirke. Von der religiösen Seite aber liegt auch kein Widerspruch vor, weil das religiöse Bewußtsein zwar absolutes Abhängigkeitsbewußtsein ist, aber doch als Bewußtsein auch wieder ethisches Produkt ist. Zwar ist hier die Tätigkeit in dem absoluten Abhängigkeitsbewußtsein, wie es scheint, aufgehoben; es ist ein Getroffensein von dem Unendlichen; aber diese absolute Abhängigkeit kommt doch nur bei der Entfaltung des Selbst- und Weltbewußtseins als das diesen Gegensatz aufhebende zum Bewußtsein, also nicht ohne Tätigkeit des Subjekts und das absolute Abhängigkeitsbewußtsein läßt sich doch nicht verwirklichen ohne eine bestimmte sittliche Tätigkeit, welche erst durch den Gegensatz des Welt- und Selbstbewußtseins hindurch die Empfänglichkeit für die höchste Einheit möglich macht.

Man hat in der Gegenwart vielfach eine starke Abneigung gegen den Intellektualismus, legt auf „Erlebnisse" das größeste Gewicht und mißtraut dem begrifflichen Erkennen und auch da, wo an die Stelle des reinen Sensualismus psychologische Erlebnisse treten, bleibt man doch vielfach im Empirischen stecken. Andere betonen den Voluntarismus und wollen selbst das Erkennen inhaltlich von der Zustimmung des Willens abhängig machen. Es soll keine Beweise für eine Weltanschauung geben; man soll sich mit dem Willen für dieselbe entscheiden. Nur in dem „theoretischen" Erkennen der Natur soll es eine gewisse Notwendigkeit geben. Man hat Kant und Schleiermacher als Eideshelfer dieser Ansichten herbeigezogen. Religiöse Wahrheiten — so sage Schleiermacher — lassen sich nur erleben und dann begrifflich ausdrücken, aber nicht andemonstrieren. Ebenso habe aber auch Kant durch den Unterschied zwischen praktischer und theoretischer Vernunft darauf hingewiesen, daß die praktische Erkenntnis eine ganz anders geartete sei als die theoretische. Diese Meinungen, welche auf einen Dualismus zwischen Praxis und Theorie hinauslaufen, hat Schleiermacher nicht geteilt. Es ist wahr, daß er nicht einseitig intellektualistisch gerichtet ist, daß er die Rechte des Gefühls, der Phantasie, des Willens nicht gegen die Intelligenz — letztere nur in dem rein theoretischen Sinne genommen — verkürzt wissen will. Aber ebensowenig ist er rein voluntaristisch, als ob die Erkenntnis von der Willensentscheidung abhinge. Er setzt vielmehr beide Faktoren ins Gleichgewicht. Es kann das praktische Handeln gar nicht stattfinden, wenn wir nicht Zweckbegriffe bilden. Diese aber bildet unsere Vernunft mit Notwendigkeit. Die Ethik ist spekulative Vernunftwissenschaft. Gegenüber dem Empirismus freilich liegt hierin, daß sie über die Empirie hinausgehend ein Ideal entwirft, das zugleich die Prinzipien enthält, um die Geschichte zu verstehen, und den Maßstab, um sie zu beurteilen. Die Spekulation greift also über die Empirie hinaus. Sie ist eine notwendige Vernunftwissenschaft, die sich aus den letzten dialektischen Gegensätzen mit Notwendigkeit ergibt. Schleiermacher also ist allerdings nicht einseitig intellektualistisch, sofern er die Empirie in ihrer Selbständigkeit anerkennt, sofern er die empirische Realität nicht in Begriffe auflöst; aber er erkennt doch notwendige Vernunftbegriffe an, die die Aktualität der Vernunft nach ihren verschiedenen Richtungen darstellen.

Ebenso sagt er allerdings, daß man die Frömmigkeit und ihren Inhalt nicht andemonstrieren könne; er will der Religion ihre Selbständigkeit wahren. Aber darum meint Schleiermacher noch lange nicht, wie heutige Empiristen, daß sie beliebige Gefühlserlebnisse enthalte, über deren Vernünftigkeit man nichts aussagen könne. Man darf vor allem nicht vergessen, daß die Religion für ihn der einheitliche Abschluß des Bewußtseins ist, daß durch sie erst die volle Einheit des Bewußtseins erreicht wird, daß in ihr erst die letzten Gegensätze zur Ruhe kommen. Man darf nicht vergessen, daß die Religion als Gefühlssache etwas durchaus Vernünftiges ist, weil das Gefühl selbst nur eine Erscheinungsform der Vernunft ist. Auch hier hat Schleiermacher das Erkennen und das Gefühl durchaus nicht auseinandergerissen. Wenn er der Meinung ist, daß der Gefühlsinhalt der Religion Inhalt für ein reflexives Erkennen werden könne, das mit der Frage nach der Wahrheit dieses Inhalts nicht zu tun habe, sondern nur zum begrifflichen Ausdruck bringe, was der Erfahrungsinhalt des unmittelbaren Selbstbewußtseins sei, so sind diese Äußerungen gegen den Intellektualismus der Orthodoxie und des Supernaturalismus gerichtet, der in dem Besitz der reinen Lehre das Wesen der Religion sieht. Religion ist nicht primo loco Erkennen, sondern Sache des unmittelbaren Selbstbewußtseins. Den Inhalt desselben wünschte er für sich fixiert und wollte ihn nicht mit Spekulation vermischt haben, teils weil er völlig klar stellen wollte, daß dieser Inhalt Sache des unmittelbaren Selbstbewußtseins sei, teils weil derselbe individuell bestimmt sein sollte. Aber andererseits ist doch die Religion vernünftig und Schleiermacher hat auch einen vernünftigen Maßstab an die Religionen angelegt, um sie zu messen. Denn die Religion wird ihrem Wesen nach in der philosophischen Ethik als eine Art der Vernunfttätigkeit abgeleitet, soweit sie Produkt der Vernunfttätigkeit ist. Daher hat Schleiermacher zwar nicht angenommen, daß mit der Einsicht in den Gehalt der Religion jemand schon religiös sei, weil die Vernunftform der Religion eine andere sein sollte, als die des Erkennens, und diesen Sinn hat es, wenn er meint, daß man die Religion nicht andemonstrieren könne. Aber er hat nicht gemeint, daß die Religion irgendwie mit dem Erkennen in Konflikt kommen müßte, da sonst ja die Vernunft in ihren verschiedenen Aktionen sich selbst widersprechen würde. Vielmehr ist Schleiermacher der Ansicht, daß die erkennende Funktion den religiösen Inhalt nicht zum vollen Ausdruck bringen könne, weil unsere Begriffe zwar für die Weltweisheit geeignet sind, bei der Gotteserkenntnis aber versagen, weil sie nicht über die Gegensätze hinauskommen. Eben daher will er auch, daß die Begriffe, mit denen wir Gott als religiös erlebten bezeichnen, nur als der Ausdruck für die bestimmte Art unseres Erlebnisses aufgefaßt werden. Unwahr brauchen diese Aussagen deshalb nicht zu sein, aber sie sind nur anthropomorphistische Notbehelfe, um die Beziehung der Gottheit zu uns auszudrücken, denen gewiß ein wahrer, aber nicht adäquat auszudrückender Inhalt zugrunde liegt. Wenn man sich der anthropomorphen Unvollkommenheit dieser Aussagen bewußt bleibt, so widersprechen sie durchaus nicht der Grundidee, daß Gott als absolute Einheit überall vorauszusetzen sei, wenn man die objektive Welt erkennen oder auf sie handeln will. Als diese Einheit der Gegensätze, die aber über allen Gegensätzen stehen soll, wird ja eben Gott auch erfahren in der Religion. Will man nun die Beziehungen, in denen diese Einheit für das konkrete Bewußtsein im religiösen Leben zutage tritt, auch auf Gott zurückführen, so ist das vollkommen berechtigt. Wollte man aber hiernach göttliche Eigenschaften in Gott selbst unterscheiden, so würde man Gott selbst in die Gegensätze hineinziehen und anthropomorphistisch werden. So wird es vollkommen begreiflich, daß Schleiermacher einerseits den Inhalt der Glaubenslehre nur als Aussagen der zeitweiligen Erfahrungen gelten läßt, andererseits aber damit durchaus nicht mit seiner Grundposition in Streit kommt, nach der Gott die Voraussetzung ist, unter der allein eine Weltweisheit und sittliches Handeln möglich ist, weil er die Einheit der Gegensätze verbürgt, verbürgt, daß die Natur der Vernunft zugänglich sei und die Vernunft der Natur, weil in der realen Natur Ideales und in der idealen Vernunft Reales enthalten ist, weil die Einheit von beiden in der Gottheit begründet ist.

Man kann also sagen, daß Schleiermacher beiden Interessen gerecht zu werden sucht, einmal dem Interesse des Erkennens, das er durchaus nicht von dem Willen in bezug auf seinen Inhalt abhängig macht, — eine Meinung, die direkt zum Autoritätsprinzip des Katholizismus führen könnte und für eine falsche Ansicht den Willen verantwortlich macht, der sich nicht für die rechte Ansicht entscheidet. Aber ebenso will er die Religion nicht in Erkennen auflösen, sondern ihr ihre eigentümliche Stellung lassen. Indes sind ihm beide Funktionen, die Frömmigkeit wie das Erkennen, verschiedene Formen der einen Vernunfttätigkeit und stimmen deshalb im Grund zusammen. Die Spekulation setzt die Einheit voraus, die in dem unmittelbaren Selbstbewußtsein erfahren wird, und dieses ist vernünftig; dagegen ist eine konkrete religiöse Lehre in begrifflicher Form nur der Ausdruck der Beziehungen die das Subjekt erfährt, die keine direkten Aussagen über Gott selbst sein können. So hoffte er der Scholastik zu entgehen, welche die religiöse Erkenntnis spekulativ gestalten wollte. Ob Schleiermacher hier eine endgültige Lösung gefunden hat, könnte man wohl fragen. Aber jedenfalls hat er die Erkenntnis nicht dualistisch von der Religion getrennt, sondern nur angenommen, daß der konkreten Gotteserkenntnis durch unser Begriffsvermögen eine Grenze gesteckt sei, die unsere Vernunft nur in der Form des unmittelbaren Selbstbewußtseins überschreiten könne. Dagegen hat er die Existenz Gottes, als der letzten gegensatzlosen Einheit aller Gegensätze, stets als eine Vernunftwahrheit, ja, als die grundlegende Wahrheit anerkannt.

Was aber das Verhältnis des Erkennens zum praktischen Leben angeht, so ist Schleiermacher weder auf seiten eines Utilitarismus, der das Erkennen nur in den Dienst der Praxis stellen will, noch auf seiten eines Intellektualismus, der das Handeln im Erkennen enden läßt. Vielmehr ist ihm beides gleich wichtig, das Erkennen wie das Handeln, oder besser ausgedrückt: das, was man gewöhnlich Handeln nennt, fällt ihm mit dem organisierenden Handeln zusammen, dem das symbolisierende gleichberechtigt zur Seite steht, da beide nur verschiedene Seiten des Einen Handelns der Vernunft auf die Natur sind. Das Erkennen ist ihm sittliche Aufgabe nicht in dem Sinne, daß der Inhalt des Erkennens von der Willensentscheidung abhängt, sondern in dem Sinne, daß das Erkennen eine sittlich geforderte Tätigkeit sei, einen Teil des sittlichen Lebens ausmache, und daß man die Bedingungen, unter denen allein Erkennen möglich ist, wollen muß, weil man das Erkennen wollen muß. Ebenso ist die Ethik, mit ihren Zweckbegriffen, durch das Erkennen bedingt. Aber nicht minder ist auch die Kultur im engeren Sinne, das gesamte Gebiet des organisierenden Handelns sittliche Aufgabe und die verschiedenen Güter sind ihm gleichwertig, da keines in dem Organismus der sittlichen Güter, der das höchste Gut ausmacht, fehlen darf. Er betont ebenso das Recht der Wissenschaft, wie des Staates, in welchem sich das organisierende Handeln unter nationalem Gesichtspunkt vollzieht. Ebenso aber sind ihm die Religion und die Kunst, und die Geselligkeit sittliche Güter, welche das Resultat des symbolisierenden und organisierenden Handelns unter individuellem Typus sind. Wenn andere bald die Religion, bald die Wissenschaft, bald die Kunst, bald den Staat für den letzten Zweck erklärt hatten, so setzt Schleiermacher alle Gebiete ins Gleichgewicht und nimmt an, daß alle im Grund auf ihre Weise ein Spiegel der sittlichen Totalität sind. Das ist ihm möglich, weil er das Wesen all dieser Gebiete darin findet, daß jedes nur einen Faktor im Übergewicht repräsentiert, ohne die anderen auszuschließen. Insofern jedes Gebiet eine Funktion im Übergewicht hat, ist es einseitig, und so können erst alle zusammen das Ganze des sittlichen Lebens umspannen. Aber jedes enthält doch alle Funktionen, nur unter dem Übergewicht einer, und so kann jedes auf seine Weise doch die Totalität aller Güter abspiegeln.

Man hat der Schleiermacherschen Ansicht entgegengesetzt, daß nicht die teleologische, sondern die imperative Gesinnungsethik den Kern der Ethik ausmache, daß das Sittliche nicht in dem Erfolg, auch nicht in dem Produkt liege, sondern in dem guten Willen. Man legt den Hauptakzent auf die Persönlichkeit! Allein, es müßte nachgerade klar geworden sein, daß diese Persönlichkeit doch einen Inhalt haben muß und daß der rein formale Wille, das Gesetz zu wollen, noch nicht ethisch befriedigen kann. Freilich ist ein guter Wille notwendig; aber dieser gute Wille muß das Vernünftige, und zwar das konkret Vernünftige wollen. Darum hat Schleiermacher als die Grundtugend der Gesinnung keineswegs bloß die Liebe, sondern Weisheit und Liebe in ihrer Vereinigung bezeichnet. Die Weisheit aber hat das Vernünftige in seinen **konkreten Formen** als sittliche Aufgabe zu erkennen, d. h. die produktive Aktion der Vernunft in der Natur.

Es ist für ihn charakteristisch, daß er das Bedürfnis hat, das Sittliche als eine Totalität zu fassen und so jeder einzelnen Aufgabe gleichmäßig gerecht zu werden. Ebenso aber hat er das Bedürfnis, jede Einzelwissenschaft in den Zusammenhang des ganzen Wissens zu stellen und dadurch erst zu voller Klarheit zu bringen. Heutzutage pflegt man z. B. Ethik oder Religionsphilosophie rein für sich zu behandeln; Schleiermacher, der überall auf die Einheit gerichtet ist, kann es nicht über sich gewinnen, den Zusammenhang einer Wissenschaft mit den übrigen außer acht zu lassen. So betrachtet er auch die Ethik im Zusammenhang des Wissens überhaupt. Ihm würde es zu eng sein, die Ethik lediglich auf die praktische Vernunft, im Unterschied von der theoretischen, auf das allgemeine Gesetz der praktischen Vernunft zu gründen. Er sieht, daß die Vernunft eine ist und daß man Vernunft und Natur nicht auseinanderreißen kann. Daher ist ihm der Gegenstand der Ethik das Handeln der Vernunft auf die Natur als symbolisierendes, wozu auch das theoretische Erkennen gehört, und als organisierendes. Aber Vernunft wie Natur sind in den letzten Gegensätzen begründet, die zur Einheit auszugleichen sind. So ist die Ethik als spekulative Vernunftwissenschaft, die zugleich die Prinzipien für die Philosophie der Geschichte enthält, Glied eines großen Systems, und zwar hat Schleiermacher die Ethik so gestaltet, daß sie einen produktiven Charakter trägt. Eben daher kann sie gar nicht ohne die Beziehung zur Natur gedacht werden. Aber als spekulative Wissenschaft schildert sie das Ideal des Handelns und ist insofern von der Unvollkommenheit der Empirie unberührt. So enthält sie, gerade wie Kants Ethik, ein Ideal, nur nicht das ganz abstrakte Ideal des guten Willens, sondern das konkrete Ideal der sittlichen Güter, der Tugend, die als Gesinnung Einheit ist, als Fertigkeit in eine Vielheit auseinandergeht, und der Pflichten, welche das Gesetz darstellen, nach welchem dem Ideal gemäß gehandelt wird. Schleiermacher kommt nicht in die Verlegenheit, der Kant kaum ausweichen kann, daß eigentlich alle guten Menschen ihrer Gesinnung nach identisch sind, weil der Wille nur das Wollen des allgemeinen Gesetzes ist, und daß die Unterschiede nur in dem homo Phaenomenon liegen, der doch eigentlich nur ein Erscheinungswesen ist, das überall durch das allgemeine Gesetz eingeschränkt werden soll, soweit es durch die Neigungen bestimmt ist. Natur und Geist sind nach Schleiermacher nicht einander fremd, vielmehr soll die Natur durch die Tätigkeit des Geistes gestaltet werden. Durch ihren Zusammenhang mit der Natur ist eben die Vernunft überall schon konkret individuell und zugleich universell bestimmt. Denn die menschlichen Individuen, welche sittlich handeln, sind eben schon eine Verbindung von Geist und Natur und haben nun verschiedene Arten des Handelns zu vollziehen, die durch die verschiedene Wirkungsart der Vernunft auf die Natur und den Gegensatz des Universellen und Individuellen bestimmt sind. So schildert die spekulative Vernunftwissenschaft das Ideal des Handelns der Vernunft auf die Natur, wie die empirische Vernunftwissenschaft die Geschichte. Die Art und Weise aber, wie auf die empirische Wirklichkeit das Ideal angewendet werden soll, kommt in den technischen und kritischen Disziplinen zur Geltung. Eine solche technische und kritische Disziplin ist für ihn auch die Theologie.

Eben dadurch, daß Schleiermacher den verschiedenen Disziplinen gerecht wird, daß er für dieselben verschiedene Methoden anerkennt, ohne diese Disziplinen zu vereinzeln, indem er sie doch wieder dem Gesamtsysteme einordnet und so sie durcheinander erleuchtet, ist er für die Gegenwart von der größesten Bedeutung.

Es entspricht durchaus seiner Grundanschauung, welche keinen hiatus zwischen Erkennen und praktischem Handeln zuläßt, daß er auch die Resultate seiner Erkenntnis praktisch verwertet hat, und das Bild von ihm wäre nicht vollständig, wenn man sich nicht daran erinnerte, daß, wie er grundsätzlich vom Theoretiker verlangt, daß er seine Theorie durch praktische Tätigkeit ergänzen müsse, um nicht in Einseitigkeit zu verkommen, so er selbst auch im religiösen und politischen Gebiet sich auf das Mannigfaltigste betätigt hat, teils als Prediger, teils als Kirchenmann in seiner Wirksamkeit für die Union, für die Verfassung der Kirche, für die Agende und Gesangbuch, ebenso aber auch als Patriot zur Zeit der Freiheitskriege gewirkt hat, und nicht minder auch für die Ausgestaltung des Schulwesens und besonders der Universitäten sich bemüht hat. Daß er selbst neben seiner wissenschaftlichen Arbeit den Beruf des Lehrers glänzend ausgeübt hat, ist bekannt; und endlich darf man auch nicht vergessen, wie er im geselligen Gebiet, besonders im Gebiet der Freundschaft, sich virtuos betätigt hat, das um so weniger, als eine der glänzendsten Partien seiner Ethik gerade die Ethisierung des Gebietes der Geselligkeit ist. In der Verbindung der praktischen, besonders der patriotischen Tätigkeit mit der theoretischen, erinnert er an antike Philosophen. Und doch zeigt er diese Verbindung ganz besonders in einer Form, die nur in der christlichen Ära vorkommt, insofern er sich vorwiegend als Theologe praktisch betätigt hat.

Er hat aber auch neben der Philosophie das gesamte Gebiet der wissenschaftlichen Theologie in allen seinen Zweigen virtuos beherrscht. Er weiß die Theologie dem philosophischen Bau so einzufügen, daß diese zwar in Abhängigkeit von der Philosophie bleibt, insofern sie als eine technische Disziplin erscheint, die wie die Kirche, auf die sie sich bezieht, ihre letzte Begründung in der philosophischen Ethik hat; daß er aber auf der anderen Seite ihr die Unabhängigkeit von der Philosophie durch ihre Beziehung zu der Empirie zu wahren sucht als historischer, exegetischer, praktischer Theologie. Ebenso hat er aber seine Philosophie nicht durch theologische Positionen eingeschränkt und der Philosophie etwa durch supernaturale Offenbarung Schranken gesetzt, oder die Philosophie nach theologischer Voreingenommenheit gestaltet, wie die Scholastiker. Ich will noch kurz das Verhältnis der Theologie und Philosophie betrachten, wie es Schleiermacher bestimmt hat.

Obgleich die Theologie im Grunde eine kritische und technische Disziplin mit praktischer Abzweckung ist, will sie Schleiermacher doch als Wissenschaft deshalb an die Universität angeschlossen wissen, weil sie dadurch vor einem engherzigen, bloß auf die momentanen praktischen Interessen gerichteten Geiste bewahrt bleibt, daß sie in den Zusammenhang mit dem gesamten Wissen gestellt wird. Es ist das genau so, wie mit der juristischen und medizinischen Fakultät, wie er das in seinen „gelegentlichen Gedanken über Universitäten im deutschen Sinn" ausführt.

Die Stellung der Theologie und ihrer einzelnen Disziplinen ist bedingt durch seine Einteilung der Geisteswissenschaften: da ist die spekulative Vernunftwissenschaft die Ethik, die empirische Vernunftwissenschaft die Geschichte, und die technischen und kritischen Disziplinen haben die Aufgabe, zwischen der spekulativen und empirischen Wissenschaft so zu vermitteln, daß sie die Prinzipien der spekulativen Wissenschaft auf die Empirie anwenden. Die Ethik hat die Aufgabe, das Wesen der Religion und der religiösen Gemeinschaft, der Kirche, deutlich zu machen, und die verschiedenen möglichen Formen der Religion zu konstruieren. Die Religionsphilosophie hat dann die einzelnen historisch gegebenen Religionen in den Maschen dieses Netzes unterzubringen. Sie ist eine kritische Disziplin, welche die individuellen Differenzen der einzelnen Religionen und Kirchen — da sich nach ihm die Religion in kirchlicher Gemeinschaft darstellt — in komparativer Behandlung fixiert und sie nach den möglichen Erscheinungsformen der Idee der Religion bestimmt. Die Apologetik, als ein Teil der philosophischen Theologie, hat dann das empirische Christentum seinem eigentümlichen Wesen nach im Verhältnis zu den anderen Religionen mit Hilfe der aus der Ethik gewonnenen Gesichtspunkte zu fixieren, und die Polemik hat die diesem Wesen widersprechenden Seiten der empirischen Ausgestaltung des Christentums kritisch zu beleuchten. Schleiermacher ist also der Meinung, daß das Christentum weder bloß spekulativ, noch bloß historisch verstanden werden kann. Die apologetische und polemische Theologie hat vielmehr als philosophische Theologie die Verbindung zwischen dem empirischen Christentum und der durch die Spekulation festgestellten Idee der Religion und Kirche herzustellen und auf diese Weise das Wesen des Christentums historisch-spekulativ-kritisch zu fixieren als eine individuelle Erscheinungsform der von der philosophischen Ethik bestimmten Idee der Religion und Kirche. Demgemäß hat denn auch Schleiermacher in seiner Glaubenslehre die Untersuchung über das Wesen des Christentums und der Kirche in Lehnsätzen aus der Ethik, Religionsphilosophie und Apologetik an die Spitze gestellt. Es handelt sich hier also um die kritische Anwendung der in der philosophischen Ethik gewonnenen Begriffe der Religion und Kirche auf das Christentum, das eine empirische Religion ist, aber doch nur wahrhaft begriffen werden kann aus der Verbindung der Betrachtung des empirischen Christentums mit dem Begriff der Religion. Hiernach hat die Theologie zwar einen positiven Einschlag, weil sie empirisch ist, und als solche ist sie historische Theologie, aber sie ist zugleich philosophische Theologie, weil das empirische historische Christentum nur in Verbindung mit dem spekulativen Element begriffen werden kann. Erst nach dem Resultat dieser spekulativ-historischen Untersuchung können nun die technischen Anweisungen gegeben werden, die für die Kirchenleitung notwendig sind und die sich in concreto zugleich nach der eigentümlichen Beschaffenheit einer bestimmten Kirche richten. Die Theologie hat als technische Disziplin diejenigen wissenschaftlichen Kenntnisse und Kunstregeln zu geben, ohne deren Anwendung ein christliches Kirchenregiment nicht möglich ist. Die Krone der Theologie ist deshalb die praktische Theologie, die eben auf Grund dieser Erkenntnisse praktisch-technische Anweisungen für die Kirchenleitung gibt.

Daß die einzelne Religion und Kirche individuell bestimmt sei, das ist schon in dem allgemeinen Begriff der Religion enthalten; eben daher ist schon im Begriff der Religion selbst gegeben, daß sie einen positiven Charakter hat, der sich in empirischen individuellen Typen darstellt. So kann man behaupten, daß der theologische Positivismus Schleiermachers mit der philosophischen Ethik und ihrer Bestimmung der Religion im Grunde zusammenstimmt. Das ist aber ganz besonders auch deshalb der Fall, weil Schleiermacher doch nicht bloß individuelle Typen der Religion kennt, sondern auch ein Ideal der Religion aufstellt. Denn zweifellos ist nach ihm der Monotheismus die höchste Stufe der Religion, und in den Monotheismus wieder diejenige Stufe, welche in den Mittelpunkt des religiösen Bewußtseins die Erlösung von der Unkräftigkeit des Gottesbewußtseins mit aufnimmt, das doch natürlicherweise als der Abschluß unseres Bewußtseins, als die einheitliche Spitze desselben niemals unterdrückt und zurückgedrängt werden darf. Somit ist die höchste Religion die, welche dieses monotheistische Bewußtsein zu voller Kräftigkeit und Dauer erhebt. Ebenso aber ist auch diejenige Religion vollkommener als die übrigen, welche mit dem ethischen Bewußtsein Hand in Hand geht und welche zum Impuls für das Handeln wird, d. h. die teleologische Religion. Da nun das Christentum teleologische monotheistische Erlösungsreligion ist, so ist es die der Idee der Religion entsprechende Religion, die freilich wieder verschiedene Formen annehmen kann. Das positive Element ist nun dies, daß im Christentum empirisch diese Religionsform in Christus erschienen ist, der selbst durchaus monotheistisch-ethisch gerichtet mit seinen vollkommen Gottesbewußtsein von der Unkräftigkeit desselben erlösen kann. Wenn aber hierin auch ein positiv historischer Zug gegeben ist, so entspricht doch Christus der Idee der Menschheit und realisiert das Ideal der Frömmigkeit. Er ist in diesem Sinne durchaus rational. Das Christentum ist also eine Religion, die durchaus mit der in der Ethik bestimmten Religionsidee zusammenstimmt. Die supernaturale Theologie hat also bei Schleiermacher im Grunde genommen keine Stütze; nur von dem Standpunkt derer, welche noch nicht von Christi Geist ergriffen sind, erscheint das Christentum übernatürlich. In Wahrheit aber entspricht die christliche Religion der Idee der Religion, und zwischen der philosophischen Ethik und der Theologie besteht kein prinzipieller Widerspruch. Wie sehr Schleiermacher auf diese Punkte das Gewicht legt, kann man daraus sehen, daß er in seiner Glaubenslehre alle sogenannten Heilstatsachen, Christi jungfräuliche Geburt, seine Auferstehung, Höllen- und Himmelfahrt, Sitzen zur Rechten Gottes, Wiederkunft zum Gericht für irrelevant für den Glauben erklärt und als wesentlich nur ansieht, daß uns die Kräftigkeit des Gottesbewußtseins Christi und die mit ihr verbundene Seligkeit, d. h. der Geist

Christi, der schließlich mit dem in der Gemeinde wirksamen göttlichen Geiste identisch ist, zuteil werde.

Es mag noch an zwei Punkten diese Vereinbarkeit des philosophischen und theologischen Standpunktes aufgezeigt werden, zunächst an dem Erkenntnisgebiet. Es ist schon oben darauf hingewiesen worden, daß die philosophische Erkenntnis anders geartet ist als die theologische. Erstere geht auf Wahrheit aus, letztere will nur den Erfahrungsinhalt in Begriffe umsetzen, unbekümmert darum, ob derselbe an sich als wahr erkannt werden kann. Allein, soviel scheint doch zweifellos, daß nach seiner Meinung die Theologie keine Aussagen macht, die der philosophisch erkannten Wahrheit widersprechen. Schleiermacher hat nur das Interesse, die erkennende Funktion in der Religion nicht zur Hauptsache zu machen. In dem religiösen Gebiete kann man zwar die religiösen Zustände analysieren und ihren Inhalt beschreiben, aber man kann damit immer nur sagen, wie der an sich über alles dialektisch-begriffliche Erkennen hinausgehende Gott unter den gegebenen Beziehungen dem Frommen erscheint. Denn alle konkreten Bestimmtheiten Gottes sagen nur aus, wie die Gottheit dem so oder so bestimmten Selbstbewußtsein erscheint. Aber alle diese Eigenschaften Gottes, die auf bestimmte Zustände des Subjekts in der Welt bezogen werden, müssen wieder zueinander in Beziehung gebracht werden, und dann ergibt sich, daß jede Eigenschaft Gottes nur in Verbindung mit der anderen gedacht werden darf, daß sie alle sich also in der letzten Einheit ausgleichen, und daß jede für sich nur ein unvollkommener Ausdruck des Göttlichen ist, nur der Ausdruck für eine bestimmte Art, wie das Gottesbewußtsein sich mit einem bestimmten Selbstbewußtsein verbindet. So erscheint er z. B. heilig, sofern das (strafende) Gewissen mit dem Gottesbewußtsein verbunden ist. Allein diese Eigenschaft Gottes muß sofort zugleich auf das Bewußtsein der Erlösung bezogen werden, wonach Gott Liebe ist, und beides wieder auf das allgemeine aller Religion zugrunde liegende Abhängigkeitsbewußtsein, wonach Gott allmächtig ist. So hat also auch für das reflexive Erkennen, sofern es Ausdruck der Erfahrung ist, eine isolierte Eigenschaft Gottes keinen Wert, sondern nur alle zusammen, die sich schließlich in der Einheit ausgleichen, die wir nicht mehr begrifflich erfassen können, in der alle Vollkommenheit aber aufbewahrt bleiben soll. Denn Gott wird nicht über die Gegensätze hinausgehoben vorgestellt, weil er leer ist, sondern weil er über unsere Begriffe hinaus vollkommen ist. So angesehen, besteht aber kein Widerspruch, zwischen dem religiösen Erkennen und dem philosophischen.

Ähnlich aber hat auch die Erkenntnis der Welt und des Selbst in der Glaubenslehre nur die Bedeutung, auszusagen, wie unter dem Aspekt der Frömmigkeit Welt und Selbst sich ausnimmt; dagegen handelt es sich hier nicht um kosmologische und psychologische Probleme an sich. Hiermit hat Schleiermacher das Gebiet des dogmatischen Erkennens abgegrenzt. Aber es besteht deshalb durchaus kein Widerspruch zwischen der Psychologie und Kosmologie und diesen Aussagen. Denn da der Zustand des Frommen ein vernünftiger Zustand ist, so kann er auf der höchsten Entwickelungsstufe grundsätzlich nicht dem Erkennen widersprechen. Das reflexive Erkennen dient dazu, den Zustand der Frömmigkeit begrifflich zu fixieren, den Glauben über sich selbst aufzuklären. Wie das Selbst, die Welt, Gott dem frommen Bewußtsein erscheint, das soll zur Darstellung kommen. Aber ein Widerspruch mit dem sonstigen Erkennen ergibt sich nicht, wie u. a. auch das durch die Frömmigkeit bestimmte Weltbewußtsein beweist, wo er auf den Naturzusammenhang das größeste Gewicht legt.

Der zweite Punkt, an dem ich das Verhältnis von Theologie und Philosophie nach Schleiermacher klar machen möchte, betrifft die Ethik. Die philosophische Ethik ist die spekulative Geisteswissenschaft und die Religion selbst, also auch die christliche Religion ist ein ethisches Produkt. Nun ist aber andererseits die Religion selbst wieder zu dem Handeln in Beziehung zu setzen, und da die Frömmigkeit ein dauernder Zustand des unmittelbaren Selbstbewußtseins ist, so steht sie auch dauernd zu dem sittlichen Handeln in Beziehung, und durch das einheitliche Bewußtsein, das sie ermöglicht, gibt sie dem Handeln auch einen dauernden Rückhalt, insofern man sich bewußt ist, mit dem Handeln der Vernunft auf die Natur auch etwas erreichen zu können, weil Vernunft und Natur nicht in Widerspruch miteinander stehen, sondern durch die letzte Einheit zusammengehalten sind. Ganz besonders ist das bei den teleologischen Religionen der Fall, denn in diesen geht von dem Gottesbewußtsein ein Impuls zum Handeln aus. Nun kann man aber die Ethik auch unter diesem Aspekt betrachten und fragen, welchen Einfluß das religiöse Bewußtsein auf das sittliche Handeln ausübt, und hier ergibt sich eine theologische Ethik. Diese wird nicht aus sich heraus alle Sphären des Handelns konstruieren können. Wohl aber wird sie die Frage zu beantworten haben, welche eigentümliche Bestimmtheit das Handeln unter diesem Aspekte erfährt. Da wird sich einmal ergeben, daß die Grundstimmung, aus der heraus gehandelt wird, eine andere ist, als wenn man von der Religion absieht. Sodann aber wird diese Grundstimmung, welche den Willen dauernd beeinflußt, auch auf den Inhalt des Handelns Einfluß üben und Modifikationen herbeiführen. Nun ist zwar nicht zu leugnen, daß die empirische Religion ganz bestimmte Modifikationen des religiösen Bewußtseins hat und daß von diesen aus die Ethik ganz verschieden beeinflußt wird, so daß, während die philosophische Ethik ein Ideal dieses Handelns begrifflich aufstellen sollte, hier bei den verschiedenen Religionen die größten Verschiedenheiten in diesen Modifikationen sich ergeben. Allein wenn auch in dieser Hinsicht bei den unvollkommeneren Formen der Religion ein Konflikt zwischen der religiösbestimmten und der philosophischen Ethik möglich ist, so ist dieser doch ausgeschlossen, wenn die Religion die höchste Form erreicht hat, weil diese selbst zugleich rational ist, also mit den Forderungen der vernunftgemäßen Ethik nicht in Widerspruch kommt. Schleiermacher hat die „christliche Sitte" der philosophischen Ethik zur Seite gestellt, und hier, wo auch das empirische Moment einer konkreten religiösen Erfahrung in Betracht kommt, findet sich eine wesentliche Ergänzung zu der philosophischen Ethik schon darin, daß, während diese das Ideal des Handelns ohne Rücksicht auf etwa eintretende empirische Hemmungen darstellt, die christliche Sitte ausgeht von dem Bewußtsein der empirischen Differenz mit dem Ideal, woraus ein reinigendes Handeln sich als notwendig ergibt. Denn das Bewußtsein der eigenen Unvollkommenheit ist mit dem Bewußtsein der Erlösung verbunden und wird durch ein Gefühl der Unseligkeit über die Unvollkommenheit zum Antrieb dafür, durch reinigendes Handeln diese Unvollkommenheit zu beseitigen. Ebenso aber will sich das religiöse Bewußtsein, soweit es sich befriedigt fühlt, für sich selbst und für die Gemeinschaft darstellen, und so ergibt sich das Gebiet des religiös darstellenden Handelns. Endlich wird das religiöse Bewußtsein überall da zu einem Antrieb für produktive Tätigkeit, wo Empfänglichkeit für dieselbe vorhanden ist und das hieraus folgende Handeln nennt Schleiermacher das verbreitende Handeln. Daß nun hier ein Widerstreit zwischen der philosophischen und theologischen Ethik sich ergeben würde, kann man nicht behaupten, weil von dem christlichen Bewußtsein kein Impuls ausgeht, der inhaltlich der rationalen Ethik widerstreitet, da ja das christliche Prinzip selbst der ethischen Idee der Religion entspricht. Aber auch überflüssig wird weder die theologische Ethik noch die philosophische. Zwar haben, wenn beide dem Ideale entsprechen, beide im wesentlichen denselben Inhalt. Aber dieser Inhalt wird in verschiedener Motivierung betrachtet. Während die philosophische Ethik den Inhalt als Handeln der Vernunft auf die Natur beschreibt, geht die theologische Ethik von der Person, von ihrem innersten, religiös bestimmten Bewußtsein aus, und wenn man sonst wohl der Kantischen Ethik gegenüber die Schleiermachersche zu unpersönlich fand, so kann man darauf erwidern, daß gerade die persönliche Gesinnung und ethische Grundrichtung in der theologischen Ethik zum Ausgangspunkt genommen wird. In dem religiösen Bewußtsein ist ein Impuls zu handeln, der die Durchführung der sittlichen Aufgabe bedeutend erleichtert. Wenn also inhaltlich auch keine wesentliche Differenz in beiden Ethiken sich findet, so wird doch die Motivierung in der christlich bestimmten Ethik eine andere, und es werden in jeder von beiden bestimmte Seiten des Handelns ganz besonders hervorgehoben; so in der theologischen Ethik z. B. das reinigende Handeln, oder die spezifische Darstellung der Frömmigkeit im kirchlichen und persönlichen Handeln. Andererseits werden die Vorschriften der philosophischen Ethik in der theologischen vorausgesetzt und nur durch die eigentümliche Motivation der theologischen Ethik noch in ein neues Licht gerückt. Wenn z. B. die philosophische Ethik nach ihm schon Vergewaltigung tiefer stehender Rassen verbietet, so fügt die theologische Ethik das Motiv hinzu, daß sie alle für das Reich Gottes berufen sind, daß der ethische Universalismus seinen Grund in dem religiösen Bewußtsein von der Bestimmung aller Menschen für die Gemeinschaft des christlichen Gottesbewußtseins, für das Reich Gottes hat.

Aus dem Gesagten geht hervor, daß Schleiermacher die Theologie bei aller Abhängigkeit von den prinzipiellen philosophischen Erörterungen der Ethik als kritische und technische Disziplin doch wieder selbständig stellen wollte, ja die theologischen Betrachtungen in der Ethik als eine Ergänzung der philosophischen Ansicht ansah, sofern sie durch ihre religiöse Bestimmtheit eine Rückwirkung auf die philosophische Ethik ausüben, die diese in mancher Hinsicht modifiziert, ohne mit ihr in Widerspruch zu kommen. An diesem Beispiel ist klar, wie Schleiermacher die Konsequenz seiner Prinzipien ins Konkrete durchzuführen vermag, wie er den verschiedenen Gebieten ihrer Eigenart gemäß gerecht werden will und doch alle harmonisch zusammenzuhalten sucht, weil er sie in den letzten Prinzipien zu einem einheitlichen System verbindet.

Schleiermacher ist vorbildlich darin, daß er alle Einseitigkeiten vermeidet. Er tritt jeder Enge entgegen, wie er selbst die Enge des Pietismus überwunden hat. Er erkennt die Rechte echter Mystik in der Religion an, und ist doch durch die Klarheit seines Geistes vor Mystizismus bewahrt; er erkennt das Recht des Erkennens an wie das der Religion, er will weder das Wissen durch den Glauben beschränken, noch den Glauben seiner Selbständigkeit berauben.

Sehen wir noch darauf, wie Schleiermacher sich von den hauptsächlichsten Denkern seiner Zeit unterscheidet, so kommen im wesentlichen neben Plato und Spinoza Kant, Fichte, Hegel, Schelling, Rousseau, Jakobi-Fries, die Romantik, Herbart, Schiller in Betracht. Obgleich Schleiermacher von Kant sehr stark beeinflußt ist[1]), so betont er doch im Gegensatz zu Kant und Fichte die Zusammengehörigkeit von Natur und Geist, worin er von Schelling beeinflußt ist, der in der Identität den gemeinsamen Grund für Geist und Natur fand. Er geht auch in der Anerkennung des objektiven Seins über Kant und Fichte hinaus; denn für die letzteren ist der ganze Erkenntnisprozeß von den subjektiven Erkenntnisvermögen bedingt, während Schleiermacher den subjektiven Erkenntnisvermögen das zu erkennende Objekt zur Seite stellt, von vornherein den Gegensatz von ideal und real konstatiert und demgemäß zwischen erkennendem Subjekt und zu erkennendem Objekt unterscheidet und sowohl in dem Subjekt reale als auch in dem Objekt ideale Momente anerkennt, so daß beide zueinander in Beziehung treten können. Er bleibt nicht in der Kantischen Tretmühle stecken, die nur die Erkenntnisvermögen untersucht und so gar nicht zu einem realen Objekt, sondern nur zu Erscheinungen kommt. Er macht sich klar, daß das Subjekt ebenso vom Objekt abhängt wie das Objekt vom Subjekt, weil beide einseitig sind und in der Identität den Grund ihrer Harmonie haben. Der Mensch stellt vermittels seiner gesamten Organisation schon diejenige Vereinigung von Vernunft und Natur dar, welche das Subjekt für den erkennenden Prozeß ist. So kann die Vernunft

---

[1]) Vgl. meine Abhandlung, Schleiermachers Verhältnis zu Kant: theol. Studien und Kritiken 1901, S. 1 f.

in der Natur sich darstellen auch in der Sprache, dem „inneren und äußeren" Sprechen, auf dessen Bedeutung für das Erkennen er weit mehr geachtet hat als Kant. So kann die Natur von der Vernunft umgestaltet, vergeistigt werden, was neben der organisierenden Tätigkeit, besonders in dem Erkennen geschieht. Hingegen erinnert die Art, wie er die religiöse Mystik mit der Ethik kombiniert, an Fichtes Anweisung zum seligen Leben.

Man hat den Einfluß Spinozas auf Schleiermacher für sehr bedeutend gehalten, weil er dessen Ethik in seinen „Grundlinien" sehr hoch gewertet und in den „Reden" ihn gepriesen hat. Allein, wenn auch in dem Gottesbegriff eine Ähnlichkeit besteht, so hat doch Schleiermacher an Stelle des Parallelismus ein Handeln der Vernunft auf die Natur angenommen und später Gott und Welt als Correlata bezeichnet. Auch hat er die sekundären Kausalitäten zu größerer Selbständigkeit kommen lassen, hat der Geschichte weit mehr Interesse zugewendet und der Individualität mehr Bedeutung gegeben, in welch letzter Hinsicht er mehr an Leibniz erinnert.

Wir haben gesehen, daß Schleiermacher auch die Differenz zwischen der spekulativen und empirischen Wissenschaft betont; hierin unterscheidet er sich von der spekulativen Philosophie seiner Zeit, die aus der Entwicklung der Idee den ganzen Weltprozeß zu verstehen suchte. Da konnten die empirischen Wissenschaften von der Spekulation schwer unterschieden werden. Andererseits war freilich der Hegelsche Satz, daß die Philosophie nur das Abbild des realen Prozesses im subjektiven Bewußtsein sei, daß die Betrachtung erst hintennach komme und den Prozeß überschaue, gleichsam nur dem Werden zuschaue, geeignet, dem Epirismus Vorschub zu leisten und den tatsächlichen Prozeß lediglich als den Prozeß der Idee in der Welt zu registrieren, wie er in dem Bewußtsein, das beobachtet, sich darstellt. Schleiermacher hat dagegen die Empirie von der Idee unterschieden und die Spekulation von den empirischen Wissenschaften, und hat damit auch die Möglichkeit von der Idee aus den empirischen Prozeß kritisch zu beleuchten, die Unvollkommenheit der Empirie gegenüber der Idee anzuerkennen und doch nicht in Pessimismus zu verfallen, weil das Handeln nach dem Ideal die Unvollkommenheiten allmählich beseitigt. Auch von dem späteren Schelling[1]) ist

---

[1]) Vgl. meine Schrift: Zur Erinnerung an den hundertjährigen Geburtstag von Schelling, 1875.

er dadurch different, daß er nicht wie jener die Religionsgeschichte als einen theogonischen Prozeß auffaßt, sondern den Unterschied zwischen der idealen Vernunftwissenschaft und der empirischen Wissenschaft der Geschichte stark hervorhebt, sofern die letztere mit dem Ideal nicht völlig zusammenstimmt, da gerade der geschichtliche Prozeß erst die allmähliche Realisierung desselben aufweist. Schleiermacher erkennt also die Differenz an, läßt aber der Geisteswissenschaft, der Ethik ihre Selbständigkeit, indem sie frei auf spekulative Weise sich gestaltet. Schleiermacher konstruiert nicht den empirischen Prozeß, wie es Schelling tut, der auch noch in seiner positiven Philosophie den realen Prozeß als einen notwendigen Prozeß der Potenzen darstellt; er nimmt ihn als gegeben an und die empirische Wissenschaft hat ihn zu erforschen. Aber er stellt das Ideal des Prozesses auf und hat an ihm den Maßstab für die Beurteilung der Geschichte, während Schelling die tatsächliche Entwicklung als eine notwendige von Anfang bis zu Ende zu verstehen sucht. Schleiermacher bleibt seiner Methode gemäß in der Mitte der Entwicklung stehen und hat es weder gewagt, den Anfang noch das Ende der Entwicklung ins Auge zu fassen, wie es bei Schelling der Fall ist. Auf der einen Seite ist Gott die Identität über allen Gegensätzen, auf der anderen Seite ist die Welt mit ihren Gegensätzen aber doch von dieser Identität durchdrungen, die sie als **Einheit** zusammenhält und der Weltprozeß geht auf die Ausgleichung der Gegensätze hinaus, die aber niemals voll erreicht wird. So betrachtet er die Gesetzmäßigkeit dieses Ausgleichprozesses, die Wirksamkeit der Vernunft auf die Natur spekulativ nach ihren typischen Formen, und andererseits fixiert er den empirischen Prozeß selbst, wie er vorliegt, in der empirischen Wissenschaft und beide Betrachtungen verbindet er durch kritische und technische Anwendung des Ideals auf die Geschichte. Eben hierdurch ist er aber noch heute, auch gegenüber denjenigen ethischen Versuchen von der größten Bedeutung, welche die ethischen Regeln nur aus dem empirischen Verlauf abstrahieren wollen und die ethischen Begriffe nicht auf eine Vernunftidee, sondern auf eudämonistische Erfahrungen gründen wollen.

Ganz andersartig sind die Beziehungen Schleiermachers zu **Jakobi**, dem er nach der Vorrede zu den Reden über Religion 1821 „so vieles verdankt". Wenn dieser auf das Gefühl das Hauptgewicht legte und die Gottheit nur mit dem Gefühl erfaßbar hielt, so hat Schleiermacher ihm darin zugestimmt. Auch die Meinung, daß die Erkenntnis Gottes nur auf symbolische Darstellung beschränkt ist und niemals die Gottheit erreicht, daß deshalb die Religion in anthropomorphen und symbolischen Ausdrücken sich ergeht, teilt Schleiermacher. Nur differiert Schleiermacher, insofern als er das religiöse Gefühl konkreter bestimmt und als eine Form der Betätigung der Vernunft auffaßt, auch zugibt, daß sich die Reflexion auf die Gemütszustände richten kann, und als er die Verbindung der konkret bestimmten Religion mit der Ethik aufrecht erhält. Schleiermacher läßt den Dualismus zwischen Verstand und Gefühl nicht gelten, durch den sich Jakobi zu der Bezeichnung des Verstandes als des geborenen Gottesleugners hinreißen ließ. Überhaupt ist Schleiermacher viel umfassender in seinem Denken und geht überall darauf aus, die Gegensätze durch die Einheit zusammenzuhalten.

Ähnliches kann man mit Bezug auf Rousseau sagen, der ja auch die Religion wesentlich im Gefühle fand. Die Kulturfeindschaft Rousseaus, der auf die Natur zurückwies, hat Schleiermacher dadurch überwunden, daß er einerseits selbst die Kultur auf die Natur aufbaute, andererseits aber sie ethisch als die Durchdringung der Natur mit Vernunft betrachtete und die Kultur als die Ethisierung der Natur auffaßte. Seine Religionsphilosophie, wie überhaupt seine Weltanschauung unterscheidet sich aber von der Rousseaus durch die Betonung der Geschichte, sowie dadurch, daß ihn in der Geschichte der Religion nicht bloß das allen Religionen Gemeinsame, die natürliche Religion interessierte, sondern daß er die geschichtlichen, und insbesondere die individuellen Nüancen des religiösen Lebens beachtete, ohne die in der Ethik begrifflich konstruierte Idee der Religion fallen zu lassen, die sich in individuellen Formen darstellt.

Was das Verhältnis Schleiermachers zu Herbart angeht, so sind sie zwar grundverschieden in ihrer Metaphysik und ihrer Methode. Aber in den Resultaten und in der Opposition gegen die absolute Philosophie stimmen sie namentlich in der Ethik vielfach zusammen. Geradeso wie Schleiermacher in seiner Güterlehre von einem Organismus der Güter redet, deren jedes doch wieder für sich selbständig ist, so redet Herbart von der beseelten Gesellschaft, in welcher auch wieder verschiedene Systeme sich relativ selbständig organisieren und wie bei Herbart diese Systeme auf den fünf einfachen Ideen beruhen, welche zunächst Verhältnisse des Individuums zu sich selbst und zu den anderen bezeichnen, und wie die ethischen Systeme aus der sozialen Kombination der einfachen Verhältnisse der Personen hervorgehen, so sind auch bei Schleiermacher die Individualitäten die Produzenten der Güter und beide legen auf die Individualität ein großes Gewicht, nur mit dem Unterschied, daß Schleiermacher geneigt ist, die Individualität als ein Produkt der Gattung und Durchgangspunkt anzusehen, Herbart die Gemeinschaft als Produkt der Individuen. Aber da Schleiermacher doch die Selbsttätigkeit der Individuen energisch geltend macht und Herbart doch die Gemeinschaft als die höchste Form der Einheit der Individuen ansieht, so gleicht sich in der Praxis dieser Gegensatz nahezu aus. Auch darin sind beide ähnlich, daß sie auf Grund der Ethik und Psychologie die Pädagogik bearbeiten.

Man hat mit Recht darauf hingewiesen, wie enge sich die Schleiermachersche christliche Sitte mit der Schillerschen Ethik berührt, insofern Schleiermacher in der christlichen Sitte auf die Leichtigkeit und Anmut der sittlichen Persönlichkeit hinweist, die die volle Harmonie von Vernunft und Natur darstellen soll, so daß die natürlichen Affekte und Neigungen nicht nur beherrscht werden, sondern mit voller Leichtigkeit in den Dienst der Vernunft treten. Dasselbe hat auch Schiller Kant gegenüber gefordert.

Endlich hat man Schleiermacher zu der Romantik in Beziehung gebracht, was besonders in seinen Monologen hervortreten soll. Allein was ihn trotz seiner Freundschaft mit Fr. Schlegel, trotz seiner Betonung der freien individuellen Sittlichkeit von der Romantik scheidet, ist die Stellung, die er der Individualität als Glied der Gemeinschaft gibt, ist trotz der Betonung des Gefühls in der Religion ihre gliedliche Einordnung in das gesamte ethische Leben, ist trotz seiner reichen Phantasie seine scharfe Dialektik und seine kritische Besonnenheit gegenüber der phantastischen Geschichtsbetrachtung besonders des Mittelalters seitens der Romantik. Seine Betonung der religiösen Gemeinschaft ist nicht die katholische, da er auf die Erfahrung des Subjekts zurückgeht und die Kirche als die Gemeinschaft derer ansieht, die den Geist Christi haben. Er ist sich des Gegensatzes gegen die römische Auffassung klar bewußt gewesen. Weit mehr ist er an dem Rückgang auf die Griechen beteiligt, der die Signatur der ganzen Zeit war. Plato bildet bei ihm ein Gegengewicht gegen den Einfluß Kants, was sich bei ihm besonders darin zeigt, daß er den rein formalen Charakter des Kantischen Denkens durch die Anerkennung eines konkreten Vernunftinhaltes überbietet.

So nimmt Schleiermacher in seiner Umgebung eine sehr eigentümliche Stellung ein. Von verschiedenen Seiten beeinflußt, hat er doch seine wissenschaftliche Selbständigkeit zu wahren gewußt, die in seiner Vielseitigkeit ebenso begründet ist, wie in seiner prinzipiellen Stellung. Nach beiden Seiten ist er auch für die Gegenwart noch von hoher Bedeutung. Er hat philologische Untersuchungen in der Geschichte der Philosophie gemacht, die von Trendelenburg, Zeller, Dilthey u. a. fortgeführt wurden. Er hat die Geschichte der Philosophie zur kritischen Grundlage für seine eigene Position gemacht. Er hat als Theologe alle Disziplinen der Theologie mit seinen Untersuchungen befruchtet und den Zusammenhang der Theologie mit der Philosophie ebenso gewahrt, wie die Selbständigkeit der Theologie behauptet. Er hat die Hauptdisziplinen der Philosophie in Vorlesungen behandelt, die Dialektik wie die Ethik, die ihm zugleich die Prinzipien der Philosophie der Geschichte umfaßt. Aber auch die Politik wie die Pädagogik, die Ästhetik wie die Kritik und Hermeneutik sind Gegenstand seiner Bearbeitung. Er hat das Verdienst, die Prinzipien der Geselligkeit ethisch untersucht zu haben, und er hat ebenso in seinen politischen Untersuchungen die sozialen Fragen eingehend erörtert. **Prinzipiell** wertvoll aber ist auch heute noch sein Versuch, das empirische Gebiet und das Gebiet der Ideen, jedes nach seiner Methode zu behandeln, beiden Seiten gerecht zu werden und die Selbständigkeit der Spekulation wie der empirischen Wissenschaften, der Naturwissenschaften und der Geschichte anzuerkennen und sie in der letzten Einheit zu verknüpfen. Ebenso hat er den Gegensatz des Natürlichen und Geistigen nicht dualistisch aufgefaßt, sondern gezeigt, wie Natur und Vernunft auf einander angewiesen sind und zur Harmonie hinstreben. Ohne Eudämonist zu sein, hat er in der Ethik eine Güterlehre produziert und die individuellen und universellen Interessen gleichzeitig berücksichtigt. Wenn man in der Gegenwart ein so großes Gewicht auf die Psychologie legt, so hat er den Standpunkt, daß es eine Physik der Seele geben müsse, mit der Ansicht ausgeglichen, daß zugleich die seelischen Anlagen als ethisches Produkt sich auffassen lassen und hat namentlich im Gebiet der Religion den psychologischen Standpunkt zur Erklärung der konkreten Religion herangezogen, ohne den metaphysischen Hintergrund der Religion in Abrede zu stellen. Er hat auch darin große Bedeutung, daß er den Wert der antiken klassischen Welt klar erkannt hat, ohne deshalb die Fortschritte des modernen Erkennens und Lebens zu unterschätzen, wie sich das ganz besonders bei seiner Tendenz zeigt, das psychologische mit dem metaphysischen Elemente zu kombinieren und ebenso in seiner Wertung der empirischen Wissenschaften neben der Philosophie, ferner in seiner Schätzung der mechanischen Tätigkeiten, die das Altertum mißachtete, während Schleiermacher verlangt, daß alle auch an dem organisierenden Handeln sich beteiligen sollen, und den Wert der Technik einschärft. Er will nicht, daß jemand bloß der Pflege der Intelligenz obliege, den praktischen Tätigkeiten aber über der erkennenden Funktion fern bleibe. Und doch hat er ebenso den selbständigen Wert der Erkenntnis mit der Antike vertreten. Überall ist er bemüht, die Vielseitigkeit mit der Beschränkung auf ein Gebiet als das wesentliche und berufsmäßige zu kombinieren. Ebenso hat er aber auch selbst seine theoretischen Arbeiten durch eine rege praktische Tätigkeit ergänzt.

In bezug auf die Auswahl der Werke Schleiermachers, welche hier geboten werden soll, bemüht sich der Herausgeber, ein einheitliches Bild von seinen Leistungen zu geben. Da bei Schleiermacher das Zentrum die Ethik ist, so beginnt die Ausgabe mit der historisch kritischen Grundlage seiner Ethik in den „Grundlinien einer Kritik der bisherigen Sittenlehre". Sodann wird die philosophische Ethik mit den ethischen Abhandlungen aus der Akademie in den Mittelpunkt gestellt. Zur Erläuterung soll auch die Einleitung in die „christliche Sitte" zum Abdruck kommen. Da seine philosophische Ethik leider abstrakt geblieben ist, so wird an einzelnen Beispielen ihre Fruchtbarkeit zur Darstellung gebracht, in Auszügen aus der Pädagogik, Ästhetik, Politik, in den Predigten über den christlichen Hausstand, in der Schrift über Universitäten in deutschem Sinne. Seine Religionsphilosophie soll in ihrer reifen Gestalt in der Einleitung in die Glaubenslehre aufgenommen werden. Die psychologischen Voraussetzungen sollen in Auszügen aus der Psychologie, die wissenschaftliche Fundamentierung seines Systems in Auszügen aus der Dialektik zur Anschauung gebracht werden. Auf diese Weise hofft der Herausgeber einen Totaleindruck von Schleiermachers Lebenswerk geben zu können. Möge seine Arbeit von Erfolg gekrönt sein!

Königsberg i. Pr., Juli 1910.

A. Dorner.

Vorwort.

Daß eine Schleiermacher-Auswahl nichts Unnützes ist, haben mir so manche Mitteilungen im Laufe meiner Arbeit bestätigt. Da ich als Philosoph an Schleiermacher herantrat, konnte es sich für mich nur darum handeln, die philosophischen Schriften in den Mittelpunkt zu stellen. Um aber die Auswahl nicht zu subjektiv zu treffen, habe ich mich mit der Bitte um Rat an die Herren Prof. D. Joh. Bauer, Geheimrat Prof. Dr. Wilh. Dilthey, Prof. D. Dr. August Dorner, Prof. D. Rade und Dr. J. Halpern gewandt, die mir auch freundlichst ihre Ansichten mitgeteilt haben. Daß auch diese Ratschläge stark auseinander gingen, ist selbstverständlich. So blieb immer noch meinem Urteil genug überlassen. Ich will nur hoffen, einigermaßen das Richtige getroffen zu haben. Heute — dem Abschluß eines Hauptteils der Arbeit nahe — empfinde ich deutlicher als am Anfang, welch ein Wagnis eine solche Auswahl ist! Ich muß daher mit einer captatio benevolentiae beginnen; nicht jedem werde ich es recht gemacht haben, ich bitte, mir das um der Schwierigkeit des Ganzen willen nicht zu sehr anzurechnen!

Die Ethik ist der Kernpunkt von Schleiermachers Philosophie; alle zur Ethik gehörenden Schriften bilden daher den Grundstock der Ausgabe. Dazu kamen — nach den eingeholten Ratschlägen — Auswahlen aus den Schriften, die die Anwendung der ethischen Prinzipien zeigen (so z. B. Politik und Pädagogik) und aus denen, welche das Weltbild begründen oder abschließen (Dialektik, Glaubenslehre). Der Psychologie, Ästhetik und Hermeneutik wurden Stellen entnommen, die gleichfalls Beziehungen zur ethischen Anschauung enthalten. Herr Prof. D. Bauer hatte dann die Güte, seine wertvolle Mitarbeit dem Unternehmen durch Herausgabe und Analyse der „Predigten über den Hausstand" zu leihen; ich möchte ihm auch hier dafür meinen aufrichtigsten Dank aussprechen. Für das Einzelne der Textgestaltung verweise ich auf die Bemerkungen in den Vor- oder Nachworten.

Ich hatte erst beabsichtigt, die bekanntesten Schriften — Reden, Monologen und Weihnachtsfeier — nicht noch einmal zu drucken, da sie in billigen und guten Neuausgaben vorliegen. Einem Wunsche des Verlages folgend, sollen sie aber doch im 4. Bande erscheinen. Mit Ausnahme des 2. Bandes ist die Ausgabe keine kritische.

Eine ungemein wichtige Unterstützung meiner Arbeit habe ich dadurch gefunden, daß die Berliner Literaturarchiv-Gesellschaft mir die von Schleiermacher noch vorhandenen Handschriften zur Ethik gütigst zur Verfügung stellte, wofür ich hier öffentlich den Leitern der Gesellschaft meinen ergebensten Dank sagen möchte. Dadurch war es mir möglich, im 2. Bande einen revidierten und ergänzten Text des „Entwurfs eines Systems der Sittenlehre" anzufertigen.

Herr Prof. D. Dr. Dorner, dem hier ebenfalls herzlich gedankt sei, nahm sich des Ganzen durch ein Geleitwort an. Mir blieb daher für die allgemeine Einleitung eine hauptsächlich biographische Aufgabe. Diese Einleitung schöpft nur aus gedruckten Quellen, es war mir in der Kürze der Zeit ganz unmöglich, ungedrucktes Material aufzusuchen. Sie ist auf Wunsch des Verlages geschrieben, um die Ausgabe für weitere Kreise nutzbar zu gestalten. Am meisten verdankt sie natürlich den Werken von Dilthey und Schenkel, daneben ist möglichst alle moderne Literatur berücksichtigt[1]. Daß die Jugend Schleiermachers darin etwas breiter als das Alter behandelt ist, liegt an dem Sonderzweck der Einleitung, der sie an die Spitze der ethischen Schriften stellt: in der Jugend werden die Grundgedanken der Ethik aus Erleben und Studium gewonnen. Herr Prof. Bauer hat manche wertvolle Winke zur Einleitung gegeben.

Den „Grundlinien" schicke ich eine kurze Inhaltsanalyse voran, um diese komplizierte Schrift weiteren Kreisen zugänglich zu machen.

Im zweiten Band fand eine Spezialeinleitung über Schleiermachers Ethik ihre Stelle, die eine wissenschaftliche Behandlung des Themas geben will.

Die Verteilung der Schriften auf die einzelnen Bände konnte leider keine systematische oder chronologische sein, sondern ist von mehr praktischen Gesichtspunkten bestimmt: ich habe die Auswahlen mit dem Nachtrag der bekanntesten Schriften in den 2 letzten Bänden vereinigt, während die ersten beiden die Hauptschriften zur Ethik geben.

Zum Schluß sage ich nochmals allen denen Dank, die zum Gedeihen der Ausgabe mitgewirkt, nicht zu wenigst dem verehrlichen Verlage, der mich durch Abnahme von Revisionen und Registerarbeit besonders unterstützte (Herr Fritz Eckardt hat sich selbst der großen Mühe unterzogen, die Register zu Band 1, 3 und 4 anzufertigen), und — last not least — meiner Frau, die mir bei den Korrekturen und Textvergleichungen getreulich geholfen hat.

Hamburg, im Herbst 1910. **Otto Braun.**

---

[1] Da ich mich sehr kurz fassen mußte, habe ich die wichtigste Literatur zitiert, damit Interessenten sich leicht über jeden Punkt genauer informieren können.

Einleitung.

Schleiermachers Leben und Werke.

Die Jugend.

Friedrich Daniel Ernst Schleiermacher wurde am 21. November 1768 in Breslau geboren. In ihm erreichte der religiöse Familiengeist seine Konzentration und seinen Höhepunkt. Der Großvater schon wurde als Prediger in Elberfeld in die sektiererischen Bewegungen von Elias Eller und der „Prophetin" Anna v. Buchel hineingezogen, und hatte deswegen manche Anfeindungen, ja 1749 eine Anklage wegen Hexerei zu erdulden, der er sich nur durch rechtzeitige Flucht entziehen konnte. Unter dem Einfluß dieser aufregenden Vorgänge ist der Vater, Gottlieb Schleiermacher, 1727 geboren, aufgewachsen. In ihm finden wir nicht mehr die ruhige Sicherheit des Kirchenglaubens, und noch nicht die philosophisch-fundierte Gewißheit des Sohnes. Er gehörte damit ganz der Generation der Semler und Hippel an, zu der auch Kant in gewissem Sinne zu rechnen ist: die Wissenschaft hat in diesen Männern eigentlich schon die Grundsäulen des Glaubens gestürzt, und doch ist dieser Glaube persönlich in ihnen noch lebendig[1]. Von der Aufklärung beeinflußt, war Gottlieb bis 1778 Moralist, dann näherte er sich stark den Herrnhutern, um endlich wieder beim Moralismus anzulangen. Schleiermachers Vater war reformierter Feldprediger in Schlesien, als seine Frau, eine geborene Stubenrauch, ihm den ältesten Sohn Friedrich schenkte. Auch die Mutter war aus einer Prediger-Familie, verwandt mit den Spaldings und Sacks. Da der Vater auf Amtsreisen oft abwesend war, so verdankte Friedrich seine Erziehung fast allein der Mutter.[2] Diese, eine geistig und religiös sehr begabte Frau, sorgte mit Hingebung für ihn und seine Geschwister: die Schwester Charlotte und den Bruder Karl. Eine tiefreligiöse Beanlagung wurde unter dem Einfluß der Mutter in dem frühreifen Knaben, der bereits mit

---

[1] Dilthey, Leben Schleiermachers. Berlin 1870. I, 7f.

[2] Vgl. die Selbstbiographie vom April 1794 in „Aus Schleiermachers Leben in Briefen" I, 3ff. (zitiert als Br.).

4 Jahren zu lesen begann, bestärkt und ausgebildet. „Als ich fünf Jahre alt war, fing ich an, die unter der Direktion des Herrn Hofpredigers Heinz stehende Friedrichs-Schule zu besuchen, und durchlief mit ziemlicher Schnelligkeit die unteren Klassen Da ich wegen dieser Fortschritte in den sehr frühen Ruf eines guten Kopfes kam, . so fing ich an, stolz und eitel zu werden, und, was so oft eine Folge von diesen Eigenschaften ist, ein auffahrendes, heftiges Wesen anzunehmen, welches in meiner Konstitution nicht gegründet war. Meine Mutter, welche mich zwar sehr liebte, aber keineswegs blind gegen meine Fehler war, suchte meinen Stolz durch vernünftige religiöse Vorstellungen in Dankbarkeit gegen Gott zu verwandeln..."[1] Die Mutter scheint die Erziehung mit klugem Bedacht geleitet zu haben, nicht nur dem Gefühl, sondern auch der Reflexion folgend. So setzt sie ihrem Bruder auseinander, „daß man die Kinder nicht mit Strafen zum Lernen zwingt"[2]. Von ihrem Sohn erzählt sie befriedigt: „Wenn Fritz so fortfährt, wird er es in den Sprachen weit bringen; seine Lehrer sind sehr mit ihm zufrieden .." Fritz selbst kam bald in eine Periode inneren Zweifels an sich selbst hinein, weil sein scharfer Verstand viele Lücken in seinen Kenntnissen entdeckte und er stets fürchtete, andere würden dasselbe bei ihm feststellen. Er hatte — wie manchmal begabte Menschen — das Gefühl, jeder andere wisse viel mehr als er.

Als er das 10. Jahr erreicht hatte, siedelten die Eltern nach Pleß, und dann 1779 nach der Emigranten-Kolonie Anhalt in Schlesien über. 2 Jahre verbrachte Friedrich auf dem Lande, was seiner Gesundheit, die schon damals durch ein Magenleiden angegriffen war, sehr wohl tat. „Mein Unmut gegen die Kenntnisse, für die ich mir keine Fähigkeiten zutraute, nahm zu; ich fing an, die Sprachkenntnisse ordentlich zu verabscheuen, aber ich sammelte unvermerkt durch die Bemühungen meiner Mutter eine Menge von Sachkenntnissen ein." In den nächsten beiden Jahren besuchte er die Realschule in Pleß, wo er in Pension war und nun wieder regelmäßigen Unterricht genoß. Dort wußte sein Lehrer, ein Schüler Ernestis, wieder sein Interesse auf die alten Sprachen zu lenken. Dabei quälte ihn nur der merkwürdige Skeptizismus, „daß alle alten Schriftsteller und mit ihnen die alte Geschichte untergeschoben wären". Man kann hier vielleicht — wie Schenkel[3] — die Anzeichen des Wahrheitstriebes sehen, der nicht auf bloße Überlieferung etwas glauben wollte.

---

[1] Selbstbiographie, a. a. O.   [2] Br. I, 18.
[3] Fr. Schleiermacher, ein Lebens- und Charakterbild. Elberfeld 1868. S. 11.

In der Schule zu Pleß wäre Schleiermacher gewiß gern geblieben, aber ihr Leiter wurde fortberufen. So standen die Eltern wieder vor der Frage, wohin sie den Knaben geben sollten. Auf seinen Reisen hatte der Vater vielfach Berührung mit Mitgliedern der Herrnhutischen Gemeinde gehabt und von ihnen einen lebhaften und sympathischen Eindruck des Treibens dieser Sekte empfangen. So machte er sich denn im Herbst 1782 mit der Mutter auf, um Herrnhut, Gnadenfrei und das Pädagogium zu Niesky persönlich kennen zu lernen. Sie fanden es „über alle Erwartung in aller Absicht vortrefflich"[1]. Der Vater hörte sich den Unterricht in vielen Klassen an und war vor allem dadurch beruhigt, „daß die Hauptsache, worauf es bei dem Menschen ankommt, die Wiedervereinigung mit Gott, hier, wie in allen Brüdergemeinden, auf den einzig wahren Grund: das blutige Versöhnungsopfer Christi, gebauet . wird".

Nachdem früher die Schleiermacherschen Kinder im Geiste des Moralismus erzogen worden waren, hatte seit 1778/79 schon das neue Herrnhutertum ihrer Eltern sie stark beeinflußt. Verstandesmäßige und gefühlsmäßige Religionsauffassung wirkten so schon in der Jugend auf Schleiermacher — diese Doppelrichtung ist ihm stets eigen geblieben. Dem Sohne schilderte jetzt der Vater die Gefahren der anderen Schulen und das religiöse und freundliche Leben in Niesky in lebhaften Farben, so daß dieser „die Abreise mit Sehnsucht erwartete". Da aber die Aufnahme vom Los abhing, mußte er mit den Eltern einige Wochen in Gnadenfrei bleiben, wohin seine Schwester Charlotte gebracht wurde. „Hier wurde der Grund zu einer Herrschaft der Phantasie in Sachen der Religion gelegt, die mich bei etwas weniger Kaltblütigkeit wahrscheinlich zu einem Schwärmer gemacht haben würde, der ich aber in der Tat mancherlei sehr schätzbare Erfahrungen verdanke ."[2] Während er sich schon früher in schlaflosen Nächten mit der Frage der unendlichen Strafen und Belohnungen abgequält hatte, regte ihn jetzt die Lehre von dem natürlichen Verderben und den übernatürlichen Gnadenwirkungen auf. Rings um sich sah und hörte er nur von den mystischen, innerlichen Gnadenerlebnissen — und er selbst konnte trotz aller Mühe nur flüchtige Schatten davon erhaschen. So zweifelte er an der Kraft zur Erlösung durch die eigene Tat, ohne doch die übernatürliche Hilfe zu erfahren[3]. Alles hoffte er von

---

[1] Br. I, 22.   [2] Br. I, 7.

[3] Trotzdem scheint er in Gnadenfrei eine Art pietistischer Erweckung auf einem Spaziergang erlebt zu haben. (E. R. Meyer: Schleiermachers und Brinkmanns Gang durch die Brüdergemeinde. Leipzig 1905, S. 61.)

dem Eintritt in die Gemeinde, und war entschlossen, im Falle der Abweisung ein Handwerk dort zu erlernen. Doch sein Wunsch wurde erfüllt: im Juni 1783 trat er (mit seinem Bruder) in das Pädagogium zu Niesky ein.

In dürftiger, „eben nicht einnehmender"[1], aber freundlicher Umgebung liegt Niesky, einige Meilen nördlich von Görlitz. „Wenn man von Görlitz kam, sah man das kleine, freundliche Dorf in der Ebene sich hinstrecken, die schmalen Glockentürmchen des Gemeindehauses hervorragend unter den niedrigen Häusern, links daneben das zweistöckige Brüderhaus, rechts das Knabeninstitut und das Pädagogium..."[2] Aufgenommen in den friedvollen Geist der ihn umgebenden Menschen und der ländlichen Natur, wichen bald die krankhaften, unkindlichen Seelenerregungen und machten einer stilleren Frömmigkeit Platz. Unter Leitung des alten Zembsch gewann Schleiermacher die Liebe zum Altertum wieder. Vor allem war es aber der junge Lehrer Hilmer, der auf ihn wirkte; ihm rühmt er „einen wahrhaft philosophischen Geist, ein vorzügliches pädagogisches Talent und einen nicht zu ermüdenden Fleiß zum Besten seiner Schüler" nach. Durch ihn angeregt, stürzte sich Schleiermacher mit seinem „Orest", dem späteren Bischof der Brüdergemeinde, J. Baptista v. Albertini, in „kolossalische und abenteuerliche" literarische Unternehmungen. Sie lasen zusammen Homer, Hesiod, Theophrast, Sophokles, Euripides, Plato und Pindar — und eine neue Welt ging ihnen auf. Sie machten Entdeckungen — die nur ihnen welche waren, die aber ihr ganzes Wesen mit Begeisterung erfüllten. Nach Okelys, eines älteren Gemeindemitgliedes, Tagebuch erzählt Dilthey: „Und dann dürfen wir uns die jungen Gelehrten wieder denken, wie Okelys Tagebuch seine eigenen Erholungen aus diesen Jahren beschreibt. Auf dem Rasen im Maiblumenwäldchen sitzen sie zusammen, Okely hat einen französischen Miszellaneenband vor sich, aber er kann nicht umhin, mehr auf das halb lustige, halb altkluge Geplauder um sich zu hören. Da ist von Hilmers vergeblichen Anstrengungen, Suppe auszuteilen, die Rede, und gleich darauf vom Verdienst der jüngeren Gemeindearbeiter."[3] Ein Hauch frischer, fröhlicher Jugend weht uns entgegen, wenn auch alles durch das weihevolle religiöse Wesen der Umgebung gedämpft wird. So recht eigentlich „jung" ist Schleiermacher erst später gewesen, als ihn die Wellen der romantischen Bewegung ergriffen hatten!

---

[1] Br. I, 29.   [2] Dilthey 14.   [3] a. a. O. S. 16.

Die Briefe an die Schwester[1] zeigen ihn uns in einer liebevollen, aber doch ein wenig moralisierenden, steifen Überlegenheit. Als Charlotte einmal nach Anhalt gereist war, bedauerte sie, ihre Ruhe haben aufgeben zu müssen. Da weist er sie zurecht: „Pflicht ist Pflicht, und man muß sich immer freuen, sie zu tun. Ich denke, wenn Du Dich auch von morgens um 5 bis abends um 10 im Hause und Garten herumtummelst, so kannst Du eben so selig sein, eben so sehr des Heilands Nähe fühlen, als in Deiner ruhigen Untätigkeit (wenn Du mir das Wort erlaubst) Sei doch froh, daß Du einmal wieder in Wirtschaftsgeschäfte hineinkommst; es ist für ein junges Frauenzimmer unumgänglich nötig, etwas davon zu verstehen; Du kannst ja doch nicht wissen, wo Dich der Heiland noch einmal hinführt, und ob es Deine Bestimmung ist, immer im Chorhause vor dem Nährahmen zu sitzen. Sei nicht zu ängstlich, ob Du's auch recht machst, denn das taugt gar nichts. Mein Grundsatz heißt: Frisch gewagt ist halb gewonnen. Versteht sich, daß das Frisch-Wagen die nötige Behutsamkeit und Überlegung nicht ausschließt."[2] Die hier ausgesprochene Mahnung zur Betätigung der Religion im Leben wird aber bei ihm selbst immer durch die mystische Hingabe an Christus zurückgehalten: „Wären wir ihm nur ganz zur Freude, ständen wir immer in einem ganz ungestörten Umgang mit ihm, könnte uns nichts auch nicht einen Augenblick von ihm abbringen!"[3] Manchmal nur hören wir kindliche Wünsche mitten zwischen den Heilandsgefühlen: „Du kannst unsern Vater daran erinnern, daß mein Beutel die Schwindsucht hat, und das vom Obst, es sollts niemand glauben; Papa kann ihn kurieren."[4]

Ende August 1785 wurde er mit Albertini in das Lehrer- und Predigerseminar zu Barby, etwa 60 Kilometer nördlich von Halle an der Elbe gelegen, aufgenommen, wo er am 22. September mit 17 anderen zu Wagen eintraf. Die Anstalt stand im guten Rufe — sogar der Hallenser Professor Stubenrauch wünschte dem Neffen herzlich Glück zu seiner Aufnahme und warnte ihn nur vor Unduldsamkeit, was Schleiermacher ziemlich übel genommen zu haben scheint. Tatsächlich aber stand es schlimm um die dortige theologische Fakultät. Einen Fehler empfand Schleiermacher selbst schon, ehe er hinkam: „Wir sahen in der Brüdergemeinde keine recht sich auf das Leben verbreitende, der Mühe loh-

---

[1] Vgl. auch „Neue Briefe Schleiermachers aus der Jugendzeit, Niesky 1784—1785", mitgeteilt von J. Bauer. Zeitschrift für Kirchengeschichte. XXXI, 4, 587 ff.
[2] Br. I, 31 f.   [3] Br. I, 34.   [4] Br. I, 30.

nende Anwendung der Wissenschaften." Doch bald bemerkten die Freunde, zu denen sich jetzt Okely gesellt hatte, den innern, unheilbaren Schaden des ganzen Gemeinwesens. Man war in Barby genötigt, den neuen Geist der Wissenschaft, der so frisch von dem benachbarten Halle herüberwehte, fernzuhalten. Man pflegte hier die Wissenschaft nicht um ihrer selbst willen, stellte sie nicht einmal den Schülern, die doch so gern etwas davon hören wollten, dar, sondern kritisierte nur einige Sätze aus ihr vom Standpunkt der Brüder-Religion. Da es nach der Weltanschauung der Herrnhuter lediglich auf den Gemütsprozeß der Einigung mit Christus und der übernatürlichen Gnadenwirkung dadurch ankommt, werden alle anderen idealen Güter der Menschheit eigentlich entwertet. Daß unter diesen Umständen die Lehrer den jungen Männern nichts geben konnten, versteht sich von selbst. Die suchenden Geister schlossen sich um so inniger zusammen (zu einen „philosophischen Klub") und begannen auf eigene Faust auf ihren Spaziergängen zu philosophieren, eine „erste Blüte des Geistes" entfaltete sich bei Schleiermacher. „Ihre innere Welt war der grenzenlose Stoff ihres Nachdenkens" (Dilthey). Zur Freude Stubenrauchs lasen sie die damals streng kantische Jenaer Literaturzeitung, sie verschafften sich auf heimlichen Gängen nach Zerbst, das 2 Meilen entfernt liegt, Werke der gegenwärtigen Literatur, so Wielands Gedichte und Goethes Werther. Ihr Empfinden wollten sie von außen nähren, ihr Denken hatte mit den Gärungen im eigenen Innern genug zu tun. Schleiermachers „Wasserfahrt" schildert uns den Naturgenuß bei einer Mondscheinpartie des Klubs auf der Elbe,[1] man schwärmte für Klopstock, Haller, Hölty, und gleichzeitig entfaltete die Vernunft ihre autonome Macht. Natürlich blieb ihr Zustand und ihre dauernde Übertretung der lastenden Hausordnung nicht ganz unbemerkt von den Lehrern; man hielt sie im Auge. Okely tröstete sich zwar damit, daß die äußere Einschränkung ihrem Denken, dem alle Gebiete offen ständen, nichts anhaben könne. Immerhin war es doch ein unerträglicher Zustand: man dachte an Flucht. Beyer, ein älterer Freund, schied aus der Brüderschaft aus, Okely wurde ausgestoßen im Winter 1786, und der vereinsamte Schleiermacher folgte bald.

Schon im Sommer 1786 hatte er versucht, den Vater auf die Änderung seiner Sinnesart vorzubereiten. Er fühlte, wie schweren Stand er gegen seinen Vater — im Gegensatz zu Okely, der in seiner Familie wieder freudige Aufnahme gefunden hatte — haben würde, zumal er

---

[1] E. R. Meyer, a. a. O. S. 213 f.

die verstehende Hilfe der vor 3 Jahren verstorbenen Mutter entbehren mußte. „Ich möchte gern Theologie studieren," schrieb er damals, „und zwar recht von Grund aus; das werde ich mich aber nicht rühmen können, wenn ich von hier wegkomme, und daran ist unsere, wie mich däucht, etwas zu große Eingeschränktheit in der Lektüre Schuld."[1] Der Vater hielt ihm die Weisheit der älteren Generation entgegen, bei der er sich beruhigt hatte: er solle auf die Lektüre der Neueren nur ruhig verzichten, denn sie könnten ihm nichts geben. Da er ja praktischer Prediger werden wolle, sei ihm das alles unnütz. Damit aber vermochte der Vater ihn nicht zu beruhigen; denn es waren nicht vorübergehende, subjektive Zweifel in ihm aufgestiegen, sondern ihn hatte der Geist der neuen Zeit ergriffen, die den Menschen kraft seiner sittlichen Entscheidung auf sich selbst zu stellen suchte. „Was bisher seine Seele mit schwärmerischem Entzücken gefüllt, war ihm jetzt wie ein Wahnbild in nichts zerronnen."[2] Im Seminar peinigte man ihn durch Verhöre und durch die Erwartung, daß er sich eines Besseren besinnen werde. So entschloß er sich endlich am 21. Januar 1787, sich dem Vater zu offenbaren. Für ihn sei der alte Glaube verloren, erklärt er offen. An die stellvertretende Versöhnung durch den Kreuzestod Christi kann er nicht mehr glauben. „Denn Gott kann die Menschen, die er offenbar nicht zur Vollkommenheit, sondern nur zum Streben nach derselben geschaffen hat, unmöglich ewig darum strafen wollen, weil sie nicht vollkommen geworden sind." Starke Gründe hat er, auf denen er fest steht; er glaubt nicht, daß der Vater ihn widerlegen könne. Immer wieder beteuert er, wie schwer es ihm wird, dem Vater das alles zu schreiben. Mit verhaltener innerer Wärme ist der ganze Brief geschrieben. Er bringt seine Bitte, nach Halle gehen zu dürfen, gleich bestimmt vor und bespricht die verschiedenen Studien. Man fühlt, wie gern er bei diesem Teil des Briefes verweilt — wie sehr er wünscht, daß alles andere versunken sei. Er stellt dem Vater die Möglichkeit der Sinnesänderung in Halle als leichter hin als in der Gemeinde, um ihn für den Plan zu gewinnen. Noch ehe er Antwort hat, am 12. Februar, schreibt er noch einmal. Er weist auf den Onkel hin, mit dem er alles wird bereden können; er legt dem Vater eine Kostenaufrechnung vor, die er sich von einem Freund hat schicken lassen, um ihm die Billigkeit des Unternehmens zu zeigen — es ist rührend zu lesen, wie er sich einschränken will. „Frühstück und Abendbrot 48 Fl.; hiervon, dächte ich, müßte sich, da ich keinen Kaffee trinke, auch abends nicht

---

[1] Br. I, 42.   [2] Schenkel S. 19.

viel esse, wenigstens die Hälfte retranchieren lassen."¹ So sieht er sich im Geiste schon in der ersehnten Freiheit.

Und der Vater? Ein Brief voll leidenschaftlicher Liebe und fast fanatischer Erregung bringt dem Sohne die Erlaubnis, sich nach Halle zu wenden. „Ach mein Sohn, mein Sohn! wie tief beugst Du mich! welche Seufzer pressest Du aus meiner Seele!"² Er versucht, den Sohn auch verstandesmäßig von der Verkehrtheit seiner Anschauungen zu überzeugen — daß es nicht gelingen konnte, hat er wohl selbst undeutlich gefühlt.

Schmerzvoll empfand der Sohn, der mit inniger Liebe an dem Vater hing, die innere Kluft, die sich zwischen ihm und der älteren Generation auftat. Zurück konnte er nicht — sein ganzes Wesen drängte nach Befreiung. So entgegnete er denn nur zurückhaltend und wehmütig auf die Vorwürfe und Einwände. Das schlimmste war ihm eins: „Ich habe Zweifel gegen die Versöhnungslehre und die Gottheit Christi und Sie sehen mich an als einen Verleugner Gottes!"³ Es war eben kein Verständnis zwischen Altem und Neuem zu erzielen. So verließ er denn die Gemeinde, von unangenehmen Eindrücken begleitet, die erst in späterer Zeit einer objektiven Würdigung Raum gaben, und eilte dem neuen Leben entgegen. Hin und her gehen noch die Briefe, in denen die Erregung langsam ausschwingt. Der Onkel schreibt freundlich und ruhig mahnend. „Wir müssen immer zufrieden sein, der Wahrheit so nahe zu kommen, als es zu unserm Fortgang im Guten und zu unsrer Beruhigung erforderlich."⁴ Auf die Bitte des Vaters nimmt er Schleiermacher in sein Haus auf. „Das für Sie bestimmte Stübchen ist klein, freilich sehr klein; vielleicht aber gefällt es Ihnen doch in Betracht, daß Sie so ganz nahe bei Ihren nächsten Verwandten sind."⁵

Die Universitätszeit.

Wie ein böser Traum versanken nach und nach die Beziehungen zu Barby hinter dem Abtrünnigen. Die Verbindung mit Albertini löste sich auch allmählich, Okely fand einen plötzlichen frühen Tod in den Wellen der Nordsee bei Northampton. Der Vater ermahnte den Sohn zwar weiter, zum alten Glauben zurückzukehren und die „Lauheit und Gefahr der bloßen Spekulation" zu meiden. Auf die Hingabe an Christus

---

¹ Br. I, 54.   ² a. a. O. 52.   ³ a. a. O. 56.   ⁴ a. a. O. 59.
⁵ a. a. O. 64.

als die Quelle aller Beruhigung wies er ihn immer wieder hin, aber nicht mehr mit leidenschaftlichem Eifern. So konnte Schleiermacher, frei von den alten Fesseln, sich ganz dem Drange seines Sehnens überlassen. Er tat die alten dogmatischen Fragen schnell ab und beruhigte sich dabei, daß Gott den Menschen nicht zur absoluten Vollkommenheit geschaffen habe. Nur auf unser Streben kommt es an, so doziert der werdende Schüler Kants. Er hatte strenge Christen und Nichtchristen getroffen, die sehr gute Menschen waren — damit versanken die ungesunden Selbstquälereien der früheren Zeit ins Wesenlose.

Wenn man nun ein Aufblühen und Ausweiten aller Seelenkräfte bei Schleiermacher erwartet, so wird man ein wenig enttäuscht sein, ihn so ruhig und gemessen zu finden. Die Ermattung infolge der durchlebten Kämpfe wirkte wohl noch nach; vor allem aber war es der Mangel einer hinreißenden Persönlichkeit unter den Universitätslehrern, der eine leidenschaftliche Hingabe an das Neue unmöglich machte. Schleiermachers Entwicklung ist nicht so stürmisch verlaufen wie die des jungen Schelling. Er war keine so frühreife Natur, trotz seines früh entwickelten Intellektes. Alles ist bei ihm nach der Lösung von Barby organisch gewachsen, nichts stoßweise hervorgebrochen. Er war für seine Beanlagung noch zu jung, als er Ostern 1787 die Universität bezog, um wie Herder etwa, als er sich aus Rigas drückenden Verhältnissen losriß, einen beispiellosen Aufschwung seines inneren Wesens zu empfinden und in dem Gewinn voller Eigenart zu bekunden.

Die Theologen von Halle gerade konnten ihm bei seiner seelischen Lage nichts geben. Knapp, Nösselt, Niemeyer hatten keine eigenartige Bedeutung, Semler war alt — und durch die neue, von Kant ausgehende Bewegung veraltet. Seine bedeutenden Schüler, Michaelis und Eichhorn, blieben Halle fern, und so erhielt Schleiermacher nicht ihre eingehende Kenntnis orientalischer Sprachen und Geschichte vermittelt. „Es blieb das der in mehrfacher Beziehung verhängnisvolle Mangel in Schleiermachers theologischer Bildung, daß er in Halle dieser großartigen theologischen Bewegung, die sich von Göttingen her, ausbreitete, fern stand und so später für seine kritischen Arbeiten des wahren historischen Gesichtspunktes und des breiten Fundaments der orientalischen Sprachen entbehrte, was dann für seine allgemeine Stellung zu dem Fortgang der Theologie in unserm Jahrhundert entscheidende Folgen hatte" (Dilthey)[1]. Halle stand zwar äußerlich auf seiner Höhe mit 1156 Studenten, darunter 800 Theologen; innerlich aber begann schon damals Jena

---

[1] a. a. O. 31 f.

ihm den Rang abzulaufen, denn diese Universität wurde unter Reinhold zur Hochburg des Kantianismus.

In richtigem Instinkt ließ denn Schleiermacher auch die Theologie links liegen und wandte sich an die Stelle, wo er noch am ehesten Zusammenhang mit der neuen Geistesbewegung zu bekommen hoffen konnte: er besuchte den philosophischen Kursus des Popularphilosophen J. Aug. Eberhard, des Genossen der Mendelssohn, Nicolai, Basedow, Abbt, Garve, Feder. Dieser trug in eleganter Form das System seines Meisters Wolff vor, geschickt es den Interessen des Tages anpassend, bis der scharfe Wind kritischer Erkenntnis vom Osten Deutschlands her dies ganze Gebäude seichter Aufklärung umblies.

Ein Gutes hatte Eberhard: er führte in seinem Kolleg die verschiedensten Meinungen der Philosophen vor und prüfte sie dann kritisch. So leitete er den jungen Schleiermacher wieder zum Griechentume, namentlich zu Platon und Aristoteles. In dieser Richtung bestärkten ihn auch die Vorlesungen von F. A. Wolff. Wir haben aus seiner Studentenzeit Übersetzungen des 8. und 9. Buchs der nikomachischen Ethik mit „Schlüssel" und Anmerkungen.[1] Eberhard hat bei diesen Dingen Pate gestanden, Eigenes ist kaum zu entdecken. Einen Plan zu einem Aufsatze über die aristotelische Theorie der Gerechtigkeit hat er auch noch in Halle entworfen, die Arbeit selbst wurde erst aus Drossen an Eberhard gesandt. So beginnen hier die engen philosophischen Beziehungen zur Antike, die ihn sein Leben lang begleitet haben.

Aber auch mit den bewegenden Kräften der neuen Zeit brachte dies Kolleg seine Hörer in Berührung. Eberhard suchte Kant zu bekämpfen, 1789 begann schon das „Philosophische Magazin" zu erscheinen, 1792 das „Philosophische Archiv", Zeitschriften, die ganz dem Kampf gegen den Kritizismus gewidmet waren. So wurde Schleiermacher in die Bewegung hineingezogen. Er hatte schon in Barby die „Prolegomena" gelesen[2] und schrieb dem Vater: „Was die Kantische Philosophie betrifft, so habe ich von je her sehr günstige Meinungen von ihr gehabt, eben weil sie die Vernunft von den metaphysischen Wüsten zurück in die Felder, die ihr eigentümlich gehören, zurückweist." Auch Eberhard hat nicht vermocht, Schleiermacher zur vollständigen Verwerfung Kants zu bringen. Er hat in Halle offenbar schon sehr genau Kant studiert, denn aus dem Ende seiner Studienzeit stammt der Anfang zu der Ab-

---

[1] Vgl. Diltheys Anhang: Denkmale der inneren Entwicklung Schleiermachers.

[2] Br. I, 70.

handlung „Über das höchste Gut", in der er sich in tief eindringender Kritik mit Kant auseinandersetzt.[1] So finden wir hier doch Anfänge aller Grundtendenzen, die Schleiermachers Schaffen später bestimmt haben.

Einige andere Anfänge von Schleiermachers Schriftstellerei sind uns teils erhalten, teils verloren, so Briefe über Schwärmerei und Skeptizismus, Briefe über den Ursprung der Verbindlichkeit in Verträgen, Anfänge zu „philosophischen Versuchen", so „vom gemeinen Menschenverstand", Pläne zu „kritischen Briefen" usw. Langsam beginnt sich die Selbständigkeit zu regen. Er selbst bezeichnet es als sein „höchstes Bedürfnis" in dieser Zeit, die „Geschichte der menschlichen Meinungen" kennen zu lernen;[2] ein fertiges System wollte er nicht annehmen, er hatte von Dogmatik in seiner Jugend gerade genug bekommen. Er wollte Material aus der Geschichte, an das sich seine eigene Reflexion anspinnen konnte. Über seine theologischen Studien ist wenig bekannt.

Sein äußeres Leben auf der Universität war bis zur Übertreibung schlicht und eingeschränkt. Er nennt sich selbst in dieser Zeit noch einen „echten Herrnhuter".[3] Er zog sich von jeder Geselligkeit zurück, vernachlässigte sich in Kleidung und Auftreten, zeigte sich oft genug stolz und schroff; von Jugendlichkeit ist nichts zu spüren. Sein Talent zur Freundschaft begann sich aber schon damals weiter zu entfalten. Der intimste Freund aus jener Zeit war Gustav v. Brinkmann, ein Schwede aus vornehmer Familie, der auch in Barby gewesen und schon 1785 nach Halle gewandert war. Brinkmann war der rechte Gegensatz zu seinem 4 Jahre jüngeren Freund, eine elegante Erscheinung, mit allen Gaben geselligen Talentes überreich ausgestattet, bewegte er sich mit Leichtigkeit in den Professorenkreisen und spann mit den Töchtern seiner Lehrer zarte Verhältnisse an.[4] Dabei wollte auch er sich dem geistlichen Berufe widmen, schlug aber nachher die diplomatische Karriere ein. Vorläufig dichtete er schmachtende Verse im Schäferstil, die sogar unter dem Namen Selmar 1789 erschienen. Oft genug hat Schleiermacher ihm in hingebender Freundschaft seine Zeit geopfert und ihm Episteln und ähnliches abgeschrieben — und während er sich so mühte, ging der vielbeschäftigte Freund nach Passendorf spazieren. Da schilt der gutmütige Schleiermacher wohl erst: „Es ist der ärgste Mißbrauch freundschaftlicher Dienstfertigkeit — und ich hätte ihn deiner Delikatesse

---

[1] Vgl. darüber die Einleitung im II. Band.
[2] Br. I, 13.
[3] Vgl. auch Realenzyklopädie für pr. Theologie und Kirche. 17, 590.
[4] Dilthey 34.

nicht zugetraut — daß du einem guten Freund an einem so schönen Tage eine so unangenehme Arbeit zumutest, bloß damit du selbst desto ungestörter deinem Vergnügen nachgehen kannst."[1] Trotzdem blieb die Freundschaft ungestört und gern ordnete sich Schleiermacher dem weltgewandten Freunde unter.

Der Vater beschäftigte sich allmählich in seinen Briefen immer weniger mit den inneren Angelegenheiten des Sohnes — er fühlte wohl, daß er gegen die ruhige Selbstsicherheit nicht aufkommen konnte; desto mehr tritt die Sorge um das äußere Fortkommen hervor. Ihm fehlten die Mittel, um Friedrich länger unterhalten zu können. Dieser mußte also daran denken, recht rasch eine Stellung zu finden. So hält ihn der Vater dringend an, sich im Französischen und Englischen zu vervollkommnen und Beziehungen mit vornehmen Familien anzuknüpfen, damit er eine Stellung als Hauslehrer erhalten könne.

Als aber im Frühjahr 1789 das Ende der Studienzeit da war, da zerschlug sich die Aussicht auf eine Schulstelle in Breslau, und in Halle war bei der Überzahl studierter Leute für ihn keine Möglichkeit, Lebensunterhalt zu erwerben. So mußte er bei dem Onkel Stubenrauch, der Herbst 1788 eine Landpredigerstelle zu Drossen in der Neumark angenommen hatte, eine vorläufige Zuflucht suchen. Mit schmerzlichen Empfindungen verließ er Halle.

Drossen.

Am 26. Mai traf er in dem freundlichen Städtchen, 4 Meilen von Frankfurt a. O., ein, die letzte Strecke zu Fuß zurücklegend, während er über Berlin nach Frankfurt die Post benutzt hatte. Das stille Bibliothekzimmer des Onkels nahm ihn für ein Jahr auf, für ein Jahr, in dem er innerlich wachsen und sich fortbilden sollte. In dieser Abgeschiedenheit berührten den jungen Theologen wenig die Folgen des Wöllnerschen Religionsediktes. Er lebte in der friedlichen Umgebung ruhig seinen Arbeiten und seinem Freundes-Briefwechsel. Das Städtchen mit seinem Eichenwald und dem Jägerhaus davor, die alte Stadtmauer, die ganze engumhegte Gemütlichkeit der kleinen Gassen, die schlichte Geselligkeit mit den Honoratioren und endlich die norddeutsche Kernigkeit und feste Überzeugungstreue des Onkels: das alles schuf eine Atmosphäre, wie sie für die innerliche Gärung und das Ringen nach Klarheit äußerst geeignet war. Dabei blieb er im Konnex mit der „größeren Welt": der Onkel hielt die Jenaer Literatur-Zeitung und andere gelehrte Blätter,

---

[1] Br. IV, 5.

aus Frankfurt kamen Bücher, aus Halle Eberhards Magazin, so daß man — wenn auch etwas verspätet — von allen Tagesfragen unterrichtet war, wenn auch die schöne Literatur kaum dabei Berücksichtigung fand.

Seine theologischen Studien setzte Schleiermacher erst energischer fort, als die Prüfung in Berlin in bedenkliche Nähe rückte. Dafür versenkte er sich um so eifriger in die Antike und in Kant. Aristoteles, Platon, Xenophon, Lucian: das waren die Genossen seiner Stunden, wenn er einsam hinter seinem Schreibtisch saß. Mit Kant hat er sich in der 50 Oktavseiten umfassenden Abhandlung „Über das höchste Gut" und in dem Gespräch „Über die Freiheit des Menschen" gründlich auseinandergesetzt. Diese Studien fanden erst in der „Kritik der Sittenlehre" ihren Abschluß. Ans Publizieren dachte er dabei kaum und schrieb am 9. Dezember 1789 an Freund Brinkmann: „Das Schreiben hab' ich völlig für dieses Leben aufgegeben, weil ich so gewiß als von meiner eignen leider sehr unnützen Existenz davon überzeugt bin, daß in diesem Stück niemals etwas aus mir werden kann."[1]

Nicht immer ist seine Stimmung so trübe gewesen, am 23. Dezember 1789 schreibt er an den Vater: „Mit dem Lesen wechselt bei mir das Schreiben ab; denn ich finde oft bei meinen Materien Gelegenheit zu einem kleinen Aufsatz, und ich glaube, daß dies eine sehr gute Übung ist." Dieser Brief enthält überhaupt interessante Berichte über Inneres und Äußeres, so daß wir ihn zur Kennzeichnung des Lebens in Drossen zum Teil hier anfügen wollen: „Die Empfindelei, diese Auszehrung des Geistes,   diese ist für meine Seele niemals gefährlich gewesen   Noch weiter aber bin ich immer von der Systemsucht entfernt geblieben... Ich glaube nicht, daß ich es jemals bis zu einem völlig ausgebildeten System bringen werde, so daß ich alle Fragen, die man aufwerfen kann, entscheidend und im Zusammenhang mit aller meiner übrigen Erkenntnis würde beantworten können; aber ich habe von jeher geglaubt, daß das Prüfen und Untersuchen, das geduldige Abhören aller Zeugen, aller Parteien, das einzige Mittel sei, endlich zu einem hinlänglichen Gebiet von Gewißheit, und vor allen Dingen zu einer festen Grenze zwischen dem zu gelangen, worüber man notwendig Partei nehmen und sich und einem jeden andern Rede und Antwort muß stehen können, und zwischen dem, was man ohne Nachteil seiner Ruhe und Glückseligkeit unentschieden lassen kann. So sehe ich den Kampfspielen philosophischer und theologischer Athleten ruhig zu, ohne mich für irgend einen zu erklären, oder meine Freiheit zum Preis einer Wette für irgend einen

---

[1] Br. IV, 42.

zu setzen; aber es kann nicht fehlen, daß ich nicht jedesmal von beiden etwas lernen sollte. Alles, was ich vornehme, geschieht mit einer gewissen Vehemenz, und ich ruhe nicht eher, bis ich — auf einem gewissen Punkte wenigstens — damit fertig bin. Diese Art zu studieren hat vielleicht, wie jede andere, ihre Fehler, aber auch ihre unleugbaren Vorzüge; man wird nicht so durch die Menge ganz verschiedener Gegenstände zerstreut und verwirrt, und da man immer durch ein gewisses Bedürfnis, durch irgend eine Lücke, die man in seinen Kenntnissen gewahr wird, zu seinen Beschäftigungen getrieben wird, so tut man alles con amore und läuft nicht Gefahr, um der festgesetzten Ordnung willen einen Teil seiner Zeit auf etwas zu wenden, was man nicht nötig hat."[1]

Neben dem Umgang mit dem Onkel, dessen gerade und schlichte Art ihm zeitlebens als das Ideal für einen Prediger vorschwebte, schuf Schleiermacher sich seine eigene Sphäre in dem Freundesbriefwechsel mit Brinkmann, dessen galantes Getändel durch den Kampf zwischen Eberhard und Reinhold gestört worden war, so daß er in einiger Verwirrung mit seinem „Freundschaftsarchiv" nach Schweden reiste. In diesen Briefen zeigen sich schon Anklänge des späteren Freundschaftskultes, die weitab liegen von der rationalistischen Stimmung seiner Umgebung. Dem Freunde schwärmt er von der ersten Frau, die ihn angezogen, begeistert vor, von der Tochter des Predigers Schumann in Landsberg a. W., des Schwagers von Onkel Stubenrauch, den er im Sommer 1789 besuchte. In diesen Briefen entfaltet er seine Pläne zu „kritischen Briefen" und zur Aristoteles-Übersetzung, entwickelt seine Auffassung vom Verhältnis der Theologie zur Philosophie, und klagt — als das Examen näher rückt — über den theologischen Wust. Die Aussichten auf die Prüfung und auf sein ungewisses Schicksal — als Kandidat konnte er noch 10 Jahre vielleicht unbesoldet herumlaufen — verbitterten ihm die Gegenwart. Namentlich die Theologie, sein Berufsfach, wollte ihm gar nicht innerlich nahe treten: „Ich fürchte, mein guter Genius wird ominös die Flügel über meinem Haupt schütteln und davon fliehen, wenn ich von theologischen Subtilitäten Red' und Antwort geben soll, die ich im Herzen — verlache."[2] Aber da half nichts — im April 1790 mußte er nach Berlin, wo er ein unangenehmes halbes Jahr im Hause seines Vetters, des alten, beinahe blinden Predigers Reinhard zubrachte, zwischen Vorbereitungen, Besuchen bei „Gönnern" und Sorgen rastlos umhergetrieben. Im Mai war die Prüfung überstanden und nach

---

[1] Br. I, 82 ff. [2] Br. IV, 47.

einigen Monaten erhielt er durch Vermittelung des Hofpredigers Sack eine Informatorstelle beim Grafen Dohna zu Schlobitten (Ostpreußen).

Im Dohnaschen Hause.

Am 22. Oktober traf er, nach einem lebensgefährlichen Übergang über die Weichsel,[1] auf dem prächtigen Gute ein, um sich vorzustellen und dann nach Königsberg zum jungen Grafen Wilhelm zu eilen, dessen Studien er leiten sollte. Ein Unwohlsein hielt ihn fest, und da er sich in dem vornehmen Schlosse bei den bedeutenden Menschen sehr zufrieden fühlte, blieb er dort als Hauslehrer der 3 jüngsten Grafen Louis, Fabian und Fritz, während die Hofmeisterstelle bei Graf Wilhelm aufgegeben wurde. Eine sehr glückliche Zeit für Schleiermacher begann. Eine neue Welt ging ihm in diesem aristokratischen, dem Königshause nahe stehenden Kreise auf. Der alte Graf, ein knorriger Charakter mit klugem Geiste, seine Gattin Caroline, von schönem Wuchs, in der großen Welt aufgewachsen und doch am liebsten im häuslichen Kreise sich bewegend, die älteste Komtesse Caroline mit feinfühlendem Herzen und einem leisen Hang zur Schwärmerei, und dann: „Friederike, zwischen sechzehn und siebzehn Jahren, vereinigt Alles, was ich mir jemals von Reiz und Grazie des Geistes und Körpers gedacht habe" (an Catel).[2] Ein zartes und reines Gefühl, aus verehrender Liebe und herzlicher Freundschaft gemischt, entfaltete sich in dem jungen Lehrer — hier ging ihm der Sinn für die Frauen und damit die Erkenntnis des menschlichen Wertes zum ersten Male voll auf. Auch einen neuen Freund gewann er in dem Prediger Wedecke: so hatte er überreiche Anregung durch seine Umgebung.

Die strenge, theologische Facharbeit kam dabei wieder ein wenig zu kurz. Viel Zeit für sich allein hatte er nicht: zwischen 5 und 6 stand er früh auf, bis 7 war er sein eigener Herr; ebenso von 11—1 und nach $^1/_2$10 Uhr abends. Sonst war er mit dem Unterricht beschäftigt oder im geselligen Umgange im Kreise der Familie: Schachspiel, Gespräch und Vorlesen lösten einander ab. Auch das Predigen ward ihm in diesem Kreise zuerst zu einem ihn innerlich erfüllenden Beruf. Seine Predigten, die von Onkel und Vater nicht ganz gebilligt wurden und an denen auch die Gräfin etwas „zu Neues" fand, zeigen hier schon eine Eigenart,

---

[1] Vgl. Br. III, 30 u. R. Baxmann: Fr. Schleiermacher. Elberfeld 1868. S. 36.
[2] Br. III, 33.

die ihnen geblieben ist: „Dem Worte zu geben, was verstehende, befreundete Gemüter bewegt .." (Dilthey.) Am Neujahrstage 1792 sprach er auf der Kanzel über das Glück im Leben, das Problem des Glückes beschäftigte ihn überhaupt dauernd — am 21. November 1792 begann er mit „Selbstprüfungen" seine Abhandlung „Über den Wert des Lebens"[1] — seine philosophischen Versuche zum Druck abzuschließen plante er energisch, vom Onkel und von Sack dazu gedrängt. In Schleiermacher beginnt eine phantasiemäßige Vorahnung einer Umgestaltung des Weltbildes, eines neuen Gottesbegriffes; auch die Stellung von Staat und Kirche betrachtet er kritisch — nach seinen jetzigen Ansichten soll der Staat sich überhaupt nicht um die Religion kümmern. So sehen wir einschneidende Wandelungen vorbereitet.

Äußerlich verlief der Aufenthalt in Schlobitten ziemlich ruhig, nur durch eine kurze Fahrt nach Königsberg wurde er unterbrochen, auf der Schleiermacher Kant kennen lernte, ohne gerade einen angenehmen Eindruck von ihm zu erhalten. Doch so ganz ungetrübt blieben die Beziehungen zwischen der gräflichen Familie und ihm nicht; eine Differenz mit der Gräfin im Frühjahr 1791 war bald vergessen, doch gab es gelegentlich Wortwechsel mit dem hitzigen alten Herren über Politik und pädagogische Prinzipien. Der Graf, bis ins Innerste konservativ, konnte über leise geäußerte liberale Ansichten aufbrausen — und Schleiermacher war noch immer etwas steif, etwas stolz, etwas scharf und leicht verletzbar, so daß ihn der Onkel mahnte, gegen eine allzu große Empfindlichkeit auf der Hut zu sein und sich vor beißenden Ausdrücken in acht zu nehmen. In Erziehungsfragen war auch manchmal der gräfliche Vater anderer Ansicht als der Lehrer, und darüber kam es am Abend des 6. Mai 1793 zum Bruch. Am nächsten Tage erfolgte in aller Freundschaft eine Aussprache — aber es war klar, daß ein Bleiben Schleiermachers nicht angezeigt erschien. Er war sich zu genau bewußt über das, was er wollte, und war es seinem ethischen Gefühle schuldig, sich zu behaupten. Aber unsäglich schwer wurde ihm die Trennung: ihn hielt mehr, als auch die Freunde wußten, an diesen schönen Fleck ostpreußischen Landes gekettet. Zwei Wochen blieb er noch auf Schlobitten, zwei weitere in Schlodien bei Wedecke — dann reiste er über Landsberg zu dem Onkel nach Drossen, wo er am 17. Juni eintraf. Die Zeiten des naiven Glücksgenusses waren für immer vorüber. Der ganze Ernst des Daseinskampfes trat wieder an ihn heran.

---

[1] Dilthey, Anhang 46ff.

Der junge Prediger.

Im August ging er nach Berlin, um sich dort die Fähigkeit zur Anstellung zu erwerben. Als vorläufige Versorgung erhielt Schleiermacher durch Sack eine Stellung an Gedikes Seminar, mit 120 Talern Gehalt. Das war nun gar nichts für ihn: mit den Berliner Rangen wurde er nicht gut fertig. Mit seinem Dasein unzufrieden, fand er noch keinen Eingang in die höhere Geselligkeit.

Aus dieser peinlichen Lage befreite ihn die Aussicht auf eine Adjunkt-Stelle bei dem alten Schumann in Landsberg — schleunigst ließ er sich pro ministerio prüfen und ordinieren und trat im April 1794 die Stelle an.

Die hübsch am Abhang von Hügeln gelegene größere Landstadt hat über zwei Jahre Schleiermacher als Prediger gehabt. Von literarischen Dingen ziemlich abgeschnitten, durch die lebhafte Geselligkeit manchmal in Anspruch genommen, hat Schleiermacher sich hier innerlich und äußerlich zum bedeutendsten Kanzelredner entwickelt. Seine Predigten dachte er bis ins einzelne durch, schrieb sie aber erst auf, nachdem sie gehalten waren. Die Predigten aus dieser Zeit stellen einen fein gegliederten begrifflichen Zusammenhang dar, „von ruhiger Wärme gleichmäßig durchdrungen, kein Schmuck, keine plötzliche Begeisterung, nichts von den beliebten Predigtbeispielen..." (Dilthey 67.) Seinen Stil bildete er teilweise an dem Engländer Blair, dessen Reden er mit Sack zusammen übersetzte: seine erste gedruckte Arbeit. Sie wurde später (1798) durch eine Fawcett-Übertragung und einen weiteren Band Blair fortgesetzt (1802). Von politisch-patriotischen Vorgängen nahm Schleiermacher hier noch keinen Anlaß, auf der Kanzel zu reden: — in einer Predigt zur festlichen Feier des Baseler Friedens vom April 1795 hat er nichts von Zeitereignissen erwähnt. Katechisation und Schulvisitation übte er mit Hingabe an seinen Beruf aus — dem alten Schumann war sein Eifer sogar oft zu heftig! — Von wissenschaftlichen Arbeiten sei nur die unvollendete „Kurze Darstellung des spinozistischen Systems" (SW. III, 4[1]) erwähnt, die wahrscheinlich in dieser Zeit entstand. (Dilthey, Anhang S. 65.) Goethes „Wilhelm Meister" „entzückte" ihn in Landsberg.

Die Tochter seines gestrengen Vorgesetzten, an den Beamten Benecke verheiratet, die schon bei dem ersten Besuche aus Drossen sein Herz berührt hatte, war in dieser Zeit der Gegenstand seiner herzlichen Zuneigung und intimen Freundschaft. Sie war — das mußte er bald erfahren — ein leidenschaftliches Weib, und er hat es als ihr Berater in allen Dingen oft nicht leicht gehabt. Mit besonderer Liebe nahm er sich ihres Töchterchens an und unterrichtete es täglich. Der beschützende, väterliche Zug, der später in den Verhältnissen zu Frauen so hervortrat, ist hier schon deutlich zu erkennen.

Am 2. September 1794 starb der Vater, seine zweite Frau mit einer kleinen Pension zurücklassend, von der sie leben und die noch kleinen Kinder erziehen mußte. Schleiermacher hat diesen Schlag unendlich schmerzlich empfunden und schloß sich seither noch enger an die geliebte Schwester Charlotte an, mit ihr Erinnerungen an den Verstorbenen austauschend, wobei ihn der Gedanke an den Zwist von Barby besonders wehmütig stimmte.[1]

Juni 1795 starb auch der alte Schumann. Die Gemeinde bat das Direktorium, ihr Schleiermacher als ersten Prediger zu lassen; doch dieser erschien den Herren als zu jung, und so erhielt Onkel Stubenrauch die Stelle, während Schleiermacher einen kleinen Posten an der Charité in Berlin übernahm; auf eine zweite Predigerstelle in Brandenburg verzichtete er zugunsten eines älteren Kandidaten, der sich in schlimmer Lage befand. Über Schlesien, wo er die Schwester besuchte, reiste er nach Berlin — einer neuen Zeit, dem Höhepunkte seines Lebens entgegen.

Gewinn der neuen Weltanschauung.

Im September 1796 zog Schleiermacher in seine kümmerliche Wohnung, im dritten Stock des alten Charité-Gebäudes gelegen, ein; später wohnte er außerhalb des Oranienburger Tores. Die Charité lag damals entfernt von der Stadt, in wüster Gegend. Die Zustände — was Reinlichkeit, Essen usw. anbetrifft — ließen mehr als alles zu wünschen übrig, so daß schließlich die höheren Beamten eine Beschwerde einreichten. Der Wirkungskreis für den Prediger war ein recht beschränkter: es kamen zwar auch Leute aus den nächsten Stadtteilen in die Kapelle, aber das war ein Publikum, zu dem Schleiermacher ganz anders sprechen mußte als zu seiner Landsberger Gemeinde. So konnten ihn die äußeren Verhältnisse seiner Stellung nicht gerade begeistern. Er blieb auch zunächst ziemlich einsam. „Da kann ich sitzen Stunden lang und mit dem größten Vergnügen meine Gedanken und Empfindungen ansehn, wie die indianischen Gymnosophisten ihre Nasenspitze", schrieb er August 1797 noch an die Schwester. Im ersten Winter verkehrte er im Kreise der Sacks und Spaldings und beschäftigte sich mit kirchenpolitischen Untersuchungen usw. Im Juni 1797 besuchte er auf 14 Tage den alten Onkel Stubenrauch in Landsberg und fand ihn abgestumpft, kränklich und bitter — das war der letzte Eindruck der alten Welt, die ihn bisher umgeben.

---

[1] Br. I, 139 f.

Eine neue stieg herauf. Alexander Dohna hatte ihn in das Haus des Hofrats Marcus Herz eingeführt, des angesehensten jüdischen Arztes, der sich als junger Mann der Teilnahme Kants zu erfreuen gehabt und durch Schriftstellern und Vorträge sich einen Namen gemacht hatte. Er besaß die Gabe geistreichen Gespräches in hohem Maße.

„Welch ein liebender Kreis von weisen Freunden umgab ihn!
Jeder schätzte den Arzt, Denker und Spötter in ihm.
Gleich den Weisen Athens liebt er die fröhlichen Zirkel.
Seine Sorgen allein bleiben im Herzen versenkt;
Alles opfert er sanft auf dem Altare der Freundschaft,
Seinen Witz und Wein, seine Erfahrungen gern." Göckingk.

Neben ihm stand seine Gattin Henriette, 17 Jahre jünger als er, eine von allen angeschwärmte, vielbewunderte Schönheit.[1] Ihre Erscheinung wird durch keinen aufdringlichen Zug von Emanzipationsgelüsten gestört, wenn sie selbst auch in der Ehe mit dem etwas nüchternen Rationalisten keine Erfüllung ihres Wesens fand, zumal ein Kind fehlte. Sie war nicht geistreich und sprühend, aber sie hatte einen klaren Verstand (sie beherrschte z. B. zehn Sprachen, darunter Sanskrit und Türkisch) und vor allem ein unvergleichlich reiches Empfindungsleben und die Fähigkeit, mit andern tiefen Naturen innig mitzufühlen.[2] Die ganze Fülle ihrer Natur entfaltete sich in der neuen vergeistigten Geselligkeit, die seit Ende der 80er Jahre unter dem Einfluß des Goethischen Lebensideals aufblühte. Das ältere Berlin gegen Ende der Lebenszeit des großen Friedrich hatte auch schon seine Salons gehabt, so das berühmte Bauersche Haus. Da gaben die Mendelssohn und Nikolai den Ton an. Es herrschte die verstandesmäßige Kritik, wie sie Berlin durchzog, seit man begann, die Sittenlosigkeit und Üppigkeit der Stadt zu geißeln. Die ehrgeizigen, klugen und reichen jüdischen Familien verstanden es, die höheren Geister schon damals an sich zu ziehen. Henriette Herz hatte selbst noch zu Füßen des greisen Mendelssohn gesessen, der die Juden aus dem bildungsfeindlichen Bann des Gesetzes befreit hatte; und sie hatte begeistert dann das Goethische Evangelium von der Ausbildung der Individualität aufgenommen, das im Wilhelm Meister der Welt gepredigt wurde. Bei der Stifterin des Tugend-

---

[1] S. Boisserée verglich Henriette mit den venezianischen Frauenporträts von Bordone und Tizian. (Vgl. H. Rinn: Schleiermacher und seine romantischen Freunde; Sammlung gemeinverständlicher Vorträge von Virchow und Holtzendorff, N. F. 5.)

[2] Schleiermacher und seine Lieben. In Briefen der Henriette Herz. Magdeburg 1910. S. 5.

bundes und der Freundschaftsloge vereinigten sich Prinzen, Diplomaten, Gelehrte, Künstler, Schauspieler zu zwangloser Unterhaltung. Neben den Häuptern der Romantik sehen wir dort Reichardt, Fr. Gentz, Sophie Bernhardi und Sophie Mereau.[1] „Viel gereist und überall mit den geistig hervorragenden Kreisen in Verkehr gekommen, lernte sie (Henriette) den Wert feiner Konversation in der Praxis begreifen" (A. v. Gleichen-Rußwurm).[2]

In diesem Hause vollendete sich Schleiermachers Wesen zu reiner Menschlichkeit. Wie oft ist er nach Neue Friedrichstraße 22 gewandert; vor der Teestunde kam er meist, um Henriette zuerst allein zu treffen. Und wenn er dann ging, im Knopfloch die kleine Laterne, um auf ungepflastertem Wege sein einsames Stübchen zu erreichen, dann nahm er immer innerliche Eindrücke mit sich. „Denken Sie sich nur, schreibt Henriette an den Grafen Dohna, 9. Sept. 1797, der Schleiermacher kömmt fast täglich zu uns und liest mit mir und der Veit das Schlegelbuch [Griechen und Römer], das sehr schwer ist."[3] Das Verhältnis zwischen Henriette und „Schleier" ist reine Freundschaft gewesen, und hat nichts mit sinnlicher Liebe zu tun gehabt. Die Geselligkeit als freie Selbstdarstellung der Persönlichkeiten ist seit jener Zeit ein ethischer Grundwert des Philosophen geworden.

In diesem Zirkel wurde ihm auch die wichtigste Begegnung seines Lebens zuteil, die mit dem jungen, eben berühmt gewordenen Friedrich Schlegel. Hier fanden sich zwei Geister, die sich in diesem Punkte ihres Entwicklungsganges unendlich viel zu sagen hatten. „Schlegel zuerst eröffnete seinem Freunde den Einblick in die Welt der Kunst und Poesie. Schlegel zuerst wies ihn nachdrücklich auf die Fichtische Fassung der Kantischen Lehre hin. Schleiermacher trug jenem eine durchgebildete sittliche Anschauung entgegen, und stellte sich selbst als eine noch durchgebildetere Verkörperung dieser Anschauung, als eine vorragend ethische Persönlichkeit dar." (Rudolf Haym.)[4] Schleiermacher war von Schlegel enthusiasmiert, bis zur Urteilslosigkeit begeistert. Er schwärmte der Schwester vor von dieser alles überragenden, großen Originalität, von den unbegreiflich ausgebreiteten Kenntnissen. Er sah in ihm einen großen Philosophen, ja, einen starken sittlichen Charakter!

---

[1] R. A. Lipsius: Schleiermacher und die Romantik 1876, in Glauben und Wissen. XIII. Berlin 1897.

[2] Geselligkeit. Stuttgart 1910. S. 80.

[3] Ungedruckte Predigten Schleiermachers, herausgegeben von Joh. Bauer. 1909, S. 108.

[4] Die romantische Schule. Aufl. 1906. S. 414 f.

Unbedingt fast ordnete er sich zuerst ihm unter. Viel richtiger hat Schlegel den neuen Freund beurteilt. Mit einer Skizze über „Immoralität aller Moral" erwarb sich der junge Prediger die Achtung des genialen Schriftstellers. „Schleiermacher ist ein Mensch, in dem der Mensch gebildet ist. . Er ist nur drei Jahre älter wie ich, aber an moralischem Verstande übertrifft er mich unendlich weit. Ich hoffe noch viel von ihm zu lernen. Sein ganzes Wesen ist moralisch —" (an A. W. Schlegel, November 1797, vgl. Haym S. 415.) Tiefste, in sich gefaßte Innerlichkeit machte Schleiermachers Wesen aus (Dilthey). Fr. Schlegel brachte ihm nun die alldurchdringende Universalität nahe, die später so bezeichnend für sein Denken ist. Mit Schelling und Schleiermacher als „Symphilosophen" wollte er eine universalgeschichtliche Kulturphilosophie entwerfen,[1] im Lyzeum und Athenäum sollten die Freunde vereint mit ihm auftreten. Deshalb trieb er den jungen Prediger und „rupfte beständig" an ihm, er solle endlich etwas schreiben.[2] Äußerlich und innerlich wurde Schleiermacher so durch die Begegnung mit einem genialen Menschen in die Bewegung der neuen, mächtig aufstrebenden Generation hineingezogen. Schlegel erst gelang es, „diese große, aber ganz beschauliche Natur der geistigen Bewegung seiner Zeit gegenüber zu einer bestimmten Rückwirkung zu bringen" (Dilthey 234).

Gehoben und getragen von den neuen Verbindungen fühlte er sich, als an seinem 29. Geburtstage Henriette, Dorothea Veit, Alexander Dohna und Schlegel zu ihm kamen und eine gemütliche Feier mit Schokolade und Kuchen veranstalteten; und Neujahr 1798 zog Friedrich zu dem Freunde in die Wohnung, so daß sie eine förmliche „Ehe" führten. „Wie neu ist mir das, daß ich nur die Türe zu öffnen brauche, um mit einer vernünftigen Seele zu reden, daß ich einen guten Morgen austeilen und empfangen kann, sobald ich erwache, daß mir jemand gegenübersitzt bei Tische und daß ich die gute Laune, die ich abends mitzubringen pflege, noch früh jemand mitteilen kann."[3] Eine kleine kritische Bemerkung fügt er an, die ihn selbst charakterisiert: „Was ich doch vermisse, ist das zarte Gefühl und der feine Sinn für die lieblichen Kleinigkeiten des Lebens und für die feinen Äußerungen schöner Gesinnungen, die oft in kleinen Dingen unwillkürlich das ganze Gemüt enthüllen."

Vgl. F. Lederbogen, Fr. Schlegels Geschichtsphilosophie. Leipzig 1908.

Fr. Schlegels Briefe an seinen Bruder August Wilhelm, herausgegeben von Walzel. Berlin 1890, S. 222.

[3] Br. I, 176.

Schleiermacher ist das ethische Genie unter unseren Großen. „In der Feinfühligkeit für sittliche Tatsachen und Bedürfnisse, in der unablässigen Arbeit an sich selber, in dem so entspringenden sittlichen Verstande ist seit Luther niemand mit ihm zu vergleichen." (Dilthey 239.) Schriftstellerisch begann Schleiermacher jetzt unter Schlegels Drängen „ethische Rhapsodien" niederzuschreiben, die in die berühmten Athenäum-Fragmente übergegangen sind. An Kant anschließend, hatte er bereits in seiner früheren Entwicklung die unbedingte Apriorität des Sittengesetzes begriffen, er hatte einen ethischen Determinismus ausgebildet — ganz unabhängig vom Pantheismus Spinozas, den er erst 1794 in Landsberg näher studiert hatte; schließlich hatte er im Begriffe des höchsten Gutes als der Gesamtheit alles ethisch Geschaffenen die Grundlage seiner ganzen Ethik gewonnen. Aus eigenstem Erleben bildeten diese Gedanken sich jetzt fort und wurden ergänzt durch die Idee der Individualität als der Eigenbestimmtheit des menschlichen Wesens und durch ihr Komplement: die freie Gemütsgemeinschaft in gegenseitiger Mitteilung. In diesem Kreise innerlicher Gemeinschaft erfüllte sich nach seinem damaligen Ideal das wahre Leben. „Es scheint mir die unnachläßliche Pflicht eines jeden Menschen zu sein, andere zu erziehen."[1] „Eigentlich gibt es doch keinen größeren Gegenstand des Wirkens, als das Gemüt, ja überhaupt keinen anderen."[2] Unter Beeinflussung von Leibniz, Jakobi, Goethe u. a. bilden sich seine Gedanken aus, der Plan von „Selbstanschauungen", den späteren „Monologen", entsteht, und gleichzeitig kritisiert Schleiermacher die anderen Ethiker: im Sommer 1798 arbeitet er an einer gegen Kant und Fichte gerichteten Moralkritik, deren Positives eine Apologie der Humanität sein sollte. Daneben entstehen Essays „über die gute Lebensart", über Scham und Treue — ganz herausgewachsen aus der Umgebung.

Durch das Athenäum knüpften sich Beziehungen zu der ganzen ersten Generation der Romantik an, so zu Novalis, Tieck, A. W. Schlegel. Nicht zu verwundern ist es, daß Schleiermacher in ästhetischen Fragen durch die Lehren der neuen Schule beeinflußt ist[3] und daß in seiner „Ästhetik" noch überall sich Anknüpfungen finden. Auch mit dichterischen Plänen hat er sich jetzt und später getragen, ein Heft Gedichte hat Dilthey aufgefunden, mit einem Roman-Projekt hat er sich lange beschäftigt.

---

[1] Br. I, 190.   [2] I, 195.

[3] Über die Beeinflussung Schleiermachers durch die Romantik nach der Formseite seiner Schriften; vgl. Bauer: Schleiermacher als patriotischer Prediger. Gießen 1908. S. 229.

Ihm fehlte aber zum schaffenden Künstler die Macht der sinnlichen Anschauung: in Verständnis und Nachempfinden, ja auch in der architektonisch-künstlerischen Gliederung seiner späteren Werke zeigt sich ein gut Teil Künstlergeist. Auch die erste geniale Zusammenfassung der neu gewonnenen Weltanschauung, die Reden über die Religion, sind wesentlich bedingt in ihrer Gestaltung durch das künstlerische Milieu![1]

Über die Entstehungsgeschichte der „Reden über die Religion, an die Gebildeten unter ihren Verächtern" (1799) wissen wir merkwürdig wenig — in den Briefen finden sich kaum Andeutungen. Die ersten Gedankenkeime im Tagebuch sind nicht vor August 1798 aufgezeichnet. Im November begann wohl die Niederschrift, Mitte Februar 1799 wurde Schleiermacher dann nach Potsdam geschickt, um den Prediger Bamberger zu ersetzen, und war damals bis gegen Ende der 2. Rede vorgedrungen. Die Trennung von Henriette, die neuen Amtsgeschäfte wirkten hemmend auf die Produktion: der dithyrambische Schwung im Stil der Reden hält sich nur in den ersten zwei auf gleicher Höhe, später wurde er etwas maniriert. Auch inhaltlich liegt fast alles in den Anfangsreden beschlossen. Am 15. April waren die Reden vollendet. Die Entwicklung der eigenen Gedanken bei Schleiermacher war bisher fast ausschließlich auf ethische Probleme gerichtet gewesen, die „Monologen" erscheinen als ihr folgerechter Abschluß.[2] Bei dem Ringen um den dort entfalteten Individualitätsgedanken, der ihm gerade in religiöser Beziehung bei den Herrnhutern schon aufgegangen sein mag, ergab sich für Schleiermacher die Einsicht, daß Individualität ohne Religion nicht denkbar sei: hier liegt vielleicht der äußere Anlaß zur Niederschrift der Reden.[3]

„Daß ich rede ist die innere unwiderstehliche Notwendigkeit meiner Natur, es ist ein göttlicher Beruf, es ist das, was meine Stelle im Universum bestimmt, und mich zu dem Wesen macht, welches ich bin." (Reden, 1. Aufl. S. 5.) Aus dem durchaus individuellen Drange einer genialen Natur wurde hier ein Werk geboren, das so typisch wie kaum ein anderes den vollen Sieg eines neuen Zeitalters darstellt. Versunken ist der Rationalismus. Die individuelle Seele mit all ihren Kräften und Fähigkeiten ist der Ausgangspunkt und Quellpunkt alles

---

[1] Vgl. dazu auch Lamprecht, Deutsche Geschichte X, 58f.

[2] Vgl. G. Wehrung: Der geschichtsphilosophische Standpunkt Schleiermachers zur Zeit seiner Freundschaft mit den Romantikern. Stuttgart 1907.

[3] Samuel Eck: Über die Herkunft des Individualitätsgedankens bei Schleiermacher. Gießen 1908.

Wissens. Und doch wieder ist es bei Schleiermacher nicht das starre Fichtesche Ich, das weltbeherrschend auftritt. Im Gegenteil: aus einem gewissen Stimmungsgegensatz gegen den selbstherrlichen Idealismus sind die Reden entstanden.[1] Schleiermacher ist nie Kantianer in strengstem Sinne und nie Fichtianer gewesen; er hat von jeher einem transzendentalen Realismus zugestrebt, der in vielen Stücken an E. v. Hartmann erinnert. Als metaphysischen Grundgedanken der Reden müssen wir geradezu hervorheben: Das Jenseitige ist für uns erkennbar, denn es hat nur Realität in den Individualisationen der endlichen Welt.[2] So stellt Schleiermacher den Menschen nicht als isoliertes Ich auf, sondern er will gerade zeigen, daß er überall umfangen ist von dem Universellen, Unendlichen, das in seiner Realität dem Individuum unendlich überlegen ist! Nur auf Grund dieser erkenntnistheoretischen Anschauungen, die später in der „Dialektik" ihre Vollendung fanden, läßt sich die Definition der Religion in den Reden begreifen.

Die Reden sind eine Kampfschrift — die hervorragende Stellung der Religion im Geistesleben der Menschheit will Schleiermacher dadurch neu sichern, daß er ihr wahres Wesen zeigt, und es abgrenzt gegen Metaphysik und Moral. „Daß sie aus dem Inneren jeder besseren Seele notwendig von selbst entspringt, daß ihr eine eigne Provinz im Gemüte angehört   das ist es, was ich behaupte." (37.) Alle dogmatischen Lehrsätze gehören nicht zum Wesen der Religion, sie beruht vielmehr auf einem andächtigen Anschauen des Universums, des Unendlichen im Endlichen. Religion ist Sinn und Geschmack fürs Unendliche. Alle Begebenheiten in der Welt als Handlungen eines Gottes sich vorstellen, das ist Religion. Die religiöse Anschauung muß alldurchdringend sein! Praxis haben zu wollen ohne Religion, ist freche Feindschaft gegen die Götter. Das ist einer der charakteristischen Züge des ganzen Schleiermacher: er will alles Ideelle ins Reelle hineinbilden, er will nicht bei Ideen stehen bleiben, sondern sie im Leben betätigen. Sein lebendiger Sinn für Individualität, der ihm aus der Erfahrung erwachsen war, bestärkte ihn darin. Er wollte den Menschen in seiner ganzen Lebensfülle vergeistigen, nicht alles ins Gedankliche auflösen. Schleiermacher ist am wenigsten Intellektualist unter allen unsern großen idealistischen Philosophen. „Hier war die Zartheit des Empfindens und

---

[1] Vgl. R. Otto in der Einleitung zu seiner Ausgabe der Reden. 2. Aufl. 1906. S. XII.
[2] Vgl. H. Süßkind, Der Einfluß Schellings auf die Entwicklung von Schleiermachers System. Tübingen 1909. S. 24. (Die Auffassung von S. rückt Schleiermacher etwas zu weit von Kant fort: vgl. Dorner: Theologische Studien und Kritiken. 1901. Dagegen behält S. Wehrung gegenüber wohl Recht.)

Verstehens, wie die Romantiker sie besaßen, vereinigt mit der Kraft eines hochstrebenden ethischen Willens, der vom bloßen Genießen zum Umsetzen des Empfundenen in Leben und Tat drängte. Und was ebensoviel bedeutete: Er führte die pantheistischen Gottnaturgedanken der Goethischen Welt aus den Sphären der reinen Geistesbildung hinüber in die protestantische Religiosität selbst und vereinigte sie mit deren noch frischen und lebendigen Trieben." (F. Meinecke.)[1] Im Sinne von Herder, Goethe und Schelling, an dessen Naturphilosophie er Reden S. 172 anknüpfte, nahm er den Menschen als höchste Krone eines Entwicklungsprozesses (ohne Naturalist zu sein!), nicht mehr als Wesen höherer Ordnung, als das er noch bei Kant erscheint.

Schleiermacher selbst hat die Reden 1806, 1821 und 1831 nochmals überarbeitet herausgegeben. Die späteren Fassungen zeigen bei genauer Untersuchung ziemlich einschneidende Änderungen. In der 2. Auflage tritt das positive Christentum viel deutlicher hervor und vor allem hat sich der Religionsbegriff geändert. Seit 1801 nämlich hatte Schelling — z. T. angeregt durch die Reden, die ihn erst abgestoßen, dann aber begeistert hatten — „Anschauung des Universums" als Wesen der Philosophie bezeichnet — und so mußte Schleiermacher, um die Selbständigkeit für die Religion zu retten, diesen Begriff aufgeben und den des Gefühls mehr hervorheben; die Anschauung überläßt er dem wissenschaftlichen Erkennen. Die Stellung von Religion und Wissenschaft zueinander erscheint sogar in der 2. Auflage gerade umgekehrt, wie in der ersten! Außerdem ist — vermutlich unter dem Einfluß Platons — der Individualitätsbegriff aus seiner zentralen Stellung verdrängt.[2]

In die Zeit der Abfassung der Reden fallen eine Predigtsammlung, die 1801 erschien, und die „Briefe bei Gelegenheit der politisch-theologischen Aufgabe und des Sendschreibens jüdischer Hausväter". Beide hängen mit dem Ideenkreise der Reden z. T. zusammen und können hier nur genannt werden. Die Wirkung der neuen Ideen war zunächst keine breite, wohl aber eine bei den geistigen Genossen sehr in die Tiefe gehende: die Schlegels, Novalis,[3] Schelling und Caroline, alle gewinnen

---

[1] Zeitalter der deutschen Erhebung 1795—1815 (Monographien zur Weltgeschichte XXV). S. 25.

[2] Vgl. über diese Unterschiede die sehr gründlichen Untersuchungen von Süßkind a. a. O. Seine Erklärung der Änderungen ist natürlich etwas hypothetisch.

[3] Vgl. z. B. dessen Aufsatz: Die Christenheit oder Europa (1799) Minor II, 40f. Jena 1907, und zum Ganzen: F. Strich: Die Mythologie in der deutschen Literatur. II. Halle 1910.

durch sie ein Verhältnis zur Religion und werden in ihren Werken durch Schleiermacher beeinflußt.

Nach Berlin zurückgekehrt, beschäftigten Schleiermacher zunächst kleinere Arbeiten, eine (recht ungerechte) Kritik der Anthropologie Kants und eine Anzeige der Schriften Garves. Persönliche Verhältnisse brachten ihm tiefe Aufregungen, so namentlich die Entfremdung Fr. Schlegels von ihm, die Ende Juni 1799 einsetzte. Friedrich stand selbst in sehr unruhigen Verhältnissen, die Trennung seiner Geliebten, Dorothea Veit, von ihrem Manne war erfolgt, und dadurch Dorothea in eine sehr peinliche Lage gekommen; er selbst fand kein Gelingen und keinen Lebensunterhalt, glaubte in völliger Selbsttäuschung, sich an Fichte anschließen zu können usw. Das alles trieb ihn bei seinem Mangel an ethischer Kraft in einen Gegensatz gegen Schleiermacher hinein, so daß er mit einem kurzen Lebewohl mit Dorothea nach Jena reiste. Schleiermacher seinerseits hat Friedrich nicht fallen lassen: seine sittliche Größe trieb ihn, mehr für den Freund zu tun, als für ihn selber gut war.

Durch den Gegensatz zu dem einst so verehrten Genossen wurde Schleiermacher erst recht auf seine Eigentümlichkeit geführt und befähigt, sein individuelles Wesen in genialer Selbstdarstellung zu schildern: in kaum 4 Wochen schrieb er, beginnend an seinem 31. Geburtstage, die Monologen.

In den ersten Tagen von 1800 erschien diese anonyme „Neujahrsgabe", fast gleichzeitig mit Fichtes „Bestimmung des Menschen". Beide Schriften eint ein Streben: der ethische Idealismus will die in Kleinlichkeit und äußerlichem Glücksstreben befangene Zeit aufrütteln zur Besserung, zur Vergeistigung. Die Wirkung ins Große war auch diesen Schriften nicht beschieden: erst nach dem äußeren Zusammenbruch begann die sittliche Reform; erst brutale Tatsachen halfen den Gedanken zur Wirkung. Schleiermachers Schrift, in begeistertem, wenn auch nicht immer ausgeglichenem Stile geschrieben, hat ihre innerliche Wirkung dafür auch bis heute bewahrt.

Schleiermacher hatte erst mit pointiertem Witz und beißender Kritik seine Zeit geißeln wollen: unter der Hand wurde ihm die Schrift zu einem „lyrischen Extrakt aus einem permanenten Tagebuch".[1] So ist sie ein Konfessionsbuch geworden — aber eins, das nicht von Schuld und Verfehlung spricht, sondern das ein Urbild, ein Idealwesen der eigenen Seele vorführt, abgelöst von allen Äußerlichkeiten (Br. I, 392; II, 138). Der Vorwurf der Selbstverhimmelung — der so ganz

---

[1] Br. IV, 64.

sinnlos gerade Schleiermacher gegenüber ist — wurde ihm natürlich nicht erspart.[1]

Die Monologen heben die Seite der Sittlichkeit heraus, die in jener Zeit des geselligen Verkehrs mit den Romantikern in Schleiermacher vor allem lebendig war: die Forderung der Individualität. „Es ist mir klar geworden, daß jeder Mensch auf eigene Art die Menschheit darstellen soll." (1. Aufl. S. 40.) Nur spät gelangt allerdings der Mensch zum **vollen** Bewußtsein seiner Eigentümlichkeit; das darf ihn aber nicht hindern, in stetiger Selbstanschauung sich in das Reich der inneren Freiheit zu erheben. „Jegliches Tun soll begleiten der Blick in die Mysterien des Geistes, jeden Augenblick kann der Mensch außer der Zeit leben, zugleich in der höheren Welt" (26). Die innere Selbstbildung setzt auch eine volle Ausbildung des Intellektuellen voraus, denn nie soll der Mensch etwa in mystischer Kontemplation verharren, sondern aus seiner inneren Freiheit soll er die Kraft gewinnen, seine Ideen schaffend in die Welt hineinzutragen (148 f.). So zeigt sich Schleiermacher hier wieder in der Ausübung seines großen Berufes, das **Leben selbst durch die Gedanken zu erhöhen, nicht bloß über das Leben zu denken.** Er kämpft — aus eigner Not — für „Sinn und Wert des Lebens" (Eucken).

Die Monologen zeigen uns einen **ethisch abgeklärten** Individualismus, der sich nur dem abstrakten Vernunftgesetz (Fichte!) gegenüberstellt.[2] Die Gefahren des **schrankenlosen** Individualismus zeigten sich bei all den Naturen, die weniger sittliche Kraft besaßen als Schleiermacher: an den Schicksalen Fr. Schlegels, Schellings, Carolinens und Dorotheas. Auch Schleiermachers Verhältnis zu Eleonore Grunow gehört z. T. in diese Verbindung — allerdings zeigt es uns gerade wieder den gewaltigen Unterschied dieser ethisch reinen Natur gegenüber den Haltlosigkeiten der ihr Nahestehenden.

Eleonore hatte den Prediger Grunow geheiratet, trotzdem er sich schon als Bräutigam herzlos und roh gezeigt hatte, weil sie als 12jähriges Kind ihm ihr Jawort gegeben hatte! Ihre feine Seele litt unsäglich unter der Ehe, und Schleiermacher wurde von einer innigen, teilnehmenden Liebe zu ihr ergriffen. Eleonore zeigt sich in den wenigen Zeilen, die uns von ihr erhalten sind und in den den ihren nachgebildeten

---

[1] Vgl. auch Schieles Einleitung zu seiner textkritischen Neuausgabe der Monologen. Dürrs Philosoph. Bibliothek 84.

[2] Vgl. auch Noth: Schleiermachers Monologen (Neue kirchliche Zeitschrift XII, 1901) und E. Fuchs: Vom Werden dreier Denker. 1904. S. 296.

Worten der Eleonore in den Lucinde-Briefen Schleiermachers als eine Frau von starkem Intellekt, von strengem, ethischen Pflichtgefühl und einer seltenen Tiefe der Empfindung. Unendliches hat diese Frau für Schleiermacher bedeutet: „Unter allen Seelen, die mich angeregt und zu meiner Entwicklung beigetragen haben, ist doch niemand mit Ihnen, mit Ihrem Einfluß auf mein Gemüt, auf die reinere Darstellung meines Innern zu vergleichen" (24. Nov. 1802).[1] Seinem Ideal von der schrankenlosen Pflicht der Individualität sich auszubilden folgend, fühlte Schleiermacher sich berechtigt, die Trennung der Grunowschen Ehe zu wünschen, wenn er auch lange Zeit, bis zum Sommer 1801, nur als Freund Eleonore nahe trat. Von da an hat er immer wieder gehofft, sie zu gewinnen. Mehrere Male schien Eleonore dicht vor der Trennung von ihrem Manne zu stehen — der Gedanke an ihre durch das Ehegelöbnis übernommene Pflicht ließ sie immer wieder davor zurückschrecken, was Schleiermacher und seinem Kreis als Schwachheit erschien. „Der Himmel gebe ihr nur mehr Kraft und Entschlossenheit, als sie bis jetzt gehabt hat," schreibt Henriette am 10. März 1803; aber am 31. März meldet sie Ehrenfried v. Willich, daß Leonore bei ihrem Manne bliebe und Schleiermacher unendlich elend sei.[2] Am 16. November 1805 teilt Schleiermacher an Gaß den endgültigen Abbruch des Verhältnisses mit.

Diese verschiedenen Beziehungen und Kämpfe bilden das Milieu für Fr. Schlegels Unroman „Lucinde" und für Schleiermachers Verteidigungsschrift „Vertraute Briefe über die Lucinde" (1800), die bezeichnenderweise später von Gutzkow und dann in unsern Tagen neugedruckt worden sind. In diesen erreicht von Schleiermachers Seite die Überspannung des individualistischen Prinzips ihre Höhe — mit ihnen hat er einen großen Tribut an die romantische Zeitströmung gezahlt. Seine Ideale ließen ihn in Schlegels ethisch, wie künstlerisch verfehltem Buche noch viel zu viel Gutes sehen, so daß er sich zur öffentlichen Verteidigung hergab. Genützt haben die Briefe dem unglücklichen Buche nichts — sie haben dem allzu hilfsbereiten Verfasser nur geschadet. „Er schrieb die Vertrauten Briefe, weil er die sittlichen Anschauungen liebte, die er, vermöge einer optischen Täuschung, in den Roman hineinlas" (R. Haym[2], 529 f.).

Ein anderer Plan war schon vor diesen Abwegen zwischen den Freunden gereift: der Plan zu einer Übersetzung des ganzen Platon. Fr. Schlegel hat ihn 1799 angeregt, offenbar wohl auch um äußerer

---

[1] Br. I, 368.   [2] Schleiermacher und seine Lieben. S. 49, 50.

Erfolge willen, die ihm aus der chronischen Geldnot helfen sollten. Er versicherte sich der Hilfe Schleiermachers, wollte aber stets die erste Rolle spielen, ja, seinen Namen allein in die Ankündigung setzen. Schleiermacher dagegen gewann sofort innerlichstes Interesse an der Sache, denn Platon hatte ihn schon aufs tiefste beeinflußt. „Es gibt gar keinen Schriftsteller, der so auf mich gewirkt, und mich in das Allerheiligste nicht nur der Philosophie, sondern des Menschen überhaupt so eingeweiht hätte, als dieser göttliche Mann" (9. Juni 1800).[1] So geht er denn mit Feuereifer an die Arbeit und sucht von der Annahme aus, daß Platon seine Philosophie bereits fertig gehabt hätte[2], als er begann, sie in 3 Abteilungen von Dialogen zu entwickeln, eine Gruppierung der Schriften und Kriterien ihrer Echtheit zu finden — ein Gesichtspunkt, für den ihm auch die moderne Forschung verpflichtet ist. Fr. Schlegel aber versagte vollkommen. Er lieferte die Einleitung nicht, er brachte keine Übersetzung fertig — seine guten Einfälle mußte der nie ermüdende Freund immer erst verwerten. Frommann, der mit Interesse den Verlag übernommen hatte, gab ihn schließlich auf. Schleiermacher aber faßte den heroischen Entschluß, ganz allein das Riesenwerk zu bewältigen. Georg Reimer, der mit ihm seit 1802 eng befreundet war, übernahm den Verlag. Die poetische und historische Seite des Unternehmens hat bei dieser Ausscheidung Schlegels gewiß gelitten — im übrigen kann man nicht genug über die gewaltige Leistung staunen, die Schleiermacher in so bewegter Zeit und neben so vielem anderen fertig gebracht hat!

Persönliche und sachliche Anfeindungen setzten 1800 in so hohem Maße ein, daß sich der Freundeskreis aufzulösen begann, und Schleiermacher schließlich Mai 1802 aufs tiefste verstimmt Berlin verließ, um eine Pfarrstelle in Stolpe (Pommern) anzunehmen.

Niedrigste Satire gegen Schleiermacher füllte damals Pamphlete wie die „Laterne des Diogenes", „Gigantomachie" usw. Überall — auch in der Jenaer Literatur-Zeitung — rührten sich die Feinde. Ihr gegenüber sollte eine neue Zeitschrift gegründet werden, an der neben den Schlegels und Schleiermacher auch Fichte und Schelling teilnehmen sollten. Auch daraus wurde nichts. Fichte wollte selbst ein Journal herausgeben, wo er die Hauptleitung haben konnte und alle andern sich nach ihm hätten richten müssen, und Schelling zog sich auch zurück. Es waren zwischen ihm und den Schlegels um Carolinens Willen, die im Juni 1803 Schlegels Frau wurde, manche Mißhelligkeiten vorgefallen. Am 25. März 1801

---

[1] Br. IV, 72.

[2] Dieser Gedanke geht auch auf eine Anregung Fr. Schlegels zurück (Haym 863).

starb Novalis — allmählich löste sich der geistige Bund immer mehr. Zu Fichte, der seit dem Atheismusstreit 1799 in Berlin weilte, konnte Schleiermacher überhaupt kein Verhältnis gewinnen. „Fichte habe ich freilich kennen gelernt: er hat mich aber nicht sehr affiziert. Philosophie und Leben sind bei ihm . ganz getrennt, seine n a t ü r - l i c h e D e n k a r t hat nichts Außerordentliches . ." (4. Jan. 1800[1]). Auch das Verhältnis zu dem Hofprediger Sack hatte sich unerquicklich gestaltet. Die Beziehungen zu Eleonore wurden ebenfalls immer aufreibender — und so kam es, daß Schleiermacher, um seine und ihre Ruhe wiederherzustellen, Berlin mit dem abgelegenen kleinen Orte an der Pommerschen Küste vertauschte. Nach einem Besuch bei seiner Schwester zog er sich in die Einsamkeit zurück — die äußerlich reichste Zeit seiner ersten Lebensepoche war vorüber.

Wissenschaftliche Vertiefung.

Abgeschnitten von geistiger Geselligkeit und literarischen Hilfsmitteln, verlebte Schleiermacher stille Tage in dem kleinen Städtchen an der Stolpe, 17 Kilometer von der Küste, in anspruchsloser, hügeliger Umgebung. Seine Stimmung schwankte zwischen traurigen Erinnerungen und mutvollem Vertrauen auf den Wert der eigenen Arbeiten, auf die er sich immer mehr zurückzog. Neben diesen beschäftigt ihn der Freundesbriefwechsel am meisten: Fr. Schlegels Stelle war durch Georg Reimer und den jungen Prediger Ehrenfried v. Willich reichlich ausgefüllt worden. Diesen hatte er im Mai 1801 durch Vermittelung von Henriette in Prenzlau kennen gelernt, und es hatte sich ein sehr inniges Verhältnis gebildet. „Willich ist mir sehr wert; er hat nicht das Große, nicht den tiefen, alles umfassenden Geist von Fr. Schlegel, aber meinem Herzen ist er in vieler Hinsicht näher" (1. Juli 1801 an Charlotte).[2] Seitdem begann ein reger Briefwechsel, der zu den schönsten unserer Briefliteratur gehört; er erstreckte sich bald auch auf die Umgebung des jungen Stralsunder Regimentspredigers, vor allem auf dessen 15jährige Braut Henriette von Mühlenfels und deren Schwester, Charlotte v. Kathen, die Jugendfreundin E. M. Arndts.[3]

Für die Weiterentwicklung Schleiermachers in diesem Exil ist aber vor allem seine Vertiefung in wissenschaftliche Studien wichtig, denen er sich mit derselben leidenschaftlichen Vehemenz, wie in seiner Jugend, hingab.

---

[1] Br. IV, 53.   [2] I, 286.
[3] Vgl. die schöne Auswahl aus den Briefen in Rades Ausgabe. Jena 1906.

Vor allem reifte hier sein großes, kritisches Werk, die „Grundlinien einer Kritik der bisherigen Sittenlehre" (1803). Der Plan geht bis auf die Rhapsodien zurück, die er Schlegel vorgelesen, seitdem hatte er ihn nicht aus den Augen verloren. Am 11. Juni 1801 schrieb er an Willich, er wolle „künftiges Jahr eine Kritik aller bisherigen Moral" schreiben, und zwar, um auf seine eigene systematische Darstellung vorzubereiten. Am 28. August 1802 erwähnt er es als Programm für die fleißige und stille Arbeit des Winters, die Kritik der Moral zu schreiben. Anfang September ist dann schon der Plan zum Ganzen entworfen und eine systematische Materialsammlung begonnen.[1] Das Lesen und Exzerpieren ist ihm eine „herkulische Arbeit", so manche Stoßseufzer darüber sendet er an die Freunde. „Bin ich nicht ein recht erbärmlicher Mensch, daß mir dergleichen jedesmal so entsetzlich schwer wird? und sollte ich nicht wie angeschmiedet sitzen, sobald etwas angefangen ist, und nicht eher davon gehen, bis es fertig ist? aber das kann ich leider auch nicht. Also kann ich ausgemachter Weise gar nichts. So weit wäre ich nun mit mir im Reinen."[2] Der Wechsel zwischen dem Gewinnen seiner sittlichen Anschauungen im bewegten persönlichen Erlebnis und der so trockenen gelehrten Durcharbeitung der Prinzipien war ein zu plötzlicher gewesen: er empfand die wissenschaftliche Sezierung des ihn so bewegenden Ideals fast als Entweihung. „Wieviel tote Buchstaben über den heiligsten, lebendigsten Gegenstand."[3] Es war eben etwas ganz anderes, was jetzt hervortrat, es war eine Ernüchterung nach dem Jugendrausch der Berliner Zeit — aber es war ein notwendiger und heilsamer Prozeß. „Ach, das Schreiben ist ein großes Elend, aber gar ein Buch von dieser Art; in meinem Leben nicht wieder! Ich glaube, ich habe diese ganze Zeit über nicht einen gescheuten Gedanken gehabt, lauter kritische Späne. Der einzige Spaß ist, wenn ich mir vorstelle, wie Fichte sich ärgern, mich noch tiefer verachten wird, und A. W. Schlegel die Nase rümpfen, daß es nichts weiter ist, als das, und daß auch gar kein Schellingianismus darin vorkommt, und die alten Herren sich wundern, wie ich ein so nüchterner und gründlicher Kritiker geworden und abwarten, ob ich eine solche Verwandlung überleben werde. Indes sollen sie bald wieder sehen, daß ich noch der alte Mystiker bin."[4] Am 2. August 1803 will er „den Beschluß der Kritik zu Ende schreiben",[5] mit Methode, Komposition und Stil ist er zufrieden, nur erscheint ihm selbst manches nicht klar genug. Später hat er selbst dies Buch als einen ostindischen Kaktuswald bezeichnet, durch

---

[1] Br. I, 345.   [2] I, 364.   [3] I, 372.   [4] I, 380f.   [5] I, 389.

den man nur schwer hindurchkommen kann — und so ganz Unrecht hat er nicht damit. Durch die drückenden Verhältnisse ist der Schreibweise Schleiermachers damals jeder Schwung genommen, das Bemühen, alles Material in möglichster Kürze hineinzuarbeiten, hat die Ausführungen oft zu Andeutungen zusammenschrumpfen lassen. Um das Buch genießen und beurteilen zu können, muß man — streng genommen — die ethischen Schriftsteller noch besser kennen, als Schleiermacher! Daher hat denn dies so bedeutende Werk stets wenig Leser gefunden, es hatte keine nennenswerte Wirkung bei seinem Erscheinen. Fichte — las es nicht (I, 404), die Schlegels konnten ihrer ganzen Art nach kein Verhältnis dazu gewinnen, den anderen Lesern wird es so ergangen sein, wie Spalding es von sich Schleiermacher schildert: „Ich komme von Ihren Grundlinien wie von einer Algebra, mit dem wehmütigen Seufzer Gellerts gegen Kästner: ‚Und das verstehen Sie nun so alles?' Durchgelesen habe ich sie in ununterbrochener Lesung. Aber wie? Wie ein schaufelnder Maulwurf. Nichts, durchaus nichts habe ich verstanden im Zusammenhang ."[1] Die allgemeine Anschauung war, daß Schleiermacher Kant und Fichte zu schlecht behandelt habe: „Ich begreife nicht recht, wie dies zugeht, da ich mir gar keiner andern Absicht bewußt bin, als der, ihre Fehler aufzudecken. In dem ursprünglichen Entwurf der Kritik, der mehr auf den Witz angelegt war, wäre es ganz anders gekommen."[2]

Im Laufe von knapp 11 Monaten hatte Schleiermacher wieder eine enorme Arbeit bewältigt. Und dabei hatte er einen vollen Beruf mit Predigen, Unterricht usw. zu versehen! Das Predigen wurde ihm wieder recht lieb jetzt; er bezeichnet es als „das einzige Mittel von persönlicher Wirkung auf den gemeinschaftlichen Sinn der Menschen in Masse".[3] Dabei schwebte es ihm als höchstes Ziel vor, Prediger und akademischer Lehrer zugleich zu sein. So bewarb er sich schon im Herbst 1802 auf Betreiben der Dohnas um eine Predigerstelle an der Burgkirche in Königsberg Pr., predigte am 24. und 31. Oktober dort, wurde aber nicht gewählt.[4] Die Predigten dieser Zeit zeigen eine moralisch-praktische Auffassung der Religion, die noch ohne rechten Ausgleich mit dem Mystizismus der Reden ist.

Auch mit der Reform des Kirchenwesens hat sich Schleiermacher in Stolp beschäftigt; gleich nach Vollendung der Kritik schrieb er: „Zwei

---

[1] Br. III, 367.   [2] III, 370.   [3] I, 355.
[4] Vgl. Bauer, Schleiermachers Bewerbung um eine Predigerstelle in Königsberg. Altpreußische Monatsschrift 46, 3.

unvorgreifliche Gutachten in Sachen des protestantischen Kirchenwesens zunächst in Beziehung auf den preußischen Staat." (S. W. I, 5.) Schleiermacher vertritt hier, kühn und offen, die Überzeugung, daß die Verschiedenheiten der reformierten und lutherischen Kirche so gering wären, daß bei einer Verschmelzung keine etwas verlieren würde. Es sollte daher unbedingte Abendmahlsgemeinschaft stattfinden, so daß für den Staat nur e i n e evangelische Kirche existiere. In einem zweiten Teil bespricht er die Mittel, um dem Verfall der Religion vorzubeugen. Da schlägt er innerlich bewegte Religionsübungen vor, deren Muster er den Herrnhuterischen Gemeinden entlehnt. Wichtiger aber ist seine scharfe und rücksichtslose Kritik des Predigerstandes: er findet in ihm geradezu sittliche Verkommenheit und zum mindesten Gleichgültigkeit der Religion gegenüber.

Von innerlichem Reichtum war die Zeit in Stolp erfüllt — und doch ist es so verständlich, daß Schleiermacher sich fortsehnte. Klima und ungesunde Amtswohnung griffen seine an sich schon zarte Gesundheit an: ein Magenleiden hat ihn oft gequält. Daher erschien es ihm eigentlich als Erlösung, daß er 1804 auf Betreiben von Paulus einen Ruf als Professor der Theologie nach Würzburg erhielt. Aber Schleiermacher hatte — nicht mit Unrecht — einige Bedenken gegen diese Universität und hatte ein Grauen vor der persönlichen Ranküne der Kollegen. Schließlich nahm er doch an und erbat seine Entlassung. Da aber zeigte sich, daß man an oberster Stelle Schleiermacher schätzen gelernt hatte: als schon der förmliche Ruf nach Würzburg eingetroffen war, verweigerte Friedrich Wilhelm III. die Entlassung und ließ ihm dann die Stelle eines außerordentlichen Professors und Universitätspredigers mit 800 Talern Gehalt in Halle anbieten, mit ausdrücklichem Hinweis darauf, daß durch diese Berufung die Unionsbestrebungen gefördert würden.[1] Freudig bewegt über die Anerkennung sagte Schleiermacher zu; im Oktober 1804 trat er sein Amt in der Stadt seiner Studienzeit an.

Halle.

In Halle herrschte noch immer der Rationalismus; kein Wunder, daß man den Genossen der Romantiker mit einer gewissen Reserve aufnahm, zumal er reformiert war. Vor allem Eberhardt entsetzte sich über seine Berufung. Schleiermacher tröstete sich mit der ihm eröffneten Aussicht auf eine spätere Stelle in Berlin, wenn dieses ihm auch bei der

---

[1] Vgl. den Brief Friedrich Wilhelms III. an den Minister v. Massow bei W. Schrader: Geschichte der Universität Halle, Berlin 1894. II, 529.

Durchreise nach Halle durch das Schwinden alter Freunde nicht sehr anziehend erschienen war. In Halle suchte er sich nach Möglichkeit gemütlich einzurichten; da die meisten Hörer aber kein Kollegiengeld zahlten, reichte das Gehalt nicht weit. Seine einsame Häuslichkeit wurde freundlicher, seit Nanny, seine Halbschwester aus der zweiten Ehe des Vaters, ihm die Wirtschaft führte. Sie ist bei ihm geblieben, bis sie 1817 die Gattin E. M. Arndts wurde.

Mit dem Predigen wurde es zunächst in Halle nicht viel, da endlose Verhandlungen über Zeit und Ort der Predigten die Sache verzögerten. Desto mehr nahmen ihn die akademischen Vorlesungen in Anspruch, die sich vor allem mit philosophischer Sittenlehre und mit Exegese beschäftigten. Dabei schlug er ein Verfahren ein, das er stets beibehalten hat: er notierte nur die Hauptsätze für den Vortrag und sprach sonst ganz frei. Infolge dieser Methode kamen ihm oft neue Einfälle auf dem Katheder, so daß er selbst lernte während des Lehrens. Das wirkte natürlich belebend, wenn auch manchmal Übersichtlichkeit und Vollständigkeit darunter litten. Für die Ethik versprach er sich großen Nutzen von seiner Methode. „Von meiner Professur ist wohl das beste, was ich davon zu sagen weiß, daß ich gewiß viel dabei lernen kann, und daß nun wohl in ein paar Jahren meine Ethik zustande kommen wird, mit der es sonst noch weit länger gedauert hätte." (15. Dez. 1804.)[1] An Reimer, der am liebsten gleich etwas gedruckt hätte, schreibt er dann, er wolle mindestens dreimal erst über Ethik lesen, ehe etwas zum Drucke kommen könnte. Leider ist nie etwas erschienen — das „Brouillon von 1805" haben wir noch (vgl. Bd. II), ebenso wie die späteren Aufzeichnungen. Aber nichts ist vollendet.

Neben dem Fortgang der Platon-Übersetzung und den mit Eifer betriebenen theologischen Kollegien blieb ihm — wie stets — Zeit zu einer reichen Freundeskorrespondenz. Im September 1804 hatte Willich sich mit Henriette v. Mühlenfels verheiratet, nachdem im Juni Schleiermacher und Henriette Herz das Brautpaar auf Götemitz in Rügen, dem Landbesitz Charlotte von Kathens, gesehen und eine schöne Zeit mit ihm verlebt hatten.[2] Jetzt schreibt er an das Freundespaar: „Glaubt nur, lieben Menschen, ich schwärme ordentlich über Euch, ich liebe Eure Ehe gleichsam noch außer Euch selbst, wie ein eignes Wesen, leidenschaftlich möcht ich sagen, aber zart und

---

[1] Br. IV, 109.

[2] Brief Henriettens vom 16. Juli 1804 an Willich („Schleiermacher und seine Lieben", 73 f.) und Br. II, 33.

heilig (17. Okt. 1804.) In diesen Briefen entwickelt er seine Gedanken über die Ehe, nach der er selbst sich, wie er oft aussprach, so herzlich sehnte. „So denke ich mir auch jede Familie als ein niedliches, trauliches Kabinett in dem großen Palast Gottes, als ein liebes, sinniges Ruheplätzchen in seinem Garten, von wo aus man das Ganze übersehen, aber doch auch sich recht vertiefen kann in das Enge, Beschränkte, Trauliche." (30. Okt. 1804.) Henriette sah zu Schleiermacher, wie zu einem Vater, mit tiefster Verehrung auf und beide Gatten wetteiferten im Oktober 1805 miteinander, den durch Eleonorens Wankelmut aufs schwerste gebeugten Freund mit Trostworten aufzurichten. Innig nimmt Schleiermacher an den Mutterfreuden seiner „Tochter" teil — und mit heiliger Wehmut sucht er Henriette über den so unerwartet frühen Tod ihres Gatten im März 1807 zu trösten, indem er sie auf die Ewigkeit des Geistes hinweist.

Zu den alten Freunden gewann Schleiermacher neue. Vor allem trat ihm der Norweger Steffens nahe, der als Schüler Schellings in origineller und mehr auf die Erfahrung basierender Arbeit die idealistische Naturphilosophie fortzubilden suchte. Die Ähnlichkeit des ethischen Charakters hat die beiden Männer einander nahe gebracht. „Dieser so unerschöpflich tiefe Geist, der zugleich so ein liebenswürdiges, durch alles Gute bewegliches kindliches Wesen hat, macht mir fast jedesmal, wenn ich einige Stunden mit ihm zubringe, neue Freude auch dadurch, daß, wo mir Natur und Geschichte in ihren Endpunkten sich berühren, wir immer in unsern Ansichten zusammentreffen."[1] „Es ist auch zwischen Steffens und mir eine wunderbare Harmonie, die mir große Freude macht und mir gleichsam eine neue Bürgschaft gibt für mich selbst. Wenn er im Gespräch sittliche Ideen äußert, so sind es immer die meinigen, und was ich von der Natur verstehe und von mir gebe, fällt immer in sein System."[2] Steffens konnte Schleiermacher für seine Ethik mehr geben als Schelling. Mit diesem hatte Schleiermacher sich öffentlich in seiner Rezension von Schellings „Vorlesungen über die Methode des akademischen Studiums" vom April 1804 wissenschaftlich auseinandergesetzt. In diesem Werke Schellings hatte er in dem Aufbau der Wissenschaften die Anknüpfung für seine Ethik gefunden, die er selbst seit 1802 bereits besaß. Seit 1804 hatte er sich dann auch Schellings Identitätslehre angeeignet, die ebenfalls nur das systematisierte, was er selbst von früh an geahnt.[3] Steffens Fortbildung der Schellingschen Ideen war ihm aber von noch größerer Wichtigkeit, denn Steffens

---

[1] Br. II, 17.   [2] II, 19.   [3] Vgl. Süßkind a. a. O.

führte wirklich den Übergang von der Naturentwicklung zum Menschen und damit zur Ethik aus, den Schelling nur postuliert hatte.

Durch die Freundschaft mit Steffens fühlte sich Schleiermacher immer wohler in Halle. „Wir schlossen uns ganz und unbedingt aneinander, und ich habe es nie auf eine entschiedenere Weise erfahren, daß eine unbedingte Hingebung die Selbständigkeit fördert, nicht unterdrückt." (Steffens.)[1] Immer fester zog auch die akademische Tätigkeit Schleiermacher an sich. Im Wintersemester 1805/06 las er zum zweiten Male die Ethik vor 50 Hörern und über den Galaterbrief vor 120. Mitten in dieser bewegten Zeit entstand „durch Inspiration" ein kleines Buch, „Die Weihnachtsfeier, ein Gespräch". „Ganz wunderbar kam mir der Gedanke plötzlich des abends am Ofen, da wir eben aus Dulons Flötenkonzert kamen."[2] In 2—3 Wochen wurde der Plan ausgeführt, am Morgen des 24. Dezember wanderte der Schluß der kleinen Schrift in die Druckerei. Dieser Dialog ist das einzige rein poetische Werk, das Schleiermacher erscheinen ließ; die Beschäftigung mit Platon legte ihm die Form nahe, für den Inhalt sind Anregungen von außen nicht festzustellen.[3] Ästhetisch enthält die Arbeit viel Gelungenes — nur Sofie ist als Kind verzeichnet. Im übrigen ist die lebendige Schilderung des Beschenkens und der Freude darüber, sowie der allmähliche Übergang zu den religionsphilosophischen Reden mit feinem Geschmack gestaltet. Die einzelnen Redner vertreten sämtlich Elemente, die damals für Schleiermachers Theologie von Wichtigkeit waren. Daß Schleiermacher mit dem Ganzen für die Toleranz eintrat, ist unverkennbar. Die Freunde begrüßten das Buch mit freudiger Zustimmung, Schelling aber schrieb eine ziemlich ablehnende Kritik in der Literatur-Zeitung, in der er vor allem den geistigen Aristokratismus der Weihnachtsgesellschaft angriff.

Im Winter 1805 trat eine Aufforderung, als Prediger nach Bremen zu gehen, an ihn heran, der zu folgen er nicht ganz abgeneigt war. Jedenfalls erreichte er durch Hinweis auf diesen Ruf in Berlin, daß er Stimme in der Fakultät bekam und daß die für ihn bestimmte Kirche von den dort lagernden — Kornvorräten befreit wurde. Frühjahr 1806 hatte er die Freude, neue Auflagen von den „Reden" und Predigten herstellen zu können. Pfingsten unternahm er mit Steffens und einigen Studenten eine Fußtour in den Harz; neu erquickt las er dann zum ersten

---

[1] H. Steffens: Was ich erlebte. V, 143.

[2] Br. IV, 122.

[3] Vgl. die Einleitung zur kritischen Ausgabe von Mulert. Philosoph. Bibliothek 117.

Male sein Kolleg über christliche Sittenlehre. Für das Vorwort der Reden schrieb er damals die Herausforderung an Napoleon: „Ich möchte herausfordern den Mächtigsten der Erde, ob er dieses nicht auch etwa durchsetzen wolle [nämlich die Ausgleichung von Katholizismus und Protestantismus] . .; aber ich weissage ihm, es wird ihm mißlingen, und er wird mit Schanden bestehen. Denn **Deutschland ist immer noch da**, und seine unsichtbare Kraft ist ungeschwächt." —

Die friedlichen Zeiten gingen schnell zu Ende. „Glauben Sie mir, es steht bevor, früher oder später, ein allgemeiner Kampf, dessen Gegenstand unsre Gesinnung, unsre Religion, unsre Geistesbildung nicht weniger sein werden, als unsre äußere Freiheit und äußeren Güter, ein Kampf, der gekämpft werden muß, den die Könige mit ihren gedungenen Heeren nicht kämpfen können, sondern die Völker mit ihren Königen gemeinsam kämpfen werden, der Volk und Fürsten auf eine schönere Weise, als es seit Jahrhunderten der Fall gewesen ist, vereinigen wird, und an den sich Jeder, Jeder, wie es die gemeine Sache erfordert, anschließen muß." (20. Juni 1806.) Jetzt trat neben Wissenschaft und Freundschaft die Vaterlandsidee als Lebensmacht an Schleiermacher heran. Und gerade jetzt konnte er seinen akademischen Gottesdienst beginnen — am 3. August 1806 sprach er vor 700 Studenten über Römer 1, 16. „Die Kirche war gepreßt voll, und eine angemessene Stille ehrte den Redner." (Varnhagen v. Ense, Denkwürdigkeiten I, 383.) Der Staat ist auf die Macht religiöser Gesinnung gegründet — so verkündete Schleiermacher von der Kanzel herab „voll Kraft und Salbung."[1] Noch viermal predigte Schleiermacher vor den Studenten — dann brach der Krieg aus. Am 24. August sprach er gegen den Weltbürgersinn und stellte den Staat als den höchsten Gipfel menschlicher Tätigkeit dar. Dabei zeigte er volles Verständnis für Volksindividualität und Nationalstaat. „Das Beste, was jeder verrichtet, wird immer das sein, dem dieser gemeinsame Sinn aufgedrückt, was im eigentümlichsten Geiste seines Volkes gedacht und getan ist."[2] So sehen wir hier bei Schleiermacher, wie der deutsche Nationalgedanke aus der Sphäre des Individualismus herausgewachsen ist, und können von dieser Seite die Anschauung F. Meineckes bestätigen, die er in „Weltbürgertum und Nationalstaat" ausspricht: „Es ist kein Zufall, daß der Ära des modernen Nationalgedankens eine Ära individualistischer Freiheitsregungen unmittelbar vorhergeht. Die Nation

---

[1] Vgl. Joh. Bauer, Schleiermacher als patriotischer Prediger. Gießen 1908. S. 18.
[2] Predigten I, 2. Sammlung, Nr. 3. Schleiermacher, Werke II, 1, 226.

trank gleichsam das Blut der freien Persönlichkeiten, um sich selbst zur Persönlichkeit zu erheben." (S. 8). Erst mußte das Individuum selbst befreit werden, um dann die Wirklichkeit gestalten zu können.[1] Kosmopolitismus und Nationalgedanke haben lange miteinander gerungen, auch in dem Denken derselben Persönlichkeiten. W. v. Humboldt mit seinen „Ideen zu einem Versuch, die Grenzen der Wirksamkeit des Staates zu bestimmen" (1792) und Fichte mit den „Beiträgen zur Berichtigung der Urteile des Publikums über die französische Revolution" (1793) zeigen schon reales politisches Interesse; aber erst Arndt in „Germanien und Europa" (1802) fordert — genau wie Schleiermacher: „Nur wenn wir ein Vaterland, wenn wir die hochmenschlichen und hochpolitischen Ideen eines eigenen, einigen, kräftigen Volkes hätten, würden wir stehende Sitten, festen Charakter und Kunstgestalt gewinnen, dann nur könnte das Höchste und Herrlichste der Menschheit aus solchen irdischen Wurzeln zu schimmernden Sonnenwipfeln erwachsen." Unsere Frühromantiker Novalis, Fr. Schlegel, Schleiermacher, sind die Vorkämpfer einer idealen Staatsauffassung gewesen.[2]

Anfang Oktober sprach Schleiermacher zum letzten Male vor den Studenten, und zwar über den Krieg. Am 16. Oktober schon drangen Franzosen in Halle ein. Steffens mit Frau und Kind und Freund Gaß fanden in der geschützter liegenden Wohnung von Schleiermacher Aufnahme. Plünderung und Einquartierung setzte den Freunden arg zu, ohne daß Schleiermacher den Mut verloren hätte. Viel schwerer traf es ihn, daß Napoleon, gereizt durch leichtsinnige Herausforderungen der Studenten, die Universität Halle am 20. Oktober aufhob. Ohne seinen Wirkungskreis hätte das Leben seinen Wert für ihn verloren, schrieb er an Charlotte v. Kathen. Trotzdem nahm er einen erneuten Ruf nach Bremen nicht an, es erschien ihm „treulos gegen seinen inneren Beruf", jetzt Preußen zu verlassen. „Mehr als je scheint mir jetzt der Einfluß höchst wichtig, den ein akademischer Lehrer auf die Gesinnung der Jugend haben kann" (1. Dez. 1806 an E. v. Willich). So hielt er aus, wenn auch die äußeren Verhältnisse immer drückender wurden. Er lebte mit Nanny bei Steffens, hatte Licht und Feuerung gemeinsam mit den Freunden und teilte mit Steffens das Arbeitszimmer. Trotzdem arbeitete er weiter am Platon, an einer neuen Predigtsammlung und an Untersuchungen über den ersten Timo-

---

[1] F. Meinecke, Zeitalter der deutschen Erhebung. 1906. S. 28.

[2] Vgl. E. Spranger, Philosophie und Pädagogik der preußischen Reformzeit (Historische Zeitschrift III, 8, 2, S. 278 ff.).

theus; dazu kamen noch etwa 9 Predigten, die er bis Ostern 1807 hielt. Dabei suchte er den Glauben an Deutschland seinen Hörern immer wieder einzuprägen. Er fürchtete nichts so sehr, als einen „faulen Frieden". Er hoffte auf eine allgemeine Erhebung der protestantischen Völker gegen Napoleon. Bei dieser Hoffnung auf die positive Kraft des Protestantismus, die ihn von jeder Romantik entfernt zeigt, mußte es ihm geradezu als Verrat des Vaterlandes erscheinen, daß Fichte in seinen „Grundzügen des gegenwärtigen Zeitalters" Christentum und Reformation wegwerfend behandelte; er sprach seine Entrüstung darüber in einer sehr scharfen Rezension der Literatur-Zeitung 1807 aus.

Da in Halle an keine erneute Wirksamkeit im patriotischen Sinne zu denken war, entschloß Schleiermacher sich im Mai 1807, nach Berlin überzusiedeln; er las dort im Sommer Privatvorlesungen über Geschichte der Philosophie. Am 7. Juli 1807 wurde Halle zum Königreich Westfalen geschlagen, darauf erging am 4. September eine Kabinettsordre des Königs aus Memel, die den seit Jahren gehegten Plan, eine Universität in Berlin zu errichten, realisierte. Eine Professur wurde Schleiermacher durch Nolte in Beymes Auftrag angeboten; er sagte natürlich zu. So war er wieder nach Berlin zurückgekehrt, aber unter wie anderen Umständen, als er ersehnt!

Bis zu den Freiheitskriegen.

Am 7. Dezember 1807 siedelte Schleiermacher endgültig in die Stadt über, deren Geistesleben er neben Hegel am tiefsten beeinflussen sollte. Er lebte als Privatgelehrter, unterstützt von dem getreuen Reimer, und tat das Seine, die neue Pflanzstätte deutschen Wissens und deutscher Gesinnung zu schaffen. Fachkollegen und Berufskollegen feindeten ihn nach wie vor an — aber der Kreis der preußischen Reformer wußte sein Genie zu schätzen.

Von allen Seiten arbeitete man mit Denkschriften daran, etwas Neues entstehen zu lassen; und während Fichte seine „Reden an die deutsche Nation" hielt, in denen sich Kosmopolitismus und Nationalidee seltsam verquicken, arbeitete Schleiermacher an „Gelegentlichen Gedanken über Universitäten in deutschem Sinne, nebst einem Anhang, über eine neu zu errichtende".[1] Diese Schrift zeigt Schleiermachers eigentümliche Begabung, hohe Ideen ohne utopistische Übertreibungen der Wirklichkeit dienstbar zu machen. Was er von dem historischen Werden der Fakul-

---

[1] Vgl. die Neuausgabe und Einleitung von Spranger in Dürrs Philosoph. Bibliothek 120.

täten usw. sagt, ist nicht immer richtig; seine Reformvorschläge zeigen aber oft praktischen Blick. So wählte ihn denn auch W. v. Humboldt 1810 in die engere Kommission zur Einrichtung der Universität.

Ein idealistischer Grundgedanke — dem Schellings in seinen „Vorlesungen über die Methode des akademischen Studiums" verwandt — trägt die Einzelausführungen der Schrift Schleiermachers: die Wissenschaften bilden eine Einheit höchster Erkenntnis, davon muß jeder Studierende einen lebendigen Begriff bekommen und diese Ideen der universitas litterarum und des reinen Erkennens sollen zum leitenden Prinzip werden. Dabei nimmt die Beschäftigung mit Philosophie eine hohe Stufe ein: sie muß jedem einen Ausblick auf Natur und Geschichte geben, nicht soll sie sich — wie Fichtes Transzentalphilosophie — in leere Spekulation jenseits des Lebens verlieren. Wahres Erkenntnisstreben erzeugt von selbst edles Tun: so darf die akademische Freiheit nie beschränkt werden, wenn man nicht uns Deutschen, uns „geschworenen Verehrern der Freiheit", das Beste nehmen will. Von der eigentümlichen Selbstentscheidung jedes einzelnen erhoffte Schleiermacher die nationale Wiedergeburt. Darum verbarg er nicht seine Bedenken gegen Berlin als Stätte der neuen Universität! Unabhängigkeit vor allem von seiten des Staates mußte ihr gewahrt bleiben. **Die Idee einer deutschen Universität** entwickelt Schleiermacher im deutlich fühlbarem Gegensatz zu den in Frankreich durch Napoleon geschaffenen Spezialschulen.[1] Freiheit soll den Forschenden und den Lernenden gewahrt sein, sonst wird der wahre Zweck verfehlt.[2] Im Jubiläumsjahre der Berliner Universität liegt es besonders nahe, auf diese idealen Forderungen wieder energisch hinzuweisen. Im einzelnen ist in Schleiermachers Schrift manches Verkehrte und Einseitige — er kannte ja den Universitätsbetrieb noch kaum. Er polemisiert gegen Fichte, mit W. v. Humboldt ist er aber im Grundgedanken einig. So hat seine Arbeit die vielen Eintagsfliegen, die damals herumflatterten, überlebt.

In seinen Predigten wirkte Schleiermacher energisch im patriotischen Sinne weiter. Am 24. Januar 1808, dem Geburtstage Friedrichs des Großen, als Fichte seine 6. Rede hielt, sprach Schleiermacher von der Kanzel „Über die rechte Verehrung gegen das einheimische Große aus einer früheren Zeit". Einmütige Arbeit an der Reform des preußischen Staates: war auch hier seine Grundforderung. „Die Predigt ist ihrem

---

[1] Vgl. Joh. Bauer, Schleiermacher über die Aufgabe der Universitäten 1808 („Deutsch-Evangelisch", 1910, Heft 10).

[2] Vgl. Dorner, Die Aufgaben der Universitäten. Leipzig 1904. S. 12.

innersten Kern nach eine Apologie der Steinschen Reform von ethischen Gesichtspunkten aus" (Bauer). Schleiermacher war in der Forderung, daß Belebung der religiösen Gesinnung vor allem erstrebt werden müsse, in Einverständnis mit Stein, Hardenberg, und Altenstein. Einen speziell politischen Charakter erhält die Predigt noch durch ihre Anknüpfung an das Edikt vom 9. Oktober 1807, das die Trennung der Stände und die sozialen Privilegien aufheben will. Darüber hatte es manche Streitigkeiten gegeben, so daß die Mahnung zu einmütigem Zusammenstehen nur zu berechtigt war. Die ganze Predigt ist ein Ausdruck stärksten preußisch-patriotischen Gefühls, das ihm als Sohn des fridericianischen Staates angeboren war, während Fichte immer Weltbürger blieb. Beide Redner haben „den Geist der Stadt in diesen Jahren völlig umgewandelt" (Dilthey).[1] Schleiermachers Wirken darf nicht hinter Fichtes zurückgestellt werden; Reinhold Steig bezweifelt in seinem Werk über „H. v. Kleists Berliner Kämpfe", daß die „Reden" überhaupt so gewaltigen Einfluß gehabt haben!

Noch mehrmals hat Schleiermacher gepredigt, bevor er im Mai 1809 die Stelle an der Dreifaltigkeitskirche antrat. Nur die Predigt vom Januar 1809 kennen wir, deren eigentliches Thema war: „Über die Notwendigkeit einer allgemeinen Beteiligung am öffentlichen Leben" (Bauer, 54). Echte Frömmigkeit ist der Boden der Bürgertugend und sie muß zum Dienste fürs Vaterland führen!

An den geheimen Verbindungen, die für die Regeneration tätig waren, hat Schleiermacher wohl nicht direkt teilgenommen. Doch hat er die engsten Beziehungen zu Scharnhorst und Gneisenau gepflegt und hat auch manche heimliche Zusammenkunft der Patrioten mitgemacht. Im Sommer 1808 ging er in patriotischer Mission nach Rügen — und fand auf dieser Reise im Dienste des Vaterlandes seine Lebensgefährtin: er verlobte sich mit der Witwe seines Freundes Ehrenfried, die eben erst das 21. Lebensjahr erreichte. Er schob die Hochzeit wegen der Ungewißheit seiner Lage hinaus — mußte er doch gleich für die 2 Kinder Henriettens sorgen! Aber der Liebesbund beseligte ihn, er wiegte sich in den schönsten Träumen. Auch erfrischte ihn, daß er auf dem Lande wieder einmal der Arbeit des Menschen an der Natur nahe getreten war. „Wie der einfache stärkende Geruch der blühenden Kornfelder und der Wiesen auf die Sinne, so wirkt diese Anschauung immer auf mein Gemüt" (an Charlotte v. Kathen, 11. August 1808).

---

[1] Schleiermachers politische Gesinnung und Wirksamkeit. Preußische Jahrbücher 1862.

Vom 25. August bis zum 30. September befand er sich in politischer Mission auf einer Reise, deren Ziel Königsberg war. Dort trat er Stein persönlich nahe, lernte auch die Königin und die Prinzeß Wilhelm kennen und verlebte glückliche Tage im Heime seines alten Freundes Wedecke. — Seine Hoffnung auf eine Volkserhebung, in deren Interesse seine Reise unternommen war, ging noch nicht in Erfüllung. Traurig darüber kehrte er nach Berlin zurück. Am 14. Oktober hatte er in Begleitung von Reimer und Lützow eine Zusammenkunft mit Steffens und Blank in Dessau, vielleicht um einen Mordplan gegen Napoleon entgegenzuwirken.[1] Dann stürzte er sich wieder eifriger in die wissenschaftliche Arbeit. Er las im Winter über Glaubenslehre und über Theorie des Staates. „Letztere als etwas ganz Neues interessiert mich natürlich besonders. Sie ist ein natürlicher Ausfluß meiner Ethik, und ich finde, daß sich alles in großer Einfachheit und Klarheit gestaltet." (11. Febr. 1809.)[2] In seiner Ruhe störte es ihn weiter nicht, daß er am 27. November 1808 — drei Tage nach Steins Entlassung — vor den Marschall Davoust zitiert wurde. Er wußte sich und seine Mitbeschuldigten in ruhiger Vornehmheit zu rechtfertigen und wurde wieder entlassen.

Seit der Verlobung entspann sich ein innig-zärtlicher Briefwechsel zwischen Schleiermacher und Henriette, in welchem beide sich mit voller Offenheit aussprachen. „Es ist nichts in meinem Leben, in allen meinen Bestrebungen, wovon Du nicht den **Geist** richtig auffassen könntest; sonst könntest Du ja auch mich selbst nicht verstehn, nicht mein sein." Den ganzen, ihm wegen der bis zum Frühjahr verschobenen Hochzeit ewig erscheinenden Winter hindurch gehen Briefe hin und her, die voll sind von gegenseitigem Austausch innerster Gefühle und von sinnig ausgemaltem Zukunftsglück. Ich kann nur einige Zitate hersetzen, die gleichzeitig Schleiermachers Tätigkeiten und Anschauungen beleuchten: „Mein Leben in der Wissenschaft und in der Kirche, und, so Gott will und Glück gibt, wie mir beinahe ahnet, auch noch im Staat, soll gar nicht von Deinem Leben ausgeschlossen und Dir fremd sein, sondern Du sollst und wirst den innigsten Anteil daran nehmen. Ohne das gibt es keine rechte Ehe. Du brauchst deshalb die Studien und die Worte nicht alle zu verstehen; aber mein Bestreben und meine Tat wirst Du immer nicht nur anschauen und verstehen, sondern auch teilen, daß nichts ohne Dich gelingt, nichts ohne Dich vollbracht wird, alles mit deine Tat ist, und Du Dich meines Wirkens in der Welt wie Deines eigenen erfreust." (IV, 152.)

---

[1] Baxmann: Fr. Schleiermacher, S. 103.   [2] Br. IV, 167.

Henr. v. Willich an Schleiermacher. 21. Nov. 1808: „Es ist ja nichts in mir, was nicht Dir angehört. Ich kann mir wohl denken, daß Du unzufrieden mit mir sein könntest, aber dann würdest Du mich liebreich und väterlich führen, und ich würde mich, dein liebendes Kind, wehmütig, aber zärtlich an Dich schmiegen." (170.)

Schleiermacher an Henriette. 4. Dez. 1808: „Was mir aber auch jetzt schon recht große Freude macht, das sind meine Vorlesungen; mit den ersten Stunden bin ich selten zufrieden, war es auch diesmal nicht, wie ich auch mit dem Eingang in meine Predigten am wenigsten zufrieden bin. Aber nun komme ich hinein und die Zuhörer auch. Alles ordnet sich bestimmter, es geht immer klarer hervor, daß wir die Wahrheit ergriffen haben, der Vortrag wird immer leichter, und oft überrascht mich selbst mitten im Vortrage etwas Einzelnes, was von selbst hervorgeht, ohne daß ich daran gedacht hatte, so daß ich selbst aus jeder einzelnen Stunde fast belehrt herauskomme. Ich kann Dir gar nicht sagen, was für ein Genuß das ist. Und dabei sind die Gegenstände so herrlich! Den jungen Männern jetzt das Christentum klar machen und den Staat, das heißt eigentlich ihnen alles geben, was sie brauchen, um die Zukunft besser zu machen als die Vergangenheit war". (179.)

Henriette an Schleiermacher. Dez. 1808: „Es ist doch wunderbar, daß Du nun gerade kein Mädchen lieben konntest. Du sagtest uns das schon einmal vor vier Jahren in Götemitz im Garten, Du habest immer die sichere Ahnung gehabt, daß Du würdest eine leidende Frau beglücken." (190.)

Schleiermacher an Henriette. 25. Dez. 1808: „Wissenschaft und Kirche, Staat und Hauswesen, — weiter gibt es nichts für den Menschen auf der Welt, und ich gehörte unter die wenigen Glücklichen, die alles genossen hätten Die Menschen, die sich etwas emporheben aus der gemeinen Masse, machen alle so viel aus der Unsterblichkeit des Namens in der Geschichte. Ich weiß nicht, ich kann darnach so gar nicht trachten. Die Art, wie sie den Königen, bloß als solchen, auf ein paar Jahrhunderte wenigstens sicher ist, hat doch nichts Beneidenswertes. Die Taten der Menschen im Staat sind doch immer gemeinschaftlich, und mit Unrecht wird etwas Großes dem Einzelnen auf die Rechnung geschrieben. In der Wissenschaft ist nun gar nicht daran zu denken, und das künftige Geschlecht müßte aus elenden Kerls bestehn, wenn sie nicht in fünfzig Jahren Alles weit besser wissen sollten, als auch der Beste jetzt. Nur der Künstler kann auf diese Art unsterblich sein und ein solcher bin ich nun einmal nicht." (195.)

31. Dez. 1808. „Niemals kann ich dahin kommen, am Vaterlande zu verzweifeln; ich glaube zu fest daran, daß es ein auserwähltes Werkzeug und Volk Gottes ist." (200.)

Während Frankreich und Österreich gegeneinander ins Feld zogen, schlossen Schleiermacher und Henriette den Bund fürs Leben, im Mai 1809. Geistig stand die „liebe Jette" ihrem Gatten nicht so gleich, wie etwa Caroline ihrem Schelling. Sie hat aber erreicht, was Schleiermacher wünschte: sie konnte mit liebevollem Verständnis seinem Wirken folgen.

Schon im Dezember 1808 hatte Schleiermacher auf Wunsch von Stein Vorschläge zu einer neuen Kirchenordnung entworfen; seine Handschrift ist aber uns nicht bekannt.[1] Er scheint darin (nach der Veröffentlichung von Richter, Zeitschrift für Kirchenrecht, 1, 326) offen für eine ziemlich weitgehende Selbständigkeit der Kirche dem Staate gegenüber, für unbedingte Lehrfreiheit und für absolute Verbindlichkeit der bürgerlichen Trauung eingetreten zu sein. Er stieß damit auf starken Widerspruch bei den Räten des Königs. Neben dieser Arbeit geht die am 5. Bande Platon und an der berühmten Abhandlung über Heraklit einher. In dieser sucht er mit meisterhafter Anwendung der kritischen Methode ein Bild der Philosophie des Ephesiers aus den Bruchstücken und Zeugnissen herauszuarbeiten. Gewiß ist heute vieles zu berichtigen; aber die scharfsinnige Untersuchung kann auch dem gegenwärtigen Forscher noch Positives geben.

Im Wintersemester 1809/10 las Schleiermacher christliche Sittenlehre und Hermeneutik. Im Anfang des Jahres 1810 wurde er auf W. v. Humboldts Vorschlag[2] zum Mitglied der wissenschaftlichen Deputation und bald zu ihrem Direktor gewählt, und damit war sein Wunsch erfüllt, auch an der staatlichen Tätigkeit teilnehmen zu können.

Am 5. August predigte er zum Gedächtnis der Königin Luise. Am 10. Oktober wurde die Universität eröffnet, Schleiermacher erhielt ein Gehalt von 2000 Tlr. Als Mitglied der „Einrichtungskommission" hatte er großen Einfluß auf Berufungen gehabt. Auch an der Ausarbeitung der Universitätsgesetze war er beteiligt. In diesem vielbewegten Jahre schrieb er die Schrift, die der Theologie ganz neue Bahnen weisen sollte:

---

[1] Vgl. Bauer, Schleiermacher als patr. Prediger S. 60, u. E. Foerster: Die Entstehung der Preußischen Landeskirche unter der Regierung König Friedrich Wilhelms III. 1905. I, 159 ff.

[2] E. Spranger, W. v. Humboldt und die Reform des Bildungswesens (Große Erzieher IV). Berlin 1910. S. 112.

„Kurze Darstellung des theologischen Studiums zum Behuf einleitender Vorlesungen entworfen." (S. W. 1, 1.) In dieser Schrift verteidigt Schleiermacher vor allem den Wissenschaftscharakter der Theologie und sichert gleichzeitig ihren Wert für das praktische Religionsleben. Die Theologie gliedert er in philosophische, historische und praktische. Die historische Theologie ist ihm der „eigentliche Körper", sie ist — das ist besonders hervorzuheben — ein Teil der Geschichtskunde, und hat nichts mit übernatürlichen Dingen zu tun. Auch die dogmatische Theologie ist ihm lediglich eine historische Disziplin: sie soll das Wissen von der jetzt herrschenden Lehre sein. Die Regeln für die richtige Führung des Kirchenregiments leitet die praktische Theologie ab, die Schleiermacher erst wieder zu Ehren brachte. Die philosophische Theologie hat das Wesen des Christentums und der christlichen Gemeinschaft zu erörtern.

So auf der Höhe seiner Tätigkeit stehend, wurde ihm das ersehnte Glück zuteil, Vater zu werden: am Weihnachtsabend 1810 schenkte Henriette ihm eine Tochter. Mit tiefbewegtem Herzen predigte er am nächsten Tage und sprach ein Dankgebet von der Kanzel.

Sorge und Ärger machte ihm die Arbeit im Unterrichtsdepartement. Man fürchtete seinen scharfen Geist und suchte ihn durch gleichgültige Beschäftigungen unschädlich zu machen. So konnte er hier keine seiner Neigung und Begabung entsprechende Wirksamkeit entfalten. Doch hat er stets das Möglichste geleistet und vor allem treu zur Patriotenpartei gehalten. Stein stellte er sich zur Verfügung, um die gegen diesen gerichteten Verleumdungen aufzudecken. Im Herbst 1811 unternahm er wieder eine Reise im patriotischen Interesse, diesmal nach Schlesien. In diesem Jahre empfahl ihn der Freiherr v. Stein, um die Verordnungen zu formulieren, die den religiösen Geist des Volkes wecken sollten. (Lehmann: Stein, III, 116.)

Als philosophische Großtat aus dieser Zeit ist die endgültige Fundierung der Dialektik durch eine Vorlesung 1811 zu nennen. Schleiermacher hatte sich energisch bemüht, seinen Freund Steffens nach Berlin zu ziehen, und zwar begründete er das mit einem persönlichen Argument: „Ich wünsche die Wahl dringend für die Vorlesungen über die ethischen Wissenschaften ., für welche ich, da ich selbst allgemeine Philosophie nie vortragen werde, keine Haltung finde und sie daher unterlasse."[1] Steffens erhielt den Ruf nicht; daher mag sich Schleier-

---

[1] Br. IV, 175.

macher entschlossen haben, selbst eine allgemein-philosophische Grundlage für seine Ethik zu schaffen.¹ Um der Ethik willen ist die Dialektik ausgearbeitet, ja, die Ethik wurde bis zur ersten Vollendung dieser Grundwissenschaft liegen gelassen. 1814, 1818, 1822, 1828, 1831 hat Schleiermacher später die Dialektik nach immer neuen Entwürfen wiederholt und ausgestaltet. Seine Methode ist hier besonders deutlich an die Art des platonischen Dialoges angeschlossen; immer weiter ringt sich der Geist des Hörers und Lehrers von Irrtümern frei und erreicht endlich, von Gegensatz zu Gegensatz fortschreitend, auf der Spitze die Wahrheit.² Metaphysik und Erkenntnistheorie sind dabei ineinander verflochten. An diese Vorlesungen schlossen sich im Winter 1811/12 die über Geschichte der Philosophie an, die später ebenfalls wiederholt wurden.

Im Frühjahr 1812 schien für die Patriotenpartei alles verloren: der König hatte das Bündnis mit Frankreich gegen Rußland abgeschlossen. Scharnhorst und Gneisenau verließen Berlin, Schleiermacher kämpfte von seiner Kanzel herab mutig weiter für die endliche Erhebung. „Mögen die Feinde des Guten, wie sie auch gestellt sein mögen in der Welt, fühlen, was wir von ihnen halten. Wir wollen es weder ihnen noch anderen verbergen, daß nach unserer Überzeugung sie es sind, welche das Verderben des Volkes bereiten ." (Predigt über Luc. 7, 24—34.) Die Feinde der Reform, die v. d. Marwitz und Arnim, werden so — den Hörern wohl deutlich genug — offen angegriffen. Eine Predigt am 3. Jan. 1813 erregte bei Hardenberg Verdacht, so daß er dem Fürsten Wittgenstein Auftrag gab, Schleiermacher zu überwachen.³

Nie hatte Schleiermacher den Mut verloren, trotzdem er in Briefen an Gaß und den Freiherrn v. Stein die Haltung der Regierung aufs schärfste tadelte. Er sollte mit seiner Hoffnung recht behalten. Am 3. Februar 1813 erließ der König den Aufruf zur Errichtung des freiwilligen Jägerkorps, am 27. Februar wurde das Bündnis mit Rußland geschlossen, dem am 17. März der Aufruf „an mein Volk" folgte. „So trat nun wirklich das preußische „Volk" auf die Bühne der Geschichte" (Fr. Meinecke).

---

[1] Vgl. Halpern in der Einleitung zu seiner Ausgabe der Dialektik. Berlin 1903. S. XXVII.

[2] Vgl. R. Eucken: Lebensanschauungen der grossen Denker. 7. Aufl. 1907. S. 465.

[3] Max Lenz: Geschichte der königl. Friedrich Wilhelms-Universität zu Berlin. Halle 1910. I, 488.

Schleiermacher stand hinter seinen Gesinnungsgenossen in rastloser Arbeit fürs Vaterland nicht zurück. Seine Vorlesungen hielt er weiter vor nur 7 Zuhörern, predigte außer jeden Sonntag noch bei besonderen Anlässen, redigierte vom 25. Juni bis zum Ende des 3. Quartals 1813[1] an Stelle von Niebuhr den „Preußischen Korrespondenten"[2] und übte mit dem Landsturm. Seine Redaktionstätigkeit blieb nicht unbehelligt. Gegen einen von ihm verfaßten Artikel vom 14. Juli 1813, in welchem er offenherzig die eventuellen Friedensabsichten der Regierung tadelte, schritt die Zensur ein und Schleiermacher mußte eine Verteidigung aufsetzen. Die Geschichte machte „ein ungeheures Aufsehen".[3] Er rechtfertigte sich mündlich und schriftlich dem Minister v. Schuckmann gegenüber, erhielt aber im September nochmals einen Verweis.

Predigten sind uns aus der bewegtesten Zeit leider nur wenige erhalten, darunter die berühmte Rede vom 28. März bei der Feier des Kriegsanfanges. Ihm zu Füßen saßen die Freiwilligen, die ihre Gewehre draußen an die Wand der Kirche gelehnt hatten. Der große Umschwung — so führte Schleiermacher aus — ist die Folge davon, daß unser innerer Wert gewachsen ist. Rückkehr zur Wahrheit und Selbständigkeit ist der Beginn der Erhebung. Volk und Heer sollen nicht mehr getrennt sein, sondern einmütig den Feind bekämpfen. Daraus entwickelt Schleiermacher Forderungen an alle, die etwas für den Krieg tun können, direkt oder indirekt. Gewaltig wirkte diese Predigt, wie K. v. Raumer bekundet. Von einer anderen, nicht erhaltenen Predigt erzählt Hofprediger Eylert: „Da stand der körperlich kleine, unscheinbare Mann mit seinem edlen geistvollen Angesicht, an heiliger Stätte, in heiliger Stunde, und seine sonore, reine, durchdringende Stimme drang durch die feierliche Stille der überfüllten Kirche. In frommer Begeisterung vom Herzen redend, drang er in jedes Herz, und der volle, klare Strom seiner gewaltigen Rede riß alles mit sich fort Und als er zuletzt noch mit dem Feuer der Begeisterung die zum Kampfe gerüsteten edlen Jünglinge anredete, dann an deren größenteils anwesende Mütter sich wandte — da durchzuckte es die ganze Versammlung, und in das laute Weinen und Schluchzen derselben rief Schleiermacher sein

---

[1] H. Dreyhaus: Der Preussische Korrespondent etc. 1909.
[2] Zur Mitarbeit forderte er auch Fr. Schlegel auf.
[3] Br. IV, 413 ff.

versiegelndes Amen."¹ So blieb er stets dem früh erkannten Berufe getreu, Gedanken wirksam für das Leben zu machen, er hat unendlich viel dafür getan, die errungenen Ideen in die Wirklichkeit überzuführen. Darin liegt seine höchste Leistung im Gange der Weltgeschichte.

Nach der Niederlage von Großgörschen hielt es Schleiermacher für das beste, Frau und Kinder nach Schlesien in Sicherheit zu bringen: er hat es bald sehr bedauert, als sich der Krieg gerade dorthin zog. In den Berichten an die Frau spiegeln sich die Mühen und Sorgen des einsamen, von körperlichem Leiden oft gequälten Mannes. Was lastete auf ihm nicht alles! Die Vorlesungen führte er ziemlich als einziger fort, da sein Gesuch um eine Feldpredigerstelle unbeantwortet geblieben war. An einem Tage hatte er z. B. Kirchenrechnungen durchzusehen, von 2—5 Übungen des Landsturms, um 6 eine Sitzung, um 8 eine Einsegnungsrede an ein Bataillon Landwehr. Abends genoß er die Ruhe in seinem Gartenhäuschen am Schafgraben. Als man das Vorrücken der Franzosen auf Berlin fürchtete, da beeilte er sich, zu seiner Flinte auch Munition zu besorgen: er wollte als Mitglied des Landsturms bis zum letzten ausharren. Reimer, Arndt, Eichhorn, Savigny, Fichte u. a. m. standen ihm zur Seite. Sein „politisches Glaubensbekenntnis" hat er in dem letzten Brief an Fr. Schlegel vom 12. Juni 1813 ausgesprochen; es klingt wie eine Prophezeiung. „Nach der Befreiung ist mein höchster Wunsch auf ein wahres deutsches Kaisertum, kräftig und nach außen hin allein das ganze deutsche Volk und Land repräsentierend, das aber wieder nach innen an einzelnen Ländern und ihren Fürsten recht viele Freiheit läßt, sich nach ihrer Eigentümlichkeit auszubilden und zu regieren."² Österreich soll ausgeschlossen sein. So hat er hier schon die Idee ausgesprochen, für die spätere Zeiten noch gegen den Wahn der Großdeutschen so heiß kämpfen mußten.

Für wissenschaftliche Arbeit war wenig Ruhe übrig. „In einem sehr aufgeregten Zustande kann ich nur reden, schreiben gar nicht." Und doch verlas er in der Akademie der Wissenschaften, deren Mitglied er seit 1810 war, eine Abhandlung „über die verschiedenen Methoden des Übersetzens" (26. Juli 1823), die seine Meisterschaft zeigt, auch scheinbar kleine Probleme philosophisch zu vertiefen und mit dem Höchsten in Verbindung zu bringen. Auch diese Rede hat patriotische Färbung. — Im Winter 1813/14 waren kaum Studenten der Theologie

---

[1] Vgl. Bauer. S. 97 ff. Lenz nimmt im Gegensatz zu Bauer an, daß diese Stelle sich doch auf die Predigt vom 28. März bezieht (I, 495).
[2] Br. III, 429.

an der Universität; doch las Schleiermacher zum ersten Male über Pädagogik. Im Sommer 1814 gönnte er sich die ihm sehr nötige Erholung auf einer Reise nach Schwalbach und an den Rhein, wobei er mit Daub, Creuzer und Paulus in Berührung kam. Heimgekehrt, hatte er eine ernstliche Fehde mit dem Lehrer des Staatsrechts Schmalz, dem ersten Rektor der neuen Universität, auszufechten. Schmalz hatte es als Glied der hochkonservativen Partei unternommen, die Mitglieder der Patriotenpartei als Revolutionäre zu verdächtigen. Schleiermachers Schrift „An Herrn Geheimrat Schmalz" ist scharf und schneidig und behandelt mit glänzender Ironie den nichtigen Angriff. Das schadete ihm in leitenden Kreisen erst recht, und so wurde er 1814 aus dem Unterrichtsdepartement entlassen, unter dem Vorwande, durch seine — nur mit Schwierigkeiten bestätigte — Wahl zum Sekretär der Akademie sei er zu sehr überlastet. So entfernte man diesen klar denkenden Mann und machte es ihm unmöglich, seine Ideen, die er eben in einer Abhandlung über den Beruf des Staates zur Erziehung niedergelegt hatte, zu verwirklichen. Hier fordert er im Grunde den konstitutionellen Staat. Wie wenig Schleiermacher übrigens in seiner politischen Ansicht linksliberal war, wie sehr er selbst in seinem Gefühl ein konservatives Element besaß, mag gleich hier angefügt werden. Er hat in der Akademie siebenmal am Geburtstage Friedrich des Großen über diesen gesprochen, im engen Anschluß an die einstige Predigt. Stets hat er dabei betont, wie wichtig es ist, das Große der alten Zeit in der neuen zu bewahren. Seine Forderung eines kleindeutschen Reiches barg selbst schon in sich die Hegemonie eines starken preußischen Königstums, und das ist lediglich eine Fortführung der friderizianischen Tradition. Hier stimmt Schleiermacher mit v. d. Marwitz voll überein, der in dieser Betonung des Preußentums sogar noch über Boyen hinausgeht. So lebte der alte Staat auch in dem Wirken Schleiermachers fort, wie das allgemein unsere neuesten Historiker anerkannt haben. „Die Bewegungen des neuen Jahrhunderts, liberale Gedanken, soziale Mächte sind durch die Reform unabweisbar in das alte Preußen eingeflutet; sie haben dies Jahrhundert mit ihrer Wirkung durchdrungen; weggeschwemmt haben sie das Alte nicht" (Erich Marcks).[1] Die „Erbschaft Friedrich des Großen" blieb in dem preußischen Machtgefühl lebendig. Auch hier steht Schleiermacher mit seinem Wirken mitten in dem edelsten Streben der Nation.

---

[1] Bismarck. 1909. I. Bd., 34.

Kirchliche Kämpfe.

Voll bitteren Gefühles beobachtete auch Schleiermacher die geringen Erfolge des Befreiungskampfes; Unendliches war geopfert und wenig erreicht. „Es ist im Buche des Schicksals geschrieben, daß Preußen große Prüfungen bestehen soll," schrieb Gneisenau an ihn aus Paris.[1]

Im Sommer 1815 las Schleiermacher theologische Moral und Geschichte der alten Philosophie, bearbeitete einige Akademieabhandlungen und eine Neuauflage vom ersten Band seines Platon, und las „zum Behuf einer künftigen Rhetorik" den Dionysius von Halikarnaß. Während um ihn her sich die Ruhe der halkyonischen Tage, die Erschlaffung nach der höchsten Erregung, einstellte, sollte er keine Ruhe mehr finden. Körperlich quälte ihn ein Magenleiden und seelisch bedrückte ihn die allgemeine Lage schmerzlich, dazu wurde er noch in persönliche Kämpfe verstrickt. „Der ganze faule Sumpf bleibt stehen in Staat und Kirche unverrückt, und ein Termin nach dem andern verstreicht" (5. Aug. 1816).[2] Die Saat, welche die Reform einst mit heißem Bemühen gestreut, trug wenig Ernte — der große Anlauf war fast umsonst gewesen. Schleiermacher selbst arbeitete unentwegt an seiner Ethik weiter, neben den Kollegien, aber er verlor schließlich die Lust zu ihr, da er immer wieder durch äußere Kämpfe gestört wurde.[3] Die Streitigkeiten über Liturgie, Kirchenverfassung, Agende, Union durchziehen die letzten Jahrzehnte von Schleiermachers Leben fast ununterbrochen. Wir können sie nur ganz kurz skizzieren.

Am 17. September 1814 hatte der König die „liturgische Kommission" eingesetzt, zu der weder Schleiermacher noch ein anderer Akademiker gewählt worden waren. An die Mitglieder richtete Schleiermacher ein anonymes „Glückwunschschreiben" (S. W. 1, 5), in dem er (mit Beistimmung weiter Kreise) scharf das Vorgehen der Regierung tadelte und seine eigenen Anschauungen entwickelte. Er kämpfte darin vor allem für die Freiheit des Gottesdienstes: dieser muß sich umgestalten und entwickeln können, entsprechend dem Fortschritt des religiösen Geistes; ihn unter den Buchstaben zu bannen, widerspricht dem Wesen der Religion. Dafür sei vor allem eine neue lebendige Kirchenverfassung nötig. Wie er diese sich dachte, hatte er schon im Januar 1813 klar gelegt. Damals war wenigstens von Nicolovius ein Entwurf von Gaß auf dessen Bitte an Schleiermacher als Mitglied der Sektion für öffentlichen Unterricht gegangen und Schleiermacher hatte den Entwurf einer

---

[1] Br. IV, 211.   [2] IV, 212.   [3] IV, 217.

Synodalordnung eingesandt.¹ Am 30. April 1815 wurden die Konsistorien, die 1808 abgeschafft waren, auf Vorschlag der Kommission wieder eingeführt. Damit war aber nichts Neues gewonnen. Durch den Erlaß vom 2. Januar 1817 begann eine Machtverschiebung zugunsten der Superintendentur²: es sollten Kreissynoden aus den Geistlichen jedes Kreises gebildet werden, denen die Superintendenten präsidierten; aus diesen setzt sich die Generalsynode zusammen. So wurde — gerade gegen Schleiermachers Ansicht — die Gemeinde von der Leitung ziemlich ausgeschlossen. In ihr aber liegt das fortschrittliche, lebensvolle Element gegenüber dem oft erstarrten Priesterwesen. Die Grundabsicht Schleiermachers war stets in diesen Kämpfen, die liberalen politischen Tendenzen der Reformer auch auf die Ordnung der Kirchenverfassung zu übertragen. In seiner Schrift „über die für die protestantische Kirche des preußischen Staates einzurichtende Synodalverfassung" sagte er zunächst der Regierung Dank für ihren neuen Schritt — aber dieser Dank lief schließlich wieder in Mißbilligung aus. Doch nahm die Angelegenheit unvorhergesehen eine günstigere Wendung, als Schleiermacher am 4. Juni 1819 der Provinzialsynode in Berlin beiwohnte: durch sein Eintreten gelang es, eine Mitwirkung der Gemeinde in der Kirchenleitung zu sichern. Vor allem wurde beschlossen, neben den Geistlichen dieselbe Zahl weltlicher Mitglieder in die Synode zu wählen, die Konsistorien sollten durch freigewählte Ausschüsse aus den Synoden ersetzt werden und ein Ausschuß aus der Generalsynode sollte die oberste Kirchenleitung übernehmen. Das war ein schöner Erfolg — leider war auch er umsonst: die 1819 einsetzende Reaktion begrub alles in den Akten.

Inzwischen hatte sich die Liturgie-Frage zugespitzt. Die liturgische Kommission hatte im Juni 1815 eine neue Liturgie und Agende ausgearbeitet, die der König mit Randbemerkungen versah. Im Herbst erschien vom Könige selbst eine Liturgie. Diese dilettantische, unhistorische Liturgie wurde das schwerste Hindernis der Union.³ Sie wurde zuerst an den Militärkirchen von Potsdam und Berlin, dann in allen Militärkirchen durch königliches Dekret eingeführt. Schleiermacher konnte dazu nicht schweigen — unter seinem Namen erschien die Schrift „über die neue Liturgie" usw. Er griff darin die Art der Einführung unter Umgehung

---

[1] Dilthey, Artikel „Schleiermacher" in „Allgem. deutsche Biographie".

[2] Foerster, a. a. O. 263.

[3] Joh. Bauer: Des Staatsministers Grafen A. Dohna Stellung zu Union und Agende 1817—1827, (Schriften der Synodalkommission für ostpreussische Kirchengeschichte 8) Königsberg 1910. S. 29.

der konstitutionellen Kirchenorgane an, ferner die Verdrängung der lebensvollen Elemente des Gottesdienstes, der Predigt und des Gemeindegesanges, zugunsten starrer Formeln. Was Schleiermacher mit diesen Angriffen wagte, ist unmittelbar klar: er allein sagte ein offenes Wort, trotzdem seine Stellung an sich schon exponiert war.

Seine Lage wurde noch gefährlicher, als er durch eine Vorstellung beim Minister und durch seine Widmung des „kritischen Versuches über die Schriften des Lukas" an seinen Kollegen de Wette seine offene Sympathie für diesen, von der Regierung angefeindeten, Gelehrten aussprach, trotzdem er selbst in seinem Rektoratsjahr 1816 mit de Wette wegen der Berufung Hegels in Streit verwickelt und auch sonst mit ihm selten in Harmonie gewesen war. Wie gefährlich sein Eintreten für den bedrängten Kollegen war, geht daraus hervor, daß dieser im Dezember 1819 verhaftet wurde. „Ich fühle mich in meiner Universitätstätigkeit wirklich wie auf einer Seite gelähmt," schrieb Schleiermacher bei dieser „greulichsten Geschichte" an Arndt.[1] Mit Hegel geriet er auf einer Gesellschaft in persönlichen Streit über dieses Ereignis.[2]

Bei einem anderen kirchlichen Vorgang von größter Bedeutung war indessen Schleiermacher mit seinen König zum guten Teil einverstanden: bei der Unionsstiftung. Getreu den Traditionen des Hohenzollernhauses war es das ehrliche Bemühen Friedrich Wilhelms III., die konfessionelle Spaltung im Protestantismus zu beseitigen. Da ein Widerstand der Gemeinden kaum zu befürchten war, erklärte der König am 27. September 1817, daß er gemeinsam mit den Lutheranern das Abendmahl einnehmen wolle. Am 1. Oktober nahm eine Versammlung der Berliner Geistlichkeit unter Schleiermachers Vorsitz einen Antrag Hansteins, der nach derselben Seite zielte, an. Am 300-Jahr-Feste der Reformation versammelten sich 63 Geistliche, alle theologischen Doktoren und Professoren und viele Beamte in der Nikolaikirche, um ein gemeinsames Abendmahl zu feiern; Bruderkuß und Händedruck wurden gewechselt. Schleiermacher war auch hierbei die eigentliche Seele der Bewegung: er war mit großer Stimmenmehrheit zum Präsidenten der allgemeinen Kreissynode gewählt worden, zu seiner eigenen Überraschung. Er verfaßte auch die „Erklärung" an die lutherischen Gemeinden und an die gesamte protestantische Kirche und betonte darin wieder, daß dogmatische Unterschiede die Kirchengemeinschaft nicht hindern sollten.

---

[1] Notgedrungener Bericht aus meinem Leben. 2. Teil. 1847.
[2] Lenz II, 1, 97.

Das Wartburgfest zeitigte schlimme Folgen. Die große, schöne Tat des Königs wurde durch die weiteren Maßnahmen der Regierung illusorisch gemacht: es herrschte völlige Unklarheit über die Art der Unionseinführung, später versuchte man, durch Befehl und Zwang die Union einzuführen, ohne die freie Bestimmung der Gemeinden abzuwarten. Zwar breitete sich die Union allmählich weiter aus: in Nassau wurde sie 1817 eingeführt, in Rheinbayern 1818, in Baden 1821, in Reinhessen 1822;[1] doch regte sich scharfer Widerstand, und zwar zunächst in den 95 Thesen des Archidiakonus Claus Harms in Kiel. Da heißt es recht drastisch: „Die Vernunft geht rasen in der lutherischen Kirche: reißt Christum vom Altar, schmeißt Gottes Wort von der Kanzel, wirft Kot ins Taufwasser, mischt allerlei Leute beim Gevatterstand, zischt die Priester aus und alles Volk ihnen nach, und hat das schon so lange getan. Noch bindet man sie nicht? (71.) Als eine arme Magd möchte man die lutherische Kirche jetzt durch eine Kopulation reich machen. Vollzieht den Akt ja nicht über Luthers Gebein! Es wird lebendig davon und dann — wehe euch" (75). Diesen übrigens ehrlich gemeinten Grobheiten beizupflichten, fühlte sich ein Mann berufen, der bisher sich als liberal und unionsfreundlich aufgespielt hatte: der Oberhofprediger Ammon in Dresden. Gegen ihn und damit auch zu seinem Bedauern gegen den wackern Harms mußte Schleiermacher zum Schutze der Union eine Streitschrift verfassen, die wieder ein Meisterstück in spitziger Kritik ist. Der doppelzüngige Herr Oberhofprediger vermochte mit seinen schwächlichen Entgegnungen nichts auszurichten. Doch von allen Seiten rührten sich nun wieder die Reaktionäre, so daß Schleiermacher im Reformationsalmanach 1819 „über den eigentümlichen Wert und das bindende Ansehen symbolischer Bücher" schreiben mußte. Hier kämpfte er gegen die neu aufschießende Orthodoxie für die unbedingte Freiheit der Bibelforschung gegenüber einer dogmatischen Beschränkung und drang zu einem verinnerlichten Begriff der Kirche vor. „Gebt unsern Gemeinden eine öffentliche Stimme ., daß die Gesamtheit sich frei äußern möge, wo ihr frommer Sinn befriedigt und wo er verletzt wird in Wort und Tat." So finden wir Schleiermacher fortgesetzt im Kampfe: langsam nur ging die Union in Berlin und Umgegend vorwärts. Polizeilichen Druck suchte er als Präsident der Synode fernzuhalten, und machte sich viel Mühe mit der Untersuchung der Ursachen zur Unionsverweigerung.

---

[1] Kahnis, Der innere Gang des deutschen Protestantismus. 3. Aufl. Leipzig 1874, und Hering, Geschichte der kirchlichen Unionsversuche. 1836.

In solchen von Hoffnung nur wenig durchsonnten Zeiten bedeutete ihm das Zurückziehen in seine stille Häuslichkeit das einzige Glück. Drei Mädchen hatte seine Gattin ihm geschenkt, Schwester Nanny hatte sich 1817 mit Arndt verheiratet. Dazwischen machte Schleiermacher zur Erholung im Sommer 1816 eine 7tägige Fußtour durch den Thüringer Wald, im Herbst 1818 reiste er mit Reimer und einem Offizier nach Tirol und Salzburg und erfreute sich in Bayreuth an einem Besuch bei Jean Paul.

Politische Verdächtigung.

Die Gründung der Burschenschaften, das Wartburgfest, Jahns Turnplätze: das alles hatte schon seit längerer Zeit den Verdacht der Regierungen erweckt. Metternich, der kühle Dämon seiner Zeit, hatte auf dem Aachener Kongreß dem preußischen Könige alle Verfassungspläne ausgeredet. Da brachte die wahnsinnige Mordtat Sands den Zündstoff zur Explosion. Eine nervöse Angst vor Revolutionen bemächtigte sich weitester Kreise, selbst Männer wie Hegel, Solger und Gneisenau glaubten an eine bevorstehende europäische Revolution. Der tote Kotzebue „spukt und tobt ganz gewaltig herum, und wenn sich ein paar Leute zanken, hat er sie gehetzt", schrieb damals Schleiermacher. Er wunderte sich, daß er vorläufig noch ungeschoren blieb (Brief vom 30. Sept. 1819 an August Twesten[1]). Gegen das Turnen ging man zuerst vor — ohne daß die Jugend sich darüber übermäßig ereiferte. „Es ist mir schon betrübt zu sehen, mit welcher Leichtigkeit die Knaben den Verlust des Turnplatzes ertragen. Anfangs zwar wollten Göschens Otto und Ehrenfried [der Stiefsohn Schleiermachers] den König zur Rede stellen und waren wirklich schon bis auf die Rampe gekommen, wo die Schildwache sie zurückwies; nun aber haben sie sich gefunden, als wäre nichts."[2] Mit seiner Sympathie für das Turnwesen setzte sich Schleiermacher in scharfen Gegensatz zu dem zweiten Freunde aus den romantischen Tagen, zu Steffens in Breslau. Dieser hatte 1818 in seiner Schrift „Das Turnspiel" und 1819 in seinen „Karikaturen des Heiligsten" das Turnen scharf verurteilt.[3] So gingen die Freunde auseinander — Fr. Schlegel war katholisch geworden, Steffens jetzt ein Reaktionär und Lutheraner.

---

[1] D. August Twesten nach Tagebüchern und Briefen von C. F. Heinrici. Berlin 1889. S. 352.

[2] An Arndt, 17. Mai 1819, Notgedrungener Bericht.

[3] Richard Petersen, Henrik Steffens. Gotha 1884.

Die Zeiten wurden schlimmer. Bei Reimer und Arndt fanden Haussuchungen statt, de Wette, der an Sands Mutter einen Trostbrief geschrieben, wurde entlassen.[1] Der König drohte allen Professoren mit Absetzung, die für Jahn ein günstiges Zeugnis abgelegt hatten; Schleiermacher nannte sich selbst in einem Schreiben an den Staatskanzler als Ratgeber und Autor bei dieser Sache. „Die gute Folge, die ich erwarte, ist die, daß das Interesse an der Konstitution dadurch weit allgemeiner verbreitet werden wird als bei uns bisher der Fall war" (an Twesten). Unter Metternichs Einfluß wurde seit den Karlsbader Beschlüssen die preußische Regierung immer reaktionärer, trotzdem neben Hardenberg W. v. Humbold ins Ministerium berufen wurde. Da dieser aber dem Staatskanzler feindlich gegenüberstand, wurde dadurch nichts gebessert.[2] Schleiermacher war selbst auf Haussuchungen, gar auf Arrest gefaßt, bewahrte aber vollständige Ruhe und Entschlossenheit.

Am 21. März 1820 schrieb er an Arndt: „Seit länger als 14 Tagen ist wieder die ganze Stadt voll davon, daß ich abgesetzt sei oder werden solle. Das Faktum, das dabei zum Grunde liegt, ist einmal, daß der Staatskanzler sich die Akten der Fakultät, de Wettes Entlassung betreffend, hat geben lassen, und dann, daß Schulz sehr darauf inquiriert hat, was für Gesundheiten ich am 9. Februar, wo die Studenten das Bewaffnungsfest feierten, ausgebracht habe." Und am 20. Juni: „Unser munteres Studentenvolk, welches sich Gott sei Dank durch alle Plackereien nicht knicken läßt, hat den 18. in Treptow gefeiert, und ich bin auf die Gefahr, daß wieder ein paar verhaftet und über meine ausgebrachten Gesundheiten inquiriert werden möchten, mitten unter ihnen gewesen; denn es tut wohl jetzt mehr als jemals not, sich durch das Leben mit der Jugend zu erquicken." Unentwegt ging Schleiermacher seine Bahn fort. Seit 1819 arbeitete er an dem theologischen Hauptwerk, der Glaubenslehre, daneben an neuen Auflagen von Reden, Monologen und Predigtsammlung. So wirkte die drohende Gefahr nicht lähmend auf ihn, sondern spornte ihn zu höchster Anspannung aller Kräfte.

Am 12. April verfügte, geradezu gegen Schleiermacher gemünzt, der König, daß die Entscheidung über angeklagte Geistliche allein in der Hand des Ministers liegen solle. Schleiermacher erwartete seinen Namen obenan auf der Proskriptionsliste zu sehen. Im August bat er um Urlaub für eine Reise nach Tirol — trotzdem es Ferienzeit war, wurde dieser verweigert; ja, selbst eine kleinere Reise im Inland ward nicht gestattet.

---

[1] de Wettes Aktensammlung über seine Entlassung. Leipzig 1820.
[2] Flathe, Zeitalter der Restauration und Revolution. Berlin 1883. S. 66.

Erst nach einem Gesuch beim König und beim Staatskanzler erhielt er die Erlaubnis zu einer 4wöchigen Reise, wie er glaubte nur, um sich für die bevorstehenden Leiden kräftigen zu können. Trotz dieser Anfeindungen hielt Schleiermacher am 17. November 1822, dem 22jährigen Regierungsjubiläum Fr. Wilhelms III., eine Predigt, in der er mit herzlicher Wärme seine Vaterlandsliebe und Königstreue an den Tag legte. In sittlicher Größe und Selbständigkeit behauptete sich diese wahrhaft männliche Natur, trotz „der bittern Feindschaft aller derer, die am meisten gelten". Zu diesen Feinden hatte sich auch Hegel gesellt, der es sich gefallen lassen mußte, als Philosoph der Reaktion ausgerufen zu werden. Er war in jeder Beziehung der Gegensatz zu Schleiermacher: — ihm war die Selbstentwicklung des absoluten Geistes alles, während Schleiermacher von der Persönlichkeit ausging, er war Intellektualist, während Schleiermacher das Gefühl als Lebensmacht hervorhob. Das hätte einen so bedeutenden Mann aber nicht dazu bewegen dürfen, dem angegriffenen Kollegen in den Rücken zu fallen, wie er es 1822 in der Vorrede zu Hinrichs „Religionsphilosophie" tat. „Gründet sich die Religion im Menschen nur auf ein Gefühl," lesen wir da, „so hat solches richtig keine weitere Bestimmung, als das Gefühl seiner Abhängigkeit zu sein, und so wäre der Hund der beste Christ, denn er trägt dieses am stärksten in sich und lebt vornehmlich in diesem Gefühle. Auch Erlösungsgefühle hat der Hund, wenn seinem Hunger durch einen Knochen Befriedigung wird." Daß auch die hegelisierenden Theologen über Schleiermacher herfielen, versteht sich. Später widersetzte sich Hegel auch der Aufnahme Schleiermachers als Mitarbeiter an den seit 1827 erscheinenden „Jahrbüchern für wissenschaftliche Kritik".[1] So stand Schleiermacher im Kampf nach allen Fronten. Die Kirchenverfassungssache ging nicht vom Fleck: keine Gemeindesynode kam zustande. Man wollte eben keine repräsentative Verfassung, auch nicht auf kirchlichem Gebiete.

Als Krönung all dieser Widerwärtigkeiten schien das Schlimmste zu drohen: im Januar 1823 wurde Schleiermacher dreimal auf das Polizeipräsidium geladen, um über Briefe, die man bei Arndt und Reimer gefunden, sich zu verantworten. Schleiermacher verteidigte sich ruhig, sachgemäß. Er gab nur in einem Punkte eine Schuld zu: er hatte, allerdings in vertrautesten Briefen nur, nicht immer respektvoll genug von der Person des Königs gesprochen. Man entließ ihn, und die Untersuchung wurde durch Altenstein so verzögert, daß es endlich nicht zur Absen-

---

[1] L. Geiger, Berlin. II, 612. Berlin 1895.

dung des Antrages auf Entlassung Schleiermachers kam.[1] Als Kamptz 1824 Unterrichtsminister wurde und die Unterdrückung der Universitäten von Neuem begann, da fürchteten die Freunde wieder für Schleiermacher. „Kamptz weiß zu gut, wie Schleiermacher ihn verachtet, und er hat jetzt die Gewalt in Händen, und ein solches Bewußtsein verzeiht man dem, der es in uns veranlaßt, gewiß nicht" (Frau Prof. Horkel an Twesten, 1. Juni 1824). 1828 gab es noch einmal einen bösen Zwist mit Altenstein über das Fernbleiben Schleiermachers von Sitzungen und Prüfungen; Schleiermacher wollte seine Entlassung nachsuchen. Das Unrecht liegt hierbei nicht ganz auf Seiten des Ministers: Schleiermacher ging in seinem Kampfesmut wohl etwas zu weit.[2]

Letzte Kämpfe und Jahre.

Weihnachten 1821 war eine neue, vom Könige entworfene Agende erschienen, man hatte die Absicht, sie bald durch Kabinettsordres in der ganzen Landeskirche einzuführen. Der kleinste Teil der Geistlichen nur stimmte der Neuerung zunächst bei, die dahin zielte, die alte lutherische Messe einzuführen, wie sie der König seit 1820 in der Kirchenordnung seiner Vorfahren kennen gelernt hatte; aber da die Regierung mit allen Mitteln für die Annahme wirkte, der König drohte, Prof. Augusti das Recht des Königs, eine neue Liturgie zu befehlen, verteidigte, ergab eine erneute Umfrage 1824, daß von 1311 Kirchen der Provinz nur 175 sich zurückhielten.[3] Allgemein war ein Einlenken in die „Rechtgläubigkeit" zu bemerken. Da hielt Schleiermacher nicht länger zurück, sondern veröffentlichte die Schrift: „Über das liturgische Recht evangelischer Landesfürsten. Ein theologisches Bedenken von Pacificus Sincerus". Es handelte sich für ihn darum, die Freiheit der protestantischen Kirche gegen ein persönliches Regiment zu schützen. Mit schneidiger Kritik zeigt Schleiermacher hier, daß das liturgische Recht lediglich der Kirche gehört; damit trat er nicht nur Eylert, Augusti und den Hoftheologen entgegen, sondern auch dem Könige selbst. Dieser urteilte trotzdem (nach Eylerts Mitteilung)[4] zuerst günstig über die Schrift: „Ich habe sie mit Vergnügen gelesen," denn er hatte ein ehrliches Wollen zum Besten der Kirche — aber seine Berater wußten ihm

---

[1] Lenz II, 1, 175. [2] Lenz a. a. O. 359 f. [3] Foerster, II, 116.
[4] Charakterzüge III, 1, 362. Foerster bezweifelt diese Notiz ohne nähere Begründung II, 132.

dieses Streben nach Freiheit als revolutionär darzustellen — und so blieb Schleiermachers Schrift ein nur moralischer Sieg.

Hegel fuhr inzwischen fort, in seinem Kolleg über die Unwissenheit Schleiermachers von Gott zu schimpfen — der Angegriffene nahm kaum Notiz davon.[1] Dem Meister folgte der Schüler: Marheineke, Schleiermachers Kollege an der Dreifaltigkeitskirche, griff den Pacificus an, wohl wissend, wer sich dahinter verbarg. Er verdächtigte Schleiermachers Tendenzen und verteidigte die absolute Fürstengewalt in Sachen der Kirche. Ihm trat in einer zweiten Schrift Augusti an die Seite, dem dann noch Ammon auf königlichen Wunsch beisprang. Als das Ministerium dann am 4. Juli 1825 befahl, daß alle Gemeinden sich entweder zur neuen Agende bekennen, oder die alte in strenger Form, ohne jede Abweichung benutzen sollten, da mußte Schleiermacher auch als Prediger Stellung nehmen, vor allem, da er noch persönlich zur Äußerung aufgefordert worden war. Ihm schlossen sich noch 11 Berliner Geistliche zu einer „Vorstellung" bei dem Minister Altenstein an, in der sie gegen die Willkür protestierten. Am 1. März 1826 wurde eine zweite von Schleiermacher verfaßte Eingabe gemacht, direkt an den König, der sie sehr ungnädig abwies. Umsonst! Auf weitere Zwangsverfügungen wagten die 12 eine neue Gegenvorstellung vom 27. Juni (ebenfalls von Schleiermacher) bei Altenstein. Da erschien noch Schleiermachers letzte Schrift in diesem unerquicklichen Streit: das „Gespräch zweier selbstüberlegender Christen über die Schrift: Luther inbezug auf die neue preußische Agende". Letztere Schrift rührte zum guten Teil von Friedrich Wilhelm III. selbst her — trotzdem wagte Schleiermacher, ungeachtet seiner gefährlichen Lage, nochmals ein Wort. Er zeigte kurz und schlagend, wie wenig die geübte Wilkür und die rückschrittliche Tendenz im Sinne Luthers wären. Er forderte hier, wie schon immer: eine Erneuerung der Kirche durch die Entwicklung einer freien Kirchenverfassung.[2] Inzwischen sah die Regierung ein, daß es unzweckmäßig sei, weitere Gewalt gegen die 12 anzuwenden, zumal der Magistrat und der Kronprinz auf ihrer Seite standen; man lenkte ein. Ein scharfer Verweis wurde ihnen erteilt, gegen den Schleiermacher protestierte. Dann gab die Regierung zu (Kabinettsordre 4. 1. 1829), daß für jede Provinz gewisse Abweichungen gestattet werden sollten, Schleiermacher sicherte sich noch besondere Freiheit durch eine Erklärung an den Minister — und dann gaben die 12 ihren Widerstand auf. Schleiermacher hatte innerlich seine Stellung bewahrt, wenn er auch äußerlich nachgeben

---

[1] Br. IV, 309. [2] Foerster, II, 157.

mußte. Er erlebte die Genugtuung, daß die Regierung, auf Wunsch des Kronprinzen, seine Hilfe erbat, als in Schlesien Scheibel seine Sekte gründete. Damals erhielt Schleiermacher den roten Adlerorden III. Klasse (1831) — die erste Auszeichnung seines Lebens. „Es erfolgten Einladungen von Prinzen, die früher nie daran gedacht hatten, und er war mit einem Male ein populärer Mann auch in den höchsten Regionen geworden. (E. v. Willich.)[1]

Inzwischen war das Werk erschienen, welches das Grundbuch der modernen Theologie zu werden bestimmt war: die Glaubenslehre.[2] Schleiermacher hatte sie geschrieben, um der Zerfahrenheit der eigenen Zeit entgegen zu wirken; den meisten Zeitgenossen aber blieb sie unverständlich. Im Sommer 1822 erschien der 2. Band — Rationalisten und Supranaturalisten fielen gleich grimmig darüber her. Auch die Führer der beginnenden neuen Schule, F. Chr. Baur und später D. Fr. Strauß, ebenso Braniß und Fries mit seiner Schule erklärten sich gegen Schleiermachers Dogmatik;[3] und heute finden wir z. B. bei Pfleiderer eine starke Kritik der Glaubenslehre. Der Grund für diese Ablehnung ist wohl in der Schwierigkeit zu suchen, das Problem des Verhältnisses von Christentum und Wissenschaft klar zu durchschauen, wie es sich bei Schleiermacher herausgebildet hatte. Strauß hatte schon die richtige Bemerkung gemacht, daß Schleiermacher in der Glaubenslehre nie aus der Rolle fällt, sondern wirklich alle Sätze aus dem Abhängigkeitsgefühl herausspinnt.[4] Trotzdem hält er das nur für einen nachträglichen Ausputz der ursprünglich philosophisch gewonnenen Anschauungen, für eine „Kutte des religiösen Gefühles", die den philosophischen Truppen umgeworfen wurde. Tatsächlich hat Schleiermacher schon in der Kritik von Schellings Vorlesungen über die Methode sich von einer spekulativen Begründung des Christentums losgesagt. Für ihn begründet lediglich der Glaube an Christum als den Erlöser die Christlichkeit (§ 14). Damit weist er Beweise aus dem Buchstaben der Bibel ab, ebenso Spekulation,

---

[1] „Aus Schleiermachers Hause". Jugenderinnerungen seines Stiefsohnes. Berlin 1909. S. 141.

[2] Vgl. „Die Leitsätze der ersten und zweiten Auflage von Schleiermachers Glaubenslehre", nebeneinander gestellt von M. Rade. 1904.

[3] H. Mulert, Die Aufnahme der Glaubenslehre Schleiermachers. Zeitschr. f. Theol. u. Kirche 1908.

[4] Charakteristiken und Kritiken. 1839. S. 163

Geschichtsphilosophie und Scholastik.[1] „Der prinzipielle Verzicht auf die spekulative Methode ist die grundlegende Tat der Schleiermacherschen Theologie" (Scholz). Und doch war die Philosophie für Schleiermacher von unendlichem Wert, sie erst schuf ihm die Vertiefung aller Erkenntnis. Mußte deshalb ein Dualismus zwischen Kopf und Herz bestehen, wie Jacobi es wollte? Für Schleiermacher persönlich lag darin kein Problem, denn seine ganze Entwicklung bestand in einem immer innigeren Verschmelzen von Philosophie und Religion. So hat er denn auch stets ausgesprochen, daß in demselben Subjekt Glaube und Philosophie geeint sein können.[2] Er wollte einen ewigen Vertrag zwischen Wissenschaft und Religion stiften. Die Grundlage und der Mittelpunkt seines Philosophierens ist ein lebendiger Gottesbegriff; auf ihm basiert die Dialektik ebenso wie die Ethik. Wissen können wir von Gott selbst nichts — in der Glaubenslehre wie in der Dialektik tritt seine Unpersönlichkeit klar hervor. Gott ist das „Woher" des Abhängigkeitsgefühles[3], er ist die erahnte, von uns unerreichbare Identität von Realem und Idealem. Jedenfalls ist dieser durch platonische und schellingsche Gedanken belebte Spinozismus für eine Annäherung an das Christentum besonders geeignet, wenn man auch nicht — wie Scholz das will — von einem direkt „christlichen Gepräge seiner Philosophie" reden kann. Die pantheistische Fassung der Gegenwart Gottes in der Welt bleibt auch in der Glaubenslehre bestehen. Da nun die Philosophie so viel Einfluß auf die Grundlagen des religiösen Weltbildes hat, muß natürlich vieles, was allgemein noch zum Wesen des Christentums gerechnet wird, fortfallen. Über alle Äußerlichkeiten erhebt sich Schleiermachers Religion durch ihren philosophischen Gehalt. Und so gelingt es ihm, die Religion in streng wissenschaftlicher Form zu begründen, ohne doch sie durch die Wahrheit der philosophischen Sätze stützen zu wollen. Da in seiner Persönlichkeit Christentum und Philosophie zur vollsten Harmonie verschmolzen waren, da sein Hauptstreben dahin ging, werktätig seine Ideen in das reale Leben einzubilden, konnte es ihm auch gelingen, in der Theorie eine völlige Verschmelzung von Wissenschaft und Christentum zu erreichen, ohne beide Mächte in ein Kausalverhältnis zu setzen. Ob diese Verschmelzung über seine Persönlichkeit hinaus Bestand haben kann, erscheint allerdings zweifelhaft — sie war jedenfalls zu individuell,

---

[1] H. Scholz, Christentum und Wissenschaft in Schleiermachers Glaubenslehre. Berlin 1909. S. 14.

[2] Zweites Sendschreiben an Lücke, S. W. I, 2, 649.

[3] E. Zeller, Theologische Jahrbücher 1842, S. 267.

um die Bildung einer „Schleiermacher-Schule" zu ermöglichen.[1] Für ihn war sie Wesensausdruck und nicht Konstruktion. Vom rein philosophischen Standpunkt angesehen, hat natürlich seine Philosophie durch die christlichen Interessen nicht gewonnen, es mußte durch diese abseits liegende Tendenz eine gewisse Trübung in der konsequenten Gedankenbildung eintreten. Das harmoniert aber völlig mit Schleiermachers geistiger Grundanlage, die weniger auf theoretische Gedankenentwicklung, als auf Erkennen der Vergeistigungsmöglichkeiten der Einzeldinge gerichtet ist — seine Ethik gipfelt in diesem Sinne in der Lehre vom höchsten Gut.

Die Glaubenslehre ist ein Werk im Geiste des Protestantismus, der die volle Selbständigkeit der Vernunft auch in Sachen des Glaubens anerkennt. Unchristlich aber ist sie in demselben Sinne, wie es nach Schellings Urteil einst die Weihnachtsfeier gewesen war: denn auch die Glaubenslehre enthält ein Christentum von geistig-aristokratischer Färbung, sie gibt keine Religion der Armen im Geist.[2] Doch wird dieser johanneische Charakter wieder dadurch gemäßigt, daß Schleiermacher den größten Nachdruck auf die lebendige Betätigung der Religion im Gemeindeleben legt. Eine sittlich-soziale Erneuerung der Menschheit durch den christlichen Gemeingeist ist sein Ziel (Schenkel). Die Gemeinde muß im Mittelpunkt des kirchlichen Lebens stehen, nicht der Klerus. Alle Handlungen in der Kirche müssen als Handlungen der Gemeinde aufgefaßt, nirgends, auch nicht beim Dienst am Wort und bei den Sakramenten, darf der Klerus selbstherrlich der Gemeinde gegenübertreten. Und so werden denn die Schwierigkeiten, die sich aus der Stellung der Person Jesu in der Glaubenslehre ergeben, aufgewogen durch das neue Gemeindeprinzip; der lebendige Christus ist der Geist der Gemeinde.

Schleiermachers Kirchenbegriff berührt sich „in einem Hauptpunkt mit dem alten echten Kirchenbegriff, in der Anerkennung der dem Individuum vorgeordneten zeugenden Kraft der Mitteilung, der die eigene Tätigkeit erst anregenden Gnade, der alles umfassenden historischen Gesamtmacht. Umgekehrt hat er doch auch Elemente des Sektenbegriffes, die Lebendigkeit und Mittätigkeit der Individuen, die Abzielung auf aktive Bewährung an Stelle bloß passiver Hingebung an die kirchlichen Gnadenmittel" (Troeltsch).[3]

---

[1] A. E. Biedermann: Ausgewählte Vorträge und Aufsätze. Berlin 1885. S. 198.

[2] Vgl. über den ästhetischen Einschlag der Glaubenslehre: Horst Stephan: Die Lehre Schleiermachers von der Erlösung. 1901, S. 142 ff.

[3] Schleiermacher, der Philosoph des Glaubens. Sechs Aufsätze (Moderne Philosophie, Bd. 6). 1910. S. 31.

In seinen beiden Sendschreiben an Dr. Lücke 1829 suchte er bei Gelegenheit der 2. Auflage der Glaubenslehre die Grundlagen seiner Dogmatik nochmals klar zu machen, nachdem 1819 eine mit de Wette gegründete Zeitschrift, die denselben Zweck verfolgte, nach dessen Entlassung nicht weiter geführt worden war. Gleichzeitig war die Arbeit der Gesangbuchkommission abgeschlossen, an der Schleiermacher wenig Freude gehabt hatte. Trotz der Proteste in Hengstenbergs „evangelischer Kirchenzeitung" und einiger Abneigung des Königs wurde das neue Gesangbuch in fast allen Kirchen Berlins eingeführt. Weitere Kämpfe brachte ihm noch die Bekenntnisfrage: auch hier wollte man etwas „Neues" — tatsächlich nur den Rückgang zum Ältesten. In einem Sendschreiben an die Theologen Cölln und Schulz und in seinen Predigten über die confessio Augustana stritt Schleiermacher für die unbedingte Freiheit von jedem Buchstabenzwang.

Eine lange Reihe von Jahren haben Schleiermacher diese Streitigkeiten gekostet — sehr viel wertvolle Zeit ging ihm durch sie für seine Arbeiten verloren. Manchmal hat er das selbst schmerzlich empfunden, meist aber wußte er genau, daß seine Mühen nicht verloren wären. „Für Schleiermacher war immer Leben mehr als Forschen und Denken" (Dilthey). Den größten Teil seiner wissenschaftlichen Aufzeichnungen konnte er nicht selbst für den Druck fertig gestalten; dafür hat er für die Freiheit des Kirchenwesens mit aller Kraft aus reinster Gesinnung gestritten.

Trotz aller Verketzerungen war sein Ansehen als Kanzelredner und akademischer Lehrer immer nur gestiegen. Seine Predigten wurden von der geistigen Elite besucht, und trotzdem bezeugten auch einfache Männer, daß sie Schleiermacher völlig verstehen könnten. Doch war es sein eigentlicher Beruf, den Gebildeten das Christentum zu predigen. 1818 schon hatte er seine „Predigten über den christlichen Hausstand" gehalten, die 1820 zuerst erschienen waren und 1826 neu aufgelegt werden mußten (vgl. Bauers Einführung in Bd. III dieser Ausgabe). In vernunftmäßiger Durchdringung wußte er das Eigentümliche des Christentums auch in seinen Predigten festzuhalten; alles diente ihm nur dazu, das christliche Bewußtsein mitzuteilen. „Hinreißend war die Schärfe des Gedankens, hinreißend vorzüglich sein eignes, inneres Erregtsein, wenn nach ruhiger, klarer Erklärung des Textes und Entwicklung des Stoffes nun die rednerische Gewalt des bewegten Gemütes den Hörer nötigte, auf dem vorher sorgfältig bestimmten Wege nun auch zu wandeln" (Schweizer)[1].

---

[1] Schleiermachers Wirksamkeit als Prediger. Halle 1834. S. 95.

Twesten, der Schleiermacher in diesen Jahren nahe stand, erzählt: „Sonntag, den 22. [Juli 1827] machten wir uns früh auf, um in Schleiermachers Kirche zu ziehen. Er predigte um neun. Als wir in die eine Kirchtüre traten, war dort nicht durchzukommen. Wir arbeiteten uns durch die Menschenmassen glücklich hinaus, da klopfte mich jemand auf die Schulter und es war unser freundlicher Bleek, der uns in eine andere Tür, Schleiermachers Stuhl näher, glücklich hineinlotste. Sein Auftreten, seine Sprache, die Art, wie er seinen Gegenstand behandelt, ist ungemein schön und anziehend."[1] Durch seine Predigertätigkeit gewann Schleiermacher einen großen Einfluß auf den Berliner Geist, ja, er repräsentiert ihn geradezu in den 20iger Jahren. So berichtet uns z. B. Adele Schopenhauer aus dem Juli 1820 von einer Predigt, die einen inneren Erneuerungsprozeß in ihr angeregt habe.[2]

Auch als akademischer Lehrer hatte er einen großen Einfluß! Im Wintersemester 1824/25 hatte er 140 Zuhörer im ethischen Kolleg. Und das in den Tagen der Erstarrung. Das tröstete ihn immer wieder, wenn er sich von seinen Kollegen verlassen sah. Sein persönliches Leben lief ruhig dahin, von kleinen Erholungsreisen unterbrochen, so einmal nach Rügen, wo seine Frau Saßnitz als Bad „entdeckte", indem sie zum ersten Male dort in einem Fischerhause Sommeraufenthalt mit den Kindern nahm. Das gute Verhältnis zwischen den Gatten wurde seit 1819 etwa öfters dadurch gestört, daß Henriette unter den Einfluß der somnambulen Frau Fischer, der Schwester ihres späteren Schwiegersohnes, Prof. Lommatzsch, geriet. Diese Frau hatte die größte Macht auch innerlich über sie, und so ging die alte Einheit mit ihrem Gatten verloren. Nur dessen grenzenlose Güte hat alle Reibungen immer wieder überwunden (vgl. E. v. Willichs Erinnerungen, S. 42 ff).

Im Herbst 1828 reiste Schleiermacher nach England und predigte in London am 21. September. Auch einen schweren Verlust brachten ihm diese Jahre. Am 2. Februar 1820 war ihm sein einziger Sohn Nathanael geboren worden, am 29. Oktober 1829 mußte er ihn von sich lassen — aufs schmerzlichste bewegt hielt er ihm selbst die Grabrede. Das war eine Wunde, die nicht mehr heilte (an Bleek, 23. April 1830). Schon 1829 schrieb er an Twesten: „Mein Gefühl sagt mir, daß ich nur noch eine kleine Anzahl frischer Jahre vor mir habe, und da scheint es mir pflichtmäßiger, die noch womöglich zum Schreiben zu verwenden, damit es noch eine Ernte gebe und nicht mein ganzes Feld bloß als Grünfutter abgeschnitten

---

[1] a. a. O. S. 402f.
[2] Tagebücher. II, 55. Leipzig 1909.

werde." Zu furchtbar hatte der Tod des Kindes den Vater getroffen. „Mir war es nun besonders, seit der Knabe angefangen, das Gymnasium zu besuchen, ein eigener Beruf, ihn unter meine nähere Leitung zu nehmen. Zuletzt hatte ich es mir eingerichtet, daß er in meiner Stube arbeitete, und so kann ich sagen, es war keine Stunde, wo ich nicht des Knaben gedacht und um ihn Sorge getragen hätte, so daß ich ihn nun auch in jeder Stunde vermisse. Da ist nun nichts zu tun, als sich zu fügen und seinen Schmerz zu verarbeiten" (an Gaß, 12. Nov. 1829). In das Jahr 1830 fällt auch die Einsegnung des jungen Otto v. Bismarck durch Schleiermacher, der ebenso wie sein Bruder den Konfirmationsunterricht bei dem großen Prediger besuchte.[1] Schleiermacher wählte für Bismarck einen Spruch, den dieser nicht vergessen hat, und der voll und ganz zu seinem Wesen paßte: Alles, was ihr tut, das tut von Herzen, als dem Herrn und nicht den Menschen, Kol. 3, 23. Von der kritischen Gebotslehre und dem Gottesbegriff Schleiermachers ist Bismarck wohl nicht unberührt geblieben; doch faßte er die Religion rationalistisch auf. „Eine innerliche Macht hat die Wärme und Gemütskraft des Neubegründers unserer Religiosität auf ihn nicht ausgeübt" (Marcks). Seit dem Herbst 1830 hielt Schleiermacher ein längeres Unwohlsein von abendlicher Geselligkeit zurück, der Arzt verbot ihm auch, auf den Kirchhöfen zu sprechen. 1831 mußte er noch einmal die Feder zur Abwehr von Verdächtigungen ergreifen: das Journal „Messagen des Chambres" hatte ihn als Führer der seit der Julirevolution in Berlin entstandenen demokratischen Partei bezeichnet. Ernst und würdig wies Schleiermacher das in einer Zuschrift an den „Staatsanzeiger" ab, ebenso wie das Lob, das ihm die französische Zeitschrift erteilte. Im Herbst 1833 machte er seine letzte Reise; sie führte ihn nach Schweden und Dänemark. Er überstand die sehr stürmische Seefahrt und die anderen Strapazen in voller Frische. In Kopenhagen fand ein großes Fest zu seinen Ehren statt, mehrere Hundert Studenten versammelten sich beim Scheine von Fackeln, Schleiermacher hielt verschiedene Ansprachen, ein begeistertes, für ihn gedichtetes Huldigungslied wurde gesungen[2]: er fühlte sich von Verehrung und Liebe getragen, wie es ihm in solchem Maße in seinem Vaterlande nie geschehen war!

Das war der glänzende Abschluß seiner Lebensbahn. In der Nacht vom 6. zum 7. Februar 1834 brach eine heftige Lungenentzündung aus, die am 12. Februar zum Tode führte, der ihm nicht unerwartet kam.

---

[1] E. Marcks, Bismarck. S. 73 f.
[2] Br. II, 475.

Seine Gattin, die ihm 1840 ins Grab folgte, hat uns eine genaue Beschreibung der letzten Tage gegeben.[1] „Seine Stimmung war während der ganzen Krankheit klare, milde Ruhe, pünktlicher Gehorsam gegen jede Anordnung, nie ein Laut der Klage oder Unzufriedenheit, immer gleich freundlich und geduldig, wenngleich ernst und nach innen gezogen." Ein merkwürdiges, symbolisches Wort ist uns erhalten: „Ich bin doch eigentlich in einem Zustand, der zwischen Bewußtsein und Bewußtlosigkeit schwankt, aber in meinem Innern verlebe ich die göttlichsten Momente — ich muß die tiefsten spekulativen Gedanken denken und die sind mir völlig eins mit den innigsten religiösen Empfindungen." In voller Klarheit teilte er den Seinigen das Abendmahl aus und nahm es selbst, Wasser statt Wein für sich benutzend.[2] „Nun kann ich auch nicht mehr hier aushalten." Er atmete einige Male auf; das Leben stand still. Unterdessen waren alle Kinder hereingetreten und umgaben knieend das Bett. Sein Auge schloß sich allmählich.

Seine Beisetzung hatte den „Charakter einer allgemeinen Volkstrauer". Ranke erzählt uns davon: 20—30 000 Menschen erfüllten die Straßen, alles ging zu Fuß. „Ich erinnere mich, welch einen Eindruck es auf mich machte, als wir Schleiermacher begruben, und die ganze lange Straße hinab an allen Fenstern, an allen Türen geweint ward."[3] In der Universität hielt Steffens die Trauerrede und wies mit innerer Bewegung auf die „Tiefe des Gemütes und die Reinheit der Gesinnungen" des Verewigten hin.[4]

Schleiermacher war ein ethisch-pädagogisches Genie. Tiefer als andere Denker hat er durch seine Reformbestrebungen seine Zeit auf den verschiedensten Gebieten beeinflußt und sie weitergebracht — er war Philosoph in dem großen Sinne eines Mannes, der die Welt nicht auf dem Punkte ruhen läßt, auf dem er sie angetroffen, sondern der in idealem Streben sie dem selbstgeschaffenen Ideale näher führt. Sein Leben wurde von Ideen geleitet, von Ideen, die er nicht aus dichtender Spekulation gewonnen, sondern die seinem forschenden Auge aus der Fülle der Welterscheinungen selbst erwachsen waren. Schleiermacher ist kein

---

[1] Br. II, 482 ff.

[2] Schleiermachers letzte Predigt. Mit einer Einleitung neu herausgegeben von Joh. Bauer, 1905. S. 17.

[3] Sämtliche Werke 53—54. S. 311.

[4] „Drei Reden am Tage der Bestattung". Berlin 1834.

so konsequenter Theoretiker wie Fichte etwa; aber er ist ihm in dem feinsinnigen Durchdringen des Erfahrungsinhalts mit dem verstehenden Gedanken weit überlegen. So wird seine Philosophie auch weiter anregend wirken, denn in ihr sind Ideen von bleibendem Werte zur Formulierung gekommen. Schleiermacher hat selbst unendlich viel dazu getan, sein Ideal zu verwirklichen: **Idee und Wirklichkeit in wahrer Humanität harmonisch zu einen.** Nicht eine Schule stiftete er, sondern ein Zeitalter (Begriff des großen Mannes, III, 3,83). Er ist ein „großer Mann", denn er ist unersetzlich (J. Burckhardt). Aus seinen Werken und Taten tritt uns seine reine, vollendete Menschlichkeit strahlend entgegen: gemütvolle Weichheit war bei ihm mit energischer Männlichkeit gepaart und beides war zu einem harmonischen Innenleben verschmolzen, das sich in der selbstlosen Hingabe an die höchsten Zwecke darstellte. Schleiermachers größtes Werk ist sein eigenes Leben.

Bettina v. Arnim, die in den 30iger Jahren fast täglich in Schleiermachers Hause verkehrte, urteilte über ihn: „Ob er der größte **Mann** seiner Zeit sei, wisse sie nicht, aber der größte **Mensch** sei er gewiß." Dieses reinmenschliche Wesen wird uns immer im Innersten bewegen, wenn wir auch bei seinen Lehren nicht immer stehen bleiben können.

Inhaltsanalyse
der „Grundlinien einer Kritik der bisherigen Sittenlehre".

Rudolf Otto hat seine Neuausgabe der „Reden über die Religion" mit einer Inhaltsanalyse, fortlaufend unter dem Text, versehen; die „Grundlinien" bedürfen einer solchen Zergliederung in viel höherem Maße. Ich ziehe es aber vor, sie vorauszuschicken, damit das Auge nicht bei der Lektüre zu sehr gestört wird; denn gewiß ist diese Hilfe für sehr viele überflüssig. Ich bitte, diese Analyse nur als eine Art detaillierteren Inhaltsverzeichnisses anzusehen, nicht als einen zusammenhängenden Aufsatz; nur neben dem Text selbst kann sie benutzt werden, nicht allein!

Vorrede.

S. 5. (der vorliegenden Ausgabe, entsprechend S. 3 der S. W.) Die Kritik verneint nicht die Möglichkeit der Ethik selbst, sondern weist auf die Punkte hin, von denen die Verbesserung ausgehen kann.

S. 6 u. 7. Nur für die ist das Buch berechnet, die mit den kritisierten Gegenständen vertraut sind.

S. 8. Erklärung des Stiles der Schrift.

Einleitung.

S. 9. Die gewöhnlichen Arten der Kritik sind verfehlt.

S. 10. Hier soll eine Kritik der wissenschaftlichen Form aufgestellt werden; dazu ist der Besitz eines schon als richtig anerkannten Systems unnötig. Wohl aber muß die Gestalt dem Gehalt entsprechen.

S. 11—16. Dabei können nur solche Ethiker berücksichtigt werden, deren Ansichten innerlich ein System bilden. Das Vorhandensein bestimmter Begriffe (Freiheit) kann nicht ausschlaggebend für den ethischen oder unethischen Charakter einer Lehre sein.

S. 16—18. Die Einteilung der Schrift kann sich nicht an die sog. „Schulen" halten, denn das sind schwankende Bezeichnungen. Die Kritik muß inhaltlich gegliedert werden in: Kritik der Prinzipien, der ethischen Begriffe, der Vollständigkeit der Systeme. Dabei werden die einzelnen Schulen in verschiedener Reihenfolge besprochen.

Erstes Buch.
Kritik der höchsten Grundsätze der Sittenlehre.

Einleitung.

S. 19. Es erscheint notwendig, daß all unsere Erkenntnisse an ein höchstes Wissen angeknüpft, aus ihm deduziert werden; so auch die höchste Idee der Ethik. Die höchste Wissenschaft von den Gründen und dem Zusammenhange aller Wissenschaften darf nicht wie jede Einzelwissenschaft auf einem obersten Grundsatz beruhen, sondern muß als Ganzes in sich selbst ruhen, kann auch nicht bewiesen, sondern muß angenommen werden. „Wissenschaftslehre".

S. 21. Wir wollen die Entstehungsarten der höchsten Ideen untersuchen und erkennen, von welchem Bedürfnis die Bildung einer Ethik ausgegangen.

S. 22. Bei den Alten ist keine gemeinsame Ableitung für die höchsten Ideen der logischen, physischen, ethischen Erkenntnisse zu finden. Ebensowenig in der neuen Philosophie für die Verbindung von theoretischer und praktischer Philosophie.

Auch Kant hat wohl noch nicht den Gedanken einer systematischen Verknüpfung aller menschlichen Erkenntnisse gehabt, trotz seiner „Architektonik der Vernunft". Er hatte zu viel Vernunft und zu wenig Begeisterung.

S. 23. Er begnügt sich mit einer Einteilung des Vorhandenen, ohne das Fundament zu zeigen. Wenn er die Ethik (System der Freiheit) zur allgemeinen begründenden Wissenschaft machen will, so ist das ein Fehler, weil aus ihr nicht die Stellung der übrigen Wissenschaften begründet werden kann. Auch die Brücke zwischen theoretischem und praktischem System durch die Ideen von Freiheit, Unsterblichkeit und Gott ist illusorisch.

S. 24. Die Ethik hat es nur mit dem Inhalt der Vernunftgebote zu tun, nicht mit den zur Sanktion hinzugefügten Drohungen und Verheißungen. Was nichts miteinander zu tun hat — Sittlichkeit und Glückseligkeit — kann nicht notwendig verbunden sein.

Die Idee des höchsten Wesens ist in der theoretischen Philosophie ein Fehler, in der praktischen überflüssig — das ist aber keine Verbindung! Kant macht auch keine Ableitung aus dieser Idee.

S. 25. Auf den richtigen Weg kommen wir, wenn wir Glückseligkeit, Unsterblichkeit und Gott als Phantasieprodukte ansehen.

S. 26, 27. Fichte gibt die Anknüpfung seiner Sittenlehre an die Wissenschaftslehre nicht an, sondern in der Sittenlehre schafft er seine Wissenschaftslehre um und findet so die Anknüpfung.

S. 28. Bei Fichte kann leicht ein Sprung oder Fehler in der Ableitung verborgen werden bei den „Ansichten und Umsichten", die den Gang des Systems unterbrechen.

Auch kann die „übrigens sehr tugendhafte und lobenswerte Vermeidung einer all zu eng bestimmten Lehrsprache" Erleichterungen verschafft haben.

Mit dem bloßen Wollen soll auch zugleich das Sittengesetz gefunden sein.

S. 29. Fichte behauptet, daß in dem allgemeinen Bewußtsein des Wollens die einzelnen bes. Pflichten enthalten sind, läßt aber doch Selbsttätigkeit auch da zu, wo bei einer Wahl nicht das Bewußtsein des allgemeinen Gesetzes vorhanden ist. Unmöglich kann mit dem Allgemeinen das Besondere bestimmt sein, sonst müßte auch die Wissenschaftslehre aus der Urhandlung alles einzelne ableiten.

S. 30. Wie äußert sich der Trieb nach Selbsttätigkeit auf das ganze Ich? Fichte machte Fehler dabei.

S. 31. Er verwechselte das gesetzliche Denken mit dem Denken des Gesetzes.

S. 32. Aus der Forderung einer selbsttätigen Bestimmung wird ein reiner Trieb abgeleitet, der sich gegen den Naturtrieb richtet. Das könnte höchstens ein Trieb auf Reflexion sein.

S. 33. Widerspruch zwischen Naturtrieb und reinem Trieb falsch abgeleitet.

Wie soll sich das Ich seiner Unabhängigkeit annähern, wenn diese im Unendlichen liegt?

S. 34. Die Verknüpfung der Sittenlehre mit dem ersten Ringe der menschlichen Erkenntnis ist bei Fichte unhaltbar.

S. 35. Plato und Spinoza stellen als erstes und ursprüngliches Wissen die Erkenntnis des höchsten Wesens auf, von der alles abzuleiten ist.

S. 36. Spinoza haßte die Zweckbegriffe und verwechselte mit ihnen das Ideal; so war er fast stets in Feindschaft dem eigentümlich Ethischen gegenüber. „Man kann daher nicht leugnen, daß die Ethik ihm fast wider seinen Willen und wohl nur polemisch zustande gekommen ist, es sei nun, um die gemeinen Begriffe zu bestreiten oder um seine Theorie vom höchsten Wesen zu rechtfertigen und zu berühren."

S. 37. Plato faßt die Dinge als Gedanken der Gottheit auf und den Menschen ist es geboten, Gott ähnlich zu werden. Nur da ist die Verknüpfung alles Denkens zu finden, wo man von dem Unendlichen als einzig notwendigen Gegenstande ausgeht.

S. 38. Der Wissenschaft sind stets vorausgegangen: das Bewußtsein der inneren sittlichen Zunötigung oder einzelne sittliche Begriffe.

„Alles aber nicht mit Bewußtsein noch nach festen Gesetzen Gebildete ist schwankend und irgendwo unbestimmt; woraus denn die Verschiedenheit der höchsten Grundsätze sich leicht erklärt, welche die doppelte Aufgabe zu lösen hatten, das bereits einzeln Gefundene entweder zu vereinigen oder außer Wert zu setzen, und jene innere Zunötigung auf eine befriedigende Weise auszusprechen."

Erster Abschnitt.

S. 39—40. Schwierigkeit der Einteilung, Unbrauchbarkeit von Kants Tafel.

S. 41. Jeder einzelne Grundsatz ist mannigfaltig in seinen Eigenschaften und Beziehungen; diese müssen aufgesucht werden, um zu sehen, ob sie auf die wissenschaftliche Tauglichkeit des obersten Grundsatzes Einfluß haben.

Systeme der Glückseligkeit — Vollkommenheit.

S. 42. Die ersteren sind auf einen Zustand des Bewußtseins gerichtet, die zweiten auf ein bestimmtes Sein. Beides ist nicht notwendig verbunden. In dem System der Lust ist die Handlung oder das Sein nur das Mittel, in dem der Tugend ist das Gefühl nur Zugabe.

S. 43. Shaftesbury und seine Schule sind dem Lustsystem ergeben, trotz des vielen Redens von der Tugend; denn alles endet mit dem Beweis, daß nur durch die Tugend Glückseligkeit zu erreichen ist. Es läuft darauf hinaus, glücklich zu sein, ohne etwas zu tun.

S. 44. Konsequent wäre die höchste Weisheit, die sittliche Lust in der Einbildung und die organische in der Wirklichkeit zu genießen. Ähnlich bei Ferguson und Garve.

S. 45. Aristoteles hat ein reines System der Tätigkeit, Lust nur als Probe auf Vollendung der Handlung.

S. 46. Noch klarer ist das bei Spinoza: um ihrer selbst willen muß die reine Tätigkeit, das Ethische geliebt werden.

S. 47—48. Bei den Stoikern und ähnlich bei Fichte folgt auf eine vorsittliche Stufe die ethische Tätigkeit der Vernunft.

S. 49—50. Kyniker. Den Gegensatz zwischen System der Vollkommenheit und Glückseligkeit aufzuheben, ist verkehrt.

S. 51. Kant hat den Unterschied von formaler und materialer Sittlichkeit nicht aufrecht erhalten, denn ein vernünftiger Mensch zu werden, ist ein Inhalt, ebenso sein höchstes Gut.

S. 51—53. Neuer Gegensatz: zwiefacher Trieb, natürlich und sittlich, oder das Ethische nur eine Verbesserung des Natürlichen. Diese Frage kann dem Dasein der Sittenlehre keinen Eintrag tun, weil man doch stets zugibt, daß bloße Belehrung nichts hilft.

S. 54. Neuer Gegensatz: Sittlichkeit bloß als etwas Beschränkendes — oder als selbst etwas Hervorbringendes. Epikur beschränkend: aus dem rohen Genuß die Ruhe des Weisen bildend. Cyrenaiker bildend: das Sittliche ist selbst der natürliche Trieb.

S. 55. Bei den Stoikern ist die Ausführung einer sittlichen Handlung erst von einem Gegebenen abhängig, denn auch nachdem die höhere Natur zum Bewußtsein gekommen ist, ist das doch noch keine eigene Kraft, sondern nur eine neue Art, über die Forderungen des Selbsterhaltungstriebes zu entscheiden.

S. 56. Ebenso Fichte: das Geschäft des reinen Triebes besteht nur in der Auswahl des ihm Gemäßen aus den Forderungen des Naturtriebes. Diese müssen immer gegeben sein, sonst geschieht gar nichts.

S. 57. Ebenso bei Kant: sein Sittengesetz kann nie etwas durch sich selbst produzieren.

S. 58. Anders Spinoza: das Sittliche ist ein Eigenes, nicht nur ein Verbessern eines unsittlichen, gebundenen Handelns. Das Fliehen des Bösen ist gar keine eigene, sittliche Leistung, sondern entsteht nur aus dem Suchen des Guten.

S. 59. Ebenso Plato: Gott ähnlich werden wir nur, wenn die Kraft des Geistes eine eigene ist.

S. 60. Auch bei Aristoteles ist es so.

S. 61. Neuer Gegensatz: alles Menschliche ist eigentümlich oder allgemein. Eine Sittenlehre, die beides vereinigt, ist noch nicht geschrieben.

S. 62. In den Systemen der Lust ist das Allgemeine dem Besonderen untergeordnet. Bei Epikur undeutlich, bei Aristipp deutlich: alles zu Erstrebende ist nur für einen bestimmten Menschen erstrebenswert. Bei den Engländern durch Machtspruch das Wohlwollen als allgemeine Lust dekretiert.

S. 63. Bei den Systemen der Tätigkeit ist das Eigentümliche fast gänzlich vernachlässigt. So die Stoiker: der richtige Verstand ist das Gemeinschaftliche. Ebenso Fichte, bei dem Individualität nur die äußere Lage bedeutet.

S. 64. Die Vernunft bei ihm ist eine gemeinschaftliche, es gibt nur eine Norm, jeder muß auf demselben Platze dasselbe tun.

S. 65. Ebenso Kant, dessen Sittenlehre **juridisch** ist.

S. 66. Seine Ethik ist eine Rechtslehre, auch das Reich der Zwecke ist ein bürgerliches usw.

S. 67. Die Engländer und Garve verwerfen das Individuelle.

S. 68—69. Bei Plato und Spinoza ist eine Vereinigung von Eigentümlichem und Allgemeinem angestrebt.

Zweiter Abschnitt.

S. 70—74. 3 ethische Ideen: der Weise, das höchste Gut, das Gesetz (entsprechend nachher im System der Ethik: Tugendlehre, Güterlehre, Pflichtenlehre). Alle drei müssen irgendwie vorhanden sein in jedem System.

Jeder Grundsatz muß aus sich selbst das **ganze** sittliche Tun und Sein ableiten lassen, kann sich aber eines Hilfsbegriffes bedienen.

S. 75—80. Jede sittliche Bestimmung gilt nur in gewissen Grenzen, die sich auch aus dem System ergeben müssen (aufbauendes Verfahren). Daneben: prüfendes Verfahren.

Wahres Wollen ist stets mit Handeln verbunden. Zufällige Handlungen, wenn sie nicht irgendwie mit einem Willen zusammenhängen.

Eine Handlung, die Mittel ist, muß stets ohne Rücksicht auf den höheren Wert gewertet werden, so, als wenn sie Zweck ist.

S. 81. Das höchste Gut darf kein bloßes Aggregat sein, wie bei Aristoteles und den Systemen der Lust.

S. 82. Der Gesamtgenuß ist etwas Unbestimmtes, es kann bei jeder Lust gefragt werden, warum nicht eine größere ihre Stelle eingenommen. Das Streben nach der einen Lust hebt die andere auf, die Länge der Lust tut der Stärke Eintrag.

S. 83. Am schlimmsten sind die Engländer daran, die der Lust bestimmte veränderliche Werte zusprechen, abgesehen von der Quantität. Da das Wohlwollen als höchste Lust erkannt ist, so müßte jeder nur danach streben, dem andern wohlzutun; so käme man auf ein Herumdrehen im Kreise.

S. 84. Die Franzosen folgern konsequent, daß die höchste Lust anderer dadurch am besten befördert wird, wenn ich meine Glückseligkeit den anderen zeige.

Aristippos setzt alle Lust gleich. Hier entsteht die neue Schwierigkeit, daß jeder Genuß Ursache einer Unlust wird und umgekehrt.

S. 85. A. bescheidet sich schließlich dabei, die Existenz des höchsten Gutes ganz zu leugnen und nur an den kommenden Moment zu denken.

So gibt es in diesem System nicht die Idee eines zusammenhängenden Lebens, und Hegesias fordert richtig den Tod, wenn es keine Lust mehr gibt.

S. 86. Die Idee des Weisen bekommt hier eine besondere Bedeutung. Wie wir schon sahen, herrschte hier das Individuelle. So bedarf es für jede Gestalt des höchsten Gutes einer best. Verfassung des Gemütes. Um ein allgemeines Gut zu erreichen, müßte jeder sich Zwang antun, also Unlust bereiten = unsittlich sein. Also: die größte Vollendung des Menschen liegt in der Verknöcherung seiner Gewöhnung.

S. 88. Auch Epikur führt zur völligen Untätigkeit.

S. 89. Bei Epikur kann das Unterlassen eines Sittlichen gar nicht verurteilt werden, weil das ja an dem Fehlen des natürlichen Triebes liegt.

S. 90. Man kann bei dem System der Lust gar nicht den sittlichen Wert einer Handlung bestimmen, denn man kennt nicht die Nebenanregungen der Lust. Im höchsten Gut ist der nicht-ethische Bestandteil der Erregung enthalten. In der Abhängigkeit des sittlichen Verfahrens von dem natürlichen Trieb liegt der Grund der unsicheren Beurteilung, die allen Eudämonisten zukommt.

S. 91. Übung ist nötig zur Erreichung der Schmerzlosigkeit; diese braucht Zeit und diese Zeit könnte stets direkt für die Lust verwendet werden.

S. 92. Die Weisheit endet in einem Wahn, der sich alle Genüsse vorspiegelt und aller Vernunft entgegengesetzt ist.

S. 93. Bei den Engländern, die Wertabstufungen der Lust annehmen, ist das Sittliche ein Mittelpunkt zwischen zwei Extremen, die unbekannt sind: es soll in jedem Augenblick die höchste Lust gewonnen werden, und man kennt doch gar nicht die Unlust usw. Ein ewiger Übergang von Zuviel und Zuwenig kommt zustande. Das Sittliche liegt in der Beschränkung.

S. 94. Bei den Systemen der „reinen Tätigkeit" ist das höchste Gut einheitlich. So bei Fichte, Stoa, Platon, Spinoza.

S. 95. Fichtes höchstes Gut: vollständige Erfüllung des Berufes in bezug auf alle Bedingungen der Ichheit.

Kant: unbeschränkte Herrschaft der richtigen Maximen.

S. 97. Verknüpfung der einzelnen Wertungen mit dem höchsten Gut. Stoiker können Unterlassung einer sittlichen Handlung nicht als widersittlich bezeichnen, da ja das gute Handeln nur eine Gestaltung des natürlichen ist.

S. 98. Ähnlich bei Fichte und Kant.

S. 99. Wenn man bei Kant eine Pflicht nicht wahrnimmt, so ist das kein ethisches Manko, da ja gar kein Handeln erfolgt.

S. 100. Bei Kant läßt sich aus allen Formeln überhaupt kein reales Gesetz oder Pflicht oder Tugend ableiten. Der Grundsatz kann nur zur Prüfung des Gegebenen dienen.

S. 101. Ebenso die Naturgemäßheit der Stoa: was ist „Natur"? Bei Fichte ist die Grundlage der ganzen Ethik eine „Möglichkeit" anderer Individuen.

S. 102. Die Stoiker führen den Verbindungsbegriff der anderen Individuen offen ein.

S. 103. Kant ist mit den Engländern ganz eng verwandt: Vollkommenheit ist Mittel, als höchster Zweck bleibt Glückseligkeit der anderen — Mannigfaltigkeit des Verbindungsbegriffes, es ist bei Stoa, Kant, Fichte nicht bestimmt, wie weit wir uns oder andere fördern sollen.

S. 104—105. Auch bei Vollkommenheitsethik keine Bestimmung des einzelnen.

S. 107. Lust und Vollkommenheit können nur verbunden werden wie bei Spinoza: eine Lust und eine Vollkommenheit, und nun auf letztere die Tätigkeit gerichtet.

Vollkommenheitsethik endet in Trägheit, denn das Handeln ist nur Mittel zum Werden und je mehr der Mensch sich dem Ziele nähert, desto weniger braucht er zu handeln und am Ziele gar nicht mehr! Platon als Retter: höchster Zweck ist Ähnlichkeit mit einem handelnden Gott.

S. 108. Universeller Charakter der Ethik oder beschränkter? „Mitteldinge", wenn die Ethik nicht alles umfaßt.

S. 111. Ist das Sittliche im Allgemeinen oder im Individuellen?

S. 112—113. Wenn nur das Allgemeine ethisch ist, so bleibt in jeder Handlung viel unbestimmt, ja es gibt viele Handlungen, die ihren Grund nur in der Eigentümlichkeit des Menschen haben! (Ehe.)

Zweites Buch.
Kritik der ethischen Begriffe.

S. 121—127. Man behauptet, die ethische Idee sei nur durch Abstraktion aus der Erfahrung gewonnen. Das ist falsch. Denn wenn unsere sittlichen Urteile wirklich ethisch sind, bevor wir die höchste Idee haben, so enthalten sie eben diese Idee unentwickelt und sind nur durch dieses Enthalten sittlich. Die Einteilung der menschlichen Handlungen ist nur dann ethisch, wenn sie übereinstimmt mit der Ableitung aus der Idee, allein hat die empirische Einteilung keinen Wert.

Jeder Grundsatz müßte seine eigenen Einzelbegriffe zur Folge haben, wir sehen aber, daß die Systeme sich in den Bezeichnungen gleichen und viel, was mit dem Prinzip nicht zusammenstimmt, aufnehmen.

Erster Abschnitt.

S. 128—130. Formale ethische Begriffe: Pflicht, Tugend, Gut, — Übertretung, Laster, Übel. Bei Stoikern und vielen Neuen werden die drei nicht klar auseinandergehalten. Verwirrung bei Kant. Jeder dieser Begriffe muß in seiner Art von Beziehung zum Prinzip das ganze sittliche Gebiet umschließen. **Es ist zu prüfen,** ob die Beziehung auf eine bestimmte Form der obersten Idee festgehalten wird, ob die Begriffsteilungen ihrer ersten Bildung entsprechen.

S. 130. Die Pflicht bezeichnet das Sittliche in Beziehung auf das Prinzip als Gesetz. Das Gesetz bezieht sich wieder auf die Tat und jede Frage nach der Pflicht ist eine nach dem Sittlichen in jeder Tat.

S. 135 ff. Das „Erlaubte" als fehlerhafter Pflichtbegriff; die Pflicht umfaßt alles.

„Erlaubt" ist jede Handlung, bevor sie in bestimmte Verhältnisse eintritt und sittlich beurteilt ist. „Erlaubt" ist eine noch nicht vollendete Bezeichnung einer Handlung, dieser Begriff ist eine Aufgabe, aber keine Bestimmung. Wer erlaubt = ethisch setzt, hat falsche Begriffe von recht und unrecht.

S. 137. Für den Wert der Erfüllung eines Gesetzes ist es gleichgültig, ob die Handlung, an der sich die Befolgung zeigt, groß ist oder geringfügig. Stoiker. Kant verwechselt rechtlich und sittlich und will ein Erlaubnisgesetz auf dem Gebiete der Ethik aufstellen.

S. 138. Vollkommene — Unvollkommene Pflichten, die letzteren sollen sein solche, die durch andere eingeschränkt sind — das sind aber alle! Denn jede Pflicht ist immer mit bestimmten Beziehungen verbunden, sie hat Grenzen.

S. 139. Namentlich die Rechtspflichten werden als vollkommen angefaßt, aber sie bezeichnen nur ein Unsittliches, ja, sie sind nur Teile einer ihnen unähnlichen Pflicht. (Abneigung gegen „Recht!") Sie haben nur technischen Wert für die Ausführung eines Ethischen aus anderer Sphäre. (Beruf und seine Folgen, Eigentum — nicht stehlen.)

S. 163. Tugenden des Verstandes und des Willens: auch falsch, da das Ethische nur den Willen angeht, der alles umspannt. Wird das vernachlässigt, so kommt man zu Tugenden, die mit Lastern verbunden sind: Herzensgüte ohne Verstand usw.

S. 164. „Wenn aber die sittliche Gesinnung den Verstand nicht treiben kann, wo sie ihn braucht! so muß sie schwach sein — — —"

S. 165. Die Stoiker haben sehr gut gesagt: nur der Weise kann Meister einer Wissenschaft sein, d. h. jede Leistung auf irgend einem Gebiete ist nur dann etwas wert, wenn sie aus ethischer Gesinnung geschieht.

Einteilung nach Zwecken und Gegenständen.

Kant. Dadurch wird aber die Gesinnung nicht eingeteilt, im Gegenteil, sie muß gerade sich als einheitlich zeigen, dem vielen Äußeren gegenüber.

Einteilung: gesellige — auf sich bezogene Tugenden.

S. 166. Platon vertieft überall die Einheit der Tugenden. Garve will den 4 Haupttugenden der Hellenen nachgehen. Auch das ist unrichtig.

S. 167—168. Güter — Übel.

Ein Gut ist, was im Sinne der sittlichen Idee geschaffen ist. Gut als Erfolg von Pflicht und Tugend scheint zunächst selbstverständlich etwas drittes zu sein neben der hervorbringenden Kraft und der Handlung des Hervorbringens.

S. 169. Da aber in der Sittenlehre nichts bloßes Mittel sein darf, sondern alles durch sich selbst bestehen muß, so muß das Verhältnis ein anderes sein.

S. 170. Im Eudämonismus erscheint ein richtiger Güterbegriff, denn hier ist Streben nach Lust auch schon Lust, nicht nur Mittel zum Zweck.

S. 171. Ebenso entspricht in der Ethik des Handelns das Verhältnis von Pflicht und Gut dem Vernunftnotwendigen.

S. 172. So scheint im allgemeinen in allen Sittenlehren Platz für den Güterbegriff zu sein.

S. 173. Im Eudämonismus ist er am meisten bewahrt. Aber hier zeigt sich wieder die Unzulänglichkeit des Eudämonismus, indem jede Einteilung von Gütern und Übeln ausgeschlossen ist.

S. 174. In der Ethik des Handelns herrscht die größte Verwirrung. Aristoteles nennt auch das Güter, was seine Existens der Natur oder dem Zufall verdankt, nicht nur das, was aus Handlungen nach der sittlichen Idee entsteht. Nun gehören viele Güter nicht zum höchsten Gut.

S. 175. Es läßt sich überhaupt kein Vereinigungspunkt für alle Arten von Gütern finden.

Die Stoiker haben in den rein **formalen** Begriff des Gutes einen eudämonistischen Inhalt hineingetragen: Gut ist nur, was sich auf den persönlichen Zustand des Menschen bezieht. Dabei blieben ihnen die Tugenden allein übrig.

S. 176 ff. Schließlich geraten sie in die Verwirrung des Aristoteles. Wenn sie die Einteilung: Güter, die das Sittliche enthalten, Güter, die es hervorbringen, und Güter, von denen beides gilt, dialektisch verfolgt hätten, so wären sie auf den richtigen Begriff des Gutes als der Darstellung sittlicher Gesinnung gestoßen. Spinoza ist dem Fehler des Aristoteles und der Stoa entgangen.

S. 178. Am besten ist der Begriff bei Platon zu finden: Darstellung des göttlichen Wesens im Inneren und Äußeren.

S. 179. **Zweiter Abschnitt. Die einzelnen realen ethischen Begriffe.**

Die äußerlichen Güter.

Die Peripatetiker: **Reichtum, bürgerliche Gewalt.** Sie nennen fälschlich ein Gut, was dem Zustandekommen der sittlichen Tat dient. Diesen Gütern fehlt das Merkmal der Allgemeinheit, schon deswegen sind sie nicht ethisch. Die Eudämonisten nehmen das nicht als Güter an, eher die Tätigkeitsethiker.

S. 180. Reichtum und bürgerliche Gewalt auf die Gesamtheit der Menschen bezogen, zeigt sich doch als eine sittliche Tat, also als ein gemeinschaftliches Gut.

S. 181. **Freundschaft.** Ist fast für alle ein Gut in richtigem Sinne.

S. 182. **Weniger feste Verbindungen:** Gastfreundschaft. Gastmahl.

S. 183. **Bürgerliche und häusliche Gesellschaft.** Für die Ethik der Tat ist der Staat ein Gut. Für Eudämonismus wechselnde Stellung gegen Ehe und Staat.

S. 184. Für Ethik der Tat ist auch wissenschaftliche Gemeinschaft, Kirche und Freimaurerei ein Gut. Die Frage, ob der Teil eines Ganzen auch noch ein selbständiges Gut heißen kann, beantwortet jede Ethik, die nicht auf der Erfahrung sich aufbaut, sondern systematisch erzeugt und ordnet, von selbst.

S. 185. Für Eudämonisten und Energisten sind die Werke der Kunst Güter.

Güter des Leibes sind in diesem Sinne hier alle Güter.

S. 186—190. Tugenden als Güter.

S. 190. **Pflichten gegen den Leib.** Selbsterhaltung. Absolute Pflicht kann diese nirgends sein, denn die Ethik hat immer nur mit einer Art des **Lebens** zu tun. Es läßt sich außerdem keine allgemeine Regel aufstellen, wo Lebensgefahr anfängt. Auch zur Erhaltung des Lebens darf keine Handlung vorkommen, die sonst unsittlich wäre.

S. 197 ff. **Mäßigkeit bei Ernährung und Geschlechtstrieb.**

S. 200. Die Befriedigung des Geschlechtstriebes ist eine ganze und ewige Hingebung, aus welcher eine gänzliche Verschmelzung zweier Individuen resultiert. Die Sittlichkeit, welche früher aus dem Innersten des Geistes entsprang, sprießt nun in einer anderen Gestalt aus dem Geschlechtstriebe hervor.

S. 202—203. Keuschheit — Schamhaftigkeit.

S. 203. **Pflichten gegen sich als moralisches Wesen.** Nirgends gibt Kant deren Inhalt bestimmt nach Umfang und Einheit an, sondern nur mittelbar auf dreifache Art bestimmt. 1. Durch den Zweck der Selbsterkenntnis, dieser hängt aber zu lose mit dem Inhalt zusammen, welcher ist „Wahrhaftigkeit in Mitteilungen und Vollständigkeit des notwendigen Genusses". 2. Durch Prinzip der Erfüllung. 3. Durch ihre Übertretungen, die Laster. Diese beiden Mittel, die Pflicht zu erkennen, müssen eigentlich identisch sein. Denn Prinzip der Erfüllung ist die bestimmte Tugend, und die Laster müssen auch auf die ihnen entgegengesetzten Tugenden reduziert werden. Kant gibt aber das Prinzip — als Ehrliebe — zu weit an, denn alle Laster sind der Ehrliebe entgegengesetzt, nicht nur die Laster, die auf Übertretung der Pflicht gegen sich als moralisches Wesen beruhen. Außerdem zeigt sich Ehrliebe als vollkommene Pflicht, die alle anderen unter sich enthält und die Realität der unvollkommenen aufhebt.

Ganz sonderbar ist, daß der Genuß des Wohllebens als vollkommene Pflicht bei Kant erscheint, wenn auch nur, damit der Mensch sich bewußt wird, daß er nicht am Besitze klebt. Dieses Sichtrennen vom Besitz, das Freihalten vom Geiz ist aber viel leichter zu erreichen, wenn man mit dem Gelde andere erfreut, als wenn man genießt.

S. 205. Sparsamkeit als bloßes Versagen des Genusses ohne besondere Absicht ist nicht ethisch. Wenn man die Absicht hinzufügt, löst sich der Begriff auf. Nach technischer Regel ist sie nicht ethisch, als Klugheit des Voraussehens kann auch das Gegenteil der Sparsamkeit gefordert sein.

S. 206. So ist die Stellung im System, der Umfang und Inhalt ganz unbekannt. „Unmöglich kann ein fester, ethischer Begriff enthalten sein in einer Bezeichnung, welche auf einen äußeren Gegenstand gerichtet ist."

Wahrhaftigkeit, bei Kant zusammengesetzt aus innerer Lüge und Unwahrheit in Aussagen. Die Erklärung als „vorsätzliche Unwahrheit" bedeutet bei Kant so viel als absichtliches Abbrechen des Nachforschens. Also: nicht handeln wollen nach der Wahrheit.

S. 207. **Äußere Wahrhaftigkeit**: Aufrichtigkeit in Aussagen und Treue in Versprechungen ist nicht dasselbe! Der Entschluß ist im ethischen Sinne die Handlung. Auch bei Fichte Verwirrung.

S. 208. Die Tugend der Treue umfaßt beides, da es auch Versprechen geben kann, nichts zu sagen, so kollidieren die Pflichten der Treue und der Aufrichtigkeit. So müssen beide noch eingeschränkt werden.

S. 209. Falsch mischt Kant Wahrhaftigkeit des Umganges und bei ernsten Angelegenheiten. Fichte setzt Wohltätigkeit und Wahrhaftigkeit in enge Beziehung, Kant trennt sie.

S. 210. Die Wohltätigkeit erscheint bei ihm unter den Pflichten, die andere verpflichten, und doch sagt er, es dürfe nie gemerkt werden, daß der Wohltäter verpflichtet. Also man soll den andern etwas glauben machen, was nicht ist. Oder man muß sich selbst belügen.

Die Durchsetzung des **Anspruchs auf eigenen moralischen Wert** ist eine ungeschickte Pflichtformel.

S. 211. Selbstschätzung ist wieder zu beschränken durch die Anerkennung, die anderen zu zollen wäre. So sind beides nur unbestimmte Handlungsweisen, die erst auf einen gemeinsamen Grund zurückgeführt werden müssen, um Pflichten zu werden. Das fehlt aber überall!

Das moralische Selbstbewußtsein kann keine besondere Pflicht sein, sondern enthält alle anderen unter sich.

S. 212. Keine Handlung eines Menschen ist so auszulegen, als entstände sie aus dem dauernden Verkennen der sittlichen Natur eines andern — auch nicht Sklavenhalten. Richtet sich die Selbstschätzung nur auf die individuelle Sittlichkeit, so kann es für jeden gar nicht Pflicht sein, sich selbst zu erkennen, da etwas Unsittliches dann nur auf den Fehler des Verstandes zurückführt. Pflicht kann nur sein eine Methode der Untersuchung ohne unsittliche Voraussetzungen.

Wenn wir die Pflicht haben, falschen Urteilen über uns und andern entgegenzutreten, so ist das eine Pflicht der Wahrhaftigkeit.

S. 213. Der Grund der Verwirrung liegt in der Verwechselung

von sittlichem und bürgerlichem Wert. Im Eudämonismus hat die Wahrheit — innere und äußere — eigentlich gar keinen Wert mehr.

S. 214. Bei Fichte fehlt Pflicht der Selbstschätzung und Selbsterkenntnis; weil er kein inneres Handeln als Pflicht annimmt. So kann auch die Pflicht, das Urteil anderer zu berichtigen, nicht hier vorkommen. Kant führt die Pflicht der Erhöhung der sittlichen Vollkommenheit an, die kollidiert aber mit der Idee, daß jeder Augenblick eine besondere Aufgabe zu erfüllen hat.

S. 215. Fichte bleibt seiner Absicht, das innere Handeln auszuschließen, nicht getreu, denn er stellt eine allgemeine Pflicht auf, die Sittlichkeit im allgemeinen zu befördern. Er sieht aber selbst ein, daß keine besonderen Handlungen diese Pflicht erfüllen, sondern daß eben jeder selbst sittlich handeln muß.

S. 215—216. Unbestimmtheit in den besonderen Pflichten bei Fichte.

S. 217. Bei den **allgemeinen Pflichten gegen andere** werden Pflicht und Tugend fast stets verwechselt. Wohltätigkeit — Dankbarkeit. Nach Fichte kann auch der Dürftige von der Gesellschaft die Wohltätigkeit als sein Recht fordern. Dankbarkeit gibts dann nur gegen die Gesellschaft. Dabei beruht aber die Wohltätigkeit nur auf einem bestimmten Zustande der Gesellschaft, ist also nur eine relative Pflicht.

S. 218. „Dienstfertigkeit" für andere ist Unsinn, denn für jeden Augenblick ist eben das eigene Tun bestimmt. — Die **Wohltätigkeit** bei Kant beruht auf der Voraussetzung, daß jeder sich helfen lassen will; das ist aber kein unbedingt sittliches Wollen. Die Dankbarkeit besteht in der Selbstunterwerfung, also in dem fortwährenden Stiften einer Ungleichheit. Das Wohltun beruht bei Kant nicht einmal auf der Gesinnung.

S. 219. Das Ganze beruht auf Herabwürdigung eines sittlichen Wertes wegen eines sinnlichen Zweckes. Dankbarkeit vorausgesetzt, hebt die Wohltätigkeit auf, ohne die sie doch wieder nicht besteht — also ganz unzulässig. Die Dankbarkeit, solange sie sich nur auf selbst genossene Wohltaten bezieht, ist unzulässig.

S. 220. Im **Eudämonismus** hat die Dankbarkeit entweder den Sinn, die Verbindung aufzulösen. Oder sie soll ein Reizmittel sein, zu neuen Wohltaten aufzufordern. Beides unhaltbar.

S. 221. Auch die Fichtesche Fassung ist noch zu unbestimmt. Bei Stoa gehört vieles unter Staatsverwaltung, als Tugend setzen sie Wohltaten unter Gerechtigkeit. Hier tritt die gemütvolle Teilnahme als Pflicht auf.

S. 222. Bei **Eudämonismus** wird sich Teilnahme als Lust viel eher an Nachahmungen von Unglück entflammen. Der **stoische** Satz,

Mitleid sei vom Übel, da statt eins zwei leiden, ist schon deshalb falsch, weil nach ihnen Schmerz überhaupt kein Übel ist.

S. 223. Das Gefühl für etwas Unsittliches als Pflicht zu fordern scheint bedenklich, weil es nicht willkürlich ist. Spinoza will die teilnehmende Traurigkeit verbannen, weil auf der Höhe der sittlichen Betrachtung der Begriff des Unvollkommenen verschwindet. Das stimmt nicht mit seiner Identität von Gefühl und Gedanken.

Andere Gefühle. Im Eudämonismus sind Rache oder Rachsucht je nach den Umständen sittlich oder nicht.

S. 224. In der **sympathetischen Ethik** müßte Sanftmut eine merkwürdige Mischung von Unwillen und Sympathie sein. In der praktischen Ethik ist neben der Inhaltsfrage noch die nach der **Schicklichkeit der Bewegungen** aufzustellen. Das Gefühl für das Unsittliche muß mit dem für das Sittliche identisch sein. Beim Verhalten gegen Beleidigungen muß unterschieden werden die Gesinnung gegen den Täter und dessen Behandlung.

S. 225. **Verteidigung und Ersatz — Strafe und Belehrung** treten auseinander. Die Verteidigung aber kann sich nur beziehen auf die sittliche Wirksamkeit, und es muß festgestellt werden, was eine Behinderung derselben ist. Auch bei Fichte ist das verfehlt, vor allem ist das Gebot, sich gegen Gerüchte zu verteidigen, zu weit, denn so könnten die Gegner einen immerfort von der Haupttätigkeit abziehen. **Strafe** hebt Kant fälschlich auf, wenn er nur alle Menschen vor **Gott** strafwürdig nennt. Strafe und Belehrung sind eins, aber in der **Methode** verschieden. Die Stoiker wenden zu viel Strafe an.

S. 226. Verschiedene Pflichten ohne rechte Begründung.

S. 227. **Tugenden.** Aristoteles hat einen ungeordneten Haufen davon.

S. 228. Die Bestimmung der „Mitte" ist nicht immer gleichmäßig. Es fehlt an einem Prinzip für die Anwendung der allgemeinen Formel. Er gibt auch zu, daß nicht jede Mitte einer Neigung ethisch ist, nämlich wenn sie selbst unsittlich.

S. 229. Die Tugenden laufen ineinander.

Darstellung aller sittlichen Gesinnungen unter 4 Tugenden: Klugheit, Mäßigung, Tapferkeit und Gerechtigkeit. Ihr Wesen wird durch die Stoiker nicht erklärt.

S. 230. Die von ihnen als verschieden angegebenen Tugenden gehen ineinander über.

S. 231. So ist nicht einmal klar, ob die 4 Kardinaltugenden real oder formal sind.

S. 232. In der eudämonistischen Lehre schleichen sich praktische Tugenden ein.

Nur Platon und Spinoza haben sich ganz frei gemacht von den 4 Tugenden.

S. 233. Platon zeigt, daß sich alle Tugenden unter jeder der 4 Formen darstellen lassen. Spinoza bezeichnet mit Tapferkeit die ganzen Tugenden.

S. 234. Er hat gar keine Mehrheit von Tugenden.

S. 234—246. Anhang. Aus den Verwirrungen in den Tugendbegriffen folgt, daß auch das Leben der Menschen noch nie nach einer ethischen Idee gestaltet gewesen sein kann, sonst müßte sich leichter eine solche Idee in den Begriffen finden lassen. Bei den Alten war das Leben politisch, also auch die Tugenden. Bei uns ist es das Gebiet der Pflichten, das vom Recht beeinflußt ist. Die Ethiker kleiden in politisches Gewand manches, um es den Pflichten einzuverleiben — so Reich Gottes. Die Tugenden beziehen sich meistens auf das Privatleben, da das öffentliche verschwunden ist (1803!) und ihre rechte Bedeutung ist kaufmännisch. Sie beziehen sich auf die äußere Leistung des Menschen, auf seinen „Marktpreis". Nur auf diese Weise findet man etwas Gemeinsames in all den Tugenden. Sie unterscheiden sich von Lastern nur durch ihre vielseitige Brauchbarkeit. Die augenscheinliche Überzeugung in dieser Hinsicht liefert die Ableitung aller Tugenden aus der Selbsterhaltung bei Spinoza. Der Einteilungsgrund aller Begriffe hängt hier von der Seelenlehre ab. Psychologie und Ethik stehen immer in engem Zusammenhange. Jedoch ist die Psychologie noch so unausgebildet, daß sie kaum der Ethik nützlich sein kann. Sie muß erst aus einem logischen und poetischen Standpunkt bearbeitet werden und darauf braucht die Ethik nicht zu warten, denn sie ist nahe daran, ihre Begriffe aus sich selbst zu finden.

Die Reflexionsbegriffe: Lob — Tadel, Selbstschätzung — Gewissen. Ein untrügliches Gefühl für das Sittliche kann nicht angenommen werden, denn das Wesentliche wächst allmählich und das sichere Gefühl hätte auch den Gedanken fortbilden müssen, was nicht geschehen ist. Mit einem solchen Gefühl müßten sich auch alle Streitfragen der Ethik untrüglich lösen lassen. Lob und Tadel sind ethisch ganz unbestimmt und gehen über das Gewissen hinaus. Fichte bleibt beim Gewissen stehen. Die Ableitung ist zum großen Teil transzendental, ethisch läßt sich sagen, daß das Gewissen bei ihm die Schnelligkeit bedeutet, die notwendige Pflicht des Augenblicks zu finden. Diese Aufgabe kann aber gelöst werden, ohne daß man ein Gefühl für das Unsittliche hat. An die Stelle eines untrüglichen Gefühls, daß man jetzt handeln müsse, könnte ein ausgeführtes System treten, das jede Pflicht oder Tugend bezeichnet. Darauf deutet auch die Formel, daß (bei Fichte) wirkliches und ursprüngliches Ich übereinstimmen sollen. Das ist nur auf Grund einer allgemeinen Erkenntnis des Sittlichen möglich. Dadurch ist aber das Gefühl, Gewissen überflüssig gemacht, auch Fichte selbst fordert theoretische Regeln für die Urteilskraft. Um des Gewissens willen eine Hälfte der Wissenschaft frei zu lassen, ist sehr unrecht!

Gefühl und bewußtes Erkennen des Guten halten sich die Wage, dazu stimmt, daß die Art des gewöhnlichen Menschen, zu tadeln und zu loben, mit dem übereinstimmt, was Spinoza bezeichnet als aus dem Affekt der Freude und Traurigkeit entspringend. Für die Mehrzahl der Meister und Schüler der Sittenlehre ergibt sich, daß sie nicht genügend Sinn und Verstand besaßen, um sich selbst und andere sittlich zu erhöhen.

S. 247. **Drittes Buch.**

Kritik der ethischen Systeme.

Einleitung. Von der Anwendung der Idee eines Systems auf die Ethik.

S. 248. Reales System. 1. Eine Gesamtheit von Erscheinungen kann nur in gegenseitigen Beziehungen verstanden werden. 2. Durch eine Kraft oder sonstiges Allgemeines erzeugte Gesamtheit. Beispiel: Planetensystem — Weltganzes, Organischer Körper — alle Erscheinungen des Organismus.

S. 249. Die Darstellung eines solchen in der Wirklichkeit vorhandenen Systems muß natürlich auch systematisch sein. Was nicht systematisch ist, kann so auch nicht dargestellt werden. (Geometrie, Logik.)

S. 250. Das Reale, auf das die Ethik sich bezieht, muß von jedem als systematisch zugegeben werden. So bei den Pflichten: jede Pflicht ist durch alle andern bestimmt, nicht durch Ableitung aus einer höheren. Nur die durch alle andern richtig bestimmte Pflicht fördert die Gesamtheit der sittlichen Zwecke, jede andere stört sie.

S. 251. Auch das beweist den systematischen Charakter der Ethik, daß aus ihrer Darstellung sich erkennen lassen muß, was nicht sittlich ist, indem alles einzelne im System seinen notwendigen Platz hat.

S. 252. Die Förderung aller Güter im Leben geschieht nicht einzeln nacheinander, sondern nebeneinander. Die äußeren Handlungen erscheinen dabei nicht als System, wohl aber die inneren Entschlüsse — bei einem sittlichen Menschen.

S. 253. So ist auch beim Eudämonismus die Glückseligkeit ein System von Handlungen.

S. 254. Von der Prüfung nach dieser Idee.

Das Unsymmetrische muß sich in Gestalt und Inhalt der Sittenlehre ausdrücken, aber diese beiden brauchen nicht in so festem Verhältnis zu stehen, daß nur eins von beiden untersucht werden müßte.

S. 255. Aller Inhalt muß wesentlich in das System gehören und das Merkmal des dem System Allgemeinen an sich tragen. Alles was hineingehört, muß auch drin sein, so daß jede vernünftige Frage zu beantworten ist.

S. 256. Die hauptsächliche Aufmerksamkeit ist auf den Inhalt zu richten. Nun ist unter Vollständigkeit nicht zu verstehen: alles muß aufgeführt werden, was nach der Idee ethisch möglich ist. Denn die Bedingungen für das Geistige wandeln sich, eine Ethik der Alten kann unmöglich so viel wie die heutige enthalten. Aber nichts Ethisches darf so ganz fehlen, daß ihm nicht der Platz im System angewiesen werden könnte.

S. 257. Die Mängel (außer der falschen Grundidee und den Fehlern des einzelnen) im System können herrühren von der mangelnden wissenschaftlichen Gestaltungskraft, trotzdem im Leben vielleicht das Sittliche seinen Platz hat. Ethischer und wissenschaftlicher Sinn müssen eigentlich Lücken bemerken, tun sie's nicht, so zeigt das, daß die Grundidee nicht vollständig.

S. 258. Wesentliche Mängel dieser Art sind entscheidend für die Untauglichkeit eines Systems.

Ähnlich bei der Gestalt, vor allem ist Vollständigkeit der Beziehungen zu untersuchen.

S. 259. Erster Abschnitt. Vollständigkeit des Inhalts der Systeme.

Die bisherigen Darstellungen enthalten kein vollständiges Bild menschlichen Handelns. Denn sie bestimmen das Äußere einer Pflicht etwa, aber im Innern kann's ganz verschieden aussehen, trotz gleichen Erfolges.

S. 260. So kann jemand begeistert die Pflicht erfüllen, seine Meinung gegen die anderen zu verteidigen — ein anderer kann es gleichgültig tun usw. So bei Erfüllung des Berufes. Wenn man sagt, das Wie werde in einem anderen Teile der Ethik bestimmt, als das Was, so ist das falsch, und außerdem verschiebt es die Antwort von einem Teil auf den andern.

S. 261. Außerdem haben die Stoiker recht, daß in jeder Handlung letzthin alle Tugenden vorhanden sind. Nun ist es nicht die Aufgabe der Sittenlehre, genau die Art jeder Handlungsweise eindeutig festzulegen, sondern es müssen nur Umfang und Bedingungen der verschiedenen Möglichkeiten beschrieben werden, damit für den einzelnen Fall abgeleitet werden kann, was sittlich ist und was nicht. Ebenso wie in der Ästhetik neben den allgemeinen Regeln die Verschiedenheiten der Individualitäten verschiedene Behandlungsarten desselben Gegenstandes zulassen, so auch in der Ethik. Es muß aber entschieden werden, welche Arten sittlich sind, welche nicht.

S. 262. Die Unterschiede in der Ethik beruhen auf dem „Eigentümlichen". Verschiedenheit des Charakters. Nur wenn es um die äußere Seite der Tat zu tun ist, kann man auf die inneren Unterschiede verzichten. Unter dem Ethischen muß man aber all das verstehen, was in einem gegebenen Falle im Gemüte vorgegangen ist.

S. 263. Ist das Ideal des Weisen ein einfaches oder vielfaches? Ist es einfach, so ist Verschiedenheit unsittlich. In den meisten Sittenlehren ist gar nichts oder jedenfalls nichts Genügendes darüber gesagt.

S. 264. Es hängt das damit zusammen, ob das Sittliche ein Allgemeines oder ein Eigentümliches ist. Im Eudämonismus ist Glückseligkeit nur in sehr verschiedener Weise zu erreichen, so müßte hier das Individuelle stark ·berücksichtigt sein — das ist aber gar nicht der Fall!

S. 265. Die praktische Etik hat zunächst wenig Grund, auf das Individuelle zu achten. Die meisten übersehen aber nur das Eigentümliche. Peripatetiker.

S. 266. Das gilt auch für Aristoteles. Von anderen Schulen des Altertums sollte man die Bevorzugung des Allgemeinen erwarten, da ja das Politische eine solche Rolle spielt und weil sie oft einen speziellen Wert für die ganze Ethik halten. (Stoiker — bei ihnen aber findet sich Aufzählung des Eigentümlichen.) Kyniker umgekehrt.

S. 267. Bei beiden sind Anfänge, die nicht fortgesetzt sind. Ähnlich bei Kant. Dieser läßt verschiedene Stimmungen beim ethischen Handeln zu, ohne darüber klar zu werden.

Fichte ist mehr einem allgemeinen Sittlichen treu geblieben. Denn bei ihm kommt alles auf die Überlegung an, nur die äußeren Bedingungen machen die Unterschiede.

S. 268. Doch sieht man näher hin, so muß gerade die individuelle Art, Gedanken zu verknüpfen, ausschlaggebend für die Pflichterfüllung sein. Jeder wählt eben nach seiner Art, und Fichte erkennt das an, indem er jeden an sein „Herz" verweist.

S. 269. Auch der Vollkommenheitsethik geht es so. Alle können einem indirekten Anerkennen der Verschiedenheit nicht ausweichen.

Platon und Spinoza wollen das Eigentümliche sittlich machen. Spinoza hat das aber auch nur an einigen Stellen vorgeschwebt.

S. 270. Nur Platon scheidet klar das Allgemeine vom Besonderen, letzteres auch als ewig auffassend. Auch eine systematische Aufzählung des Mannigfaltigen ist bei ihm angedeutet.

S. 271. Der Grund aller Unklarheiten ist der: fast alle sehen das geistige Vermögen als Vernunft an — und da gibt's nur eine! Aber es ist Phantasie, das Vermögen frei zu verknüpfen und hervorzubringen. Diese Phantasie ist das Individuelle im menschlichen Geiste, es ist seine Grundkraft, auf die nicht verzichtet werden kann! (Kant. Fichte.)

S. 272—273. Der zweite Fehler ist, daß vieles, was ethisch bestimmt werden muß, ausgelassen wird. So alle die Gedanken und Gefühle, die bei Handlungen mitwirken, die zur Gewöhnung geworden sind.

S. 274. Nicht nur die weibliche Sittlichkeit, sondern auch die der mechanisch arbeitenden Gesellschaftsklassen hängt von dem Beherrschen der inneren Vorgänge ab. Auf innerer Tätigkeit beruht ein großer Teil des Sittlichen. In der Art, die Gegenstände zu behandeln, liegt sehr viel Sittliches. Davon ist nichts in den gewöhnlichen Darstellungen zu finden. Auch darüber ist nichts zu finden, wie die inneren Vorgänge mitgeteilt werden sollen.

S. 275. Weder bei den Stoikern noch bei Kant ist etwas Richtiges über die geselligen Tugenden zu finden. Ähnlich Fichte.

S. 276. Auch im Eudämonismus ist seine Mitteilung vernachlässigt.

Scherz und Witz werden in der praktischen Sittenlehre fast gar nicht berücksichtigt. Bei vielen ist Scherz = Zwerchfellerschütterung.

S. 277. Aristoteles erkennt den Scherz als Mittel zur Ruhe an. Er muß aber an sich selbst Zweck und Bedeutung haben.

Auch Liebe und Freundschaft sind nicht untersucht.

S. 278. Für jede Ethik sind die beiden wichtig. Die Freundschaft ist wenigstens im Eudämonismus untersucht, aber sie ist nicht mit den höchsten Ideen abgeleitet.

S. 279. Auch in der Ethik des Handelns nichts Gutes.

S. 280. Die Liebe als Streben aus der Schönheit entstanden nach Verbesserung eines andern — wie die Stoiker erklären — ist nicht zu begreifen.

Kant will alle Liebe nur als Behandlung nach dem Gesetz gelten lassen. Für die „pathologische" Liebe findet er dabei keinen Platz.

S. 281. Dem ehelichen und elterlichen Verhältnis fehlt es nun ganz an einem Entstehungsgrunde. Denn als „Gehorsam gegen die Natur" ist das unbegreiflich.

Bei Fichte ebenfalls Verwirrung, indem er Freundschaft und Liebe auf Ehe einschränkt.

S. 282. Fichte fordert zwar das Verschmelzen der Individuen; aber er hat die Gründe und Grenzen gar nicht bestimmt. Es müßte vor allem über die geistigen Unterschiede der Geschlechter etwas gesagt werden. Diese Unterschiede müssen vor der Ehe scharf ausgebildet werden. Auch muß gesagt werden, was die schuldlos Ehelosen tun sollen.

S. 283. F. kann keinen Bestimmungsgrund der Liebe angeben, so bleibt sie unfrei. So wird die Lehre vom Gewissen verdorben, denn dieses kann doch nicht auf etwas Unfreies angewandt werden. Es hätte ein Trieb aufgestellt werden können, Individuen zu suchen, der dann auch zu den Kunstwerken geführt hätte.

S. 284. Aber das ist ja bei Fichte nicht möglich, der ja das Erlaubnisgesetz begründet, in der Wüste zu bleiben. Bei anderen Modernen ist erst recht nichts über die Liebe Gutes zu finden.

S. 285—286. Auch über Freundschaft wissen Kant, Fichte, Aristoteles nichts Genügendes zu sagen.

S. 287. Platon ist allen voran. Er verbindet symbolisierend den Geschlechtstrieb mit dem Streben nach gemeinsamer Ideenerzeugung, hinweisend auf die Unvollkommenheit der Individualität und ihre Unzulänglichkeit zur Hervorbringung eines höchsten Gutes. Hier erst sind Freundschaft und Liebe nicht von außen angeklebt, sondern aus dem Wesen des Systems entwickelt.

Wissenschaft und Kunst: es ist zu untersuchen, welche Art ihres Betriebes sittlich ist.

S. 288. Wissen, das einem schon anderweit als sittlich Erkannten dient, kommt nicht in Frage. Wissen um seiner selbst, als Erkenntnis, muß sittlich sein. Es auf die Nützlichkeit zurückzuführen, ist falsch. Denn gerade die höchsten Wissenschaften haben keine Beziehung zur Praxis! Und die andern nicht als wissenschaftliche Form.

S. 289. Das Wissen selbst muß ein sittlicher Zweck sein. Die Eudämonisten verachten das Wissen. Die Tätigkeitsethiker tun so, als sei es selbstverständlich. Aristoteles trennt es von der Ethik.

S. 290. Das ist ebenso verkehrt, als wenn man das Philosophieren vom Leben trennt. **Fichte**: das Forschen muß geschehen um der Pflicht willen. Diese Pflicht ist aber nicht allgemein, sondern nur damit Sittlichkeit besteht, muß sie sein; zu einem äußeren Geschäft ist es gleich, ob alle oder einige die Pflicht erfüllen. Das letztere ist aber besser, also wissen nur die Gelehrten. Diese verbessern die Ethik, indem sie sie zum Wissen erheben, und sie haben Wissen, um die Ethik zu machen — ein Zirkel. Nur Platon will die ganze Sittlichkeit auch im Wissen darstellen und bei Spinoza steht die Sittlichkeit in engstem Verhältnis zu dem Wissen des Ganzen.

S. 291. So ist es möglich bei ihm, das gesamte Wissen und seinen Erwerb aus seinen Grundsätzen abzuleiten. In Beziehung auf die **Kunst** verdient Platon den Vorzug. Spinoza lehnt die Kunst ab, ohne zu polemisieren, und dagegen hat die (formale) Kritik nichts einzuwenden. Die andern fordern die Kunst, ohne sie zu begründen. Denn z. B. bei Fichte hebt die Kunst als Mittel zur Sittlichkeit die Kunst auf.

S. 292. Die Unentbehrlichkeit des Mittels ist nicht mit erwiesen. Sonstige Unklarheiten. Ebenso Kant. Die Alten haben die Entschuldigung, daß bei ihnen alles dem Staate anheimgestellt ist.

S. 293. Die moderne Ethik hat diese Entschuldigung nicht.

Der **Staat** ist zu wenig begründet. Denn daß er allgemeine Glückseligkeit schaffen soll, ist nur im Eudämonismus möglich.

S. 294. Auch der Staat als Schutz gegen das Unrecht ist unzureichend im Eudämonismus. Denn hier ist nicht einmal das Recht abgeleitet, wie viel weniger der Staat. Legt man diesen Gedanken der praktischen Ethik bei, so ist klar, daß der Staat mit Anfang der Sittlichkeit aufhören muß. So darf dem Staate nichts zugeschoben werden, was dem Zustande der vollen Sittlichkeit zukommt.

S. 295. Spinoza schließt nichts Sittliches vom Staate aus. Bei Fichte bleibt als Begründung der Gemeinschaft nur der Ackerbau und die Verwendung der Erzeugnisse. In Kunst und Ehe erscheinen dann mystische Zusätze und hier hineingepreßte Erhöhung des Gesichtspunktes über die Welt usw.

S. 296. Hier ist offenbar zu viel oder zu wenig. Jedenfalls müßte man heute auch einen Staat als Selbstzweck haben.

Ungenügende Reduktion der ethischen Sätze auf Prinzipien.

Der gegebene Zustand wird zugrunde gelegt ohne Prüfung.

S. 297. So setzen die Griechen Sklaverei für ihren Staat voraus. So bei vielen anderen.

S. 298. Die Stoiker setzen bei ihren Trostgründen über das Unglück die damalige Ohnmacht des Menschen voraus. So ist es selbst bei Fichte. Die Folge dieses Anfangens auf halbem Wege ist, daß niemals das ganz Sittliche dargestellt wird, sondern das Unsittliche festgehalten wird.

S. 299. So etwa wenn Tapferkeit als pflichtmäßiger Kriegsmut gefaßt wird, ist der Krieg vorausgesetzt, der doch unsittlich ist. Dieses Anfangen auf halbem Wege ist die Quelle von Kollisionen des einen Sittlichen mit dem andern.

S. 300. Die Sittenlehre soll das vollendete Sittliche in seinem Sein so darstellen, daß aus den Formeln sein annäherndes Werden für jede Bedingung zu finden ist.

S. 301. Zweiter Abschnitt. Von der Vollkommenheit ethischer Systeme in Absicht auf deren Gestalt.

Kasuistik und Asketik erscheinen als Anhängsel an die Systeme. So bei Kant. Die Asketik scheint nur erfunden, um einen Platz zu füllen.

S. 302. Die Kasuistik ist ganz leer bei Kant. Man muß sie nach Kant usw. auffassen als Unternehmen, durch Erörterung von Grenzfällen den Geltungsbereich von ethischen Formeln festzustellen.

S. 303. Das kann aber kein gesonderter Teil der Ethik sein! Auch dazwischen, wie bei Kant, kann sie nicht auftreten, sondern hat ihren Grund in der Unbestimmtheit der Formeln.

S. 304. Wenn Güter und Tugenden im Vordergrund stehen, so ist Kasuistik das Feststellen der Handlung nach diesen Begriffen; denn die Forderung ist ja noch nirgends erfüllt, daß die ganze Ethik nur unter anderm Gesichtspunkt in jedem Teil enthalten ist.

Die Asketik soll eine Technik sein, um sittlich zu werden.

S. 305. Es darf aber nichts nur als Mittel gesetzt werden und die Asketik im obigen Sinne ist die Gesamtheit der inneren Mittel.

Ist der Tugendbegriff im Mittelpunkt, so ist die Asketik **alles**. Beim Gutbegriff ist ein Nebeneinander möglich.

S. 306—310. Weitere Nachweise der Unmöglichkeit von Kasuistik und Asketik.

S. 311. **Welche Sittenlehre, die nicht alle drei Hauptbegriffe enthält, ist relativ am vollständigsten?** Solange Pflicht und Tugend nicht richtiger gefaßt sind, ist es unmöglich, die Sittenlehre durch sie befriedigend darzustellen. Die Behandlung nach einem einzelnen Begriff ist immer einseitig.

S. 312. Der Güterbegriff ist wenigstens kosmisch, aber er braucht zur Berufung die beiden andern, so daß diese drei sich auch hier als notwendig vereint erweisen.

S. 313. Durch bloßes Nebeneinanderstellen der drei Behandlungsarten ist nichts getan, das würde ja nur die Selbständigkeit der einzelnen Teile bewähren. Das Wesen der Vereinigung liegt in der Reduktion der Formeln für das Gesetz (Pflicht) und für den Weisen (Tugend) auf die des höchsten Gutes.

S. 314. Allenfalls der Güterbegriff gibt auch der einseitigen Ethik Wert. Pflicht und Tugend weniger gut.

S. 315. Mangelhafte Zusammenfügung der drei Teile bei Stoa und Fichte.

S. 316. Einteilung in reine — angewandte Ethik. 1. In der „reinen" soll das Ethische vor der menschlichen Natur, ohne Rücksicht auf sie, enthalten sein, in der angewandten das, was aus deren Eigentümlichkeit entspringt. Fichte sagt mit Recht, daß in der ersten nichts Reales sein kann.

S. 317. In den angewandten Ethiken dann eine Beschränkung des Allgemeinen — Formalen durch die Natur des Menschen. Das kommt namentlich bei denen vor, die das Ethische in einer Beschränkung sehen. (Kant.) 2. Man trennt danach auch den realen ethischen Inhalt: reine Ethik — allgemeine Vorschriften — angewandte Ethik. — besondere Vorschriften für einzelne aus der Erfahrung stammende Fälle.

S. 318. Kant nimmt auch das auf, trotzdem bei ihm jeder Unterschied vom Allgemeinen und Besonderen schwindet. Ist das Wesen des Menschen spekulativ festgestellt, so muß mit dem Allgemeinen zugleich der Ort des Besonderen gefunden sein.

S. 319. In jeder Tat der Pflicht ist vereinigt das Allgemeine mit dem für den besonderen Fall Nötige.

S. 320. Ein wirklich bekannter Zustand eignet sich nicht zur wissenschaftlichen Darstellung, sondern die richtige Behandlung desselben ist die künstlerische und selbstbildende Anwendung, die jeder von seiner Ethik zu machen hat. Denn die Wissenschaft muß trennen, im Leben ist nichts getrennt. Über keinen Gegenstand kann die Wissenschaft etwas aussagen, der nicht seine Einzelheit verloren hat. Die „reine

Ethik" ist eben nie allgemein genug, jede Ethik aber muß umfassen, was für alle Zeit gilt.

S. 321. Das Vergangene erhält durch sie seine wahre Stelle und wird erst eigentlich erkannt. Die Zukunft kann von den Formeln der Ethik aus berechnet werden, denn die tatsächlichen Verbesserungen der sittlichen Verhältnisse wären auch aus Berechnung hervorgegangen, wenn man den sittlichen Tatbestand mit den wahren Formeln der Ethik verglichen hätte.

3. Unter „angewandte Ethik" werden einige untergeordnete Wissenschaften verstanden, die Zwecke und Grundsätze von ihr entlehnen, aber ein eignes Gebiet haben.

S. 322. Das Verhältnis ist ganz anders wie das zwischen reiner und angewandter Mathematik. Allenfalls bei der beschränkenden Ethik ist Ähnlichkeit.

S. 323. In der Ethik der Selbsttätigkeit muß die Idee jeder Wissenschaft vorhanden sein, da sie ja sonst kein Ziel des Strebens wäre. Als Theorem in Beziehung auf seinen Inhalt gehört **nichts** von den spekulativen Theoriewissenschaften in die Ethik, nur insofern das Streben danach Tat in der Zeit ist. Alle praktischen Wissenschaften, die Handlungen vorschreiben, sind ganz von der Ethik mit bestimmt.

S. 324. So Erziehungs-, Haushaltungs- und Staatskunst.

S. 325. Die negative Ethik findet die verschiedenen äußeren Zwecke vor und kann daher eher diese Teile von der Ethik trennen.

Die Form dieser anhängenden Teile ist höchst unvollständig.

S. 326. Z. B. wenn in der Haushaltungslehre (Nationalökonomie) der Reichtum angesehen wird als Darstellung der bildenden Herrschaft des Menschen über das Leblose, so muß damit gleichzeitig Verbesserung von Sprache und Kunst verbunden sein. Nie ist das vorhanden, weil man immer nur beim Allgemeinen stehen bleibt.

So gehört auch in **jeder** Ethik zur Staatslehre die Theorie der wissenschaftlichen und religiösen Gemeinschaften.

S. 327. Die Religion wird vergessen, weil man der Phantasie keinen Raum läßt. Das Übersehen der wissenschaftlichen Vereine hat seinen Grund darin, daß hier eine erweiternde Vereinigung vorliegt, keine beschränkende.

Die Hauptsache aber ist, daß bei Vollständigkeit der angewandten Ethik für die reine nichts außer leeren Formeln übrig bleibt.

S. 328. Die scheinbaren Grundlagen für diese Scheidung sind: man wollte die ethischen Vorschriften einteilen nach den Gegenständen, welchen sie dienen. So ist das eigentlich eine mißverstandene Güterlehre.

Das Bestreben, die verschiedenen Potenzen des Daseins hervortreten zu lassen. Mensch in Familie, Staat.

S. 329. Bei den Alten gehen mehrere davon aus, es bleibt aber bei Unzulänglichem. Man trennt **Naturrecht** von Ethik.

S. 330. Kant trennt ganz oberflächlich nur innere und äußere Gesetzgebung in dieser Beziehung. Im Grunde erscheint hier wieder die Ethik als nur limitativ. Derselbe Geist hat sicher Fichte veranlaßt zu dieser Trennung.

Fichte scheidet wieder zu wenig das Wesentliche vom Zufälligen.

S. 331. Sittengesetz und Gesetz der Konsequenz gehören verschiedenen Zonen an. Deren Übereinstimmung wird nicht gezeigt. Ja, es fehlt sogar jede Möglichkeit, Harmonie herzustellen.

S. 332. Der Inhalt beider fällt z. T. zusammen, z. T. sind sie wieder ganz getrennt. Fortgesetzt, wie Fichte es angefangen, wäre Naturrecht eine Ableitung aller äußerlichen Bedingungen des Selbstbewußtseins, also der physische Teil einer idealistischen Philosophie. Tatsächlich ist das Naturrecht nichts als die Aufgabe, zu dem, was in Politik willkürlich erscheint, das Notwendige zu finden.

S. 333. Ähnlich Aristoteles. Jedenfalls Naturrecht in dieser Weise ein Unding.

S. 334—340. Vom Stil der bisherigen Sittenlehre.

S. 341—346. Beschluß.

Zu den Anmerkungen unterm Text:

Durch ein Versehen sind die Bemerkungen auf den Seiten 201, 271, 272[1], 274 nicht mehr entfernt worden, trotzdem sie nicht für den Druck bestimmt waren. Br.

Grundlinien

einer

Kritik der bisherigen Sittenlehre.

———

1803. 1834. 1846.

Inhalt.

	Seite
Vorrede	5

Einleitung.
    1. Von der Idee dieser Kritik   9
    2. Von den Grenzen derselben   11
    3. Von ihrer Anordnung und Einteilung .   16

Erstes Buch. Kritik der höchsten Grundsätze der Sittenlehre.
    Einleitung   19
    Erster Abschnitt. Von der Verschiedenheit in den bisherigen ethischen Grundsätzen . . .   38
    Zweiter Abschnitt. Von der Tauglichkeit der verschiedenen ethischen Grundsätze zur Errichtung eines Systems.
        1. Bedingungen dieser Tauglichkeit .   70
        2. Prüfung der Grundsätze nach den aufgestellten Bedingungen   80
    Anhang. Erläuterungen zu dem, was von einigen Schulen gesagt worden.   114

Zweites Buch. Kritik der ethischen Begriffe.
    Einleitung. Von der Methode, die ethischen Begriffe zu bilden, und von der Art, wie die vorhandenen erscheinen .   121
    Erster Abschnitt. Von den formalen ethischen Begriffen   128
        1. Vom Pflichtbegriff   130
        2. Vom Tugendbegriff .   150
        3. Vom Begriff der Güter und Übel .   167
    Zweiter Abschnitt. Von den einzelnen realen ethischen Begriffen   179
    Anhang   234

Drittes Buch. Kritik der ethischen Systeme.

   Einleitung.
      1. Von der Anwendung der Idee eines Systems auf die Ethik   247
      2. Von den Momenten der Prüfung nach dieser Idee   254
   Erster Abschnitt. Von der Vollständigkeit der ethischen Systeme in Absicht auf den Inhalt   259
   Zweiter Abschnitt. Von der Vollkommenheit der ethischen Systeme in Absicht auf deren Gestalt   301
   Anhang. Vom Stil der bisherigen Sittenlehre   334

Beschluß   341

(Alle Anmerkungen, Einteilungen am Rande und Sperrungen im Texte sind in dieser Schrift vom Herausgeber hinzugefügt! Vgl. darüber am Schlusse des Bandes „Bemerkungen zur Textbehandlung". A. d. H.)

Vorrede.

Von der Absicht dieses Buches redet die Einleitung; und der Verfasser verspricht, wie auch das Werk selbst beurteilt werde, dem Zwecke wenigstens Billigung. Auch hofft er, wiewohl ein ähnlicher Versuch von ihm auf einem andern Gebiet und in anderer Form unglücklich genug von vielen ist ausgelegt worden, nicht so mißverstanden zu werden, als sei es mit dieser Prüfung der bisherigen Sittenlehre darauf abgesehn, das ganze Bestreben für nichtig zu erklären, und sich denjenigen zuzugesellen, welche die Ethik als besondere philosophische Wissenschaft verneinen. Vielmehr glaubt er seinen Glauben an die Möglichkeit dessen, was noch nicht zur Wirklichkeit gekommen ist, genugsam beurkundet. Ja es war in diesem Werke, worin von seinen eignen Grundsätzen nicht ausdrücklich die Rede sein konnte, eine nie aus den Augen gesetzte Nebenabsicht, dasjenige, was er sagen mußte, so darzustellen und so zu verknüpfen, daß dem Leser recht oft und von allen Seiten die Punkte vor Augen geführt würden, von welchen nach des Verfassers Überzeugung jede gründliche Verbesserung der Ethik ausgehen muß. So daß er hofft, für diejenigen, welche in dem philosophischen Calculus nicht ungeübt sind, und dasjenige vergleichen wollen, was gelegentlich in den Reden über die Religion, noch mehr aber in den Monologen angedeutet worden, seine Ideen auch hier schon deutlich genug niedergelegt zu haben, und sich deshalb leichter beruhigen wird, wenn ihm das Schicksal die Zeit verweigern sollte, um die Sittenlehre nach seiner Weise irgend befriedigend darzustellen. Aus diesem Gesichtspunkt also wünschen seine Voraussetzungen sowohl als seine Resultate nicht als Theoreme und Lösungen, sondern als Aufgaben vielmehr und heuristische Hypothesen beurteilt zu werden. Vielleicht möchte bei dem gegenwärtigen Zustande der Wissenschaften und dem immer noch obwaltenden Streit über die ersten Prinzipien eine solche Art der Kritik wie diese auch für andere Zweige der Erkenntnis sich nützlich erweisen, um von einem Punkt aus, der außerhalb des streitigen Gebietes liegt, dasselbe zu vermessen. Wenigstens kann nicht genug erinnert werden, was im Streit über das Einzelne sich so leicht vergißt, daß zur wissenschaftlichen Form, in welcher die Erkenntnis und die Kunst sich durchdringen, alles muß hingeführt werden, was den Namen der Philosophie verdient. Doch dieses nur beiläufig. Über die Ausführung aber ist noch folgendes zu erinnern.

1. Zuerst will dieses Buch ausdrücklich nur für diejenigen geschrieben sein, welche mit seinen Gegenständen hinlänglich bekannt sind. Schon von irgendeinem einzelnen Werke scheint eine Kritik, welche zugleich Darlegung des Inhaltes ist, etwas Wunderliches und Vergebliches zu sein. Denn der Urteilende ist nicht zu derselben Zeit in einem rein auffassenden Gemütszustande, oder kann wenigstens nicht dafür angenommen werden, und so sind dem Leser zwei unbekannte Größen gegeben, der Gegenstand selbst und die Ansicht des Urteilenden, so daß er sich im besten Falle mit einer unbestimmten Aufgabe verstrickt sieht, von welcher die Grenzen, innerhalb deren die Lösung liegt, nur schwer zu finden sind. Auch ist offenbar, wieviel Unwahrheit durch diese Art der Behandlung verbreitet wird, und welche Vorstellungen diejenigen erhalten, welche nur durch ein solches Mittel die literarischen Gegenstände betrachten. Wieviel weniger also könnte Glauben verdienen und Nutzen schaffen eine ähnliche Kritik einer ganzen Wissenschaft. Wer daher erst aus diesem Buche die verschiedenen Systeme der Sittenlehre will kennen lernen, der gehört nicht unter die gewünschten Leser, und wird, die fragmentarische Darstellung, die das meiste voraussetzt, nicht verstehend, auch das Urteil nur auf bloßen blinden Glauben hinnehmen müssen, und gar nicht berechtigt sein, es selbst wieder

zu beurteilen. Diese Beschränkung des Wirkungskreises hat nun auch alle einzelnen Anführungen und Belege unnötig gemacht. Denn die Kundigen, welche in den Quellen zu Hause sind, werden ohne Zweifel, was jedesmal gemeint ist, herausfinden. Die andern aber, wenn ja auf sie sollte Rücksicht zu nehmen sein, werden doch in einer Angelegenheit, wo alles Verstehen nur auf dem Zusammenhange beruht, durch den Prunk der Zitate um ihren Glauben nur betrogen. Obgleich fest entschlossen, nicht nachzuschlagen, meinen sie, der Schriftsteller werde es doch nicht wagen, ihnen Stellen aufzuführen, in denen das nicht enthalten sei, weshalb er sie herbeibringt. Daran aber denken die Guten nicht in ihrer Unschuld, daß bei der genauesten wörtlichen Übereinstimmung doch das Angeführte eine andere Bedeutung haben könne im Zusammenhange. Deshalb wird ihnen auch so zum Bemitleiden mitgespielt in den Geschichten und Kritiken der Philosophie, ja, um es nicht so weit zu suchen, in jeder parteigängischen Beurteilung auch neuerer Werke von räsonierendem Inhalt. Dagegen wäre der Verfasser gern für die Kundigen an mehreren Orten mehr ins Einzelne gegangen, hätte der Raum es gestattet. Ebenso blieb mit Recht ausgeschlossen jede polemische Rücksicht auf abweichende Ansichten und Auslegungen des geschichtlichen Stoffes. Doch ist, um diese Grenzen festzuhalten, dem Verfasser sehr willkommen gewesen, daß er nicht eher als nach dem Abdruck fast des ganzen Buches die letzten Bände gelesen hat von Tennemanns[1] Geschichte der Philosophie. Denn das gründliche Studium und das freie Urteil, welches sich in diesem Werk offenbart, hätte ihn leicht verleiten können, an mehreren Stellen teils die wirkliche Abweichung seiner Ansicht stärker heraus zu heben, teils über die scheinbaren sich befriedigender zu erklären.

2. Was zweitens die Schreibart betrifft, so ist leicht vorauszusehen, daß sie von vielen, welche sich gern zu Richtern auf-

---

[1] W. G. Tennemann: Handbuch der Geschichte der Philosophie, übersetzt ins Französische von V. Cousin.

werfen, als abscheulich wird verworfen werden, von andern Wohlmeinenden bedauernd gemißbilliget, und nur von wenigen Aufmerksamen einer ernstlichen Prüfung ihrer Gründe und ihrer Bedeutung gewürdiget. Doch da die ungebundene Rede, nicht diejenige nämlich, deren jeder sich gebraucht, ohne davon zu wissen, nur erst entsteht, ja von vielen noch nicht anerkannt ist, so wird es leicht, sich über jene zu trösten. Die letzteren aber mögen überlegen, ob es ein unrechter Gedanke gewesen, eine Schrift, welche sich lediglich mit der Auflösung wissenschaftlicher Formeln beschäftigt, auch soviel möglich in Absicht auf die Zeichen selbst und ihre Verknüpfung auf die Strenge und Einfachheit der mathematischen Analyse zurückzuführen. Hierzu ist auch die Freiheit zu rechnen, deren sich die Analysten bedienen, die Zwischenglieder, oder auch, wenn der Weg gebahnt ist, das Ende der Auflösung ihrer Gleichungen nicht selten auszulassen, und nur beiläufig ohne Abweichung vom Wege darauf hinzuzeigen, wo eine Formel aufstößt, die in anderer Hinsicht bemerkenswert sein kann. Wie weit nun diese Idee hier ist erreicht worden, mögen andere beurteilen; dem Verfasser ist nur soviel gewiß, daß der Versuch, zum zweitenmal angestellt, ihm besser gelingen würde. Auch von kleinen Nachlässigkeiten, in deren Vermeidung, die in der Tat beschwerlicher ist als schwer, einige mit Unrecht den ganzen Wert eines guten Vortrags setzen, weiß er sich nicht frei. Aber wenn es auch Gründe geben kann, diese Art der Vollendung der früheren Erscheinung eines Werkes, besonders eines wissenschaftlichen, bisweilen leichter aufzuopfern, so haben sie doch nur für den Schriftsteller selbst ihr rechtes Gewicht, und er kann ihrer ohnerachtet nicht umhin, indem er die verfehlten Stellen der bessernden Sprachliebe der Leser überläßt, sich selbst dem Tadel preiszugeben, der ihn betrifft.

Stolpe, im August 1803.

Einleitung.

1.
Von der Idee dieser Kritik.

Wie eine bestimmte Darstellung der Ethik von ihren Grundsätzen aus die übrigen prüft und würdiget, dieses haben wir schon öfters gesehen, und fast keiner, der über die allgemeinen Gesetze des menschlichen Handelns auf eine neue Art zu reden glaubte, hat es unterlassen. Es kann aber, wie bei einer solchen Vergleichung gewöhnlich verfahren wird, kaum daraus abgenommen werden, inwiefern eine von der andern abweicht, wozu etwas Vollständigeres erfordert würde als diese einzelnen Blicke, welche jeder von den vorteilhaftesten Stellen seines eignen Weges auf den des andern hinüberwirft; noch weniger aber, welche von beiden die richtige ist. Denn oftmals wird die Sache geführt nur durch eine Berufung auf das Gefühl, welches jeder dem seinigen gleichartig bei den Unparteiischen voraussetzt; auf welchem Wege denn für die Wissenschaft gar nichts entschieden werden kann. Oder, wie die Beispiele zeigen, beruht der Ausspruch darauf, daß die eine nicht erweisen und zustande bringen kann, was die andere, und daß, was sie gebietet, jener zufolge nicht sollte geboten werden. Soll nun Gründen dieser Art einiges Gewicht beigelegt werden, so muß dasjenige System der Sittenlehre, auf welches die Prüfung sich bezieht, sich bereits als das richtige erwiesen haben. Dieses aber kann keines vermittelst einer solchen oder solchen Beschaffenheit seines Inhaltes, wie wenn eines von sich sagt, aus ihm allein erfolge ein solches Betragen, wie es in der bürgerlichen Gesellschaft zu wünschen wäre, oder

Kritik der gewöhnlichen Kritik.

wie es der Gottheit angenehm sein kann, oder wie es den Menschen überhaupt wahrhaft nützlich ist. Denn jenes beides ist fremdartig für die Sittenlehre, welche doch als Wissenschaft ein Recht hat, keinem andern Endzweck untergeordnet, sondern nur für sich beurteilt zu werden. Das letztere aber ist ganz töricht, und nichts Lächerlicheres mag wohl erdacht werden, als was jemand zu sagen pflegt von dieser ethischen Schule, sie sei der Tugend günstiger als jene. Sondern dies kann nur geschehen, indem eine solche Darstellung von sich zeigt, **daß sie ihre Aufgabe der Form nach vollständig und rein gelöst habe**; denn alsbald kann sie eine jede andere mit ihren Ansprüchen so lange abweisen, bis diese den nämlichen Beweis geführt hat. **Es gibt nämlich gar für jede eigentliche Wissenschaft, wie doch die Ethik sein will und soll, keine andere Kritik, als die der wissenschaftlichen Form, und eine solche aufzustellen soll hier versucht werden.** Ob aber auch mit einer solchen für die Sittenlehre viel zu gewinnen sein möchte, könnte wohl mit Recht einer zweifelnd fragen. Dieser müßte vorläufig entweder mit der Antwort zufrieden sein, daß der Versuch es zeigen werde, oder sich mit seinem Zweifel auf eine zwiefache Voraussetzung verweisen lassen. Wenn nämlich mehrere von den ihrem Inhalt und ihren Grundsätzen nach, wie sie wenigstens selbst behaupten, so weit voneinander abweichenden Systemen der Sittenlehre jedes in seiner Art die Aufgabe kunstgerecht gelöst hätten: dann würde allerdings auf diesem Wege über die Vorzüge des einen vor dem des andern nichts zu entscheiden sein. Wer aber möchte dieses wohl glauben und so gering von der Wissenschaft denken, daß es ihm möglich schiene, dieselbige Aufgabe könne nach ihren Gesetzen zu mehreren und verschiedenen Lösungen ohne Fehler gelangen? Vielmehr würden wir alsdann mit Sicherheit folgern, nicht nur daß die Ethik sich nicht eigne, eine Wissenschaft zu sein, sondern auch daß schon der Gedanke derselben nur auf einem vielfältig leeren Schema beruhen müsse.

Grundsatz der eigenen Kritik.

Kann hingegen jenes Zeugnis der Richtigkeit der Form nur einer oder gar keiner gegeben werden: dann werden wir sowohl fernerhin glauben dürfen, daß die Ethik eine Wissenschaft sei, als auch hoffen, diese Art der Kritik werde uns zeigen, entweder wo sie bereits oder warum sie noch nirgends zustande gekommen. **Denn ohne Zweifel muß es wie für die Kunst, so auch für die Wissenschaft gelten, daß Gestalt und Gehalt einander gegenseitig zur Bewährung dienen**; so nämlich, daß, was der Gestalt widerstrebt, auch gar nicht ein Bestandteil irgendeines so gearteten Ganzen darf sein wollen, und wiederum, welche Gestalt sich nicht einen bestimmten Gehalt aneignet, alles andere aber aus eigner Kraft ausstößt, diese auch nicht verlangen darf, daß irgend etwas Gutes und Würdiges sich hergebe, um sie auszufüllen. Auf diesem Grundsatze nun beruht die Möglichkeit, daß eine wie die Ethik so vielfach bearbeitete Wissenschaft, wenn nur der Begriff derselben gegeben ist, ganz ohne weder einen von den bisherigen Versuchen anzuerkennen, noch auch einen neuen zuvor anzustellen, dennoch der Kritik unterworfen werden kann.

2.
Von den Grenzen derselben.

Wenn nun das Geschäft einer solchen Kritik dieses ist, zu untersuchen, inwiefern die Ethik in ihren bisherigen Gestalten den Anspruch, eine eigne und echte Wissenschaft sein zu wollen, gerechtfertigt hat: so folgt also, daß sie nur da es zu verrichten befugt ist, wo diese Ansprüche mit dem Wort oder der Tat gemacht worden sind, das heißt, wo ein zusammenhängendes und das Gebiet umfassendes System verheißen worden ist, welches das zufällige menschliche Handeln unter einer Idee betrachtet, nach der, was darin ihr angemessen ist, ausschließend und ohne Ausnahme als gut gesetzt, als böse aber ebenso alles mit ihr Unvereinbare verworfen wird. Wobei jedoch einerseits nicht jede geringfügige Verschiedenheit einer einzelnen Darstellung ihr das

Recht gibt, ein besonderes Verweilen der Untersuchung zu fordern; denn sonst würde weder das Ende zu finden sein, noch auch verhindert werden können, daß nicht, was vielleicht ursprünglich nur Mißverstand oder Ungeschicklichkeit war, uns unbelohnte Mühe verursache. Andererseits aber auch muß **nicht** eben was wir suchen **mit ausdrücklichen Worten** verkündigt noch auch in einer sich dem ersten Anblick beglaubigenden Gestalt ausgeführt worden sein: sondern auch die **stillschweigende Absicht** reicht uns hin, und die **unvollendete Tat**. So hat gleich Platon, obschon er unter den ersten und trefflichsten Arbeitern dieses Feldes hervorragt, keine zu Ende geführte und vollständige Darlegung seiner Ethik hinterlassen. Welcher aber verdiente wohl genannt zu werden, wenn dieser ausgeschlossen sein sollte? Oder wie könnte er es, da doch nicht geleugnet werden mag, daß er die Ethik als Wissenschaft gedacht und gewollt hat, und so deutlich zwar, daß jeder gestehen muß, wie alle derart Andeutungen und Aussprüche in seinen Werken nicht etwa aufs ohngefähr hier so, dort anders hingeworfen, sondern zusammengehörige und von dem Kundigen leicht zusammenzufügende Teile eines eigenen Ganzen sind. Nur kann er, und wer sich in gleichem Falle befindet, weder selbst noch auch seine Idee des Fehlenden wegen getadelt werden, es müßte denn der letztern erwiesen werden können, daß sie ihrer Natur nach nicht hingereicht habe, um das Angefangene zu vollenden. Nur also da, wo wissenschaftliche Ausführung und Absicht entweder an sich oder doch für uns nicht vorhanden ist, kann auch das Ethische nicht Gegenstand dieser Kritik sein. Das „für uns" nämlich ist zu verstehen von solchen Völkern, deren nicht wie die unsrige von der hellenischen abstammende Weisheit uns nicht im Zusammenhange bekannt ist; das „an sich" aber von allen sittlichen Aussprüchen der gemeinen Rede und Meinung, so wie auch von jeder Ethik, die sich auf empfangene göttliche Gebote bezieht. Denn ebenso würde eine Kritik der Wissenschaft von den Gründen des Daseins weder mit den halben und schiefen Begriffen des gemeinen Verstandes, noch auch mit den von einer Offenbarung ausgehenden Lehren sich einlassen dürfen. Ist nun als Gegenstück der letzteren die Ethik der Gottseligkeit nur Darlegung des gebietenden Inhaltes einer Offenbarung: so ist sie ganz außerhalb der Wissenschaft gelegen. Will sie aber diesen Inhalt auf irgendeine Art mit der natürlichen Erkenntnis in Verbindung setzen: so fügt sie sich notwendig entweder an die kunstlosen und unverbundenen Ausdrücke der gemeinen Meinung, oder an die wissenschaftliche Behandlung irgendeiner Schule an; wie sie denn auch beides zu allen Zeiten mit abwechselndem Erfolge getan hat. Beides gilt auch von dem Teile ihres Inhaltes, welchem die Gottheit noch besonders als Gegenstand zum Grunde liegt, da ja die gemeine Meinung vorzüglich das Sittliche und Fromme verbindet, aber auch die Ethik der Schule nicht unterläßt, von Pflichten oder Gesinnungen gegen die Gottheit auf irgendeine Weise zu handeln. Erstere aber, die Aussprüche des gemeinen Verstandes, können für sich gar nicht im Zusammenhange betrachtet werden, da nicht einmal eine vorgebliche Einheit der Grundsätze vorhanden ist, sondern vielmehr das eine hier, das andere dort her genommen zu sein scheint, und was sie zusammen hält, nur eine der Ethik fremde Beziehung sein kann. Allerdings indes stehen sie in einer unvermeidlichen Wechselwirkung, teils diese bestimmend, teils durch sie bestimmt, mit den Versuchen der wissenschaftlichen Ethik, und insofern wird in einzelnen Fällen auch auf sie Rücksicht zu nehmen sein.

Demnächst aber soll nur jenes System über das zufällige menschliche Handeln der Gegenstand der Untersuchung sein, und über nichts darf sie sich verbreiten, was von oben oder unten her diesem angehängt zu werden pflegt. Deshalb schon ist das menschliche Handeln, wiefern es der Inhalt dieser Wissenschaft ist, ein zufälliges genannt worden, nicht aber ein freies, um nämlich diesen Begriff gänzlich zu vermeiden, über welchen schon wegen Ungleichheit der Meinungen hier nicht im voraus entschieden werden kann. Denn einige zwar legen ihn zum Grunde ihrer Ethik als unentbehrlich; andere aber haben ihn gänzlich verneint, obwohl sie auch eine Ethik aufstellen; und es gibt auch solche, unter denen Kant ist, die ihn zu diesem Endzweck gänzlich beiseite stellen. Wollten wir nun im voraus entscheiden, daß eine von diesen Verfahrungsarten für die Sittenlehre notwendig sei, und welche: so würden wir unbefugtermaßen diejenigen, welche anderer Meinung sind, vom Anfange her ausschließen, und die ganze Untersuchung auf einen andern Ort stellen als den einmal in Besitz genommenen. Es liegt nämlich dieser Begriff gar nicht innerhalb des abgesteckten Gebietes. Denn keiner, er bejahe ihn nun oder verneine, wird behaupten, daß wenn seine Überzeugung hiervon sich änderte, er dann anderes für gut und anderes für böse halten würde als zuvor. Wofern nicht jemand im Eifer sagen möchte, er würde dann gar keinen Unterschied annehmen zwischen böse und gut; welches jedoch hieße, die menschliche Natur weniger dem Ideal unterwerfen als irgendeinen Teil der körperlichen. Denn von dieser sind wir überzeugt, daß alles in ihr notwendig erfolgt: wer aber macht nicht, den Begriff des Ideals anwendend, dennoch einen Unterschied der Vollkommenheit und Unvollkommenheit oder Schönheit und Häßlichkeit zwischen den verschiedenen Naturen sowohl als auch den einzelnen von gleicher Natur? So auch gibt es über die künstlerischen Handlungen des Menschen und das Gelingen derselben ein System der Beurteilung nach dem Ideale, ohne daß jemals die Frage in Anregung käme, ob auch der Künstler Freiheit gehabt, anders und besser zu können. Sondern dieser Begriff liegt auf der einen Seite höher, auf der andern niedriger, als die Wissenschaft. Niedriger nämlich liegt die Anwendung, welche von demselben gemacht wird, wenn bestimmt werden soll, ob man denken und sagen müsse, der Täter habe nicht anders gekonnt, oder er habe nicht anders gewollt, welches noch genauer so auszudrücken wäre, ob er nicht anders können gewollt, oder nicht anders wollen gekonnt. Denn diese Frage würde gar nicht aufgeworfen werden, wenn nicht durch die sittliche Beurteilung etwas von der Tat ausgesagt würde, welches, inwiefern es auch auf den Täter überzutragen sei, der Gegenstand des Zweifels ist. Höher aber als die besondere Wissenschaft der Ethik liegt die Frage selbst von der Freiheit, insofern sie die menschliche Natur in ihren wesentlichen Beziehungen erst zusammensetzend darstellen, und die Verhältnisse der Persönlichkeit zu der Eigenschaft des Menschen, vermöge deren er ein Teil eines Ganzen ist, bestimmen soll. Denn dies ist offenbar ein Teil desjenigen Geschäfts, welches der natürlichen Ordnung nach jeder einzelnen Wissenschaft vorangehen muß, nie aber mit in dieselbe hinabgezogen werden darf. Womit jedoch noch nicht gesagt ist, daß jene Frage gerade zu demjenigen Höheren gehöre, wovon die Ethik abgeleitet werden müßte. Ebensowenig wird aus denselben Gründen die Rede sein von jeder von den meisten gleichfalls zum Behuf der Sittenlehre für notwendig erachteten Einteilung des menschlichen Geistes in was immer für einzelne einander bei- oder untergeordnete Kräfte und Vermögen. Denn auch hier, ob auf eine und auf welche die Ethik sich beziehen müsse, entscheiden zu wollen, würde den Besitz jener Begriffsbildung und Ableitung der menschlichen Natur voraussetzen, und von der Beurteilung der bisherigen ethischen Versuche unvermeidlich zur selbsteigenen Anstellung eines neuen hintreiben. Sondern uns wird nur obliegen, aus dem, was jeder ans Licht gebracht hat, zu zeigen, mit welchem Erfolg der eine sich dieses Hilfsmittels gänzlich begeben, und was mit demselben andere ausgerichtet. Denn weder jenes noch dieses Verfahren dürfen wir ansehen als unnachlaßliche Bedingung der Sittenlehre überhaupt, sondern wir müssen für jeden einzelnen Fall besonders fragen, ob es nur willkürlich und zufällig sei in diesem System, oder aber durch seines höchsten Grundsatzes, sei es nun Geist oder Buchstabe, bedingt und begründet.

3.
Von ihrer Anordnung und Einteilung.

Was aber die Anordnung der vorseienden Untersuchung betrifft, so werden vielleicht die meisten, weil es ihnen das Bequemste scheint, erwarten, die verschiedenen Behandlungsarten der Sittenlehre, wie man sie hergebrachterweise als verschiedene Schulen zu betrachten pflegt, nacheinander und jede in ihrem eigenen Zusammenhange für sich gewürdiget zu sehen. Allein es ist dieser Begriff von soundso vielen Schulen, wie man sie auch stellen und zählen möge, mehr eine zufällige und halb erdichtete, als auf etwas Wirkliches und Wesentliches sich beziehende Vorstellungsart. Nicht freilich so, als ob sie nicht ursprünglich ihren Sinn gehabt hätte; nur war dieser mehr ein geschichtlicher, nicht sowohl den Inhalt als die Überlieferung betreffender. Der gegenwärtige Gebrauch dieses Wortes aber ist ein solcher, welchem zwar die der Sache Kundigen sich ohne Widerrede fügen, wohl aber wissen, wie wenig Treffendes damit bezeichnet wird. Es darf nämlich, wie jeder zugeben wird, im wissenschaftlichen Sinn eine Schule nicht bloß aus dem Erfinder und seinen Nachtretern bestehen, sondern die Nachfolger sollen jene Ansicht, welche der Stifter genommen, weiter ausbilden, und wiewohl immer seinem Geiste getreu, auch die Mannigfaltigkeit, welche sie noch zuläßt, weiter ins Licht setzen, indem sie der eine diese, der andere jene, jeder seiner Natur gemäß auffassen, so auch der eine dem, ein anderer jenem Teile des Ganzen sich vorzüglich widmen. Und in diesem Sinne gibt es wohl wenigstens innerhalb der Ethik noch nichts, was so fest bestehend zur Vollendung ausgebildet worden wäre, ohne von seiner ursprünglichen Eigentümlichkeit zu verlieren. Denn wenn auch jemand auf den ersten Anblick glauben möchte, es sei unter den Alten die Schule des Epikuros und die engländische unter den Neueren diesem Gedanken nahe gekommen: so wird sich doch bei längerer Betrachtung auch dieser Schein wieder verlieren. Doch dies sei nur im Vorbeigehen angedeutet. Noch weniger aber könnte nach dieser Ansicht auf eine bequeme Weise die Untersuchung geordnet werden, sondern nur unzulänglich, und doch nicht ohne mancherlei Wiederholungen, welche den Lesenden verwirren. Denn es gibt innerhalb jeder dieser Schulen nicht nur Abweichungen, welche bedeutender sind, als das, was in anderer Hinsicht eine von der andern unterscheidet; sondern auch die Eigentümlichkeiten der mehresten sind ohne ihr Verhältnis zu den andern, welches durch solche Absonderung nur dem Auge entzogen wird, nicht richtig zu verstehen. Überdies verschwinden in manchen Teilen der Wissenschaft die Unterschiede, wo nicht gänzlich, doch weit mehr, als man nach den Abweichungen im Ausdruck der obersten Idee und nach den Behauptungen von ihrer großen Ungleichartigkeit vermuten sollte. Besser also scheint es getan, nach den zur Lösung der ethischen Aufgabe unumgänglichen Erfordernissen das Ganze zu ordnen; innerhalb dieser großen Hauptstücke aber die Ausführung bald so, bald anders zu gestalten, je nachdem bequeme Übersicht und richtige Vergleichung bald durch diese, bald durch jene Anordnung am meisten begünstigt werden. Zufolge nämlich des schon vorläufig aufgestellten Begriffes ist das erste Erfordernis einer jeden Ethik die leitende Idee oder der oberste Grundsatz, welcher diejenige Beschaffenheit des Handelns aussagt, durch welche jedes einzelne als gut gesetzt wird, und welche sich überall wiederfinden muß, indem das ganze System nur eine durchgeführte Aufzeichnung alles desjenigen ist, worin sie erscheinen kann. Diese Ideen nun, lediglich aus dem Gesichtspunkte ihrer Tauglichkeit zur Begründung eines solchen Systems, vergleichend zu würdigen, soll das Geschäft des ersten Buches sein. Dann besteht das weitere darin, daß für jeden Fall, wo von einem Zustande der Unbestimmtheit und der Aufforderung aus ein Gutes und ein Böses möglich ist, die Handlungsweise, wodurch jenes zustande kommen würde, in Beziehung auf die leitende Idee sowohl, als auch auf ihren besonderen Gegenstand, bezeichnet werde. Die Beschaffenheit dieser einzelnen sittlichen Begriffe zu prüfen, ist das zweite Buch bestimmt. Nämlich nicht etwa, ob das für gut Ausgegebene auch wirklich gut sei; denn dieses können wir von da aus, wohin wir uns gestellt haben, nicht an und für sich entscheiden. Sondern nur, ob sie unter sich und mit ihren obersten Gründen in richtigem Zusammenhange stehn, und sich eines wahren Inhaltes und bestimmter Umrisse zu rühmen haben. Endlich aber entsteht die Frage, ob auch die Gesamtheit dieser Begriffe die ganze Sphäre des möglichen menschlichen Handelns ausfüllt, so daß nichts, was darin ethisch gebildet werden könnte, ausgeschlossen, und nichts, was sich als Gegenstand sittlicher Beurteilung zeigt, unbestimmt gelassen worden; kurz, ob das System auch vollständig und geschlossen ist. Diese Untersuchung muß, die Richtigkeit der im ersten Buch über die Grundsätze gefällten Urteile bewährend und so zum Anfange zurückkehrend, im dritten das Ganze beschließen. Auf diesem Wege stehet zu hoffen, daß eine in Beziehung auf den genommenen Standort vollständige Übersicht über die bisherigen Fortschritte der Ethik als Wissenschaft gewonnen und so ein jeder instand gesetzt werde, auch über den Wert des so verarbeiteten Inhaltes sein Urteil zu fällen.

Erstes Buch.
Kritik der höchsten Grundsätze der Sittenlehre.

Einleitung.

Ehe die verschiedenen Ideen, welche bisher der Ethik zugrunde gelegt wurden, in Absicht auf ihren Wert, nämlich ihre Tauglichkeit zur Aufführung eines wissenschaftlichen Gebäudes, beurteilt werden, dringt sich die vorläufige Frage auf nach ihrem verschiedenen Ursprung. Es kann nämlich die höchste Idee erst nach den einzelnen Sätzen und vermittelst ihrer gefunden worden sein, um diese zu vereinigen und so das Bedürfnis der Vernunft nach Vollendung der wissenschaftlichen Form wenigstens im einzelnen zu befriedigen; so wie gewiß in der Größenlehre nicht die ersten und einfachsten Grundsätze zuerst gefunden, sondern nur zur Begründung dessen gesucht worden, was sich zunächst im Gebrauch als unbestreitbar aufdrang. Oder es kann ein besonderes Bedürfnis auf diese bestimmte Wissenschaft ihres Inhaltes wegen gerichtet sein, und so der eine sich bei dieser der andere bei jener Idee beruhigt haben, wie jede die vorliegende Forderung zu erfüllen schien. Oder endlich, es kann auch die höchste Idee dieser Wissenschaft noch einen höheren wissenschaftlichen Grund über sich haben, und entweder als aus ihm durch die reine herabwärts gehende Forschung ohne irgendein anderes Interesse entstanden, oder doch als an ihn angeknüpft und auf ihn zurück-

Ursprung der Ideen.

Induktion.

Deduktion.

geführt vorgestellt werden. Denn so wie die Vernunft des einen von einem einzelnen in wissenschaftlicher Gestalt erscheinenden Satze zurückgetrieben wird, um die Aufgabe, wozu dieser und alle ihm beigeordneten Sätze gehören und die Gründe ihrer Auflösung zu suchen: so erscheint der noch wissenschaftlicheren Vernunft des andern diese Forderung selbst nur als ein einzelnes, und ihr Grund als ein selbst noch weiter zu Begründendes. Ein solches Bestreben aber kann seine Ruhe nirgends anders finden, als in der Bildung einer — wenn hier nicht ein höherer Name nötig ist — **Wissenschaft von den Gründen und dem Zusammenhange aller Wissenschaften**. Diese nun darf selbst nicht wiederum wie jene einzelnen Wissenschaften auf einem obersten Grundsatze beruhen; sondern nur als ein Ganzes, in welchem jedes der Anfang sein kann, und alles einzelne gegenseitig einander bestimmend nur auf dem Ganzen beruht, ist sie zu denken, und so daß sie nur angenommen oder verworfen, nicht aber begründet und bewiesen werden kann. Eine solche höchste und allgemeinste Erkenntnis würde mit Recht Wissenschaftslehre genannt, ein Name, welcher dem der Philosophie unstreitig weit vorzuziehen ist, und dessen Erfindung vielleicht für ein größeres Verdienst zu halten ist, als das unter diesem Namen zuerst aufgestellte System. Denn ob dieses die Sache selbst gefunden habe, ist noch zu bestreiten, solange es nicht in einer ungetrennten Darstellung bis zu den Gründen aller wissenschaftlichen Aufgaben und den Methoden ihrer Auflösung herabgeführt ist. Jener aber hält, wodurch allein schon zur Erreichung des letzten Endzweckes nicht wenig gewonnen ist, die Aufmerksamkeit immer auf das höchste Ziel des menschlichen Wissens gerichtet: dahingegen der Name der Philosophie entweder nur den untergeordneten Nutzen hat, einen falschen Dünkel zu demütigen, oder gar einer Zeit geziemt, wo jenes Ziel noch nicht anerkannt war; indem er nur im allgemeinen auf eine zu unternehmende Übung und Verbesserung des menschlischen Verstandes hindeutet. Wäre nun jene höchste Erkenntnis

Wissenschaftslehre.

bereits auf eine unbestrittene Art mit dem unmittelbaren Bewußtsein allgemeiner Übereinstimmung gefunden: so würde aus unserem Standort die Ethik, welche sich in dieser gründete, allen übrigen vorzuziehen sein. Denn alle ihre Fehler, wenn die Kritik uns deren zeigte, könnten nur zufällige und leicht zu heilende sein, dagegen jede andere, wie fest in sich bestehend und wohl gerundet sie auch zu sein schiene, uns nur die Aufgabe aufdringen würde, sie entweder auf jene zurückzuführen, oder den Betrug aufzudecken, durch welchen sie sich einen scheinbaren Wert verschafft habe. Allein jene Erkenntnis ist nicht auf eine solche Art gefunden, sondern nur einige Versuche gemacht, deren keiner recht genügen will. Daher kann auch die Meinung nicht sein, einem System der Sittenlehre deshalb, weil es mit einem von ihnen zusammenhängt, einen entschiedenen Vorzug einzuräumen; indem es nicht unser Geschäft ist, jene Versuche zu vergleichen und zwischen ihnen zu entscheiden. Wohl aber kann, wie überall so auch hier, Kenntnis von der Entstehungsart der zu untersuchenden obersten Ideen zum besseren Verständnis derselben beitragen, und die Einsicht, von welchem Bedürfnis die Bildung einer jeden Ethik ausgegangen ist, kann unsern Erwartungen gleich anfangs die gehörige Richtung geben. Doch nun genug von diesem Vorläufigen, und zur Sache selbst.

Diejenigen zuerst unter den Alten, welche in einem geschlossenen Zusammenhange die sogenannte Philosophie vortrugen, pflegten sie einzuteilen in die logische, physische und ethische, ohne den gemeinschaftlichen Keim, aus welchem diese drei Stämme erwachsen sind, aufzuzeigen, noch auch höhere Grundsätze aufzustellen. Denn wenn bei einigen gewissermaßen eine von diesen Wissenschaften der andern untergeordnet wird, indem die logische die Kennzeichen der Wahrheit für die beiden andern enthält; die ethische aber, in welcher gezeigt wurde, daß Beschäftigung mit jener dem Weisen gebühre, den Grund des Daseins derselben als menschliches Werk aufzeigt; und die physische dem Gegenstande

Die Alten.

der beiden andern seine Stelle im ganzen bestimmt: so erhellt daraus nur um so deutlicher, wie alle dreie voneinander unabhängig jede auf ihrem eignen Grunde beruhen, ohne daß eine gemeinschaftliche Ableitung für sie gefunden wäre, und ohne daß ins Licht gesetzt würde, wie man sich bei ihnen beruhigen müsse, und wie jede das gesamte Gebiet der Erkenntnis einer gewissen Art umfaßt. Dieselbe Bewandtnis hat es mit der neueren Einteilung der Philosophie in die theoretische und praktische, welche auch mit der vorigen, bis auf die Aussonderung der Logik, ganz übereinkommt. Vielmehr ist hier noch deutlicher herausgehoben, wie wenig beide miteinander gemein haben. Denn jedem Teile ist, besonders für die Wissenschaften, in welche er zerfällt, eine allgemeine Philosophie vorgesetzt, welche die gemeinschaftlichen Grundbegriffe derselben enthält; eine noch allgemeinere aber, um beide Teile zu verbinden, wird nicht ebenso gefunden. Demnach ist die Ethik, was nämlich den Ursprung der Idee derselben und die Ableitung ihrer Grundsätze betrifft, ebensoweit von der Theorie der Seele als von der des höchsten Wesens abgeschnitten, so daß auch nicht einmal der Gedanke an eine systematische Verknüpfung aller menschlichen Erkenntnisse hier anzutreffen ist.

Kant. Ob aber Kant, welcher mit der Fackel der Kritik in diesem alten Gebäude umherzuleuchten den Mut faßte, diesen Gedanken wirklich gehabt hat, könnte auch mit Grund bezweifelt werden. Denn er redet zwar mit nicht geringem Nachdruck von einer Architektonik der Vernunft, möchte aber dennoch, sokratisch befragt, mehr ein Begeisterter als ein vernünftig Wissender zu sein scheinen, und zwar vielleicht aus Mangel an Begeisterung und Überfluß an Vernunft. Wenigstens kann, was er sagt, nicht dazu dienen, die Notwendigkeit irgendeiner einzelnen Wissenschaft ins Licht zu setzen, oder den Kreis, innerhalb dessen sie alle befaßt sein müssen, aus seinem Mittelpunkte zu zeichnen. Sondern wie wenn einer, der nach dem Fundament eines Gebäudes gefragt wird, die Zwischenwände aufzeigt, welche die Gemächer voneinander absondern, begnügt er sich mit einer Einteilung des Vorhandenen, welche höchstens nur ein dialektisches Bedürfnis befriedigen kann; und auch dieses nur unzureichend. Denn wer mag es ertragen, wiewohl von Kants Nachfolgern und Verbesserern die besten es auch angenommen haben, die reine Ethik von der reinen Naturlehre, nur als Gesetzgebung der Vernunft für die Freiheit, von der für die Natur unterschieden zu sehen, da doch die Art der Gesetzgebung in beiden Wissenschaften bei ihm so durchaus verschieden ist, daß es eine der ethischen ähnliche für die Natur, und eine der physischen ähnliche für die Freiheit gleichfalls geben muß. Dies heißt die Wissenschaften selbst verlarven, um zugleich desto leichter ein ungeschicktes Verfahren verhüllen zu können. Wenn er aber, um beide getrennte Systeme zu vereinigen, die Ethik selbst als die ganze Bestimmung des Menschen darlegend zur höchsten Wissenschaft machen will: so ist dies nur dieselbe beschränkte Ansicht, die sich schon bei den Alten gezeigt hat. Es mag wohl gesagt werden, daß der Ethiker die übrigen Vernunftkünstler anstelle: aber aus seiner Wissenschaft kann, daß jene, und warum gerade so gefunden worden sind, niemals begründet werden. Zum Behuf dieser vom Praktischen ausgehenden Einheit aller Vernunftkenntnisse mußte nun freilich ein Übergang, eine Brücke zwischen den beiden bisher getrennten Systemen gesucht werden. Es ist aber hiermit gleichfalls nur leerer Schein, der auf ebensoviel Willkürlichkeit als Mißverstand beruht. Denn wenn auch deutlich wäre, was doch schwer zu begreifen sein möchte, wie die Ideen von Freiheit, Unsterblichkeit und Gott für das höchste Ziel alles Bestrebens der beschauenden Vernunft zu halten sind, wie mag doch derjenige gerade, welcher gezeigt hat, wie sie aus ganz natürlichen Mißverständnissen in dem Geschäfte der Welterklärung entstanden sind, vernünftigerweise auf den Versuch geleitet werden, ob sie nicht da, wo Handlungen geboten werden, einen positiven Wert und Gehalt haben möchten. Dann aber liegt auch dieser Fund ganz außerhalb der

Ethik, welche nur den Inhalt der Vernunftgebote für das Handeln aufstellt, mit den zur Sanktion hinzugefügten Drohungen und Verheißungen aber gar nichts zu schaffen hat. Ferner, wie sollte irgendeiner Wissenschaft eine solche Voraussetzung geziemen, daß vermöge des einen, und mit ihm zugleich ein anderes gesetzt sein könne, was mit jenem gar nichts gemein hat, wie doch von der Sittlichkeit, der nach Kant nämlich, und der Glückseligkeit offenbar ist? Alles dieses aber muß herbeigeführt werden, um jenen Übergang zu bauen. Hätte nun jemand diese Ideen von Unsterblichkeit und Gott auf die geforderte Art ursprünglich in die Sittenlehre hinein verarbeitet: so würde eine gleiche Kritik, wie sie Kant an der theoretischen Philosophie geübt hat, sehr leicht zeigen, wie entbehrlich und nur aus Mißverstand hineingedrungen sie dort sind, und umgekehrt mit großem Recht vermuten, sie möchten auf spekulativem Boden erzeugt und dort eigenbehörig sein. Und so verwandelt sich der Bau nur in ein Kinderspiel mit dem luftigen Baustoff, der von einem Ufer zum andern hin und wieder geschlagen wird. Denn auf diese Weise, wenn nämlich die Idee des höchsten Wesens zwar beiden Teilen der Philosophie gemein, aber in dem einen nur ein durch einen unvermeidlichen Fehler entstandenes und also hinauszuwerfendes Erzeugnis, und in dem andern nur ein überflüssiges Triebwerk ist, welches nichts bewegt und von nichts bewegt wird, kann sie solche unmöglich beide verbinden. Auch tut Kant sehr wohl, demgemäß keine Ableitung des Inhalts der Ethik von jener Idee zu gestatten, welche auf diese Art selbst keinen Boden hat und eigentlich nirgends steht. Hiervon also mag der Zusammenhang oder vielmehr der Mangel daran genugsam angedeutet sein, daß sich nicht jemand verleiten lasse zu glauben, jene Physikotheologie oder transzendentale Theologie, welche doch zuletzt der Schlußstein in dem Gewölbe alles Wissens sein soll, sei in diesem Weltweisen und für ihn wirklich etwas. Sie ist freilich die glückliche Stelle, von welcher aus andere das gesehen haben, was auch er sucht, nur daß er auf seinem Wege niemals dorthin gelangen kann. Merkwürdig aber ist es und nicht ganz zu verschweigen, wenn es gleich hier nicht ausgeführt werden darf, wie sich in diesem Lehrgebäude, statt der unerreichbaren Einheit des theoretischen und praktischen Systems, ganz unerwartet eine Unterordnung beider unter dieselbe Phantasie zeigt, welche überall, wo der Geist dieser Philosophie sich frei und mit Besonnenheit äußert, so entschieden herabgewürdiget wird. Nämlich daß die Glückseligkeit nur ein Ideal der Phantasie sei, gesteht der Urheber selbst; ihm zufolge aber sind die Ideen von Unsterblichkeit und Gott im Praktischen nur um jener willen gleichsam aufgedrungen; und da sie nun im Theoretischen auch nicht vernunftmäßig entstanden sind: so bleibt nur übrig, daß sie überall einem Handeln der Phantasie ihr Dasein verdanken. Dieses wäre vielleicht an sich nicht wunderlich, sehr wunderlich aber bleibt es in diesem System, und ein starker Beweis, wie schlecht in dem Geiste desselben das Beabsichtigte durch sie ausgeführt worden. Das Gesagte mag hinreichen, um zu zeigen, daß auch Kant die Ethik nur vorgefunden, daß er sonst auch nicht den Gedanken gehabt haben würde, sie hervorzubringen und von einem Mittelpunkte des menschlichen Wissens aus zu beschreiben. Dies geht auch schon aus der Art hervor, wie er überall den Streit führt, daß die Ethik sich nicht auf einen Begriff der menschlichen Natur gründen dürfe, nämlich ohne den geringsten Verdacht, daß ein solcher von einem höheren Punkt aus könnte abgeleitet sein, sondern immer nur auf die gemeinen und willkürlichen Rücksicht nehmend. Ferner daraus, daß er selbst gar nicht besorgt ist, dasjenige, was seinem Ausdrucke des ethischen Gesetzes zugrunde liegt, nämlich die Mehrheit und Gemeinschaft vernünftiger Wesen, irgendwoher abzuleiten; und doch ist ihm diese Voraussetzung so notwendig, daß ohne sie sein Gesetz nur ein unverständliches Orakel sein würde. Auch vieles andere einzelne könnte angeführt werden, wenn es nötig wäre.

Doch vielleicht ist schon zu lange gezögert worden, von diesem Philosophen zu demjenigen überzugehen, welcher von vielen, wie-
Fichte. wohl gegen jenes Willen, für den Vollender seines Systems gehalten wird, zu dem Erfinder nämlich der Wissenschaftslehre. Dieser nun macht teils als solcher, teils und mehr noch wegen seines Systems der Sittenlehre und der Art, wie es sich überall auf jene Wissenschaftslehre bezieht, die meisten Ansprüche darauf, eine Ableitung der Ethik, wie wir sie verlangten, zustande gebracht zu haben. Freilich scheint gleich anfangs die ganze Strenge dieser Forderung verletzt zu sein. Wenn nämlich die Wissenschaftslehre, welche die höchste Erkenntnis wie die Wurzel aller übrigen sein soll, zu des Erfinders eigner Zufriedenheit soweit wirklich ausgeführt wäre, daß der Ort sich aufzeigen ließe, wo jeder besonderen philosophischen Wissenschaft Keim ihr eingewachsen ist, und von wo aus er, sobald ihm Freiheit vergönnt wird, als ein eigner Stamm in die Höhe steigen muß: dann natürlich würde das System der Sittenlehre sich lediglich angeschlossen haben an diesen bestimmten Ort der Wissenschaftslehre, darauf sich berufend, daß dort die Idee der Ethik als ein notwendiger Gedanke gefunden worden, dessen methodische und systematische Entwicklung nun die besondere Wissenschaft bilden soll. Dem ganz entgegen **vernachlässigt seine Ethik die Berufung auf einen solchen Ort** in der Grundlage der Wissenschaftslehre, und scheint wie jede andere nur mit der Hinweisung auf die allgemein vorhandene sittliche Zunötigung zu beginnen. Von dieser aber erhellt nicht für sich, daß sie einen transzendentalen Grund haben müsse: denn auch ein allgemein Gefundenes kann eine Täuschung sein, die nur einen empirischen Grund hat. Hieraus nun entsteht der nachteilige Schein, als ob die Wissenschaft, ohne zu wissen, daß sie eine solche sein muß, anfinge aufs Geratewohl, und als ob, wenn sie auch nun an die Wissenschaftslehre anknüpft, dieses nur zufällig geschähe an einer zufälligen Stelle, dergleichen es man weiß nicht wo und wie viele mehr noch

geben könne. Auf diese Art aber würde sie nicht erscheinen als ein notwendiges Glied in einem alles umfassenden System menschlicher Erkenntnis. Allein dieser nur scheinbare Vorwurf trifft die Sache selbst wenig, und löst sich darin auf, daß, es sei nun aus Unzufriedenheit mit der ersten Darstellung der Wissenschaftslehre oder aus welchen anderen Gründen, der Urheber vorgezogen hat, das hierher gehörige Stück der ursprünglichen Wissenschaft, welches dort zum Teil fehlte, zum Teil in einer untauglichen Gestalt vorhanden war, an Ort und Stelle von vornherein aufs neue zu bilden, lieber als sich unzureichend und erkünstelt auf jenes zu berufen. Denn als Teile der Wissenschaftslehre muß auch schon der Unkundige diejenigen Sätze erkennen, die in der Sittenlehre und dem Naturrecht, zwei voneinander verschiedenen besonderen Wissenschaften, gemeinschaftlich zu finden sind, welches nur so möglich ist, daß sie eigentlich nicht diesen, sondern der über ihnen stehenden höheren Wissenschaft angehören. Der Kundige aber erkennt dafür gleich auf den ersten Blick die alles begründende Aufgabe, sich selbst bloß als sich selbst zu denken, oder wie sie hernach näher bestimmt wird, sich selbst als das Objektive zu finden. Daher wird auch nur der, welchem die ersten Gründe der Wissenschaftslehre nicht genug bekannt sind, einen wesentlichen Anstoß daran finden (was freilich im Vortrage mangelhaft ist), daß dieses beides ohne weiteres gleich gesetzt wird, und das zu Findende, abgesehen vom Denken, zu finden aufgegeben werden soll. Ein solches umbildendes Ergänzen der Wissenschaftslehre nun sehen wir nicht nur im Anfang der Sittenlehre, sondern in allen Hauptteilen derselben, im ersten sowohl, welcher nur den leeren Gedanken eines Sittengesetzes zutage fördert, als auch in dem zweiten, worin für diesen der Gehalt und die Anwendung gefunden wird, und ebenso im dritten, von welchem hier nicht weiter die Rede sein kann. Dieses alles soll nicht gesagt sein, als ob etwa ein solches Verfahren von uns für verdächtig gehalten würde; vielmehr würden wir auch dieses rückwärts gehende Anbilden des hier erforderlichen Teiles der höchsten Wissenschaft, sofern es sich nur als richtig bewährt, gar sehr zu loben finden. Erinnert aber muß es werden, damit in Absicht auf den Zusammenhang des Abgeleiteten mit dem gesamten menschlichen Wissen, oder andern einzelnen Teilen desselben, ein Unterschied gemacht werde zwischen dem Allgemeinen und dem rein Ethischen; ferner damit in beiden Hauptteilen der Ort sorgfältig aufgesucht werde wo, und die Art wie nun eigentlich das Besondere sich ableitend von dem Allgemeinen ausgeht. Denn hierbei ist die größte Aufmerksamkeit erforderlich, wegen der besondern Beschaffenheit der Methode dieses Weltweisen, welche bei einigen großen und eigentümlichen Vortrefflichkeiten, die allein ihrem Erfinder den Ruhm eines der ersten philosophischen Künstler zusichern, auch durch andere vielleicht nicht sowohl absichtlich ersonnene als von selbst sich darbietende, gefährliche und verführerische Hilfsmittel sich auszeichnet. Besonders kann da, wo gleichsam aus Nachsicht dem strengen und ermüdenden Gange des Systems Einhalt geschieht unter dem Schein vorbereitender Ansichten und Umsichten, etwas schon vorläufig halb eingeschwärzt werden, dessen mangelhafter Erweis in der eigentlichen weitern Entwicklung des Systems hernach um so weniger bemerkt wird. So kann auch leicht bei Vereinigung der Gegensätze, und sonst wo die Formeln vielfach verschlungen sind, ein bedeutender Fehler des Rechnens unbeachtet durchschlüpfen; oder auch die übrigens sehr tugendhafte und lobenswerte Vermeidung einer allzu eng bestimmten Lehrsprache einige nicht ganz rechtliche Erleichterungen begünstigen. Und auf eine andere als solche Art mag auch wohl jenes Wunderbare nicht erreicht worden sein, daß nämlich in und mit dem bloßen Wollen zugleich auch das Sittengesetz soll gefunden worden sein. Wunderbar gewiß, daß die Aufgabe, ein bestimmtes notwendiges Bewußtsein, wie das Finden seiner selbst, zustande zu bringen, endlich und vollständig nicht anders kann gelöst werden, als indem ein in Hinsicht auf jenes ganz zufälliges Denken gefunden wird. Und so geht doch ohne Sprung, wie in dem Werke selbst gerühmt wird, die Ableitung weiter von dem allgemeinen Bewußtsein des Wollens zu dem besonderen bestimmter Pflichten, so daß dieses als bereits in jenem enthalten und nur aus ihm heraus entwickelt und dargestellt muß betrachtet werden. Denn daß dieses letztere Bewußtsein, in Beziehung auf jenes erste des Wollens überhaupt und der Freiheit, ein besonderes und zufälliges sei, dies kann Fichte ebensowenig als sonst einer ableugnen, obschon er sich verwahrt durch die Behauptung, daß gänzlich von einem solchen Gedanken entblößt keiner ein vernünftiges Wesen sein könne. Gesteht er doch, dieses nicht achtend, anderswo selbst, daß Äußerung der Selbsttätigkeit auch statt habe in einer Wahl, bei welcher auf keiner Seite jenes Gesetz in Betracht gezogen wird; schildert auch selbst menschliche Gesinnungen und zwar die so Gesinnten als Freie, wobei das Bewußtsein der Selbsttätigkeit das leuchtende und herrschende, das des Gesetzes aber ganz verdunkelt und aufgehoben ist. Ferner, daß unmöglich auf solche Weise das Besondere mit dem Allgemeinen zugleich gefunden und durch denselben Grund wie dieses bedingt und bestimmt sein kann, muß jeder wissen. Sonst dürfte auch an die Wissenschaftslehre die Aufgabe ergehen, aus derselben ursprünglichen Handlung des Ich, aus welcher sie eine Außenwelt entwickelt, auch die Gesetze der Bewegung, Veränderung und Bildung in derselben abzuleiten; wogegen sie sich immer sehr weislich und verständig verwahrt hat. Endlich aber, daß die Aufgabe wirklich nicht eine neue ist, welche zunächst durch den Gedanken des Sittengesetzes gelöst wird, sondern noch die erste, ist klar genug. Denn es war nur eben vorher bemerkt, das Ich sei bis jetzt sich der Selbsttätigkeit nur erst als eines Vermögens bewußt geworden; wodurch also, und zwar am meisten nach dem richtigen Begriff von Vermögen, den Fichte überall nachdrücklich aufstellt, noch so viel als nichts geleistet worden. Und daß sie sich deren bewußt werden soll als eines Triebes, daraus ergibt sich hernach unmittelbar der Gedanke des Sittengesetzes. Im voraus also scheint diese Ableitung nicht die Prüfung bestehen zu können, welches auch die Betrachtung des Verfahrens selbst gar sehr bestätigt. Die Aufgabe nämlich lautet, zu finden, wie sich der Trieb nach Selbsttätigkeit als solcher auf das ganze Ich äußert. Dieses nun kann, wie bekannt, nach Fichte nicht anders als teilweise gefunden und dargestellt werden. Sonach wäre dieser Trieb zu stellen als einzeln beide Seiten des Ich, die subjektive sowohl als die objektive, bestimmend, und beide Bestimmungen wären hernach wie gewohnt miteinander zu vereinigen, welches heißt durcheinander zu bedingen, um jenen Trieb im Bewußtsein vorzustellen und zu bezeichnen. Ganz so einfach wie der Sache angemessen würde auf diesem Wege erhalten, als vollständiges Bewußtsein der Freiheit, wie sie ein Trieb ist, und als jedes Finden seiner selbst begleitend und vollendend, ein Gedanke und ein Gefühl; das Gefühl nämlich des Strebens und der Gedanke der Freiheit, als gleich notwendig, wie durcheinander bedingt, so voneinander unzertrennlich. Weit dieser Auflösung vorbei wird hingegen zuerst, weil nämlich nur ein Gedanke, und zwar ein ganz anderer, aufgestellt werden soll, vorbereitend gezeigt, daß hier nicht ein Gefühl zu erwarten sei, da doch nur geleugnet werden kann bloß ein Gefühl, ebensowenig aber sich behaupten läßt bloß ein Gedanke. Ferner wird zu demselben Behuf und um dennoch das ganze Verfahren scheinbar anzuwenden, nicht, wie hier angedeutet worden ist, die Rechnung angelegt, sondern nur das Subjektive durch das Objektive, und erst das so Verbundene durch jenen Trieb, dann aber wieder das so Entstandene auch durch das Subjektive bestimmt. Dieses Verfahren aber muß jeder, der auch nur ein tüchtiger Lehrling dieser Methode geworden ist, als unregelmäßig und, um eine Bestimmung des ganzen Ich vorzustellen, durchaus fehlerhaft finden. Allein sogar von alle diesem abgesehen, ist doch das Resultat nur erschlichen. Denn das gesetzlich notwendige Denken der Selbsttätigkeit, welches der gefundene Inhalt des Gedanken eigentlich ist, kann doch nicht gleich gelten dem Denken oder sich selbst Geben eines **Gesetzes** der Selbsttätigkeit, wie hier leider eines in das andere sich verwandeln muß. Wenn so ein bestimmtes Zeichen und ein bestimmendes ihr Geschäft miteinander vertauschen, so ist nicht möglich, daß die Formel noch ihren vorigen Wert behalte und der andern Seite der Gleichung entspreche. Daß nun solche Fehler und noch manche vorhergehende der Methode nicht ganz würdige Wendungen vielen unbemerkt geblieben sind, geschieht, anderer kleiner Verfänglichkeiten nicht zu gedenken, nur weil von Anfang her die sittliche Zunötigung als Veranlassung der ganzen Aufgabe gezeigt, und also bei allen Lesenden zum begleitenden Gedanken geworden ist, den sie gern, sobald es sich tun läßt, der Reihe einschieben. Nicht besser auch steht es um eine andere kleine wie in der Nußschale eingeschaltete Ableitung, davon ausgehend, daß die Vernunft sich durch sich selbst ihr Handeln, die endliche ein endliches, bestimme. Denn wo das eigentliche Handeln und das in der Vorstellung, sonst das ideale genannt, nebeneinander gestellt werden, da kann nicht in demselben Sinn, worin die Bedingungen des Denkens und Anschauens Gesetz der Vernunft für das letzte sind, das Ethische ihr Gesetz für das erste sein. Zwar hier wird auf dieses gedeutet, weil nämlich Bestimmtheit eines reinen Tuns kein Sein gäbe, sondern ein Sollen: hiervon aber liegt die überredende Kraft nur in dem „kein Sein". Denn wer dieses herausnimmt, wird nicht mehr begreifen, wofür ihm die Gleichheit des vieldeutigen Ausdrucks, Bestimmtheit eines reinen Tuns, mit dem ganz unerklärten des Sollens so klar geworden sei. So auch ist ein verwechselter Gebrauch des Seins und Sollens die einzige Begründung einer andern Aussage vom Sittengesetz, an welche hernach vieles angeknüpft wird, daß nämlich das durch dieses Gesetz Geforderte, weil es eben immer sein solle und nie sei, in der Unendlichkeit liegen müsse, so daß ihm nur in einer Reihe angenähert werden könne. Noch schärfer unterscheidet sich, was die Bündigkeit des Zusammenhanges betrifft, im zweiten Teile das eigentlich Ethische von dem Allgemeinen. Denn letzteres stellt nach Vermögen die äußeren Bedingungen auf, unter welchen allein das Ich praktisch sein kann, ersteres aber geht in großer Verwirrung und ohne Leitung umher, ein verlassenes Kind des Überflusses und der Armut der Methode, ihres zu viel und zu wenig Tuns, um sich einen Raum zu gewinnen in diesem abgesteckten Gebiet. Hier nämlich soll der schon oben halb eingeschwärzte Begriff von einer selbsttätigen Bestimmung, gemäß oder auch zuwider gewissen, man weiß nicht woher entstehenden Forderungen der Selbsttätigkeit, und also von einer materiellen Freiheit in und neben der formellen, ordentlich hervorgebracht werden. Zu dem Ende wird gefordert ein Trieb auf das Bewußtsein der Freiheit, und so auch ein Trieb auf die Bedingung desselben, nämlich die Unbestimmtheit. Wunderlich indes erscheint es sicher jedem, wie ein Trieb nach Unbestimmtheit sich hernach entwickeln soll als Trieb auf etwas so durchaus Bestimmtes, als zumal in dieser Darstellung das Sittengesetz sein will. Noch auch würde sich jemand hierbei beruhigen, wenn nicht durch die vorhergegangene Äußerung, die auch scheinbarer als richtig ist, daß nämlich eine höhere Art von Freiheitsbewußtsein entstände, wenn die Selbstbestimmung gegen die Neigung liefe, eine Geneigtheit bewirkt worden wäre, nun irgendein unveränderliches Gewicht in dieser Wageschale zu erwarten, nämlich den hier aufgestellten reinen Trieb. Wie kann aber überhaupt aus jener Forderung, die selbst, wie jeder sieht, nur schlecht herbeigeführt ist, ein eigner Trieb gefolgert werden? Es müßte denn, wovor, da ja alles im Ich aus einem Triebe erklärt werden soll, das System nicht erschrecken möge, ein Trieb sein nach der Reflexion. Denn von dieser aus herrscht ja nicht nur im Ich die Freiheit, sondern auch durch diese, da schon vermöge des Innehaltens andere Forderungen des Triebes sich darstellen, wird es sich seiner Freiheit bewußt; wie sich denn auch die Reflexion, wenn der zuerst geprüfte Teil der Ableitung richtiger vollführt worden wäre, als die eigentliche Bedingung des Freiheitsbewußtseins würde gezeigt haben. Denn daß das Gefühl des Strebens notwendig begleitet ist von dem Gedanken der Freiheit, will eben dieses sagen und nichts anderes. Der auf eine so mangelhafte Art herbeigeführte reine Trieb wird nun, damit aus ihm der erwünschte sittliche Trieb erwachsen könne, in einen Widerspruch gesetzt mit dem als Bedingung des Handelns überhaupt in dem allgemeinen Teile abgeleiteten Naturtriebe. Dieser Widerspruch aber entsteht nicht nur bloß aus der vorausgesetzten beschränkten Vorstellung des Handelns, daß es nämlich immer und überall auf Objekte außer dem Ich gehen müsse, sondern er wird auch nur sehr unzureichend gelöst. Nämlich um ihn zu setzen, wird dem reinen Triebe Kausalität abgesprochen, in der Bedeutung, daß er der Materie nach doch nichts anderes wollen könne, als was die Natur, wenn dies von ihr gesagt werden dürfte, auch wollen würde, ausdrücklich also in Beziehung auf die Materie des Wollens. Gelöst aber wird er dadurch, daß dem reinen Triebe die Form des Handelns zum Hervorbringen angewiesen wird. So bleibt demnach in dem nämlichen Sinne seine Kausalität doch aufgehoben und der Widerspruch ungelöst. Diese Auflösung nun, angeknüpft an jenen nicht minder in der Luft schwebenden Gedanken von der Reihe der Annäherung, ergibt es, daß diese Reihe in jener der Forderungen des Naturtriebes enthalten ist, so daß jedes Glied in jener aus einem Gliede in dieser herausgehoben ist. Also die Reihe, durch deren Fortsetzung das Ich unabhängig werden würde, ist ein Teil derjenigen, deren ebenfalls unendliche Summe das Ganze seiner Abhängigkeit ausmacht. Wie er nun dieses denken könne, mag jeder zusehen. Allein auch abgerechnet ein so merkwürdiges Verhältnis, wie mag wohl durch Fortsetzung irgendeiner Reihe das Ich seiner Unabhängigkeit, das heißt, nach dem Sinne des Systems selbst, seinem

Aufhören annähern? Durch das Hinzufügen einer Handlung zur andern, so daß gedacht werden muß, wenn die unendliche Summe könnte gezogen werden, würde das Aufhören anfangen? Oder vielleicht durch das Wachsen der Sittlichkeit dem Grade nach, so daß etwas Ähnliches hier stattfände, wie bei den Zahl- und Meßkünstlern der Übergang durch das Unendliche in das Entgegengesetzte? Und soll es an dieser des Übermutes und Stolzes so oft verklagten Philosophie etwa nur Bescheidenheit sein, daß nicht nur die Mittel, wie etwa der Staat und die Kirche, sondern auch die Zwecke, wie das Ich, auf die eigne Zerstörung absichtlich und pflichtmäßig ausgehen? Denn des mystischen Wesens ist sie noch nie beschuldigt worden. Doch dieses verhalte sich, wie es wolle: offenbar ist immer aus dem vorigen, daß diese in ihrer Absicht und Entstehung sich widersprechende Reihe, und ihre so unbegreifliche als unbewiesene Bestimmtheit für jeden von jedes erstern Punkt aus, die einzige Gestalt ist, in welcher das Sittengesetz und sein Gefordertes, mit dem, was hier der Wissenschaftslehre angehört, in Verbindung gebracht worden. Und dieses Gewebe, von dem nur die Hauptfäden an der eben geendigten Beleuchtung haben sichtbar gemacht werden können, wird sonder Zweifel jedem, der es weiter verfolgt, so lose als verworren erscheinen, nicht ungleich dem Faden, welchen die Kinder mit scheinbarer Künstlichkeit um die Finger verschlingend befestigen, und welcher sich dann wieder mit einem Zuge lösen läßt, weil eigentlich nichts befestigt war. Nicht als ob schon geleugnet werden sollte, das hier aufgestellte Sittengesetz könne nicht ein echter und brauchbarer Ausdruck der höchsten Idee der Ethik sein; noch weniger soll schon etwas bestimmt werden über den Wert der daraus abgeleiteten Sittenlehre; nur ihre Verknüpfung mit dem ersten Ringe der menschlichen Erkenntnis ist für unhaltbar und wie nicht vorhanden anzusehen.

Platon und Spinoza. Zwei nur sind noch übrig, von denen gerühmt werden kann, daß sie eine Ableitung der Ethik ebenfalls versucht haben, Platon nämlich unter den Alten, unter den Neueren aber Spinoza. Beide fast so sehr einander entgegengesetzt, als Meister der höheren Wissenschaft es nur sein dürfen, haben doch unter manchem andern auch dieses Unternehmen, ja zum Teil auch die Art der Ausführung miteinander gemein. Beide nämlich kommen darin überein, daß ihnen die Erkenntnis des unendlichen und höchsten Wesens nicht etwa erst Erzeugnis einer andern ist, viel weniger ein zu andern ersten Gründen noch hinzugeholtes Not- und Hilfsmittel, sondern die erste und ursprüngliche, von welcher jede andere ausgehen muß. Offenbar ist nun, daß auf diese Art eine Unterordnung aller einzelnen besonderen Wissenschaften unter eine so weit über sie erhabene nicht schwer kann zu bewerkstelligen sein, und daß so weder die Aussonderung des Ethischen vom Physischen Schwierigkeiten erregen, noch aus einer sich darbietenden gegenseitigen Unterordnung beider Verwirrung entstehen kann, wie es bei denen, die vom Endlichen anfangen, unvermeidlich zu sein scheint. So demnach stellt Spinoza, der besondern Wissenschaft, die er darstellen will, die höchste eben wie Fichte nur als Vorkenntnis mitgebend, das Buch von Gott an die Spitze seiner Ethik; an welches sich dann natürlich anschließt das von der Seele des Menschen. Denn der Begriff derselben ist genau abgeleitet aus dem in der Lehre von Gott aufgestellten Verhältnis des Unendlichen zum Endlichen und Einzelnen. Und zwar nicht allein, welches billig Verdacht erregen könnte, sondern so, daß gleich die Stelle angewiesen ist für ähnliche Darstellungen der Weltkörper sowohl, als der übrigen organischen Wesen, und bis zu der sogenannten toten Natur herab aller verschiedenen Verbindungen des Denkenden und Ausgedehnten, in denen das Unendliche sich offenbart. In diesem Begriff der menschlichen Seele aber ist notwendig enthalten der Gegensatz des Tuns und Leidens, der geteilten und ungeteilten Ursächlichkeit der Veränderung, welcher in seiner Ethik den Charakter des Guten und Bösen, oder vielmehr, weil er die gänzliche Ausschließung des einen nicht etwa

Spinoza.

in der Unendlichkeit fordert, sondern überall als unmöglich ableitet, den des Vollkommenen und Unvollkommenen bestimmt. Nur zweierlei ist mangelhaft an dieser Verknüpfung. Zuerst nämlich ist zwar der Begriff aller einzelnen Dinge und so auch des Menschen dem Verhältnis des Endlichen zum Unendlichen ganz gemäß, aber nicht in ihrer besondern gerade solchen Bestimmtheit daraus begreiflich gemacht; so daß er gleichsam über die einzelnen Naturen zwar die Probe machen, nicht aber sie selbst durch Rechnung hervorbringen kann. Dieses indes wird für die Ethik dadurch gut gemacht, daß auch die höchste Idee derselben sich nicht auf den besonderen Begriff des Menschen bezieht, sondern auf den jedes einzelnen Dinges, dem eine Seele zugeschrieben werden kann. Darum aber muß zugestanden werden, daß eben diese Idee ihm nur insofern natürlich ist, als dadurch der Maßstab für die möglichen Verschiedenheiten angegeben wird, nicht aber insofern sie den Weg bezeichnen soll zur Bildung aus dem Unvollkommenen in das Vollkommene. Denn eine Ethik in diesem Charakter würde er, wenn er sie nicht vorgefunden hätte, keine Veranlassung gehabt haben hervorzubringen. Teils weil er, indem er sich mit aller Kraft seiner Eigentümlichkeit hüten wollte, daß nicht das gefährliche Spiel mit allgemeinen Begriffen seine auf die reinste und anschaulichste Abspiegelung des Wirklichen angelegte Wissenschaft verdürbe, auf eine ihm eigne Art das Ideal mit dem allgemeinen Begriff verwechselte. Teils haßte er nicht ungerechterweise die Zweckbegriffe, und vermischte noch mit diesen das Ideal. So daß er auf allen Seiten in Feindschaft befangen war gegen dasjenige, worauf der eigentümliche Charakter der Ethik beruht; was ihm freilich nicht hätte begegnen können, wenn er nicht, so ganz wie er es war, entblößt gewesen wäre auch von jeder Vorstellung einer Kunst oder eines Kunstwerkes. Man kann daher nicht leugnen, daß die Ethik ihm fast wider seinen Willen und wohl nur polemisch zustande gekommen ist, es sei nun, um die gemeinen Begriffe zu bestreiten, oder um seine

Theorie vom höchsten Wesen zu rechtfertigen und zu bewähren. Diese Mängel nun sind es, welche den Gegensatz zwischen ihm und Platon am augenscheinlichsten bezeichnen.

Von diesem letzteren muß jeder, der ihn einigermaßen kennt, Platon. es wissen, wie er von Anfang an von der Ahndung ausgegangen ist für die Wissenschaft des Wahren und des Guten, für die Physik und Ethik, einen gemeinschaftlichen Grund zu suchen, und wie er diesen, ihrem Ursprunge sich je länger je mehr annähernd, beständig aufgesucht hat. Ja, man kann sagen, daß es keine bedeutende gibt unter seinen Darstellungen, worin nicht dieses Bestreben die Stelle wäre, von welcher aus sich Licht über das Ganze verbreitete. Ihm nun erscheint das unendliche Wesen nicht nur als seiend und hervorbringend, sondern auch als dichtend, und die Welt als ein werdendes, aus Kunstwerken ins Unendliche zusammengesetztes Kunstwerk der Gottheit. Daher auch, weil alles Einzelne und Wirkliche nur werdend ist, das unendliche Bildende aber allein seiend, sind auch ihm die allgemeinen Begriffe nicht etwa nur wie jenem Schein und Wahn der Menschen, sondern bei dem entgegengesetzten Verfahren werden sie ihm die lebendigen Gedanken der Gottheit, welche in den Dingen sollen dargestellt werden, die ewigen Ideale, in welchen und zu welchen alles ist. Da er nun allen endlichen Dingen einen Anfang setzt ihres Werdens, und ein Fortschreiten desselben in der Zeit: so entsteht auch notwendig in allen, denen eine Verwandtschaft mit dem höchsten Wesen gegeben ist, die Forderung, dem Ideale desselben anzunähern, für welche es keinen andern erschöpfenden Ausdruck geben kann als den, der Gottheit ähnlich zu werden. Daß also hier eine noch festere Anknüpfung der Ethik an die oberste Wissenschaft stattfinde als dort, ist offenbar. Ob aber die höchste Wissenschaft, selbst so logisch als Spinoza sie aufbaut, oder so wie Platon sie nur nach einer poetischen Voraussetzung des höchsten Wesens hinzeichnet, einen festeren Stand habe, dieses zu beurteilen ist nicht des gegenwärtigen Orts. Nur dies ist das Ende der Untersuchung, daß unter allen, welche den Gedanken gefaßt haben, die Ethik aus einer höheren Wissenschaft her zu begründen, es nur denen bis jetzt vielleicht gelungen ist, welche objektiv philosophiert haben, das heißt, von dem Unendlichen als dem einzigen notwendigen Gegenstande ausgegangen sind. Auch diese aber mögen die Idee der Sittenlehre eher gehabt haben als den Gedanken dieser Verknüpfung; und so kann im allgemeinen angenommen werden, daß bis jetzt nur die zuerst angeführten Gründe wirksam gewesen sind zu deren Entstehung. Denn sowohl das Bewußtsein der innern sittlichen Zunötigung, es beruhe nun, worauf es wolle, als auch einzelne ethische Begriffe und Sätze in äußerer wissenschaftlicher Gestalt, sind den Versuchen der Wissenschaft selbst überall vorangegangen. Alles aber nicht mit Bewußtsein noch nach festen Gesetzen gebildete ist schwankend und irgendwo unbestimmt; woraus denn die Verschiedenheit der höchsten Grundsätze sich leicht erklärt, welche die doppelte Aufgabe zu lösen hatten, das bereits einzeln Gefundene entweder zu vereinigen oder außer Wert zu setzen, und jene innere Zunötigung auf eine befriedigende Weise auszusprechen. Welche so entstandene Verschiedenheiten wir nun im Begriff stehen, näher zu beleuchten.

Erster Abschnitt.
Von der Verschiedenheit in den bisherigen ethischen Grundsätzen.

Mannigfaltigkeit der Grundsätze. Unzählig sind, wenn man auf jede kleine Abweichung sehen will, die Formeln, welche von jeher als Grundsätze an die Spitze der Sittenlehre gestellt worden; und ein nicht zu beendigendes Geschäft wäre es, sie einzeln aufzuzählen und zu behandeln. Denn auch solche, die im ganzen einstimmig waren mit andern, hat bald die Hoffnung, leichter einen Einwurf zu beschwichtigen, bald die Aussicht durch mehr Allgemeinheit oder durch abgeschnittenere Bestimmung einen festeren Grund zu legen, auf Abänderungen geleitet an dem, was ihnen überliefert war. So auch hat mancher, wie es zu gehen pflegt, Neues erfunden zu haben geglaubt, indem er nur aus den Schätzen der Sprache das Alte mit neuen Worten bekleidete oder dieselbe Gleichung nur anders ordnete und gestaltete. Dennoch sollten wir keine von diesen übergehen, sofern sie der Grund eines eignen Gebäudes wirklich geworden oder werden gekonnt. Denn es kann auch, was obenhin betrachtet nur als ein geringer Unterschied erscheint, sich in den Folgerungen wichtiger zeigen; und jede besondere Wissenschaft, wie sie verbunden ist, den Worten genau zu folgen, muß auch diese überall geziemend verehren. Erleichtert indes würde die Sichtung, wenn es möglich wäre, mit Gewißheit die große Anzahl der Ausdrücke auf eine kleinere der Gedanken zurückzuführen. Denn da für jedes Gedachte nur ein Ausdruck der angemessenste sein kann: so würde sich nach dieser Vergleichung dem Vollkommeneren das Unvollkommene unterordnen lassen, und es müßten die vielen kleinen Erscheinungen sich in wenige große und durch kenntliche Züge zu unterscheidende verwandeln. Wie ganz leicht aber und unbedeutend wäre das Geschäft, könnten wir jenes von Kant aufgezeichnete Täflein dabei gebrauchen, welches, wie er verheißt, alle ethischen Grundsätze, die möglichen zu den wirklichen enthalten soll. Nur leider hat er auch hier nach seiner Weise zu viel getan und zu wenig. Wer zum Beispiel möchte wohl sagen, daß der Urheber der Fabel von den Bienen, und der alte gallicanische Montaigne, jener die bürgerliche Verfassung, dieser die Erziehung in demselben Sinne zum Bestimmungsgrunde des Willens im ethischen Gesetz erhoben, wie etwa die alte dialektische oder stoische Schule den Begriff der Vollkommenheit? Vielmehr wird jeder gestehen, daß von dem, was zu billigen ist oder zu verwerfen, Merkmale angeben, und die Form dieser Urteile, selbst ihrem Wesentlichen nach nur als Tatsachen aus einem natürlichen Grunde erklären wollen, zwei ganz verschiedene Handlungen sind, welche

Ungenügen der kantischen Scheidung.

nur gewissermaßen den Gegenstand gemein haben. Und schwer ist besonders zu begreifen, wie auf eine solche Zusammenstellung gerade Kant verfallen konnte, welcher überall die unabhängige Aufbauung eines Systems im Sinne hat, die jene aus dem, was er ihre Grundsätze nennt, verwerfen, die übrigen aber aus den ihrigen versuchen wollen. So auch drückt er den ethischen Grundsatz überall aus unter der Formel des Sollens, welche den genannten beiden unterlegen zu wollen, nur das Lachen erregen müßte über den gänzlichen Mißverstand. Denn so würden beide, die Fahne des ethischen Zweifels verlassend, der eine sich wohin er noch wollte, der andere zu den Schulen des Altertums flüchten, welche die Ethik der Staatskunst unterordnen. Das Zuwenig aber in jenem Täflein aufzuzählen möchte zu viel werden; denn zu groß und auffallend ist darin die Unkenntnis alter und neuer Schulen. Wer zum Beispiel mag es dulden, daß Aristipp über dem Epikur vergessen worden, oder daß die sinnvollere platonische Formel der Verähnlichung Gottes durch die neuere und inhaltleere des göttlichen Willens verdrängt ist, oder daß Aristoteles und Spinoza gänzlich vergessen sind? Es genüge daher diese allgemeine Andeutung, um Mißtrauen zu erwecken gegen jene Ansicht, welche uns zwischen allen ethischen Grundsätzen keine andere Entgegensetzung übrig läßt, als die, daß wir den kantischen der allgemeinen Gesetzmäßigkeit oder Selbstherrschaft des Willens von allen übrigen, als welche sämtlich auf eine Untertänigkeit desselben ausgehen, unterscheiden sollen. Denn indem sich diesem während seiner Prüfung das von ihm sogenannte Objektive doch wieder in ein Subjektives, und das Vernunftmäßige in ein auf der Erfahrung Beruhendes verwandelt: so fließt alles, was nicht das seinige ist, dermaßen zusammen, daß aller natürliche Unterschied der Farben verschwindet. Ob nun dieser Gegensatz zwischen dem Formellen und Materiellen wenigstens als ein einzelner vorhanden ist, dieses wird die Folge lehren. Jetzt aber ist zunächst ein anderer Weg aufzuzeigen, um die

Verhältnisse der verschiedenen Grundsätze gegeneinander, ihre Ähnlichkeit und Unähnlichkeit, so wie es unser Vorhaben erfordert, zu entdecken. Daß wir hiebei nicht an eine systematische Einteilung derselben denken können, leuchtet von selbst jedem ein, der den Sinn unseres Vorhabens begriffen hat, und sich des Ortes erinnert, an welchen wir uns von Anfang an gestellt haben. Vielmehr haben wir, anstatt nur mehrere unter wenige gemeinschaftliche Abteilungen zusammenzufassen, von dem Gedanken auszugehen, daß auch **jeder einzelne mannigfaltig ist in seinen Eigenschaften und Beziehungen.** Diese also werden wir aufsuchen und sehen, ob sie auf die wissenschaftliche Tauglichkeit, welche der Gegenstand unserer Prüfung ist, einen Einfluß haben; in welchem Falle sich denn ergeben wird, daß einige von den verschiedenen Grundsätzen in dieser, andere in einer andern Hinsicht sich gleichen und zusammengehören. Eines aber ist hiebei als schon getan vorauszusetzen, die Unterordnung nämlich dessen, was nur im einzelnen abweicht, unter einen Hauptgedanken, welches, ob es richtig geschehen, die Sache selbst und die Zusammenstimmung des Erfolgs am besten beweisen wird.

Der erste Gegensatz nun, der sich uns aufdringt, ist der, welchen auch Kant anfänglich angenommen, bald aber wieder vernichtet hat, nämlich der alte zwischen den Systemen der Lust und der Tugend und Naturgemäßheit, oder wie die neueren ihn ausdrücken, zwischen denen der Glückseligkeit und der Vollkommenheit. Denn wenngleich die meisten Neueren beides der Tat nach als unzertrennlich miteinander verbunden darstellen, ja schon die Späteren unter den Alten ähnliche Meinungen geäußert: so unterscheidet sich doch beides dem Gedanken nach so sehr, und ist ursprünglich für so entgegengesetzt gehalten worden, daß, wie es damit beschaffen sei, aufs neue muß untersucht werden. Dieses wird am besten geschehen, wenn wir die Grundsätze in ihrer Anwendung auf das einzelne verfolgen. Hier nun zeigt sich, daß die Grundsätze der Naturgemäßheit, der Vollkommenheit, der

Glückseligkeit — Vollkommenheit.

Gottähnlichkeit, und welche noch sonst hierher gehören mögen, alle diese gerichtet sind auf ein so und nicht anders Sein oder Tun des Menschen; die aber der Lust und der Schmerzlosigkeit und die ihnen ähnlichen nicht auf das so Sein oder so Tun selbst, sondern nur auf eine bestimmte Beschaffenheit der Bewußtseins von einem Sein oder Tun. Denn ein solches ist die Lust, nicht ein Sein oder Tun selbst, sondern ein durch das Gefühl gegebenes Wissen um ein Sein oder Tun. So kann ja einer vollkommen sein in der körperlichen Stärke, aber er wird, wenn er nicht, es sei nun ruhend oder handelnd, diese Vollkommenheit betrachtet, die eigentümliche Lust daran nicht genießen. Daß aber auch beides wie nicht an sich einerlei, so auch nicht für den Willen notwendig verbunden ist, leuchtet ebenfalls ein. Denn es kann ja, und wird auch wenigstens dem Vorsatz nach, jeder, dessen Grundsatz dies ist, wenn er etwas nach der Idee der Naturgemäßheit vollbracht hat, sogleich fortschreiten zu einer neuen Handlung, ohne auf das der vorigen nachfolgende Gefühl seine Aufmerksamkeit zu richten; so daß, wenn sich dieses auch immer einigermaßen aufdrängt, er es doch nur zufällig besitzt, und was den Willen anbetrifft, es längst übersprungen hat. Ebenso kann der, welcher nur auf das Gefühl ausgeht, sich dieses in manchen Fällen wenigstens verschaffen, ohne gehandelt zu haben, durch Erinnerung an eine vergangene Handlung oder durch das Vorbilden einer künftigen oder durch die Vorstellung derselben überhaupt, und behauptet so, seinem Grundsatz nachgekommen zu sein, wo jener glauben würde, noch gar nichts getan zu haben. Ja, wenn auch ein solcher sich bewogen findet, die Handlung selbst zu vollbringen, um nicht das auf jene Art erzeugte Bewußtsein durch ein entgegengesetztes leichter aufgehoben zu sehen: so geschieht doch das nur zufällig, und sein Wille ist nicht darauf gerichtet. Sonach ist soviel gewiß, daß in dem System der Lust die Handlung oder das Sein nur das Nichtgewollte ist als Mittel, in dem der Tugend aber das Gefühl, das Nichtgewollte als Zugabe. Dieses Gegensatzes nun waren die

Alten sich sehr deutlich bewußt. Wie denn von den Epikureern gesagt wird, sie hätten nicht zugeben mögen, daß in dem Begriff des höchsten Gutes mit verschlungen werde der der Tätigkeit, weil nämlich ihr Höchstes nicht ein im Handeln, sondern ein im Leiden Gegebenes war, nicht ein Selbstwirken, sondern ein gleichviel woher Bewirktes. Und die Dialektiker oder Stoiker nannten deshalb die Lust ein beiläufig und im Gefolge eines andern mit Erzeugtes, um das Verhältnis derselben zu ihrem Gegenstande des Wollens zu bezeichnen. Nur die Neueren haben, den Unterschied zwischen dem Wesentlichen und Zufälligen übersehend, beides friedliebend verbunden, so daß die Verwirrung groß und kaum zu lösen ist, indem der eine vielleicht mit der Gesinnung dieses, in der Darstellung aber jenes, und ein anderer dagegen in umgekehrter Ordnung beides ergriffen hat. Wer aber wissenschaftlich zu prüfen entschlossen ist, darf sich nicht blenden lassen durch den Schein der Gesinnung, welche doch nur zweideutig bleibt, wenn sie nicht genau und bestimmt ausgesprochen wird, sondern er hat sich lediglich an die Darstellung zu halten. Dieser nun bei einigen zu folgen, von denen es zweifelhaft sein könnte, wohin sie zu rechnen sind, muß den Gegensatz, von welchem jetzt die Rede ist, noch deutlicher machen. So erscheint die anglikanische Schule des Shaftesbury, wieviel auch dort immer von der Tugend die Rede ist, dennoch als gänzlich der Lust ergeben. Denn es endigt alles in den Beweis, daß die echte und dauerhafte Glückseligkeit nur vermittelst der Tugend zu erwerben sei; und das Wohlwollen, welches ihr Wesen in dieser Schule ausmacht, erhält seine Stelle nur dadurch, daß eine eigene Lust, wie sie sagen, aus demselben entspringt. Vielleicht würde die unhaltbare Doppelseitigkeit ihrer Darstellung eher und besser ans Licht gekommen sein, wenn schon gleich damals, als unstreitig der Grund dazu gelegt wurde, jene Empfindsamkeit sichtbar gewesen wäre, welche es anlegt auf die Fertigkeit, sich, ohne Hand oder Fuß zu regen, durch das bloße Nachempfinden vermittelst der Einbildung, alle

Die Griechen.

Shaftesbury u. a.

Süßigkeiten jenes auf Wohlwollen beruhenden sittlichen Gefühls zu verschaffen. Denn diesem Genuß müßte Shaftesbury folgerechterweise denselben Wert zuerkannt haben, wie dem aus dem eigenen Handeln entstandenen, und so würde die Weisheit ihr Ziel darin gesetzt haben, die sittliche Lust zwar, weil es sich bei ihr tun läßt, in der Einbildung, die organische aber, bei welcher dieses nicht gehen will, in der Wirklichkeit zu genießen. Woraus denn am besten erhellt, wie wenig in diesem System das Handeln eigentlich das Gewollte sein kann. Und wenn auch einige, wie Ferguson, ihrem Gesetz den Namen geben, nicht von der Lust, sondern von der Selbsterhaltung, so daß es unmittelbar auf ein Sein zu geben scheint: so erklären sie doch selbst wie untergeordnet dieses ist, indem sie äußern, ein Wesen, welches keine Übel empfände und keine Bedürfnisse hätte, welches ja beides Beziehungen auf die Lust sind, würde auch keine Bewegungsgründe haben zu handeln. Ja, der dieser Schule sich so sehr annähernde Garve hat ihrem Gebäude die Zinne aufgesetzt, die für jeden das Wahrzeichen sein kann, indem er die Achtung, welche seit einiger Zeit das Losungswort geworden war für die, welche eine reine Tätigkeit abgesondert von aller Lust suchen, erklärt als die Sympathie mit der Glückseligkeit dessen, der gut gehandelt hat, welches sagen will, der durch das Wohlwollen glückselig geworden ist.

Auf[1] der andern Seite sind nun aber auch diejenigen zu betrachten, welche, obgleich der reinen Tätigkeit angehörig, dennoch von vielen unverschuldeterweise für Anhänger der Lust sind angesehen worden. Unter diesen ist der erste Aristoteles, an dem man deutlich sehen kann, wie derjenige, welcher auf reine Tätigkeit ausgeht, auch die Lust behandeln wird, wenn nicht etwa die Rücksichten eines Streites ihn anders nötigen. Er nämlich sieht die Lust zwar an als notwendig verbunden mit der Vollendung einer naturgemäßen Handlung, deshalb aber ist sie keineswegs

Aristoteles.

---
[1] Absatz nicht im Original.

das, worauf er abzweckt. Denn sonst würde er nicht ohne Hinsicht auf etwa schmerzliche Folgen jede Lust ausschließen, welche auf einem andern Wege als diesem erzeugt wird, jede, welche übermäßig eine übermäßige Handlung begleitet, oder die aus verwickelten Beziehungen entstehend nicht einer bestimmten Handlungsweise eigentümlich ist. Auch deshalb, weil er zur Erreichung des höchsten den Besitz äußerer Güter fordert, darf er nicht anders beurteilt werden. Denn dies hängt bei ihm teils davon ab, daß er nicht den sittlichen Wert auch in dem ruhenden der Gesinnung zu finden weiß, sondern nur in dem beweglichen des Handelns, wozu es, da bei der Art, wie er die Sittenlehre verbindet mit der Staatslehre, alles Handeln nur ein bürgerliches sein kann, eines anständigen Wirkungskreises und äußerer Mittel bedarf; teils auch davon, daß er diesen Wert nicht festzuhalten und anzuschauen weiß in einem Moment, sondern nur in dem ununterbrochenen Gebrauch einer lang ausgesponnenen Zeit. Daher ist es ganz in seinem Geiste gesagt, was seine bald ausgeartete Schule nicht nachgesprochen haben würde, daß diejenigen, welche den Reichtum für einen Bestandteil an sich der Glückseligkeit hielten, nicht bedächten, wie diese eine Lebensweise sei, welche also keine andern unmittelbaren Bestandteile haben könne, als Handlungen. Auch erklärt er sich oft genug, es gäbe für ihn kein anderes unmittelbar Gewolltes, als dasjenige, von welchem man auch nichts begehre als eben die Tätigkeit selbst. Wie ihm denn auch die Lust, auf welche er einen Wert legt, nicht ein gleichviel woher Gegebenes ist, sondern nur durch die Tätigkeit einer naturgemäßen Kraft und Eigenschaft; und er nicht an ihr schätzt, daß sie stark empfunden wird, sondern nur, daß sie ein Zeichen der Vollendung ist, indem sie das Bewußtsein des Ungehinderten gewährt. Woraus deutlich erhellt, daß er die Lust eigentlich nur begehrt als Probe und Bewährung einer zur Vollkommenheit gediehenen naturgemäßen Handlung; so wie er den Trieb nach Ehre zuläßt als Trieb, das eigne Urteil durch andere

<small>Spinoza.</small> zu bestätigen. Ihm ähnlich und ihn erläuternd ist hierin auch Spinoza. Denn die Verknüpfung des Gefühls mit der Tätigkeit, welche in jenem doch nur willkürlich und fast zufällig erscheint, ist bei diesem aufs innigste verwebt in den Gang seiner Gedanken und das Eigentümliche seiner Weltbetrachtung. Nicht zu trennen ist ihm, wie von dem Gedanken die Veränderung des Leibes, so auch der Gedanke von dem Bewußtsein desselben. Seine Lust ist der Übergang in einen Zustand größerer Kraft und Wirklichkeit, und der Gedanke daran und das Bewußtsein dieses Gedankens, alles in einem ungetrennt und ungeteilt. Aber dieses letztere noch zumal für den Willen besonders auszuscheiden, wäre für ihn das Inhaltleerste gewesen unter allem Denkbaren, die nichtige Vorstellung einer bloßen Vorstellung. Daher schließt er auch von dem ethischen Gebiet alles aus, was nur einen Teil des Menschen zu größerer Vollkommenheit fördert oder diese anzeigt, und somit den größten Teil der eigentlich sogenannten und von den mehresten um ihrer selbst willen gesuchten Lust, von welcher er sogar sagt, sie könne Mittel oder Art und Weise des Todes sein. Ja die Art, wie er ohne weiteres aus dem auf die bloße Selbsterhaltung gerichteten Gesetz aufs natürlichste folgert, daß das Ethische, nämlich die reine Tätigkeit, um ihrer selbst willen müsse geliebt werden, diese zeichnet gleichsam die schärfste Grenzlinie zwischen beiden Systemen, dem der Lust und dem der Tätigkeit.

Aus[1] diesen Beispielen, miteinander verglichen, offenbart sich deutlich, daß das Handeln und die Beziehung auf dasselbe im Gefühl selbst da, wo sie in der vorstellenden und erklärenden Ansicht ungetrennt sind, doch für den Willen niemals eins und dasselbe sein können, so daß es, wie diejenigen unter den Neueren behaupten, welche Vollkommenheit und Glückseligkeit zusammenschmelzen wollen, gleichgültig sei, ob auf dieses oder jenes der Wille zunächst gerichtet werde. Sondern es sind vielmehr beide Hinsichten sittlich durchaus verschieden, so gänzlich, daß jeder

---

[1] Absatz nicht im Original.

ethische Grundsatz sich entweder auf eine von beiden beziehen, oder auf der einen Seite leer und auf der andern unrein und zusammengesucht erscheinen muß. Welche nun rein auf die Lust gehen, wobei der Gegenstand, von dem sie hergenommen werden muß, wenigstens für die gegenwärtige Beurteilung gleichgültig ist, die sind leicht zu erkennen, wenn man das obige im Auge behält. Dagegen haben die, welche die Tätigkeit zum Ziel genommen, so sehr in anderer Hinsicht voneinander abweichende Gestalten, daß auch diese Ähnlichkeit nicht von jedem jederzeit leicht erkannt wird. Zuerst sondern sich ab diejenigen Grundsätze, in denen eine Beziehung auf die Gottheit ausgedrückt wird, nämlich die auch voneinander gleich unabhängigen wie verschiedenen des Platon und des Spinoza, dieser der Erkenntnis Gottes, jener der Verähnlichung mit ihm. Dann sind wiederum unter denen, welche bei dem Menschen allein, ihn nur mit sich selbst vergleichend, stehen bleiben, einige zu unterscheiden, welche mehr vom Platon ausgehend ein zwiefaches im Menschen annehmen. So behaupten die Stoiker, daß, wenn auch der anfängliche Zustand des Menschen keineswegs widersittlich ist, indem er etwa auf die Lust ausginge, sondern auch da schon die Tätigkeit sein Geschäft ist, nämlich die der Selbsterhaltung, doch hernach erst die Vernunft als ein Neues oder neu im Bewußtsein Gefundenes hinzu kommen müsse, um ein neues, nämlich das ethische Leben zu bilden. Mit ihnen stimmt am nächsten überein, nicht etwa Kant; denn man tut unrecht ihrem Ausdruck, das Sittliche sei ein übereinstimmendes Leben, wenn auch darin ursprünglich von der Übereinstimmung mit der Natur keine Erwähnung geschehen, doch jenen Sinn beizulegen, da er offenbar nur auf die Gleichartigkeit alles Ethischen geht, wie genugsam erhellt aus Vergleichung mit der Erklärung, die Gesinnung sei die Quelle der Lebensführung, aus welcher die einzelnen Handlungen herfließen. Jedoch aber stimmt mit ihnen sowohl an sich als auch in der Vielfältigkeit der Formeln auf vielfache Art überein Fichte, welcher ebenso, ausgenommen, daß er dem natürlichen Menschen

Unterschiede der Tätigkeitssysteme.

nur die Lust anweiset, einen gedoppelten Trieb setzt, wovon der letzte, sittliche, abhängt von dem Gefundenhaben der Freiheit, oder welches eins ist, der Vernunft. Auch wie jene vergnügt er sich an einer natürlichen Geschichte des Menschen in der vorsittlichen Zeit und seines Überganges aus einem Zustande in den andern. Die Gleichartigkeit alles Sittlichen aber wird bei ihm dadurch ausgedrückt, daß es alles als in einer Reihe liegend gesetzt wird. Besonders aber läßt sich die Vielseitigkeit der stoischen Formeln nicht besser als durch die seinigen erläutern, und bei der mangelhaften Kenntnis jener Schule der Zusammenhang mancher späteren mit den früheren, und wie sich in der einen mehr der gute, in der andern der böse Geist des Systems offenbart hat, fast nur aus ihm verstehen. So, wenn man denkt an des Fichte Erklärung des Gewissens, und an seine Weltordnung: so überrascht die Formel des Chrysippos, tugendhaft leben heiße leben in Übereinstimmung mit dem einem jeden einwohnenden Dämon, gemäß dem Willen des allgemeinen Weltordners. Wie nun Archidemos einen dem Scheine nach bestimmteren Ausdruck aufgebracht, nämlich in jedem Falle das Geziemende zu tun, so auch Fichte, in jedem Augenblick die Bestimmung zu erfüllen; und wie der stoische Diogenes sich noch gehaltreicher und in Beziehung auf das vorsittliche Leben so ausdrückt, vernunftmäßig handeln in der Auswahl des von der Natur angestrebten: so bezeichnet auch Fichte das Geschäft des sittlichen Triebes als ein Auswählen aus dem vom Naturtriebe geforderten, als ein den Endzwecken gemäßes Behandeln der Gegenstände, sonach die praktische Wissenschaft als eine Einsicht von den Endzwecken der Dinge, woraus man sieht, besser als sonst, wie diese spätere stoische Formel sich wieder anschließt an jene frühere des Chrysippos von dem Leben nach richtiger Schätzung dessen, was sich natürlich ereignet. Daß nun auch Kant, wenngleich mehr von weitem, sich diesen anschließt, bedarf kaum einer weiteren Ausführung. Denn daß sein Sittliches ein Tun ist, wird keiner leugnen, auch nicht, daß es durch eine neue, durch die Betrachtung der Vernunft hinzukommende Kraft, heiße sie nun Trieb oder Triebfeder oder wie sonst immer, bewirkt wird. Andere, mehr dem Spinoza gegenüberstehend, der ohne eine solche Zwiefachheit den sittlichen Trieb unmittelbar als den Erhaltungstrieb des Ganzen darstellt, unterscheiden nur das Handeln und Leiden, das äußere und innere, das eigne und fremde. Dieses taten die Cyniker, deren wahre Idee wohl nicht eine der Bildung und Geselligkeit entgegenstehende Natureinfalt gewesen ist, sondern eine Selbsterhaltung und ein Leben aus eigner Kraft, wobei sie, nur auf eine andere Art als andere hernach, übersehen, wie auch die Geselligkeit und ihre Früchte schon als ein durch die eigne Kraft des Menschen Entstandenes zu betrachten sind. Denn ein solcher Gedanke liegt offenbar in ihren ursprünglichen Entgegensetzungen zwischen Glück und Mut, Gesetz und Natur, Leidenschaft und Vernunft. Eben hierher werden auch diejenigen unter den Neueren gehören, dafern es anders solche gibt, denen es rein und unvermischt ein Ernst gewesen wäre um den Grundsatz der Vervollkommnung. Denn eine eigne Stelle gebührt doch diesem Grundsatz allerdings, und es scheint in dem gegenwärtigen Zusammenhange gar nicht leicht zu begreifen, wie Kant es möglich gemacht habe, ihn ebenfalls auf den der Glückseligkeit zurückzuführen, und wie er nicht habe verstehen können, daß Vollkommenheit in praktischer Bedeutung etwas anderes sein solle als Tauglichkeit zu allerlei Endzwecken, welche ja ihm selbst zufolge nur den Namen einer pragmatischen verdienen würde. Hätte er auch nur darauf geachtet, wie die Cyniker, denen gewissermaßen die neueren Stoiker sich wieder näher anschließen, und ebenso Spinoza alle ethischen Unterschiede aus dem Handeln und Leiden, aus der recht oder vergeblich und gar nicht gebrauchten Kraft entwickelt hatten: so könnte ihm nicht entgangen sein, wie gar wohl jener Begriff der Vollkommenheit, da unter dem Worte verstanden wird die Vollständigkeit eines Dinges in seiner Art, eine anordnende Anwendung finde auf den Menschen, als ein, wie er doch selbst will, eigentlich handelndes Wesen gedacht. Ja schon die gemeine Erklärung von Zusammenstimmung des Zufälligen mit dem Wesentlichen, wiewohl sie dem Buchstaben nach sehr schlecht ist, und auch die zum Grunde liegende Vorstellung nicht rühmlich, da nämlich der Mensch für sich und vor dem Handeln mithin als ein Ding gedacht für das Wesentliche, alles Handeln aber für das Zufällige genommen wird, hätte ihn dennoch von seinem Orte aus an die Bedeutung der echt stoischen Formeln erinnern müssen, in denen die ununterbrochene Tätigkeit der höheren Kraft des Menschen so offenbar und allein die Hauptsache ist. Hätte er aber den Gedanken besser verstanden als die meisten, welche ihn vorbrachten, und dabei an die Vollkommenheit eines Kunstwerkes gedacht: so hätte sich ihm ein eigentümlicher und tieferer Sinn enthüllen müssen, in Beziehung auf welchen dieser Ausdruck leicht der echteste ethische ist, weil er der Wahrheit nach sich unmittelbar auf den Gedanken des Ideals bezieht.

Mischsysteme. Was[1] aber diejenigen betrifft, welche selbst den Grundsatz der Vollkommenheit anerkennend, ihn dennoch dem der Glückseligkeit für gleichartig oder ganz gleich erklärt haben, weil nämlich die echte Farbe und Dauer der Glückseligkeit am Ende doch wieder von der Vollkommenheit abhinge: so ist offenbar, daß sie entweder sich selbst sowohl als die andern nicht verstanden, oder einer ganz unwissenschaftlichen Friedliebe und Einigungssucht Raum gegeben, welche, das Innere verachtend, sich an einer bloß äußerlichen Übereinstimmung ergötzt. Zu vergleichen ist die Sache, als ob etwa einige sich stritten, welches wohl die Bahn der Weltkörper wäre, Kreis oder Ellipse, und wenn es nicht zum Ende gedeihen wollte, dann endlich die letzteren sprächen unter sich und zu den ersten, daß es gar nicht der Mühe wert wäre den Streit fortzusetzen, denn der Kreis ließe sich vollkommen als eine Ellipse betrachten, und so man nur die Brennpunkte zusammenrückte,

---

[1] Absatz nicht im Original.

würden ja alle Ellipsen Kreise. Wenn nun aber jene nichts wüßten von den Brennpunkten, auch sich bis zu der Idee einer Funktion niemals erhoben hätten: so wären doch weder beide Parteien einig, noch weniger aber die Sache selbst wirklich auf eine solche Art dieselbe.

Ob aber Kant, nachdem er diesen Gegensatz mit Unrecht aufgehoben, wenigstens einen andern wahren aufgestellt, indem er unter dem Namen des Formalismus seinen Grundsatz nicht nur von den Subjektiven, sondern auch die Objektiven, wie er sie nennt, eingeschlossen, von beiden als dem Materialismus der Sittenlehre abgesondert; dies ist sehr zu bezweifeln. Denn die Beschuldigung, daß bei jenen allen das Gebotene auf etwas außerhalb bezogen werde, ist für die letzteren ungerecht, indem bei ihnen dieses „Außerhalb" nur ein solches ist, wie man von dem Ganzen sagen kann, daß es außerhalb des Teils liegt. Vielmehr läßt sie sich so auf Kant besonders zurückwerfen, wie sehr er auch davon frei zu sein glaube; denn er erlangt diesen Schein nur durch die Zweideutigkeit in dem Ausdruck „ein vernünftiges Wesen", der sowohl bedeuten kann ein solches, welches die Vernunft hat als Vermögen, als auch ein solches, welches von ihr wirklich getrieben und dessen übriges also von ihr gehabt wird. Kant nun muß voraussetzen, jedes vernünftige Wesen in dem ersteren Sinne wolle auch eins in dem letzteren sein, und sein Grundsatz geht aus auf die Vollkommenheit eines solchen. Warum also dies nicht ebenfalls ein Angestrebtes, eine Materie des Wollens zu nennen sei, mögen andere besser begreifen. Ja es findet sich leider bei Kant noch ein ärgeres „Außerhalb", indem sein höchstes Gut, als das zuletzt und im ganzen Gewollte, einen Bestandteil, die wohl ausgeteilte Glückseligkeit in sich faßt, wovon in dem jedesmal und einzeln Gewollten nicht ein verhältnismäßiger Teil, sondern höchstens in der Würdigkeit glücklich zu sein, daß ich so sage, der Logarithme davon enthalten ist. Doch dieses wäre hier vorweggenommen und kann nicht weiter ausgeführt werden.

Formalismus — Materialismus.

Einfacher oder zweifacher Trieb für Natürlichkeit und Sittlichkeit.

Es ist aber nicht unbemerkt vorbeizulassen, wie sich uns oben bei Anordnung der verschiedenen Systeme, deren Grundsatz Tätigkeit ist im Gegensatz gegen die Lust, ein neuer anderer Gegensatz von selbst aufgedrungen hat, den wir auch bei den Sittenlehrern der Lust wiederfinden, nämlich zwischen denen, welche einen zwiefachen Trieb annehmen, so daß sie den sittlichen dem natürlichen entgegenstellen, und denen, welche das ethische Leben nicht aus einem besondern erst später erwachenden, sondern nur aus dem allgemeinen, das ganze Leben umfassenden Triebe entwickeln, so daß der sittliche Mensch nicht etwas Neues und anderes, sondern nur auf bessere Art das nämliche zu tun scheint, was auch jeder andere von selbst tut und seiner Natur gemäß tun muß. Wie nun von denen, welche **auf Tätigkeit ausgehn** die meisten, aber nicht alle, ein zwiefaches setzen: so wird dieses von denen, welche **die Lust zum Ziel haben** größtenteils geleugnet. Denn schon die **Alten** beriefen sich darauf, daß auf die Lust der allgemeine Trieb alles Lebendigen gehe, und auch die **gallikanische Schule** leugnet, daß aus einem andern Bewegungsgrunde als dem Eigennutz innerhalb der menschlichen Natur gehandelt werden könne, so daß sich nur der wohlverstandene unterscheiden lasse von dem andern. Ja selbst die **anglikanische**, welche eine doppelte Quelle der Lust annimmt, die idiopathische nämlich und die sympathische, und so daß jene, sobald sie sich ausschließend setzt, das Unsittliche ist, sucht doch auch öfters beide als der eigentlichen und innersten Natur nach dasselbe darzustellen. Wesentlich aber ist es doch nicht den Systemen der Lust, sich ganz auf diese Seite zu begeben. Vielmehr könnte es und sollte auch wohl herzhaftere Verteidiger derselben geben, welche den Mut hätten, den entgegengesetzten auf die Tätigkeit selbst gerichteten Trieb nicht für eine Täuschung und einen Mißverstand, sondern auch für einen wirklichen Trieb, nämlich für den unsittlichen, Lust und Leben vernichtenden, zu erklären, welches erst die mutige und der gegenwärtigen Zeit würdige Vollendung dieser Denkungsart sein würde. Dieser Gegensatz nun, der sich eben dadurch als ein eigner bewährt, daß auf jeder Seite sich Teilhaber von beiden Seiten des vorigen vereinigen, scheint auf den ersten Anblick so beschaffen, daß der eine seiner beiden Sätze die Ethik ihrer eigentlichen Würde beraubt. Denn nur da, wo ein zwiefacher Trieb angenommen wird, scheint ein scharfer und schneidender Unterschied zu sein zwischen dem sittlichen und widersittlichen; die andere Seite hingegen Veranlassung zu geben, daß das Böse nur verwandelt werde in einen Irrtum, und das Gute in eine Einsicht, wodurch denn die Ethik von der Würde einer Wissenschaft herabsinken müßte zu dem niedrigeren Range einer technischen Anleitung. So haben es manche gemeint, welche die Tugend eine Wissenschaft genannt haben, und noch mehrere, welche einen solchen Ausspruch, wo er anders und besser gemeint war, nur in diesem Sinne zu erklären gewußt. Allein es dürfte dieses wohl nur ein Schein sein, daß ein innerhalb einer Wissenschaft gefundener Gegensatz auch über sie hinausgehen könnte. Denn jene Annäherung des Sittlichen und Widersittlichen aneinander und die daraus zu folgernde Aufhebung der Ethik als wahrer Wissenschaft, dies beides hebt sich immer selbst wieder auf; indem doch überall zugegeben wird, daß der Irrtum durch die bloße Belehrung nicht verschwindet, mithin als inwohnende Ursache desselben doch eine Handlungsweise oder Denkungsart angenommen werden muß, an welcher dann das Sittliche einen ihm ähnlichen reellen Gegensatz erhält. So haben ja auch die Stoiker, ohnerachtet sie eigentlich ein zwiefaches Treiben annahmen, dennoch die einzelnen Tugenden als Wissenschaft erklärt; wir sehen aber aus den Bedeutungen, in welchen sie dieses Wort genommen, wie dunkel sie uns auch Johannes Stobaios aufbehalten hat, das Praktische darin ganz deutlich; wodurch denn der Widerspruch zwischen ihrem übrigen System und ihrem Begriff vom Unsittlichen wegfällt. Daher dieses nur für eine Verschiedenheit der Ansicht zu halten, welche im Inneren nichts verändert. So nämlich, daß die Frage über die Einheit des Triebes, wie sie auch beantwortet werde, dem Dasein der Sittenlehre keinen

Eintrag tun kann, demnach aber jener Unterschied, ob auch an dem sittlich zu beurteilenden Zustande zwei verschiedene Triebe als wirksam gedacht werden oder nur einer, wie er sich gefunden, auf seinem Werte beruhen muß.

Das sittliche Handeln als schaffend oder beschränkend[1].
Diesem ähnlich, aber doch wohl von ihm zu unterscheiden, ist ein anderer Gegensatz, welcher sich bezieht auf das Verhältnis des sittlich Bewirkten zu dem im vorsittlichen Zustande Bewirkbaren; ob nämlich das dem ethischen Grundsatz gemäße, es sei nun Handeln oder Genießen, ein durch ihn ganz und gar eigentümlich und neu Hervorgebrachtes ist, oder nur eine eigne Bestimmung und Begrenzung eines anderwärts her und auch ohne ihn vorhandenen. Vielleicht wird dieser Unterschied deutlich durch Vergleichung mit der verschiedenen Art, wie eine Raumerfüllung in bestimmter Gestalt kann hervorgebracht werden. Nämlich wenn eine lebendige und bildende Kraft nach ihrem Gesetz sich ausdehnend bewegt und in irgendeinem Zeitteil als festgehalten gedacht wird: so entsteht auf diese Weise dann das Erfüllende und seine Gestalt zugleich, und ist nur aus demselben Grunde zu erklären. Wenn hingegen das, was eine solche Kraft bewirkt hat, von außen her nach einer bestimmten Vorschrift abgeschnitten und begrenzt wird: dann ist das Erfüllende und das Einschränkende jedes ein anderes, und jedes mit einem ihm Fremden in Berührung gesetzt. Das dem ersten ähnliche würde ein freies oder bildendes ethisches Prinzip sein; das dem letzteren zu vergleichende aber ein beherrschendes und beschränkendes. Und von beiderlei Art finden sich sowohl in den Systemen der Lust als der Tätigkeit, wie die Beispiele es näher erläutern werden. So ist das Sittliche des **Epikuros** lediglich beschränkend; denn es bildet aus dem rohen Stoff, dem Streben oder Fliehen des natürlichen Triebes nach Genuß, die tugendhafte Schmerzlosigkeit und ruhige Lust des Weisen, welche, wo jener Trieb sich nicht geäußert hat, auch nicht hervorgebracht werden kann, wonach also das Sittliche nicht selbst erzeugend und bildend ist. Wohl aber hat diese Eigen-

---
[1] Vgl. auch S. 95f.

schaften das der älteren Cyrenaiker; denn ihr Sittliches ist selbst jener natürliche Trieb nach Lust, wie er sich nach seinen eigenen Gesetzen bewegt, und nur das Unsittliche ist beschränkend und verneinend, nämlich die Trägheit, welche die Lust recht auszubilden verhindert, und das regellose Dichten der Unklugheit, welche unbewußt den künftigen Schmerz als verneinende Größe mit hervorbringt. Ebenso ist lediglich beschränkend und an einem andern sich äußernd die Sittlichkeit der gallikanischen Schule, wie sie am besten durch den Helvetius vorgestellt wird; denn die als das Sittliche vorgestellte Einstimmung zum gemeinen Nutzen ist nicht die Quelle eigner Handlungen, sondern nur an demjenigen äußert sie sich, was der allgemeine Trieb der Selbstliebe gefordert hat. Selbsttätig hingegen erscheint größtenteils die der anglikanischen Schule, weil, wenn auch in vielen Fällen die Handlung, die aber nur das Zufällige und Nichtgewollte ist, durch eine andere Kraft hervorgebracht werden könnte; doch nicht eben dies gilt von der eigentümlichen Lust, welche das unmittelbar Angestrebte ist, und nur dem Triebe folgt, der durch eine neue, sonst nicht denkbare Art von Handlungen sich äußert.

Gleicherweise[1] findet sich derselbe Unterschied in den auf die Tätigkeit gehenden Darstellungen. So ist zuerst ganz beschränkend und also in der Ausführung von einem Gegebenen abhängig der Grundsatz der Stoiker. Denn auch nachdem die höhere Natur zum Bewußtsein gekommen, ist dadurch nicht eine neue unmittelbar selbst handelnde Kraft gegeben, sondern nur eine neue Art, über die Forderungen des natürlichen Selbsterhaltungstriebes zu entscheiden, nämlich so, daß die Erhaltung der Vernunft überall mit eingeschlossen und vorangestellt wird. Dies müssen schon ihre Gegner unter den Alten getadelt haben, weil auch Cicero es erfahren hat, und, wiewohl nicht der Sache angemessen, es rügt, indem er ihnen vorwirft, sie nähmen den Antrieb zu handeln anders woher als das Gesetz. Nämlich das ethische Prinzip kann bei ihnen die Tätig-

---

[1] Absatz nicht im Original.

keit, welche jedesmal erfordert wird, nicht hervorbringen, wenn nicht zuvor durch den blinden Naturtrieb erst gesetzt worden, daß überhaupt etwas geschehen solle; denn aus diesem entsteht immer jede erste Aufforderung zum Handeln. Worin niemand sich irren lassen möge durch jene oben schon angeführte Erklärung des Sittlichen als Quelle der Lebensführung; denn diese sagt bloß aus, daß in allen sittlichen Handlungen das bestimmende Prinzip immer eins und das gleiche sei. Das nämliche begegnet ferner dem ihnen unbewußterweise so sehr nachtretenden Fichte durch seine jenen ganz ähnlich in allen sittlichen Handlungen gesetzte Verknüpfung des höheren Triebes mit dem natürlichen. Denn auch diese besteht nicht etwa nur in der Gleichheit des äußerlich dargestellten Inhaltes, welche zufällig sein könnte, wie sie Spinoza darstellt in dem Satz, daß jede Handlung mit jeder Art von Gedanken könne verbunden sein. Sondern, wenngleich Fichte auch davon ausgeht, kein Wollen ohne Handeln, und kein Handeln ohne ein äußerlich Vorhandenes und Behandeltes: so ist doch jenes Verhältnis bei ihm ein anderes und innigeres; so nämlich, daß der höhere Trieb den Stoff jedesmal nehmen muß vom Naturtriebe, daß er jedesmal ein von diesem gerade jetzt Gefordertes sein muß, und das Geschäft des reinen Triebes eben wie bei den Stoikern nur besteht in der Auswahl desjenigen aus der Gesamtheit jener Forderungen, was seiner Form angemessen ist. Es erhellt dies nicht nur aus den Ausdrücken und dem Gang der Verhandlungen selbst, sondern ganz sonnenklar aus der limitativen Beschaffenheit aller seiner Gesetze, besonders aber, doch nicht ausschließend, derer, welche sich beziehen auf die Behandlung des Leibes. Wollte etwa hier jemand sagen, das limitative Gesetz sei doch nur eines, und schon vorher sei aufgestellt das positive: so ist zu antworten, es werde eben behauptet, daß dies gar nicht drei Gesetze wären, sondern nur eines, erst in seinen entgegengesetzten Bestandteilen dargestellt, und dann aus denselben verbunden. Denn wenn der sittliche Trieb hier etwas aus und für sich selbst hervorzubringen hätte: so würde er selbst auffordern zu Handlungen, welche Beiträge wären zur Bildung des Leibes als Werkzeug, ohne alle Hinsicht auf Genuß. Und da diese in systematischer Einheit nach dem Prinzip der Vervollkommnung könnten fortgesetzt werden: so würden dann die Anforderungen des Naturtriebes, die auf den Genuß gerichtet sind, wenn sie auch zugleich auf Bildung könnten hingelenkt werden, dennoch abzuweisen sein, als weit unter jenem Ideal und nicht in der systematischen Reihe gelegen, und würden sämtlich im voraus unter die Klasse von Handlungen fallen, zu welchen die Zeit fehlt, nicht nur um sie zu vollbringen, sondern selbst um nur über sie zu beratschlagen. Ein Bewußtsein dieses Mangels leuchtet doch hervor, wie denn überhaupt ein höherer Grad von Bewußtsein diesem Sittenlehrer nicht abzusprechen ist, aus dem Satz, man sei nicht gehalten, gewisse, nur hätte er sagen sollen: alle, Tugendübungen aufzusuchen, sondern die Pflicht sei nur sie zu vollbringen, wenn sie sich darbieten. Dieses Sichdarbieten aber ist nichts anderes, als ihr Gegebensein durch den Naturtrieb. Nicht minder gilt auch das nämliche von Kants ethischem Grundsatz, in welchem diese Eigenschaft auf das genaueste zusammenhängt mit der, für welche er ihn am meisten lobt, daß er nämlich bloß formell sein will. Ja, es ist wohl nicht nötig erst zu zeigen, was sich jedem auf den ersten Anblick darstellt, daß dieser Grundsatz, werde er auch als beständig rege Kraft gedacht, nie etwas durch sich selbst hervorbringen kann. Denn wenn seine Wirkung nur darin besteht, daß beachtet werde, ob die Maxime einer Handlung die Fähigkeit habe, ein allgemeines Gesetz zu sein: so muß ja, ehe diese Wirkung eintreten kann, die Maxime zuvor gegeben sein; und wie anders wollte sie dies, wenn nicht als ein Teil des Naturzweckes. Auch ist es ganz gleich, ob man sich an diesen Ausdruck des Grundsatzes hält, oder an jenen anderen von Behandlung der Menschheit als Zweck, und von dem zu denkenden Reich der Zwecke. Sollte indes jemand noch Zweifel haben, der ist zu verweisen an die Art, wie Kant selbst seinen Grundsatz anwendet und durch Beispiele bewährt. So ist unter andern die Frage, was die Vernunft zu tun befiehlt mit niedergelegtem Eigentum. Würde nun hier der sittliche Trieb durch sich selbst und das Gesetz, welches er vertritt, auf eine bestimmte Handlungsweise geführt: so müßte dieses dargestellt werden können durch eine Fortschreitung vom Allgemeinen zum Besonderen, und der Trieb würde dann gedacht als von dem Augenblick des Empfangs an schon in dem Bestreben auf die beschriebene Weise damit zu verfahren. Hier aber kann die Regel nicht gefunden werden als nur durch Vergleichung der verschiedenen möglichen Fälle mit dem Gesetz; und so kann auch der sittliche Trieb nur gedacht werden als lediglich leidendlich, bis ihm kommt entweder die unmittelbare Aufforderung zur Wiedergabe oder die Versuchung zum Unterschlagen. Daher auch in dem Erweis dieser Regel nicht zugleich die erwiesen ist, auch alle Fahrlässigkeit mit solchem Eigentum zu vermeiden, weil nämlich dieses, von seiten des Naturtriebes aus angesehen, eine andere Handlung ist, und also auch für den sittlichen Grundsatz ein anderer Fall sein muß; welches, wenn dieser auf die beschriebene Art selbsttätig wäre, sich ganz anders verhalten müßte. Damit aber niemand glaube, es könne etwa, wo das Sittliche als Tätigkeit erscheint, der Grundsatz in keinem andern als diesem Verhältnis vorkommen: so ist zu zeigen, wie allerdings bei andern das Sittliche sich als selbsttätig und Eignes bildend darstelle. Und zwar ist dieses am deutlichsten zu sehen bei Plato und Spinoza, von denen freilich der letztere das Streben, sein eigentümliches Dasein zu erhalten, als das Wesen aller beseelten Dinge und als den letzten Grund alles menschlichen Handelns aufstellt, wie er denn schon oben unter diejenigen gesetzt ist, welche von einem zwiefachen Triebe in einer Seele nicht hören wollen; aber an ihm zeigt sich eben am deutlichsten, wie der Gegensatz, welchen wir jetzt betrachten, von jenem unterschieden ist. Denn obschon ein und derselbe Trieb, kann und muß er doch in jedem Falle in einer von diesen beiden Gestalten erscheinen. Entweder nämlich das wahrhaft eigentümliche Dasein des Menschen, sein im engeren Sinne sogenanntes Handeln, zum Gegenstande habend, und was so entsteht, ist das Sittliche; oder aber das gemeinschaftliche, mit andern Dingen verknüpfte und von ihnen abhängige Dasein, und das nur scheinbare Handeln, wovon die Ursache zum Teil außerhalb des Menschen zu finden ist, daher es mit Recht ein Leiden heißt, und das so Entstandene ermangelt der sittlichen Beschaffenheit. Von diesem nun ist jenes nicht etwa ein Umbilden und Verbessern des letzten oder ein nur auf das letzte Erbautes, sondern von vorne her ein Eignes. Daher auch Spinoza ausdrücklich behauptet, daß das Fliehen des Bösen, das Vernichten eines etwa schon voran gedachten und angestrebten Unsittlichen, gar kein eigenes Geschäft sei, sondern nur mittelbar und von selbst erfolge, indem das Gute gesucht wird. Hierin zeigt sich am schärfsten der Unterschied von jenem, als bei welchem das Gute nur dadurch zustande kommt, daß das Böse ausgeschlossen wird; und so am besten bewährt sich eine Sittenlehre als wirklich ein freies und eigenes Gebiet des Handelns umfassend. Das nämliche erhellt von selbst von der Formel des Platon, nämlich der Verähnlichung mit Gott. Denn da es der Gottheit an allem, was Naturtrieb genannt werden mag, ermangelt und die Tätigkeit der höheren Geisteskraft in ihr eine rein aus sich selbst hervorgehende, schaffende und bildende ist: so würde offenbar ein gemeinschaftliches Glied zur Vergleichung nicht zu finden sein, wenn im Menschen die Vernunft nur beschränkend auf seinen Naturtrieb handelte, und nur, was jener zuerst hervorgebracht, hernach auf ihre Weise gestaltete; sondern es muß auch bei uns das Verhältnis zu dem niederen Vermögen nicht das Wesentliche des höheren sein, sondern nur die Erscheinung seiner unterbrochenen[1] Tätigkeit. Von hier aus nun wird auch zu übersehen sein, inwiefern dem Aristoteles Unrecht geschehen, wenn er zu denen gerechnet wird, deren Sittlichkeit nur von jener beschränkenden Art ist, weil er nämlich die Tugend erklärt als eine gemäßigte Neigung. Denn es soll vielleicht diese Erklärung eben-

---

[1] In der Ausgabe von 1803 steht hier „ununterbrochenen", die Ausgabe 1846 schreibt richtig „unterbrochenen".

falls nicht das Wesentliche bezeichnen, sondern nur die Erscheinung, und nicht das Sittliche an sich erschöpfen, sondern nur so, wie es in einzelnen Fällen und schon in Beziehung auf Gegenstände sinnlicher Neigungen vorgestellt wird; und er mag wohl nie geglaubt haben, daß die Zügellosigkeit zum Beispiel hervorginge aus demselben Prinzip, wie die eigentümliche Beschaffenheit einer begierdelosen wohlgeordneten Seele, nur daß es aufgehalten wäre im letzteren Falle. Schon ist dieses wohl zu merken, daß er nicht redet von einzelnen Äußerungen der Tugend, als ob diese entständen durch Erhöhung des von Natur zu schwachen, oder durch Mäßigung des zu starken Triebes auf einen Gegenstand, sondern daß er redet von der Tugend als bleibender einwohnender Eigenschaft. Daß er nun nicht deren Wesen und Entstehung durch jene Erklärung hat bezeichnen wollen, könnte man hinreichend sehen aus der Beschreibung des Gerechten als des Mittels zwischen Schaden und Gewinn, wo jene Auslegung abgeschmackter wäre, als daß sie auch einem Einfältigen könnte untergeschoben werden. Noch deutlicher aber daraus, daß er überall die Tugend als von der Lust begleitet vorstellt, woraus nach seiner schon erläuterten Ansicht folgt, daß er sie in der Ausübung als eine einzige von innen heraus gleichsam in einem Zuge vollendete Handlung denkt, nicht als eine aus dem Zusammenstoß zweier Kräfte entstandene und also gleichsam zerbrochene oder unterbrochene. Denn nur denen, bei welchen die Sittlichkeit lediglich beschränkend ist, und abhängig in ihren Äußerungen von anderen Trieben, ziemt es, ihr die Unlust zur Begleitung zu geben. — Wird nun in Hinsicht auf den vorliegenden Gegensatz auch noch nach denen gefragt, welche eine handelnde Sittlichkeit unter dem Namen der Vollkommenheit einführen: so ist über diese, weil sie mehr im Wort übereinstimmen als im Gedanken, nichts allgemeines zu sagen. Sondern einige schließen sich dem Platon an durch den Begriff der Kunstbildung, andere durch den der freien Tätigkeit dem Aristoteles, andere den Stoikern durch den der Vernunftherrschaft; wonach denn die einen hier, die andern dorthin zu ordnen sind. Daß nun dieses ein wahrer Gegensatz ist, und jeder ethische Grundsatz entweder auf die eine oder die andere Seite desselben gehört, ist aus dem Gesagten offenbar.

Noch aber ist einer übrig, der vielleicht nicht minder bedeutend als einer unter den vorigen, ausgezeichnet aber dadurch ist, daß er sich ohnerachtet der großen Mannigfaltigkeit ethischer Grundsätze nicht wie die andern nach beiden Seiten verschiedentlich ausgebildet schon zeigt, sondern die eine Seite desselben, wiewohl in der Natur ebenso deutlich gezeichnet, in den Systemen fast überall nur erst angedeutet ist. Es liegt nämlich in dem Begriff des Menschen als Gattung, daß alle einiges miteinander gemein haben, dessen Inbegriff die menschliche Natur genannt wird, daß aber innerhalb derselben es auch anderes gibt, wodurch jeder sich von den übrigen eigentümlich unterscheidet. Nun kann der ethische Grundsatz entweder nur eines von beiden zum Gegenstande haben, und diesem das andere, es sei nun ausdrücklich oder stillschweigend durch Vernachlässigung unbedingt unterordnen; oder aber er kann beides, das Allgemeine und das Eigentümliche, nach einer Idee miteinander vereinigen. Das letztere scheint noch nirgends geschehen zu sein. Denn wiewohl sich nicht einsehen läßt, warum diese Stelle sollte leer sein müssen, dürfte doch niemand eine Sittenlehre aufzeigen können, welche dem Eigentümlichen entweder ein besonderes Gebiet anwiese neben dem Allgemeinen, oder beide durcheinander gesetzmäßig beschränkte und bestimmte; sondern nur darauf ist für jetzt zu sehen, ob dem Allgemeinen das Eigentümliche, oder diesem jenes unbedingt untergeordnet wird. Was nun diejenigen Sittenlehren betrifft, welche **die Lust als das Ziel und Erzeugnis der Sittlichkeit** aufstellen: so ist offenbar und auch von jeher bemerkt worden, daß einige Quellen der Lust sich auf die gemeine menschliche Natur zurückführen lassen, daß aber auch die besondere Beschaffenheit eines jeden einige hinwegnimmt und neue hinzusetzt. Hier also ist der Natur der Sache nach, und wenn nicht ein anderes willkürlich be-

Ist das Ethische im Allgemeinen oder im Individuellen zu suchen?[1]

---
[1] Vgl. S. 111.

stimmt wird, das Allgemeine dem Eigentümlichen untergeordnet und von ihm verschlungen. Denn von dem, was innerhalb der gemeinschaftlichen Natur möglich ist, erfolgt doch nur dasjenige wirklich, was die besondere Beschaffenheit zuläßt, und jeder hat doch lediglich auf das zu sehen, nicht was im Allgemeinen und Unbestimmten, sondern was in ihm und für ihn möglich ist. In Epikur. dem System des Epikuros nun zeigt sich diese Unterordnung weniger auffallend, weil, wenn auch auf der einen Seite das Hinwegzunehmende, nämlich der Schmerz und die Begierde, auf der andern das Überschießende, nämlich die positive kitzelnde Lust, bei dem einen anders sein mag als bei dem andern, doch das eigentlich Hervorzubringende, woraus das höchste Gut allein besteht, nämlich die Schmerzlosigkeit, überall als dieselbe erscheint, und die individuellen Verschiedenheiten darin nicht bemerkt werden. Aristippos. Deutlich aber ist die Sache in dem System des Aristippos, wo alles zu Suchende und zu Wählende dem Inhalt nach sich nur unter der Gestalt des für diesen und jenen zu Suchenden und zu Wählenden darstellt, und das allgemeine Gebot nur das Wesen der Lust ohne alle Beziehung auf ihren Inhalt aussprechen kann. Engländer. Ganz anders hingegen ist in der anglikanischen Schule die aus dem wohlwollenden Triebe entspringende Lust ausschließend als das Sittliche gesetzt durch einen auf keine Weise zu rechtfertigenden Machtspruch, indem nämlich im voraus beschlossen wird, es solle nicht angenommen werden, wenn einer sagte, daß bei ihm der wohlwollende Trieb zu schwach wäre, um eine merkliche Lust hervorzubringen. Daß dieses nur ein Machtspruch sei, erhellt von selbst; denn wenn sie etwa sich, als auf ihren ersten Grundsatz, darauf berufen wollten, daß eben diese Schwäche die Unsittlichkeit sei, welche hinweggenommen werden soll: so müßten sie aufhören, das Wohlwollen um der Lust willen zu gebieten.

Was[1] aber diejenigen ethischen Systeme betrifft, welche **das Sittliche als Tätigkeit setzen**: so ist klar, daß der nämliche

---

[1] Absatz nicht im Original.

Unterschied auch bei ihnen stattfinden kann, und daß sie, den nicht gefundenen Fall einer gesetzmäßigen Vereinigung des Allgemeinen und Eigentümlichen ausgenommen, in ihrem Grundsatze entweder ein Bestimmendes setzen können als dasjenige, welchem von allen nachgestrebt und welches also ohne Hinsicht auf die eigentümliche Beschaffenheit des Allgemeinen wirklich werden solle mit gänzlicher Vernichtung des Eigentümlichen, oder daß sie nur ein an sich Unbestimmtes und nur in Beziehung auf das Eigentümliche Bestimmtes setzen, nämlich eine solche oder solche Behandlungsweise desselben mit Vorbeigehung des Gemeinschaftlichen. Betrachtet man nun die hierher gehörigen Darstellungen der Sittenlehre: so findet sich fast überall das Eigentümliche gänzlich vernachlässigt, und eben daher nicht besser als unterdrückt und für unsittlich erklärt. Bei den Stoikern zum Beispiel ist in dem Begriff Stoiker. der Naturgemäßheit von der besonderen Bestimmbarkeit der Natur gar nicht die Rede; und es wäre nur ein leerer Schein, wenn jemand in dem Ausdruck, durch welchen sie gewöhnlich das Sittliche bezeichnen, und der, wie unser anständig und geziemend, etwas Besonderes in sich zu schließen scheint, einen Gedanken dieser Art finden wollte. Vielmehr ist ihr durch alle sich verbreitender richtiger Verstand das allen Gemeinschaftliche, und auch schon der Weise, wie er als Musterstück aufgestellt wird, deutet auf ein in gleichen Fällen für alle gleichförmiges Handeln; so daß, wenn mit Hinsicht auf ihre besondere Eigentümlichkeit zwei in gleichem Falle verschieden handeln wollten, nur einer oder keiner der Weise wäre, und einer oder beide das Sittliche verletzten. Auf ihrer Seite steht auch hierin Fichte, sowohl was jenen Schein Fichte. als auch was den wahren Befund der Sache betrifft. Denn auch sein Ausdruck „Beruf" scheint etwas für jeden Eigenes und anderes anzuzeigen, und also eine gleiche Deutung zu begünstigen, wie auch die besondere Reihe eines jeden von einem eigenen Punkte aus. Allein dieses Besondere hängt nicht ab von einer inneren Eigentümlichkeit des Menschen, sondern nur von dem Punkte, wo jeder seine Freiheit zuerst findet, und von der Verschiedenheit der Umgebungen und äußeren Verhältnisse eines jeden, welche Beziehung auch dem Schicklichen der Stoiker zum Grunde liegt, so daß bei beiden das Besondere nur das Räumliche und Zeitliche sein kann. Dies bestätigt sich deutlicher, wenn man sieht, wie auch die Individualität, welche Fichte unter den Bedingungen der Ichheit aufführt, sich nicht weiter erstreckt als auf das Verhältnis zu einem eigenen Leibe, und auf die Mehrheit der Menschen-Exemplare überhaupt. Ja noch entscheidender womöglich ist jene Stelle, wo die Aufgabe eintritt, die Vorherbestimmtheit der freien Handlungen eines jeden für die übrigen mit der Freiheit zu vereinigen, und wo die besondere Bestimmtheit eines jeden im geistigen Sinne ganz aufgehoben und die ganze geistige Masse völlig gleichartig angenommen wird. Es liegt für die gesamte Vernunft da ein unendliches Mannigfaltiges von Freiheit und Wahrnehmung, in welches alle Individuen sich teilen; und es existieren für jeden nicht mehrere bestimmte Ichs, sondern nur eine Gesamtheit von Ichs. Jedoch nicht nur dieses, sondern es besteht auch die sittliche Vollendung eben darin, daß jeder aufhöre etwas anderes zu sein, als ein gleichartiger Teil dieser Gesamtheit. Denn die Vernunft, welche jeden bestimmen soll, ist aus dem Individuum herausversetzt in die Gemeinschaft, und kann also auch keine andere sein, als eine allen gemeinschaftliche; so daß in allen alles Rechte aus demselben sich nur auf das Gemeinschaftliche beziehenden Grunde hervorgeht, jeder an der Stelle des andern auch das nämliche hätte verrichten müssen, und jede Abweichung von der einzigen Norm als Verletzung des Gesetzes erscheint, weil aller Unterschied unter sittlichen Menschen nur auf

Kant. dem Ort beruhen soll, wo sie stehen. Bei dem früheren Kant aber tritt diese nämliche Ansicht so stark hervor, daß sie zur heftigsten Polemik ausartet gegen alles, was eine besondere Bestimmtheit auch nur von weitem verrät. Von dieser Art ist die Forderung, daß die Erfüllung des Gesetzes mit Unlust verbunden sein soll, weil nämlich die Lust ihm zufolge dasjenige ist, was vorzüglich die Persönlichkeit vertritt; ferner die Pflicht, sich fremde Glückseligkeit zum Zweck zu machen, um dadurch die Lust, insofern sie doch ein Gegenstand des Handelns sein kann und muß, von ihrer Verbindung mit der Eigentümlichkeit möglichst zu befreien, welche Pflicht aus seinem Grundsatz allein nirgends von ihm abgeleitet worden ist, auch nicht werden kann, und also nur, wie alles der Art, aus dem innern Geiste des Systems zu erklären ist. Dieser nun, kann man sagen, ist durchaus mehr juridisch als ethisch, und hat überall das Ansehn und alle Merkmale einer gesellschaftlichen Gesetzgebung; welches auch mit dem vorigen genau zusammenhängt. Denn wenn der ethische Grundsatz immer und allein unter der Gestalt eines Gesetzes erscheint, welches bloß in einem vielen Gemeinschaftlichen gegründet ist: so kann es nicht anders als ein gesellschaftliches oder im strengen Sinne betrachtet ein Rechtsgesetz werden. Deshalb hat auch die Fichtesche Sittenlehre, wie schon aus dem obigen zu ersehen, eigentlich dasselbe Gepräge; nur tritt es bei Kant stärker hervor. Denn bei diesem ist es auf das genaueste herausgearbeitet, und alles Wunderbare darin nur in Verbindung mit diesen Zügen zu begreifen. Ganz juridisch sind schon seine frühesten ethischen Äußerungen, daß zum Beispiel das Sittliche müsse angesehen werden können als aus einem obersten Willen entsprungen, der alle Privatwillkür in oder unter sich begreift; wodurch gleichfalls das Besondere und Eigentümliche vernichtet wird; denn dieses, da es sich untereinander entgegengesetzt ist, kann jener oberste Wille nicht mit enthalten. Aus nichts anderem als hieraus ist auch zu erklären der so ganz ohne Zusammenhang, aber mit der festesten Zuversicht allgemeiner Billigung hingestellte Gedanke von der Strafwürdigkeit und der entgegengesetzten Würdigkeit glücklich zu sein, weil nämlich in dem rechtlichen Verhältnis eines bürgerlichen Vereins eine solche durchgängige Abhängigkeit des Wohlbefindens von dem gesetzmäßigen Tun und Leben die höchste, wiewohl unauflösliche Aufgabe ist; so daß man sagen kann, auch sein höchstes Gut sei nur ein politisches. Und was anderes sollte es sein als politisch, die Idee eines Verpflichteten und Verpflichtenden aufzustellen, deren Einführung in die Ethik sich aus seinem höchsten Grundsatz derselben keineswegs erklären läßt? Oder auch die eines inneren und heimlichen Krieges aller gegen alle, die er sogar bei der Freundschaft, dem reinsten ethischen Verhältnis, zum Grunde legt; so daß selbst seine sittliche Freundschaft, die aber eigentlich nur eine dialektische heißen dürfte, nur als ein verstohlener Genuß eines einzelnen Waffenstillstandes erscheint. Gleichfalls hat seine Formel, den Menschen als Zweck an sich zu behandeln, wiewohl sie auf etwas anderes geführt haben könnte, denselben Charakter; denn von den Menschen, als ob sie auf diesen nicht zu ruhen vermöchte, eben wegen des Individuellen, wird sie gleich übergetragen auf eine Menschheit. Auch das Reich der Zwecke ist ein bürgerliches; jedoch nicht einmal in dem besseren Sinne, dem das kunstmäßige und wohlberechnete Ineinandergreifen der verschiedenen Einzelheiten die Hauptsache ist; sondern nur die schlechteste Vorstellung eines Staates liegt dabei zum Grunde, wo das Verhältnis des einzelnen zum Ganzen nur negativ ist, jeder eigentlich etwas anderes will, und vom Gesetz allein in Schranken gehalten wird. Kant selbst zwar meint, er habe sich überall bei seinen Gleichungen die eines Naturgesetzes zum Vorbilde gewählt; diesen Glauben aber wird er wohl keinem andern mitteilen. Denn ein Naturgesetz ist nicht zu denken, ohne daß es zu Zerfällung des Gleichen in Entgegengesetztes den Keim enthalte, und mit dem Allgemeinen zugleich Raum und Umfang für das Besondere setze; weil nur so eine organische Verknüpfung entsteht, für welche es allein ein Naturgesetz geben kann. Wer aber wollte hier eine solche finden, wo lauter Gleichartiges beieinander steht? Wie wenig auch Kant imstande gewesen wäre, ein Naturgesetz sich zum Vorbilde zu nehmen, ersieht jeder aus dem einzigen kleinen Versuch dieser Art, da er meint, unter der Idee einer Natur angesehen, sei Liebe die anziehende, Achtung aber die abstoßende Grundkraft; sondern sein Vorbild kann kein anderes sein als das politische Gesetz. Ob nun der Ethik besser geraten ist, wenn sie in eine Rechts- als wenn sie in eine Glückseligkeitslehre verwandelt wird, dieses wird anderswo zu untersuchen sein; hier war nur die Absicht, die Sache, wie sie ist, aufzudecken. Das nämliche, nur etwas anders gestaltet, zeigt sich in der anglikanischen Schule, welche, insofern sie den Schein behauptet, es auf Tätigkeit anzulegen, ihren ethischen Grundsatz mehr als *Engländer.* einen natürlichen Trieb darstellt, und daher mehr eine freie als eine gesetzliche Geselligkeit im Auge hat. Insofern nun eine freie Geselligkeit doch immer strebt gesetzlich zu werden, ist sie den vorigen gleich; insofern aber das Bilden einer solchen ethischer zu sein scheint als das mechanische Fortbewegen in einer schon gebildeten, möchte sie jenen voranzustellen sein. Wie aber auch diese Schule das Individuelle gänzlich verwirft, kann man ebensogut als an irgendeinem Engländer an dem Deutschen Garve sehen, welcher, das Schwanken zwischen Lust und Tätigkeit mit ein- *Garve.* gerechnet, ganz zu derselben gehört. Entscheidend und anstatt aller übrigen ist in dieser Beziehung ein Ausspruch desselben über das allgemeine Musterbild der menschlichen Natur, wo ihm jede Besonderheit schon als eine Abweichung erscheint, welche durch das regellose Handeln in der Zeit vor dem Finden des sittlichen Gesetzes entstanden ist, und daher durch das gesetzmäßige und gebildete wieder hinweggeschafft werden muß; so daß offenbar als höchste Gesamtwirkung der sittlichen Kraft sich ergeben würde eine völlige innere Gleichheit der Menschen.

Gehen[1] wir nun von diesen Schwankenden zu denen über, *Vollkommen-* welche sich ohne geheimen Verkehr mit der Lust die Vollkommen- *heitsethik.* heit zum Ziele setzen: so zeigen sich diese, wie schon sonst so auch hier, geteilt und uneins, so daß sich, wie es nur durch die Vieldeutigkeit des Wortes und die Unbestimmtheit des Begriffes geschehen kann, die verschiedenen möglichen Fälle hier zugleich darstellen. Denn sie können ebenfalls ein allgemeines Musterbild der mensch-

---

[1] Absatz nicht im Original.

lichen Natur zum Grunde legen; und werden dann in Verwerfung des Eigentümlichen den bisher Angeführten nicht nachstehen. Andere aber können auch ausschließend die besondere Bestimmtheit eines jeden als ein schlechthin Gegebenes betrachtet zum Grunde legen, ohne irgendeine Hinsicht auf ein Allgemeines; so daß ihr Sittliches nur in Beziehung auf die Eigentümlichkeit als Erhaltung, Entwickelung und Darstellung derselben bestimmt ist. Dieses aber ist in einem wissenschaftlichen Gebäude wenigstens noch von keinem versucht worden; nur angedeutet hat Fichte etwas Ähnliches, natürlich aber er als einen unsittlichen Zustand, dem das Finden des Gesetzes müsse ein Ende machen. Oft aber kommt diese Ansicht vor in unwissenschaftlichen Gestalten als Regel eines wirklichen Lebens oder eines in den Werken der Dichtkunst dargestellten, so daß ihr, bis vielleicht zum Erweis ihrer wissenschaftlichen Unmöglichkeit, die ohnedies leere Stelle nicht kann geweigert werden. Noch andere aber könnten auch, unter der Idee der Vollkommenheit beides vereinigend, die Aufgabe fassen, jene Annäherung an das gemeinschaftliche Musterbild mit der Ausbildung und Darstellung des Eigentümlichen nach gewissen Grundsätzen zu vereinigen, und beides gegenseitig durcheinander zu bestimmen und zu begrenzen; wobei freilich eine Regel gefunden werden müßte, um das Mannigfaltige des Eigentümlichen zu ordnen und zu erschöpfen, und um dann einzeln zu beurteilen, wohin jedes gehöre. Zu dieser Aufgabe führen auch, wiewohl nur von ferne, *Platon und Spinoza*. Denn auf der einen Seite scheint zwar jener das Ideal auch nur als ein einziges darzustellen, auf der andern aber ist teils schon durch seine Methode, welche zur Weltbildung hinaufsteigt, um von der herab alles abzuleiten, das Besondere als im göttlichen Entwurf liegend gegeben, teils stellt er selbst fest eine natürliche Verschiedenheit in den Mischungen der verschiedenen Kräfte und Größen. Wollte aber vielleicht jemand sagen, dies geschehe nur auf dem Gebiete der Staatskunst; und was da als gefunden vorkomme, könne dennoch gar wohl in dem Gebiete der Ethik als umzubildend oder völlig hinwegzunehmend aufgegeben sein: so steht diesem zweierlei entgegen. Zuerst setzt er dieses Verschiedene als durch die Erzeugung entstanden, welches, wenn man es auch nur mythisch auslegt, dennoch die Idee des Ursprünglichen und Unabänderlichen in sich schließt. Dann auch stellt er es hin als ein politisch sorgfältig und auf ewige Zeiten Aufzubewahrendes; und ein solches kann bei der Verbindung beider Wissenschaften unmöglich ein ethisch zu Vernichtendes sein. Das nämliche nun gilt auch von Spinoza, wenngleich er nicht minder von einem allgemeinen Musterbilde redet. Wenn man aber bedenkt, wie er diesen in der Ethik überall vorkommenden und in ihr vielleicht unvermeidlichen Gedanken unmöglich doch für das einige Notwendige halten konnte; und man versucht daher mit seinem Ausdruck, daß das Annähern an dieses Urbild das einige wahrhaft Nützliche sei, den Grundgedanken seiner Lehre in Verbindung zu setzen, daß jedes einzelne Wesen, nicht etwa jede Gattung, die Grundkräfte des Unendlichen auf seine besondere Weise darstellt: so erkennt jeder es leicht für unmöglich, daß nach seinem Sinne dieses Eigentümliche als ein Fehlerhaftes und Hinwegzunehmendes solle behandelt werden. Daher ist offenbar genug, daß, wer eine Ethik nach den Grundzügen des Platon oder des Spinoza völlig, und so genau als es in andern Systemen geschehen ist, aufbauen wollte, jener Aufgabe einer Vereinigung des allen Gemeinsamen und des Eigentümlichen nicht entgehen könnte. Auf wie mancherlei Art aber und wie eine solche in diesen sowohl als anderen Systemen zustande zu bringen sei, das gehört nicht hierher. Hier vielmehr reicht es hin, gezeigt zu haben, wie auch dieser Gegensatz überall stattfindet, und wie auch die letzte, wenngleich noch vernachlässigte Seite desselben fast von allen verschiedenen Grundsätzen aus wenigstens aufgegeben ist. Und soviel sei gesagt von den bedeutenden Verschiedenheiten der bisherigen ethischen Grundsätze. Nun zur Prüfung ihrer Tauglichkeit, was die Errichtung eines Systems betrifft.

Zweiter Abschnitt.
Von der Tauglichkeit der verschiedenen ethischen Grundsätze zur Errichtung eines Systems.

1.
Bedingungen dieser Tauglichkeit.

Die drei ethischen Ideen: Der Weise, das höchste Gut, das Gesetz.

Wenn aus einem ethischen Grundsatze ein System von Handlungen sich soll entwickeln lassen: so muß auch die Gesamtheit dieser Handlungen oder Zustände, damit auch die gleich einbegriffen werden, welche nicht auf ein eigentliches Handeln gehen, ein Ganzes und Gleichartiges ausmachen, welches daher auch unter einem Begriff muß dargestellt werden können. Ferner aber ist auch in Betrachtung zu ziehen dasjenige, in welchem und durch welches diese Gesamtheit hervorgebracht wird, nämlich die von dem sittlichen Grundsatz beherrschte Seele, welche ebenso die innere und bleibende, wie jenes die äußere und wechselnde Darstellung desselben ist, und als eine und dieselbe Kraft in allen verschiedenen Äußerungen, nämlich nicht nur physisch, sondern auch ethisch eine und dieselbe, ebenfalls unter einem Begriff befaßt werden muß. Hieraus nun entstehen die beiden Ideen des höchsten Gutes und des Weisen, welche gewöhnlich als Eigentümlichkeiten dieser oder jener Schule angesehen werden, der Wahrheit nach aber allen Schulen auf gleiche Weise angehören müssen. Denn wird zuerst betrachtet das Verhältnis des eigentlich sogenannten ethischen Grundsatzes, der in dieser engeren Bedeutung, weil er sich auf das einzelne bezieht, das Gesetz zu nennen ist, gegen die Idee des höchsten Gutes: so zeigt es sich ganz als dasselbe, wie in der Meßkunst das Verhältnis der Gleichung oder Formel zu dem anschaulichen Bilde der Kurve, welche durch jene bestimmt ist. Hier nämlich kann, wenn die unveränderliche Größe angenommen ist, durch aufeinander folgendes Setzen der einen Veränderlichen nach dem in der Formel angewiesenen Verfahren die dazu gehörige andere und mit ihr ein Ort in der Kurve jedesmal gefunden werden. Ebenso nun wird auch in der Ethik, wenn die unveränderliche Größe, es sei nun dieses die menschliche Natur oder wie ein jeder es ausdrücken will, festgestellt ist, so oft dieser oder jener Punkt unter den gesamten ethischen Beziehungen des Menschen gleichsam auf der Linie der Abszissen angenommen wird, durch Ausübung des in dem Grundsatz angezeigten Verfahrens auch jedesmal die Tat gefunden, welche in jener Gesamtheit des ethischen Lebens das zu diesem Punkt gehörige Glied darstellt. Nur aber können in dem ethischen sowohl als dem mathematischen Verfahren auf diese Art bloß einzelne Punkte der Kurve wie einzelne Teile des höchsten Gutes gefunden werden, mehrere oder wenigere, je nachdem die bei einem abgerissenen Verfahren unvermeidlichen Zwischenräume näher oder weiter gerückt werden. Wird dagegen ein Werkzeug gedacht, welches so genau in Beziehung auf die Formel eingerichtet wäre, daß es durch ein stetiges Fortrücken auf jener Linie zugleich nicht einzelne Orte sondern die ganze Kurve als ein stetiges und ununterbrochenes Ganzes verzeichnete: ein solches wäre dann zu vergleichen dem Weisen, der ebenfalls durch stetige Fortrückung auf der Linie des Lebens das höchste Gut im Zusammenhang und ohne Abweichung hervorbringt. Und so wie in jedem Werkzeuge die Formel gleichsam ein mechanisches, sich selbst darstellendes Leben gewonnen hat, so ist auch der Weise das lebendige Gesetz und die das höchste Gut erzeugende Kraft. Hieraus nun erhellt schon hinlänglich, daß jene Ideen, eine ohne die andere nicht bestehen können. Denn wenn auch die Idee des Weisen zu Errichtung des ethischen Systems, welches aus einzelnen getrennten Gliedern zusammengefügt werden muß, nicht unmittelbar gebraucht werden kann, und gleichsam nur das Bekenntnis enthält, wie unzulänglich dieses ist, um ein stetiges Ganzes darzustellen: so muß sie dennoch in jedem ebenfalls angedeutet sein. Sonst wenn einem sittlichen Gesetz die ihm entsprechende Idee des Weisen mangelt, muß mit Recht ein übler Argwohn entstehen, daß die nach demselben gebildeten Handlungen sich nicht als ein eigentümliches Inneres aufdringen, und daß nicht eine gleiche Kraft und Richtung des Menschen der beharrliche Grund derselben ist, sondern ihre Gleichartigkeit, und also das eigentliche Wesen des Gesetzes, von irgend etwas Äußerem abhängt. Fehlt aber gar zu einem Gesetz die Idee des höchsten Gutes: dann läßt sich schließen, daß die Aufgabe nicht in ihrer unzertrennlichen Vollständigkeit gedacht worden. So zum Beispiel, wenn das Gesetz unmittelbar nicht auf ein eigenes Hervorbringen abzweckt, sondern nur auf das Zerstören einer anderen Handelsweise, wird die Einheit in dem durch dasselbe Bewirkten sich leicht verbergen; und wenn das Gesetz für sich unzureichend wäre, was es selbst will und soll, hervorzubringen, so würde das als letztes Ziel Gedachte in Absicht auf dasselbe als zufällig erscheinen, und also mit Recht im System nicht aufgestellt werden. Ebenso darf auch zu einem höchsten Gut das Gesetz nicht fehlen, noch auch der Weise, weil sonst der Inbegriff desselben als ein zufällig und äußerlich, nicht aber innerlich und gesetzmäßig Entstehendes erscheint, und also weder die Ethik bestehen kann, welche nichts anderes ist als eine systematische und nach der Einheit des Grundsatzes unternommene Analyse des höchsten Gutes, noch auch **die Lebensführung, auf welche sich die Wissenschaft beziehen soll. Denn wie dürfte man jemanden anmuten sich als das Ganze seines Bestrebens etwas vorzusetzen, wozu ihm nicht eine Einheit der Handlungsweise als hinreichende Kraft, um es zu erreichen, könnte angewiesen werden?**

Einschränkung. Hieraus darf jedoch nicht folgen, daß alle diese drei Ideen in jedem System mit gleicher Klarheit und Bestimmtheit müßten dargelegt sein und gleich stark hervortreten. Denn noch ist es mit der Ethik nicht dahin gediehen, daß diejenigen, welche ihrer pflegen, von ihrem ganzen Zusammenhange und allen ihren Teilen eine gleich klare Vorstellung hätten; und andererseits bringt auch die Verschiedenheit in der Abzweckung der Systeme es mit sich, daß in diesem von der, in jenem von einer andern weniger Gebrauch gemacht wird, und weniger erleuchtende Strahlen ausgehen, welches, ohne ihnen zum unbedingten Vorwurf zu gereichen, nur der Kritik die Pflicht auflegt, dem Mangel der bisherigen Darstellung aus ihrer vergleichenden Kenntnis des Inneren abzuhelfen, und auch den verborgenen Elementen derjenigen Ideen nachzuspüren, welche dem ersten Anblick nach zu fehlen scheinen, es sei nun, daß sie wirklich überwachsen oder daß sie nur unscheinbar sind und den gehörigen Raum nicht ausfüllen. Denn es kann gar wohl geschehen, daß, wo in einem System eine von ihnen ganz zu fehlen oder nur erkünstelterweise und auf eine mißverstandene Art nachgebildet zu sein scheint, so daß sie den übrigen nicht entspricht, dennoch die wahre und dem System angemessene ebenfalls, nur nicht an der rechten Stelle und vollkommen entwickelt, vorhanden ist. Auch ist nicht möglich im allgemeinen darüber zu entscheiden, welche von ihnen die erste ursprüngliche ist. Nämlich keine ist eigentlich abgeleitet von der andern, und eine Ethik kann ebensogut mit dem Grundsatz anfangen, daß alles Handeln ein Teil des so und so bestimmten höchsten Gutes sein soll, als mit dem, daß in jedem das so und so ausgedrückte Sittengesetz als der eine Faktor enthalten sein soll. Denn ebensogut läßt sich aus jenem, dem höchsten Gute, die Regel des Verfahrens ableiten, wie aus dieser die Idee der Gesamtheit des Hervorgebrachten; wie denn auch aus Betrachtung der Kurve in dem Körper, dem sie angehört, die Funktion sich entdecken läßt. So hat unstreitig Platon bei seiner Weltanschauung zuerst das höchste Gut des Menschen gefunden, nämlich die Ähnlichkeit mit Gott, und dann erst, nach Anleitung seines Begriffes von der menschlichen Natur, die Regel des Verfahrens hierzu; Spinoza hingegen bei der seinigen zuerst das Gesetz, nämlich die Angemessenheit des jedem Handeln zugehörigen Gedankens, und hieraus erst das höchste Gut, nämlich die in jedem enthaltene Erkenntnis Gottes. Und so stehen beide Ideen in durchgängiger Wechselbeziehung, und die frühere Erscheinung der einen oder andern hängt lediglich ab von der eigentümlichen Ansicht dessen, der die Ethik bearbeitet, oder von dem Zusammenhang, in welchem diese Wissenschaft gefunden wird, das heißt, das Früher oder Später ist jetzt noch und für uns durchaus zufällig. Daß aber, diese Einschränkungen festgehalten, die drei aufgezeigten ethischen Ideen, da jede eine eigne, keine aber alle Beziehungen des höchsten Grundsatzes darstellt, und also jede als eine eigne unentbehrliche Gestalt desselben angesehen werden muß, gleich notwendig sind, wenn eine von ihnen einem System der Sittenlehre zum Grunde liegen soll, und dies also eine notwendige Bedingung der systematischen und architektonischen Tauglichkeit eines sittlichen Grundsatzes ist, dieses muß aus dem Gesagten einem jeden offenbar sein.

Das Verfahren bei Bestimmung des Ethischen

Nächst dieser Mannigfaltigkeit der Gestalten aber gibt es ein zwiefaches Verfahren, wodurch jeder Grundsatz sein Geschäft verrichtet, und wozu demnach auch jeder geschickt sein muß, um sich in seiner Eigenschaft zu bewähren. Er muß nämlich so beschaffen sein, daß sich vermittelst desselben, so weit es in einer nur im allgemeinen gehaltenen Darstellung möglich ist, alles sittliche Tun oder Sein als ein solches aufzeigen lasse. Daß er sich dazu eines vermittelnden und leitenden Begriffes bedienen dürfe, ist schon oben gegen einige eingeräumt worden, wie auch, daß über diesen Begriff auf dem Gebiet unserer Untersuchung im voraus kein Urteil stattfinde. Denn obgleich er freilich mit dem Grundsatze selbst in einem und dem nämlichen gemeinschaftlichen Höheren gegründet sein muß: so ist doch, ob sich dieses in einem einzelnen Falle also verhalte, eine außerhalb unserer Grenzen gelegen Frage. Auf dem Gebiete der Ethik selbst aber darf dieser Begriff unabhängig sein von dem Grundsatze; weil er, wenn dieser die Gestalt des Gesetzes hat, das Gebiet seiner Anwendung, hat er aber die des höchsten Gutes, den Grund seiner Einteilung enthalten soll. Nur soviel ist von selbst deutlich, daß, da beide in diesem Verhältnis zusammengehören sollen, auch einer den andern gänzlich erschöpfen muß; so daß in dem durch den Hilfsbegriff gezeichneten Umriß nichts übrig bliebe, was nicht durch den Grundsatz ethisch bestimmbar wäre, und auch keine Anwendung des Grundsatzes, innerhalb der menschlichen Welt nämlich, gedacht werden könne, die nicht auch durch die Beziehung des Grundsatzes auf jenen Begriff sollte zu finden sein. Inwiefern nun, wenn dieses nicht geleistet wird, die Schuld nicht etwa auf eine verfehlte Wahl des Hilfsbegriffes zu werfen ist, als ob diese willkürlich wäre, sondern allemal auf den Grundsatz selbst, hierüber haben wir im allgemeinen nicht zu entscheiden, weil dieses zur Beurteilung der Vollständigkeit des Systems gehört, welche nur der letzte Teil unserer Untersuchung sein kann. Sondern jetzt haben wir nur zuzusehen, ob sich überhaupt an dem Grundsatz, er werde nun für sich allein betrachtet, wenn er so bestehen zu können glaubt, oder in Verbindung mit seinem Hilfsbegriff, eine Tauglichkeit zu diesem Behuf wahrnehmen läßt, oder nicht vielmehr eine Quelle von Verwirrungen, wo nicht gar eine gänzliche Unfähigkeit. Dieses Verfahren aber scheint selbst wieder ein zwiefaches zu enthalten. Denn nicht dieselbe ist die Art, wie eine Stelle im System ausgefüllt wird, und wie ein Zeitteil im wirklichen Leben. Erstere nämlich enthält das Ganze des sittlichen Verfahrens in Beziehung auf einen bestimmten Gegenstand, welches Ganze nur in einer Reihe von Momenten kann dargestellt werden; wird aber gefragt, was in jedem Moment zu tun ist, so zeigt sich ein Mannigfaltiges von Aufforderungen, welche aus ganz verschiedenen Gegenden des Systems hergenommen sind, und entweder vereinigt, oder in Beziehung auf die Zeit einander untergeordnet werden müssen. Daher die wirkliche Anwendung des Grundsatzes in der Ausübung aus zwei Faktoren besteht, von denen der eine anzeigt, welcher Gegenstand eben jetzt, der andere aber wie er überhaupt zu behandeln ist. Allein es ist dies scheinbar Zwiefache, welches zu dem verkehrten Gedanken von einem Streit des Sittlichen unter sich die Veranlassung gegeben, dennoch nur ein Einfaches. Denn jeder sittliche Gegenstand hat auch als solcher eine bestimmte Größe, über welche hinaus er aufhört sittlich zu sein, so daß auch das System ihn nicht anders als mit der Bestimmung seiner Größe zugleich aufstellen kann, und es hat nur die Bedeutung, daß zur Tauglichkeit des Grundsatzes für dieses Verfahren notwendig gehöre, daß durch ihn mit jedem Sittlichen zugleich auch die Art müsse gefunden werden, wie es durch das übrige begrenzt wird. Diesem aufbauenden Verfahren nun steht gegenüber ein anderes, welches das prüfende genannt werden kann und dem ersten zur Bewährung dient. Der Grundsatz nämlich muß auch so beschaffen sein, daß von jeder gegebenen Handlung durch Vergleichung mit ihm sogleich bestimmt werden kann, ob sie, wenn der Grundsatz die Gestalt des höchsten Gutes hat, ein Teil desselben sein, oder ist er als Gesetz aufgestellt, als durch ihn konstruiert kann gedacht werden. Eine solche Frage darf niemals weder unbeantwortet bleiben, noch eine doppelte Antwort zulassen, wenn der Grundsatz wirklich ist, was er sein soll. Denn das erste würde beweisen, daß der Grundsatz unzulänglich ist, und nicht sein ganzes Gebiet umfaßt; das andere aber, daß entweder er selbst vieldeutig ist, oder daß der Hilfsbegriff, vermittelst dessen das einzelne Sittliche bestimmt ist, nicht in Beziehung auf den ethischen Zweck und nach seinem Verhältnis zu dem Grundsatz gliedermäßig abgeteilt, sondern gewaltsam von einem fremden Punkte aus, wo nicht gar willkürlich aufs Ohngefähr hin, zerschnitten worden. Beides kann sich bei dem ersten Verfahren leichtlich verbergen, wo nur dasjenige in Betrachtung kommt, was eben gebaut wird; daher dieses zweite die notwendige Bestätigung des ersten ist, ohne welche über den Grundsatz kein sicheres Urteil kann gefällt werden. Wobei jedoch bemerkt werden muß, und aus dem obigen erhellt, daß die Handlung nur dann bestimmt gegeben ist, wenn auch ihr Verhältnis zu einem Moment ausgedrückt worden, weil sonst nicht geurteilt werden kann, ob der dabei angewendete sittliche Begriff auch in seinem wahren ethischen Umfange ohne eine fremde und scheinbare Vergrößerung aufgefaßt ist. Denn die Verabsäumung hiervon hat mancherlei ungerechte Verleumdungen über einzelne ethische Systeme gebracht. Weiter ist noch zu beobachten, daß auch die Handlung als eine ganze muß gegeben werden, wenn sie nicht ohne Verschulden des Grundsatzes entweder als ethisch unbestimmbar erscheinen oder, je nachdem das Fehlende ergänzt oder das Vielfache gegeneinander in Verhältnis gesetzt wird, auch so und anders soll beurteilt werden können. Hierher nun gehören die Fragen von dem Willkürlichen und Unwillkürlichen, Absichtlichen und Zufälligen, und von Verbindung mehrerer Handlungen als vermittelnder zu einer als ihrem Zweck. Diese haben schon von Anfang der Ethik an die Untersuchung beschäftigt, und, mit dialektischer Willkür außer ihrem Zusammenhange behandelt, nicht wenig Schwierigkeiten verursacht; sie gehören aber alle zu der Frage von der ethischen Einheit, und so scheinen sie nicht schwer zu beantworten. In der sittlichen Bedeutung nämlich ist Handeln gleich dem Wollen; wo ein wirkliches Wollen ist, da ist auch gehandelt, keine Tat aber ist eine Handlung als nur durch das Wollen. Welche Handlung nun ihrer Natur nach mit keinem Wollen verbunden sein kann, die ist auch nicht sittlich; und insofern ist freilich das Willkürliche die Grenze des Sittlichen, aber nur das an sich Unwillkürliche ist ausgeschlossen. Scheint aber, was an sich willkürlich ist, nur jetzt und hier mit keinem Wollen verbunden: so ist ja auch das Nichtdasein eines aufgegebenen Wollens ethisch zu beurteilen. Denn wenn das Nichtwollen schlechthin zufällig und unwillkürlich wäre: so wäre das Wollen, weil es ja in jedem einzelnen Falle eben auch hätte unterbleiben können, ebenso zufällig und unwillkürlich, und es hörte alle ethische Beurteilung des Geschehenen auf. Aber es kann auch eine scheinbar unwillkürliche

Handlung als Teil zusammenhängen mit einer andern, und das Wollen in dieser auch auf jene müssen bezogen werden. Dieses findet statt bei allen sowohl absichtlichen Gewöhnungen als unabsichtlich entstehenden Gewohnheiten; und so wie man Unrecht hat die letzteren zu entschuldigen, weil nichts in ihrer Ausübung gewollt wird, so hat man Unrecht, die ersteren eben deshalb ihres gebührenden Lobes zu berauben. Denn wer sich absichtlich gewöhnt, der will in diesem Entschluß auch die folgenden Handlungen mit, zu denen es hernach keines besonderen Willens mehr bedarf; und diese hängen mit jenem ersten Wollen sämtlich ebenso zusammen wie jede gleichzeitige Ausführung mit dem sie verursachenden Willen. Wer aber sich etwas zur Gewohnheit werden läßt, indem er vielleicht nur ein Anderes will, dem ist dennoch dieses als mitgewollt anzurechnen, weil es auf eine ihm bekannte Weise ein natürlicher Teil, nämlich eine Folge seines Handelns, werden mußte, und er also wenigstens jenes, auf die Gefahr, daß dieses mit entstehen könnte, gewollt hat. Eben wie man von dem, welcher durch unbedachten Gebrauch seiner Kräfte Schaden anrichtet, nicht sagt, er habe diesen Schaden gewollt, wohl aber habe er seinen Zweck, was er auch gewesen, außerhalb seiner sittlichen Größe gewollt, weil er mit ihm zugleich eine verstandlose Anwendung eines physischen Vermögens, welche offenbar unsittlich ist, gewollt, oder, um es genauer zu sagen, eine besonnene und den ethischen Zwecken angemessene nicht gewollt hat. Denn der unmittelbare Gehalt eines Wollens ist immer nur der Zweckbegriff, der eines Nichtwollens aber das unterlassene ethische Bestimmen desjenigen, was ethisch bestimmbar gewesen wäre. Wie also, wenn das äußere Handeln von seinem Wollen abgetrennt oder dieses nicht bis zu dem Zweckbegriff hinaufgeführt und nicht mit dem Nichtwollen, welches in demselben gesetzt ist, zusammengestellt wird, auch die Handlung zerrissen ist, und nur ein Bruchstück derselben zur Beurteilung kommt, dieses muß einleuchten aus dem Gesagten. Die Gefahr aber, anstatt einer mehrere Handlungen ineinander verwirrt zur Prüfung aufzustellen, entsteht nicht nur eben aus jener Zerreißung, indem natürlich die einzelnen Teile zu andern Handlungen hinangezogen werden, sondern noch weit mehr aus einem Gedanken von einer höheren Einheit der Handlung, welche nämlich auf der Verbindung von Mitteln und Zwecken beruht, und alle, wie viele es auch wären, so verbundene Handlungen zu einer machen soll. Daß dieses, sobald eine an sich ethisch bedeutende und also auch für sich nach Maßgabe des Grundsatzes zu bestimmende Handlung nur als Mittel einer andern gesetzt wird, die Beurteilung notwendig verwirren muß, ist nicht schwer einzusehen. Denn jene hat ihrer Natur nach einen Anspruch für sich und um ihrer selbst willen verrichtet und also auch so beurteilt zu werden, welches beides aber nun von der andern verschlungen wird. Wie nun dieses keine Einheit hervorbringen kann, wenn die Mittelhandlung als solche anders und vielleicht auf entgegengesetzte Art ist verrichtet worden, als, für sich selbst sie betrachtet, geschehen sein würde, leuchtet von selbst ein; denn jeder sieht, wie hier das besondere Urteil über die Mittelhandlung nicht zu vermeiden ist, wiewohl die Formel, daß das Böse nicht um des Guten willen geschehen solle, nur das Gröbste davon ausdrückt. Aber es ist ganz das nämliche, wenn sie auch gerade so verrichtet worden ist, wie an und für sich wäre gefordert worden; denn diese Willensbestimmung, sie so zu verrichten, ist doch nicht erfolgt, und es muß sich neben dem Urteil über die Zweckhandlung ein besonderes bilden über dieses Nichtwollen. Beispiele dieser Verwirrung liegen nicht fern. So ist es eine schreckliche, wenn, als eine Handlung gedacht, daß einer seine Talente ausbildet, um Lebensunterhalt zu erwerben, oder daß einer einem andern wohltut, um eines Dritten Gunst zu erlangen, diese günstig beurteilt wird, weil doch jenes ein erlaubtes Mittel gewesen. Und nicht etwa darin liegt das Bedenkliche, daß hier ein Mensch als Mittel gebraucht ist, welches eine wunderliche und fast lächerliche Formel zu sein scheint, dort aber das Größere geschehen ist um des Kleineren willen, sondern unabhängig von dieser Messung in der Sache selbst. Denn beides als Mittel Gedachte hätte sollen für sich gewählt oder verworfen werden, und das in dieser Wahl liegende sittliche Handeln ist durch jenes vernichtet. So daß eine Zweckhandlung dieser Art erscheint wie Kain, der seinen Bruder Abel getötet, und leugnet, sein Hüter zu sein; aber jenes Blut schreiet doch aus der Erde, und verkündet, daß zwei sein sollten, wo nur einer ist. Nur also das ethisch an sich Unbedeutende und Unbestimmbare darf sein ein Mittel für ein anderes, und nur unter dieser Bedingung kann der Grundsatz dafür haften, daß er ein einfaches Urteil stellen wird. Dieses nun sind die Bedingungen der Tauglichkeit, welche sich für einen ethischen Grundsatz aus seinen wesentlichen Verrichtungen ergeben; und nun zur Prüfung derselben nach diesem Maßstabe.

2.
Prüfung der Grundsätze nach den aufgestellten Bedingungen.

Das höchste Gut als Aggregat.

Was nun zunächst das Zusammenbestehen der drei Gestalten des ethischen Grundsatzes betrifft: so ist zuvörderst zu bemerken, daß das höchste Gut nicht bestimmt ausgebildet und abgeschlossen sein kann, wo es nur als ein Aggregat, nicht aber als eine Reihe oder noch besser als eine die Reihe darstellende Gleichung gegeben ist. Denn in einer Reihe ist jedes Glied nicht nur durch seine Natur dem Ganzen gleichartig und angemessen, sondern auch durch seinen Koeffizienten für seine Stelle ausschließend bestimmt. Ein Aggregat aber, welches aus dem Zusammenfügen einzelner unbestimmt verschiedener Größen entsteht, ist vielleicht überhaupt eher zu schließen, wenn sein Umfang gegeben ist, als eine Reihe; hingegen kann über jedes Stück desselben Zweifel entstehen, ob es recht zusammengefügt worden, weil für jedes Glied ein anderes und größeres hätte gesetzt werden können, um die Summe entweder zu erhöhen oder zu beschleunigen. In den Systemen der Sittenlehre nun, welche auf Tätigkeit ausgehen, ist ein solches die Zusammensetzung bestimmendes Prinzip möglich in der Art, wie es Fichte vielleicht zuerst ausdrücklich gefordert hat. Wie denn schon aus dem oben Gesagten hervorgeht, daß, wenn eine Handlung, welche im allgemeinen gedacht, sittlich ist, gar wohl an einer Stelle unsittlich sein kann, auch ebenso alle Handlungen an einer Stelle, bis auf eine einzige, unsittlich sein mögen; in welchem Falle denn kein Teil des höchsten Gutes durch eine andere, wenn auch noch so große Tätigkeit ersetzt werden könnte. Daher es auch unter diesen ethischen Darstellungen nur eine gibt, welche an diesem Mangel offenbar leidet, weil es ihr an einem Bestimmungsgrunde jener Art fehlt, nämlich die des Aristoteles, der nur die vollkommene Tätigkeit überhaupt im Auge hat, und dem also das höchste Gut nur als ein Aggregat erscheinen kann. Daher ihm auch die Bedenklichkeit entsteht, ob alle solche Handlungen oder nur die besten und vortrefflichsten demselben als Teile angehören. In den Systemen der Lust aber ist diese Unbestimmtheit natürlich und wesentlich. Zwar könnte man nach Ähnlichkeit jener Formel auch annehmen, es wären alle in einem Moment möglichen Befriedigungen, bis auf eine, sei es nun in Vergleich mit dieser oder durch ihre Folgen, eigentlich Unlust, wodurch denn das höchste Gut eines jeden völlig bestimmt sein würde. Allein ein jeder muß sehen, daß der Unterschied zwischen Handeln und Genießen ein solcher ist, daß sich diese Formel bei dem letzteren nicht anwenden läßt; schon deswegen, weil die Lust ein Veränderliches ist dem Grade nach, und jede solche Steigerung der einen das Verhältnis gegen alle übrigen ändert; dann aber auch, weil die Lust nicht wie die Handlung ihr natürliches Ende hat, wenige ausgenommen, und also selbst dieses willkürlich ist, wann ein Moment als beendigt angesehen und eine neue Selbstbestimmung gefordert werden soll. Auf vielfache Art also wäre der Exponent einer Reihe eine unendliche und selbst nicht aus-

Fichte.

Eudämonismus.

zumittelnde Größe, und es bleibt nichts übrig, als das höchste Gut nur als ein Aggregat zustande zu bringen. Bei diesem tritt nun die obenbemerkte Schwierigkeit ein in Absicht der Zusammensetzung eines jeden Teiles; denn der Gesamtgenuß des Menschen, aus der Summe der einzelnen und ihrer Intension zusammengesetzt, kann nicht als ein bestimmtes Endliches angesehen werden, wiewohl auch so die Frage entstände, ob es in gleiche oder ungleiche Teile zu zerfällen sei, sondern sowohl wegen Unbestimmbarkeit des Lebens, als auch der äußeren und inneren hervorbringenden Ursachen selbst, als ein unbestimmtes. Sonach kann bei jeder einzelnen Lust gefragt werden, warum nicht eine andere und größere ihre Stelle eingenommen. Das Ganze aber ist um so weniger zu fassen möglich, weil sowohl die verschiedenen Verfahrungsarten bei Hervorbringung der Lust als auch ihre verschiedenen Dimensionen gegeneinander streiten. Die Verfahrungsarten nämlich, indem immer der Hang zu der einen Art von Lust dem zu einer andern entgegensteht, und also das Setzen eines Teiles des höchsten Gutes allemal einen andern, nicht nur der Zeit nach, sondern auch für die Zukunft, ausschließt; die Dimensionen aber, indem die Ausdehnung einer Lust in die Länge der Stärke der Empfindung Eintrag tut, und beide wiederum die Lebhaftigkeit des Wechsels verhindern. Denn wenn einige Spätlinge aus der cyrenaischen Schule das letztere Moment für das entscheidende erklären wollen, indem sie behaupten, nichts sei von Natur oder an und für sich angenehm oder widrig, sondern es sei nur das Neue und Fremde auf der einen und die Übersättigung auf der andern Seite, wodurch Lust und Unlust bestimmt werde: so dient dieses nur zum deutlicheren Erweise, wie wenig diese oder eine andere einseitige Behauptung bestehe, und der Streit also nicht aufgehoben werden könne. Was aber das Paradoxon des Aristippos selbst betrifft, daß alle Lust gleich ist und ohne Unterschied: so kann es unmöglich dem gegenüberstehenden aber bedeutenderen stoischen so ähnlich sein, daß seine Absicht wäre, jeden

Unterschied des Grades in der Empfindung aufzuheben. Denn auf der einen Seite würde dadurch eine Unentschiedenheit in der Wahl entstehen, welche den Grundsatz ganz untauglich machte, und auf der andern würde sich Aristippos dadurch zu der Negativität des Epikuros hinneigen, die ihm so offenbar zuwider ist; da ja bei einer gänzlichen Gleichheit aller Lust das einzige, was auf eine bestimmte Weise verrichtet werden muß, nur die Entfernung des Schmerzes sein kann, was aber hernach weiter zu tun ist, dem Ohngefähr überlassen werden darf. Vielmehr kann jener Satz nur den entgegengesetzten Sinn haben, den nämlich, daß der Unterschied des Grades der einzige ist, und von diesem abgesehen an sich keine Lust einen größeren Wert hat als die andere. Denn am übelsten sind allerdings bei Feststellung des höchsten Gutes diejenigen beraten, welche, wie die von der anglikanischen [*Engländer.*] Schule, einen solchen Unterschied des Wertes annehmen, und daher ein Verhältnis suchen müssen in den verschiedenen Befriedigungen, und ein diesem Unterschied angemessenes Gleichgewicht, welches noch schwieriger zu finden sein möchte, und noch nichtiger seinem Wesen nach als das politische. So bedarf es zum Beispiel nur der Frage, warum nicht, wenn einmal die wohlwollenden Vergnügungen besser sind als die selbstliebigen, jede Stelle, die diesen eingeräumt wird, mit jenen besetzt werde, zu denen es ja an Veranlassung niemals fehlen kann, so daß die Selbsterhaltung ohne Lust getrieben würde, nicht als Teil, sondern nur als Bedingung des höchsten Gutes, wie auch Hutcheson anfänglich ganz richtig gefunden hatte. Nur springt das Lächerliche in die Augen, daß doch das Wohlwollen am Ende auf die Erhaltung und die selbstliebige Lust der andern geht, und also das höchste Gut nur besteht in der Lust an dem, was geringer ist als das höchste Gut, und dieses Untergeordnete jeder dem andern mit höflichem Eigennutz darbietet im Kreise herum; aus welchem Kreise keine andere Erlösung zu sein scheint, als durch eine kecke, aber natürliche Erweiterung des Grundsatzes, welche höchst friedlich die

<small>Franzosen.</small> anglikanische Sittenlehre zu der gallikanischen hinüberleitet. Ist nämlich doch das Wohlwollen das Höchste: warum soll es seine Befriedigung hernehmen aus der Lust an der unmittelbaren eigenliebigen Glückseligkeit anderer, und nicht vielmehr eine höhere Lust finden an ihrer höheren, nämlich auch wohlwollenden Lust? Diese nun kann ich nicht anders und sicherer befördern als durch Bewirkung meiner eignen ihnen zur Anschauung dargebotenen Glückseligkeit, welche also als Pflicht geboten wird, nicht gegen sich, sondern gegen andere, so daß die Sittlichkeit eines Menschen zuletzt besteht aus seiner höheren Freude an anderer Freude über seine niedere Freude. Auf diese Art würde am sichersten, wenn es überall möglich ist, der Forderung Genüge geleistet werden, daß das höchste Gut bestehe in der größten Summe der echtesten und nach Art alles dort Landes gearbeiteten, auch dauerhaftesten Naturbefriedigungen, verbunden mit so viel kleineren und geringeren als nur mit jenen bestehen könnten. Und es leuchtet ein, welche herrliche Vereinigung aller Neigungen selbst über jene Formel hinaus entstehen würde, wenn nur nicht das nämliche Gesetz der Erweiterung uns wieder höher hinauftriebe; so daß ein höchstes Gut von diesem Grundsatze aus wohl niemals kann zu-
<small>Aristippos.</small> stande gebracht werden. Aber auch wer mit Aristippos alle Lust der Art nach an Werte gleich setzt, kommt nicht hinweg über jene Schwierigkeit. Vermehrt wird dieselbe noch, wenn man, wie es doch sein soll, auch auf das zugleich Mitbewirkte sieht. Denn hier ergibt sich zuerst im allgemeinen, daß durch den Genuß überhaupt verändert wird die Kapazität des Menschen für den Genuß; so daß jeder Genuß Ursach wird eines Nichtgenusses, und jeder Nichtgenuß Beförderung eines erhöhten Genusses, und also das höchste Gut, in seine Faktoren aufgelöst, jeden einzelnen nur in der bekannten, aber nie zu realisierenden Formel des Entbehrens und Genießens darstellen kann. Ferner aber auch im Besonderen zeigt sich, wie es bei Entgegengesetztem zu sein pflegt, die Unlust oft als Ursach der Lust und die Lust wiederum als Ursach der Unlust; also das zu Verwerfende als Bedingung des zu Wählen-

den, und dieses als nach sich ziehend jenes, welches notwendig in der Lehre vom höchsten Gute große Verwirrungen verursachen muß. Zwar dem Aristippos weniger als allen späteren Lehrern der Glückseligkeit; denn, wo die Unlust ein Mittel sein soll, die Lust herbeizuführen, stellte sich ihm als das Folgerechteste dar entweder die Aufgabe, diese Verbindung, als welche nur zufällig sein kann, zu zerstören, oder die der nur so zu erwerbenden Lust eine andere unterzuschieben. Da aber, wo die Lust soll Unlust zur Folge haben, hilft er sich mit der schon der Lust gleichzeitig vorhandenen Furcht, um jene als unrein und nicht das Merkmal des wahren Guten an sich tragend zu verwerfen, weshalb eben er dem Weisen die Furcht übrig läßt, gleichsam als eine Geschicklichkeit die echte Lust zu unterscheiden von der falschen. Gleichwohl aber bescheidet sich Aristippos mit Recht, das höchste Gut als ein vollendetes und nicht zu übertreffendes Aggregat von Lust lieber gänzlich zu leugnen und die Realität ihm abzusprechen; auch sei, meint er, jenes Aggregat nicht das unmittelbar Gewollte; sondern jeder begehre allein die einzelne Lust, und hieraus nur entstehe jenes, wie es eben jedesmal könne. Wenn nun die Idee eines zusammenhängenden Lebens, wie es scheint, bei diesem System ganz aufgehoben wird, und es nur dadurch gerettet werden kann, daß der nächste Moment allein in Betracht gezogen werde: so sieht man, wie, ohne aus dem System herauszugehen und ohne entscheidenden Einfluß einer eigentümlichen Sinnesart, Hegesias behaupten durfte, daß der Tod zu wählen sei, wenn der Augenblick keine Lust mehr gewähren könne. Und hier zuerst sehen wir dieses System seinen Kreislauf vollenden. Denn wenn ein ethischer Grundsatz das Leben aufgibt, dieses ist ein sicheres Zeichen, daß er seine Ohnmacht anerkennt, es zu dem vorgesetzten Ziele hinzuleiten. *Hegesias.*

Das[1] Nämliche findet sich, wenn wir im Eudämonismus die Idee des Weisen aufsuchen; welche freilich gar nicht mehr angeknüpft werden kann, wenn wir nicht auch für jene des *Die Idee des Weisen.*

---
[1] Absatz nicht im Original.

höchsten Gutes noch eine Art von Rettung finden. Die des Weisen aber erhält hier eine ganz eigne Bedeutung, wie folgt. Oben schon hatten wir den Eudämonismus gefunden, wie er mehr das Besondere im Auge hat als das Allgemeine; und nur eben hat sich bestätigt, daß er ein für alle gültiges höchstes Gut nicht zustande bringen kann. Wohl aber kann der Streit zwischen den verschiedenen Arten der Zusammensetzung und den verschiedenen Elementen, welcher dabei entsteht, geschlichtet werden durch Teilung. So nämlich, daß der eine sich für diese, der andere sich für jene Unterordnung der Neigungen entscheide, und ebenso der eine die Wiederholung, der andere den Wechsel, der dritte die Intension zur herrschenden Regel des Verfahrens mache, wobei denn auch, beiläufig zu bemerken, das anglikanische System als ein solches Besonderes für eine besondere Richtung des Gemütes erscheint, in gleichem Range mit den verschiedenen Zweigen des gallikanischen, welche sich mehr im Leben ausgedrückt haben als in Lehrschriften. Ebenso demnach, wenn der Weise dargestellt werden soll, welcher das höchste Gut wirklich macht, kann dieses nicht geschehen nur unter einer Gestalt; sondern für jede bestimmte und eingeschränkte Gestalt des höchsten Gutes bedarf es auch einer eigenen Richtung und Verfassung des Gemütes. Wollte nun jemand meinen, es müsse doch eine von diesen besser sein als die andere, und so auch von jenen, der bedenke, warum dieses im Eudämonismus nicht kann zugegeben werden. Denn zuerst müßte doch die beste auch die allgemeine werden; welches aber mit der Natur einer jeden streitet, da jede nur eine besondere ist, und wodurch auch das letzte verloren gehen würde, nämlich, daß wenn auch von jedem nur stückweise, doch von allen insgesamt ganz und vollständig das höchste Gut erreicht werde. Ferner müßte auch dann der Mensch sich bilden zu dieser Gestalt, wie sehr er ihr sich auch entgegengesetzt fände, zu der Zeit, wo er anfängt ein nach Grundsätzen geordnetes Leben zu führen. Dieses aber wäre Anstrengung, die Anstrengung ist Unlust, und so müßte also ein ethisch Verneintes, nämlich eine Unlust, angesehen werden als Mittel zu dem ethisch Bejahten; welches, wie oben gezeigt worden, für sich hinreicht, die Untauglichkeit eines Grundsatzes zu beurkunden. Sonach besteht die Weisheit darin, daß ein jeder gleichförmig dasjenige bleibe, was er ist, um ohne Abweichung desjenigen Teiles am höchsten Gute teilhaftig zu werden, welcher rein und unvermischt das Größere ist, was seine Natur aufnehmen kann. Und dann ist die größte Vollendung des Menschen die höchste innere Untätigkeit, die festeste Verknöcherung in der Gewöhnung. Daß dieses wirklich dem System genau entspricht, erhellt auch daraus, daß ja überall das Handeln in demselben nur das reine Mittel, das ethisch Unbestimmbare ist, und es also mit Recht für keinen besonderen Gegenstand gehalten werden und für sich keine Zeit ausfüllen darf. Wie in andern Systemen diese Bewußtlosigkeit das Ziel ist für jedes mechanische Handeln, so in diesem für jedes überhaupt. Dieses nun ist nicht gesagt, als ob vorausgesetzt würde, jedermann solle es für unsittlich halten, nicht zu handeln, sondern sich zu mechanisieren, welche Anmaßung wir einmal für immer entfernt haben; vielmehr nur deshalb ist es gesagt, weil durch solche Ansicht der Sache fast der Begriff der Ethik völlig aufgehoben wird, nichts zu sagen von ihren wissenschaftlichen Ansprüchen, welche zur bloßen Naturbeschreibung herabsinken, und zwar zu einer ins Unbestimmte zerfahrenden durch keine festen Punkte zusammengehaltenen. Aus dem Gesichtspunkt jener Teilung zeigt sich auch die negative Ansicht des Epikuros als ein solches Einzelne, welches für eine eigene Beschaffenheit des Gemütes einen eigenen Teil des höchsten Gutes abschneidet. In diesem eigentümlichen Gebiet ist sein Grundsatz der der Folgsamkeit gegen die natürlichen Begierden, und sein höchstes Gut der ununterbrochene Kreislauf von deren Erregung und Befriedigung. Denn seine ruhige Schmerzlosigkeit soll nicht sein ein gänzlicher Mangel an Empfindung, sondern ein beruhigendes Gefühl in Beziehung auf einen vorgebildeten Schmerz. Woraus

Epikuros.

zugleich erhellt, daß, wie bereits gesagt, seine Sittlichkeit lediglich beschränkender Art ist, indem sie nicht aus sich selbst handeln kann, sondern nur der Tätigkeit des natürlichen Triebes folgen muß. Was nun der eigentliche Grund ist von der Eigentümlichkeit seiner Ethik, grade darin findet sie auch ihre Vernichtung, nämlich in der Übermacht der Furcht. Denn diese allein kann den, welcher die Lust sucht, dazu bewegen, daß er den bloß beruhigenden Genuß dem aufregenden und belebenden vorziehe. Gegen die Furcht nun hat er als ein Bezauberungsmittel ersonnen jene Seelenruhe, welche sich gründet auf die bekannten Behauptungen von der Kürze des heftigen und der Erträglichkeit des langen Schmerzes. Dieses aber ist ein Trost, welcher offenbar auf die Unzulänglichkeit des sittlichen Verfahrens gegründet ist; denn wovor hätte der sich wohl zu fürchten, welcher durch Achtsamkeit auf die natürlichen Begierden den Schmerz zu vertreiben weiß? Und dagegen, was würde der tun, um den Schmerz zu vertreiben, der seine Herrschaft so geringfügig vorstellt? Daher ist es auch nicht das Sittliche, was ihn antreibt, ihm tätig entgegen zu arbeiten, sondern nur der tierische Trieb; das Sittliche aber würde auch hier zur völligen Untätigkeit hinführen, so daß nun zum drittenmal die Glückseligkeitslehre sich endigt in ein leidentliches Erwarten und Gewährenlassen, und also in ihrer eigenen Vernichtung als Ethik betrachtet.

Soll nun nach dem bisherigen noch die Anwendbarkeit der Grundsätze der Glückseligkeitslehre, es sei nun in dieser oder jener Gestalt, besonders geprüft werden: so ist darüber nur weniges zu sagen nötig. Denn was zuerst den Vorwurf betrifft, welchen Kant als entscheidend gegen sie vorbringt, daß nämlich durch sie gar nichts spezifisch bestimmt werden könne, indem zwar die Lust im allgemeinen gefordert sei, was aber für jeden im ganzen oder in einzelnen Fällen Lust sein werde, durch den Grundsatz gar nicht, sondern nur empirisch jedesmal beurteilt werden könne: so ist schon aus dem obigen deutlich, wie dieser Vorwurf müsse beschränkt und näher bestimmt werden. So nämlich, daß freilich der Grundsatz des Aristippos zum Beispiel, „suche eine gelinde Bewegung, welche sich als Gefühl zutage legt", nicht für sich allein bestimmen kann, was in einem gegebenen Falle zu wählen oder zu fliehen sei. Dieses aber werden auch viele andere mitnichten eudämonistische Grundsätze mit ihm gemein haben, und von einer Seite wenigstens betrachtet der kantische ebenfalls, wovon weiter unten das Nähere. Allein keineswegs ist unbedingt und von vorne herein zu leugnen, wenigstens ist dieses nicht, was Kant gesehen hat, daß auch mit dem leitenden Begriff, nämlich einen von den vielen Faktoren, in welche die Gesamtheit menschlicher Neigungen und Genußweisen zerfällt worden, in Verbindung gesetzt jener Grundsatz oder andere ähnliche etwas Genaues und Festes zu bestimmen imstande sei. Hierauf nun, als auf die einzige Art, wie diese Systeme das ihrige leisten können, wollen wir achten, sowohl in Beziehung auf das Auffinden eines Gesuchten, als auf das Beurteilen eines Gegebenen. Was nun zuerst das letzte betrifft, so ist offenbar, daß in dem System des Epikuros das Unterlassen desjenigen, was bei ihm *Epikuros.* das Sittliche und Gute ist, nicht kann gestraft werden, und also auch in fortgesetzter Wiederholung dieses Urteils die gänzliche Leerheit des Lebens, in ethischem Sinne nämlich, nur als ein Gleichgültiges erscheint, weder zu Lobendes noch zu Tadelndes. Denn wenn in einem Augenblick keine beruhigende Lust hervorgebracht worden: so kann dieses zwar die Folge sein von einer Kraftlosigkeit des sittlichen Verfahrens; ebenso leicht aber auch daher entstanden, weil das Natürliche überall keine Begierde aufgeregt, noch auch Anzeige getan von einem bevorstehenden und abzuwendenden Schmerz. Das letztere nun liegt ganz außerhalb der sittlichen Beurteilung, deren Gebiet erst mit und nach der erfolgten Aufregung anfängt; wonach denn in diesem Falle ein ethisches Urteil nicht gefällt werden kann, und die Leerheit eines Augenblicks nur als ein Unfall erscheint. Weiter aber ist schon oben gezeigt, wie jedes Tun nur in Vergleich mit dem durch dasselbe bestimmten Unterlassen, jedes Wollen nur in Verbindung mit dem ausdrücklich mitgesetzten Nichtwollen kann beurteilt werden, weil nämlich nur nach Maßgabe der begleitenden Anregungen und wirklich gegebenen Möglichkeiten des Handelns die sittliche Größe von dem Inhalt des Entschlusses sich abmessen läßt; so daß in diesem System die Angemessenheit des beurteilenden Verfahrens überhaupt sich selbst zerstört. Dieser Fehler zeigt sich auch schon in der Bestimmung des höchsten Gutes, welches als ein stetiges Ganzes nicht anders beschrieben werden kann, als daß es sei ein ununterbrochener Wechsel von Erregung und Befriedigung natürlicher Begierden; wo denn ein nicht ethischer Bestandteil unvermeidlich eingewebt ist, nämlich die Erregung. So auch kann der Weise nur bezeichnet werden als unerschüttert am Gemüt und gesund am Leibe; welches letztere nicht etwa auf die Abwesenheit der körperlichen Schmerzen deutet, als die ja dem höchsten Gute unbeschadet Epikuros durch die Freuden der Seele zu vernichten verheißet, sondern auf die Lebendigkeit der körperlichen Reize und Aufforderungen. Diese Unfähigkeit nun ist denen um den Epikuros eigentümlich, und ist nicht in der Lust gegründet, sondern in der Abhängigkeit des sittlichen Verfahrens vom Natürlichen; gemein aber ist ihnen mit allen eudämonistischen Sittenlehren die unvermeidliche Vielfachheit im Urteil über einzelne Fälle. Bei jenen nämlich entsteht diese aus der Übung, welche erfordert wird, um zu jener Furchtlosigkeit zu gelangen, ohne welche den natürlichen Begierden nicht ungestört kann gehorcht werden. Denn tätige Übung gehört dazu notwendig, indem die Vorschriften nicht anders Bewährung finden können als in der Erfahrung. Diese Übung aber kann in nichts anderem bestehen, als in Versuchen mit demselben Schmerz, welcher dem Grundsatz zufolge soll abgewehrt werden, und in Hinsicht auf welchen jedes Handeln für sich sittlich bestimmbar sein muß. Ja, selbst abgesehen von der Übung, wenn alles hiebei durch Belehrung zu erreichen wäre: so entstände doch in Beziehung auf die Zeit, welche dieser gewidmet werden muß, die Frage, ob nicht in derselbigen auch etwas den höchsten Zweck unmittelbar Erfüllendes hätte können geleistet werden; so daß auf jede Weise der Streit unvermeidlich ist zwischen dem, was als Mittel geschehen soll, und dem, was der Zweck erfordert. Noch mehrere Beispiele hiervon aus der Gedankenreihe dieser Schule herbeizuführen wäre überflüssig. Daß aber dasselbige in allen denen eudämonistischen Schulen stattfinden muß, welche irgendein Nützliches von dem unmittelbar angenehmen Unterschiedenes zulassen, dieses ist einleuchtend. Denn zwischen beiden ist der Krieg immer lebhaft, und seiner Natur nach ein ewiger; und wie sie höchst gewaltsam und erkünstelt sind, so sind dennoch sehr unzureichend jene Überredungen, durch welche Aristippos beide zu versöhnen versuchen will. Betrachten wir demnächst das aufbauende und ableitende Verfahren: so offenbart sich hierin ohne Unterschied bei allen Systemen der Lust die Unzulänglichkeit des Grundsatzes. Denn einesteils werden in jedem Moment sowohl Aufforderungen zu einem Mittelbaren zusammentreffen mit Unmittelbarem, als auch wird jedem Gegenstande auf diese Art eine zwiefache Behandlungsweise zukommen; andernteils aber ist das zufällig Mitbewirkte, auch so, wie es sich selbst andeutet und in Betrachtung gezogen werden muß, niemals zu berechnen, und ebenso können auch noch nach dem Entschluß und während der Erfüllung, auf welcher doch bei diesen alles beruht und nicht auf dem Entschluß allein, die sittlichen Verhältnisse sich gänzlich umgestalten, so daß in vollem Maße sich die Andeutung des Platon bewährt, daß die Sittenlehre auf diesem Fuß keine Wissenschaft sein könne noch eine andere feste Erkenntnis, sondern nur Wahrsagung und Eingebung. Auch gesteht Aristippos dieses unverhohlen, indem er zugibt, daß nicht jeder Weise, obschon der Grundsatz in ihm sich immer tätig beweiset, sich jederzeit wohlbefinden, noch auch dem Toren, wiewohl er nie die Lust auf eine vernünftige Weise hervorbringt, es immer übel ergehen werde.

Überlegt nun jemand weiter, wie alles dieses zusammenhängt mit dem Einfluß der äußerlichen Dinge und der demselben unterworfenen Ordnung des Bewußtseins: so dringt sich die Überzeugung auf, daß die höchste Wohlberatenheit des Menschen darin bestehen würde, wenn der angenehme Fluß seiner Empfindungen unabhängig wäre von der äußerlichen Welt; welches, da die sinnlichen Genüsse ein unentbehrlicher Bestandteil der Glückseligkeit sind, nicht anders zu erreichen ist als dadurch, daß sie alle verwandelt werden in Erinnerungen und Einbildungen, welche zusammenwachsen müssen in einem festen Wahn, der durch nichts Äußerliches zu stören ist. Auch so betrachtet, endet demnach diese Weisheit in das aller Vernunft und Wissenschaft grade Entgegengesetzte, indem ihr zwar nicht willkürlich erreichbares, aber doch gewünschtes und beneidetes Ziel kein anderes ist als ein froher und glücklicher Wahnsinn; welcher Satz in der wissenschaftlichen Belehrung zwar nirgends vorgetragen, wohl aber häufig genug von folgerechten Anhängern der Glückseligkeit ist anerkannt worden. Alles dieses nun trifft, wenn es auch dem ersten Anblick

Engländer. nicht so erscheint, ebenfalls die anglikanische Schule, insofern sie nämlich ihrem Grundsatze treu bleibt, und auch für das wohlwollende Handeln, welches sie gebietet, die Lust als den Bestimmungsgrund angibt. Denn diese hat, so wie ihre eigenen Störungen und mit der Befriedigung zugleich bewirkten Widerwärtigkeiten, welche der Gegenstand empfindsamer Klagen sind, so auch ihren eigenen schützenden und heilenden Wahn, indem einen besseren Namen wohl schwerlich dasjenige verdienen möchte, was diese gemeinhin Enthusiasmus nennen. Auch ist ihr höchstes Gut nicht minder ein veränderliches Aggregat, bei dessen einzelnen Teilen, wenn sie das Mannigfaltige erschöpfen und also untereinander ungleich sein sollen, auch die unbequeme Frage nach dem intensiv Stärkeren nicht zu vermeiden ist. Denn es hat unter ihnen noch keinen gegeben, welcher dem Aristippos nach behauptet hätte, daß alle Gefühle von Handlungen, bei denen die beiden Triebe in dem geforderten Gleichgewicht stehen, einander gleich wären, weil etwa jenes Gleichgewicht als eine chemische Sättigung angesehen werden müßte, für die es, anders als bei den körperlichen Dingen, nur eine Stufe der Verbindung gäbe, und ein Erzeugnis; oder als ein Verhältnis, in welchem die Größe der Glieder gleichgültig wäre. Was aber die Ableitung und Bestimmung des Einzelnen nach ihrem Grundsatze betrifft: so erliegt diese noch unter besonderen Schwierigkeiten. Denn bei ihnen hat der Wahrheit nach das Sittliche die Eigenschaft, welche man fälschlich dem des Aristoteles zugeschrieben hat, daß es nämlich im Übergang liegt von einem Unsittlichen zum andern, und ein Mittelmaß ist zwischen zwei Äußersten, auch, weil diese nicht bestimmt werden können, selbst unbestimmbar. Denn jede Neigung, welche zu schwach ist, um den Gleichgewichtspunkt zu erreichen, ist unsittlich, und über denselben hinaus verstärkt wiederum. Will man nun hieraus die angedeutete Folgerung nicht einräumen: so muß man behaupten, das Sittliche entstände auch hier nicht durch das Wachsen derselben Neigung, sondern durch die Gegenwirkung der andern; wodurch denn offenbar alles Sittliche eine nur beziehungsmäßige Bedeutung erhält, indem jeder Trieb für den andern der sittliche wird, keiner aber es für sich selbst ist. Wie aber auf diese Art, indem einem Übel ausgewichen werden soll, das andere gewählt wird, leuchtet ein; denn es kann niemanden entgehen, daß der Fehler des Epikuros unvermeidlich ist, sobald das Sittliche nur als Beschränkung erscheint. *Epikur.* Oder wie sollte es unsittlich gefunden werden, wenn einer der beiden Triebe nicht stark genug gewesen, um von dem andern, der dann keinen Stoff wahrgenommen, an der rechten Stelle beschränkt zu werden? Ferner scheint auch hier eine doppelte Beurteilung zu entstehen, indem jede Veranlassung sowohl auf die selbstische, als auf die wohlwollende Neigung zunächst kann bezogen werden. Hier aber ist es das eigentliche Kunststück jenes Gleichgewichts, daß, von welcher Seite auch jemand ausgehe, der Durchschnittspunkt immer der nämliche sein muß. Nur findet es freilich schon die gemeine Beurteilung wunderbar, daß beides soll für dieselbe Handlung gehalten werden, eine die von der Selbstliebe und eine die vom Wohlwollen ausgegangen; und wissenschaftlich betrachtet würde, wie leicht zu zeigen wäre, die **gänzliche Verwerfung einer allen gemeinschaftlichen Sittlichkeit** daraus folgen. Wie es ihnen aber ergeht, insofern sie schwankend von der Seite der Lust sich auch an die der Tätigkeit anschließen wollen, davon zu reden wird bald weiter unten der Ort sich finden.

Tätigkeitsethik. Gehen wir nun überhaupt zu denen über, deren Sittliches reine Tätigkeit ist: so zeigt sich zuerst, daß, was bei jenen der gemeinschaftliche und größte Fehler war, diesen nicht kann beigelegt werden; denn bei ihnen ist das höchste Gut nicht, würde auch, hätte er sich recht verstanden, nicht beim Aristoteles gewesen sein, ein gesetzlos Zusammengefügtes und Veränderliches, indem ja nicht die bloße Tätigkeit als Element desselben genannt wird, sondern eine nach einem Gesetz so bestimmte, daß eine Wahl zwischen Wechsel und Wiederholung oder zwischen einer stärkeren und schwächeren Tätigkeit nicht gedacht werden kann, und sonach als ein Ganzes betrachtet das höchste Gut überall nur eines ist und ein Bestimmtes. Oder würde es vielleicht nicht jeder für Unsinn erklären, wenn jemand Bedenken äußern wollte, ob nicht das höchste Gut ein Größeres und Vollendeteres sein würde, wenn es, anstatt auch einige tapfere Handlungen zu enthalten, aus lauter Übungen der Gerechtigkeit oder umgekehrt zusammengefügt wäre? Oder wenn, da einige nur auf sich selbst oder eine geringere Anzahl gerichtet ist, alle Tätigkeit gesellig und bürgerlich wäre? Auch verfehlen die Schulen dieser Art nicht, einen so wichtigen und ihnen günstigen Unterschied, diese so, jene anders, zu bezeichnen.

Fichte. *Stoiker.* So Fichte, gleichsam mit einem Strich, durch die geforderte gänzliche Bestimmtheit eines jeden Punktes in der Reihe; die Stoiker aber minder vollkommen auf eine doppelte Art, indem sie zuerst jeden Unterschied der Größe in dem, was sittlich ist, aufheben, und alle Tugenden einander gleich machen, dann aber, indem sie leugnen, daß das höchste Gut wachsen könne durch die Länge der Zeit. Beides nun ist unmittelbar nur gerichtet gegen den Mißverstand des Aristoteles, welcher unterscheidet zwischen schönen Handlungen und den schönsten, und keine Eudämonie anerkennt ohne ein vollständiges Leben. Mithin ist aus dem letzteren nicht zu folgern, als ob sie wie Aristippos nur das Element anerkannt, das Ganze aber geleugnet hätten; sondern was damit in ihrem System gemeint ist, erhellt nur durch Vergleichung mit ihren Ausdrücken über das höchste Gut, welches sie setzten in der ununterbrochenen Tätigkeit dessen, was ihnen die Quelle des Sittlichen ist, oder, wie sie es nennen, in dem ungehinderten Fluß des Lebens, wobei, wie weit es fließe, nicht in Betrachtung zu ziehen. So daß das höchste Gut einer Hyperbel zu vergleichen ist, welche gleich sehr eine solche bleibt, wie weit sie auch zu beiden Seiten des Scheitelpunktes fortgeführt worden. Daß aber auch eine solche Einheit und Vollständigkeit desselben in den Systemen der Lust nicht zu erreichen sei, ist genugsam gezeigt worden. Ebensowenig kann die Ähnlichkeit mit Gott, welche beim Platon das höchste Gut ausmacht, als ein Veränderliches angesehen werden, da alles, was nur zur Größe des Maßstabes gehört, in dem Begriff nicht eingeschlossen ist; noch auch des Spinoza Erkenntnis Gottes in allen Dingen, wobei freilich die Stelle, an welcher eine jede soll gegeben werden, als gleichgültig und unbestimmt erscheint, der Inhalt aber im ganzen für die Welt eines jeden völlig bestimmt ist, weil diese Erkenntnis als die einzig angemessene und wahre gewiß auch nur eine sein kann. Daß dieses weniger von dem Begriff der Vollkommenheit gesagt werden könne, ist nur scheinbar. Denn freilich ist das Ganze hier ein Unendliches, aber doch nicht in dem Sinne der Unbestimmbarkeit; sondern wie das Ganze der Form nach völlig bestimmt ist, so sind es auch alle Teile desselben in Beziehung auf ihr Ganzes, wenn gleich in Beziehung auf das Wirkliche

Platon.

Spinoza

selbst unendlich. Soll aber von dem höchsten Gute der neueren Stoisierenden, des Kant nämlich und Fichte, die Rede sein: so muß diesen erst die Kritik zu Hilfe kommen, und aus ihren Grundsätzen das dazu gehörige höchste Gut bilden und aufstellen, weil sie selbst dessen für die Aufführung ihres Systems nicht zu bedürfen glaubten, und es daher unterlassen haben.

Fichte. Strenger ist von Fichte wenigstens nicht nötig zu urteilen, bei welchem auch das Unterlassene leichter ist zu ergänzen. Nämlich dasjenige, was er bisweilen als das Höchste anführt, die gänzliche Unabhängigkeit des Ich, dieses zwar ist nicht in dem von uns aufgestellten Sinne für sein höchstes Gut zu halten. Denn mit demjenigen Ich, dafern es erlaubt ist, seine Sprache zu reden, welches der Gegenstand der Ethik ist, steht die gänzliche Unabhängigkeit im Widerspruche sogar, und dieser Gedanke ist ein die Ethik weit übersteigender. Aber es ist leicht zu sehen, daß sein höchstes Gut kein anderes sein kann als die vollständige Erfüllung des Berufs in Beziehung auf alle Bedingungen der Ichheit; und es ist von selbst offenbar, daß diese ein unveränderliches und völlig abgeschlossenes Ganzes ausmacht. Ebenso ergibt sich

Kant. bei näherer Betrachtung des kantischen Grundsatzes für diesen als das Ganze seiner Wirkung die unbeschränkte Herrschaft aller Maximen, welche, in die Potenz der allgemeinen Gesetzgebung erhoben, eine mögliche Größe darstellen. Dieses nun scheint freilich nur ein Zusammengefügtes zu sein, weil aus dem Ausdruck selbst nicht hervorgeht, wie diese Maximen untereinander zusammenhängen: wird aber erwogen, daß eine Maxime nichts anders ist als der Ausdruck eines Vorzuges, welcher einem praktisch Möglichen vor dem andern beigelegt wird, so zeigt sich bald, wie hierin allerdings ein systematischer Keim verborgen liegt. Nicht so günstig aber kann man davon urteilen, wie Kant den Begriff des höchsten Gutes angesehen hat. Denn er läßt ihn nicht etwa wie Fichte beiseite liegen, sondern stellt unter seinem Namen etwas auf, was diesem Namen gar nicht entspricht; so daß es das Ansehen gewinnt, als habe er die wahre Bedeutung desselben auch bei andern nicht verstanden, welches auch durch die Art, wie er andere Formeln auslegt und beurteilt, leider noch bestätigt wird. Hätte er nämlich das höchste Gut vorgestellt als das Ganze, welches durch das Sittengesetz in seiner Tätigkeit gedacht möglich wird: so hätte er weder vom Epikuros sagen können, sein höchstes Gut sei die Tugend als Bewußtsein der Glückseligkeit gedacht, noch von den Stoikern, das ihrige bestehe in der Glückseligkeit, sofern sie als Bewußtsein und Gefühl der Tugend vorgestellt werde. Denn dieses wären Erzeugnisse, welche, ungerechnet daß beide Schulen gar nicht danach streben, aus den von ihnen aufgestellten Grundsätzen auch nicht hervorgehen können. Ebenso nun ist jene Vereinigung von Vollkommenheit und Glückseligkeit, welche Kant als höchstes Gut des Menschen aufstellt, durch menschliche Tätigkeit dem Grundsatz gemäß gar nicht zu erreichen, und insofern ebenfalls eine kosmische und das Gebiet der Ethik weit hinter sich lassende Idee. Wie aber gerechtfertigt werden kann, daß eine solche unter der Form eines Wunsches aufgestellt wird, welches doch ein, wenngleich nur leerer Wille ist, der also aus Gründen innerhalb der Ethik muß ververteidigt werden können: dieses mag wohl noch niemand, eingeschlossen den Urheber selbst, begriffen haben; sondern nur die Ursache des Irrtums kann verstanden werden, so wie sie oben ist verständlich gemacht worden.

Sieht man ferner bei diesen Systemen auf die Art, wie aus dem Grundsatze das einzelne sowohl im Leben hervorgebracht und im System gefunden und dargestellt, als auch, wo es gegeben ist, auf den Grundsatz bezogen werden kann: so ist zu bemerken, daß die beiden letztgenannten und ihre Vorgänger, die Stoiker, wie den Grund, daß nämlich die sittliche Tätigkeit bei ihnen von einer andern vorhergehenden abhängt und diese nur beschränkt und bestimmt, so auch die Folge miteinander gemein haben, daß sie nämlich die Unterlassung nicht als widersittlich bezeichnen können, *(Verknüpfung des einzelnen mit dem höchsten Gut. Stoiker.)*

und was, wie bereits erwähnt, hiervon weiter abhängt. Denn bei den Stoikern hat, wenn keine erste Aufregung und Forderung der Natur ergangen ist, auch die Vernunft nichts zu verbessern und zu regieren. Nun deuten sie zwar an, daß auch dieses solle sittlich bestimmt werden, indem sie zum Beispiel sagen, der Weise mache alles wohl, was er tue sowohl als was er nicht tue; aber eben dadurch, daß sie nur an die Idee des Weisen dieses anzuknüpfen wissen, gestehen sie, daß in ihrem System keine Stelle dafür zu finden ist. Auch muß auf diese Art der Beschreibung des Weisen, wie auch beim Epikuros geschah, ein Merkmal einverleibt werden, welches in der Beschreibung des sittlichen Grundsatzes sowohl als des höchsten Gutes nichts Entsprechendes hat.

Fichte. Ebenso findet bei Fichte, wenn das Gewissen nicht gebietend gesprochen hat, weil der Naturtrieb nicht auf dasjenige ging, was es als der Form des Sittlichen empfänglich hätte billigen können, hierüber keine ethische Verurteilung statt. Denn jedes Handeln ohne Ausspruch des Gewissens ist zwar widersittlich und verdammlich; hat aber der Mensch sich des Handelns ohne einen solchen begeben, und mit Freiheit inne gehalten, damit mehr Naturtrieb sich entwickeln möge: so ist es lediglich die Sache der Natur in ihm, und außer dem Gebiete der sittlichen Kraft, ob sich auch zu jeder Zeit alles entwickelt, worüber das Gewissen bejahend zu sprechen hätte, oder ob manches unangeregt vorbeigeht; und weder auf die Verletzung irgendeiner einzelnen bestimmten Pflicht, noch auf eines von jenen allgemeinen Grundlastern der menschlichen Natur läßt dieser Mangel sich zurückführen. Daher auch dem Weisen des Fichte, wenn er nicht nur ohne Abweichung, sondern auch ohne jemals zu versagen, wie ein schlechter Griffel tut, die Reihe seines Berufs als ein Stetiges vollenden soll, außer der sittlichen Kraft noch eine Bestimmung der Natur muß beigelegt werden, und jene nicht minder hilflos und unzureichend ist, als sie beim Epikuros sich zeigte. So wird

Kant. auch bei Kant ohne Tadel eine leere Stelle entstehen, so oft diejenige Maxime, welche der Form der allgemeinen Gesetzgebung entsprochen hätte, nicht ist ins Bewußtsein gekommen. Welchen Einfluß nun dieses auf das wirkliche Tun haben muß, ist ebenfalls schon bei Gelegenheit des Epikuros bemerkt worden; es zeigt sich aber auf dem Gebiete der Tätigkeit nirgends besser als an den kantischen Formeln. So ist es, ein Beispiel statt aller, eine ungesetzmäßige Maxime, daß einer der sinnlichen Vergnügungen pflege, indes er bei irgendeiner allgemeinen Not zu Aufrechthaltung öffentlicher Ordnung und Wohlergehens tätig sein könnte; wohl aber ist es, so spricht Kant, erlaubt, sich der Glückseligkeit zu befleißigen als eines Mittels, um den Versuchungen zur Vernachlässigung des öffentlichen Wohls zu entgehen. Wenn nun jemand jenes Stück seiner Pflicht nicht wahrgenommen: so ist dieses Nichtwahrnehmen gar kein Handeln nach einer Maxime, also kein Gegenstand ethischer Beurteilung, indem der Täter nur nach der erlaubten Maxime gehandelt hat; und dennoch ist die Pflicht wirklich versäumt und eine sittliche Lücke entstanden. Die Nachfrage aber nach der Verschuldung jenes Nichtwahrnehmens findet weder in Kants Ethik einen Ort, noch auch in Fichtes, wenn, was in der sittlichen Handlung äußerlich und materiell gewesen wäre, sich nicht unter den wirklichen Forderungen des Naturtriebes gefunden hat; sondern es müßte die Antwort genügen, daß sich ihm jene Tugendübung nicht dargeboten. Wogegen in einem System, nach welchem die sittliche Kraft nicht erst eine andere Tätigkeit, um die ihrige zu erwecken, erfordert, sondern als ursprünglich und selbsthandelnd gesetzt wird, eben dieses Nichtwahrnehmen als eine Wirkung ihrer Schwäche und unterdrückten Reizbarkeit wäre getadelt worden. Betrachten wir aber nächst diesem beurteilenden und prüfenden nun auch das Verfahren der Ableitung und Bestimmung des einzelnen: so ist zuerst zu bemerken, wie eben diese drei, welche sich immer wieder zusammenfinden, Kant nämlich, die Stoiker und Fichte, auch darin übereinstimmen, daß sie aus ihrem Grundsatz allein, weil er bloß

Stoiker, Kant, Fichte.

ein Verhältnis ausdrückt, nichts bestimmen und aufbauen können ohne Dazwischenkunft eines anderen Begriffs, welcher erst diesem Verhältnis seinen Gehalt gibt. Denn es betrachte jemand von allen Seiten alle drei kantischen Formeln, von der Schicklichkeit zur Gesetzgebung, oder von Behandlung der Menschheit als Zweck, oder auch vom Reich der Zwecke: so wird es sich als unmöglich zeigen, hieraus allein irgendein reales Gesetz oder eine Tugend oder Pflicht abzuleiten; sondern für sich, in dieser Gestalt, kann der Grundsatz nur zur Prüfung eines Gegebenen dienen, wenn anders auch dieses ihm kann zugestanden werden. Denn überall, wo er selbst Beispiele anführt, um ihn auch nur in dieser Hinsicht zu bewähren, zeigen sich merkliche Mängel. Zuerst überall, wo die Frage so gestellt werden muß, ob wohl jemand wollen könne, daß diese und jene Maxime ein allgemeines Gesetz werde, und das heißt nichts Geringeres als bei allem eigentlich Sittlichen im Gegensatze des Rechtlichen, zeigt sich der Grundsatz als unzureichend, weil jenem prüfenden Willen doch auch ein Bestimmungsgrund erst müßte untergelegt werden, der also außerhalb des Grundsatzes liegen würde. Aber auch selbst da, wo ein Widerspruch geradezu sich ergibt, können Zweifel entstehen. Beim niedergelegten Gute zum Beispiel könnte leicht jemand den Widerspruch von dem Verfahren auf die Bedingung zurückwerfen und sagen, es dürfe wohl ein Erlaubnisgesetz sein, ähnlich dem lykurgischen des Stehlens, dasjenige unterzuschlagen, was auf solche Weise niedergelegt worden, damit nicht die Trägheit, auf ein trügliches Vertrauen gestützt, sich immer mit einer schlechten Form begnüge, vielmehr eine bessere desto eher erfunden werde. So daß auf der einen Seite zwar die kantische Ethik dem Gehalt und der Größe nach ganz bürgerlich und rechtlich zu sein scheint, auf der andern aber durch die noch übrigen geringen ethischen Ansprüche auch des rechtlichen Zustandes gründliche Verbesserung nur verzögert. Doch dieses, da es mit einem Fehler zusammenhängt, von welchem hier nicht die Rede ist, nur im Vorbeigehen.

Die Unfähigkeit dieses Grundsatzes aber, aus sich allein das einzelne abzuleiten, wird jeder eingestehen, weil auch eine Art, wie es anzufangen wäre, nicht aufzufinden ist. Ebenso offenbar ist dies an den Stoikern. Denn die Naturgemäßheit für sich ist ein reiner Verhältnisbegriff, und kann nichts bestimmen, bevor nicht die Natur bestimmt worden. Daß aber auch Fichte, wiewohl er den Anspruch macht, von dem höchsten Begriff der Selbsttätigkeit aus durch regelmäßiges allmähliches Fortschreiten zu einer reellen und anwendbaren Sittenlehre zu gelangen, sich dennoch in dem nämlichen Falle befinde, ist nicht schwer zu sehen. Denn alle jene verschiedenen Ausdrücke, welche bei ihm wie bei Kant einen solchen Übergang von dem bloß Formellen zu dem Realen bilden sollen, vermögen diese Aufgabe nicht zu lösen; auch nicht der letzte, daß nur dasjenige im Naturtriebe mit den Forderungen des reinen Triebes übereinstimme, worin ein Behandeln der Objekte nach ihren Endzwecken enthalten sei. Von hieraus zwar kommt er unmittelbar auf die wesentlichen Bedingungen der Ichheit, welche ihm wirklich das Mittel werden, den formalen Grundsatz in reale Gebote umzusetzen. Aber der Schein, als ob er seinen Endzweck erreicht habe, verschwindet bald, wenn man erwägt, daß die wesentlichste unter diesen Bedingungen, auf welcher am Ende die ganze Ethik beruht, gerade diejenige ist, welche nicht als notwendig, sondern nur als eine bloße Möglichkeit abgeleitet und eingesehen werden konnte, nämlich die Mehrheit der Individuen. Merkwürdig und wahrhaft magisch, nichts weniger aber als allmählich und regelmäßig, ist in der Tat die Art, wie die als notwendig geforderte einmalige Aufforderung des Ich sich verwandelt in die Gemeinheit der Vernunftwesen. Denn, möchte einer fragen, wäre es nicht hinreichend und wahrlich ein kleineres Wunder gewesen, wenn, worauf doch als auf ein mögliches Fichte anderwärts hindeutet, ein höheres Wesen sich des Ichs mitleidig erbarmt hätte, und ihm ein Geist, nach der Weise seiner Bestimmung, erschienen wäre? Und wäre, wenn einmal das Mythische unentbehrlich ist, ein solches nicht besser? Oder woher ist denn das Ich gewiß, daß, was als ein Kunstwerk erscheint, ein solches auch wirklich ist? Und sollte diese Meinung einen andern Ursprung haben, als jene Furcht, welche vom verstümmelten Daumen den Namen führt, weil sie geneigt ist, sich selbst Übles zuzufügen, wie sie denn auch hier ohne Grund sich die Freiheit verstümmelt? Denn eine solche Furcht vor dem eignen Schatten tönt auch gewaltig laut in dem von Fichte angeführten prächtigen Ausspruch eines andern, welcher schaudernd still steht, wo es ihm zuruft, hier ist Menschheit. Ja, könnte wohl selbst das Annehmen eines Geistes der ganzen Lehre des Fichte so nachteilig sein, als wenn etwa einer aus allem diesen die Folgerung zöge, das als unentbehrlich gesuchte Supplement der Vernunft, um die Ichheit zu ergänzen, sei doch vielleicht am Ende nirgends anders zu finden, als in jenen aus ihr so nachdrücklich verwiesenen Kräften, in der Liebe nämlich und der Phantasie? Nun ist freilich wahr, daß Fichte selbst gesteht, von hier an, nämlich von der Mehrheit der Individuen, werde die Sittenlehre eine bedingte Wissenschaft, die auf einer Voraussetzung beruht: aber nicht so ausdrücklich gesteht er, daß dieses von hier an ihr alles ist, sondern gedenkt sich doch noch etwas zurückzubehalten von dem falschen Ruhme, den er nun gar nicht hätte verkündigen sollen. Deshalb nun sind die

Fichte und Stoa. Stoiker vorzuziehen, welche denselben Verbindungsbegriff ganz frei und offen als eine willkürlich angenommene Erklärung hinstellen. Denn daß es bei beiden derselbige ist, kann niemand bezweifeln, es müßte einer in des Fichte Bedingungen der Ichheit, dem Leibe, der Intelligenz und dem Zusammenhange mit mehreren, die stoischen Merkmale der menschlichen Natur verkennen wollen, nämlich das Tier, die Vernunft, und die Geselligkeit. Wie aber Fichte mit den Stoikern zusammenstimmt, so ist wiederum in

Kant. der Art, wie Kant die Vermittlung zwischen dem Grundsatz und dem einzelnen Ethischen einrichtet, sein natürlicher Hang zur anglikanischen Schule, wie wenig auch er selbst sich dessen bewußt gewesen sei, auf keine Weise zu verkennen; und man kann sagen, seine Sittenlehre endige in dem Versuche, jenem politischen Eudämonismus eine, wie es eben gehen will, wissenschaftliche Gestalt zu geben. Denn was eigentlich hätte sein Verbindungsbegriff sein sollen, eine reale Bezeichnung der Totalität menschlicher Maximen, aus welcher dann die einzelnen hätten hergeleitet und ihr Verhältnis zu allgemeinen Gesetzgebung bestimmt werden können, das würde zuletzt doch immer nur ein etwas anders gestalteter Begriff der menschlichen Natur geworden sein, eben wie bei jenen. Wie anders nun als vom Drange natürlicher Neigung geleitet kann er dahin gediehen sein, den Umfang aller Maximen im voraus einzuschränken auf die beiden der eigenen Vollkommenheit und fremden Glückseligkeit? Denn was er darüber erläuternd und rechtfertigend beibringt, wird niemand für einen Erweis halten. Daß aber diese Neigung ganz anglikanisch ist, erhellt daraus, daß auch die Vollkommenheit ihm nur Zweck ist als Mittel zu andern Zwecken, und daß sonach kein Zweck, der zugleich Pflicht wäre, übrig bleibt als eben die fremde Glückseligkeit, also auch keine sittliche Kraft als das Wohlwollen. Dieses beiläufig von dem Geist und der Ableitung der Verbindungsbegriffe in diesen Schulen.

Worauf[1]) es aber hier bei Prüfung ihrer Tauglichkeit ankommt, ist nicht dieses, sondern eine Eigenschaft, welche allen dreien gemein ist, daß nämlich der Verbindungsbegriff eine unverbundene Mehrheit von Merkmalen enthält, welches eine sichere Ableitung unmöglich macht. Denn es läßt sich zwar im System darstellen, was nun sittlich sei in Beziehung auf den Leib oder die Intelligenz oder die Gemeinschaft mit den vorhandenen Individuen; aber das Verhältnis ist nicht bestimmt, in welchem diese einzelnen ethischen Realitäten gegeneinander stehen; welche Unbestimmtheit denn die Anwendung im Leben gänzlich verhindert. Will nämlich angenommen werden, es dürften einzelne Handlungen ausschließend eine auf den Leib und eine andere auf den Geist oder die Gesellschaft bezogen werden: so ergibt sich für jeden

Mannigfaltigkeit des Verbindungsbegriffes.

---
[1] Absatz nicht im Original.

Moment eine Mehrheit, aus welcher gewählt werden muß, weil die Ansprüche dieser Gegenstände stetig fortlaufen, und in jedem Moment für jeden einiges zu tun bleibt, so daß zum Beispiel einer sich ununterbrochen mit seinem Leibe beschäftigen könnte, ohne doch etwas anders zu tun, als ihn zum Werkzeuge des Sittengesetzes möglichst auszubilden. Daß also diese Methode nicht anzunehmen ist, leuchtet ein. Will man aber sagen, welches das einzige Übrige wäre, es müßte jede Handlung sich auf alle diese Gegenstände zugleich beziehen: so fehlt jede Regel des Verfahrens bei dieser gegenseitigen Bestimmung und Begrenzung, kann auch aus dem Begriff, in welchem sie selbst nicht gesetzmäßig verbunden sind, unmöglich hergenommen werden. Am ehesten wäre dieses zu erwarten gewesen von Fichte, der sich eine solche Methode der gegenseitigen Bestimmung und Begrenzung eines Gebietes durch das andere besonders zu eigen gemacht; und es ist merkwürdig für die Schätzung seiner ethischen Eigentümlichkeit, daß er sich ihrer grade hier nicht bedient, sondern an dem unvollständigen Verfahren der früheren Genüge gefunden. Solange aber dieses Hilfsmittel nicht gefunden ist, bleibt bei einer solchen Anlage der Streit einer Pflicht mit der andern nicht nur hier und da, sondern für jeden Augenblick unvermeidlich.

Vollkommenheitsethik. Dem[1] gleichen Tadel ist, so wenigstens wie sie bis jetzt bearbeitet worden, diejenige Ethik unterworfen, welche von dem Begriff der Vollkommenheit ausgeht, in welchem nicht nur eine unbestimmte und in diesem Sinne unendliche Größe der Kraft, sondern auch ein Verhältnis ihrer verschiedenen Äußerungen gesetzt ist. Denn da dieses zu bestimmen ebenfalls noch kein Gesetz aufgestellt ist: so müßte entweder ganz willkürlich jenes schon erwähnte allgemeine Musterbild vorgezeichnet, oder eine unbestimmte Mehrheit solcher Verhältnisse angenommen und nur von jedem einzelnen die Gleicherhaltung irgendeines davon gefordert werden. Welches von beiden aber auch geschehe, so entsteht

---

[1] Absatz nicht im Original.

immer eine doppelte Aufgabe, teils das angenommene Verhältnis hervorzubringen, teils in den Bestimmungen desselben die Größe der einzelnen Faktoren zu erhöhen. Nun kann freilich die letzterwähnte Behandlung, welche einem jeden sein eigenes Ideal anweiset, sich der ersten Aufgabe entziehen, und gleichmäßig mit der dieser Ansicht gegenüberstehenden folgerechten Behandlung der Glückseligkeitslehre vorschreiben, es solle kein Verhältnis hervorgebracht, sondern nur dasjenige festgehalten und ausgebildet werden, in welchem ein jeder zuerst sich selbst findet. Allein auch dieses vorausgesetzt, finden wir doch hier den obigen Streit wieder zwischen den Ansprüchen der einzelnen Faktoren, indem jeder die seinigen auf jeden Zeitteil ohne Ausnahme richten kann. Daher wir hier nicht nur einen Streit zwischen zwei Parteien, sondern einen allgemeinen Aufruhr erblicken unter einer unbestimmten Menge, je nachdem die natürliche Seelenkunde mehr oder minder Mannigfaltiges in der menschlichen Natur annimmt; so daß man sagen kann, hier zeige sich die äußerste Höhe der Verwirrung, die aus einer solchen unverbundenen Mehrheit entsteht, und werde also auch hier am lautesten eine Einheit des Begriffs gefordert, welcher den Umfang alles ethisch Bestimmbaren bezeichnen soll. Ehe wir aber dies System der Vollkommenheit verlassen, ist dasselbe noch zu betrachten in Beziehung auf die erste Frage von dem Zugleichsein und der Übereinstimmung der verschiedenen Ausdrücke der höchsten ethischen Idee. Hier zeigt sich nun, daß so wie offenbar dieses System mit der Idee des höchsten Gutes anfängt, so im Gegenteil das Gesetz nach demselben gar nicht auszudrücken ist. Denn die Vollkommenheit ist offenbar das Ganze des zu Bewirkenden, und die Formel: Vervollkommne dich selbst, heißt nur, dieses höchste Gut soll wirklich gemacht werden, und bezieht sich keineswegs auf das einzelne, da in keinem Falle aus ihr unmittelbar das unter gegebenen Umständen zu Tuende kann bestimmt werden. Daß aber überall ein solches Gesetz für diese Idee nicht zu finden ist, erhellt aus dem vorigen. Denn es müßte die Regel des Verfahrens für das einzelne aus dem Ausdruck des höchsten Gutes abgeleitet werden vermöge desjenigen Begriffes, der den Einteilungsgrund desselben enthält; diese Einteilung aber ist dem obigen zufolge unbestimmt, und eigentlich ohne Grund. Ferner aber, wie sollte auch, solange jene Einheit noch nicht gefunden ist, eine solche Regel möglich sein, da die eine Forderung dieses Systems, nämlich die intensive Erhöhung, mit der andern, wenn auch diese nur die Festhaltung eines bestimmten Normalverhältnisses, nicht erst die Hervorbringung desselben, sein sollte, im geraden Widerspruche steht. Denn solange noch das Subjekt der Vervollkommnung als ein Mannigfaltiges gedacht wird, kann auch die Erhöhung nicht anders als teilweise geboten werden; eine jede solche aber verrückt das Verhältnis unvermeidlich. Eben wie wann eine als Aggregat ausgedrückte Größe potenziert oder auch nur vervielfacht werden soll, wo auch bis zur Vollendung jedes Glied, mit welchem die Handlung vorgenommen wird, ein der Form und Absicht des Ganzen zuwiderlaufendes Übergewicht erhält. So daß man sagen kann, dieses System endige, wiewohl aus einer andern Ursache als das der Glückseligkeit, ebenfalls in Untätigkeit, weil nämlich das Sittliche nicht anders als durch einen ununterbrochenen Wechsel des Unsittlichen hervorgebracht werden kann. Aufs Höchste gebracht aber wird dieser Widerspruch, wenn noch mit der Vollkommenheit in Verbindung gebracht werden soll die Glückseligkeit. Denn diese, wenn sie wirkliche Lust sein soll, entsteht vorzüglich aus einer teilweisen Tätigkeit, wie schon der Name zeigt, den jede von dem Teile erhält, auf welchen sie sich bezieht, und widerspricht also dem Gleichgewicht, welches zur Vollkommenheit gehört; soll sie aber nur Schmerzlosigkeit sein dürfen, so mag sie wohl diesem Gleichgewicht entsprechen, würde aber gestört werden durch die Vervollkommnung, und auch gegenseitig diese verhindern, indem sie vor der Zeit ein Gefühl von Selbstgenügen hervorbrächte. Aufs deutlichste also erhellt auch hieraus, wie

Vollkommenheitsethik endet in Untätigkeit. 1.

keine andere Verbindung von Lust und Tätigkeit möglich ist, als diejenige, welche **Spinoza** aufstellt, wo nämlich die Tätigkeit nur eine ist, und die Lust nur eine, und beide zwar unzertrennlich verbunden, doch so, daß der Wille unmittelbar nur auf jene darf gerichtet werden. Wie denn überhaupt die jetzt gerügten Fehler auf die Notwendigkeit führen, eine solche Einheit des menschlichen Tuns und Strebens in der Ethik überall zum Grunde zu legen, wie Fichte sie zwar gefordert, nicht aber gefunden hat, und Spinoza sie zwar aufstellt, aber ohne sie durch die Tat, nämlich die vollständige Ausführung des Systems, erwiesen zu haben. Allein es endigt noch auf eine andere Weise die Sittenlehre der Vervollkommnung in Untätigkeit, insofern sie nämlich ein natürliches Streben ist nach jener Muße, deren sich die Götter des Epikuros und Aristoteles erfreuen. Denn ganz das Gegenteil von andern, welche ein Bilden des Menschen an sich selbst gebieten, als Mittel, um so und so handeln zu können, wird hier alles Handeln eigentlich nur gefordert als Mittel zum Werden, und genau genommen jede sogenannte Tugend aufgehoben, welche mehr unter als über der bereits erworbenen Fertigkeit liegt, als welche keine Übung mehr sein kann, und die Zeit nur vergebens ausfüllt. Je mehr nun die Vollkommenheit wächst, um desto weniger bleibt über ihr zurück; und wenn sie erreicht wäre, wäre auch der Grund des Handelns erschöpft, und in einer beschaulichen Ruhe alles Sittliche geendigt. Vielleicht auch könnte jemand, einen noch schärferen Gegensatz der Ausführung gegen die Absicht suchend, noch lieber sagen wollen, ihr Bewirktes sei nur Roheit, weil sie die allseitige Bildung nur in einem regellosen Wechsel absichtlicher Einseitigkeit darzustellen wisse. Von dieser Seite nun führt sie auf die Idee des Platon, als auf die Rettung, deren sie benötigt ist, welcher nämlich einen andern handelnden Gott, und die Ähnlichkeit mit diesem als den höchsten Zweck einführt. Denn so ist einesteils das Handeln in einem andern Sinne unentbehrlich, nämlich als das Bilden und Dar-

_{2.}

_{Platon.}

stellen, welches eins ist mit dem Sein und Bestehen des Geistes, und daher der höchsten Vollkommenheit nur am meisten eigen; andernteils auch ist so der Streit über die Zeit zwischen dem einzelnen geschlichtet, weil ein göttliches Handeln mit einer ewigen Ordnung auch eine bestimmte Reihe alles dessen, was erfolgen soll, seiner Natur nach enthält. Wie also alle Fehler, welche in den Systemen der Tätigkeit aus der beschränkenden Natur der Sittlichkeit und aus der ungünstigen Beschaffenheit des die Anwendung vermittelnden Begriffs entstehen, in den Darstellungen des Platon und des Spinoza am besten vermieden werden, dieses erhellt aus dem bisherigen zur Genüge.

Universeller Charakter der Ehtik — oder beschränkter?

Zwei Gegensätze von Bestimmungen der höchsten ethischen Idee sind aber noch zu betrachten übrig, welche, als der Wirkung nach zusammengehörig, auch hier nebeneinander sollen gestellt werden. Zuerst nämlich kann, auch wenn der sittliche Trieb nicht als abhängig und bloß beschränkend, sondern als selbsttätig und unabhängig gesetzt wird, dennoch entweder er allein als im sittlichen Zustande alles bestimmend und ausschließlich tätig angenommen werden, oder neben ihm noch ein anderer zugelassen, wäre es auch nur, um dasjenige zu verrichten, was des ersteren unwürdig zu sein scheint. Offenbar nun ist, daß nur in dem ersten Falle alles menschliche Handeln einen bestimmten sittlichen Wert haben kann, in dem letzten aber dasjenige, was dem sittlichen Triebe zwar nicht widerspricht, aber was auch nicht durch ihn hervorgebracht worden, als außerhalb seines Gebietes gelegen und als ethisch gleichgültig erscheinen muß. Dieses nun ist der wahre Umkreis des Begriffs der sogenannten Mitteldinge. Denn was einige Neuere noch sonst so nennen, verdient nicht mit hierher gezogen zu werden, ist auch ethisch betrachtet, nichts Besonderes, sondern nur die Aussage, daß eine Frage nicht vollständig aufgeworfen worden ist, auf welche dann auch natürlich keine bestimmte Antwort erfolgen kann. Die Alten unterschieden beides sehr richtig, und bezeichneten das letztere als das nicht an sich, sondern nur zufällig Gute oder Böse. Dieselbige Folge nun ergibt sich auch da, wo der sittliche Trieb nur beschränkend ist, so daß er jedesmal durch den andern muß aufgeregt werden, und wo zugleich die Regel fehlt, um alles sittliche Handeln als eine bestimmte Reihe ausmachend vorzustellen. Denn in diesem Falle muß alles, was in dem natürlichen Triebe diesseits seines Durchschnittspunktes mit dem Sittlichen liegt, als in gleichem Grade ethisch möglich, das heißt, als gleichgültig und nur erlaubt sich darstellen. Dagegen, wo eine bestimmte Reihe gesetzt wird, nur dem Durchschnittspunkt selbst die ethische Möglichkeit, und eben deshalb mit ihr zugleich die Notwendigkeit zukommt. Daher auch finden wir in dem System des Fichte, welches jene Bestimmtheit der Reihe so festzuhalten bestrebt ist, den Begriff der Mitteldinge nicht unvermeidlich, noch ausdrücklich gebilligt. Wohl aber tritt er stark hervor bei den Stoikern und beim Epikuros. Denn die vorzuziehenden Dinge bei jenen, und bei diesem die positive in der Bewegung sich erweisende Lust, so weit sie nämlich aus den natürlichen Begierden entsteht, nehmen die gleiche Stelle ein im System, und stehen sich genau gegenüber, als dasjenige, was, man bestimme es so oder anders, die Sittlichkeit weder vermehrt noch vermindert, sondern nur die Oberfläche ihrer Erscheinung gleichsam färbt und verändert. Bei Kant finden sich diese Mitteldinge nicht nur wegen der mangelhaften Natur der Sittlichkeit und der Unbestimmtheit der Reihe, sondern auch, weil er selbst im sittlichen Zustande neben dem auf diesen gerichteten Triebe auch den die eigne Lust suchenden noch, wiewohl nur im Dunkeln, fortwirken läßt, welches wohl keinem mit seiner Darstellung Bekannten erst erwiesen zu werden braucht. Jedoch gebraucht auch er zuweilen den Begriff, auch wohin er nicht gehört, als ein Hilfsmittel der faulen Vernunft. Nicht minder müßte er in der anglikanischen Schule bei denen angetroffen werden, welche den wohlwollenden Trieb vorzugsweise als den sittlichen ansehen. Daß nun diese Mitteldinge ein in der wissen-

Fichte.

Stoa, Epikur.

Kant.

Engländer.

schaftlichen Ethik ganz unstatthafter Begriff sind, dieses ist leicht zu sehen; denn offenbar begrenzt dieser Begriff den Umfang der sittlichen Bestimmbarkeit auf eine höchst willkürliche Art, indem er nur einen Schein des Natürlichen hat, wenn man sieht auf die gegebene Entstehung einer Tat. Betrachtet man dagegen den Inhalt derselben, so wird man unter allen diesen Mitteldingen kein einziges finden, wie klein sie auch oft des Beispiels wegen ausgeprägt werden, welches nicht auch von dem sittlichen Triebe aus hätte können entweder gefordert oder auch verworfen werden. Daher stören sie sowohl die Stetigkeit des sittlichen Handelns im Leben, als auch den Zusammenhang in der Darstellung, und machen die Wahrheit der ethischen Ideen überhaupt verdächtig, indem sie hindern, daß diese sich nicht[1] durchgängig bewähren können. Auf alle Weise also wäre es eine Verbesserung gewesen in der Lehre seines Meisters, welche Ariston von Chios einführen wollte, indem er behauptete, es dürfe, wo das Gute sein solle, auch gar kein Trieb stattfinden und keine Bewegung des Gemütes auf dasjenige, was zwischen der Tugend liegt und dem Laster. Denn daß er dieses allein sollte als den höchsten Zweck und das erschöpfende Merkmal des Sittlichen aufgestellt haben, ist gewiß nur ein törichtes Mißverständnis der späteren Erzähler. **Offenbar richtig aber ist der Grundsatz, daß Ethik als Wissenschaft nicht bestehen kann, wenn sie nicht das Recht sowohl als die Pflicht hat, das Ganze des menschlichen Handelns zu umfassen**, und daß in einem als vollständig gedachten sittlichen Leben alles Tun sich in ein Sittliches und folglich ethisch zu Beurteilendes verwandeln, was aber noch auf eine andere Weise entsteht, als aufzuhebend und jener Vollständigkeit Abbruch tuend muß angesehen werden. Nur auf eine solche Art nun erscheint alles, was aus einem andern Triebe hervorgegangen ist, im Platon sowohl als im Spinoza. Denn jener, wenn er auch den Grundsatz selbst nirgends ausdrücklich anerkannt hätte,

Ariston von Chios.

Platon und Spinoza.

---

[1] „nicht" muß fortfallen.

stellt, solange dergleichen vorhanden ist, auch die Sittlichkeit noch dar als im Streite begriffen, und also unvollkommen. Dieser aber, wenn er gleich die vollständige Sittlichkeit für unmöglich der menschlichen Natur erklärt, zeigt nur desto stärker die Reinheit seiner wissenschaftlichen Ansicht, wenn selbst die geglaubte Unvermeidlichkeit ihn nicht bewegen kann, für gleichgültig zu erklären, was nicht unmittelbar aus der Tätigkeit des reinen, in seiner Vollständigkeit aufgefaßten Triebes hervorgegangen ist. Was er aber bisweilen äußert, daß die nicht durch die Vernunft erzeugten Handlungen sowohl gut sein könnten als böse, kann keineswegs als ein Gegenerweis gelten. Denn es ist nur teils in dem eingeschränkten Sinn zu verstehen, den er selbst von dem wissenschaftlichen unterscheidet, ja auch in diesem nur zufällig; teils ist es nur gesagt im Streit gegen die vielgehörte und mit seiner Voraussetzung unverträgliche Behauptung, daß von dem Bösen aus auch in ununterbrochener Reihe nur Böses könne angeknüpft werden.

Derselbe Grundsatz der Beurteilung nun entscheidet auch über den letzten Gegensatz, den nämlich, ob nur in dem Gemeinschaftlichen der menschlichen Natur, oder in dem Eigentümlichen eines jeden das Sittliche soll anzutreffen sein, und ob eins das andere ausschließen darf, oder beides miteinander zu verknüpfen ist. Wie nun das Eigentümliche allein, wenn ihm das Gemeinschaftliche untergeordnet, und also dieses als solches ausgeschlossen wird, in ein unbestimmtes und unbestimmbares Mannigfaltiges notwendig zerfährt, dieses hat sich schon oben an den eudämonistischen Sittenlehren gezeigt. Und daß auch in den praktischen nichts anderes zu erwarten ist, kann man ebenfalls aus jenen ersehen, wenn man denjenigen Teil, welcher dort freilich fälschlich nur als Mittel, dennoch bildend und tätig ist, betrachtet, so wie diese mit Verachtung aller Hinsicht auf das Gemeinschaftliche geforderte Bildung und Vollendung irgendeiner, gleichviel welcher Gemütsart, weniger in wissenschaftlichen Vorträgen als im Leben und dessen Verteidigung, von denen der gallikanischen Schule ist als höchster Zweck aufgestellt worden. Soll aber das

Liegt das Ethische im allgemeinen oder im Individuellen?

Sittliche nur in dem Gemeinschaftlichen zu finden sein, alles Eigentümliche aber als aufzuhebend gänzlich ausgeschlossen: so ist offenbar, daß wenn auch nicht ganze Gebiete von Handlungen, doch in allen irgend etwas nicht kann ethisch bestimmt werden; sondern überall wird in der Art und Weise, wie etwas kann verrichtet werden, noch vieles frei bleiben. Bestimmt aber muß doch durchgängig sein, was wirklich geschehen soll; und so tritt auf einmal entweder eine unbedingte Willkür oder irgendein Mechanismus, es sei nun ein äußerer der Gewohnheiten und Sitten, oder ein innerer der Neigungen, in das ethische Gebiet ein. Man sehe nur, wie Kant bisweilen unter dem letzteren seufzt, und sich dafür den ersteren herwünscht. Ein solcher Mechanismus aber kann nicht entstehen, wenn nicht die Gesetze desselben schon eine Menge von Handlungen bestimmt haben, welches nicht ohne Vorübergehung des sittlichen Gesetzes geschehen konnte, so daß auch hier das Zustandekommen des Sittlichen abhängig wird von einem früheren Unsittlichen. Aber auch ganze Handlungen selbst gibt es, welche bloß von dem Gemeinschaftlichen aus nicht können bestimmt werden. Woher zum Beispiel sollte ein allgemeiner Bestimmungsgrund genommen werden, nach welchem der Mensch seinen Stand und Beruf wählen, oder festsetzen könnte, ob er in eine gewisse Gesellschaft, die eheliche zum Beispiel, jetzt treten sollte oder später oder gar nicht. Denn wo, wenn sie nicht in dem Eigentümlichen eines jeden liegen sollen, wären die Momente jener besten Überzeugung, nach der und nicht nach Neigung wir uns, wie Fichte denkt, in diesen Dingen entscheiden sollen? Auch ist Fichte fast der einzige unter den Neueren, welcher diese Gegenstände erwähnt. Die Alten aber fühlten die Unmöglichkeit sehr wohl, sie gut begründet in das System hineinzubringen, und stellen daher die Frage immer so, ob wohl der Weise dieses oder jenes tun werde oder nicht, durch deren Beantwortung sie freilich die Sache, wie ja der Weise ein allgemeines Musterbild sein sollte, auch allgemein entschieden, doch aber mit dem Bewußtsein, daß sie dies in der Ordnung und nach der Weise des Systems nicht bewerkstelligen könnten. Wie nun die Aufgabe, in welche dieses zu endigen scheint, die Verbindung nämlich des Allgemeinen mit dem Eigentümlichen und des einen Bestimmung durch das andere, noch am ersten gelöst werden kann nach den Ideen des Spinoza und Platon, ist auch schon erwähnt. Ja, unmittelbar berührt, und von einer Seite nicht übel gelöst, kann man sagen, daß sie schon sei durch die gewiß nicht platonische und der Idee der Ähnlichkeit mit Gott angemessene Einteilung des ganzen sittlichen Geschäfts in die Entwerfung der Lebensweise und die Führung des Lebens. Denn in jenem Teile wird das Eigentümliche festgestellt, und nur durch das Gemeinschaftliche begrenzt, in diesem aber walten die allgemeinen Gesetze vor, so jedoch, daß alles durch jenes Eigentümliche bestimmt und darauf bezogen wird.

Dieses nun sei genug von den bemerkten Verschiedenheiten der Grundsätze. Denn es reicht hin, sowohl den wissenschaftlichen Wert der bisherigen Ethik in dieser Hinsicht zu prüfen, als auch die Aufgabe zu bezeichnen, welche derjenige sich vorzulegen hat, der einen genügenden Grundsatz der Sittenlehre aufstellen will. Und nun zur Prüfung der einzelnen sittlichen Begriffe, welche wir in den verschiedenen Systemen antreffen werden.

Anhang.

Erläuterungen zu dem, was von einigen Schulen gesagt worden.

I. Daß Aristoteles noch in einem besonderen Sinne vor andern die Sittenlehre der Staatslehre untergeordnet, und jene vornehmlich als Vorbereitung und Elementarlehre zu dieser bearbeitet hat, dies erhellt für diejenigen, welche alles mit ausdrücklichen Worten vernehmen müssen, aus der Einleitung und dem Ende der nikomachischen Ethik. Diese aber demjenigen, von welchem sie den Namen trägt, als ihrem Urheber zuzuschreiben, weil doch nicht einzusehen sei, warum wohl der Sohn nicht sollte dem Vater gleich haben denken und schreiben gekonnt, dieses, wenn es nicht etwa eine schielende Ermahnung sein soll an seinen Sohn Marcus, ist vielleicht das ärgste unter dem Unkritischen, was Marcus Tullius ausgesprochen. Denn wenn auch jemand, eben wegen der Mehrheit derselben und dem Grade von Ähnlichkeit, geneigt sein sollte, die Abfassung aller drei ethischen Werke des Aristoteles ebensoviel Schülern desselben beizulegen, welche jeder seine Erinnerungen aus den Vorträgen des Lehrers zusammengetragen: so widerspricht doch dieser Meinung in Hinsicht der nikomachischen eben jenes Ende zu deutlich. Wenn man nämlich nicht entweder auch demselben auf gleiche Weise die Politik verdanken wollte, wovon sich aber keine Spur eines Zeugnisses findet, oder den Sohn für unverständig genug halten, das abgesonderte Werk mit einer so ausdrücklichen Hinweisung zu beschließen; in welchem Falle jedoch diese Verknüpfung gleichmäßig auf den Vater müßte zurückgeführt werden[1]. Diejenigen aber,

---

[1] Die Nikomachische Ethik ist eine, wahrscheinlich von dem früh verstorbenen Sohne Nikomachos etwa unter Theophrasts Beihilfe bearbeitete Ausgabe des Vorlesungskursus seines Vaters. Sie ist authentischer als die Eudemische Ethik (vgl. Th. Gomperz, Griechische Denker, III, S. 189 f.).

welche etwas tiefer eindringen, werden aus den Ansichten, von welchen Aristoteles ausgeht, schon nichts anderes erwarten. Denn indem er der Ethik nur das Gebiet anweist, die Tugenden des unvernünftigen Teiles im Menschen zu verzeichnen: so kann sie schon deshalb ihren Zweck nicht in sich selbst haben, welcher kein anderer sein könnte, als das rein genießende Leben; sondern muß demjenigen dienen, was ein Zweck des vernünftigen Teiles ist, entweder also nach seiner Ansicht dem bloß beschaulichen und wissenschaftlichen, oder dem geselligen und den Staat bildenden. Von jenem finden sich mehrere Spuren in der eudemischen Ethik, in welcher die Verbindung mit der Politik beinahe verwischt ist; das letztere aber ist die herrschende Beziehung in der nikomachischen sowohl als der großen.

Dem ohnerachtet aber ist Aristoteles, historisch betrachtet, der Mittelpunkt der alten Sittenlehre, aus welchem auf der einen Seite die Stoiker sich genährt und gebildet, auf der andern aber Epikuros, und zwar so, daß jene gleichsam die eine Hälfte seiner Darstellung mit dem Geist und Leben der Cyniker verbinden, dieser aber die andere mit dem der Cyrenaiker, und er also, ohne daß man ihn selbst dieser Eigenschaft beschuldigen könnte, dennoch die Quelle des negativen und beschränkenden Charakters der Ethik geworden zu sein scheint, sowohl in dem System der Lust als in dem der Tätigkeit. Denn die Naturgemäßheit der Stoiker besagt ganz das nämliche, was seine Formel, daß die Eudämonie darin bestehe, wenn für einen insbesondere dasjenige gut ist, was an sich und im allgemeinen muß dafür gehalten werden; und ihre Herrschaft der Vernunft über den natürlichen Trieb der Selbsterhaltung ist genau dasselbe mit seinem Gehorsam des unvernünftigen Teiles gegen den vernünftigen, so daß jener diesen nicht beeinträchtige in seinem eigenen Werk und Leben. Ja, auch ihre dem Streit gegen die Anhänger der Lust zugrunde gelegte Ansicht von dieser, daß sie nur ein Mit- und Nacherzeugnis der Handlung sei, ist offenbar genug aus ihm entlehnt. Dagegen hat Epikuros gleichfalls von ihm den seine ganze Lehre umfassenden Unterschied, wodurch er die des Aristippos zu verbessern glaubte, den nämlich zwischen der beruhigenden Lust und der reizenden, und den natürlichen und unnatürlichen Begierden. Wie nun diese beiden miteinander entzweit sind, und also seine verschiedenen Elemente in Widerstreit gesetzt haben, ist bekannt. Wollte aber jemand aus dem Zusammenhange seiner Ideen, und auch ausdrücklich aus dem Schluß der eudemischen Ethik, wenn dieser gerade so von ihm sollte herrühren können, die Folgerung ziehen, daß, wenn man seine Ethik in Verbindung setze mit dem beschaulichen Leben, sie in die Lehre und Ansicht des Spinoza hinüberspiele: so wäre auch dieses allerdings eine fruchtbare Betrachtung. Diese Teilbarkeit aber daraus vollständig zu begreifen, daß es ihm an Sinn gefehlt für den eigentümlichen Weg des Platon, wird einem jeden aus dem Bisherigen leicht genug sein.

II. Richtig ist demnach in dieser Hinsicht, was den St o i k e r n so oft und schon von alters vorgeworfen worden, daß sie nichts Neues erfunden; und den P e r i p a t e t i k e r n war nicht zu verargen, daß sie im Streite der Schulen diese Beschuldigung vorbrachten. Nicht zu rechtfertigen aber ist die Art, wie jener sonst preiswürdige Römer[1]) sie nachspricht, ohne weder auf das Verhältnis der Stoiker zu der cynischen Schule die gebührende Rücksicht zu nehmen, noch auch, wie es von dem zu fordern ist, der über den Schulen zu stehen sich anmaßt, den Geist des Ganzen von den historischen Beziehungen des einzelnen zu unterscheiden. Doch wie wenig er überall von der Philosophie der Hellenen verstand, dieses zu beweisen sind gleichsam alle seine Werke dieser Art im Wettstreit begriffen. Man sehe nur, wie er alle die verschiedenen stoischen Formeln, frühere und spätere, durcheinander wirft, ohne auch nur eine Ahnung weder von ihrer Verschiedenheit, noch von der Art, wie sie doch wieder eins sind, sondern als hätte er etwa mit schlechten Tautologien zu tun oder mit redne-

---
[1] Cicero.

rischen Erklärungen, denen man, weil keine genau ist, mehrere zusammenstellt. Oder wie er selbst den Epikuros, so stolz er auch das Gegenteil beteuert, mißverstanden, und wie schlecht und gegen den Geist des Systems er seinen Torquatus den Ahnherrn verteidigen läßt über die Hinrichtung des Sohnes; oder wie er in der Stoa sowohl als in der Lehre des Platon und Aristoteles die ganz ausgearteten Nachfolger mit den ersten Meistern zusammenwirft, und über den Unterschied der Systeme ohne alle Einsicht in den Geist unbefangen hinredet. So daß jeder andere Bericht selbst aus den Sammlungen des unverständigen Diogenes, wenn sie nur mit Verstand gelesen werden, ein sicherer Wegweiser ist, und daß, wer aus dem Cicero die Ethik der Älteren wollte kennen lernen, gewiß nicht besser beraten wäre, als wer irgendein System der Sittenlehre aus der neuesten allgemeinen und kritischen Geschichte dieser Wissenschaft beurteilen wollte.

III. Ein Gegenstück zu der erwähnten Vieldeutigkeit[1] des Aristoteles ist die anglikanische Schule mit ihrem Hinüberspielen in die verschiedensten Ansichten. Niemand aber wird hoffentlich die sehr verschiedene Ursache dieser Erscheinung bei dieser und bei jenem miteinander verwechseln. Eher könnte es vielleicht unbillig erscheinen, das, was von so verschiedenen Schriftstellern herrührt, geflissentlich zusammenzustellen, und wohl gar erst dadurch den Schein der Unbestimmtheit und des Widerspruchs hervorzubringen. Allein keinem, der sie genau kennt, wird die Gleichheit entgehen, wenn gleich Shaftesbury sich mehr dem Platon zu nähern scheint, Hume dagegen das aristippische Element aufgefaßt hat, und Ferguson gar von vielen für einen Stoiker ist gehalten worden. Denn wie im Shaftesbury das Gleichgewicht beider Triebe die Hauptsache ist, leuchtet für sich ein. Vom Hutcheson aber kann man sagen, sein sittlicher Sinn sei nur für den Durchschnittspunkt beider dasselbe Gefühl, welches bei Fichte das Gewissen ist für die Übereinstimmung des wirklichen Ich mit dem

---

[1] Ausgabe 1803 hat hier „Vielseitigkeit".

ursprünglichen. Smith hingegen hat mit seinem Grundsatz, welcher die Sympathie der Menschen zum Kennzeichen des Sittlichen macht, alles überboten, was oben gesagt worden ist über die Art, wie das Wohlwollen wieder in die Selbstliebe zurückkehrt; denn gewiß werden die Beobachtenden nicht sympathisieren mit demjenigen, dessen selbstliebige Triebe zu schwach sind, weil sonst auch seine wohlwollenden sich selbst zerstören, und seine Erhaltung dann ihnen vergeblich zur Last fiele. Ja, auch andere, die gewöhnlich von diesen getrennt werden, wie Clarke und Wollaston, gehören nicht minder zu derselbigen Schule. Denn des ersteren angemessene Behandlung der Dinge ist nichts als eine über den Menschen hinaus erweiterte Sympathie. Wollaston aber setzt bei den Sätzen, welche er aus den Handlungen zieht, überall das Wohlwollen voraus, und einer Voraussetzung von der Ansicht, nach welcher gehandelt worden, bedarf er, weil sonst aus einer Handlung unzählige Sätze könnten gezogen werden. Und auch nur in Absicht auf diese Einrichtung und Form des prüfenden Verfahrens kann man sagen, daß er dem Kant vorangegangen. Wie wenig Wert auch daher das den Engländern Gemeinschaftliche haben mag, wie denn, wer einigen wissenschaftlichen Sinn in sich hat, noch die gallikanische Darstellung vorziehen muß: so bleibt ihnen doch der Ruhm, fast ausschließend unter den Neueren eine Art von Schule zu bilden, welche sich noch mehr durch die Angemessenheit zur ganzen Denkart des Volkes als ein in wissenschaftliche Form gebrachtes Erzeugnis ihres gemeinschaftlichen Verstandes bewährt.

IV. Um aber im Zusammenhange zu übersehen, wie jene drei verschiedenen Gestalten der obersten ethischen Idee auch von den Alten sind wahrgenommen und unterschieden worden, ist folgendes zu bemerken. Zuerst nämlich, daß das Wort, welches wir durch Glückseligkeit zu übertragen pflegen, wie es auch schon in der gewöhnlichen Rede, aus der es herübergenommen ist, halb gemein war und halb mystisch, so auch im Gebrauch der Schule leicht von jedem sich konnte angeeignet werden. Daher keineswegs derselbe Inhalt überall unterzulegen ist, sondern das Gleichförmige ist nur die Stelle des Begriffs im System. Wie denn offenbar der schwerscheinende Satz der Stoiker und des Epikuros, von der Eudämonie des Weisen auch unter allen Martern, zwar der Form nach bei beiden dasselbe bedeutet, dem Inhalt nach aber etwas ganz Verschiedenes. Weshalb auch Epikuros zwar dieses behaupten konnte, Aristippos aber es mit Aristoteles leugnen mußte. Hier nun sind die meisten und unter ihnen auch Kant durch das Wort getäuscht worden, und haben die Stoiker beschuldigt, als hätten sie eine Summe von angenehmen Empfindungen in ihrem höchsten Gut. Dann erdichteten sie sich weiter, wohl der Zusammenstimmung wegen, einen noch weniger veranlaßten Vorwurf gegen den Epikuros, als habe auch er eine Tugend, in praktischem Sinne nämlich, in dem seinigen. Ferner, was die Alten den Zweck nannten, auf den alles bezogen und um deswillen alles gewählt wird, dieser Ausdruck wird nur bisweilen uneigentlich für das höchste Gut gebraucht, und soll eigentlich dasjenige bezeichnen, was für alle Handlungen gemeinschaftlich der nächste Bestimmungsgrund ist bei der Wahl. Also dasselbe, was in unserer Sprache das Gesetz genannt wird; nur daß die Alten selten den Inhalt dieser Formel unabhängig darstellen, sondern zurückgeführt auf den Begriff der Güter oder der Tugend. Hieraus sind mehrere teils schwer zu vereinigende Äußerungen, teils offenbare Mißverständnisse späterer Berichterstatter am besten zu verstehen. Wer aber aus der Übertragung des Marcus Cicero dieses widerlegen wollte, der erinnere sich an mehrere solche Unschicklichkeiten, wie er zum Beispiel das, was die Stoiker die mittlere Pflicht nennen im Gegensatz der vollendeten, ganz ohne Sinn als die angefangene dolmetscht. Endlich, indem die Alten die Frage aufwerfen und beantworten, was denn um seiner selbst und was um eines anderen willen gewählt werde, so übersehen sie den großen Unterschied zwischen dem Zusammenhange des

Teils mit dem Ganzen, und dem des Mittels mit dem Zweck, und sagen auch von dem Teil in Beziehung auf sein Ganzes, er werde um eines andern willen gewählt, ohne zu bedenken, daß bei einer solchen Fortschreitung kein Übergang des Willens stattfinde von einem Gegenstand zum andern, sondern vielmehr ein standhaftes Verharren bei einem und demselbigen. Daher so manche Sätze, die uns wunderlich erscheinen, zum Beispiel, daß die Tugend um ihrer selbst, aber auch um des höchsten Gutes willen gewählt werde. Daß sie aber die Idee des Weisen ganz so gebrauchen, wie es der obigen Ableitung gemäß ist, dies erhellt fast aus allen Sprüchen, die in allen Systemen von ihm vorkommen, und wäre unnötig ausführlicher zu beweisen.

Zweites Buch.
Kritik der ethischen[1] Begriffe.

Einleitung.

Von der Methode, die ethischen Begriffe zu bilden, und von der Art, wie die vorhandenen erscheinen.

Die untergeordneten Begriffe, wie verschieden sie auch sein mögen, sowohl dem Umfange nach als in der Gestalt, können in ihrer Beziehung auf das System nicht anders gedacht werden, als daß sie durch Ableitung hervorgegangen sind aus der höchsten Idee. Deshalb auch war es notwendig, die Prüfung von dieser anzufangen, und dann erst zu den Begriffen, als dem niedrigeren, herabzusteigen. Da es jedoch eine Dialektik gibt, welche für alle Wissenschaften und so auch für die Ethik das Gegenteil behaupten möchte: so ist diese zuvor mit wenigem zurecht zu weisen. Die Behauptung nämlich geht in Beziehung auf unsern Gegenstand dahin, daß die sittliche Idee selbst nur auf dem Wege der Absonderung gefunden worden, nachdem man an verschiedenen Arten der Handlungen den Gegensatz zwischen dem einige derselben begleitenden Beifall und dem den andern nachfolgenden Mißfallen beobachtet. Dieses aber selbst vorausgesetzt, da es einesteils eine lediglich geschichtliche Frage ist und als solche in unsern Zweck nicht eingreift, in einem andern Sinne aber genommen höher liegt als die jetzige Untersuchung: so ergibt sich doch daraus keineswegs das Gefolgerte. Denn wenn auch die

---

[1] Ausgabe 1803 „sittlichen".

ethische Idee erst so hätte müssen gefunden werden, so entsteht daraus ein Schein freilich, als ob jene Begriffe müßten früher vorhanden sein, welcher jedoch selbst die Sache so weit erleuchtet, daß jeder sieht, sie sind nicht ethische Begriffe gewesen, und ethische Begriffe vor der Idee müssen auch bei dieser Ansicht für Unsinn gehalten werden. Was nämlich jene Begriffe des Beifalls und der Mißbilligung anbetrifft, so können sie freilich, insofern sie zur Entwicklung der ethischen Idee hingeführt, ebenfalls ethische gewesen sein: allein eben insofern können sie auch nur angesehen werden als Anwendungen dieser Idee, und als, wenngleich unentwickelt, sie in sich enthaltend und auf sich beziehend. Was aber die Arten und Abteilungen menschlicher Handlungen betrifft, welche vor Beobachtung jener Merkmale gemacht worden: so können diese nicht ethische gewesen sein, und es müssen vielmehr in ihnen sittliche und unsittliche Handlungen miteinander vermischt gefunden werden. Wenn man zum Beispiel abgeteilt hatte nach den Kräften, in Handlungen des Verstandes und Willens, oder nach der Anschaulichkeit, in innere und äußere, oder nach der Wirkung, in solche, die nur den Handelnden selbst, und solche, die auch andere angehn, oder wie irgend sonst vor Auffindung der sittlichen Begriffe: so ist weder einzusehn, wie diese Begriffe eher in jenen kleineren Haufen hätten gefunden werden können als in der großen gesamten Masse, und wie also in Beziehung auf sie die Abteilungen anders als ganz zufällig sein können, noch auch demgemäß, wie bei dieser Zufälligkeit solche Abteilungen übertragen werden können in das System der Ethik, so daß es richtig wäre, in dieser zu unterscheiden zwischen beifälligen und mißfälligen Handlungen des Verstandes und Willens, oder gegen sich selbst und andere. Vielmehr wäre von vornherein das Gegenteil zu vermuten, daß nämlich auf solche Art die sittliche Idee nicht gliedermäßig, wie sie gewachsen ist, zerlegt, sondern widernatürlich müßte zerhackt und zerbrochen sein; indem ja das dialektische Verfahren mit Bewußtsein gar nicht von ihr, sondern von einem fremden Gebiet ausgegangen ist. Sollte es sich aber dem ohnerachtet entgegengesetzt verhalten: so könnte doch dies nicht anders bewährt und anerkannt werden, als indem das Verhältnis dieser Begriffe zur höchsten Idee der Ethik dargelegt, und sie dadurch aufs neue und regelmäßig gebildet würden. Und nur dann wäre ihre Stelle im System keiner Anfechtung ausgesetzt, wenn sich hieraus ergäbe, daß sie durch reine Ableitung ebenfalls hätten können gefunden werden.

Welchen[1] etwa dieses noch zweifelhaft sein sollte, die mögen bedenken, wie es selbst mit den natürlichen und sichtbaren Gegenständen sich nicht anders verhält. So möchte jemand behaupten, man habe lange zuvor, ehe die naturwissenschaftliche Idee eines tierischen Körperbaues vorhanden gewesen, schon einzelne darunter gehörige Begriffe gefunden, und unter mancherlei Abteilungen die lebenden Wesen geordnet und zusammengestellt. Zweierlei aber wird dennoch müssen zugegeben werden. Einmal, daß auch die roheren Versuche dieser Art nicht im Geist einer echten Naturbeschreibung gewesen; wie denn viele derselben, so wie die Behandlung sich näher an jene Idee angeschlossen hat, wieder haben zerstört werden müssen, und das gleiche Schicksal noch mehreren bevorsteht, je genauer in Zukunft die Naturkenntnis alles für die höhere Wissenschaft bearbeiten wird. Andernteils aber, daß anderen, obgleich in vollendeter Gestalt, jene Idee zum Grunde gelegen, und sie nur, indem dieses vollkommener dargestellt worden, in der Wissenschaft mit Recht ihren Platz eingenommen haben. Ebenso nun werden auch in der Ethik die Begriffe ihre wissenschaftlichen Ansprüche nur behaupten können, wenn **sie als aus der Idee abgeleitet und ihr entsprechend anzusehen sind**; und dieses also ist der Maßstab, nach welchem sie in unserer Untersuchung müssen geprüft werden. Wenn nun bei Betrachtung der verschiedenen Systeme eine Mehrheit von Begriffen sich darstellt: so werden diese entweder alle gegeneinander sich verhalten wie

---

[1] Absatz nicht im Original.

obere und untere und gleichen untergeordnete; oder es werden einige zu andern in diesem Verhältnis nicht stehen, so daß nicht nur von Begriffen, sondern auch von Reihen eine Mehrheit zu entdecken ist. Was zuerst diejenigen betrifft, welche untereinander eine Reihe bilden, so ist zuvörderst der Einteilungsgrund zu betrachten, welcher Gehalt und Umfang eines jeden bestimmt, ob er aus der ethischen Idee oder dem mit ihr zugleich gegebenen Gebiet ihrer Anwendung hergenommen ist. Ferner aber ist zu bemerken, daß es in jeder Reihe zwei Arten von Begriffen geben muß, wenn sie als geschlossen soll angesehen werden, von welchen die einen möchten formale zu nennen sein, die anderen aber reale. Jene nämlich sagen bloß eine Beziehung aus auf die sittliche Idee, es sei nun allgemein oder mit Bezeichnung eines beschränkten Umfangs, und tragen eben in Hinsicht auf diesen Umfang das Merkmal der weiteren Teilbarkeit an sich. Soll nun diese nicht ins Unendliche fortgehen: so muß zuletzt der Raum dieser Begriffe ausgefüllt werden durch reale, solche nämlich, welche nicht weiter als teilbar gedacht werden und ein Prinzip der Einheit in sich selbst haben. Und dieses eben müßte bei ihnen besonders noch geprüft werden, ob es ein sittliches ist oder ein fremdartiges. So zum Beispiel wäre der Begriff der Tugend im allgemeinen sowohl als auch besonders der geselligen Tugend, ein formaler und in Absicht auf seinen Umfang noch weiterhin teilbar. Als ein realer hingegen und unteilbar wird gedacht der Begriff der Wohltätigkeit oder jeder andern bestimmten Tugend. Geteilt freilich kann auch dieser werden, wie man sich denn denken kann, eine Wohltätigkeit durch Mitteilung und eine durch Handlung, und eine, welche sich auf das Äußere, und eine andere, welche sich auf das Innere bezieht. Indem er aber aufgestellt ward als ein realer Begriff: so wird behauptet, daß jede solche Teilung, wie nützlich sie auch sein möge zu irgendeinem Behuf, dennoch den Vorbehalt mit sich führe, daß das eigentlich Sittliche durch sie nicht weiter geteilt werde. Denn es wird vorausgesetzt, daß, wer diese Tugend besitzt, sie auch ganz besitze, und daß nicht wieder Teile von ihr gedacht werden können, die als Tugenden in der Wirklichkeit können abgesondert erscheinen; welches zum Beispiel in dem obigen Begriff der geselligen Tugend, als einem formalen, nicht war gedacht worden. Demnächst aber ist offenbar, daß in einem System der Ethik mehrere Reihen von Begriffen können und vielleicht sollen gefunden werden, indem aus jeder von den verschiedenen Gestalten, unter denen die oberste Idee angetroffen wird, auch eine eigene Reihe von Begriffen muß abzuleiten sein. Weshalb auch darauf zu merken ist, auf welche von diesen Gestalten eine jede Reihe sich bezieht, und ob alles, was unter derselben enthalten ist, auch dieser Beziehung treu bleibt, ohne zu verwildern und durch Vermischung auszuarten.

Wird[1] nun dieses angewendet auf die verschiedenen Systeme, welche vorhanden sind: so ergibt sich zuerst, daß die formalen Begriffe selbst, um so mehr, je weiter sie hinabsteigen, in einem jeden verschieden sein müssen von denen in allen übrigen, und so auch noch mehr die realen. Denn wie wäre es, was die letzten betrifft, möglich, daß aus Ideen, die im Inhalt ganz verschieden sind, das einzelne sollte gleich und ähnlich können entwickelt werden? Was aber die ersten anbelangt, so ist ebenfalls klar genug, daß der verschiedene Inhalt der Idee auch einen ganz verschiedenen Einteilungsgrund geben muß, und daß in verschiedenen Systemen nur etwa die allgemeinen Ausdrücke des sittlichen Bejahens und Verneinens können dieselbigen sein. Vielleicht möchte jemand hiergegen einwenden, daß nicht die Idee selbst dürfte geteilt werden, sondern vielmehr das ihr angewiesene Gebiet, und dieses könnte ja in mehreren das nämliche sein, wie denn für dasselbe mehrere den allgemeinen Ausdruck menschliche Natur miteinander gemein haben. Aber auch diese wird ja, wenn die Idee anders ist, nach einem anderen Grunde müssen geteilt werden; und gewiß wird, dafern es folgerecht sein will, ein System, welches auf die bloße Empfindung ausgeht, eine andere Teilung vornehmen, als dasjenige, welches die Tätigkeit selbst sich zum Ziel setzt. Noch

---

[1] Absatz nicht im Original.

weniger etwa würde der Einwurf besagen, es könne ja der allgemeine Begriff der Angemessenheit zur sittlichen Idee, ohne Hinsicht auf den Gehalt von dieser, geteilt werden nach einem logischen Prinzip, so wie etwa Kant uns aufstellt das Verzeichnis der Kategorien der Freiheit in Ansehung der Begriffe des Guten und Bösen, woraus denn offenbar formale Begriffe entstehen, welche in allen Systemen ohne Unterschied des Gehaltes ihrer Forderungen müßten zu brauchen sein. Denn die Tafel selbst zeigt genugsam das Gegenteil, indem darin bald unter einer Abteilung vereinigt ist, was stattfinden kann in der Ethik, und was nicht; bald Teilungen gemacht sind, welche ethisch gar keine Bedeutung haben, bald durcheinander geworfen, was getrennt sein sollte; so daß nicht Not ist, in Beziehung auf sie viel gegen diejenigen zu sagen, welche meinen, das Heil müsse überall zu finden sein bei einem solchen Verfahren. Ja, Kant selbst erklärt wörtlich sowohl als durch die Tat, daß seine Absicht damit mehr auf eine Annäherung der ethischen Begriffe von außen her gegangen, als auf derselben Erfindung und Anordnung. Ferner aber, was die voneinander unabhängigen Begriffe betrifft, welche die verschiedenen Reihen anfangen: so wäre zu untersuchen, wie vollständig eine jede ausgeführt worden, noch mehr aber, ob auch wirklich eine richtige Beziehung auf die entsprechende Gestalt der höchsten Idee zugrunde gelegen. Demzufolge also müßte jedes System seinen eigenen geschlossenen Kreis ethischer Begriffe haben, durch welche der gesamte Umfang des sittlichen Gebietes anders als bei andern geteilt, und durch andere reale Einheiten ausgefüllt würde. Ja, in der vollständigen Ausführung müßte dieser Kreis ein dreifacher sein, und wenigstens müßte die Prüfung das Unvollständige ergänzen, entweder darstellend oder nur divinierend, indem von dem Geist und Wert einzelner Bruchstücke einer unvollendeten Reihe auf das übrige geschlossen würde.

Daß aber dieses ausführliche und mühsame Verfahren mit dem Werte dessen, was bisher in diesem Teil der Sittenlehre geleistet worden ist, in keinem Verhältnis stehen würde, muß teils schon aus den Schlußsätzen, welche das erste Buch angedeutet, erhellen, teils wird jede auch nur flüchtige Betrachtung der eingeführten Begriffe selbst in ihrer Verbindung ohne Zweifel darauf hinführen. Denn jenes muß gezeigt haben, um wieviel weniger, als gewöhnlich gedacht wird, die ethischen Systeme in ihren Grundideen sich voneinander scheiden, und wie fast keines ohne ein tadelnswertes Hinschielen auf die andern zu finden ist; welcher Vorwurf noch zum Überfluß gerade die ausgeführtesten auch am schärfsten zeichnet. Wer aber diese[1] anstellen will, dem kann es nicht entgehen, wie in der Tat die Verwirrung noch größer ist, als sie im voraus sich erwarten ließ. Überall bis zum Widerwillen zeigen sich dieselben Einteilungen und Begriffe; auch die Darstellungen, welche am meisten voneinander abweichen sollten, borgen eine von der andern; und anstatt Eigenes zu entwickeln, ist das systematische Bestreben so träge, daß es sich nur begnügt, gegen einiges von dem Vorhandenen zu streiten, indem es das übrige sich aneignet. Kurz, alles ist allen so gemein, daß, wenn die historischen Spuren verwischt werden, niemand mehr einen Grund haben kann, einiges mehr diesem, anderes mehr einem andern System zuzuschreiben, und daß ganz von selbst der Verdacht entsteht, daß allen diesen Ansichten und Begriffen ein anderer als ethischer Ursprung zukommen möge. Da nun die Verwirrung weiter herabwärts immer zunimmt, und in den für real gehaltenen Begriffe so groß ist, daß nicht selten derselbe unter mehrere ganz verschiedene formale gezogen wird: so scheint die sicherste Art der Behandlung diese, daß beide Klassen gänzlich voneinander gesondert, und zuerst die formalen Begriffe geprüft, dann aber mit dem Licht, welches von hier aus auf sie fallen muß, auch die realen beleuchtet werden.

---

[1] So schreibt Ausgabe 1846; es muß offenbar heißen: „dieses", wie auch Ausgabe 1803 angibt.

Erster Abschnitt.
Von den formalen ethischen Begriffen.

Pflichten, Tugenden und Güter.

Gehen wir nun über zur Prüfung der formalen Begriffe der Ethik, so treten deren drei heraus vor allen übrigen, jeder eine Reihe von andern unter sich, keiner aber dem andern untergeordnet; die Begriffe nämlich der Pflichten, der Tugenden und der Güter, mit ihren Gegensätzen von Übertretungen, Lastern und Übeln, und den sich auf sie und ihre Verhältnisse beziehenden Nebenbegriffen. So nämlich, wie angedeutet ist, erscheinen sie im ganzen; denn im einzelnen fehlt es auch hier nicht an Abweichungen und an Verworrenheit. Wie zum Beispiel die Stoiker zwar im allgemeinen Tugenden und Güter unterscheiden, und als getrennte Abschnitte der Sittenlehre behandeln; dann aber doch auch die Güter einteilen in Tugenden, und in solche, die es nicht sind; so daß zu schließen ist, das nämliche Merkmal, wodurch etwas als Tugend gedacht wird, nötige auch es zu denken als ein Gut. Oder wie die Neueren mit den ihnen geläufigeren Begriffen der Tugend und der Pflicht verfahren, welche sie zwar unterscheiden in allgemeinen Erklärungen sowohl als in der Art, wie sie ganz anders jeden zu teilen pflegen; geht man aber weiter ins einzelne hinab, so findet man nicht selten ganz das nämliche als Pflicht und auch als Tugend aufgeführt. Sonach schiene es wieviel Pflichten zu geben, soviel auch Tugenden, in beiden Begriffen gleiches zusammengefaßt, und durch beide das Sittliche auf gleiche und genau entsprechende Weise geteilt. Ja höchst seltsam und verworren werden oft beide durcheinander geworfen, wenn zum Beispiel Garve, nachdem er gelehrt, die Klugheit sei eine Tugend, dann zu vernehmen gibt, es sei die erste Pflicht des klugen Mannes, daß er zugleich tapfer sei und besonnen, welches doch selbst wieder andere Tugenden sind; so daß auf solche

Art beide Begriffe ganz ineinander geschoben werden. Doch diese Verwirrung zeigt sich erst in den realen Begriffen, und könnte also leicht nur ein Fehler der Ableitung sein, welche zur Ungebühr genähert hätte, was entfernt bleiben sollte. Allgemeiner aber und höher hinauf findet man dieses Ineinanderschieben bei Kant, welcher die Frage aufstellt, inwiefern einer dieser Begriffe vom andern könne ausgesagt werden, und sich darin mannigfaltig und höchst undialektisch verwickelt. So hat er Pflichten, welche Tugendpflichten sind, und solche, die es nicht sind, doch aber ethische, dann auch allerlei, was zu tun Tugend sei, aber nicht Tugendpflicht; und bald meint er, man könne sagen, der Mensch sei zur Tugend verpflichtet, bald wiederum, man könne nicht sagen, es sei Pflicht die Tugend zu besitzen. Indes wird weder diese Verwirrung noch die oben angeführte der Stoiker jemanden bewegen, es müßte denn aus Trägheit zur Untersuchung geschehen, zu glauben, weder daß beide Begriffe gleich oder einer dem andern untergeordnet wären, noch auch daß einer oder beide, wie sie denn freilich aus dem gemeinen Redegebrauch herübergenommen sind, etwas gar nicht in die Wissenschaft Gehöriges bezeichneten. Vielmehr wird jeder überall, er gehe nun der Mehrheit der Andeutungen nach oder dem eigenen Gefühl, von dem wesentlichen Unterschied sowohl als der gleichen Unentbehrlichkeit beider überzeugt bleiben, und den Fehler nur in einer sich selbst mißverstehenden Dialektik suchen, welche eben prüfend soll zurechtgewiesen werden. Ferner erhellt, daß keiner von ihnen dem andern untergeordnet ist, auch schon daraus, weil es Darstellungen der Sittenlehre gibt, in denen einer von beiden gänzlich fehlt, indem es undenkbar und der Natur zuwider ist, daß eine Wissenschaft mitten in der Reihe der ihr zugehörigen Begriffe sollte anfangen oder aufhören können. Ihren wesentlichen Unterschied nun und ihre gleiche Ursprünglichkeit vorausgesetzt, entsteht um so mehr, da sich kein vierter Begriff findet, welcher den gleichen Rang behaupten wollte, der Gedanke, daß jeder von ihnen einer andern

Form der ethischen Idee entspricht, und als oberster seiner Art das Sittliche überhaupt bezeichnet, insofern es auf jene Form sich bezieht. Demnach müßte in allen ethischen Systemen ihr Verhältnis gegeneinander dieses sein, daß keiner dem andern mit Recht untergeordnet wäre, noch auch so beigeordnet, daß sie unter sich den Umfang des sittlichen Gebietes teilten und auf diese Weise einer den andern ergänzte. Denn in diesem Falle müßten sie sämtlich einem andern nur nicht ausgesprochenen als seine Teile untergeordnet sein. Sondern so vielmehr, daß jeder das Sittliche überhaupt und im allgemeinen bezeichnet, und es in seinen Unterabteilungen ganz aber nach einem andern Prinzip so teilt, daß, wie weit auch die Teilung fortgesetzt werde, die Teile des einen nie zusammenfallen mit denen des andern. Wie etwa der Geometer eine Kreisfläche teilen kann, wenn er auf die Teilbarkeit des Halbmessers sieht, in konzentrische Ringe, sieht er aber auf die Teilbarkeit der bildenden Bewegung, in Ausschnitte; und bei keiner von diesen Teilungen können jemals durch Konstruktion nach ihrem Gesetz dieselben Teile herauskommen, als bei der andern. Ob nun jene Beziehung auf eine bestimmte Form der obersten Idee festgehalten worden, ob ferner dieses Verhältnis nicht verletzt ist, und ob die weiteren Teilungen der Begriffe ihrer ursprünglichen Bildung entsprechen, dieses sind die Gegenstände der mit ihnen vorzunehmenden Prüfung.

1.

Vom Pflichtbegriff.

Von dem Begriffe der Pflicht zuerst ergibt sich aus allen Erklärungen, welche einigen Bestand haben, daß er das Sittliche bezeichnet in Beziehung auf das Gesetz. Das Gesetz bezieht sich unmittelbar auf die Tat, und jede Frage nach der Pflicht ist eine Frage nach dem Sittlichen in einer bestimmten Tat. Was also in diesem Sinn irgenwo vorkommt, das ist unter diesen Begriff gehörig und hier mit in Untersuchung zu ziehen. So erklärt

Kant die Pflicht als die durch das Gesetz bestimmte Notwendigkeit einer Handlung. So auch wird Pflicht sein, was die Stoiker sehr verständlich erklären als dasjenige, was, wie es im Zusammenhange des Lebens gehandelt wird, eine vernunftmäßige Verteidigung zuläßt. Das Vernunftmäßige nämlich ist, was durch Beziehung auf das Gesetz gefunden wird; das erstere Merkmal aber deutet sehr vortrefflich die Art an, wie überall allein die Pflicht kann ans Licht gebracht und bestimmt werden. Ebenso ist es eine Frage nach der Pflicht, wenn gefragt wird, ob in der Schlacht den Freund zu verlassen schön sei oder schändlich, wie die Alten sagten, recht aber oder unrecht, wie wir sagen würden, denn auch dieses Wort drückt in unserm Gebrauch nicht eine rechtliche Beziehung aus, sondern eine sittliche. Daß nun dieser Begriff ein rein formaler ist, und seinen Inhalt erst erwartet, auf der einen Seite von dem Inhalte des Gesetzes, auf der andern aber von dem Inhalte des Gebietes der Handlungen, worauf es soll angewendet werden, dieses ist deutlich. Und wenn Kant nur das für heilig hält, was dem Gesetz wie es von ihm aufgestellt und erkannt worden, entspricht: so hat er nicht Ursache, also begeistert, wie er tut, den Namen der heiligen Pflicht anzurufen. Denn wenn gleich in den Darstellungen der auf die Empfindung und den Genuß ausgehenden Sittenlehre wenig die Rede ist von der Pflicht: so hat dennoch dieser Begriff auch dort seine Stelle, weil ja der Gegenstand des Triebes auf eine auch der Idee jener Ethik angemessene oder widerstreitende Art kann behandelt und jeder Augenblick auf diese oder jene Art ausgefüllt werden. Weiter aber als diese möchte wohl keine Sittenlehre von dem Begriff der Pflicht entfernt sein, so daß hieraus seine allgemeine Gültigkeit hinlänglich erhellt. Was aber das Verhältnis desselben zum Begriff der Tugend betrifft, dieses bezeichnen die Stoiker sehr bestimmt, indem sie sagen, daß in jeder pflichtmäßigen Handlung alle Tugenden müssen vereinigt sein, woraus auch umgekehrt folgt, daß dieselbe Tugend bei sehr verschiedenen

Pflichten geschäftig ist; welches beides zusammen die Verschiedenheit der Beziehung und des Inhalts beider Begriffe in dem hellsten Lichte darstellt. Unter den **Neueren** hingegen pflegt dieser Unterschied dadurch bezeichnet zu werden, daß dem Sittlichen, insofern es auf die Pflicht bezogen wird, Gesetzmäßigkeit, insofern es aber der Tugend angehört, Sittlichkeit zugeschrieben wird in einem engeren Sinne. Welches bei weitem nicht so deutlich ist, sondern vielmehr eine verderbliche Mißdeutung zuläßt. Denn nicht wenige verstehen dieses so, als könnte eine Handlung gesetzmäßig sein in ethischem Sinne, also entsprechend dem Begriff der Pflicht, dennoch aber nicht hervorgegangen aus der sittlichen Gesinnung; woraus folgen müßte, daß dem Pflichtbegriff noch ein außerhalb des Sittlichen gelegenes Gebiet unterworfen wäre, und er also kein ethischer sein könnte. Vielmehr könnte eine solche Handlung nur durch einen falschen Schein mit dem Gesetz zusammentreffend gefunden werden, welcher sogleich verschwinden müßte, wenn sie wirklich ethisch bezeichnet würde, nämlich nach den Maximen, welche dabei in Vergleichung gekommen. Setzet etwa, um eines von jenen abgetragenen Beispielen zu wählen, es habe einer ein anvertrautes Gut, so er ohne Gefahr hätte zurückbehalten mögen, dennoch erstattet, um hernach durch Darlegung dessen, was in seiner Gewalt gestanden, sich im Besitz des Vertrauens zu befestigen: so ist diese Handlung ethisch nicht anders auszudrücken, als er habe den größeren, wenngleich entfernteren Vorteil dem geringeren vorgezogen. Wo nun, wie in manchen eudämonistischen Sittenlehren, der Vorteil das Gesetz ist, und die Enthaltsamkeit eine sittliche Gesinnung, da ist sie sowohl gesetzmäßig, als auch sittlich; wo aber wie in den reintätigen Sittenlehren der Vorteil kein ethischer Zweck ist, da wird sie auch nicht mehr gesetzmäßig sein, als sie tugendhaft ist, denn es ist nach einer Regel gehandelt, welche gar keine Stelle einnimmt, und der scheinbar ethische Ausgang beruht nur auf einem veränderlichen Verhältnis. Daher ist offenbar, daß, wenn dem

Pflichtbegriff die Gesetzmäßigkeit, dem Tugendbegriff aber die Sittlichkeit im engeren Sinne zur Seite gestellt wird, dieses kein Gegensatz sein soll, als ob beide in der Wirklichkeit könnten getrennt sein, sondern nur ein Hinwegsehen in der Betrachtung. Denn bei gleicher Beziehung auf das Gesetz, welche nur sein kann Bejahung oder Verneinung, findet statt eine verschiedene Beziehung auf die Kraft, welche kann größer gewesen sein oder geringer, um die entgegenstehenden Antriebe zu überwinden. Auch dieses bezeichneten die Stoiker, ohnerachtet sie keine Grade der sittlichen Kraft annehmen wollen, wie denn oftmals ihre Dialektik besser ist als ihre Grundsätze. Nämlich dieselbe Handlung, welche sie in Beziehung auf das Gesetz Pflicht nennen, nennen sie in Beziehung auf die Kraft und Gesinnung, je nachdem der Weise sie verrichtet hat oder der andere, in jenem Falle eine richtige oder vollendete Tat, in diesem ein Schickliches im niedrigen oder zweideutigen Sinne. Daß dies der Sinn ist von den beiden hier gemeinten und oft mißverstandenen Ausdrücken, muß jedem einleuchten; wiewohl der letztere von einigen noch in einer andern verwandten Bedeutung gebraucht worden, um nämlich Bestimmungen anzudeuten, welche gefaßt worden in Beziehung auf diejenigen Dinge, von denen die vollkommene sittliche Gesinnung ihrer Behauptung nach nicht soll bewegt werden. Wenn aber Garve hiermit die ehemaligen Tugenden der Heiden vergleicht, so ist ihm dieses zu verzeihen, da er dem Marcus Cicero folgt, welcher hier alles verwirrt hat, weil er, zur unglücklichen Stunde wie immer, vom Panaitios absitzend sein eignes ungelerntes Roß bestiegen hat. Kant indes hat offenbar von dem richtigen Wege weit abweichend und, wie es ihm leicht und oft begegnet, das Juridische mit dem Ethischen verwechselnd, die Gesetzmäßigkeit und die Sittlichkeit als Gegensatz genommen, und sich dadurch, wovon auch die Spuren sich überall offenbaren, den ganzen Pflichtbegriff, den einzigen mit dem er noch umzugehen weiß, ebenfalls verdorben. So zum Beispiel wird es ihm nun zu einer besondern

Pflicht, daß alles aus Pflicht geschehen müsse, und noch zu einer anderen besonderen, daß man sich auch die Erfüllung aller Pflichten zum Zweck mache, und zwar, um die Verwirrung recht groß zu machen und die juridische Beschaffenheit seiner Ethik ganz aufzudecken, beide zu solchen, bei denen wir nur zur Maxime verbunden sind, jede wirkliche Ausübung aber verdienstlich ist, welches heißt, über die Nötigung des Gesetzes hinausgeht. Wie nun dieses, wenn anders die ethische Gesetzmäßigkeit entsprechen muß der ethischen Gesetzgebung, mit seinem Begriff von der letzteren zu vereinigen ist, daß sie nämlich die sei, welche die Pflicht zugleich zur Triebfeder macht, das mag er selbst rechtfertigen. Andern aber muß hieraus klar sein, wie der Begriff der Pflicht bei ihm ein solcher ist, welcher der Sittenlehre vorangeht, herüber genommen nämlich aus der ganz unbefugt abgesonderten Theorie des Rechtes. Ebenso unnatürlich sondert Fichte beides ab, und scheint auf dem gleichen Irrwege zu sein, indem er sagt, es könne bei der freien, nämlich nicht nur formal, sondern auch material freien Handlung gefragt werden nach dem Was und nach dem Wie, oder nach der Form und nach der Materie, welches wechselnd ins Unendliche spielen zu wollen scheint. Unnatürlich aber ist es bei ihm; denn was nicht auf die rechte Art gehandelt worden ist, das liegt auch nicht in seiner Reihe der sittlichen Annäherung, und es kann nicht auf die rechte Art sein gehandelt worden, wenn nicht nach ihr gefragt worden ist. Eigentlich also ist, wie es auch sein muß, das Was und das Wie unzertrennlich verbunden, so daß, wenn nur das erste richtig bezeichnet ist, über das letzte keine Frage mehr stattfindet, und auch aus dem Wie, wenn nur die Momente der Handlung bekannt sind, das Was sich von selbst ergeben muß. Wie aber überhaupt bei Fichte der juridische Charakter nicht so stark und kenntlich ausgeprägt und überall auf der Oberfläche verbreitet ist: so hat auch dieser falsche Zug bei ihm nicht so viel verwirrende Folgen.

Wenn nun der Pflichtbegriff ferner seine Stelle als erster

seiner Art und als allgemeine Bezeichnung des Sittlichen würdig behaupten soll: so muß er es auch ganz umfassen und auf jede Handlung seine Anwendung finden. Denn daß diese Allgemeinheit gewiß der Idee zukommen muß und ihr bald nichts übrig bleibt, wenn erst einiges ihr entzogen ist, dieses ist schon oben mit Wenigem erwähnt; hier aber muß davon mit Beziehung auf den Begriff auf andere Weise gehandelt werden, indem der Fall sich denken läßt, daß der Grundsatz selbst in seinem Inhalt eine solche Beschränkung nicht bei sich führe, und sie ihm nur bei der Anwendung aus Schuld der Begriffe aufgelegt werde. Derjenige Begriff nun, welcher überall, wo er als ein wirklicher und positiver in die Ethik eingeführt wird, eine solche fehlerhafte Beschaffenheit des Pflichtbegriffs anzeigt, ist der Begriff des Erlaubten. Daß dieser, so gedacht wie jetzt bestimmt worden, ein widersprechender sei, ist nicht schwer einzusehen. Denn er geht in Absicht auf seinen Inhalt doch immer auf dasjenige, was innerhalb des sittlichen Gebietes liegt; — oder würde es etwa nicht lächerlich und als eine falsche Anwendung des Begriffs erscheinen, wenn jemand zum Beispiel fragen wollte, ob es erlaubt sei, zu verdauen? — von diesem aber sagt er aus, daß es sittlich nicht bestimmbar sei, so daß offenbar die Bestimmung und das Bestimmte darin einander aufheben. Wie er nun dennoch in die meisten Darstellungen der Sittenlehre Eingang gefunden, dieses ist auf eine zwiefache Art zu erklären. Zuerst daraus, daß er allerdings in der Anwendung der Ethik im Leben seine Bedeutung hat; aber nicht als ein positiver, sondern nur als ein negativer Begriff. So nämlich, daß er besagt, eine Handlung sei noch nicht so in ihrem Umfang und mit ihren Grenzen vollständig aufgefaßt, daß ihr sittlicher Wert könne bestimmt werden. Denn zufolge des oben schon Gesagten steht die ethische Idee, gleichviel, welchen Gehalt man ihr unterlege, mit einer Handlung, insofern diese nur entweder eine Bewegung des Gemütes oder eine Veränderung in der Sinnenwelt ist, unmittelbar in gar keinem

Universalität der Pflicht.

Begriff des Erlaubten.
1.

Verhältnis; und von jeder Handlung, solange sie nur so ausgedrückt ist, muß gesagt werden, daß sie erlaubt ist, das heißt, daß es Bestimmungen geben könne, unter welchen sie dem Gesetz gemäß, und andere, unter denen sie demselben zuwider sein wird. Ja, dieses gilt von dem Vernichten eines menschlichen Lebens nicht minder als von dem Essen einer Auster. Denn daß im gemeinen Leben auch solche noch nicht geschlossene Formeln bald erlaubt, bald unerlaubt genannt werden, je nachdem sich dem Gemüt mehrere verneinende oder bejahende Bestimmungen darbieten, dieses hat auf den wissenschaftlichen Wert des Begriffs keinen Einfluß. Wogegen zum Beispiel in der Formel, der Lust nachgehn mit Verabsäumung des Berufs, eine für die praktische Ethik wenigstens hinreichende Bestimmung liegt, oder in der ganz einfach scheinenden des Stehlens schon enthalten ist die Vernichtung der vorhergegangenen Anerkennung des Eigentums, und hier also ist der Begriff des Erlaubten nicht mehr anwendbar. Woraus sich ergibt, daß er in wissenschaftlichem Sinn nur besagt, die Bezeichnung einer Handlung sei, zum Behuf nämlich ihrer sittlichen Schätzung, noch nicht vollendet und stehe also auf einem Punkt, auf welchem sie nicht könne stehenbleiben; so daß dieser Begriff keineswegs eine Bestimmung enthält, sondern nur eine Aufgabe. Wird er aber so verkannt, daß beides verwechselt, und geglaubt wird, er könne wirklich etwas ethisch bestimmen: so ist zu vermuten, daß die Begriffe des Rechten und Unrechten, denen er fälschlich beigeordnet und zwischengeschoben wird, eben so verkannt sind, und daß sich in den Formeln, welche das Pflichtmäßige angeben sollen, Vernachlässigung der sittlichen Grenz- und Größenbestimmung finden, welche es rechtfertigen, daß neben diesem Begriff der ganz leere des Erlaubten hingestellt werde. Wer zum Beispiel nicht nur wie jeder behauptet, es sei erlaubt, Austern zu essen, sondern auch sich einbildet, hiermit ethisch etwas bestimmt zu haben, so daß nun über die Frage nichts mehr zu sagen wäre, von dem ist zu glauben, daß auch seine Formeln zu

Bezeichnung des Pflichtmäßigen in der Ernährung des Körpers und im Gebrauch der Naturdinge müssen unzureichend sein. Denn wären sie bestimmt, so könnte ihm nicht entgehn, daß jene Handlung in jedem einzelnen Fall unter eine von diesen Bestimmungen fallen müsse, bald unter die bejahende, dann unter die verneinende, und daß sie demnach müsse weiter konstruiert werden. Wollte aber jemand sagen, der Begriff des Erlaubten sei einzuschränken auf diejenigen Gegenstände, welche zu geringfügig wären, um jedesmal diese weitere Bestimmung vorzunehmen: so wäre dieses ja offenbar sehr unwissenschaftlich, weil vor dieser Bestimmung niemand über die sittliche Größe und Bedeutsamkeit der Handlung etwas behaupten kann. Dieses haben besonders die Stoiker, deren gleichgültige Dinge nicht an diesen Ort gehören, vortrefflich eingesehen, und jedes Mittel zwischen Pflicht und Übertretung verworfen. Ja, indem sie denselben Ausdruck, durch welchen sie vollkommenste sittliche Handlung bezeichnen, auch mit den unbedeutendsten Erfolgen zusammengesellen, und ein vollkommen sittliches Spazierengehen oder Fragen und Antworten und mehr solches annehmen: so bezeugen sie vortrefflich, daß die Anwendung des Gesetzes auf eine Handlung mit der scheinbaren Größe derselben in keiner Verbindung stehe. Denn wenn doch auch sie sagen, es gebe Handlungen, die weder Pflichten wären noch Übertretungen: so haben sie nur dialektisch die leere Stelle bezeichnen wollen. Wie sie denn auch selbst sagen, daß sie sie nur mit dem Unbestimmten ausfüllen; denn das einzelne, welches sie hinsetzen, ist dasselbe, worin sie auch ein vollkommen Sittliches annehmen, das Fragen nämlich, das Antworten und dergleichen. Daß also die erste Entstehung des mißverstandenen Begriffs des Erlaubten von übler Vorbedeutung sei für den Pflichtbegriff überhaupt, ist deutlich aus dem Gesagten. Die zweite aber 2. ist die schon als verderblich anerkannte Verwechslung des Sittlichen mit dem Rechtlichen. Denn dieses letztere nimmt sich nicht heraus, eine Sphäre des menschlichen Handelns auszufüllen, sondern vielmehr nur einiges aus derselben auszuschließen; und so muß natürlich dort, eben weil der Begriff der Pflicht ein negativer ist, der des Erlaubten ein positiver sein. Wird nun dieses letztere auf das Sittliche übergetragen, so wird auch das erste müssen mitgenommen werden; und wer, wie Kant unstreitig abermals aus Schuld dieser Verwechslung, sogar ein Erlaubnisgesetz auf dem Gebiet der Ethik aufstellen will, von dem ist zu besorgen, daß er auch den Begriff der Pflicht seines wahren Gehaltes berauben, und ihn in einen beschränkenden und negativen verwandeln werde. Doch dieses schließt sich an die Art, den Pflichtbegriff einzuteilen, welche jetzt soll untersucht werden.

Einteilung der Pflichten, vollkommene — unvollkommene.

Zuerst fällt in Beziehung auf die geahndeten Mängel in die Augen die bei den Neueren fast allgemeine Einteilung der Pflicht in die vollkommene und unvollkommene; welcher, wiewohl sie von Verschiedenen verschieden erklärt, doch überall derselbe Begriff zum Grunde liegt, und dieselben Verfälschungen des Pflichtbegriffes nachfolgen. Denn einerseits wird die unvollkommene Pflicht erklärt als diejenige, welche sich durch andere einschränken läßt, die vollkommene aber als die, welche dies nicht erleidet; womit jene andere Erklärung in Verbindung zu setzen ist, die unvollkommene Pflicht sei die, in Ansehung deren ein jeder, nicht wie bei der vollkommenen unmittelbar zur Handlung, sondern nur die Maxime zu haben verbunden sei, offenbar jener möglichen Beschränkung wegen. Hier nun ist zuförderst die Nichtigkeit der Einteilung leicht zu erkennen, wie auch das damit verbundene Mißverständnis des Pflichtbegriffs. Denn aus dem bisher Gesagten muß jedem deutlich sein, daß **jede Pflichtformel mit einem Handeln auch zugleich seine Grenzbestimmung ausdrücken muß. Pflicht nämlich ist Bezeichnung des Sittlichen in einer Tat**; in dieser aber ist es nicht unmittelbar, sondern nur durch Beziehung auf die Gesinnung zu erkennen; welche Beziehung wiederum nur erscheinen kann in der Beschränkung und Bedingung, die daraus entsteht, daß nicht das Tun selbst, sondern das Sittliche in demselben angestrebt ward. Wesentlich also ist jeder Pflichtbegriff Konstruktion des Sittlichen durch Grenzbestimmung des Handelns; und eine Formel, die ein bloßes Handeln ausdrückt ohne solche Grenzbestimmung, ist keine Formel für eine Pflicht. Eine solche zum Beispiel ist die, wenn gesagt wird, es sei Pflicht, das Leben zu erhalten; denn unter diese Formel läßt sich, wenn nicht das Wie, Wodurch und Wenn bestimmt ist, viel Unsittliches unterbringen. Hiergegen freilich erhebt sich ein Schein aus den Rechtspflichten, bei denen dieses nicht stattfindet, und welche überall mehr als sonst irgend etwas die Abteilung der vollkommenen Pflichten ausfüllen. Diese aber im ethischen Sinne besonders zu betrachten und ihnen den Namen eigener Pflichten zuzugestehen, möchte sehr bedenklich sein, da nichts Sittliches durch sie gesetzt und bestimmt, sondern nur ein Unsittliches bezeichnet wird. Ja sie sind ethisch angesehen gar nichts für sich Bestehendes, sondern nur Teile der Analyse irgendeiner ihnen in Hinsicht auf diesen Charakter unähnlichen Pflicht; so daß man sagen kann, sie haben nur den Wert von technischen Regeln für die richtige Ausführung eines anderweitig Beschlossenen. So wenn die Pflicht erwiesen und anerkannt ist, ein Eigentum zu stiften, ist es nur eine technische Bemerkung für den Unverständigen und Unbedachtsamen, daß er nicht durch einzelne Handlungen, ohne zu merken, daß sie jener Pflicht angehören, die Einrichtung verletze, und das pflichtmäßig Gehandelte wiederum aufhebe. Auf ähnliche Art nun weisen sie alle hin auf eine andere Pflicht, und zwar größtenteils auf die, einen Rechtszustand hervorzubringen, oder, welches gleichviel ist, durch fortgesetzte Hervorbringung zu erhalten. Deshalb wird auch bei den Alten dieser Pflichten in der Ethik so gut als gar nicht erwähnt, weil bei ihrer mehr öffentlichen und tätig bürgerlichen Lebensweise das Bewußtsein von der fortgesetzten Hervorbringung des gesellschaftlichen Zustandes zu lebhaft war, um solcher Vorsichtsregeln zu bedürfen. Diese Pflicht aber, den Rechtszustand wirklich zu machen, ist ebenfalls eine solche, die nur durch Grenzbestimmung als Pflicht auszudrücken ist, indem es auch in Beziehung auf sie ein Wenn gibt, und Wie und mit Wem. Und nach eben der Regel müßte eine große Menge anderer Handlungen abgesondert werden, welche Aristoteles zusammenfaßt unter dem Titel solcher, über welche nicht mehr beratschlagt wird, weil sie nicht ein neues und frei beginnendes Tun sind, sondern nur ein notwendiges Fortsetzen eines andern, in welchem die Seele noch begriffen ist. So, sagt er, wird keiner, der sich einmal als Arzt gesetzt hat, noch darüber beratschlagen, ob er einen Kranken heilen solle; denn dieses ist mitgesetzt in jener Tat. Auch haben hierauf einige Alte, wie der peripatetische Eudoros, eine Einteilung gegründet in zusammengesetzte und nicht zusammengesetzte Pflichten, und den ganzen Ort vom Beruf und der Lebensweise unter die ersten gebracht. Diese Einteilung nun ist freilich folgerechter als die der Neueren: dennoch aber ist es ethisch genommen kein wesentlicher Unterschied, ob die Vollbringung einer Handlung in einem ungeteilten Moment geschieht oder nicht, und ob sie sich in gleiche Teile zerfällen läßt oder nicht, sondern nur ein willkürlich angenommener zwischen Anfang und Fortsetzung. Wenn also, was von der Einschränkung gesagt wird, welche die unvollkommenen Pflichten erleiden, sich hierauf beziehen soll, und andeuten, daß es ihnen, wie sie im System aufgestellt sind, an dieser Grenzbestimmung fehle, welche erst für jeden einzelnen Fall besonders müsse gefunden und hinzugetan werden, gleichsam wie ein flüchtiger Bestandteil, welcher einer Zusammensetzung besser erst im Augenblick des Gebrauches beigemischt wird: so ist nach dem Obigen gerade dieser Bestandteil der eigentlich ethische, und Formeln, denen er fehlt, sind gar keine Pflichtformeln. Ja, da sich nun auch die sogenannten vollkommenen lassen auf jene zurückführen, so würde durch die so verstandene und erklärte Einteilung am Ende gesagt, daß gar keine Pflichtformel könne aufgestellt werden. Ist es damit aber anders und buchstäblich so gemeint, daß eine Pflicht durch die andere soll

Einfache — zusammengesetzte Pflichten.

eingeschränkt werden: so ist ja klar, daß die Formel, welche die Einschränkung erleidet, keine Pflichtformel kann gewesen sein. Denn es wird der abgestoßene und ausgesonderte Teil ihres Gebietes gesetzt als der einschränkenden Pflicht entgegen, und also als pflichtwidrig, und die Formel enthält demnach Sittliches und Unsittliches vermischt. Noch auffallender auf eine andere Art ist der Widerspruch, wenn Kant behauptet, daß dennoch nur die unvollkommenen Pflichten den eigentlichen Inhalt der Ethik ausmachen. Denn sollen nun die einschränkenden Pflichten Rechtspflichten sein: so gerät er auf eine im Kreise herumgehende Unterordnung der Ethik unter eine andere Disziplin, wogegen jene sich immer sträubt; sollen sie aber auch unvollkommene sein: so entsteht ein Unbestimmtes, welches bestimmt werden soll durch ein anderes in gleicher Hinsicht Unbestimmtes, auf welche Weise denn nichts möchte bestimmt werden. Es wäre auch dieses Beschränktsein einer Pflicht durch die andere nichts anderes als ein Widerstreit der Pflichten gegeneinander; wie denn auch fast ausschließend diejenigen, welche eine Einteilung in vollkommene und unvollkommene Pflichten zulassen, einen solchen einführen in die Sittenlehre, andere aber nicht. Ein Widerstreit der Pflichten aber wäre widersinnig, und nur zu denken, wenn die Pflichtformeln auf jene Art unbestimmt ihrem Begriff nicht Genüge leisten. Denn es können zwar die rohen Stoffe des Sittlichen, die Zwecke nämlich und Verhältnisse, in Streit geraten, welche auch deshalb als ethisch veränderlich und bildsam gesetzt werden; die Pflicht aber als die Formel der Anwendung einer und derselben Regel des Veränderns und Bildens kann auch nur eine sein und dieselbige. Wird nun dieses Beschränken der Pflichten hinweggenommen: so kann es auch nicht ferner Pflichten geben, in Ansehung deren jeder nur zur Maxime verbunden wäre, nicht aber zu irgendeiner bestimmten Tat. Denn eben dieses wird alsdann das Merkmal der Pflicht, daß die Handlung an ihrer Stelle nicht kann übergangen werden, ohne zugleich die Maxime aufzugeben. Auch wäre eine solche Behauptung ein Beispiel, an welchem sich zeigen ließe, wie in der Ethik ein Hauptbegriff dem andern und der Behandlung nach demselben kann zum Prüfstein dienen. Denn setzet eine solche beschränkbare Pflicht und suchet die Gesinnung, welche das Bewußtsein der Verbindlichkeit dazu enthält. Diese, wenn sie der Maxime entspricht, wird nicht sittlich sein, weil sie mit derselben auch auf das jenseits der Schranken gelegene Unsittliche gehen würde; wenn sie aber in den Schranken notwendig festgehalten wird: so bezieht sie sich auch eigentlich auf das Prinzip der Beschränkung, mit welchem ja sie anfängt und aufhört, auf die Maxime aber nur zufällig und nicht unbedingt. Und so muß allemal ein unrichtiger Pflichtbegriff auch den Tugendbegriff verderben, ein richtiger Tugendbegriff aber auch den Pflichtbegriff erretten und verbessern. Andererseits wird von vielen der Unterschied zwischen den vollkommenen und unvollkommenen Pflichten darin gesetzt, daß bei den ersteren ein jeder die Verbindlichkeit zu beurteilen imstande sei, bei den letzteren aber nur der Handelnde selbst. Hierbei nun haben offenbar als vollkommene Pflichten ebenfalls die Rechtspflichten vorgeschwebt, bei welchen freilich einem jeden die Handlung vor Augen liegt, welche widersprochen und aufgehoben wird durch deren Verletzung. Bei den unvollkommenen aber ebenfalls die Unbestimmtheit der Formeln. Denn wenn einer dem andern nur eine solche vorlegt, die Angaben aber, welche sich auf den vorliegenden Fall beziehen, zurückhält: so ist dieser nicht imstande, die Beschränkung nach dem ethischen Prinzip wirklich zu vollziehen. Wogegen, wenn diese mit vorgelegt werden, ein jeder ebensogut als der Handelnde selbst muß entscheiden können, wenn nicht etwa, wie Kant bisweilen zu wollen scheint, ein Erlaubnisgesetz angenommen wird, welchem zufolge auch andern der ethischen Idee fremden Beweggründen ein Spielraum vergönnt wird. Woraus aber nur erhellt, wie wenig dieser Sittenlehrer sich auf dem von ihm selbst als ethisch abgesteckten Gebiet, dem rein praktischen nämlich, zu behaupten weiß, sondern sich fast nur abwechselnd bald auf dem mechanischen des bloßen Rechts, bald auf dem in seinem Sinne nur pragmatischen der Glückseligkeit und Klugheit befindet. Garve aber, welcher logischen Sinn genug hatte, um sich da, wo überall nichts Bestimmtes und Gesundes kann gesagt werden, wenigstens nicht mit einem Merkmal zu begnügen, und so eben durch das Anhäufen die Verwirrung kund tut, dieser fügt dem angeführten Merkmal noch ein anderes als unterscheidend bei, nämlich die Nützlichkeit der Maxime für die Gesellschaft. Wie nun dieses im Kreise herumgehe, und den Einteilungsgrund auf eine einzelne Pflicht zurückführe, ist nicht Not zu erwähnen. Überdies aber verwandelt sich auf diese Art der Unterschied nur in einen des Grades, so daß es willkürlich sein muß, welche Pflichten vollkommene sein sollen und welche nicht, wodurch gleichfalls der wissenschaftliche Wert der Einteilung gänzlich aufgehoben wird. Denn das Willkürliche darf in der Wissenschaft keinen Raum finden. Daß also diese Einteilung sich mit dem richtig aufgefaßten Pflichtbegriff nicht vereinigen läßt, und teils auf einer nicht ethischen Ansicht des Rechtlichen, teils auf einer gänzlichen Unbestimmtheit des Sittlichen beruht, muß aus dem Gesagten genugsam erhellen.

Ob es nun besser beschaffen sei mit einer andern unter den Neueren nicht minder allgemeinen Einteilung der Pflichten, nämlich in solche gegen sich selbst und in solche gegen andere, dieses wäre demnächst zu untersuchen. Um aber diese recht zu verstehen, muß auch das ehemalige, jetzt fast nicht mehr genannte dritte Glied derselben, nämlich die Pflicht gegen Gott, mit in Betrachtung gezogen werden. Diese nämlich ist neuerlich ihres Ranges beraubt worden, zuerst aus andern Gründen von anderen, von Kant aber, weil der Wille Gottes, auf welchem doch die Pflichten gegen ihn beruhen müßten, nicht könne in der Erfahrung gegeben werden. Dieser Grund nun konnte die Älteren von Einführung eines solchen Abschnittes nicht zurückhalten, weil sie allerdings vermeinten,

Pflichten gegen sich — gegen andere.

Pflicht gegen Gott.

der Wille Gottes sei als ein Wahrnehmbares gegeben, und er vor allen als verpflichtende Person sich offenbarend und erkennbar. Es führt aber dieses auf die Frage, was es denn heiße, eine Pflicht gegen jemand? Von welcher nicht leicht verständlichen Redensart die strengste Bedeutung unstreitig die ist, es sei diejenige, welche zur Pflicht werde vermittelst einer Nötigung durch den Willen eines andern, nämlich des Verpflichtenden. Wird nun diese Bedeutung angenommen, so ist von denen, welche Pflichten gegen Gott zulassen, offenbar, daß, da der göttliche Wille notwendig auf alles gerichtet ist, was die Menschen sich selbst sowohl als andern Lobenswürdiges leisten können, und da er das Sittliche vollkommen erschöpft, sie unrecht handeln und dem Meere noch den Eimer voll zu gießen, wenn sie neben dem höchsten und unendlichen Willen noch einen andern, sei es nun der eigene oder fremde, als nötigend annehmen. Sonach würde die Pflicht gegen Gott in diesem Sinne die beiden andern Abteilungen der Pflichten gegen sich und gegen andere verschlingen, so daß nichts geteilt wäre. Diejenigen aber, welche Pflichten gegen Gott in einem solchen Sinne leugnen, werden auch nicht leicht dahin gelangen, die Pflichten gegen andere sich zu erhalten. Denn tun sie jenes, weil Gott als verpflichtende Person nicht kann gegeben werden: so begehren sie als Grund der Verpflichtung nicht einen Willen, wie er in der Idee konstruiert wird, sondern einen wirklich gegebenen; wonach, wenn dies auf die Menschen angewendet wird, auch von den Pflichten gegen andere nichts übrig bleiben dürfte, als die wirklich geforderten des geschriebenen Rechtes. Leugnen sie aber die Pflichten gegen Gott, weil es unnötig wäre und den Gesetzen der Sparsamkeit zuwider, einen entfernteren Willen herbeizuholen, um durch dessen Nötigung zu bewirken, was auch ein näherer schon ausrichtet, indem dem Inhalt nach die Pflichten gegen Gott nichts anderes wären als die gegen sich selbst und die anderen: dann würde dasselbe auch von dem Willen der anderen gelten im Vergleich mit dem eigenen. Denn welcher ethischen Idee auch jemand folge, er kann nichts aufnehmen als Pflicht gegen andere, wozu nicht schon der eigene Wille ihn nötige, es sei nun unter der Form der Vernunftmäßigkeit oder der Glückseligkeit, oder welcher sonst. Woraus denn zuletzt sich ergibt, daß der Begriff dieser Nötigung durch einen fremden Willen nichts ist als eine leere Erscheinung. Und woher käme wohl auch dem Willen eines andern die verpflichtende Kraft, wenn sie ihm nicht eingeräumt wird zufolge einer Idee, deren Anwendung und Herrschaft immer wiederum von dem eigenen Willen abhängt? Kant jedoch hat eine schlaue Erfindung gemacht, um darzutun, wie diese verpflichtende Kraft sich erwerben lasse, nämlich durch Ausübung solcher Pflichten, welche den andern verpflichten; bei welcher Verwirrung von Verpflichtungen man in Versuchung wäre, in einem ganz andern als er, nämlich dem altrömischen Sinne, die Pflicht als einen heiligen Namen zu verrufen. So könnte gefragt werden, ob diese verpflichtenden Pflichten auch Pflichten gegen andere wären, und derjenige hart beschuldigt, der zuerst das bedenkliche Spiel angefangen, durch seine Pflichterfüllung andere zu verpflichten zu Pflichten, durch welche er wieder verpflichtet wird. Ja, man könnte darin einen tiefen Grund finden zu der Höflichkeit des gemeinen Lebens, welche, wenn sie dem andern eine Dienstleistung erweisen will, denn Dienstleistungen sind doch die verpflichtenden Pflichten, erst die Erlaubnis dazu nachsucht. Doch es ist zu wunderlich und leer, um mehr darüber zu sagen. Sonach müßte, dieses abgemacht, den Pflichten gegen andere die gelindere Bedeutung beigelegt werden, daß sie sind Pflichten in Ansehung anderer. In diesem Sinne nun will auch Kant Pflichten gegen Gott zulassen, findet aber als solche bloß die Pflicht, die sittlichen Gebote als göttliche anzuerkennen. Insofern zwar ist der Versuch mit diesen Pflichten verunglückt: denn es kann keine Pflicht geben, etwas einzusehen, weil dieses, so für sich betrachtet, weder etwas Sittliches ist noch der Willkür unterworfen. Notwendig aber ist er immer: denn wenn Pflichten abgeteilt werden sollen nach dem, was dabei der Gegenstand ist, so kann nichts davon ausgeschlossen sein, weil ja alles ein Gegenstand des sittlichen Handelns sein soll. Eben deshalb aber möchte es unmöglich sein, den Gegenstand zu bestimmen, weil dieser jedesmal mannigfaltig könnte angegeben werden. Und zwar am wenigsten möchten zu unterscheiden sein Pflichten gegen sich selbst und gegen andere. Denn sind aus der Idee der Glückseligkeit diese Pflichten abgeleitet: so ist ja offenbar, wie der Handelnde selbst der Gegenstand ist. Steht ihnen aber die der Naturgemäßheit voran: so ist es ja ebenfalls des Handelnden Natur, welche würde verletzt werden. Nicht weniger auch ließe sich zeigen, wie die Pflichten gegen sich selbst zugleich erscheinen müssen als Pflichten gegen andere, in jedem System der Sittenlehre in der Bedeutung, worin es solche Pflichten zuläßt, welches weiter auszuführen eines jeden Belieben überlassen bleibt. Soviel aber wird jedem angemutet aus dem Vorigen einzugestehen, daß nichts Wesentliches im Pflichtbegriff dieser Einteilung zum Grunde liegt, und daß auch für sie, wie für die vorige, keine bessere Entstehung nachzuweisen ist, als aus dem falschen Schein, welchen die Rechtspflichten verbreiten.

Von solchem allgemeinen Urteil ist jedoch einigermaßen auszunehmen die Art, wie dieselbe Einteilung erscheint in der Sittenlehre von Fichte, wo sie ebenfalls, nicht zwar den Worten, wohl aber der Tat nach, vorhanden ist, und versteckt unter einer andern, welche, da sie als eine neue Behandlung sich ankündigt, ohnedies näher geprüft werden muß. Hierbei nun zeigt sich zuerst, daß von der doppelten sich durchschneidenden Einteilung, welche in diesem System die Pflichtenlehre umfaßt, die eine, nämlich die in allgemeine Pflichten und besondere, als eine Haupteinteilung nicht bestehen kann, da der Einteilungsgrund, nämlich die Notwendigkeit, alle menschliche Tätigkeit in mehrere und immer kleinere Teile eigentümlich abzuschneiden, nur aus der Pflicht, in Gemeinschaft die Natur zu beherrschen, kann begriffen werden, welche Pflicht hier zwar dem Bedürfnis gemäß offenbar aber

Allgemeine und besondere Pflichten.

widernatürlich aus der Reihe einzelner Pflichten herausgerückt worden. Und auch nicht einmal aus dem Wesen von dieser geht die Einteilung hervor, sondern nur aus einer zu deren besseren Erfüllung genommenen, wer weiß, ob unter allen Umständen zu lobenden, Maßregel. Unmöglich aber kann eine allgemeine Einteilung der Pflichten die richtige sein, welche sich auf einen nicht allgemeinen und durch den einzelnen nicht bewirkbaren Zustand bezieht. Daher auch auf der einen Seite die Willkürlichkeit in den Einteilungen des Berufs, auf der andern die unnatürliche Art, wie zu diesem Zufälligen und Veränderlichen das Wesentliche und Unveränderliche, nämlich die natürlichen Stände des Menschen, hingestellt ist als ein gleichartiges Glied, die Unrichtigkeit hinlänglich bezeugt. Die andere Einteilung aber, nämlich die in bedingte und unbedingte Pflichten, ist unter einem andern Namen dem Inhalt nach ganz dieselbe mit jener alten in Pflichten gegen sich und andere. Denn auf diese Weise scheidet sich unter beide Teile alles, was sonst dasselbe sein würde. Nun aber erhellt die Unstatthaftigkeit dieser Einteilung mehr als irgendwo her aus dem Grundsatz, welchen Fichte bekennt, und zwar nicht voranstellt, wie es sich gebührt hätte, sondern fast beiläufig nachschickt, daß nämlich der eigentliche Gegenstand des Vernunftzweckes und Gebotes immer die Gemeinheit der vernünftigen Wesen sein muß. Denn so kann es keinen wesentlichen und das Ganze teilenden Unterschied machen, ob ich diesen an mir oder an andern erfülle; sondern höchstens nur kann dadurch ein für diese beiden Fälle verschiedenes Maß gesetzt werden desjenigen, was im Gebiete einer jeden Pflicht von jedem wird zu leisten sein. Demzufolge erscheint auch, aus dem Gesichtspunkt jenes Grundsatzes betrachtet, je eine bedingte und unbedingte Pflicht immer als dieselbe, wie jeder gleich sehen wird, der die Vergleichung ausführlich anstellen will; denn wo eine Verschiedenheit der Grenzbestimmung sich zeigt, ist auch sicher eine Hälfte aus der andern zu berichten, und einzelne Versetzungen, welche erst einzurichten sind, werden jedem in die Augen fallen. Der Vorzug aber, wel-

Bedingte und unbedingte Pflichten.

cher diesem Sittenlehrer in Betracht jener Einteilung zuzuschreiben ist, besteht eben darin, daß bei ihm ihre Nichtigkeit so deutlich aus dem Gebrauch selbst ans Licht kommt, und die Gebrechen unbefangen aufgezeigt werden.

Daher findet sich auch, wie schon hieraus allein konnte vermutet werden, bei ihm der Keim einer andern und bessern Einteilung. Denn wer genauer auf das einzelne sieht, der findet unter jeder Abteilung Pflichten, welche sich beziehen die eine auf diese, die andere auf jene von seinen subjektiven Bedingungen der Ichheit; so daß alle seine allgemeinen sowohl als besondern, bedingten und unbedingten Pflichten sich beziehen teils auf den Leib, teils auf die Intelligenz, teils auf das Bewußtsein der Individualität, welches heißt, auf die Anerkennung einer Mehrheit freier Wesen. Die letztere Abteilung ist freilich teils vernachlässigt, teils unnatürlich zerstückt; welches aber lediglich daher rührt, weil ein Teil derselben als Grund jener höchsten Einteilung ist herausgerissen worden. Fallen nun jene oberen Einteilungen als unstatthaft hinweg: so erhebt sich diese von selbst zu der höchsten. Und dieses möchte die einzige Spur des Richtigen sein, welche in den bisherigen Einteilungen der Pflicht anzutreffen ist. Denn hier wird doch dasjenige selbst, worin das Gesetz sich äußern soll, geteilt nach den, gleichviel für uns woher, gefundenen wesentlichen Merkmalen desselben. Diese folglich hat einen wesentlichen Grund, und kann nicht nur den Begriff der Pflicht auf keine Weise vernichten oder verstümmeln, sondern, vorausgesetzt, daß das Gefundene richtig gefunden ist, auch dereinst durch den Zusammenhang der Ethik mit der höchsten Wissenschaft bewährt werden. Merkwürdig aber ist, wie auch hier die Ähnlichkeit mit der alten stoischen Schule die Fichtesche Ethik nicht verläßt. Dürfen wir nämlich aus dem von dem Römer[1] uns ziemlich entstellt wiedergegebenen Panaitios auf

Pflichten gegen Leib, Intelligenz und Mehrheit freier Wesen.

---

[1] Cicero.

die Schule überhaupt schließen, wenigstens in allem, was mit dem Unterschiede zwischen den früheren und späteren Stoikern nicht in Verbindung steht: so findet sich auch bei ihnen der gleiche bessere Keim unter dem gleichen Fehler versteckt. Denn wie es scheint, teilten sie die Pflicht zunächst ein nach den vier Haupttugenden, in Pflichten der Klugheit und der Mäßigung, der Tapferkeit und der Gerechtigkeit; eine unstreitig bösartige und schon oben bei einer andern Gelegenheit getadelte Verwirrung. Hinter dieser Einteilung aber findet sich bald eine andere, welche sich auf die drei Stücke bezieht, in denen, wie Cicero, die Verwirrung vermehrend, sagt, alle Tugend, er hätte aber sagen sollen: alle Pflicht und Naturgemäßheit, besteht, nämlich die Ausbildung der Erkenntnis, die Unterwerfung des Leibes und der Naturtriebe unter die Vernunft und die Aufrechthaltung der Gemeinschaft. Daß dieses nun, sowohl was den Inhalt als was das Verhältnis zum Pflichtbegriff anbetrifft, ganz dasselbe ist, wie das eben bei Fichte Gefundene, darf aus dem früher schon Gesagten nicht erst wiederholt werden. Ist nun dieser Standort einmal genommen: so kann endlich, wer gutmütig und nachsichtig prüft, auch bei Kant eine ähnliche Spur finden der Form nach, jedoch in jeder Hinsicht weit unter jenen beiden. Denn ihm, da er die menschliche Natur auf keine Weise will in Betrachtung ziehen, bleibt, wie schon gezeigt ist, als das, was dem Sittlichen zur Bearbeitung vorliegt, nichts übrig als die Gesamtheit aller Maximen, und diese natürlich nicht als wirklicher Inhalt, der nur dürfte geteilt werden, sondern vielmehr als roher Stoff, von welchem einiges ausgewählt, anderes aber hinweggeworfen wird. Die Gesamtheit der Maximen aber weiß er nicht anders zu teilen, als nach den beiden Zwecken, welche er, sofern sie die Sittlichkeit ausdrücken sollen, verwirft, zu Bezeichnung des rohen Stoffes derselben aber ganz tauglich findet, nach Glückseligkeit nämlich und Vollkommenheit. Jedoch ist freilich nichts darin zu loben, als die Spur eines richtigen Gedanken. Wie willkürlich aber und unrichtig nun die eigene Glückseligkeit und die fremde Vollkommenheit ausgeschieden werden, muß jedem von selbst deutlich sein. Denn wenn man aus dem Element das Ganze konstruiert, so erscheint doch die gesamte Glückseligkeit als Vernunftzweck und Gebot; und wendet man so die Fichtesche Vorschrift von Teilung der Geschäfte an, so möchte nichts Vorteilhafteres gefunden werden, als ein Tausch, der alles in die alte vorkantische Ordnung zurückversetzte. Ebenso ließe sich, zumal für Kant in seiner abspringenden Weise und mit Hilfe seiner eigenen Ansicht von der menschlichen Natur, in Absicht der Vollkommenheit das Umgekehrte erweisen. Auch zeigt sich in seinen Unterabteilungen genug, sowohl der schielende Begriff der Vollkommenheit, als der Widerstreit zwischen Zuneigung und Abneigung gegen die Glückseligkeit; welches alles in Verbindung mit dem bisher Gesagten zu offenbar ist, um mehr als angedeutet zu werden.

Dieses nun sind die bisherigen Einteilungen des Pflichtbegriffs, aus denen ein jeder, wie weit dieser Begriff bisher verstanden worden sei, beurteilen möge. Jetzt aber ist ebenso der Tugendbegriff, was er sei, und ob ihm ein besseres Schicksal zuteil worden, zu betrachten.

2.
Vom Tugendbegriff.

Daß dieser Begriff dem Begriff der Pflicht dem Range nach gleichzustellen ist und auch in allen Darstellungen der Sittenlehre so erscheint, wird wohl niemand leugnen. Denn in einigen Systemen ist er offenbar der gemeinschaftliche Ursprung mehrerer untergeordneter einzelner Begriffe; in allen aber erscheint er als unabhängig und ursprünglich, keinen neben sich habend, mit welchem er etwa zu gleichen Teilen die Sphäre eines andern höheren ausfüllte. Daß aber die Stoiker ihn als ein Einzelnes, darunter Befaßtes, dem Begriff des Gutes unterordnen, welches wohl die einzige Ausnahme dieser Art sein mag, wird sich bei näherer

Betrachtung als wohl verträglich mit dieser Behauptung zeigen. Alle Erklärungen der Tugend nun stimmen zuerst darin überein, daß das Wort etwas ganz Innerliches bedeutet, eine Beschaffenheit der Seele, eine Bestimmtheit der Gesinnung. Ferner auch darin, daß diese Bestimmtheit die sittliche ist, von jedem auf dasjenige bezogen, was ihm den Inhalt der ethischen Idee ausmacht; wobei vorläufig mehr auf das Allgemeine zu sehen ist, als auf das Besondere. Denn dieser Begriff war allgemein im Umlauf, die besondere Form aber, welcher er zunächst angehört, nicht überall gleich anerkannt und geläufig. So ergibt sich dieselbe Bedeutung, wenn nur im allgemeinen gesagt wird, die Tugend sei die beste Beschaffenheit der Seele; oder wenn es bestimmter heißt, diejenige, durch welche alle Pflichten erfüllt werden; oder aber, diejenige, welche das höchste Gut ihrer Natur nach hervorbringt. Denn deshalb gehört der Tugendbegriff im eigentlichsten Verstande weder zu der ersten noch zu der letzten besonderen Gestalt der ethischen Idee. Wie man ebenso auch den Pflichtbegriff auf das Ideal des Weisen oder des höchsten Gutes, und den Begriff eines Gutes auf jenes und auf das Gesetz beziehen könnte, ohne daß deshalb die näheren Beziehungen, wie sie aufgestellt worden sind, wieder aufgelöst würden. Bezeichnet nun der Tugendbegriff die Kraft und Gesinnung, und zwar ganz, durch welche die richtigen Taten oder Werke hervorgebracht werden: so ist er also der allgemeinste sittliche Begriff, entsprechend dem Ideal des Weisen. Denn der Weise ist derjenige, in welchen die sittliche Kraft und Gesinnung ununterbrochen und ausschließend wirksam ist, und welcher alles hervorbringt, was durch sie kann gewirkt werden, anderes aber nichts. Daß aber auf der andern Seite die Tugend auch ein Gut genannt wird, kann mit Recht nicht anders geschehen, als insofern sie zugleich ein Hervorgebrachtes ist, gestärkt und befestiget durch die Tätigkeit selbst, und ein Anschauliches, welches sich durch Taten oder Werke als durch Zeichen offenbart. Wovon jedoch erst bei dem Begriff der

Wesen der Tugend.

Güter und Übel weiter kann gehandelt werden. Sonach verhält sich die Tugend zur Pflicht, oder die Gesinnung zur Tat, wie die Idee des Weisen zu der des Gesetzes, das heißt, wie die Kraft zu der Formel, durch welche ihre Äußerungen müssen bezeichnet werden. Wie nun oben, um die Pflicht von der Tugend zu unterscheiden, für das, was unter jenen Begriff gehört, das Merkmal der Gesetzmäßigkeit aufgestellt wurde, für diesen aber das der Sittlichkeit, und gezeigt, wie meistenteils die wahre Bedeutung überschritten, und auch das getrennt werde, was vereinigt bleiben sollte; ebenso ist auch hier ein ähnliches Mißverständnis aufzulösen. Viele nämlich haben, um die Innerlichkeit des Begriffs am stärksten anzudeuten, ihn der Äußerung ganz entgegengesetzt, und diese nicht nur für das Denken davon abgesondert, sondern auch beide als in der Wirklichkeit trennbar vorgestellt; als ob die Äußerung nur ein Zufälliges wäre für die Gesinnung und ein Gleichgültiges, da doch beide unzertrennlich sind in der Wirklichkeit. Denn um die Gesinnung als ein Inneres von der Tat als einem Äußeren zu unterscheiden, kann zwar von jeder bestimmten Wirkung hinweggesehen und gesagt werden, die Gesinnung würde doch die nämliche gewesen sein und von gleichem Werte, wenn auch der Fall nicht vorgekommen wäre, wo sie eine solche Tat hätte verrichten können. Niemals aber läßt sich von jeder Wirkung überhaupt hinwegsehen, und annehmen, die Gesinnung könne wohl innerlich vorhanden sein, doch aber, ohnerachtet sie wollte und strebte, nicht vermögend, etwas zu wirken und hervorzubringen. Denn dieses behaupten, heißt den Begriff nicht etwa unterscheiden und auszeichnen, sondern vielmehr vernichten, indem ja eine Tätigkeit, welche nichts tut, auch gar nicht vorhanden ist. Wenigstens gerade in diesem Falle und von der sittlichen Gesinnung überhaupt kann dies mit Zuversicht gesagt werden. Denn sie soll ja nicht von einem bestimmten Gegenstande abhängen, welchem allein obläge sie aufzufordern; sondern **auf die Idee soll sie sich beziehen, für welche alles ein**

Gegenstand ist. Ja nicht nur von der sittlichen Gesinnung als einer im ganzen betrachtet, sondern auch von jeder einzelnen muß es gelten und sogar das Zeichen sein, ob der Begriff richtig gebildet und ein wahrer Teil des Ganzen dadurch bezeichnet wird oder nicht, daß jede Tugend in jedem Augenblick etwas bewirken muß. Daher bewährt sich auch von diesem Orte aus als richtige Bezeichnung des Unterschiedes sowohl als der Verbindung zwischen Pflicht und Tugend jener Spruch der Stoiker, daß in jeder vollkommenen Handlung alle Tugenden wirksam sind. Denn was von dem Weisen in jedem Augenblick getan sowohl als nicht getan und ausgeschlossen wird, das allein ist die Pflicht und die vollkommene Handlung dieses Augenblicks. Es gibt also für jeden Augenblick eine solche, und also kann auch immer und muß jede Tugend wirksam sein und hat nicht nötig, aus Mangel an Gegenstand und Gelegenheit sich untätig zu verbergen und gleichsam zu verschwinden. Ferner, wenn der Begriff der Tugend das Sittliche allgemein bezeichnen soll: so muß auch, wie in Beziehung auf die Pflicht jede wirkliche Tat ihr gemäß war oder zuwider, so auch hier jede Kraft und Gesinnung, aus welcher eine Tat hervorgeht, entweder gut sein oder böse, welches heißt, der Tugend entweder gemäß oder zuwider. Denn wie kein wirkliches Handeln, wenn nicht die Ethik als Wissenschaft soll zerstört werden, außerhalb des sittlichen Gebietes darf angenommen werden: so auch keine Quelle des Handelns. Hiegegen aber wird von den meisten zwiefach gefehlt, indem sie zuerst innere und handelnde Kräfte annehmen, welche doch weder gut sein sollen noch böse, weil sie nämlich in keiner Beziehung ständen mit dem Sittlichen; dann aber auch setzen sie Sittliches und auf das Sittliche sich Beziehendes in der Seele, welches doch weder Tugend sein soll noch **Laster**, weil es nämlich keine Kraft wäre und keine Gesinnung. Was nun das erste betrifft, so behaupten viele, es könne geben Lust und Liebe, Neigung oder Abneigung, welche Bewegungen des Gemütes doch allerdings und überall auf den

Willen bezogen werden, die deshalb nicht sittlich sein könnten, weil ihre Gegenstände zu unbedeutend wären. Wie aber oben bei der Pflicht gesagt wurde, daß kein unmittelbares Verhältnis stattfindet zwischen der sittlichen Idee und einer äußeren Tat: so auch nicht zwischen ihr und einem äußeren Gegenstande; sondern nur vermittelst eines inneren, worauf dieser bezogen wird. Daher überall von der Größe des Gegenstandes nicht kann die Rede sein; sondern die sittliche Bedeutsamkeit der Neigung zu ihm oder Abneigung von ihm hängt ab von dem Inneren, worauf er bezogen wird, welches Innere immer nur kann gedacht werden entweder in Einstimmung oder in Abweichung von der ethischen Idee. Andere aber wollen handelnde Kräfte von der sittlichen Beurteilung ausschließen, weil sie nicht Kräfte des Willens wären, sondern des Verstandes oder eines anderen Vermögens. Dieses nun ist ein Mißverstand, welcher die Frage über das Sittliche wiederum hinüberzuspielen scheint in die von unserer Untersuchung ausgeschlossene Frage von der Freiheit; indem nämlich der Grund darin vorzüglich gesetzt wird, daß diese Kräfte angeborene wären oder Naturgaben, und wie es sonst ausgedrückt wird, kurz unabhängig vom Willen. Es ist aber sehr leicht, ihn aufzulösen und jenem verschlossenen Gebiet auszuweichen, wenn nur erwogen wird, daß der Ursprung des größeren oder geringeren Umfangs und der so oder anders bestimmten Richtung eines Vermögens hier unmittelbar gar nicht in Betrachtung kommt. Denn es ist hier gar nicht vom Vermögen die Rede, sondern von der tätigen Kraft. Diese aber ist der Wille allein. Denn jedes Vermögen wird nur in Übung und Tätigkeit gesetzt durch den Willen; und der Art, wie dieses geschieht, liegt zum Grunde eine Richtung und Bestimmung des Willens. Auf diese nur wird gesehen, ob sie mit der ethischen Idee übereinstimmt oder nicht; denn **nur die Richtung des Willens ist das ethische Reale**. Denn der Umfang des ausführenden Vermögens bestimmt nur den Erfolg, nach welchem zunächst nicht gefragt wird: die

Richtung aber desselben ist nichts für sich, sondern nur abhängig von der des Willens. Was etwa hiegegen noch zu sagen wäre, widerlegt sich durch die Rückweisung auf das, was im vorigen Buche gesagt ist von den Gewöhnungen und Gewohnheiten, wie auch von dem an sich und von dem nur beziehungsweise Unwillkürlichen; woraus die einfachen, hieher gehörigen Folgerungen ein jeder selbst ziehen möge. Dieselbe Bewandtnis nun hat es, nur daß sie noch deutlicher hervortritt, mit der zweiten Ansicht, daß nämlich einiges unmittelbar auf das Sittliche sich beziehend sein könne im Gemüt, ohne doch Tugend zu sein oder Untugend. Denn hieher gehört, was Kant wunderbar genug die ästhetischen Vorbegriffe der Sittlichkeit nennt, und was, auf ein Gemeinschaftliches zurückgeführt, nichts anderes ist als die größere oder geringere Übung des Verstandes, das Sittliche zum Gegenstande zu machen, und ebenso die Lebhaftigkeit oder Stumpfheit des Gefühls im Unterscheiden desselben und im Bewegtwerden davon. Hiezu nun muß ein Vermögen überhaupt jedem zugeschrieben werden, welcher der sittlichen Beurteilung soll unterworfen sein. Denn kein Sittliches kann zustande kommen, weder ein inneres noch äußeres, wenn nicht Verstand und Gefühl dabei geschäftig sind und darauf gerichtet; welche Meinung eben zum Grunde liegt, wenn gesagt wird, die Tugend sei eine Erkenntnis. Ist aber von einem Grade, das heißt einer Kraft, die Rede und von einer Tätigkeit: so ist ja deutlich, wie diese, es sei nun zunächst und unmittelbar, oder zufolge des Vorigen mittelbar und im ganzen, von der Richtung des Willens abhängt. Denn wenn gesagt wird, daß der Wille einer Idee entspreche: was ist damit anders gesagt, als daß diese die immer gegenwärtige und vorwaltende sei, und die, auf welche alles bezogen wird? Und wenn eine Idee diese Gewalt ausübt: so heißt eben dieses, der Wille entspricht ihr und ist auf sie gerichtet. Sonach ist deutlich, daß, ob Verstand und Gefühl in demjenigen, was der Wahrnehmung gegeben wird, das Sittliche vornehmlich aufsuchen und genau unterscheiden oder nicht, keineswegs abhängt von einer eigentümlichen Beschaffenheit dieser Vermögen, sondern lediglich von dem Verhältnis des Willens zur ethischen Idee, und von der Gewalt, welche diese über ihn ausübt. Und dieses ist der gegenüberstehende und entsprechende Fall, in welchem gesagt werden kann, die Erkenntnis des Sittlichen, nämlich gleichviel, ob durch den Verstand oder durch das Gefühl, sei selbst Tugend.

Dieses also sind die Bestimmungen, unter welchen der Begriff der Tugend muß gedacht werden, wenn er die Stelle in der Sittenlehre einnehmen soll, welche für ihn allein die schickliche ist. Daß er aber nur, unter diesen Bestimmungen gedacht, immer noch ein formaler bleibt und seinen Inhalt erst erwartet von dem Inhalt der ethischen Idee, dies bedarf keines Beweises. Wie denn auch deshalb alles Bisherige nur in nackten Worten hat können ausgeführt werden, ohne Beispiele. Da nun auf keinen Inhalt bis jetzt ist Beziehung genommen worden: so folgt, daß jede Ethik, der ihrige sei, welcher er wolle, etwas muß als Tugend aufstellen können. Denn daran hängt ihre Wahrheit und Anwendbarkeit, daß ein Wille kann gedacht werden als allein und durchaus der obersten Idee derselben entsprechend. Und dieser Idee wird in jedem System etwas anderes unter der Formel des bloßen Naturtriebes entgegengesetzt, auf welchen also, es sei nun auf einfache oder vielfache Art, ein anderer als der sittliche Wille sich beziehen kann. So wird dem Epikuros zufolge jeder Wille unsittlich sein, welcher die positive Lust anstrebt, und nur derjenige sittlich, welcher ausschließend auf die beruhigende gerichtet ist. Nach dem Aristippos aber unsittlich jeder, welcher fähig wäre, sich auch für die bloße Tätigkeit zu bestimmen, oder irgendeiner Idee zuliebe sich zu bewegen, ohne auf die leise Bewegung zu achten oder auf die rückkehrende Empfindung; sittlich aber jeder, der nur die wahre Lust und diese immer und überall zu bilden und zu besitzen strebt. Offenbar aber ist ohne weitere Erinnerung, daß in den wenigsten Darstellungen der Ethik auf diese Art der Begriff der Tugend der eigentümlichen Idee angebildet ist, und so das Sittliche einzeln ausführlich verzeichnet. Wie denn gleich die angeführten eudämonistischen Systeme sich damit begnügen, daß sie, anstatt die eigene Tugend vorzuzeigen, nur die fremden nach ihren Grundsätzen sichten. Dieses aber heißt den Begriff gar nicht aufstellen. Denn was so von anderwärts her aufgenommen wird, kann nur zufällig mit dem Eigenen übereinstimmen; und nicht als ein Vielfaches, zufällig Zusammengerafftes, sondern als eine und ein Wesentliches soll die Gesinnung sich zeigen. Was nun die einfache und reine Darstellung des Aristippos betrifft: so liegt hievon die Schuld nicht an dem eigentümlichen Inhalt seiner Idee, sondern nur an einem fast für ihn selbst lasterhaften Überrest unwissenschaftlicher Scham, welche sich weigerte, das so gefundene Sittliche in Widerspruch zu setzen mit dem allgemein geltenden Rechtlichen; wiewohl hierin schon vor ihm nicht wenig geschehen war, und auch er im einzelnen deutlich genug seine Meinung offenbart hat. Epikuros aber hat nur die eine mittelbare Darstellung mit der andern verwechselt. Denn, wie schon erwähnt, gehört er zu denjenigen, deren Sittlichkeit nur beschränkender Art ist, und in diesen freilich ist es schwer, den Begriff der Tugend unabhängig für sich darzustellen. Denn wenn die ethische Idee selbst nicht rein aus sich auf eigene Weise das Leben bildet, sondern nur einen negativen Charakter hat: so kann auch die ihr angemessene Gesinnung nicht für sich dargestellt werden als selbsttätig, sondern nur vermittelst desjenigen, was sie zurückhalten und beherrschen soll. Daher auch jeder so beschaffenen Sittenlehre die Behandlung nach dem Tugendbegriff fremd und vornehmlich nur die nach dem Pflichtbegriffe natürlich ist; welches deutlich gefühlt und streng beobachtet zu haben von Fichte allein als ein großer Vorzug kann gerühmt werden. Kant hingegen hat seine Darstellung zur Ungebühr Tugendlehre genannt, da alles Reale darin nur Pflichtbegriffe sind, und er von der Tugend nur den Gegensatz, nämlich das Laster, hat gebrauchen können: welches zwar den Pflichten gegenüberstehend sich wunderlich ausnimmt, doch aber, indem überall viele einer oder eines vielen entspricht, Gelegenheit gibt, die Ungleichartigkeit der Begriffe zu bemerken. Mit der Tugend selbst aber befindet er sich überall im Gedränge, und sie ist bei ihm und bei allen dieser Art im Kampf in jedem Sinne. Nicht nur so nämlich, daß dadurch eine Unvollkommenheit der sittlichen Gesinnung ausgedrückt wird, oder das Vorhandensein anderer neben ihr, welche sie überwinden muß: sondern es ist ihr etwas Wesentliches, daß sie gar nicht gedacht werden kann ohne andere Antriebe, welche teils ganz, teils zum Teil zu zerstören ihr einziges Geschäft ausmacht. Daß aber die Stoiker, welche sich doch, wie oben gezeigt worden, in demselben Falle befinden, fast am ausführlichsten unter allen Alten den Tugendbegriff abgehandelt haben, ist mehr ihrem philologischen und dialektischen Sinn zuzuschreiben, als der Natur ihrer Sittenlehre. Welches auch hinlänglich dadurch sich bestätigt, daß alles Wahre und Richtige, was bei ihnen gefunden wird, mehr in demjenigen liegt, was sie andere bestreitend, als in dem, was sie selbst aufbauend vortragen. Schon wenn sie die der Tugend entgegengesetzte Gesinnung beschreiben als ein nicht im Gehorsam der Vernunft stehendes Begehren, die Tugend selbst aber als ein Erkennen, muß ohnerachtet dessen, was oben hierüber gesagt worden, jeder einsehen, daß ihnen der eigentliche Gegensatz zwischen beiden Gesinnungen entgangen ist, und sie nur um ein und dasselbe Begehren wissen, bald mit, bald ohne Kenntnis, praktische freilich, der Regeln, welche die Vernunft darüber aufstellt. Daher auch sehr wohl zu unterscheiden ist die Bedeutung, in welcher sie die Tugend Erkenntnis nennen, von der, in welcher Platon das nämliche behauptet. Denn dieser hat nach seiner mittelbaren Lehrweise dadurch nur anzeigen wollen, daß die sittliche Gesinnung auf eine Idee geht, und also von dem Bewußtsein derselben unzertrennlich ist, es sei nun unentwickelt als richtige Meinung, oder entwickelt als wirkliche

Erkenntnis; jene aber wollen andeuten, daß die Gesinnung, um sich zu äußern, eines vorher gegebenen und ihr fremden Begehrens bedarf, welches sie einer Regel gemäß behandelt. Daher auch ihre Erklärungen der Tugend teils auf das zu Wählende oder das Gute sich zurückbeziehen, welches wiederum die Tugend ist oder doch nicht ohne sie, und also im Kreise herumgehen, teils aber ganz formal sind, und nur einen polemischen Wert haben, wie die von der Übereinstimmung im ganzen Leben, oder die gegen die Aristoteles gerichtete, die sittliche Gesinnung sei eine solche, welche ihrer Natur nach kein Übermaß zuläßt. Denn die von diesem gegebene Erklärung, wenn sie auch nicht in dem Grade wie Kant es getan hat, und aus seinen Gründen zu verwerfen ist, kann doch nicht gelobt werden, weil sie ebenfalls nur eine mittelbare ist, auf die äußere Erscheinung gegründet. Nämlich jede Handlung, welche aus der sittlichen Gesinnung hervorgeht, hat einen Gegenstand, welcher zugleich auch Gegenstand ist irgendeiner Neigung. Daher muß jene Gesinnung dem äußeren Erfolge nach zusammenstimmen mit dem, was ein bestimmter Grad von dieser Neigung würde hervorgebracht haben; und daß dieser Grad immer in der Mitte liegen wird zwischen dem, was zu beiden Seiten als das Äußerste der Neigung ins Auge fällt, dies zu bemerken und für etwas zu achten, war eines Empirikers, wie Aristoteles, ganz würdig. Dasselbige besagt seine andere Erklärung von Übereinstimmung der Vernunft und des unvernünftigen Triebes, welche ebenfalls das, was er in sich wohl als Einheit erkannte, so darstellt, wie es in der Erscheinung als ein Zwiefaches zerfällt. Welche Folgen nun diese ganz unwissenschaftliche Erklärung und Konstruktion des Begriffes für die einzelnen Begriffe und ihre Bestimmtheit haben muß, dieses wird sich unten zeigen; denn formal geteilt hat Aristoteles die Tugend nicht, wenigstens nicht nach diesem Prinzip. Hier ist nur zu zeigen, wie er sich, wiewohl kaum zu denen gehörig, welchen die Sittlichkeit überhaupt ein Negatives ist, ihnen dennoch in seiner

Erklärung der sittlichen Gesinnung annähert, weil nämlich das innere Wesen derselben ihm immer eine unbekannte Größe gewesen ist, worüber auch, wer ihn aufmerksam verfolgt, viel unschuldige Winke antreffen wird, ja deutliche Geständnisse. Sonach scheinen unter den Vorhandenen nur diejenigen eines reinen und reellen Begriffs der Tugend fähig zu sein, welchen, gleichviel ob Lust oder Tätigkeit, das Sittliche ein einfaches Reales und für sich selbst Begreifliches vorstellt; welche, da den gewöhnlichen neuen Bekennern der Vollkommenheit das Einfache nicht zuzugestehen ist, sich auch hier auf Aristippos, Platon und Spinoza werden zurückführen lassen.

Einteilung der Tugenden. Was nun bisher von der Art, den Begriff der Tugend zu bestimmen, gesagt worden, dem fehlt noch die Bestätigung durch nähere Ansicht der Art, wie er von Verschiedenen pflegt eingeteilt zu werden. Sehen wir hiebei zuerst auf diejenigen, bei denen die Tugend sich auf ein anderes und vorher gegebenes Begehren bezieht: so ist deutlich, daß ihnen kaum etwas anderes übrig bleibt zur Regel, um die untergeordneten und einzelnen Begriffe zu bilden, als die Betrachtung desjenigen, worauf die Tugend sich bezieht; und sie müßte sonach geteilt werden wie die rohen Begehrungen, welche erst durch das Hinzukommen der Tugend können sittlich werden, oder unsittlich auch erst werden durch ihr Ausbleiben. Auch hier zwar kann schon nicht gesagt werden, daß auf solche Weise die Tugend eingeteilt ist; denn nur das Beschränkte wäre so als ein Vielfaches dargestellt, nicht aber das Beschränkende, und es kann nicht gezeigt werden, daß irgendeine Art oder auch ein Teil der Tugend dasselbe verrichtet in diesem, eine andere Art aber dasselbe in einem anderen Falle. Allein von dieser Einteilung finden sich wenig Spuren bei denen, welchen sie angemessen wäre, sondern mehr bei anderen, bei denen diese erträglichere Bestimmung nicht einmal angewendet werden kann, sondern es ganz das Ansehen gewinnt, als sollte die sittliche Gesinnung geteilt werden gemäß der unsittlichen, die ihr entgegengesetzt wird, sei es nun unter dem Namen der Begierde oder des Affektes oder der Leidenschaft. Welches nur bei dem Verfahren des Aristoteles nicht ganz widersinnig ist, jedoch auch dieses genugsam in seiner Blöße darstellt. Werden nun jene Neigungen selbst nicht geteilt nach der verschiedenen Art, wie überhaupt das Begehren oder Verabscheuen auf einen Gegenstand kann bezogen werden, wozu Spinoza, weit mehr noch und regelmäßiger als die Stoiker, wiewohl ihnen ähnlich, einen lobenswerten Versuch gemacht hat, sondern nach bestimmten Gegenständen, wie zum Beispiel die drei bekannten und gemeinen, Vergnügen, Reichtum und Ehre: so sind diese schon für die Neigungen selbst nicht jedes eins und ein Bestimmtes; und das, wodurch sie sich unterscheiden, steht gar nicht in Verbindung mit dem Begehren und Verabscheuen. Nicht anders als ob jemand, nachdem ein prismatischer Körper erklärt worden als durch gleichmäßige Bewegung einer Fläche längs einer Linie entstanden, nun diese Körper einteilen wollte, je nachdem die Fläche ein Dreieck wäre oder Viereck, oder sonst eine Gestalt hätte, welches für die Eigenschaften des Entstandenen in der wissenschaftlichen Betrachtung auch nicht im mindesten wesentlich wäre; ebenso würden auch hier Verschiedenheiten aufgestellt, die schon für eine wissenschaftliche Betrachtung der natürlichen Neigungen nicht wesentliche wären, sondern nur zufällige; wieviel mehr noch zufällig für die Betrachtung der Tugend. Denn selbst wenn die Neigungen auf eine vernünftigere Art geteilt würden, könnte doch nicht die Tugend ihnen gemäß auch geteilt werden. Nämlich betrachtet man sie zunächst als die Abwesenheit der Neigungen, welche auf etwas anderes als die sittliche Idee gerichtet sind: so kann sie insofern unmöglich geteilt werden nach dem Mannigfaltigen und Eigentümlichen, worauf diese gerichtet sind. Oder möchte es Beifall finden, die Finsternis, sofern sie eine Abwesenheit des Lichtes ist, deshalb, weil das Licht in der Erscheinung nicht dasselbige ist, einzuteilen in Beraubung des roten Lichtes oder des blauen und wie sonst die prismatischen Strahlen geschieden werden? Betrachtet man aber die Tugend als im Kampf mit den entgegenstehenden Neigungen: so ist teils auch dieses nicht ihr Wesen, sondern vielmehr ein vorübergehender Zustand, denn in ihrer Vollkommenheit im Weisen gedacht, muß sie vorgestellt werden ohne Kampf; teils aber sind auch so die verschiedenen Neigungen für sie nicht der Art nach verschieden, sondern nur der Größe nach. Denn daß in dem einen Gemüt die sittliche Gesinnung leichter und stärker diese Neigung überwindet, in einem andern aber jene, dieses ist nicht daher abzuleiten, weil etwa jenes diejenige Art oder Gestalt der Tugend besäße, welche dem Streit mit der andern entspräche, sondern nur daher, weil in jenem die eine, in diesem die andere die schwächere ist. Dieses ist so deutlich, daß es verschwenderisch wäre, es daraus zu erweisen, weil sonst nicht nur jeder Neigung, sondern auch jedem Gegenstande derselben eine eigene Art der Tugend entsprechen müßte, so daß nicht nur eine gemeinschaftliche Tugend entgegengesetzt wäre der Neigung zum Wohlgeschmack, sondern jedem Reizenden, Genießbaren eine besondere, und so in allen übrigen. Wird dieses immer weiter fortgesetzt, so ergibt sich gewiß ein Punkt, wo es jedem ungereimt erscheint; und willigt er dann in die Vernichtung des Verfahrens, so wird durch denselben Ausspruch auch jedes vorige Glied vernichtet, bis die Tugend nur als eine dasteht im Verhältnis gegen alle Neigungen, wie mannigfaltig diese auch sein mögen. Auch ergibt sich im Großen betrachtet die Unstatthaftigkeit dieser Einteilung daraus, daß, ohnerachtet sie keineswegs auf irgendeinem besonderen Inhalt der ethischen Idee beruht, sie dennoch, von jedem entgegengesetzten System aus betrachtet, ungereimt erscheint für das andere. Denn setzet, es sei im Eudämonismus die Konsequenz des Aristippos auf die mehrmals erwähnte Weise vollendet: so ist dann in diesem System und dem rein tätigen Sittliches und Unsittliches mit vertauschter Überschrift ganz dasselbe. Soll nun die Tugend nicht anders können eingeteilt werden, als nach der Art, wie die Untugend sich von selbst einteilt: so muß in dem einen die tätige

Gesinnung ihre Einteilung borgen von der Lust, in dem andern aber gegenseitig die Lust von der tätigen Gesinnung. So daß entweder keine von beiden geteilt werden kann durch die andere, oder, wenn dieses, auch jede muß fähig sein, sich selbst nach einem inneren Grunde zu teilen. Kein Ethiker aber ist wegen der Reinheit von diesem Fehler so sehr zu loben als Spinoza, welcher, wiewohl er die sittliche Kraft und die andere nur als Vollkommenheit und Unvollkommenheit unterscheidet und besser als irgendein anderer die unsittlichen Neigungen geteilt hatte, dennoch sich verständig enthielt, dieselbe Teilung auch auf das Sittliche zu verpflanzen, und so Sittliches und Unsittliches einzeln gegenüberzustellen.

Sehen[1] wir ferner auf diejenigen Einteilungen, welchen ein vorausgesetzter Inhalt des Sittlichen zum Grunde liegt, und zwar, weil die anderen nichts eigentümlich und vollständig ausgeführt haben, auf die, welche das Sittliche in das Handeln und Sein setzen im Gegensatz des Habens und Genießens: so zeigt sich weit verbreitet bei allen, welche die Vollkommenheit zu ihrer Formel gewählt haben, eine Einteilung der Tugend nach der Art, wie überhaupt die geistige Kraft eingeteilt wird, in Tugenden des Verstandes und des Willens, oder des Vorstellungs- und Begehrungsvermögens, oder wie sonst in der Lehre von der Seele dieser Unterschied pflegt angedeutet zu werden. Was nun diese betrifft, so ist Beziehung zu nehmen auf das bereits Gesagte von dem Verhältnis des Willens zu allem übrigen in der Seele, was von ihm unterschieden wird, und wie in der Ethik alles nur kann auf den Willen bezogen werden und als dessen Tugend erscheinen. Daher haben auch mit Recht Aristoteles und andere Alte den besseren oder schlechteren Zustand des Erkenntnisvermögens, sofern er sich abgesondert vom Willen betrachten ließ, außerhalb der Sittenlehre gestellt. Wenn nun, dem obigen gemäß, die Gesinnung es ist, die sittliche oder unsittliche, welche, was wir Vermögen der Seele nennen, in Tätigkeit setzt, und ihnen

Tugenden des Verstandes und Willens.

---
[1] Absatz nicht im Original.

Umfang und Richtung bestimmt: so wäre nicht nur zuerst der Name der Einteilung widersinnig gewählt, sondern auch der Grund derselben wäre nichtig, als ob jemand das Licht einteilen wollte nach den leitenden Stoffen, durch welche es sich bewegt, oder eine Kunst nach den Werkzeugen, deren sie sich bedient. Wird aber jene Zurückführung alles andern auf die Einheit des Willens verabsäumt, und auf die Gesinnung nicht gesehen, welche irgendein Vermögen des Geistes so bestimmt hat, wie es bestimmt ist: so entstehen dann Tugenden, welche mit Lastern zusammenhängen und aus einem Grunde mit ihnen herrühren, welches, wenn die Sittlichkeit und ihr Gegenstand überall etwas sein soll, womöglich noch ärger ist als der oben gerügte Widerstreit der Pflichten, und auf jede Weise ein Zeichen einer tiefgehenden Verwirrung der Begriffe. So hört man bisweilen reden von einem vollkommenen Verstande, der sich mit boshaften Gesinnungen verträgt, und von einer Güte des Herzens, welche mit Schwachheit des Verstandes verbunden ist. Wenn aber die sittliche Gesinnung den Verstand nicht treiben kann, wo sie ihn braucht: so muß sie schwach sein und sich auch so zeigen in der sogenannten Güte des Herzens, welche sich also nicht als sittlich bewähren wird. Und wenn im unmittelbaren Handeln die unsittliche Gesinnung sich herrschend zeigt: so wird sie auch diejenige Reihe von Wollungen beherrscht haben, welche der Übung und Tätigkeit des Verstandes zum Grunde lag, so daß die sogenannte Vollkommenheit ethisch betrachtet nichts anderes ist als eine Stärke und Vollkommenheit der unsittlichen Gesinnung. Und es ist nichts gesagt, wenn jemand einwendet, derselbe Verstand werde doch auch um so besser das Sittliche vollbringen und der Tugend dienen können; denn er vollbringt ja nichts als durch den Willen und für den Willen, durch welchen und für welchen er ist. Ja, es ließe sich als ein schwerscheinender Satz behaupten, daß, angenommen, die Gesinnung könne sich umkehren, dann auch eine neue Übung und Gestaltung des Erkenntnisvermögens vorangehen müsse, ehe es der neuen Gesinnung mit gleichem Geschick werde dienen können, welches jedoch nicht hieher gehört. Die Sache selbst aber haben die Stoiker, wiewohl selbst von dem Fehler nicht frei, sehr gut ausgedrückt durch die Behauptung, daß nur der Weise in Wahrheit Freund und Meister sein könne irgendeiner Kunst oder Wissenschaft; welches sagen will, daß diese Vollkommenheiten ethisch betrachtet nur insofern des Namens genießen, als sie durch die sittliche Gesinnung in ihrem wahren Umfange aufgegeben und hervorgebracht und also auch innerhalb derselben beschlossen sind.

Weiter[1] auch wird in denselben Darstellungen die Tugend eingeteilt, wie die Pflicht, sowohl nach den Zwecken als nach den Gegenständen. Das erste behauptet, ohne es jedoch genau auszuführen, Kant mit einer Verwirrung, in der jede Spur seines dialektischen Verstandes verschwindet, indem er sagt, es sei zwar nur eine Tugend, man könne aber mehrere Tugenden unterscheiden nach Maßgabe der Zwecke, welche die Vernunft vorschreibt. Denn soviel fehlt, daß jedem Zweck eine andere und eigene Gesinnung müßte untergelegt werden, daß vielmehr nur durch die Mehrheit der Zwecke, indem vielem Äußeren dasselbe Innere als zum Grunde liegend sich offenbart, die Gesinnung kann erkannt werden. Nicht besser aber ist es mit dem zweiten, wenn die Tugenden, wie vorher die Pflichten, eingeteilt werden in gesellige und in auf sich selbst bedachte. Denn im sympathetischen System ist weder der wohlwollende Trieb für sich sittlich noch der selbstische, sondern nur das Gleichgewicht, und also die Gesinnung nur insofern sittlich, als dieser Unterschied aufgehoben wird; im praktischen aber ist jede Person nur insofern Gegenstand des Sittlichen, als sie ein Mitglied ist von der Gemeinheit der Vernunftwesen, also die Gesinnung nur insofern sittlich, als der Unterschied gar nicht gemacht wird. In beiden wäre daher diese Teilung nur der des Aristoteles ähnlich nach dem

Einteilung nach Zwecken und Gegenständen.

Altruistische und egoistische Tugenden.

---
[1] Absatz nicht im Original.

Schein, oder der andern nach dem Gegensatz; denn von Neigungen, welche selbstisch sind und gesellig, werden wohl beide reden. Auch könnte jemand fragen, wie wohl der Mensch dazu gelange, die Mehrheit von Menschen zu finden und anzuerkennen, wenn nicht durch einen Trieb, welcher sie sucht, und ob es also eine gesellige Tugend gebe vor den Gegenständen der Geselligkeit, wodurch ebenfalls beide sich wieder in eine und dieselbe verwandeln würden. Daß aber auch Spinoza diesen Unterschied auffaßt und seine Tugend einteilt in Starkmütigkeit und Edelmütigkeit, geschieht wenigstens mit deutlichem Bewußtsein, daß die Einteilung nur eine äußere ist, und daß die Tugend nicht auf diese Weise in zwei an sich unterschiedene Gesinnungen zerfällt, so daß man von ihm nicht sagen kann, er werde durch einen Mangel an ethischem Sinn dazu getrieben, sondern nur durch eine rhetorische Absicht. Diese jedoch würde er nicht nötig gehabt haben zu verfolgen, wenn er die zuletzt aufgeworfene Frage beantwortet und der Wurzel der ethischen Gesinnung bis dahin nachgegraben hätte, wo auch der Trieb gleiche Wesen zu suchen in sie eingewachsen ist, wozu sein System einen gar nicht beschwerlichen Weg deutlich anzeigte. Platon hingegen hat überall so stark als möglich gegen diese Unterscheidung sich erklärt, indem er sogar in der Gerechtigkeit, welche doch immer an die Spitze der geselligen Tugenden gestellt wird, die gleiche auf den Handelnden selbst sich beziehende Gesinnung aufsucht. Zu welchem Versuch, um die Unteilbarkeit der Tugend auf diesem Wege anschaulich genug zu zeigen, noch die andere Hälfte mangelt, nämlich, auch die am meisten auf den Handelnden selbst sich beziehende Gesinnung zu einer geselligen, und zwar in der größten Allgemeinheit zu erweitern. Endlich noch haben einige, an den neueren Einteilungen verzweifelnd, denjenigen Teilungsgrund zu erforschen gesucht, auf welchem die vier Haupttugenden der gemeinen hellenischen Sittenlehre beruhten, welches doch nur dann von Nutzen für die Wissenschaft sein könnte, wenn zuvor die Bedeutung dieser Tugenden selbst genauer als bisher wäre geprüft worden. So meint Garve zuerst, es habe dabei die Wahrnehmung der vier natürlichen Gemütsarten zum Grunde gelegen, welches denn auf die bereits betrachtete Einteilung der Tugend nach den rohen Begehrungen und Antrieben zurückwiese. Dann wieder, sie bezögen sich auf die verschiedenen Stufen des Daseins, welche der Mensch als die höchste Potenz in sich vereinigte, welches zwar gar nicht hellenisch, in gewisser Hinsicht aber spinozistischer ist, als man von diesem vermuten sollte. Ethisch indessen ist es wohl gar nicht. Denn unmöglich könnten diejenigen Gesinnungen, welche den niedrigeren Stufen des Daseins entsprächen, als für sich allein tätig gedacht, den Charakter der Vollkommenheit an sich tragen; und wer jemals nur einer solchen gemäß handelte, könnte nicht der Weise sein. So daß alle übrigen nicht für sich Tugenden sein würden, sondern nur entweder Teile der höchsten Tugend wären, oder dieser untergeordnete und an sich gar nicht sittliche Eigenschaften.

Was also den Begriff der Tugend anbetrifft, so ergibt sich aus dem Gesagten, daß auch dieser meistenteils weder gehörig entwickelt, noch auch immer auf die rechte Weise gebraucht ist; besonders aber, daß er sich bis jetzt jeder Einteilung zu verweigern scheint, welches im voraus von den vielen überall vorkommenden einzelnen und besonderen Tugenden keine günstige Meinung erregt.

3.
Vom Begriff der Güter und Übel.

Am schwierigsten aber unter allen ethischen Begriffen ist für die Untersuchung der Begriff der Güter und Übel, weil nicht nur die neuere Sittenlehre ihn gänzlich vernachlässigt und kaum hie und da, gleichsam nur weil er doch einmal vorhanden ist, seiner Erwähnung tut, sondern auch in der alten die Klarheit, worin er sich darstellt, gar nicht in Verhältnis steht zu den vielen

Versuchen, welche damit sind gemacht worden. So viel indes ist für sich deutlich, daß, wenn er weder ein leerer Name sein soll für dasselbe, was unter den vorigen Begriffen zusammengefaßt wurde, noch auch außerhalb der Ethik Gelegenes bedeuten, nämlich dasjenige, was nur ein Mittel ist, um das Sittliche als seinen Zweck hervorzubringen oder zu erhalten; sondern wenn er in der Wissenschaft selbst seinen Ort, wie er ihm vor alters angewiesen worden, behaupten soll, muß er sich, wie bei uns auch schon der Name andeutet, auf die noch übrige dritte Gestalt der ethischen Idee, nämlich das höchste Gut beziehn, und zwar ebenso wie die beiden vorigen auf die ihrige, wie das Element auf das Ganze, oder wie das einzelne auf die Totalität, unter welcher es befaßt ist. Das höchste Gut aber hatte sich gezeigt als Gesamtheit dessen, was durch die ethische Idee kann hervorgebracht werden; welches Hervorbringen freilich nur eine allgemeine Bezeichnung ist, und der näheren Bestimmung nach in jedem System verschieden sein kann, in dem einen sich verhaltend zum Hervorbringenden, wie die Welt zur Gottheit, in dem andern, wie die Sprache zum Gedanken oder wie die Frucht zur Pflanze. Was also ein Gut sein soll, muß sich wie ein einzelnes auf jene Art Hervorgebrachtes verhalten, und wiederum eine andere ethische Einheit sein, als die Pflicht war oder die Tugend. Und daß in diesem Sinn der Begriff der Güter gemeint war, ist nicht schwer zu sehen. Denn jener Fall, wo auch die Tugend ein Gut genannt wird, ist oben schon vorläufig erörtert, und der andere Begriff der Pflicht ist niemals mit diesem verwechselt worden. Wie aber nun zu jenen beiden diese neue Einheit sich verhalten soll, und ob noch eine dritte zu den vorigen stattfinden kann, dies muß jetzt näher betrachtet werden. Denn an sich zwar scheint überall das Hervorgebrachte ein drittes zu sein zu der hervorbringenden Kraft und der Handlung des Hervorbringens; und so wie einer Kraft viele Handlungen gehören, so auch können viele Handlungen erfordert werden, damit ein Hervorgebrachtes entstehe. Oder auch, wie eine Handlung kann zurückgeführt werden müssen auf viele Kräfte, als zugleich und im Verein wirkend: so auch kann jede Handlung zu erklären sein aus einer zusammengesetzten Abzweckung auf mehreres Hervorzubringende. In Beziehung aber auf das Sittliche scheint dieses eigenen Schwierigkeiten unterworfen zu sein und uns plötzlich wieder zurückzuwerfen in den alten Streit über die Form des Sittlichen und seine Materie. Um nun sogleich diesen Schein zu entfernen, ist zuerst im allgemeinen zu erinnern, daß keineswegs das Verhältnis der Pflicht zum Gut so gedacht werden solle, daß die Tat nur Mittel sei, das Werk aber oder das Hervorgebrachte der Endzweck; welches ja schon oben als nicht verträglich ist erklärt worden mit der Natur der Sittenlehre, als in der alles unmittelbar und um sein selbst willen bestehen muß. Vielmehr ist dieses ein sicheres Merkmal, daß eine Ethik nicht frei ist von Widersprüchen, wenn sie nicht auf eine andere eigene Weise diese beiden Begriffe aufeinander zu beziehen vermag; oder vermag sie es zwar, hat es aber nicht geleistet, so geht hervor, daß sie sich selbst nicht gehörig verstanden und ausgebildet habe. Welchergestalt also auch die formalistische Sittenlehre, wenigstens von diesem Punkt aus, den Begriff nicht bestreiten kann. Ebensowenig aber darf die Pflicht gedacht werden als unzureichend, um das Gut hervorzubringen, wie gerade die formalistische Sittenlehre hat behaupten wollen; denn durch ein solches Verhältnis würde ebensosehr als durch jenes einer von beiden Begriffen aufhören, ethisch zu sein. Dieses nun sei im allgemeinen verwahrend vorausgesetzt; die wahre Beschaffenheit dieses Verhältnisses aber und der Sinn des zu betrachtenden Begriffs läßt sich nur genauer betrachten in Beziehung auf die einzelnen voneinander abweichenden Darstellungen der Sittenlehre.

Was nun zuerst die eudämonistische Ethik betrifft, so ist schon im vorigen Buche gezeigt worden, daß sie eines vorbereitenden und bloß vermittelnden Handelns kaum entbehren kann, und

Ethik des Genusses.

was für nicht zu hebende Nachteile ihr hieraus entstehen. Ferner auch ist noch erinnerlich, wie für sie das höchste Gut nichts sein kann als nur ein Aggregat, so daß keineswegs nach dieser Ansicht die einzelnen Güter für jene Idee so organische Elemente sind, wie etwa für die Idee des Gesetzes die Pflichten, und daß sie auch nicht vollständig, sondern nur durch Annäherung der Idee entsprechen, deren Möglichkeit daher auch in diesem Sinne von den besten eudämonistischen Schulen ist geleugnet worden. Hievon aber müssen wir eben deshalb hinwegsehen, wenn die Frage nur die ist, ob der Begriff der Güter in seinem wahren Sinne ist aufgestellt worden; denn seine Beziehung auf die Idee wird durch deren beschränkte Beschaffenheit nicht hinweggenommen. Wenn man nun nur dasjenige Handeln betrachtet, welches nicht erst Vorbereitungen trifft und Mittel herbeischafft, sondern unmittelbar mit dem Hervorbringen der Lust beschäftigt ist: so zeigt sich dieses, wie nahe es auch an seiner Vollendung beobachtet wird, immer unterscheidbar von der Lust selbst, als dem Hervorgebrachten. Niemals aber erscheint es doch gegen sie als ein ganz Fremdes, oder nur als Mittel; sondern es zeigt sich überall so mit ihr verbunden, daß eins ohne das andere nicht kann gedacht werden. Denn nicht nur wird die Lust hervorgebracht in einer Zeitfolge, durch ein in gleicher Zeitfolge fortlaufendes Handeln; sondern das Handeln selbst enthält schon seiner Natur nach die Lust im Vorbilde, welches, mit dem Fortgange von jenem sich steigernd, fast stetig in die Wirklichkeit übergeht. So daß das Handeln und das als ein Leiden gedachte Entstehen der Lust zwei in umgekehrter Ordnung, eine wachsend, die andere abnehmend, verbundenen Reihen zu vergleichen sind. Womit auch die Verschiedenheit der Einheiten nicht streitet, sondern gar wohl einer Lust ein mannigfaltiges Handeln entsprechen und ein und dasselbe Handeln auf ein Vielfaches der Lust kann gerichtet sein; denn nach einem andern Grunde wird das Handeln, nach einem andern das Genießen geteilt und zusammengefaßt.

Sehen[1] wir weiter auf die praktische Ethik, so entspricht hier noch weit offenbarer jedem Handeln, als seine eigentliche Vollendung, ein Werk. Denn jedes sittliche Handeln ist das Hervorbringen, oder, welches gleichviel gilt, das Erhalten eines Verhältnisses, entweder der Teile des Menschen untereinander, oder des einen zu den andern, welches[2] ein Gut müßte genannt werden. Und zwar ist es seiner Natur nach allezeit ein solches, welches nur im Handeln und aus Handlungen besteht, indem ja von dem Standpunkt dieser Ethik nichts anderes gesehen wird, als Handeln. Sonach erscheint das Handeln nicht als Mittel zu dem Werk als Zweck, sondern es ist selbst ein Teil desselben; und wiederum ist in dem Werke nichts anderes als solches Handeln enthalten, so daß offenbar das pflichtmäßige Handeln zureichend sein muß zum Hervorbringen des Werkes, und also genau dasjenige Verhältnis entsteht zwischen Pflicht und Gut, welches die Natur der Begriffe und ihr Ursprung erfordern. Weil nämlich demnach die Handlung nicht bloß als Teil dem Werk untergeordnet ist, sondern auch wieder das Werk der Handlung. Denn von dem Handeln für sich ist der Entschluß das Wesen; und bei diesem ist nicht nur auf dasjenige Werk allein gesehen, welches unmittelbar durch die Tat gefördert wird, sondern auch auf alle übrigen, die als Güter und als Teile des höchsten Gutes aufgegeben sind; wie dieses schon oben gezeigt worden. Vielleicht aber möchte jemand gegen die behauptete Zulänglichkeit der Tat zur Vollbringung des Werkes einwenden, daß doch in beiden, sowohl der eudämonistischen Ethik, als der praktischen, das Werk nicht rein aus der Tat hervorgehe, sondern in der ersteren auch abhänge von der Natur, in der letzteren aber meistenteils von den Handlungen anderer, welche doch in Beziehung auf jeden einzelnen Fall ebenfalls Natur sind oder Zufall. Hier nun ist eine andere in Be-

Ethik des Handelns.

---
[1] Absatz nicht im Original.
[2] In Ausgabe 1803 folgen jetzt die Worte: „Verhältnis dann für sich betrachtet das Werk ist, welches".

trachtung zu ziehen von den Verschiedenheiten der Grundsätze, ob nämlich nur das Gemeinschaftliche der menschlichen Natur gedacht ist als Gegenstand der Sittlichkeit, oder auch das Besondere und Eigentümliche[1]; denn von diesen Fällen führt jeder seine eigene Antwort herbei. Wird nämlich, wie in den Systemen der Tätigkeit fast durchgängig geschieht, der erste gesetzt: so sind für diese Ansicht, bei welcher die Persönlichkeit nicht in Betracht kommt, die verschiedenen Handlungen des einzelnen nicht besser verbunden und minder zufällig eine für die andere, als die einzelnen Handlungen Verschiedener. Und sonach würde entweder auch durch diese, oder auch nicht einmal durch jene, ein Werk können so hervorgebracht werden, daß man sagen dürfte, es sei das sittliche Handeln ohne Zufall dazu hinreichend gewesen. Wer nun das letzte behaupten wollte, der müßte, wie mit den einzelnen Handlungen, so auch mit den Bruchstücken des Werkes sich genügen lassen, welche er dann rein sittlich finden würde, wie in der Lust, so auch in der Tätigkeit. Wird aber, wie in der Sittenlehre des Genusses am allgemeinsten und auch am richtigsten geschieht, das Besondere und Eigentümliche als Gegenstand der Sittlichkeit gesetzt: so verschwindet, sie gehe nun auf Tätigkeit oder auf Lust, mit dem Gemeinschaftlichen der Kraft oder des Stoffes auch der allgemeingültige Maßstab für die Vollendung des Werkes, sowohl dem Begriff als dem Grade nach, und auch das wird müssen für ein Werk gelten, was ohne Beihilfe der Natur aus eigener Kraft ist vollbracht worden, wenn es gleich äußerlich nur als ein Bruchstück erscheint, oder als ein Teil, oder auch als eine Verminderung eines Entgegengesetzten.

Auf diese Art also scheint dem Begriff seine Stelle in allen Darstellungen der Sittenlehre gesichert und seine Bedeutung für das Ganze außer Streit gesetzt. Worauf nun zu untersuchen ist, ob er auch diesem Sinne gemäß und an der rechten Stelle ist aufgestellt worden; welches hier, wie auch bei den vorigen geschehen, ohne durch Beispiele des einzelnen und Realen dem

---
[1] Vgl. auch S. 61, 111, 261.

folgenden Abschnitt vorzugreifen, vermittelst der dem Begriff anhangenden, gleichfalls formalen Nebenbegriffe sowohl, als auch der Art, ihn zu teilen, muß geprüft werden.

Und hier ist zuerst von der Ethik, welche sich die Lust zum Ziel gesetzt hat, zu bemerken, daß sie sich diesen Begriff, ohnerachtet der erwähnten Schwierigkeiten, möglichst rein hat zu erhalten gewußt. Denn Aristippos wenigstens schließt davon alles dasjenige aus, was nur ein Erzeugnis des vermittelnden und vorbereitenden Handelns ist und nur erst durch den Gebrauch seinen bestimmten Wert erhält. Auch kommt der Mittelbegriff zwischen Gut und Übel bei ihm nicht vor als etwas Wirkliches und sittlich Hervorgebrachtes, sondern nur als eine leere Stelle. Denn ein Zustand, welcher weder Lust noch Schmerz in sich enthält, ist entweder gar nicht möglich, oder nur dadurch, daß das Selbstbewußtsein aufgehoben ist, welches, wenn nicht ein Teil der Handlung für die ganze genommen wird, durch ein sittlich zu beurteilendes, das heißt willkürliches Handeln diesem System zufolge unmöglich geschehen kann. Diese verhältnismäßig größte Reinheit nun scheint zu beweisen, daß dieser Begriff mehr als einer von den vorigen geeignet ist, das Gerüst einer solchen Sittenlehre zu bilden. Zugleich aber offenbart sich doch auch in ihm die chaotische Natur derselben. Denn sie kann nicht füglich anders als jede Einteilung dieses Begriffs verwerfen, weil entweder Güter und Übel, das Sittliche und Unsittliche, auf gleiche Weise müßten geteilt werden, welches bisher allezeit falsch ist befunden worden, wenn nämlich die Teilung sich gründete auf die Merkmale, welche im Begriffe der Empfindung verbunden sind. Oder wenn nach den Gegenständen geteilt würde, deren Berührung und Behandlung die Lust hervorbringt, so bezöge sich die Teilung auf nichts Wesentliches, welches Wert und Art des Eingeteilten verschieden bestimmte. Denn die Ursachen der Lust sind bei dieser Ansicht ganz gleichgültig, wie auch Aristippos ausdrücklich behauptet; und sie erkennt, genau zu reden, keinen andern Unterschied zwischen einem Gut und dem andern, als den des Grades, wenigstens muß sie diesem alle andern unter-

Weitere Prüfung des Begriffes von Gut und Übel.
I. Eudämonismus.

ordnen. Da nun aus diesem keine wissenschaftliche, sondern nur eine höchst willkürliche Einteilung hervorgehen kann, so verschwindet zu jener jede Möglichkeit; so daß das einzelne Reale, welches dem Begriff des Gutes angehört, nur ebenso grob empirisch und regellos kann aneinander gereiht werden, wie hier die Idee des höchsten Gutes selbst nur als ein solches Zusammengereihtes gedacht wird.

II. Ethik des Handelns. Was aber zweitens die Sittenlehre des Handelns betrifft, so hat der Begriff von Gütern, wenngleich nirgends häufiger gebraucht, doch nirgends in größerer Verwirrung gelegen, und zwar größtenteils deswegen, weil sie das Formale desselben nicht rein aufgefaßt, sondern, was in der Sittenlehre der Lust seinen Inhalt bezeichnet, mit darin aufgenommen haben. Von Aristoteles zwar kann man das letztere weniger sagen und muß davon, daß er diesen Begriff gänzlich verdorben, den Grund vielmehr suchen in der eigentümlichen Art, wie er der Lust eine Stelle einräumt neben dem Handeln. Denn er begleitete die eigentümliche Lust nicht durch das allmähliche Fortschreiten einer jeden Handlung, sondern erblickte sie nur am Ende und bezog sie auf das Wohlgeraten, auf die gänzliche Erreichung des äußerlichen Endzweckes der Tat. Hiezu nun fand er mit Recht, um es jedesmal zu bewirken, die sittliche Kraft nicht hinreichend, sondern bedurfte ebenfalls eines vorbereitenden und vermittelnden Handelns nicht nur, sondern auch einer unmittelbaren Hilfe und Beistimmung der Natur und des Zufalls; und hievon die Erzeugnisse Güter zu nennen, dieser Täuschung, gegen welche Aristippos sich zu verwahren gewußt, hat er untergelegen. Denn nun beziehen sich ein Teil seiner Güter nicht auf die Idee des höchsten Gutes, und er gesteht selbst, es gebe einige Güter, die kein Bestandteil von dieser sein könnten; weil er nämlich, auf die Tätigkeit ausgehend, nur die Lebensweise, als ein Innerliches betrachtet, für dasjenige erkannte, was rein sittlich kann hervorgebracht werden. Auch fehlt es an einem Vereinigungspunkt für seine verschiedenen Arten von Gütern, wie er sie dem Platon oder vielmehr einer alten und gemeinen Vorstellung nachsprechend einteilt; und es möchte schwer sein, den allgemeinen Begriff, unter welchem sie sollen befaßt sein, als einen ethischen aufzustellen und zu bestimmen. Denn einige, nämlich alle äußerliche und auch von den körperlichen und geistigen ein Teil, sind nur Ergänzungen und Erleichterungen des Handelns, andere aber, nämlich von den beiden letzteren Arten die übrigen, sind ordentlich ein Bewirktes durch das Handeln; beide also scheinen ethisch gänzlich voneinander getrennt zu sein und die Einheit des Begriffes demnach außer den Grenzen dieser Wissenschaft zu liegen. Noch eigentlicher aber läßt sich das oben Gesagte, daß nämlich eudämonistische Bestandteile auch die bloß formale Ansicht des Begriffes verdorben, von den Stoikern behaupten. In der Sittenlehre der Lust nämlich kann natürlich nur das ein Gut sein, was sich auf den persönlichen Zustand eines Menschen bezieht; und der Begriff des Besitzes ist mit dem Begriff des Gutes unzertrennlich verbunden. Dieses materiale Merkmal nun nahmen die Stoiker mit auf in den formalen Begriff, und weil sie mit Recht gegen die Eudämonisten sowohl als gegen den Aristoteles die Hinlänglichkeit der sittlichen Kraft zur Hervorbringung eines jeden Gutes behaupten wollten, welches der Sinn ist von jener Formel, daß nur das ein Gut sein könne, was von uns abhängt: so blieb ihnen, als zum persönlichen Zustande gehörig und als sittlicher Besitz, nichts übrig, als die Tugenden. Daher kann man sagen, daß der Begriff von ihnen nur polemisch aufgenommen und angewendet ist und nur so einen Wert hat. Denn sehr gut haben sie gegen die Peripatetiker geleugnet, daß äußerliche Begünstigungen zur Vollendung der Tugend notwendig wären, oder daß irgend etwas ein Gut sein könne, was nicht als Bestandteil zum höchsten Gut gehöre. Für sie selbst ist aber der Begriff ursprünglich ganz leer geblieben, und hat nur aus Furcht vor dieser Leere hernach, anstatt das System zu vollenden, zum Verderben desselben gereicht. Denn wegen jenes aufgenommenen Merkmals mußte ihnen der Begriff der Darstellung des Sittlichen, als das unterscheidende Merkmal der Güter, entgehen, und mit diesem auch die verschiedene Beziehung der Tugend, insofern sie einen unabhängigen und ursprünglichen Begriff bildet, und wiederum insofern sie dem der Güter als ein Reales untergeordnet ist. Da sie aber dennoch, durch ihre dialektische Neigung getrieben, beides unterscheiden wollten: so sind sie in jene dem Aristoteles ähnliche Verwirrung hineingeraten. Daß nun dieses wirklich die Geschichte des Begriffs der Güter in ihrem Lehrgebäude gewesen ist, muß die ganze Behandlung desselben einem jeden beweisen. Denn zuerst offenbart sich die Beziehung auf den persönlichen Zustand und den Besitz in dem Verfahren mit dem Begriff der gleichgültigen Dinge, der ganz darauf beruht, daß es etwas gibt, dessen Besitz aus sittlichen Gründen weder gesucht werden darf noch vermieden; keineswegs aber darauf, daß einiges überall kein Werk ist, und also weder die sittliche Gesinnung darstellt noch die entgegengesetzte. Wie denn auch die große Ausdehnung des Begriffs der Güter überhaupt und die Einteilung alles dessen, was ist, in Güter und Übel und keines von beiden nur ein dialektisches Wagestück sein mag, aus der Verlegenheit den ihnen fremden Begriff irgendwo anzuknüpfen entstanden; die Aufgabe aber, welche für denjenigen darin liegt, der die Güter als Darstellungen ansieht und als Werke, ist von ihnen gar nicht gedacht worden. Ferner erhellt das nämliche aus allen ihren Einteilungen, welche genau betrachtet keine andern sind als die des Aristoteles, in ihrer mehr dialektischen Sprache ausgedrückt. Nur daß in der einen, in Güter in der Seele und außer der Seele und keines von beiden, den Widersinn der Dreiteilung abgerechnet, der Gedanke des Besitzes mehr hervorsticht: in der andern aber, in Güter, welche das Sittliche in sich haben, und in solche, welche es hervorbringen, und solche, von denen beides gilt, die gänzliche Unbestimmtheit der sittlichen Beziehung. Nicht leicht aber zeigt sich irgendwo deutlicher als hier die Vortrefflichkeit der Dialektik, welche sie, wenn sie ihr treu geblieben wären, notwendig auf das Richtige hätte führen müssen. Denn was weder in der Seele ist noch außer ihr, welchen Sinn könnte diese Formel haben, wenn nicht dasjenige ihr entsprechen soll, was überall nicht in Beziehung auf einen und als Besitz kann gedacht werden; und wenn nur irgend Güter sollen außer diese Abteilungen[1] gehören, müssen auch die vorigen hierauf zurückgeführt werden, und auch die in der Seele nur Güter sein, weil sie nicht außer ihr, und die außer ihr, weil sie nicht in ihr sind. Ebenso müßte sich aus der ersten Abteilung ergeben, daß, wenn es Güter gibt, die auf so verschiedene Weise sich auf das Sittliche beziehen, das Wesentliche des Begriffs nicht liegen kann in dem, wodurch diese Beziehungen einander entgegengesetzt sind, sondern in einem Gemeinschaftlichen, welches aber auch nicht bloße Unbestimmtheit sein darf, sondern ein Bestimmtes. Dieses aber ist nichts anderes als der Begriff des Werkes und der Darstellung, welche aus der Gesinnung hervorgegangen auch wieder die Gesinnung erweckt, indem sie sie verkündigt, und welche sittlich hervorgebracht auch wieder die Kraft hat, in einer anderen Reihe sittlicher Tätigkeit mitzuwirken. Ferner hätte sich, wenn sie den Unterschied nicht vernachlässigt hätten, daß sich im Eudämonismus alles auf die Einzelheit, bei ihnen aber alles auf die gemeinschaftliche Natur bezieht, auch der Gedanke des Besitzes erweitern müssen zu dem eines Gemeinbesitzes, welcher in seiner größten Ausdehnung gedacht nichts übrig läßt, als dasjenige, was da ist für die Anschauung. Von selbst hätte sich dann nach derjenigen Regel erweitert die Formel der Zulänglichkeit der sittlichen Kraft, nämlich es müsse zureichen diejenige sittliche Kraft und Größe, für welche auch das Gut ein Gut ist, nämlich die gesamte. Und auch hier zeichnet sich wiederum aus Spinoza, welcher, obgleich er ebenfalls nicht viel Gebrauch macht von dem Begriff der Güter, doch bei gleichen ja stärkeren Veranlassungen, als die des Aristo-

---

[1] ?

teles und der Stoiker, dieselben Fehler vermeidet und den Fehler des Nichtgebrauchs nicht vermehrt durch den Mißbrauch. Denn bei der Art, wie er den Menschen abhängig macht von der Natur, wäre es keinem verzeihlicher gewesen als ihm, die Begünstigungen derselben als etwas Sittliches unter dem Namen der Güter aufzunehmen. Hievon aber entfernt er sich gänzlich durch die Erklärung, daß alle wahren Güter der Wirklichkeit nach allen Weisen, der Natur nach aber allen Menschen müßten gemein sein; welches zugleich auch in der andern Hinsicht der Aufschluß ist und die Vermittlung für die den andern gemeinsamen Irrtümer. Am reinsten aber nicht nur von Fehlern, sondern auch am vollständigsten findet sich dieser Begriff, wenngleich auch nur unentwickelt, in der Sittenlehre des Platon. Denn so dachte er sich die Gottähnlichkeit des Menschen als das höchste Gut, daß, so wie alles Seiende ein Abbild ist und eine Darstellung des göttlichen Wesens, so auch der Mensch zuerst zwar innerlich sich selbst, dann aber auch äußerlich was von der Welt seiner Gewalt übergeben ist, den Ideen gemäß gestalten solle, und so überall das Sittliche darstellen. Hier also tritt das unterscheidende Merkmal des Begriffs deutlich heraus, und die Beziehung desselben sondert sich ab von der Tat sowohl als der Gesinnung. Und wer kann beurteilen, wie weit dieses ist ausgeführt gewesen in seinen Gedanken, und wieviel wir davon erblicken würden, wenn wir jenes große Werk ganz vor uns hätten, welches das göttliche Wesen, wiewohl des Neides unfähig, entweder ihm auszuführen oder uns zu besitzen nicht erlaubt hat[1].

---

[1] Platons großes Werk „Die Gesetze" sind Fragment.

Zweiter Abschnitt.
Von den einzelnen realen ethischen Begriffen.

Da nun von der Absonderung der einzelnen realen Begriffe von den allgemeinen formalen, unter welche sie dennoch gehören, die Ursache keine andere war als die Notwendigkeit, letztere so genau zu unterscheiden als möglich, worin die öfters zweifelhafte Beziehung eines realen Begriffes bald auf diesen bald auf jenen formalen ein sehr erschwerendes Hindernis würde gewesen sein: so ist nun auch natürlich bei den realen der Anfang der Untersuchung von demjenigen Gebiete zu machen, welches am meisten abgesondert und in jene Grenzstreitigkeiten nicht verwickelt ist. Dieses aber ist das der Güter, teils aus andern Ursachen, teils schon wegen des weniger ausgebreiteten Gebrauches, der davon ist gemacht worden. Um nun nach einer von den gegebenen Abteilungen, ohne daß sie jedoch dadurch für richtig sollte anerkannt werden, die Übersicht zu ordnen, so mögen zuerst zur Betrachtung kommen die äußerlichen Güter, wie sie am zahlreichsten erscheinen in den Darstellungen der Nachfolger des Aristoteles; denn den größten Teil von ihnen haben sowohl die Cyrenaiker verworfen als auch die Stoiker. So haben die Peripatetiker den Reichtum und die bürgerliche Gewalt, ja sogar den fortdauernd günstigen Zufall als Güter aufgeführt; im Verfolg nämlich jener unrichtigen Ansicht, dasjenige was den glücklichen Erfolg der sittlichen Tat begünstigt, nicht aber das, was das natürliche und notwendige Werk derselben ist, ein Gut zu nennen, und zwar jedes nur für denjenigen, welchem es dient. Daher auch offenbar ist, daß diesen Gütern das Merkmal der Allgemeinheit abgeht, welches allem Ethischen beiwohnen muß: denn solchergestalt auf den Besitzer bezogen, haben sie auch für diesen einen Wert nur in dem Maße, in welchem andere ihrer entbehren. Diejenigen nun, welche sich die Lust zum Endzweck machten,

Die Güter.

a) Reichtum bürgerliche Gewalt usw.

haben sehr richtig diese Güter nicht als solche anerkennen gewollt, weil nämlich keineswegs in ihnen nur Sittliches, nämlich Lust gedacht wird, sondern vielmehr, wenn die Lust an ihnen, sofern sie Mittel sind, als nicht sittlich mit Recht ist ausgeschlossen worden, unmittelbar gar keine Lust in ihnen enthalten ist. Weniger aber haben diejenigen, deren Sittliches Tätigkeit ist, ein Recht, diese Gegenstände aus dem Verzeichnis der Güter zu löschen. Denn wiewohl dieses von den meisten mit allgemeinem Beifall ist behauptet worden, so ist doch dies nur eine unüberlegte Nachahmung der Stoiker, welche wie erwähnt nicht aus der Idee einer praktischen Ethik den Begriff der Güter gebildet, sondern ihn nur aus der genießenden, mit Merkmalen, welche ihm dort eigen sind, aufgenommen haben, und also immer auf einen einzelnen Besitzer und eines solchen Zulänglichkeit zum Hervorbringen zurücksehen. Sie hätten aber, wie doch ihre Sittenlehre ganz auf Gemeinschaft und gemeinschaftliche Natur gerichtet ist, auch diese Güter betrachten sollen in Beziehung auf ein Gesamtes von Menschen, für welche sie gemeinschaftlich und ausschließend ihren Wert haben. Und dann wäre allerdings der Reichtum, zuerst zwar der unmittelbare, nämlich die Menge der Erzeugnisse und Verarbeitungen, dann aber auch mittelbar der bezeichnende, ein Gut, ein sittlich Hervorgebrachtes und Darstellung eines Sittlichen, nämlich der bildenden Herrschaft des Menschen über die Erde. Nicht aber in Beziehung auf den Besitzer, denn der Besitz wäre hiebei nur ein Zufälliges und Vorübergehendes, sondern auf alle, soweit sich die Teilnahme daran ausdehnen läßt in der Idee. Ebenso auch die bürgerliche Gewalt ist ein Hervorgebrachtes durch alle die offenbar sittlichen Handlungen, aus welchen Erhaltung nicht minder als Stiftung der größten und zureichenden menschlichen Gesellschaft besteht, und eine Darstellung dieser Gemeinschaft selbst. Also ein Gut, nämlich, wie es sich gebührt, ein gemeinschaftliches für alle, durch deren Handeln es hervorgebracht worden. Denn da die bürgerliche Gewalt ein gemeinsamer und durch das Gemeinsame bestimmter Wille sein soll: so hat sie nach der Idee dieser Sittenlehre auf denjenigen, der sie verwaltet, keine nähere und andere Beziehung als auf alle anderen. Ja, man kann sagen, daß in der praktischen Ethik selbst der günstige Zufall als ein Ideal gedacht unter den Gütern müßte aufgeführt werden, insofern aus der natürlichen Übereinstimmung aller sittlichen Zwecke von selbst erfolgt, ohne Absicht oder Mitwissenschaft, eine Tauglichkeit und Angemessenheit der Handlungen des einen für die Endzwecke des andern, welche Übereinstimmung darstellend dieses Zusammentreffen in seiner Regelmäßigkeit ein Gut ist. Dieses alles nun ist ohne Zweifel von den Peripatetikern nicht in solchem Sinne gemeint gewesen, sondern nur als Mittel zum Handeln, und deshalb im Streit gegen sie von den Stoikern mit Recht verworfen worden, welche nur ihre Dialektik nicht weit genug geführt hat, um den Begriffen die Beziehung auf ihre eigene Idee abzugewinnen, und der Vernichtung des Falschen die Erfindung des für sie wenigstens Richtigen beizufügen. Anders aber und leichter ist es mit der Freundschaft bewandt, welche auch die Stoiker mit Recht unter die Güter aufgenommen, indem anschaulicher in ihr jene Merkmale dessen zusammentreffen, was in der handelnden Sittenlehre ein Gut sein soll. Denn daß sie nur im Handeln und durch Handeln besteht, ist von allen anerkannt, so daß das bloße Wohlwollen den Namen der Freundschaft nicht erhielt. Und daß nur ein sittliches Handeln die Freundschaft erzeugen könne, für die Unsittlichen sie aber gar nicht vorhanden wäre, war ein gemeiner Satz der alten Sittenlehre. Einige zwar von denen der Lust Zugetanen haben die Freundschaft verworfen; aber nur sofern sie ein Mittel sein soll, um Lust hervorzubringen. Denn in diesem Sinne gilt, was sie sagen, daß der Weise sich selbst müsse genug sein, um das Sittliche herbeizuschaffen. Sonst aber ist auch für sie die Freundschaft ein Gut, insofern sie selbst unmittelbar Lust ist, und zwar ein Zustand fortdauernder und sich von selbst immer

b) Freundschaft.

wieder erzeugender Lust, in welchem, wenn er nur für sich betrachtet wird, nichts anders gedacht werden kann als Lust. Denn so muß und kann auch in jeder genießenden Sittenlehre nach Maßgabe des Umfanges, welchen sie sich gesteckt hat, die Freundschaft gebildet werden. In dem nämlichen Sinne nun können auch andere Gegenstände, welche von andern zum Reichtum gerechnet werden, in der eudämonistischen Ethik Güter sein, insofern sie nämlich ein festes, auf die besonderen Bestimmungen des einzelnen berechnetes Verhältnis ausdrücken, in welchem eben deshalb gleichfalls an sich nur Lust kann enthalten sein. Welches auch leicht die Ursache sein mag, warum in der gemeinen Rede das reale und der Voraussetzung nach dem Besitzer besonders angeeignete und angebildete Besitztum sein Gut genannt wird, das andere aber nur sein Vermögen. Steigen wir nun von der Freundschaft, der engsten und festesten Verbindung einzelner Menschen als solcher, herab zu Ähnlichem, wenngleich Geringerem: so

c) Weniger feste Verbindungen.

müssen auch losere und weniger umfassende Verbindungen Güter sein. Für die einen als Erzeugnisse eines gemeinschaftlichen und zwar sittlichen Handelns, in denen sich ein Sittliches vollendet darstellt und fortdauernd erzeugt. Für die andern aber insofern irgendeine der Verbindung eigentümliche Lust in dem gestifteten Verhältnis gleichsam festgehalten und zur wechselseitigen Erneuerung voraus bestimmt ist. Selbst die Gastfreundschaft nahmen so die Stoiker unter die Güter auf, in welcher wir jetzt nur die unvollkommenste Stufe eines Gutes erblicken, nämlich die teilweise Linderung eines von der Hinwegschaffung noch entfernten Übels. Ebenso, wenn sie sagen, der Weise allein verstehe sich im Gastmahl recht zu verhalten, geben sie zu erkennen, daß auch dieses, um seinem Begriff zu entsprechen, müsse aus sittlichen Handlungen gemeinschaftlich hervorgegangen sein und also auch das Sittliche darstellen und den Namen eines Gutes verdienen. Welches freilich eine ganz andere Ansicht gewährt, als die Kant zu nehmen, niemand weiß wodurch, gezwungen wurde, welcher den Schmaus als eine förmliche Einladung zur Unmäßigkeit unter den streitigen Gegenständen in seinen kasuistischen Fragen aufstellt und wie mit lüsternem Zweifel über dessen Zulässigkeit beratschlagt. Wie nun auch dieses, wenngleich dem Anscheine nach eine Kleinigkeit, den Geist jeder Sittenlehre unterscheidend bezeichnet, sei als hieher nicht gehörig einem jeden zu untersuchen anheimgestellt. Aufwärts steigend aber zu denjenigen Verbindungen, welche die Menschen nicht mehr als Einzelne zusammenfassen, sondern sie gleichsam von der Einzelheit hinwegsehend in Teile eines gemeinschaftlichen Ganzen verwandeln: so wurden die bürgerliche sowohl als die häusliche Gesellschaft von allen, welche eine tätige Sittenlehre bearbeiteten, unter die Güter gezählt. Denn die Frage, ob der Weise den Staat würde verwalten helfen, kann dieses nicht widerlegen, sondern vielmehr nur beweisen, wenn man hinzunimmt, daß jede hieher gehörige Schule, wie wir selbst von der des Antisthenes wissen, das Ideal eines Staates aufzustellen pflegte. Woraus hinlänglich erhellt, daß jene Frage den Staat nur betraf, insofern er vielleicht nur ein Notstaat, wie es ein Neuerer genannt, oder wohl gar ganz unsittlich entstanden und gebildet den Sittlichen zum Widerstreit gegen sich selbst und seine Ideen nötigte. Denselben Unterschied haben die Stoiker in Beziehung auf die häusliche Gesellschaft auf die entgegengesetzte Weise ausgedrückt, indem sie sagen, nur der Weise liebe die Seinigen, nämlich nur er mit derjenigen Gesinnung, welche ein Hauswesen als ein Sittliches oder ein Gut stiften könne und erhalten. Wie nun auch in einer eudämonistischen Ethik die Ehe ein Gut sein kann oder nicht, je nachdem darin den geselligen Empfindungen Raum gelassen wird, der Staat aber wohl immer nur als ein notwendiges Übel erscheinen wird; imgleichen auf welche Seite sich demzufolge jede Behauptung neige, von der Art, daß der Staat streben müsse, sich selbst entbehrlich zu machen, dies mag ein jeder für sich entscheiden. Für die tätige Sittenlehre aber müßte nach dem Beispiel des Staates und der häus-

d) Bürgerliche und häusliche Gesellschaft.

lichen Gesellschaft auch die wissenschaftliche, wie sie damals bestand in Gestalt einer Schule, und wie wir sie jetzt kennen in andern Gestalten, ein Gut sein; ja auch die Kirche, wie Fichte sie in seiner Sittenlehre ableitet, und, möchte vielleicht einer hinzusetzen, die Freimaurerei, wie sie ihm immer gleichsam auf der Zunge schwebt, ohne ganz hervorzutreten, würden nach seinen Vorstellungen hieher gehören, schwerlich aber die Zünfte und geschlossenen Stände des von ihm vorgezeichneten Staates. Welches als Beispiel hier stehen mag von der noch nicht beantworteten, ja wohl nicht aufgeworfenen Frage, wie überhaupt die Einheit jedes ein Gut bezeichnenden Begriffes zu bestimmen ist. Denn nicht nur für dasjenige unter dem Angeführten, was der neueren Sittenlehre angehört, dringt sie sich auf, sondern auch schon für das Alte. So ist es eine gemeine Erklärung der Alten, daß der Staat nicht eine Verbindung von einzelnen sei, sondern von Hauswesen, welche also eigentlich dessen Teile sind, und so ist zu fragen, ob, was Teil eines Ganzen ist, neben diesem auch als ein eigenes Gut könne angesehen werden. Ebenso erklären sie den Staat für die zur Hervorbringung des höchsten Gutes hinreichende Verbindung, welche also in ihrer Vollkommenheit gedacht alle Güter müßte in sich schließen, wonach zu untersuchen wäre, ob auch die Freundschaft, die eigentlich ethische und die wissenschaftliche, anzusehen wären als Teile des Staates, in ihm und durch ihn hervorgebracht. Daß die Beantwortung dieser Fragen sich von selbst ergeben müßte in jeder Sittenlehre, welche ihre Vorstellungen von einzelnen Gütern nicht aus der Erfahrung herbeizöge, sondern systematisch erzeugte und ordnete, wie auch, daß sie einen großen Einfluß haben müßte auf die wichtigsten und bestrittensten Gegenstände der Ethik, dies leuchtet ein. Dieses wird noch deutlicher, wenn man erwägt, daß nach Maßgabe des bisherigen ebenso auch jedes

e) Werke der Kunst.

Werk wenigstens der schönen und bildenden Kunst muß ein Gut sein. Auch für die Sittenlehre der Lust, als ein sich erneuernder

Wechsel von Befriedigung und Erregung eines bestimmten Triebes, nicht nur im Anschauen, sondern auch in der Verfertigung, welche zu denken ist als annäherndes Herbeischaffen des Gegenstandes der vorgebildeten Lust. Noch mehr aber für die Sittenlehre der Tätigkeit, indem es auch entstanden ist aus sittlichen, nämlich eine Idee darstellenden Handlungen, und selbst den Geist derselben, nämlich die Regel und das Urbild, im Sinnlichen darstellt. So daß zwischen diesen Werken und jenen aus reinem Handeln bestehenden kein anderer Unterschied obwaltet als der zwischen dem bloßen Handeln und dem Hervorbringen, welches doch auch ethisch angesehen immer ein Handeln ist. Wer nun überlegt, wie wunderlich in neueren nur nach dem Pflichtbegriff die Sittenlehre abhandelnden Darstellungen die meisten der hier als Güter aufgeführten sittlichen Gegenstände und Verhältnisse erscheinen, besonders aber der Staat samt dem, was ihm anhängt, und die Kunst mit ihren Werken, als um welche sich alles bewegt, ohne doch daß sie selbst ihren Platz beurkunden und mit dem wissenschaftlichen Kleide angetan sind, der wird geneigt sein zu vermuten, daß nur unter dem Begriff von Gütern alle diese recht können dargestellt werden. Was ferner die sogenannten Güter des Leibes anbetrifft, deren die Alten vornehmlich vier zählen, Gesund, Schönheit, Stärke und Wohlgebautheit: so ist leicht zu sehen, daß auch sie ursprünglich zwar nur als Mittel und Bedingungen, wenn auch nicht sowohl der Lust als der vollbringenden Tätigkeit, also immer mit Unrecht, diesen Namen erhalten haben, dennoch aber in anderer Bedeutung, ebenso wie die vorigen, wirklich Güter sind. Für die **Eudämonisten** nämlich, insofern sie nichts anders sind für den Menschen als ein im Körper gleichsam befestigtes angenehmes Bewußtsein, welches sich zu jeder andern vorübergehenden Lust als ein erhöhender Faktor hinzugesellt. Für die **tätige Sittenlehre** aber, insofern sie gedacht werden nicht als Naturerzeugnisse vom Zufall gegeben oder versagt, sondern als hervorgebracht durch das gemeinschaftliche natur-

f) Güter des Leibes.

gemäße Leben, und darstellend die fortgesetzte allseitige Sittlichkeit der Geschlechter und Völker, welchen sie einwohnen. Denn daß in einer auf Handeln und Bilden ausgehenden Sittenlehre auch die Schönheit und Wohlgebautheit, als auf diesem Wege erlangt, unter der Idee des höchsten Gutes mit begriffen sind, wird wohl keiner bezweifeln. Nur aber möchte die Art sehr willkürlich sein, wie diese Güter vereinzelt sind. Denn wenn auch die Schönheit sich, worauf man auch sehe, von den übrigen leicht absondert: so möchten doch diese untereinander so genau zusammenhängen, daß nichts für die Sittenlehre Wesentliches zu unterscheiden ist, weder wenn sie als Lust oder Unlust, noch wenn sie als Werk und Darstellung des Sittlichen betrachtet werden. Dagegen haben die Neueren, vielleicht vom Gefühl ihrer Mängel dazu getrieben, oder vom Neide gegen die besser begabten Stämme der Barbaren, richtiger von der Gesundheit abgesondert die Schärfe und Feinheit der Sinne, und dürften immer, bis sie dahin wieder gelangen, die Linderungen dieser Übel, nämlich alle künstliche äußere Vorrichtungen und Werkzeuge, welche ethisch betrachtet als erweiternde Fortsetzungen der Sinnglieder anzusehen sind, imgleichen die künstliche Stärke der Waffen und was dem ähnlich ist, den Gütern dieser Art beigesellen. Es scheint aber jene vierfache Zahl nur gesucht zu sein, damit den vier Tugenden, als Hauptgütern der Seele, auch ebenso viele Vollkommenheiten und Güter des Leibes entsprächen.

Tugenden als Güter. Daß nun jene vier Haupttugenden die erste Stelle einnehmen unter den Gütern der Seele bei den Peripatetikern sowohl als Stoikern und so die Begriffe von Tugenden und Gütern im einzelnen scheinen untereinander geworfen zu sein, davon ist schon oben Erwähnung geschehen. Die Ursache aber hievon ist eine zwiefache Ansicht desselben Gegenstandes, welche nicht deutlich genug unterschieden wurde. Daß nämlich die Gesinnung an sich zwar als das Wirksame und Hervorbringende betrachtet Tugend ist und unter die Idee des Weisen gehört; wird sie aber als eine bestimmte Größe gedacht, hervorgegangen aus dem Handeln und durch die Übung und wiederum sich offenbarend und der Anschauung hingebend durch Handeln und Ausübung, so erscheint sie auf der andern Seite als ein Werk, als die Darstellung des vorhergegangenen, sie hervorbringenden Handelns, und also für die praktische Ethik als ein Teil dessen, was bewirkt werden soll, nämlich des höchsten Gutes. Und auch hier wiederum erfreuen sich die Stoiker einer richtigen, wenngleich nicht völlig verstandenen Ahndung. Denn die Peripatetiker verwischen diesen Unterschied gänzlich, und Schönheit und Stärke der Seele sind ihnen nur verschiedene Namen für Tapferkeit und Gerechtigkeit, sowie für Klugheit und Mäßigung, wie diese hellenischen Tugenden unrichtig genug übersetzt werden, der Seele Gesundheit und Wohlgebautheit; da doch die letzten Namen offenbar einen bestehenden und anschaulichen Zustand der Seele, die ersten hingegen auf eine bestimmte Weise hervorbringende Kraft anzudeuten sich eignen. So aber unterscheiden die Stoiker zwischen Tugenden, welche Künste sind, also jede ihr bestimmtes Werk zu vollbringen streben, unter welcher Abteilung die vier bekannten Namen aufgestellt zu werden pflegen, und zwischen solchen, die gleichsam von selbst und nebenbei durch die Übung entstehen, wie von jeder Gesinnung, als bestimmte Größe betrachtet, kann gesagt werden; daher auch hier die Gesinnungen unter jenen Namen vorkommen, welche Zustände und Beschaffenheiten der Seele anzeigen. Dieser richtigen Spur jedoch sind sie nicht bis zu Ende gefolgt, sondern haben auch die Tugenden in jener Hinsicht unter die Güter gerechnet. Ob aber die Gesinnungen, sofern sie Güter sind, ebenso müßten geordnet und geteilt werden, wie jeder sie als Tugenden aufstellt, schon dies könnte im allgemeinen bezweifelt werden, noch mehr aber ob jenen vier Tugenden überhaupt die genannten Eigenschaften der Seele entsprechen und wieviel von ihnen als wirklich verschieden und nach Gründen voneinander getrennt möchten übrig bleiben. Allein es verlohnt nicht, hierüber ein mehreres zu sagen, da solche bildliche Bezeichnungen des Geistigen durch das Körperliche der Wissenschaft überall nicht wohl anstehn, und diese durchaus nur schlecht und mangelhaft sind erklärt worden. Offenbar aber ist, und auch von den Stoikern anerkannt und bezeugt worden, daß nach derselben Regel nicht nur jene vier Tugenden und andere eigentlich so genannte für Güter zu halten sind, sondern jede andere ethisch bestimmte Vollkommenheit des Geistes, sowohl die des Verstandes, welche ihm zu Wissenschaft und Einsicht werden, als auch die der andern Seelenkräfte, welche zu Fertigkeiten in bildenden oder geselligen Künsten gedeihen. Alle nämlich, insofern sie das Werk sittlicher Tätigkeit sind, und nur, wie schon oben erwähnt, in und mit diesen Schranken gedacht werden; denn diese alle sind, so wie ihre Werke eine äußere, so sie selbst eine innere Darstellung eines bestimmten Sittlichen. Vorzüglich aber sind hieher zu rechnen jene Eigenschaften, welche von vielen zwar als sittlicher Natur anerkannt, doch aber nicht unter die Reihe der Tugenden zugelassen werden, wie zum Beispiel die Stärke und Feinheit des sittlichen Gefühles und was dem ähnlich ist. Denn diese sind ebenfalls als Anlagen überhaupt zwar von Natur vorhanden, bestimmt aber nach ihrer Stärke und Richtung sind sie ein Erzeugnis teils des einzelnen sittlichen Willens, teils des gesamten in Gemeinschaft und Wechselwirkung stehenden menschlichen Handelns, und also in ihren Fortschritten und Veränderungen ein gemeinsames und gemeinsam hervorgebrachtes Gut. Ja, wenn Kant meint, die teilnehmenden Empfindungen und ihre Werke wären nicht sowohl für pflichtmäßig zu achten, als nur für Zierden der Welt und des Menschen, um erstere als ein schönes sittliches Ganzes darzustellen: so hat er nur entgegengesetzt, was füglich nebeneinander bestehen kann. In dieselbe Stelle würden auch dann noch gehören die Werke der von ihm sogenannten Pflichten gegen oder in Ansehung der leblosen Natur und zur Erhaltung des Schönen überhaupt. Wie denn im ganzen bei ihm jene Formel, die Welt als ein sittliches Ganzes darzustellen, einer ihres Namens würdigen Idee des höchsten Gutes noch am nächsten zu kommen scheint. Außer den Tugenden aber wird auch noch gesagt, daß jeder Tugendhafte und Weise, als solcher an sich betrachtet, ein Gut ist, worin auch Spinoza mit den Stoikern zusammenstimmt. Zu leugnen nun ist dieses nach den allgemeinen Merkmalen des Begriffes für jede praktische Ethik freilich nicht. Denn der Weise ist aus dem natürlichen Menschen hervorgegangen durch Handeln, und stellt der Voraussetzung nach durch sein Dasein und Handeln das Sittliche und sonst nichts, dieses aber im ganzen Umfange dar. Wie aber auch hier die Einheiten zu bestimmen und auseinander zu halten wären, da doch die einzelnen Gesinnungen sich im Weisen befinden und gleichsam seine Teile sind, dies würde eine eigene Untersuchung erfordern und aus dem Vorhandenen durch Vergleichung nicht können angegeben werden. Nächst dem Weisen endlich und seinen Gesinnungen wird auch noch sein den Stoikern zufolge dreifaches sittliches Wohlbefinden zu den Gütern gerechnet. Nicht als Lust natürlich, sondern als ein durch sittliche Gesinnung und Handlung entstandenes inneres Verhältnis, in welchem sein Ursprung sich darstellt, und welches sich wiederum äußert nicht sowohl durch ein bestimmtes Tun als durch die Weise des Denkens und den Ton des Handelns überhaupt. Nur die Scheu freilich oder das besonnene Umsehn nach möglichen bevorstehenden Übeln müßte ausgestrichen werden, welches auch Spinoza eingesehen und sie deshalb nicht mit aufgenommen hat, weil sie ja doch in Beziehung auf den Weisen nur ein Übel sein kann. Denn dieser Zustand kann nur aus der Erinnerung eines unsittlichen Handelns entstehen, aus dem Bewußtsein des Sittlichen aber muß Sicherheit hervorgehn. Wie aber beide Systeme, das der Tätigkeit und das der Lust, natürlich da am meisten sich nähern, wo das zurücksehende Bewußtsein mit in Rechnung zu bringen ist: so ist auch dieses das einzige unter den Gütern der Seele, welches mit der tätigen auch die genießende Sittenlehre gemein hat. Wiewohl, was den Inhalt betrifft, ihrer Idee gemäß anders bestimmt, und auch in der entgegengesetzten Beziehung, als Lust nämlich, welche mit dem Vergangenen das Künftige im Selbstbewußtsein weissagend zusammenknüpft. Dieses nämlich ist jene Unerschrockenheit oder Furchtlosigkeit, insofern sie nicht als wirkende Kraft, sondern als Zustand und Gefühl betrachtet ein Gut kann genannt werden. Was aber sonst noch in Sittenlehren dieser Art als Tugend zu denken ist, kann nicht zugleich auch ein Gut sein. Denn die sittliche Kraft stellt für sich allein noch nicht das Sittliche dar, sondern muß in Wechselwirkung gedacht werden mit den Aufforderungen von außen; und nichts, was neuere Eudämonisten hiegegen Scheinbares vorgetragen haben, möchte eine strenge Prüfung bestehen. Doch dieses sei genug von einzelnen Gütern zur Bewährung dessen, was über den Wert und Gebrauch dieses Begriffes oben ist gesagt worden.

Pflichten. 1. gegen den Leib.

Von den Pflichten aber werde ebenfalls, um noch länger die Verwirrung zurückzuhalten, der Anfang mit denen gemacht, welche noch am wenigsten der Verwechselung mit Tugenden ausgesetzt sind, vielmehr schon durch die Art der Benennung sich entschieden zu jenem Begriff bekennen; und zuerst zwar mit der, welche vielen als die vornehmste erscheint, von allen aber als die erste aufgeführt wird, nämlich der Pflicht der Selbsterhaltung.

a) Selbsterhaltung.

Daß nun diese schlechthin in keinem ethischen Systeme Pflicht sein könne, sondern überall durch irgend etwas müsse bedingt sein, leuchtet ein. Denn die Ethik beschreibt nur eine Weise des Lebens, und so kann in ihr keine Art vorkommen es zu erhalten außer jener Weise, weil dieses ein Hinausgehn wäre aus ihrem Inhalt. Noch auch ist es überhaupt möglich, eine bestimmte Weise des Lebens im Handeln festzuhalten, wenn das Leben selbst um jeden Preis soll geschont werden, weil keine allgemeine Regel bestimmen könnte, wo nun die Gefahr anginge. So daß offenbar auch zur Erhaltung des Lebens keine Handlung vorkommen darf, welche nicht den sittlichen Charakter, wie er eben in jedem System ist, an sich trüge, und der entgegenstehende Satz, daß etwas Unsittliches dürfe getan werden, um das Leben zu erhalten, jede Ethik umstürzen muß. Dennoch sind die meisten Neuern in diesen Widerspruch geraten. Und zwar einige ganz grob, indem sie mit klaren Worten auch das Verbotenste freistellen zu diesem Endzweck. Kant aber stillschweigend, indem er sie zu einer vollkommenen Pflicht erhebt, welche also jedesmal zur Handlung selbst verbindet und nicht wegen irgendeiner unvollkommenen darf verletzt werden. Ebenso auch Fichte auf eine verstecktere Art, indem er doch das Leben überhaupt von dem sittlichen Leben trennt, und dann nur wieder auf eine künstliche Art das erste dem letzteren unterwirft. Denn wenn das sittliche Bestreben, das Leben zu erhalten, von Anfang an nur auf das sittliche Leben ist gerichtet gewesen, so gibt es nichts zu vergessen und von nichts hinwegzusehen. Ist aber jenes pflichtmäßige Bestreben ursprünglich auf das Leben an sich gerichtet gewesen, so ist ja die Pflicht unbedingt, und hat ihre Grenzen nicht in sich selbst, sondern muß sie erst im Streit mit andern Pflichten erhalten, so daß jenes Vergessen und Hinwegsehen nur ein schlecht geführter Krieg ist, der mit der Flucht anfängt, ein Krieg aber doch auf alle Weise. Welches aber nun der eigentliche reale Inhalt der Pflicht der Selbsterhaltung sei, und die mit demselben zugleich gegebenen Grenzen, das haben selbst von denen, welche Grenzen derselben auf irgendeine Art anerkennen, die meisten geradezu zu bestimmen unterlassen, und nur mittelbar muß es daraus geschlossen werden, inwiefern sie eingestehen, daß irgend etwas getan werden dürfe, um das Leben zu endigen, so daß das Sterbenwollen die eigentliche Formel der Handlung wäre. Dergleichen nun bestimmt nicht nur ein Zweig der cyrenaischen Schule, sondern auch die stoische; ja selbst Spinoza, wiewohl Selbsterhaltung bei ihm die allgemeine Formel des Sittlichen ist, scheint einen Fall anzunehmen, in welchem es natürlich wäre das

Leben zu enden. Was also die ersten betrifft, so scheint ihre Formel eigentlich die zu sein, daß es recht ist, das Leben zu endigen, wenn nicht anders als mit demselben zugleich die Unlust kann hinweggeschafft werden. Wonach also dieses das Unbedingte sein würde, das Leben selbst aber bedingt durch seinen sittlichen Gehalt, nämlich die Lust; denn ein Mittleres wollen sie nicht anerkennen als ein beharrlich Reales, sondern nur als einen Übergang. So bestimmt aber und richtig dieses zu sein scheint, so sehr ist es doch unbestimmt und unzureichend. Denn muß die Unlust, welche allein auf Kosten des Lebens darf hinweggeschafft werden, eine absolute sein, so daß kein Element von Lust zugleich mit aufgehoben und zerstört würde, und der Fall nur bei einer gänzlichen Beraubung aller Güter des Lebens einträte: so würden hier Lust und Unlust in einer andern Bedeutung genommen als im Gesetz, und in einer solchen, aus welcher die übrigen Pflichten und Tugenden nicht könnten hergeleitet werden. Soll aber im Gegenteil auch die relative Unlust gemeint sein, die nur im Übergewicht besteht, und also jeder Moment des heftigen Schmerzes gerechte Ursache geben zur Selbsttötung: so ist jede Hinsicht auf die Güter aufgehoben, und der Begriff verliert seine Bedeutung. So daß hier ein ungelöster Widerspruch obwaltet zwischen dem, was aus dem Begriff der Güter und dem, was aus dem Begriff der Pflicht hervorgeht. Bei den Stoikern hingegen scheint jeder ethisch reale Grund zu fehlen zur Selbsttötung, und diese Erlaubnis nur die dialektische Spitze zu sein zu dem polemischen Satz, daß das höchste Gut nicht durch die Länge der Zeit wächst und gewinnt. Denn es ist gar nicht die Unmöglichkeit eines Sittlichen oder die Unvermeidlichkeit eines Unsittlichen, was dabei den Bestimmungsgrund ausmacht. So daß hienach zu urteilen es gar keine Pflicht der Selbsterhaltung bei ihnen geben würde, wie sie denn auch das Leben und den Tod unter die gleichgültigen Dinge zählen, welches jedoch teils mit andern Äußerungen der nämlichen Schule streitet, teils auch sonst schwer möchte durchzuführen sein. Fichte aber, welcher nicht durch einen solchen Grenzpunkt, jenseits dessen das Gegenteil Pflicht würde, welches er vielmehr leugnet, sondern geradezu den Inhalt dieser Pflicht bestimmt, ist dabei auf seine eigene Art in Widersprüche geraten. Auf der einen Seite nämlich geht seine Absicht dahin, sie real zu bestimmen, so daß das Bestreben, das Leben zu erhalten, nicht etwa anders woher soll entstanden sein und nur sittlich begrenzt, wie andere voraussetzen, sondern unmittelbar ein sittliches sein, auf einem sittlichen Grunde beruhend; so aber bringt er sie nicht zustande. Denn da er jede bedingte Pflicht den unbedingten unterordnet, welche das einzige Notwendige enthalten: so kann der Mensch, solange noch eine unbedingte Pflicht zu erfüllen übrig ist, auf rein sittlichem Wege niemals dazu kommen, irgend etwas ausdrücklich zu tun, um der bedingten Pflicht der Selbsterhaltung Genüge zu leisten, wie sehr leicht ein jeder ganz nach der Methode dieses Systems finden wird, indem, selbst wenn die physischen Kräfte schon zu sehr geschwächt wären, um die eine zu erfüllen, sie doch noch hinreichen würden zu einer andern oder zu einem immer unvollkommneren Grade von jeder, bis durch ein unendlich Kleines der Pflichterfüllung und der Existenz das natürliche und das sittliche Leben zugleich in Null überginge, wenn nicht vorher das Herz, oder wie es genannt wird, was in jedem Augenblick aus den Forderungen des Naturtriebes das Sittliche auswählt, einem rein natürlichen Triebe Raum gäbe, um das Leben zu erhalten. Auf der andern Seite aber will Fichte diese Pflicht auch ethisch bedingen, und sie gerät ihm dennoch in der Tat unbedingt, und ist also zugleich nichts und alles. Denn wenn, da der eigentliche letzte Zweck im Unendlichen liegt, jedes Handeln den seinigen nur in dem nächsten Handeln als Annäherung suchen muß: so darf ja wiederum das Herz oder die Einsicht oder wie vielfach dasjenige heißt, was in Ermangelung eines festen Prinzips und einer allgemeinen bestimmten Formel den Beruf jedes Moments bestimmt, unmöglich aus den verschiedenen an sich sittlichen gerade dasjenige auswählen, welches als Leben zerstörend schon den nächsten Zweck unmöglich macht. Sondern anstatt mit Gefahr des eigenen Lebens etwa ein fremdes zu retten, würde es ohne Zweifel sittlicher sein, eiligst etwas zu produzieren oder zu verarbeiten oder zu erforschen oder was sonst die besondere und unbedingte Pflicht dem Herzen ans Herz legte. Aus welchem Widerspruch nach diesem System wohl schwerlich eine andere Erlösung möchte zu finden sein, als bis jedes mögliche Handeln, auf daß irgendeiner keine Entschuldigung habe, in Beruf verwandelt, das Herz aber überall in Ruhestand versetzt wird. In dieser Hinsicht nun ist dem Widerspruch und der Unbestimmtheit niemand besser ausgewichen als Spinoza. Denn dieser trennt auf der einen Seite das Leben gar nicht von seiner ethischen Bedeutung, und es ist ihm als Gegenstand der Erhaltung nichts anders, als teils das fortgesetzte wahre Handeln, wiewohl der Reinheit desselben nur kann angenähert werden, teils aber die Identität des Seins, welche absolut ist. Könnte nun diese nicht erhalten werden, so wäre das Leben in ethischer Bedeutung schon geendigt, und es findet keine Frage mehr statt über das, was im Zusammenhange mit dem vorigen zu tun ist. Auf der andern Seite können bei seiner Ansicht des Lebens sowohl als der Sittlichkeit die spitzigen Fragen, welche sich auf den Gegensatz eines Moments mit den übrigen beziehen, gar nicht stattfinden. Was aber die Einheit des Begriffs der Selbsterhaltung betrifft, insofern nämlich alles, was dazu gehört, nur eine einzige Pflicht ausmacht und also ethisch als ein gleichartiges Handeln erscheinen soll: so löst auch sie sich in eine unbestimmte Vielheit auf. Denn wird sie nur auf das physische Leben bezogen: so hat dieses zwar seinen Sitz im Leibe, der Leib selbst aber ist ein Teilbares von der Art, daß seine verschiedenen Teile auch eine verschiedene Beziehung haben auf das Leben; weshalb denn nicht alles Handeln zu diesem Zweck seinem ethischen Werte nach gleich ist, sondern eins den andern untergeordnet, welches denn der Einheit der Pflicht widerstreitet. In diesem physischen und materiellen Sinne hat Kant den Begriff am weitesten verfolgt, und was gegen die Erhaltung einzelner, das Leben nicht unmittelbar enthaltender Teile geschehen könnte als partiellen Selbstmord aufgestellt. Daß aber diese Pflicht einen ganz andern Rang hat als jene, und also unter dem gemeinschaftlichen Namen zwei ganz verschiedene Dinge zusammengefaßt sind, ist offenbar. Denn bei dem partiellen Selbstmorde unterscheidet er sowohl das ganz Pflichtmäßige, als von dem Abweichenden die verschiedenen Grade der Verschuldung nach Maßgabe der Absicht, so daß hier die Pflicht der Erhaltung bedingt ist durch irgendeine Beziehung, die unmittelbare und gänzliche Erhaltung aber ist unbedingt. Ebenso ließe sich eine andere Einteilung denken, nicht nach den Teilen und Bedingungen des Lebens, sondern nach der Art und dem Grade der Gefahr, aus welcher sich ganz dasselbige ergeben würde. Nun aber ist weder der bedingende Grund aufgestellt, welcher die eine Pflicht von der andern trennt, noch der beide vereinigende Grund bestimmt, so daß sie weder ganz eins sind, noch ganz geschieden, und auch die erste in die Unbestimmtheit der letzteren mit hineingezogen wird. Dieses erhellt nicht nur aus den von Kant aufgestellten kasuistischen Fragen, welche fast immer der Beweis von der Unklarheit und Unzulänglichkeit seiner Bestimmungen sind, sondern die gleiche Verwirrung hat auch die Stoiker getrieben, vorzüglich selbst die unbedeutendste Verletzung des Körpers zur Ursache des Selbstmordes zu machen, als ob das Leben und die Glieder gleich wären, oder wenigstens der Unterschied zwischen beiden nicht zu bestimmen. Wird aber im Gegenteil die Selbsterhaltung auf das ganze empirische Selbst bezogen, und auf dessen Qualität als Werkzeug des Sittengesetzes: so gehört, was sehr ethisch zu sein scheint, das Entwickeln aller Kräfte und Naturvollkommenheiten, welches bei Kant zum Beispiel eine besondere Pflicht ausmacht, und zwar eine unvollkommene, der Nährung des Leibes als einer vollkommenen weit nachstehend, dieses gehört dann hier als das eigentlich Positive und Reale der Selbsterhaltung zu. Allein indem doch das Positive vom Negativen unterschieden wird, bleiben es zwei Elemente, die miteinander können in Widerstreit geraten, ohne daß zu entscheiden wäre, wie weit alsdann das bloß körperlich erhaltende und ersetzende Verfahren dürfe hintangesetzt werden zum besten des geistig entwickelnden, oder umgekehrt, so daß der Langschläfer und der Langwacher, oder was sonst für größere Gegensätze hier vorkommen mögen, lediglich ihrem Herzen überlassen sind. Ja, es gilt nun, was oben von der Unmöglichkeit gesagt worden, nach Fichte etwas besonderes zur Erhaltung zu tun, natürlich nicht minder von der mit darunter begriffenen Entwickelung des Leibes sowohl als des Geistes, indem beide wohl immer zu unbedingten Pflichten werden zu gebrauchen sein. Ferner auch stößt sich diese Pflicht mit jener andern bedingten besonderen, daß jeder solle seinen Stand wählen. Denn dieses nach Einsicht zu vollbringende Geschäft setzt Entwickelung und Ausbildung voraus, und es ist nicht zu sehen, wie weit diese schon müssen gediehen sein, ehe jene kann eintreten. Welches vielleicht Fichte geahnt zu haben scheint, wenn es anders mit Bewußtsein geschieht, daß er Ausbildung und Entwickelung vornehmlich in demjenigen setzt, was an Kindern zu geschehen pflegt, und dasjenige verbietet, was diese öfters erleiden müssen. Überdies aber ist bei Fichte sowohl das Negative des geistigen Teils der Selbsterhaltung, als auch das gesamte Positive dieser Pflicht, gleichsam wie ein verächtlicher abgelegener Ort, ein unordentliches Behältnis alles dessen, was zwar sittlich zu sein schien, die folgenden Stellen des Systems aber hätte verunzieren mögen. Denn sie enthält ein höchst unbestimmtes Mannigfaltiges von Vorschriften ohne Gesetz und Ordnung, und die, was noch ärger ist, ein fast ins Unendliche sich zerspaltendes mittelbares Verfahren bilden, welches, wie oben zur Genüge erwiesen worden, in der Ethik ganz unzulässig ist. So wird, um den Leib zu nähren, Sparsamkeit und Ordnung geboten, und um den Geist zu entwickeln werden die schönen Künste empfohlen, jede offenbare und geheime Untätigkeit aber, wie die leere Beschäftigung mit Zeichen und das leidentliche Aufnehmen fremder Gedanken wird verboten. Hier nun wird wohl jedem unbegreiflich sein, teils warum dieses irgendwo ein Ende nimmt, und warum nicht auch Fichte, wie Spinoza, alle Pflichten und Tugenden aus der Selbsterhaltung ableitet. Wobei der Unterschied immer würde geblieben sein, daß sie bei Spinoza nebeneinander aus ihrem gemeinschaftlichen Grunde hervorgehen, wie es sich in der Ethik geziemt, bei Fichte aber gar nicht ethisch eine immer zum Behuf der andern als Mittel zu ihrem Zweck würden erfunden werden. Teils auch, je unbestimmter alle diese Vorschriften hier sind, und, ihre Gegenstände aus der Erfahrung vorausgesetzt, ohne jede Spur von Ableitung, desto lebhafter wird sich jedem aufdringen, daß sie entweder gar kein Ansehen haben in der Sittenlehre, oder daß sie auf andern Gründen beruhen müssen, und nur an einer andern Stelle ihre Gültigkeit erlangen können. Teilen wir daher das so wunderlich verbundene Mannigfaltige, so ist zuerst in Betracht zu ziehen, wie als Teil oder Mittel der Selbsterhaltung geboten wird die Mäßigkeit im assimilierenden und ausleerenden Genuß, oder wie könnte jemand anders den Ernährungs- und Geschlechtstrieb in Beziehung auf die Selbsterhaltung zusammenfassen und sondern? Dieses findet sich bei Fichte und bei Kant, zwar bei dem letzteren nicht unter der Selbsterhaltung, sondern neben ihr als eine andere Pflicht des Menschen gegen sich selbst in der Eigenschaft als animalisches Wesen, welche Absonderung aber seinen eigenen Begriffen gemäß grundlos sein möchte. Daß nun die Mäßigkeit im Gebrauch der Nahrungsmittel als eine eigene Pflicht aufgeführt wird, ist in einer Hinsicht dem älteren dieser beiden noch eher zu verzeihen, weil er was zur Selbstliebe gehört, es sei nun in Beziehung auf Erhaltung oder Genuß, nicht sittlich hervorzubringen begehrt,

b) Mäßigkeit bei Ernährung und Geschlechtstrieb.

sondern sich nur begnügt, es sittlich zu beschränken, und also, was ihm als ein eigener Trieb erscheint, auch eine eigene Pflicht erfordert. Gar nicht aber auch in dieser Hinsicht dem jüngeren. Denn nach diesem soll, wie es auch recht wäre, was für die Selbsterhaltung getan wird, nicht nur durch seine Begrenzung, sondern auch an sich ein Sittliches sein. Wenn nun also nur um das Leben zu erhalten die Nahrungsmittel genommen werden: so ist ja mit dem Zwecke zugleich die Grenze der Handlung gesetzt; und so wie jenes als Gebot gegeben ist, bedarf es nicht mehr eines Verbots, daß nicht mehr geschehen solle, welches vielmehr einen andern unsittlichen Antrieb zur Handlung voraussetzt, bei welchem auch das nicht zu viele schon unsittlich wäre. Dieses in seiner ganzen Ausdehnung gedacht gibt den Schluß, daß die Mäßigkeit als sittliche Bestimmung der Grenzen einer solchen Handlung, welche bis zu diesen Grenzen hin aus einem anderen Prinzip gelangt ist, gar kein Begriff einer einzelnen Tugend sein kann. Denn in einer realen und positiven Sittenlehre wäre auch das innerhalb dieser Grenzen Beschlossene entweder nicht sittlich, oder die Grenzbestimmung beruhte auf einem Streite der Pflichten, oder hätte höchstens Einheit und Gültigkeit als Pflicht, nicht aber als Tugend. In einer negativen und beschränkenden aber ist dieses die ganze Tugend, und es gibt keine andere. Daher auch geht hieraus zugleich die Unmöglichkeit hervor, wie bei Fichte, denn Kant wird von diesem Vorwurf nicht getroffen, ein bestimmtes Verhalten in Ansehung des Ernährungstriebes und ein ähnliches in Ansehung des Geschlechtstriebes aus dem Grunde der Selbsterhaltung kann geboten werden. Denn soll um ihretwillen nur, was anderwärts her gegeben ist, eingeschränkt werden: so hat das Gebot den Charakter verloren, unter welchem es aufgestellt ist. Soll es aber nur dasjenige begrenzen, was es auch selbst hervorgebracht hat, so kann vom Geschlechtstriebe an dieser Stelle gar nicht die Rede sein; abgerechnet noch, daß es ganz unwissenschaftlich wäre, zumal in der Ethik, daß die Grenze für eine

Realität eher sollte gegeben werden als die Realität selbst. Wir wollen indes den Ort nicht achten, da von der Behandlung dieses Triebes unter den unbedingten Pflichten beim ehelichen Stande wieder die Rede ist, sondern aus allem zusammengenommen untersuchen, was in Absicht desselben Pflicht oder Tugend sein mag. Vorausgesetzt nun, er habe dort diesen Trieb in einen sittlichen verwandelt oder mit einem sittlichen verbunden, so daß Handlungen, durch welche der natürliche Geschlechtstrieb befriedigt wird, nicht sowohl aus demselben, als vielmehr sittlich aus der gemeinschaftlichen Kraft hervorgehen, welche die Quelle aller sittlichen Handlungen ist: so ist gewiß, daß eben dort mit dem Grunde des Handelns auch die Grenze desselben müßte gegeben sein, weil sonst in der Tat keine Pflicht aufgestellt wäre. Dann aber müßte ferner alles innerhalb dieser Grenze Gelegene als Pflicht geboten sein, und zwar dem Orte gemäß als unbedingte. So daß, wenn es etwa [als] Pflicht erfunden würde, alles was der Natur nach zur Fortpflanzung des Geschlechtes zu tun möglich ist, es sei nun in dem engeren Umfang der einweibigen oder in dem weiteren der vielweibigen Ehe, sich zum Zweck zu machen, alsdann auch bei der Erfüllung dieser Pflicht auf die Selbsterhaltung gar keine Rücksicht dürfte genommen werden. Allein es ist auch dort keineswegs bewerkstelligt worden, diesen Trieb ebenso zu ethisieren, wie bei der Selbsterhaltung mit dem der Ernährung geschieht. Denn es wird zwar den Frauen zuerst und unmittelbar der Vorzug eingeräumt, diesen Trieb nur als einen sittlichen zu haben, so daß er fleischlich noch vor der Geburt, denn er darf nie zum Bewußtsein kommen, getötet wird, und geistig als Liebe wieder aufersteht, ja sogar bei dem Manne verwandelt sich durch des Weibes Ergebung dieser Trieb in Gegenliebe, wobei er zur billigen Entschädigung für diese abgeleitete Sittlichkeit das Recht erhält, sich ihn auch vor dem und außer dem wohl gestehen dürfen. Was für ein loses und nichtiges Spiel aber dieses alles ist, vornehmlich nach den Grundsätzen des

Systems, wird jeder einsehen. Denn höchstens wäre diese Ableitung eines Engländers würdig, da sie genau betrachtet nichts anderes leistet, als zuerst den selbstischen Trieb des Weibes in einen sympathetischen zu verwandeln mit dem selbstischen des Mannes, und dann auch den selbstischen des Mannes in einen sympathetischen sowohl mit dem selbstischen der Frau als auch mit ihrem auf seinen selbstischen gerichteten sympathetischen. Aus welchem allen, ohnerachtet es der Gipfel dieser sympathetischen Ethik ist, und daher auch bei ihren Anhängern diese Tugend die symbolische und die Beglaubigung für alle übrigen, doch nichts Sittliches im Sinne des Fichte entstehen kann. Alles übrige ganz Unwissenschaftliche und mehr als Verworrene, wie nämlich **die Einwilligung der Frau**, die für sich, aus allem Angeführten nämlich, nichts anders sein würde als eine Handlung der Gefälligkeit, eine wohltätige Befriedigung eines fremden Bedürfnisses, vielmehr **eine ganze und ewige Hingebung ist, aus welcher erfolgt eine gänzliche Verschmelzung zweier Individuen**, und zwar solcher, welche nun eine ganz verschiedene Quelle ihrer Sittlichkeit haben, ferner wie dann doch auch die Sittlichkeit des Mannes gleichsam durchdrungen und gesättiget wird mit dem Wasser dieser fremden Quelle, und die Sittlichkeit überhaupt, welche vorher aus dem Innersten der Intelligenz hervorging, nun am Ende in einer andern, vielleicht noch schöneren Gestalt aus dem Geschlechtstriebe hervorsprießt, dieses alles ist zu sehr hervorspringend, um mehr als angedeutet zu werden.

Daß[1] also bei Fichte der Geschlechtstrieb noch keineswegs ethisiert ist, mag aus dem Gesagten erhellen. Noch viel weniger aber ist er es anderswo. Denn Kant hat die Ehe nur in der Rechtslehre als einen rechtmäßig erlaubten, und wenn überhaupt der Geschlechtstrieb soll befriedigt werden, notwendigen Vertrag aufgeführt, jenes Sollen selbst aber in der Ethik nirgends erwiesen. Fast alle anderen aber, die Alten aus den praktischen Schulen

---

[1] Absatz nicht im Original.

an der Spitze, ethisieren diesen Trieb nur insofern, daß der Mensch den Endzweck der Natur bei demselben, nämlich die Fortpflanzung, adoptieren soll; woraus aber weder ein Maß dieser Verpflichtung hervorgeht, noch auch die Ehe einen andern als untergeordneten Wert hat, indem jeder Ehegatte dem andern nur Nebensache ist und Mittel, die Kinder aber der Zweck und die Hauptsache[1]. Soll nun die Keuschheit als die auf diesen Gegenstand sich beziehende Tugend etwas von der Mäßigkeit Unterschiedenes sein, und nicht nur in einem Maße der Befriedigungen sich äußern, sondern in einem eigenen Charakter derselben und einer Maxime, die ihnen zum Grunde liegt: so würde sie bei Fichte darin bestehen, daß die Befriedigungen allemal hervorgingen aus der Liebe und der Gegenliebe; dann aber müßten diese auch das Maß derselben sein, und es könnte von einer Mäßigkeit darin außer der Keuschheit nicht geredet werden. Daß aber dasjenige, worauf sie nach dieser Erklärung beruht, in demselben System noch nicht als ein ethischer Begriff vorhanden ist, geht hervor aus dem vorigen. Bei den Alten hingegen, und denen die ihnen folgen, würde sie darin bestehen, daß ihnen immer die Absicht zum Grunde läge, den Naturzweck zu erreichen. Warum aber nun diese Absicht den ganzen Trieb einnehmen soll, der mit dem Naturzweck nicht von Natur gleichlaufend ist, zumal da das Überschießende desselben als ein störender Reiz animalisch wirkt, dieses würde eines eigenen Erweises bedürfen. Daher auch viele von den Alten, ohnerachtet sie auf dem Naturzweck die Ehe erbauen, teils diese nicht als einen sittlichen notwendigen Zustand, oder wenigstens als ein solches Bestreben setzen, wie Fichte tut, teils auch außer derselben der zwecklosen und unnatürlichen Lust einen Raum lassen als dem leichtesten Mittel, den physischen Reiz zu beseitigen. Ja, so scheint selbst im allgemeinen die Befriedigung des Triebes angesehen zu werden von denen, welche wie Epiktetos lehren, sie müsse nur im Vorbeigehen geschehen, gleichsam ohne womöglich eine eigene Zeit auszufüllen und das Gemüt besonders

---

[1] So ist die Ehe auch von E. v. Hartmann gefaßt.

zu beschäftigen. Das Unsittliche aber in dem vom Naturzweck Abweichenden darin zu suchen, daß statt des belebten Gegenstandes nur ein Bild das Gemüt beschäftigt, dieses hängt an gar nichts und ist völlig unverständlich. Wie gänzlich also dieser für die Ethik höchst wichtige Gegenstand in den praktischen Systemen noch in der Verwirrung liegt und den ersten klaren Begriff erwartet, dies muß jedem einleuchten. Denn in der genießenden Sittenlehre ist er sehr leicht aufs Reine gebracht. Für die nämlich, welche auf die beruhigende Lust ausgeht, besteht die Keuschheit darin, daß jede Befriedigung wirklich nur beruhigend sei, das heißt, der ungereizten Aufforderung der Natur folge; welche Regel von selbst auf dasjenige Maß führt, bei dem der Trieb selbst immer erhalten wird. Auch ist es ganz der Sache angemessen, daß die so, wie jetzt geschehen, bestimmte Keuschheit für dies System ebenso die symbolische Tugend ist, wie die sympathetische Keuschheit für das anglikanische. Im reinen Eudämonismus aber würde die Keuschheit zu erklären sein durch die Bedingung, daß jede Befriedigung auch wirklich Genuß sein müsse und um des Genusses willen unternommen, und so ebenfalls ihren Charakter haben und ihr Maß. Auch kommt in der Sittenlehre der Lust nirgends vor der Begriff der der Keuschheit untergeordneten und auf sie sich beziehenden Tugend der Schamhaftigkeit, welche sonst in der neueren rein praktischen sowohl als vermischten Sittenlehre sich eine Stelle mit Hilfe der Scham, wie es scheint, erworben hat. Daß er aber leer und schwankend ist, ist leicht zu zeigen. Denn sein Gehalt soll sein das Nichtäußern gewisser auf jenen Trieb sich beziehender Gedanken und Empfindungen. Sind nun diese unsittlich, so ist nicht zu sehen, wie eine Tugend sich gründen soll geradezu auf das Unsittliche, ohne daß, welches hier offenbar nicht mit gedacht wird, dessen Hinwegschaffung ihr Geschäft wäre. Sollen sie aber an sich nicht unsittlich sein, so ist überhaupt nicht einzusehen, daß eine solche Gemütsbewegung, wie dennoch Kant vom Neide behauptet, dadurch nur könne unsittlich werden, daß sie ausbricht, am wenigsten aber hier, wo das Ausbrechen die bloße Mitteilung ist, durch welche in dem Hörenden nichts anderes könnte hervorgebracht werden, als was in dem Mitteilenden selbst zuvor gewesen ist, nämlich das nicht Unsittliche. Was aber nicht die Mitteilung der Gedanken betrifft, sondern das kundbare Verrichten der Handlungen des Triebes, so müßte sich, nach der Analogie des Ernährungstriebes zu urteilen, auch von diesem die Verwerflichkeit auf eine andere Ansicht gründen, als auf die des Naturtriebes, also auf eine, wenn dem bisherigen zu glauben ist, ethisch noch nicht vorhandene. Aus welchem Gesichtspunkt betrachtet daher auch die freilich etwas rohe Polemik der Cyniker und älteren Stoiker gegen diesen Begriff sich möchte dem Wesen und der Absicht nach verteidigen lassen.

Soviel[1] von diesen Pflichten und Tugenden und ihrem Orte. So wie nun die Selbsterhaltung und das ihr Beigeordnete nach Kant die Pflicht war des Menschen gegen sich selbst als animalisches Wesen: so steht dieser gegenüber eine andere auch vollkommene gegen sich selbst als moralisches Wesen. Von dieser aber wird nirgends der Inhalt nach seinem ganzen Umfang und seiner Einheit bestimmt angegeben, sondern nur mittelbar bezeichnet auf eine dreifache Art. Zuerst nämlich durch den Zweck, auf welchen sie gerichtet ist, welcher sein soll, daß der Mensch sich selbst erkenne. Dieser aber hängt mit dem größten Teile des Inhaltes, nämlich mit der Wahrhaftigkeit in Mitteilungen und der Vollständigkeit des notwendigen Genusses, nicht sichtbar zusammen, wenigstens nicht genauer, als man von jedem Unsittlichen sagen kann, daß es im Mangel der Erkenntnis seinen Grund habe. Zweitens aber durch das Prinzip ihrer Erfüllung, so wie drittens durch die Laster, welche der Übertretung derselben zum Grunde liegen. Diese beiden Erkenntnismittel nun sollten eigentlich nicht verschieden sein, sondern nur eins und dasselbe. Denn das Prinzip der Erfüllung einer Pflicht besonders betrachtet, kann kein anderes sein, als die Tugend, welche dabei vorzugsweise wirksam ist; die Laster aber, welche die Erfüllung hindern, können für die Pflicht

2. Pflichten gegen sich als moralisches Wesen.

---
[1] Absatz nicht im Original.

nicht anders ein Erkenntnismittel werden, als durch die Zurückführung auf die ihnen entgegengesetzten Tugenden. Hier[1] indes ist das Prinzip viel zu weit angegeben, um die einzelne Pflicht

Ehrliebe. daraus zu erkennen. Denn der Ehrliebe sind alle Laster gleich sehr entgegengesetzt, wie die drei hier angeführten, und niemand wird einsehen, warum nicht die Trägheit zum Beispiel den Menschen ebenso verächtlich mache, als die Falschheit oder die Selbstverachtung und das Selbstpeinigen. Ja, wenn die Ehrliebe darauf beruht, daß der Mensch sich des Vorzugs nach Prinzipien zu handeln nicht begeben dürfe, und wenn dieses die höchste und gemeinschaftliche Formel für die hier behandelte Pflicht sein soll: so ist hier wieder eine vollkommene Pflicht, welche alle anderen in sich begreift, und namentlich den Begriff der unvollkommenen Pflichten seiner Realität gänzlich beraubt. Denn es stehen auf diese Art alle Handlungen unter der Maxime, daß sie nach Prinzipien müssen bestimmt werden, also auch diejenigen, welche in den freien Spielraum der unvollkommenen Pflichtmaximen fallen würden, welches in die Widersinnigkeit dieser Einteilung und ihrer Gründe eine neue Aussicht eröffnet. Lassen wir aber die Einheit, und sehen auf die einzelnen sehr verschiedenen Bestandteile dieser Pflicht, so wird sich gewiß zuerst jeder wundern, in diesem anti-

Genießen. eudämonistischen System den Genuß des Wohllebens, wenngleich innerhalb des Maßes des Bedürfnisses, als eine vollkommene Pflicht von dem moralischen Wesen gefordert zu finden, und zwar abgesondert von der Erhaltung. Denn als ein reizendes Mittel möchte der Gebrauch der Lust auch nach Fichte nicht zu verweigern sein. Nun wird sie freilich nicht um des Genusses willen gefordert, sondern um sich mit Sicherheit der liberalen Denkungsart bewußt zu werden, nämlich der Freiheit von der Anhänglichkeit an den bloßen Besitz. Dieses aber wäre dem Grundsatz und Geist des Systems weit angemessener zu erreichen durch Verwendung für die fremde Glückseligkeit. So daß der besondere Grund dieser Pflicht nicht zu ersehen ist, und wenn sich sonst schon

---
[1] Bei Kant!

öfters eine Pflicht gegen sich selbst gezeigt hat als einerlei mit einer gegen andere: so scheint hier eine von der ersten Art sich vielmehr ganz verwandeln zu müssen in eine von der letzten. Als Gegensatz aber von dieser Pflicht und um sie zu begrenzen, stellt Kant, wenngleich problematisch, eine andere auf, nämlich die Pflicht oder Tugend der Sparsamkeit. So unbestimmt nun, wie dieser Begriff aus seinen Händen kommt, ohne Beziehung auf das Gesetz, als bloßes Versagen des Genusses ohne Beisatz einer Absicht, kann er kein ethischer sein. Ergänzt man aber diese Absicht, welches denn nur identisch geschehen kann, daß nämlich der Genuß solle versagt werden, insofern er nur an sich selbst als Genuß gefordert wird: so ist er zwar ethisch, stimmt aber nicht mehr mit seiner Bezeichnung überein, welche ausschließend das Eigentum zu seinem Gegenstande macht. Späterhin aber kommt dieser Begriff noch einmal vor als eine Maßregel der Klugheit, um sich die zur Erhaltung der innern Würde nötige Unabhängigkeit zu sichern, also als eine technische Regel, nicht aber unmittelbar als Pflicht. Ebenso wird sie auch von andern zur Klugheit gerechnet. Allein soll diese gedacht werden als ein Voraussehen des Bestimmten: so kann sie ebensowohl das Gegenteil der Sparsamkeit gebieten, als diese selbst, welche also wiederum nur sittlich wäre, insofern ihr Gegenteil es auch ist. Soll aber die Klugheit nur bestehen in dem Bewußtsein des Nichtvoraussehens: so würde die Sittlichkeit der Sparsamkeit beruhen auf der Frage, wie weit man einen gegebenen Zweck aufopfern dürfe einem noch nicht bekannten, welche dann verneinend beantwortet wird durch denjenigen Teil der Klugheit, den die Alten erklären als die Fertigkeit einen Ausweg zu finden, und der als wesentlich auch von den praktischen Systemen anerkannt ist, im cyrenaischen aber fast den ganzen Inhalt dieser Haupttugend ausmacht. Auch unter den Pflichten gegen andere oder den unbedingten allgemeinen kommt die Sparsamkeit bei Fichte vor als Mittel, das Eigentum allgemein zu machen, und würde in dieser Hinsicht als Tugend zur Gerechtigkeit gehören. Aus welcher Un-

Sparsamkeit.

bestimmtheit des Verpflichtungsgrades sowohl und des Ortes im System als des Umfangs hinlänglich erhellt, daß, wenn man die Bezeichnung des Begriffes festhält, die Sparsamkeit nichts ist als eine gewisse Weise, etwas zu verrichten, deren ethischer Wert ganz unbestimmt ist, und die also auch nicht ethisch dem Begriffe nach entstanden ist, dessen Einheit vielmehr auf einem andern Gebiete liegen muß. Wenn man aber das Ethische aufsucht, an welches sie sich anschließen könnte: so muß man über die Bezeichnung hinausgehen, und die Einheit des Begriffs verschwindet. So daß es kaum noch eines andern Beispiels bedürfte, um zu erweisen, daß unmöglich ein fester ethischer Begriff enthalten sein kann in einer Bezeichnung, welche auf einen äußeren Gegenstand gerichtet ist. Der zweite Teil aber jener vollkommenen Pflicht gegen sich selbst ist die Wahrhaftigkeit, unter welchem Namen aber Kant von allen andern abweichend, vielleicht durch das Bedürfnis des Raums verführt, gewiß aber dem Systeme nicht nur, sondern auch der Sprache Gewalt antuend, zwei ganz verschiedene Begriffe zusammengefaßt hat. Oder wer könnte wohl, was er die innere Lüge nennt, für einerlei halten mit der Unwahrheit in Aussagen? oder sie überhaupt erklären für eine vorsätzliche Unwahrheit, welche jemand sich selbst sagt? Denn hiezu gehört notwendig das Wissentliche; und wie kann einer das eine zwar wissen, das Gegenteil aber glauben oder glauben wollen? Vielmehr muß entweder das Wissen kein Wissen sein, oder das Glauben kein Glauben, oder beides. Und die letzteren beiden Fälle sind unstreitig dasjenige, was Kant gemeint hat. Denn der Mangel des Wissens mit einem wirklichen Glauben verbunden, wäre wenigstens ein redlicher Besitz einer unvollkommenen oder unrichtigen Erkenntnis, und gar nicht mit dem Namen der Unwahrheit zu brandmarken, sondern der Fehler nur ein nicht genug fortgesetztes Forschen, der Grund desselben aber in der Gesinnung ein zu schwaches Wollen der Selbsterkenntnis. Was Kant aber andeutet, ist ein unredlicher Besitz, so daß, wenn auch das Wissen mangelhaft ist, es angesehen werden muß als ein absichtlich abgebrochenes

Wahrhaftigkeit
a) innere.

Nachforschen, um nicht handeln zu dürfen demgemäß, was sich als Wahrheit ergeben würde. Die sittliche[1] Gesinnung also wäre, wie es auch um das Wissen stehe, das Nicht-Handeln-Wollen nach der Wahrheit, sie sei nun gesehen oder nur vorausgesehen. Und dieses ist eine, und zwar wie Kant sie nennen sollte qualifizierte, Unlust, die moralische Vollkommenheit zu erhöhen, gegen welche das Gebot unter der so überschriebenen Pflicht hätte müssen vorkommen. Was aber nun die äußere Wahrhaftigkeit b) äußere. betrifft: so ist zu fragen, zuerst ob wohl die Aufrichtigkeit in Aussagen und die Treue in Versprechungen wirklich eins sind. Denn das Ausführen der Verträge ist, wie bereits oben ausgeführt worden, keine eigene Handlung, weil es dazu keines neuen Entschlusses bedarf, sondern dieser schon begriffen ist in demjenigen, welcher die Gemeinschaft des Rechtes und der Sprache gestiftet hat. Denn durch die erstere wird einmal für immer die Willenshandlung an ihre Ausführung gebunden, durch die letztere aber die Rede unter bestimmten Formen und Bedingungen in eine Willenshandlung verwandelt. **Der Entschluß ist ethisch betrachtet die Handlung**, und indem ich diesen einem andern übergebe mit seinem und meinem Wissen, habe ich ihm die Handlung übergeben, von welcher ich nun das Äußere, was noch fehlt, nicht mehr trennen darf. Dieses nicht deutlich genug auffassend verdirbt sich auch Fichte gegen seine sonstige Tugend die Klarheit dieses Begriffs, und muß einen unbestimmten Unterschied einführen zwischen dem, was der Sittlichkeit absolut widerspricht, und dem, was ihr zwar auch, aber nicht absolut widerspricht, indem ich dieses zwar, nicht aber jenes, um seinetwillen tun müsse. So gründet sich nun freilich die Treue in Verträgen auf die Gemeinschaft der Sprache, nicht aber gilt dies von der Aufrichtigkeit in Aussagen. Denn wer sich hiebei hinter die Vieldeutigkeit der Worte verbirgt, will nur seinem Unrecht eine andere Gestalt geben, das eigentliche Unrecht aber ist allemal die Absicht, den

---

[1] Muß offenbar heißen: „unsittliche".

andern glauben zu machen, was nicht ist. Dieses aber kann von der Untreue in Versprechungen nur in dem besonderen Falle gesagt werden, wenn schon anfänglich der Wille nicht da ist, sie zu halten, nicht aber, wenn der Wille als wirklich vorausgesetzt wird. Da nun die Pflicht oder Tugend der Treue beide Fälle umfaßt: so muß der Grund derselben ein anderer und gemeinschaftlicher sein. Ferner erhellt dasselbe daraus, weil Wahrheit in Aussagen und Treue in Versprechungen können in Widerstreit geraten, da es ja Versprechungen gibt und geben kann, etwas nicht auszusagen, welche oft, wenn gefragt wird, auch durch das bloße Nichtaussagen schon würden verletzt werden. Hieraus aber folgt von selbst, daß eine oder beide noch müssen bedingt werden, es müßte denn das Nichtaussagen als eine absolute Unsittlichkeit angesehen werden, so daß ein Vertrag darüber unsittlich wäre; was aber noch schwieriger sein möchte, indem jenes sich noch von andern Seiten als der Bedingung bedürftig einem jeden darstellen muß. Denn wie Fichte diese Pflicht bedingt hat, daß sie nur auf dasjenige gehe, was für den andern unmittelbar praktisch ist, ist die Bedingung weder bestimmt, weil die Regel der Beurteilung erst seine Eröffnung voraussetzt über etwas, was für mich auch nicht unmittelbar praktisch wäre; noch ist sie vollständig, weil Fichte dabei nur einen besonderen Fall, nicht aber den hier angeführten und andere im Auge gehabt hat.

Dann[1] auch wäre zu fragen, ob die Wahrhaftigkeit, nachdem so auch die Treue in Versprechungen von ihr abgesondert worden, als Pflicht eins ist oder als Tugend. Denn als letztere scheint sie auf der einen Seite nur eine natürliche, und zwar die niedrigste Äußerung des Wohlwollens zu sein, indem allemal eine besondere eigene Absicht dazu gehört, um von der Wahrheit abzuweichen, oder doch, wo dieses eine für sich bestehende Handlungsweise wäre, wir sie immer auf das Übelwollen zurückführen würden, und auf die Absicht den, wenngleich unbekannten Zweck des

---
[1] Absatz nicht im Original.

andern zu vernichten. Auf der andern Seite wird aber doch, wer um seines Vorteils willen die Wahrheit in Aussagen verletzt, ganz anders beurteilt, als ein eigennütziger. Wäre sie hingegen das erstere, so müßte das Gebot, welches der Ausdruck derselben sein sollte, einen Zweck entweder ausdrücklich oder durch Voraussetzung angeben, und nach demselben sich ihre Grenzen bestimmen, welche der Pflicht notwendige Form sie bis jetzt noch nirgends zu haben scheint. Überdies vermischt Kant auf eine wunderliche Art mit der Wahrhaftigkeit in Geschäften und ernsthaften Angelegenheiten die im Umgange, und kann die Frage pedantisch aufwerfen, ob dieser Tugend nicht zuwider wäre der Gebrauch solcher Redensarten, welche in der geselligen Sprache eine andere Bedeutung haben als in den Wörterbüchern, da doch jene Bedeutung gemeinschaftlich ist und keinen Irrtum veranlaßt. Daher auch keineswegs der Gebrauch dieser Sitten aus dem Grunde der Wahrhaftigkeit zu tadeln ist; eher vielleicht ihre Erfindung aus andern Gründen als ein vergebliches und sich selbst aufhebendes Unternehmen. Gewiß aber hat wegen dieser entschiedenen Ungleichheit der Beziehungen Aristoteles besser getan, die Wahrhaftigkeit des Umganges, wiewohl er sie in einem größeren Umfange verstand, ganz abzusondern von der Wahrhaftigkeit der Geschäfte. Bei Fichte findet sich für diese Absonderung freilich kein Grund, aber auch überall keine Veranlassung, die Wahrhaftigkeit auch auf das bloß erheiternde Gespräch auszudehnen. Denn er gründet die Verpflichtung dazu nicht wie Kant auf ein Verhältnis des Menschen gegen sich selbst, sondern auf die Beförderung des Freiheitsgebrauches anderer. Welche Verschiedenheit des Verpflichtungsgrundes bei Systemen gleicher Art nicht geringen Verdacht erregt. Wenn aber Fichte die Wahrhaftigkeit auf denselben Grund baut wie die Wohltätigkeit, und also als Gesinnung beide für eins erklärt: so hat dagegen Kant, als Pflicht betrachtet, die Wahrhaftigkeit in Streit gesetzt mit der Wohltätigkeit, wie er diese in ihrem eigentlich sittlichen Charakter beschreibt. Denn

Wohltätigkeit.

nachdem er die Pflichten gegen andere eingeteilt hat in solche, wodurch der Ausübende andere verpflichtet, und solche, wo dies nicht geschieht, die Wohltätigkeit aber unter die ersteren versetzt, so will er doch, daß der Schein, als dächte der Wohltäter den andern dadurch zu verpflichten, sorgfältig solle vermieden werden, welches doch offenbar heißt, den andern glaubend machen, was nicht ist. Oder es müßte der Wohltäter sich selbst, ohnerachtet er die Wahrheit jener Einteilung eingesehen, dasselbe überreden wollen, und um die äußere zu vermeiden, zur innern Lüge seine Zuflucht nehmen.

Diese[1] auch anderwärts gerühmte und beliebte Tugend oder Pflicht, den Wert sittlicher Handlungen, es sei nun nur äußerlich gegen andere oder auch im eigenen Bewußtsein, sofern dieses möglich ist, zu verringern, hängt auch zusammen mit dem dritten Teile der in Prüfung seienden kantischen Pflicht, welcher nämlich verbietet dem Anspruch auf eigenen moralischen Wert zu entsagen.

Anspruch auf eigenen moralischen Wert.

Kant fügt diesem noch den Bewegungsgrund hinzu, es solle nämlich nicht geschehen in der Meinung, eben durch diese Entsagung einen andern Wert zu erwerben; als ob dieses eine eigene Pflicht wäre, eine andere aber wieder, das nämliche nicht zu tun, um jemandes Gunst zu erwerben. Dieses nun ist schon in der Form falsch, denn die Festhaltung des moralischen Wertes ist schon eine sittliche Realität, und so ist es immer nur dieselbe Pflicht, diese festzuhalten gegen jeden unsittlichen Antrieb; die Verschiedenheit des Unsittlichen aber kann nicht ein Grund sein zur Teilung des Sittlichen. Überdies aber ist jener Bewegungsgrund eine schlechte Formel. Denn ist der vermeinte Wert als ein nicht sittlicher gemeint, so schließt sie ja alle übrigen in sich, und der Unterschied ist auch von dieser Seite betrachtet nichts; ist er aber gemeint als ein sittlicher, so würde sie sich auflösen in die, nicht etwas Nicht-Sittliches zu halten für ein Sittliches, welches, wenn es ebenso für jeden besonderen Fall als eine eigene Pflicht aufgeführt würde, neben der eigentlichen Reihe der Pflichten noch

---
[1] Absatz nicht im Original.

eine andere gleichlaufende hervorbringen müßte, welche nur aussagte, den Irrtum zu vermeiden über die Pflicht. Was aber die Sache selbst betrifft, so findet noch der Doppelsinn statt, ob der sittliche Wert des Subjekts, welcher auf seinen wirklichen Gesinnungen und Taten beruht, der Gegenstand der Schätzung sein soll, oder der allgemeine Wert der Menschheit in seiner Person, oder ob beides nicht zu unterscheiden ist. Wie dem aber auch sei, so ergibt sich im folgenden eine andere Pflicht, diese Selbstschätzung zu beschränken durch die Redlichkeit, andere zu schätzen; so daß beide Pflichten einander aufzuheben trachten, und also, den aufgestellten Grundsätzen gemäß, noch keineswegs als Pflichten gesetzt sind, sondern nur als sittlich unbestimmte Handlungsweisen, welche, um Pflichten zu werden, auf ein gemeinschaftliches Prinzip müßten bezogen und durch dasselbe entweder jede in sich selbst mit Aufhebung alles Streites gegen die andere begrenzt und bestimmt, oder vielleicht mit Aufhebung der Rücksicht auf das Eigene und Fremde beide nur als eine und dieselbe dargestellt werden. Dieses aber fehlt nicht nur bei Kant, sondern überall; denn überall liegt die Bescheidenheit mit der Selbstschätzung im Streit, indem bald jener so viel eingeräumt wird, daß für diese kein Raum bleibt, bald diese so weit ausgedehnt, daß jene keine Anwendung behält, und so einigen die Bescheidenheit als Kriecherei, anderen aber die Selbstschätzung als Hochmut erscheint. Und noch mehr ist der Inhalt ganz schwankend und verschwindet bei der genaueren Betrachtung. Denn das eigene Anerkennen der sittlichen Natur kann keine besondere Pflicht sein, weil es überhaupt der Unterwerfung unter alle Pflichten zum Grunde liegt, und es würde in dieser Hinsicht nicht besser sein, als jene besondere Pflicht, sich die Pflicht zur Triebfeder zu machen. Daß aber andere diese Natur anerkannten, ist vorauszusetzen in Beziehung auf jeden, mit welchem sie in Gemeinschaft treten oder verharren, und was sie auch jener Voraussetzung dem Anschein nach Widerstreitendes tun könnten, kann niemals diese bleibende Bürgschaft überwiegen. Daher auch schwerlich irgendeine Äußerung oder Tat eines Menschen gegen den andern so auszulegen ist, als entstände sie aus einem bleibenden Verkennen seiner sittlichen Natur. Denn was gewöhnlich als ein solches angeführt wird, wenn nämlich einer den andern als Sklaven hat oder als bloßes Werkzeug des Scherzes, welches zur Belustigung des andern jede beliebige Kraft des Gemütes bewegen muß, auch diese Zustände sind doch weder von der Art, daß jede Spur von Gemeinschaft dabei verschwände, noch auch läßt sich leugnen, daß sie von andern, welche jeder als zulässig anerkennt, nur dem Grade nach verschieden sind. Soll aber die Schätzung nicht auf die gemeinschaftliche Natur gehen, sondern auf die besondere Sittlichkeit eines jeden, so kann, diese richtig zu erkennen und zu würdigen, nicht einmal für jeden selbst Pflicht sein, weil die unrichtige Angabe, wenn sie bloß aus einem Rechnungsfehler während der Geschäftigkeit des prüfenden Verstandes hervorgegangen ist, nicht kann als unsittlich angesehen werden. Sondern Pflicht könnte bloß sein, die Untersuchung nach einer solchen Methode anzustellen, welcher keine unsittliche Voraussetzung zum Grunde liegt; welches aber von keinem ist als die Hauptsache angesehen worden, und auch nur mit Unrecht eine Pflicht der Selbstschätzung konnte genannt werden. Daß es nun gar eine eigene Pflicht geben sollte, andere zu richtiger Anerkennung unserer eigentlichen Sittlichkeit zu bewegen, dieses ist, wenn nämlich die Freundschaft so ganz verkannt wird, wie Fichte, oder so enge eingeschränkt, wie Kant es tut, kaum zu denken. Denn eine Pflicht, uns Handlungen zu widersetzen, die auf einem unrichtigen Urteile zu beruhen scheinen, könnte sich dennoch auf diesen Bewegungsgrund nicht beziehen, sondern müßte in der Beschaffenheit jener Handlungen ihren Grund haben; für den Wunsch aber, ihre Erkenntnis zu berichtigen, müßte ihr Urteil über andere ebensowohl ein Gegenstand sein, als das über uns. So daß dieser Teil der vermeinten Pflicht zur erweiternden Wahrheitsliebe gehören würde, für jenen aber, wenn er anders etwas Reales sein soll, ein anderer Ort müßte gesucht werden. Es scheint aber die Ursache der Verwirrung die zu sein, daß der sittliche Wert und dessen Anerkennung verwechselt worden ist mit dem bürgerlichen; welches auch überall auf die Behandlung des guten Rufes von nachteiligem Einfluß gewesen ist.

Dieses[1] nun bezog sich auf die **praktische Sittenlehre**. In der **eudämonistischen** aber ist die Wahrheit gar nichts an sich, und nur die Wahrheit des Natürlichen und Zufälligen, sofern ihm noch ein Einfluß bevorsteht auf das Hervorbringen der Lust und Unlust, hat einen bestimmten Wert. Nach der Wahrheit des Gegenwärtigen aber kann keine Frage entstehen und noch weniger die des Vergangenen einen Wert haben. Vielmehr muß die sittliche Selbstschätzung an Sittlichkeit, nämlich an Lust gewinnen durch die natürliche Täuschung des Urteils, welche oft als hervorgebracht angibt, was nur zufällig erreicht war, und durch die Falschheit der Erinnerung, welche aus der Vergangenheit allemal mehr die Lust herausholet als den Schmerz, so daß es sogar zur Aufgabe würde, diese Täuschung hervorzubringen und zur Gewohnheit zu machen. Noch weniger aber kann die Wahrheit in andern einen Wert haben, sondern oft ist aus ihrer nachteiligen Meinung mehr Lust hervorzubringen, als aus der richtigeren und günstigen. Daher es auch von den wahren Meistern dieser Lebensweise für eine Tugend, das heißt eine Maßregel der Klugheit gehalten wird, selbst wenn man der Wahrheit und der Ehre eine eigentümliche Lust zuschreiben wollte, dieser doch ihrer Wandelbarkeit wegen keinen unbedingten Wert beizulegen. Dasselbe aber würde auch gelten von der **sympathetischen** Ethik, für welche unter andern jene Verringerung des Wertes eigener Handlungen zur Schonung des fremden Gefühls eine natürliche Grenze der Wahrhaftigkeit wäre, und von welcher alle Vorstellungen von wohltätigen Täuschungen, glücklichen Irrtümern und dergleichen ausgegangen sind. Diese nun nach ihrer Sittlichkeit zu beurteilen, ist nicht dieses Ortes; daß aber die Wahrheit dabei gänzlich verschwindet, ist

---

[1] Absatz nicht im Original.

klar; und wenn einige unter diesen Sittenlehrern ihren Haß gegen die Gerechtigkeit so offenbar bekannt haben, so ist zu verwundern, warum sie nicht auch sagen, die Wahrheit anzuzeigen sei mehr die Eigenschaft einer Uhr als eines Menschen. Auch die Regel, um die Selbstschätzung und die Bescheidenheit zu vereinigen, welches allerdings in diesem System gefordert wird, kann nicht die Wahrheit sein, sondern das Abwägen der gegenseitigen Lust und Unlust, deren Veränderlichkeit dann auch jenen Begriffen keine Sicherheit ihres Inhaltes zurückläßt. Aus einem andern Grunde aber fehlt bei Fichte die Pflicht der Selbstschätzung sowohl als der Selbsterkenntnis, weil er nämlich es sich zum Gesetz scheint gemacht zu haben, keinem bloß innern Handeln eine Stelle einzuräumen in der eigentlichen Pflichtlehre. Daher auch die Berichtigung des Urteils anderer über unsere Sittlichkeit keine eigene Pflicht sein kann: denn unmittelbar erfolgt sie aus Liebe zu ihrer Freiheit in jedem Falle, wo ihr Urteil unmittelbar praktisch für sie sein würde; mittelbar aber kann nichts dazu geschehen, als daß jeder seine Sittlichkeit handelnd darstellt, wo denn die Beziehung auf jenen Zweck nur ein begleitendes Bewußtsein wäre.

Andere Pflichten. Ebenso[1] ergeht es ferner der von Kant aufgeführten besondern Pflicht der Erhöhung der sittlichen Vollkommenheit. Denn so wie diese Maxime als höchste ethische Idee vorgestellt, welches schon im ersten Buche erwähnt worden, jeder bloß ausübenden Pflicht widerstreitet: so widerstreitet sie als einzelne Pflicht gedacht der Idee von einem für jeden Augenblick bestimmten Beruf. Nach dieser nämlich ist das eigentlich sittliche Bestreben nur dieses, die Pflicht in jedem Augenblick ganz zu vollbringen, welches, wenn es gelingt, keiner weiteren Forderung einer Vervollkommnung Raum läßt. Daß aber dieses in Beziehung auf das Vergangene jedesmal besser gelinge, setzt teils die Selbsterkenntnis voraus, welche ebenfalls aufgelöst ist und unnötig gemacht durch die Pflichterkenntnis, teils kann es sich doch nicht in eigenen Hand-

---

[1] Absatz nicht im Original.

lungen äußern, sondern bleibt ebenfalls nur ein inneres, ein die bestimmte Pflichterfüllung begleitendes, reflektierendes Bewußtsein. Nur ist auf der andern Seite auch Fichte jenem Gesetz, das bloß innere Handeln gänzlich auszuschließen, nicht treu geblieben. Denn er stellt doch auf, eine Pflicht die Sittlichkeit im allgemeinen zu befördern, von welcher er ebenfalls einsieht, daß sie keine eigenen Handlungen veranlassen kann, sondern erfüllt wird, indem jeder das ihm obliegende Gute vollbringt, welche Pflicht also entweder garnichts ist, oder auch ein diese Vollbringung begleitendes Bewußtsein jener Absicht. Worin also ein Irrtum liegt, welcher Bedenken erregen muß auch über die formale Richtigkeit jener Auslassungen und überhaupt über seine Ansicht von dieser Sphäre der Pflichten. Nicht mindere Unbestimmtheit und Verwirrung findet sich auch in seinen unbedingten besonderen Pflichten, wenn man sie vergleicht mit den gleichen bedingten. Zuerst nämlich entsteht Zweifel, ob und wie die allgemeine Regel, seinen Stand nicht nach Neigung, sondern nach Einsicht zu wählen, sich auch erstrecke auf die natürlichen Stände, in welchen doch auch die Wahl nicht ganz kann ausgeschlossen werden. Denn wenn auch die Liebe nicht von der Freiheit abhängt, insofern ihr ein Naturtrieb beigemischt ist: so zeigt doch eben diese Erklärung, daß es noch etwas anderes in ihr gibt, welches allerdings von der Freiheit abhängt. Sonach ist ganz unentschieden, ob dieses andere in Beziehung auf eine bestimmte Person mit dem Naturtriebe zu verbinden, oder nicht, eine Sache der Wahl sei; und ob bei dieser Wahl die Einsicht entscheiden dürfe, oder was sonst. Ebenso, wenn auch die Handlung, welche den Trieb befriedigt und die Fortpflanzung bewirkt, allemal aus dem Triebe hervorgehen muß: so ist doch nicht gesagt, daß sie jedesmal geschehen müsse, wenn der Trieb sie fordert, und sonach unentschieden, ob die Beurteilung, welche dabei stattfindet, sich auch beziehen dürfe auf eine freie Wahl in Absicht der Vervielfältigung des elterlichen Verhältnisses. In welcher Hinsicht denn die alten Sittenlehrer weit bestimmter sind, welche, indem sie die Ehe bloß um der Kinder willen setzen, für die Gattin die Gründe der Wahl, für die Anzahl der Kinder aber ein zuträgliches Maß anzugeben nicht unterlassen; und vieles war bei ihnen schändlich in dieser Hinsicht, was bei uns überall nicht pflegt zur sittlichen Beurteilung gezogen zu werden. Eine solche Bestimmtheit aber muß für die Wissenschaft gefordert werden, und kann weder durch die Selbständigkeit der Ehe noch durch die Vermischung des Freuen und Unfreien unmöglich gemacht sein. Ferner auch scheint die Bestimmung und Einteilung des Berufs teils nicht nach Grundsätzen, sondern nach Maßgabe des Vorhandenen gemacht zu sein, und zwar so einseitig, daß kaum irgendwo von Verbindung der verschiedenen Einheiten in einer Person die Rede ist. Teils auch scheint sich jener Regel von der freien Wahl des Berufs nach besserer Einsicht zu widerstreiten. Denn die verschiedenen Arten sind hier so konstruiert, daß eine der andern in ethischem, nicht etwa nur in bürgerlichem Verstande sich untergeordnet zeigt; zur Wahl nach Einsicht aber gehört vornehmlich die Kenntnis des wesentlichen Unterschiedes, woraus denn hervorgeht, daß einer freiwillig seinem Anspruch, zu den höher gebildeten Menschen zu gehören, entsagen muß, welches, wenn nicht ein natürlicher und angeborener Unterschied an Geisteskräften sogar der Art nach angenommen wird, für jeden Fall eine unsittliche Handlungsweise entweder des Wählenden selbst voraussetzt, oder derer, welche ihn vorläufig zur Wahl nach Einsicht bilden sollten, oder endlich der Gemeinheit, welcher beide angehören; so daß, welcher auch gelten möge, die Möglichkeit einer solchen Einteilung unter der Voraussetzung jener Regel auf dem Unsittlichen beruht. Deshalb auch hier über die einzelnen Begriffe, über die Art, wie sie gefaßt sind, und wie ihnen durch die erteilten Vorschriften Genüge geschieht, nichts weiter zu sagen ist.

Allgemeine Pflichten gegen andere. Gehen wir nun zu den gewöhnlich sogenannten allgemeinen Pflichten gegen andere: so ist es eben hier, wo die Verwechselung des Pflicht- und Tugendbegriffes nicht mehr in einzelnen

Fällen, sondern fast allgemein vorkommt. So daß diese Verwirrung der Form nicht mehr einzeln wird angemerkt werden, sondern nur hier wird noch einmal für alle zurückgewiesen auf dasjenige, was vom Verhältnis dieser Begriffe ist gesagt worden, und wie eine Formel, welche als für die Pflicht berechnet unzulänglich und unbestimmt noch weniger eine Tugend bezeichnen kann, und umgekehrt. Nach dieser Erklärung nun knüpfe sich zunächst an das vorige an ein Verhältnis, in welchem gemeinhin ebenfalls eine freiwillige ethische Selbstunterwerfung gedacht wird, nämlich das der Wohltätigkeit und Dankbarkeit. Bei Fichte zwar ist die Wohltätigkeit am folgerechtesten für jede praktische Ethik gar nicht auf das Wohlbefinden des Bedürftigen bezogen, sondern lediglich auf dasjenige, was für alle als die gemeinschaftliche Bedingung der Freiheit und des sittlichen Handelns in der Sinnenwelt aufgestellt ist. So daß auch der Dürftige wenigstens von allen gemeinschaftlich, wenn auch nicht von jedem einzelnen, die Ausübung der Wohltätigkeit fordern kann als sein Recht, und daher die Dankbarkeit, wenn nicht ganz verschwindet, doch ihren Sitz verändert, und nicht mehr eine Pflicht wäre des Bedürftigen gegen den Wohltäter, sondern vielmehr der Gemeinheit gegen den Einzelnen, welcher als ein sich selbst dazu aufwerfender Bevollmächtigter ihre Pflicht hat erfüllen wollen. Hiebei aber ist zu bemerken, einesteils, daß auf diese Art auch die Wohltätigkeit keine reine Pflicht sein kann, sondern nur auf einem Zustande beruht und mit ihm selbst in einer besseren Zeit verschwinden muß, dessen Aufhebung als sittlich notwendig angezeigt ist. Auf welche Weise denn gerade in der Hinsicht, in welcher Kant sie zu wünschen scheint, die Verwandlung der Liebespflicht in Rechtspflicht eintreten würde, ohne doch die Darstellung der Welt als eines sittlich schönen Ganzen zu behindern. Andernteils aber, daß die Wohltätigkeit, wie Fichte sie angibt, den gewöhnlichen Begriff nicht ausfüllt, sondern in diesem auch mit enthalten ist seine Dienstfertigkeit. Und in diesen abgesonderten Begriff

Wohltätigkeit und Dankbarkeit.

scheint sich bei ihm jene Unstatthaftigkeit zurückgezogen zu haben, welche sonst dem Ganzen einwohnt. Denn sobald ein Beruf gesetzt ist, hat auch jeder in jedem Augenblicke für einen eigenen Zweck, welcher gewiß sittlich ist, etwas zu verrichten, und jeder Versuch, die Zwecke anderer zu befördern, wäre einerseits ein verbotenes abenteuerliches Aufsuchen einer Tugendübung, weil er nämlich ein Hinwegsehen ist von der aufgegebenen bestimmten und ununterbrochen fortgehenden Pflicht, andererseits aber eine Klügelei, oder die Anmaßung, etwas, das ich nicht weiß, demjenigen vorzuziehen, was ich weiß. Welchergestalt denn von der Dienstfertigkeit nichts übrigbleiben würde, als das natürliche Ineinandergreifen der verschiedenen Berufsarten, in dessen Bewußtsein und der daraus entstehenden Verehrung der niedern Stände gegen die höheren auch die Dankbarkeit ganz im kantischen Sinne als Verehrung des Wohltäters und Bestreben nach Gegendiensten verborgen liegt und auch ganz auf einem eingeschlichenen Unsittlichen beruht. Dieses aber ist bei Kant selbst noch weit offenbarer der Fall mit der Dankbarkeit und Wohltätigkeit, so wie beide zusammengehören, und überall, wo auf dem Grunde einer praktischen Idee eine auf Glückseligkeit, gleichviel ob eigene oder fremde, sich beziehende Pflicht gebaut wird. Bei Kant besonders beruht die Wohltätigkeit auf der Voraussetzung, daß jeder wolle, ihm solle aus der Not geholfen werden. Dieser Wille aber ist so unbedingt kein sittliches Wollen in der praktischen Ethik. Sondern, da auch in der Not noch Tugendübungen und Pflichterfüllungen möglich sind, und dieser Zustand das sittliche Dasein nicht schlechthin aufhebt: so wird der Wille, ihn zu verändern, sittlich oder unsittlich, je nachdem der Preis es ist, welcher gegeben werden soll. Ohnstreitig aber ist der Preis einer solchen Selbstunterwerfung, wie sie in der Dankbarkeit gesetzt ist, durch welche eine immerwährende sittliche Ungleichheit gestiftet wird, welche noch überdies nur auf dem Zufall beruht, nämlich auf der Gelegenheit wohlzutun, und nicht auf der Gesinnung, in Hinsicht auf welche gar wohl der Bedürftige dem Wohltäter gleich sein kann und überlegen; ein solcher Preis ist auf jeden Fall unsittlich, und das Verhältnis eine Herabwürdigung des sittlichen Wertes wegen eines sinnlichen Zweckes. Ja, schon indem dem Wohltäter Ansprüche auf wenigstens gleiche, eigentlich aber auf unendliche Gegendienste zugestanden werden, müßte mit der Möglichkeit der Wohltaten auch die Möglichkeit einer sittlichen Sklaverei ethisch gesetzt werden, und die Erlösung aus der Not wäre der Preis, um welchen die Freiheit gesetzmäßig dürfte verkauft werden. So daß, die Dankbarkeit vorausgesetzt, der Verpflichtungsgrund zur Wohltätigkeit unmöglich wird, auf welcher doch wiederum die Dankbarkeit beruht, und das System von Pflichten in seiner Wechselbeziehung als ganz unzulässig erscheint. Wenn aber auch die Wohltätigkeit auf einem andern Grunde beruhte und also für sich bestehen könnte: so bliebe doch die Dankbarkeit, wie man auch den Begriff einschränke, sobald sie sich nur auf selbstgenossene Wohltaten beziehen sollte, für die praktische Ethik ganz unzulässig. Denn wenn auch über die Sittlichkeit in den Beweggründen einer genossenen Wohltat die größte Gewißheit zu erlangen wäre, so könnte doch aus dieser persönlichen Beziehung keine Verehrung entstehen, sondern diese müßte sich ausdehnen auf alle auch gegen andere ausgeübte Wohltaten, wie sie als sittlich einem jeden bekannt werden, ja auch auf die Gesinnung, welche nur durch äußere Umstände in den tätigen Erweisen ist gehindert worden. Die Verpflichtung aber zu gleichen Diensten würde noch außerdem entweder auf dem Verpflichtungsgrunde zur Wohltätigkeit überhaupt beruhen müssen, und also der vorhergegangenen empfangenen Wohltat nicht bedürfen, oder mit dieser im Streit sein, und also noch eine neue und andere Bestimmung beider Begriffe notwendig machen. Im Eudämonismus wiederum kann die Dankbarkeit keinen andern Sinn haben, als entweder, sofern sie Vergeltung ist, die Verbindung aufzulösen; welches voraussetzt, daß diese Unlust macht, daß also der Wohltäter entweder gar nicht in Beziehung auf den Empfänger gehandelt hat, welches ohnedies nicht gedacht werden kann, sondern nur dessen vorausgesehene Unlust als Mittel gebraucht, um für sich die Lust zu gewinnen, die ihm aus der Vergeltung entsteht; oder daß er, wenn sein Zweck auf eine angenommene eigentümliche Lust des Wohltuns gerichtet war, diesen überschritten hat, wofür er eine Gegenlust gewiß nicht verdient. Oder es soll die Dankbarkeit ein Reizmittel sein, um zu neuen Wohltaten aufzumuntern; dann aber verliert sie teils die Beziehung auf eine empfangene Wohltat, und müßte aus gleichem Grunde gegen alle bewiesen werden, welche in dem Fall, wohltun zu können, eines solchen Reizmittels empfänglich und bedürftig sind; in welcher Hinsicht sie dann ganz identisch wäre mit jener Wohltätigkeit, und das wesentliche Merkmal des Begriffs, inwiefern er sittlich sein soll, anderwärts müßte aufgesucht werden; teils ließe sich doch kein sittlicher Grund aufstellen für die Erwartung, daß die Lust den Empfänger bewegen würde, dem Urheber wieder Lust zu machen, außer wenn eine damit verbundene Unlust vorausgesehen wird, welche abgeschüttelt werden muß; in welchem Falle dann zwischen Wohltat und Beleidigung, sowie zwischen Dankbarkeit und Rache oder Schadenersatzforderung eine wunderbare und höchst verwirrte Identität entstehen müßte. Überdies aber müßten doch beide Begriffe so begrenzt werden, daß nur das auf einen andern verwendet würde, was dem Besitzer selbst in Beziehung auf die eigentümlich damit verbundene Lust wieder brauchbar ist; wodurch beide Begriffe in den eines liberalen Tausches übergehen und gar kein eigentümliches Verhältnis übrig bleibt. Wie aber in der sympathetischen Ethik etwas ganz Ähnliches erfolgt, darf wohl kaum noch ausgeführt werden. Ebenso wird jeder einsehen, daß auch die Wohltätigkeit, für sich betrachtet, in der praktischen Ethik noch genauerer Bestimmungen bedürfte, um als Pflicht aufgestellt zu werden oder als Tugend, wie selbst nach der Fichteschen Erklärung, welche doch die bestimmteste und begründetste ist, aus den unbestimmten

Vorschriften erhellt, daß einerseits auch zur Wohltätigkeit die Veranlassung sich darbieten müsse, andrerseits aber jeder solle ihrentwegen haushälterisch sein und sparsam, und was sonst noch zu lesen ist. Was aber über diesen Gegenstand die Alten und vornehmlich die Stoiker in dem Abschnitte von den Pflichten genauer bestimmt gehabt, davon ist wenig übriggeblieben, welches, teils mehr in das Gebiet der Staatsverwaltung hinübergezogen als das sittliche Leben überhaupt umfassend, teils auch seiner Natur nach nicht besser als das bisher Erwähnte nur dasjenige berührt, was auch Kant unter seinen Gewissensfragen aufgeworfen, die Grenzen nämlich zwischen der Wohltätigkeit und der Selbstliebe. So daß auch hier, trotz dem Grundsatz von der Unmöglichkeit eines Übermaßes im wahrhaft Sittlichen, nur ein unbestimmter Begriff geherrscht hat. Als Tugend betrachtet aber haben sie ebenfalls die Wohltätigkeit unter die Gerechtigkeit gesetzt und als eine Äußerung derselben aufgestellt; so jedoch, daß in allen Abteilungen der Gerechtigkeit, in der Widersetzung gegen das Unrecht, in dem Bestreben, jedem gleiche Vorteile aus der Gemeinschaft zuzusichern, in dem Wohlverhalten bei Verträgen, überall das Rechtliche mit dem über die strenge Rechtspflicht Hinausgehenden so vermischt ist, daß weder eine Absonderung sich zeigt, noch auch zu sehen ist, was wohl als der Inhalt der eigentlich sogenannten Gütigkeit zurückbleibe.

Außer[1] der tätigen Hilfeleistung aber ist auch fast überall *Teilnahme.* geredet worden von einer Pflicht, durch die Empfindung teilzunehmen an dem, was andern begegnet. Welche Forderung wohl auf dem gewöhnlichen Wege der praktischen Sittenlehre nicht ist wahrgenommen worden, sondern nur in der eudämonistischen Ethik teils, noch mehr aber in der sympathetischen scheint einheimisch zu sein. In der letzteren nun müßte die Teilnehmung als sittlich auch ein selbstisches Gefühl enthalten, und nirgends ist bestimmt, ob dieses sein sollte die Unlust, welche aus der Gleichheit der Individuen entsteht, und der Erwartung des ähn-

---

[1] Absatz nicht im Original.

lichen, oder die Lust aus ihrem Gegensatz und aus der gegenwärtigen Befreiung. Im reinen Eudämonismus aber könnte sie nur sittlich sein entweder als unvermischte Lust, also ohne allen Charakter der Teilnehmung als Freude über das eigene verglichene Wohlergehen, oder als eigentümliche überwiegende Lust, woher auch immer die Rede gewesen ist von dem besonderen Reiz der vermischten Empfindungen. So betrachtet indes würde aus der Aufgabe, diesen Genuß teils mehr in die Gewalt der Willkür zu bringen, teils von allem, was über ihn hinausgeht und ihn verunreiniget, zu befreien, die Vorschrift entstehen, seine Befriedigung nicht sowohl aus der Wirklichkeit zu schöpfen, als vielmehr aus den Werken der nachahmenden Darstellung; wonach denn die Realität der Teilnehmung wieder verschwindet. Wird aber die Sache, dieses alles abgesondert, aus dem Standpunkt der praktischen Sittenlehre betrachtet, so erscheint fast noch größere Ungewißheit und Verwirrung. Denn was zuerst den stoischen Satz betrifft, daß das Mitgefühl müsse vermieden werden, damit nicht zweie leiden mögen statt eines, dieser ist schlecht begründet, weil eben, wenn der Schmerz kein Übel ist, auch seine Verbreitung nicht dafür kann gehalten werden. Wiewohl auf der andern Seite aus dieser Voraussetzung auch keine Ursach entsteht, Schmerz zu haben über den Schmerz, vielmehr, wenn ja dieses Mitgefühl seinen Grund haben sollte in der geselligen Natur des Menschen, es doch ein sittlich Unbestimmtes wäre, und nicht aus allgemeinen Gründen, sondern aus der Sache Fremden in jedem Fall zu suchen wäre oder zu vermeiden. Wird ferner auf das oben Ausgeführte Bezug genommen, daß doch alles Leiden im allgemeinen betrachtet ein Übel ist: so wird zwar ein Gefühl desselben entstehen, dieses aber wird keine Teilnehmung sein, weil in dieser Beziehung das fremde Leiden und das eigene auf ganz gleiche Weise müßte betrachtet und behandelt werden. Wollte endlich jemand dies alles beiseite setzen und für die praktische Ethik bloß die Frage übrig lassen, ob nicht Schmerz müsse empfunden werden über die Unsittlichkeit anderer als über ihr wahrstes und eigenstes

Übel: so scheint es zwar unsittlich, das Unsittliche nicht zu empfinden, bedenklich doch aber auch das Gefühl, als ob es willkürlich könne hervorgebracht werden, als eine Pflicht zu fordern. Den Spinoza aber, nach dessen Ansicht aus dem reinsittlichen Zustande mit jeder andern auch die teilnehmende Traurigkeit verbannt wird, weil die sittliche Betrachtung auf einer solchen Höhe steht, wo der Begriff des Unvollkommenen und Bösen überhaupt verschwindet, diesen möchte man fragen, wie denn bei seiner Identität des Gedankens und Gefühls von dem nachbildenden Gedanken an fremde Verschlimmerung sich trennen lasse ein nachbildendes Gefühl, und ob nicht die Aufgabe entstände, ein solches anzunehmen nicht nur, sondern auch mit der dem System unentbehrlichen durchgängigen Freude des Frommen zu vereinigen. Aristoteles endlich, wie er nichts weiß von der Wohltätigkeit insbesondere (denn seine Freigebigkeit bezieht sich nicht auf eine bestimmte Beschaffenheit der Zwecke, sondern nur auf eine Art, sie auszuführen): ebensowenig auch weiß er von Teilnehmung, sondern dem Neide und der Schadenfreude setzt er entgegen die Nemesis, welche nur auf die Einstimmung des Ergehens mit der Sittlichkeit sich bezieht, und sonst führt er kein Gefühl an, weder für jene noch für diese allein. Wie unrichtig aber diese Nemesis gezeichnet ist, indem ja Neid und Schadenfreude einander nicht entgegengesetzt sind, sondern eins und dasselbe, leuchtet ein.

Dieses[1] von der Wohltätigkeit und Teilnehmung. Nun auch von der Übeltätigkeit, wiefern sie sittlich sein kann, und von dem nicht schmerzhaften, sondern unwilligen Gefühl über andere, beides nämlich in Beziehung auf unsittliche Taten und Beleidigungen, ob vielleicht hierüber etwas Gewisseres irgendwo zu finden ist. In der Sittenlehre der Lust nun ist offenbar weder die Rache an sich sittlich oder unsittlich, noch auch die Nachsicht; und ebenso beides weder der Zorn noch auch die Sanftmut; sondern wie jeder glaubt in jedem Falle am besten den Gegner unschädlich zu machen, sich selbst aber den Stachel aus der Wunde zu

Andere Gefühle.

---
[1] Absatz fehlt im Original.

ziehen, so ist es ihm sittlich und recht. In der **sympathetischen Ethik** aber müßte die Sanftmut eine Vermischung sein aus dem eigenen Unwillen und aus der Sympathie mit dem Beleidiger. Dieser nun hat in dem Augenblick der Beleidigung kein anderes Gefühl als ein selbstisches, also einen Mangel an Sympathie; mit welchem sonach zu sympathisieren eine Aufgabe wäre, welche das Prinzip mit sich selbst in Streit bringt. Soll aber nur sympathisiert werden mit dem vorausgesehenen Zustande der Reue: so wäre diese Regel teils ohne Grund, teils würde sie in ihrer weiteren Anwendung unausbleiblich die Teilnehmung aufheben. Die **praktische Ethik** endlich hat hierin dieselben Schwierigkeiten zu überwinden, wie oben bei der Teilnehmung. Und wie auch die Frage dem Inhalt nach möchte entschieden werden, so müßte hernach noch die besondere Prüfung angestellt werden, da die Gemütsbewegnugen an sich und ohne Beziehung auf ihre Ursachen oder Folgen einer Regel unterworfen sind, ob auch das auf jene Art Gefundene übereinstimmte mit dem allgemeinen Gesetz der Schicklichkeit in den Bewegungen, welches auch mit Recht der einzige Ort ist, unter welchem dieses alles bei den **Stoikern** angetroffen wird. Wie denn überhaupt die Vorschrift über das Gefühl für das Unsittliche nicht nur ohne Unterschied das eigene und fremde betreffen muß, sondern auch dem Verpflichtungsgrunde nach eine und dieselbe sein muß, welche auch das Gefühl für das positiv Sittliche bestimmt; worauf aber keiner gesehen hat.

Abwehr von Beleidigungen. Was[1] aber das Verfahren betrifft gegen Beleidigungen, so wird von einigen Sittenlehrern dieser Art die Nachsicht und die Versöhnlichkeit gelobt, von andern aber verworfen, und die Bewandtnis wird ganz dieselbe sein, wie oben bei der Dankbarkeit in Beziehung auf die Wohltaten. Denn auch hier müßte unterschieden werden die Gesinnung gegen den Täter, und dann dessen Behandlung, und in der letzten wiederum, was unmittelbar

---

[1] Absatz nicht im Original.

in Beziehung auf ihn geschieht, von dem, was die Tat demjenigen, gegen welchen sie ausgeübt worden, in Beziehung auf sich selbst zur Pflicht machte; wovon letzteres auf Verteidigung und Ersatz abzweckt, ersteres aber auf Strafe und Belehrung. Die Verteidigung nun kann sich nur beziehen auf die sittliche Wirksamkeit; und der Begriff ist unbestimmt, wenn nicht erklärt ist, welches denn eine wirkliche Behinderung derselben ist oder nur eine scheinbare. Eben dieses aber wird von den meisten ganz vernachlässigt, von andern aber, wie von Fichte, verfehlt. Denn daß die Gefahr des Lebens, die Verletzung des Eigentums und die Kränkung des guten Rufes, wie er ihn erklärt, den ganzen Umfang des zu Verteidigenden erschöpften, möchte keiner glauben, der das Sittliche von dem Rechtlichen unterscheidet, und auf der andern Seite möchte eine Verpflichtung, den guten Ruf gegen falsche Gerüchte zu verteidigen, zu groß sein, welches schon daraus erhellt, weil sonst die Unsittlichen es in ihrer Gewalt haben würden, den Sittlichen immer auf dem Wege seines eigentlichen Berufes aufzuhalten und zu einem Handeln auf sie zu zwingen. Was aber die Strafe betrifft, so ist nicht nötig, die verworrenen Vorstellungen zu widerlegen, welche sich darüber zum Beispiel bei Kant vorfinden, welcher auf die Strafwürdigkeit des Menschen vor Gott das Verbot gründet, daß keiner dürfe Strafe verhängen über den andern. Sondern als zugestanden wird vorausgesetzt, daß, ethisch betrachtet, Strafe und Belehrung eins und dasselbige sind und nur der Methode nach unterschieden, und die Aufgabe wäre nur zu bestimmen die Anwendbarkeit einer jeden. Denn die Strafe überall auszuschließen, die Belehrung aber ins Unendliche zu fordern, würde den Unsittlichen eben wie das Gerügte eine unbedingte Übermacht geben; welches also mit der Verteidigung der eigenen nicht nur, sondern auch der gemeinschaftlichen Wirksamkeit stritte. Auf der andern Seite aber die Strafe überall zu handhaben wie die Stoiker, welche dem Weisen die Nachsicht verbieten, dieses wird entweder die Sache in den engeren Umkreis des bloß Rechtlichen zurückweisen, oder unbedingt dem, welcher Unrechtes getan hat, die Empfänglichkeit für die Belehrung absprechen. Daß also beides muß vereiniget werden, ist ebenso offenbar, als daß noch nirgends dieser Punkt aufgezeigt ist, sondern die Versöhnlichkeit und Gelindigkeit sowohl, als die Strenge und Härte sämtlich ethisch betrachtet ganz unbestimmte Begriffe sind, die zu der genaueren Bestimmung, welche gefordert wird, auch nicht die Elemente enthalten. An die Pflicht aber, die gemeinschaftliche Wirksamkeit der guten zu verteidigen, schließt sich an die Frage von der Pflichtmäßigkeit oder Pflichtwidrigkeit der Bekanntmachung des Unsittlichen, deren Entscheidung, wo nicht abgeleitet, doch in wesentliche Übereinstimmung gebracht sein muß mit der Pflicht der Vermehrung fremder Erkenntnis, welches jedoch mit der von Fichte angegebenen Grenzbestimmung nach dem unmittelbar Praktischen sehr zweifelhaft sein möchte. Bei Kant aber findet sich gar anstatt der Übereinstimmung ein Widerspruch, indem es nicht schwer sein möchte, von seiner Antwort zu zeigen, daß sie auf eine Lüge hinauslaufe. Eben derselbige deutet außer den sich auf Liebe und auf Achtung gründenden Pflichten noch auf besondere Pflichten oder Tugenden des Umgangs, jedoch nur unter dem verdächtigen Namen von Außenwerken, welche unmittelbar nur einen tugendhaften Schein hervorbringen. Wie nun dieses der ganzen Form der Ethik zuwiderlaufe, muß jedem einleuchten. Denn welches Verhältnis einen tugendhaften Schein anzunehmen vermag, das ist notwendig auch der Tugend selbst fähig. Daher auch die Stoiker diese Vollkommenheiten als Tugenden betrachtet dem Weisen allein zuschreiben, und sie als einen Teil derjenigen ansehen, welche überhaupt die sittliche Richtung des Gefühls bezeichnet. Wie aber, was hieher gehört, als Pflicht von den andern ganz könne abgesondert werden, ist schwer zu begreifen. Denn einesteils ist klar, daß die Behandlung aller freien geselligen Verhältnisse sich ebenfalls auf Liebe gründen müsse und auf Achtung; wo also,

Andere Pflichten.

was aus diesen Gesinnungen folgt, vollständig aufgezeichnet ist, da müssen die Vorschriften für jene mit darin enthalten sein; teils auch ist jedes Geschäft zugleich Umgang und Gespräch, und jedes auch ernste und bestimmte Verhältnis zugleich ein freies geselliges und steht unter den Gesetzen von diesen, wenn nicht der vollständigen Sittlichkeit etwas in der Ausführung soll vergeben werden.

Wie nun überall die einzelnen Pflichtbegriffe entweder unbestimmt sind und das Betragen nicht gehörig ordnen können, oder mit andern, mit denen sie zusammentreffen sollten, im Widerspruch, ferner von den bloß formalen Abteilungsbegriffen nicht gehörig geschieden, daß oft zweifelhaft bleibt, wo verschiedene Pflichten oder nur einzelne Anwendungen derselben Pflicht aufgeführt werden; endlich auch, weil sie bald als Pflichten auf die Zwecke und hervorzubringenden Güter bezogen werden, bald wieder als Tugenden einer andern Einheit unterworfen, zerstückt, und dann übel zusammenfügbar an verschiedenen Stellen des Systems angetroffen werden, dieses mag aus den durchgeführten Beispielen zur Genüge erhellen. Jetzt aber wäre noch zu sehen, ob ein besseres Schicksal die Tugendbegriffe, sofern sie der Verwechselung mit den Pflichten weniger unterworfen sind, getroffen habe; welches vornehmlich an den Darstellungen der Alten zu untersuchen ist, wo sie am meisten in ihrer formellen Reinheit sich erhalten haben. Unter ihnen nun sei der erste Aristoteles mit seinen Haufen, denn anders verdienen sie nicht genannt zu werden, von Tugenden, weder nach irgendeiner Regel geordnet, noch sonst eine Vermutung für sich habend, als ob sie das Ganze der sittlichen Gesinnung umfaßten, eben deshalb aber jedem, der die wissenschaftliche Genauigkeit sucht, auch im einzelnen schon verdächtig. Daher auch, was eben zur Verteidigung seiner Art, die Tugenden zu beschreiben, ist gesagt worden, hier zwar wieder anerkannt wird, daß er nicht etwa die Tugenden in einem mittleren Grade sinnlicher, also in jedem andern unsittlicher Neigungen

Tugenden.

gesetzt habe, sondern hiedurch nur die Erscheinung habe bezeichnen wollen, wie es seiner Weise, die natürlichen Dinge zu betrachten, gemäß ist: dennoch aber nicht soll geleugnet werden, daß er hiebei seines Endzweckes, wenn dieser auf etwas besseres gestellt war, als auf eine dunkle Vorstellung, notwendig verfehlen mußte. Denn einesteils, wie bereits gelegentlich angeführt worden, ist die Bezeichnungsart nicht immer dieselbe, sondern die Tugend bald in die Mitte gesetzt zwischen dem Übermaß und der Abwesenheit einer Neigung, bald ebenso in Beziehung auf zwei verschiedene Neigungen, bald wiederum in die Mitte zwischen zwei Erfolgen ohne allen Bezug auf Neigung. Wie zum Beispiel das Gerechte die Mitte zwischen Schaden und Gewinn, welches auch nicht zutreffen wird, wenn nicht wieder im Kreise Schaden und Gewinn nach dem Begriff des Gerechten bestimmt werden. Oder die Freigebigkeit das Mittel zwischen zu viel und zu wenig Geben und Nehmen; wonach sich nicht einsehen läßt, warum sie nicht das nämliche sein sollte mit der Gerechtigkeit. So daß es an einem Prinzip für die Anwendung der allgemeinen Formel gänzlich fehlt, und somit auch an jeder gegründeten Zuversicht, daß irgendwo das Rechte getroffen sei. Ferner gesteht er selbst, daß nicht jede Mitte einer Neigung die Erscheinung einer Tugend gebe, wenn nämlich die Neigung schon an sich selbst das Unsittliche enthalte, welches also, um es zu bestimmen, eine andere und tiefer gehende Erklärung voraussetzt. Auch hat nicht mit Unrecht Garve ihm vorgeworfen, er selbst habe hier nicht Vorsicht genug gebraucht, und die Furcht zum Beispiel, in deren Mittelmaß die Tapferkeit sich zeigen solle, könne an sich schon als etwas Unsittliches betrachtet werden; welches sich gewiß von mehreren Fällen behaupten ließe, wenn dies nicht besser jedem selbst überlassen würde, indem die anerkannte Untauglichkeit für die Wissenschaft und der beschränkte Zweck der Formel hier keine genauere Betrachtung verdient. Ferner sind auch zu diesem beschränkten Zweck die gegebenen Erklärungen nicht selten unbrauchbar, wie zum Beispiel bei der Tapferkeit selbst erhellt.

Denn wird eine solche Äußerung derselben gesetzt, wo sie als Furcht erscheint, so ist nicht zu erkennen, ob dies in dem, wie es sich gebührt und wovon es sich gebührt, seinen Grund habe, oder in der Neigung, welcher dieses Maß fremd ist, und ebenso, wenn sie als Zuversicht erscheint. Auch laufen vielfältig die Tugenden ineinander, wenn man jener rechtfertigenden Voraussetzung zufolge nicht annimmt, daß die Neigungen oder die Gegenstände den wesentlichen Unterschied bilden sollen. Denn wie sollte die Nemesis oder die Freude an der Gerechtigkeit des Glücks, und die Seelengröße, welche nach allem strebt, was sie wert ist, etwas anderes sein als Gerechtigkeit; ja selbst die Freundschaft, wenn anders das Wohlwollen als ein Gut angesehen wird, bei welchem Gewinn und Verlust stattfindet, fiele zusammen mit der Gerechtigkeit, und was für andere Beispiele noch könnten angeführt werden. So daß hier auf bestimmte und richtige Begriffe gar nicht zu hoffen ist.

Nächstdem[1] aber ist zu sehen auf die von den **meisten alten Sittenlehrern** angenommene Darstellung aller sittlichen Gesinnungen unter den **vier Tugenden der Klugheit, der Mäßigung, der Tapferkeit und der Gerechtigkeit.** Wenn nur, was der Inhalt und das Wesen einer jeden unter ihnen eigentlich sein soll, bestimmt zu ersehen wäre; welches leider die allgemeinen Erklärungen der Stoiker nicht leisten, von welcher Schule unter allen, die nach dieser Anlage die Sittenlehre behandelt haben, nicht nur uns das meiste und am meisten Zusammenhängende übriggeblieben ist, sondern auch überhaupt die größte dialektische Genauigkeit zu erwarten wäre. Ihnen zufolge nun ist zuerst weder die Mäßigung, welche sich auf das Wählen, noch die Gerechtigkeit, welche sich auf das Austeilen bezieht, vorausgesetzt nämlich, daß der Ausdruck Erkenntnis bei allen die gleiche Bedeutung habe, zu unterscheiden von der Klugheit als der Erkenntnis dessen, was zu tun ist. Denn das Wählen ist ja das eigentliche Handeln, und jedes Austeilen wiederum ist

[1] Absatz nicht im Original.

ein Wählen. Wollte man aber die Klugheit nur auf das mittelbare Handeln beziehen, wodurch das Gewählte zustande kommt und das im Entschluß Ausgeteilte wirklich eingehändigt wird: so widerstreitet dem nicht nur im allgemeinen der gleiche, ja höhere Rang dieser Tugend, sondern auch die Beschreibung einzelner Teile derselben, wo sie offenbar auf die Pflicht bezogen wird. Ebenso ist die Tapferkeit, als Erkenntnis dessen, was zu erdulden ist, teils nur halb und einseitig beschrieben, teils aber auch nicht als eigene Tugend dargestellt, sondern nur als die hinreichende Stärke einer jeden andern. Denn zu erdulden gibt es im Wählen sowohl als im Handeln und Verteilen; und es würde gleichgültig sein, wenn nicht zur Wirklichkeit gelangt, was eine jede beschlossen hat, dieses dem Mangel der Tapferkeit zuzuschreiben, oder auch dem Mangel an Stärke der jedesmal aufgeforderten Tugend. Welches also ein gänzliches Zusammenschmelzen in eine Tugend ankündigt, so daß die verschieden benannten nicht nur in der Wirklichkeit nicht gänzlich getrennt sein können, welches allerdings nicht die richtige Forderung wäre, sondern daß sie auch nicht einmal in Gedanken abzusondern sind.

Dasselbe[1] ergibt sich auch, wenn man die bei den Stoikern ihnen untergeordneten Tugenden betrachtet. Denn die Getrostheit, welche zur Tapferkeit gehört, als die Erkenntnis, daß wir in kein Übel geraten werden, was ist sie anders als das Bewußtsein der zur Klugheit gehörigen Gewandtheit, der Erkenntnis nämlich, welche in allen Handlungen einen Ausgang findet. Ebenso die Wohlgemutheit, das Bewußtsein von der Unüberwindlichkeit der Seele, und die Mühsamkeit, welche das Vorliegende verrichtet, ohne sich von den Beschwerden hindern zu lassen, sind nichts anderes als die zur sogenannten Mäßigung gehörige Beharrlichkeit oder Wissenschaft, bei dem zu bleiben, was einmal richtig geurteilt ist, und Mäßigkeit, welche das, was der Vernunft gemäß ist, nicht überschreitet. Ferner die rechte Anordnung des Handelns, wann ein jedes zu verrichten ist, welche zu eben der Mäßigung gehört,

---
[1] Absatz nicht im Original.

wie sollte sie zu unterscheiden sein von der zur Klugheit gerechneten Wohlberatenheit, welche einsieht, wie jedes muß getan werden, um nützlich zu sein. Aber diese untergeordneten Tugenden erregen überdies den Zweifel, ob jene vier Haupttugenden reale Begriffe sind, oder nur formale, und demgemäß, ob die untergeordneten real verschieden sind, oder nur als Anwendungen derselben Gesinnung und Fertigkeit auf verschiedene Fälle. Denn einiges begünstigt die eine Meinung, anderes die andere. So kann die Getrostheit von der Großherzigkeit, welche über das erhebt, was dem Guten sowohl als dem Bösen begegnet, gar wohl getrennt gedacht werden als Fertigkeit, keineswegs aber die Mühsamkeit von der Geschicklichkeit, welche den jedesmal vorgesetzten Endzweck wirklich zu erreichen weiß. Und dergleichen widersprechende Anzeigen wird jeder noch mehrere finden, der das Verzeichnis der stoischen Tugenden zur Hand nimmt, besonders wenn noch damit verglichen werden diejenigen Gesinnungen und Vollkommenheiten, welche sie, weil sie in das Verzeichnis der Tugenden sich nicht fügen wollten, noch als einzelne Eigenschaften des Weisen aufführen. Diese Ungewißheit aber, ob dies und jenes eine einzelne Tugend sei, das heißt, demselben Menschen auch unzertrennt ihrem ganzen Umfange nach als Fertigkeit in gleichem Grade und als wirklich eine beiwohnen muß, oder umgekehrt, muß auf die Anwendung der Sittenlehre von entschiedenem Einfluß sein. Wenn nun dieselben Tugenden auch in der eudämonistischen Sittenlehre aufgeführt werden, so ist wohl zu unterscheiden, ob sie dem Inhalt nach dieselben sind, oder nur dem Namen nach. Denn die Namen sind ihrer Natur nach nur formal, welches die Stoiker selbst anerkennen, und überall den Beisatz „gemäß der Natur eines vernünftigen und geselligen Wesens" wollen verstanden haben, als welcher erst den ihrem System eigentümlichen Inhalt hervorbringt. Nun sollte freilich auch schon die Einteilung des gesamten Begriffs der Gesinnung für jede andere oberste ethische Idee anders ausfallen, und auch die niederen und abgeleiteten formalen Begriffe nicht zweien Systemen gemein sein;

welcher Vorwurf aber hier zwischen beiden schwankt, da auch jene sich die Einteilung nicht durch Verbindung mit ihrer höchsten Idee ausschließend angeeignet haben. Wenn aber nicht nur dem Namen, sondern auch dem Inhalt nach praktische Tugenden sich einschleichen in eine Lehre der Glückseligkeit, so ist die innere Unhaltbarkeit sogleich einleuchtend und entschieden. Daher eben der besondere Widerwille dieser Sittenlehrer gegen die Gerechtigkeit, welche ihnen überall zu viel sein muß und zu wenig, weil sie am wenigsten als echte Tugend mit einem eudämonistischen Gehalt kann dargestellt werden. Denn die Ordnung, in welcher ein jeder wegen des Nebeneinanderstehens der Menschen seine Glückseligkeit suchen darf, ist immer nur ein notwendiges Übel, auch die hervorbringende Eigenschaft derselben nicht eine eigene Tugend, sondern nur eine Anwendung der Klugheit. Worin, ob der Eudämonismus folgerecht sei, sich am besten zeigen muß in der Bestimmung der Billigkeit als des einem jeden innerhalb seines Gebietes überlassenen Teils dieser Hervorbringung. Denn diese kann, ganz dem Praktischen entgegengesetzt, nichts anderes sein als die geschickte Übertretung des gemeinschaftlich Festgestellten. Ebenso darf zur Tapferkeit nur gehören der Widerstand gegen die Hindernisse der Lust, nicht aber unmittelbar gegen die des Handelns. Wo es aber anders ist, und es findet sich gewöhnlich anders, wie denn leicht **Aristippos** fast der einzige in dieser Hinsicht Folgerechte unter denen seiner Art bleiben möchte, da sind die **Eudämonisten** in Absicht der Tugenden in denselben Fehler geraten, wie die **Stoiker** gegen sie in Absicht der Güter, und zwar eben auch im Verwerfen sowohl als im Übertragen.

Gänzlich aber haben sich von diesen vier Formen unter allen, welche die Sittenlehre nach dem Begriff der Tugend behandelt haben, nur zweie losgemacht, **Platon** nämlich und **Spinoza**, jeder auf seine eigene Art. Und zwar der erste, indem er wiederholt den Versuch macht zu zeigen, daß sich die ganze Tugend unter jeder dieser Formen darstellen lasse; welches ihm auch ohne andere Hilfsmittel als die dialektische Kunstfertigkeit und ganz abgesondert von der kosmischen und mystischen Abzweckung seiner Sittenlehre so vollkommen gelingt, daß diejenige Tugend, welche sich am meisten auf die Verhältnisse gegen andere zu beziehen scheint, sich als diejenige zeigt, welche der Mensch am meisten in und gegen sich selbst zu üben hat, und welche allein ihn in sich selbst zu erhalten vermag. Ebenso die Mäßigung, welche für die innerlichste gehalten wird, als die, welche das ganze äußere Leben durchdringt nicht nur, sondern auch hervorbringt. Endlich auch die Tapferkeit, welche sich auf den ersten Blick am entschiedensten von den andern absondert und in ein einzelnes beschränktes Gebiet zurückzieht, als eine allgemeine jedem Verhältnis und jeder Tat unentbehrliche. Daher das Berufen auf diese Darstellungen aller weitern Prüfung über den wissenschaftlichen Wert der vier Begriffe überhebt. Denn was bisher zu ihrer näheren Bestimmung getan worden, widersteht dieser so lange schon vorhandenen Polemik nicht; andere Unterschiede aber aufsuchen, oder die innere Veranlassung dieser Absonderung und das Wahre, was derselben bewußt[1] zum Grunde liegt, darlegen, hieße die Grenzen einer Prüfung des Vorhandenen überschreiten. Spinoza hingegen bewirkt das nämliche dadurch, daß er mit dem Namen einer einzigen von diesen, nämlich der Tapferkeit, die ganze Tugend bezeichnet; welches auch mit seinen Grundideen aufs genaueste zusammenhängt. Denn da die Tugend das möglichst reine Handeln ist, so läßt sich ihr unterscheidendes Wesen nicht besser bezeichnen als durch die Kraft des Widerstandes, welche den äußeren Einfluß zurücktreibend beherrscht und so das Leiden abhält. Die einzige Einteilung aber, welche er zuläßt, ist mit jener vierfachen nicht zu vergleichen; denn jede von diesen würde bald so, bald anders unter jede von den seinigen fallen. Auch ist sie überhaupt nicht als eine solche zu betrachten, welche zwei verschiedene Tugenden festsetzen sollte, welche auch nur dem Grade nach in der Wirklichkeit voneinander könnten verschieden sein. Vielmehr

---

[1] Ausgabe 1803 schreibt hier richtig: „unbewußt".

gibt es bei ihm keine andere Trennung, als welche auf der Macht undeutlicher Vorstellungen beruht, deren keine ausschließend an eine von diesen Äußerungen der Tugend gebunden ist; sondern dieselbe Ursach, welche jetzt den Edelsinn in seiner Wirksamkeit schwächt, wird in einem andern auch der Beherztheit im Wege stehen. Vielmehr ist es nur eine verdeutlichende und verteidigende Maßregel, um desto auffallender zu zeigen, wie auch nach seinem System der Geist aus der Sphäre der Beschauung, welche ihn allein festzuhalten scheinen könnte, in die einer gemeinsamen bestimmten Tätigkeit heraustritt. Die Tugend selbst aber ist bei ihm nur eine und unteilbar nicht nur der Wirklichkeit nach, sondern auch für den Gedanken und die Untersuchung, und kann als ein Mannigfaltiges nicht anders beschrieben werden als im Gegensatz gegen die Mißverständnisse und Torheiten, aus denen das seiner Natur nach unbestimmte und mannigfaltige Leiden der Menschen besteht, auf deren Verzeichnis daher auch mit Recht ein seltener Fleiß von ihm ist verwendet worden. Von einer Mehrheit einzelner Tugenden also ist in Beziehung auf ihn nichts weiter zu sagen.

Anhang.

Ursprung der ethischen Begriffe.

I. Was beispielswegen nur von wenigen in den verschiedenen Systemen der Ethik aufgenommenen Tugenden ist gezeigt worden, dasselbe wäre leicht gewesen, von allen zu erweisen, sowohl welche überall, als welche nur irgendwo gelten, daß sie nämlich ethisch betrachtet teils ganz unbestimmte Bezeichnungen sind, teils von keinem Grundsatze aus, sobald man sie untereinander vergleicht, eine mit der andern bestehen können, sondern vielmehr jede irgendeiner andern ihre Stelle als ergänzender und unentbehrlicher Teil des Systems bestreitet. Hieraus nun ergibt sich als unvermeidliche Folgerung, wenn nämlich alle diese Fehler nicht überall bloß dialektisch sind, und auf unvollkommenen Erklärungen beruhen, an welche Übereinstimmung und Vollständigkeit des Irrtums wohl niemand glauben wird, daß jene Begriffe, so wie sie nicht durch die Ethik und in ihr entstanden, sondern nur aus dem Gebrauch des gemeinen Lebens in die Wissenschaft herübergenommen worden, so auch gewiß nicht kraft einer unentwickelten, nur dunkel gedachten ethischen Idee sind gebildet worden, sondern in anderer Hinsicht und in einem andern Geiste. Denn wäre jenes, so müßten sie auch leichter irgendeiner deutlich gedachten ethischen Idee unterzuordnen sein, und die dialektische Ausbildung, welche dieser zuteil geworden, auch leichter auf die einzelnen Begriffe übergehen. Liegt nun den im Geiste des gemeinen Lebens gedachten und gebildeten Begriffen auch nicht unentwickelt eine ethische Idee zum Grunde: so folgt weiter, daß auch der Geist des gemeinen Lebens noch nirgends ein sittlicher gewesen, und zwar eudämonistisch so wenig als praktisch, weil sonst doch wenigstens in jene Darstellungen der Sittenlehre die insgemein dafür gehaltenen Tugenden sich fügen würden. Offenbar aber war bei den Alten der Geist des Lebens zum größten Teile politisch, indem selbst die freieren, auf den Genuß des Daseins unmittelbar berechneten gesellschaftlichen Verhältnisse jenem Größeren untergeordnet waren, welches daher auch als hinreichend, um das höchste Gut hervorzubringen, von den meisten gedacht wurde. Ja selbst Aristippos, welcher mehr als irgendeiner die hergebrachten Vorstellungen der Einstimmigkeit des Systems aufzuopfern geneigt war, konnte, vom herrschenden Geiste hingerissen, behaupten, daß auch nach dem Untergang aller Gesetze und Verfassungen die Philosophen doch immerfort leben würden, als wären sie noch vorhanden. Dasselbe also wird auch bei ihnen der ursprüngliche Gehalt der für ethisch geltenden Begriffe sein müssen. Welches auch zunächst aus den vom Aristoteles aufgezählten Tugenden erhellt, in denen bis auf wenige, die sich auf die kleineren geselligen Verhältnisse beziehen, die politische Bedeutung nicht zu verkennen ist. Ja dieser, dem es auch am meisten ziemt, dem Gemeingeltenden zu dienen, hat einige bloß bürgerliche Eigenschaften, welche sittlich gedacht und bestimmt mit andern zusammengefallen wären, oder in weiterem Umfange gezeichnet worden, geradezu und ohne irgend einiges daran zu ändern und zu bessern in die Reihe der Tugenden aufgenommen. Ebensowenig aber ist auch dasselbe zu verkennen an den vier hellenischen Haupttugenden, sowohl wie sie von den meisten dargestellt werden, als wie die Stoiker sie in ihre untergeordneten Teile genauer zerlegen. Wobei, wie man auch aus dem sieht, was von der gemeinen Bedeutung in der dialektischen Untersuchung des Platon vorkommt, alles, was sich auf die kleineren Verhältnisse des Lebens bezieht, nur einen kleinen Teil von derjenigen ausmacht, welche von den Neueren gewöhnlich durch Mäßigung übersetzt wird, und deren wahre Einheit auch nur aus diesem Gesichtspunkt möchte zu finden sein. Endlich kann auch keinem entgehen, wie in der neustoischen Behandlung der Pflichten, nach dem zu urteilen, was wir durch Cicero erhalten haben, das Politische vorleuchtet. Schwerlich aber möchte diese ganze Neigung nur dem Dolmetscher zuzuschreiben sein, dessen Unfähigkeit, so vieles zu verwischen sowohl als hinzuzufügen, niemand bezweifeln wird. Bei den Neueren nun hat dieser politische Geist sich ganz aus dem Tugendbegriff herausgezogen und in den Pflichtbegriff geflüchtet. Offenbar nämlich, weil jener zu sehr das selbsttätige Hervorbringen bezeichnet, das Politische aber unter uns von der Selbsttätigkeit wenig Spuren trägt[1], daher auch auf die Tugend, welche ausschließend und geradezu diesem Verhältnis gewidmet ist, der Name der Gerechtigkeit nicht mehr allgemein sich schickt, sondern nur für die Gesetzgeber, Richter oder für die herrschenden Teile in ungleichen Verbindungen, im allgemeinen aber der leidentlichere Name der Rechtlichkeit eine richtigere Bezeichnung gewährt. Sehr gut hingegen ist der Pflichtbegriff, der auch an ein

---

[1] Diese Ansicht änderte Schleiermacher sehr bald!

Aufgegebenes erinnert, jedem leidentlichen Nachbilden angemessen, und vielleicht daraus vornehmlich der Vorzug zu erklären, der ihm überall vor den Begriffen der Tugenden und Güter in den neueren Darstellungen der Sittenlehre gegeben wird. Daher auch, teils was im gemeinen Leben als Pflicht dargestellt wird, über das Gebiet des Rechtes wenig hinausgeht, und nur mit dem Vorbehalt alles mit darunter zu begreifen, worüber vernünftigerweise Gesetze könnten gegeben werden, oder was schon irgendwo mit in das Gebiet derselben gezogen ist, wie etwa die Kindererziehung oder die Wohltätigkeit, welchen Umfang schon Aristoteles der Gerechtigkeit angewiesen hat; teils suchen ja die Sittenlehrer selbst, was dem politischen Verhältnis zu fremde ist, wenigstens in die Gestalt desselben zu kleiden, als ob es sonst in die Versammlung der Pflichten nicht dürfte eingelassen werden. Denn dieses ist unstreitig der Grund, warum die Idee eines göttlichen Reiches, die doch als religiös und christlich dem Geiste des Zeitalters ganz fremd ist, so viel Eingang finden konnte in der Sittenlehre. Wie denn auch einzelnes noch vieles anzuführen wäre, um diese Ansicht zu bestätigen, wenn nicht schon das Allgemeine jeden überzeugen müßte. Die sogenannten Tugenden aber beziehen sich bei den Neueren eigentlich und fast allgemein auf die verschiedenen Gewerbe und Beschäftigungen in dem Leben eines jeden für sich, welche anstatt des fast verschwundenen öffentlichen Lebens[1] zu Ehren gekommen, und ihre Bedeutung ist, um das rechte Wort zu sagen, kaufmännisch oder haushälterisch; hindeutend nämlich auf die verschiedene Brauchbarkeit der Menschen zu verschiedenen Endzwecken, auf den Kraftaufwand, durch den sie zu gewissen Tätigkeiten zu bewegen sind, und die Art, wie gewisse Eindrücke auf sie erregend oder beruhigend zu wirken pflegen, kurz und überhaupt auf das, was Kant nicht unschicklich den Marktpreis der Menschen genannt hat[2]. Nur so wird jeder

---

[1] Deutschlands Zustand 1803!

[2] Bekanntlich erhebt heute Eucken dieselben Vorwürfe gegen unsere „Leistungskultur".

in den Begriffen von Wohltätigkeit, Dankbarkeit, Bescheidenheit, Großmut, Gutmütigkeit und den meisten andern die Einheit finden, die aus dem ethischen Standpunkt gar nicht zu entdecken ist. Daher auch so wie Garve die vollkommenen Pflichten und die unvollkommenen unterscheidet nach dem Grade der Nützlichkeit der Maxime, so kann man sagen, daß bei der innern ethischen Gleichheit aller dieser Begriffe die Tugenden sich von den Lastern nur unterscheiden durch die sichere und vielseitige Brauchbarkeit der Eigenschaft, und daß auf der einen Seite nur diese Täuschung von der Einstimmigkeit zu eigenem und fremdem Wohl den ethischen Schein hervorbringt, auf der andern aber auch der Gegensatz zwischen Tugenden und Lastern ebenso unsicher ist, als jener zwischen Brauchbarkeit und Unbrauchbarkeit. Wem aber dieses alles noch nicht genügen wollte, der würde vielleicht die augenscheinlichste Überzeugung finden in den Erklärungen, welche Spinoza von den Affekten gegeben. Denn indem er alles aus der Selbsterhaltung in dem sinnlichen, gemeinen Sinne herleitet, und von dem Bestreben, sich mit Gegenständen zu umgeben, welche das Gefühl des Daseins beleben, so findet er auf diesem Wege teils in dem, was unmittelbar zur Begierde gehört, teils in dem, was sich auf Freude und Traurigkeit bezieht, wenn man es auf bleibende Tätigkeiten oder Eigenschaften zurückführt, alles Wohlwollen in seinen verschiedenen Stufen und Umkreisen, ohne es jedoch, wie die gallikanischen Sittenlehrer taten, zu verunstalten oder gänzlich zu zerstören. Denn hier findet jeder die unentwickelten Ideen, welche allen diesen Eigenschaften zum Grunde liegen, und sieht sich gezwungen zu gestehen, daß es nicht sittliche sind. Von denjenigen Begriffen aber, welche die Neueren als Vollkommenheiten gewisser Teile oder Kräfte der Seele von den Tugenden abgesondert, welche Absonderung nach dem Sinn des neuen Begriffs von Tugend ebenso folgerecht ist als zufolge des alten Begriffs die Vereinigung beider, von diesen könnte der Ursprung gleichgültiger sein, weil jene Einteilung der Seele in verschiedene Kräfte aus dem sittlichen Standpunkt schon im allgemeinen ist verworfen und alles auf die eine Kraft des Willens zurückgeführt worden. Auch hängt die Bildungsregel und der Einteilungsgrund dieser Begriffe von keinem Interesse ab, sondern gehört der Seelenlehre an, in welcher zuerst die Einteilung in Denken und Handeln höchst wunderbar ist, und nur etwa im ersten Unterricht für Kinder könnte entschuldigt werden, dann aber auch die weitere Einteilung in oberes und unteres Vermögen, oder nach den logischen Potenzen der Vorstellung, noch wenig Tüchtiges hat zutage fördern lassen. Es hat aber von jeher die Seelenlehre in einem Zusammenhange mit der Sittenlehre gestanden, über welchen an sich sowohl, als in Absicht auf die richtige Unterordnung beider hier nichts kann entschieden werden, indem die Frage davon abhängt, wie jeder beide Wissenschaften von der gemeinschaftlichen höchsten Erkenntnis ableitet. Jedoch muß soviel hier beiläufig zu äußern vergönnt sein, daß die Seelenlehre für sich betrachtet sich noch gar nicht in einem solchen Zustande befindet, der Sittenlehre nützlich sein zu können. Daher auch gewiß diejenige Ethik die beste ist, welche entweder so wenig als möglich aus ihr entlehnt, worin unstreitig Fichte bis jetzt alle andern übertroffen hat, oder welche sich ihre eigene Art, die Erscheinungen des Gemüts zu betrachten, nach ihren eigenen Grundsätzen erschafft, wovon Spinoza ein vortreffliches Beispiel gegeben. Denn zuerst muß die Ärmlichkeit jeder bisherigen Seelenlehre jedem einleuchten, die große Mangelhaftigkit und Gemeinheit ihres Fachwerkes, welche, was nur irgend über das Mechanische hinausgeht, weder begreifen noch konstruieren kann. Dann aber erhellt auch die Unnatürlichkeit ihrer Begriffe daraus, daß sie, weit entfernt bis zur verwickelten Konstruktion der Charaktere fortzuschreiten, nicht imstande ist, ein Individuum zu begreifen, sondern gemeinhin in demselben Eigenschaften verknüpft findet, welche nach ihrer Konstruktion einander widerstreiten. Liegt nun, wie zu vermuten, das Prinzip ihrer Natürlichkeit in demjenigen Begriff, mit welchem sie sich an die höchste Wissenschaft anknüpft, so könnte vorderhand das Richtige in ihr nur zufällig gefunden werden, und nur nachdem sie weit vielseitiger als bisher nicht nur aus einem logischen Gesichtspunkt, sondern auch aus einem spekulativen und einem praktischen, aus einem physischen und einem poetischen bearbeitet würde. Welches abzuwarten, um dann einiges immer noch Fremde und Unsichere zu entlehnen, für die Ethik gewiß ein allzuweiter Weg wäre, da sie nahe genug daran ist, ihre Begriffe aus ihrem eigenen Innern zu vervollkommnen.

II. Von den ethischen Reflexionsbegriffen aber, denn so wären wohl Lob und Tadel, Selbstschätzung und Gewissen und was ihnen ähnlich ist, am besten zu nennen, von diesen konnte in dem vorigen Abschnitt selbst nicht die Rede sein, weil sie nicht unentbehrliche Teile des Systems der Sittenlehre sind, sondern eigentlich außerhalb desselben liegen. Hier indes muß ihrer erwähnt werden in Beziehung auf das eben Gesagte. Denn um dieses in seinem ganzen Zusammenhange zu verstehen, und entweder zu bestätigen oder zu widerlegen, entsteht die Frage, worauf eigentlich diese Begriffe in der gewöhnlichen Anwendung bezogen werden, und ob die Urteile und Gefühle, welche sie bezeichnen sollen, das wirklich Sittliche anzeigen, oder nur dasjenige, wie man es auch nennen möge, was den Gehalt der für ethisch geltenden Begriffe ausmacht. Das erste nun zu behaupten wäre wunderlich von jedem, welcher der oben aufgestellten Erklärung dieser Begriffe seine Zustimmung gegeben. Denn wenn diese so wenig Sittliches und auch das wenige nur zufällig enthalten: so müßte entweder niemals und nur durch Irrtum Lob ausgeteilt werden, gewöhnlich aber, und dann auch besonders über das falsche Lob, nur Tadel, und das sittliche Gefühl also immer in einem widrig erregten Zustande sich befinden, oder es müßte von allen, die jene Begriffe noch anerkennen, gar nicht empfunden werden, welches heißen würde, in ihnen gar nicht vorhanden sein. Denn

Gibt es ein untrügliches Gefühl für das Sittliche?

daß es bloß auf die Erscheinung seines wirklichen Gegenstandes warten, durch sein Gegenteil aber gar nicht erregt werden sollte, dieses widerspricht der Natur der Sache und der Ähnlichkeit mit allem, was der Mensch bildend hervorbringt. Auch erhellt es, ohne auf einiges andere zu sehen, aus der deutlichen Beziehung und häufigen Anwendung verwerfender Urteile und Gefühle. Soll aber, um es beschränkend zu rechtfertigen, diese Erkenntnis des Sittlichen und Unsittlichen eine solche sein, welche Spinoza die Erkenntnis der zweiten Art nennt: so ist zu bemerken, daß in diesen Dingen, wo die Elemente sich vom Zusammengesetzten nicht so schneidend unterscheiden als etwa in der Größenlehre, auch das Einfache und Leichte, worauf eine solche Erkenntnis sich mit Untrüglichkeit bezieht, nur relativ ist. Bedenkt man nun teils überhaupt die sittlichen Verhältnisse, teils den Pflichtbegriff insbesondere, auf welchen unmittelbar die reflektierenden Begriffe am meisten angewendet werden, und der dem obigen zufolge immer ein Zusammengesetztes ist: so möchte mit Recht bezweifelt werden können, ob überhaupt in der Wirklichkeit ein Einfaches und Leichtes sich dem Urteil darbietet. Auch müßte gewiß von denjenigen, die das Sittliche zum Gegenstand einer Erkenntnis der dritten Art zu erheben suchen, das eigentliche Wesen jener Begriffe und Gefühle in wissenschaftlichen Formeln längst zutage gefördert und daraus die realen Begriffe berichtiget sein, wodurch denn auch das Gefühl selbst sich erweitern, und die Erkenntnis der zweiten Art zu mehrerer Vollkommenheit hätte gelangen müssen. So daß offenbar die bisher entwickelte Vorstellung von dem Zustande der Ethik als Wissenschaft, wie auch jeder sonst und im allgemeinen vom Verhältnis der Theorie zur Praxis denken möge, mit der Annahme echt ethischer reflektierender Begriffe und eines durch dieselben dargestellten untrüglichen Gefühls des Sittlichen nicht bestehen kann. An sich aber und ohne Bezug auf die bisherigen Ergebnisse unserer Prüfung betrachtet, sind zuerst die insgemein angeführten Gründe einer solchen Annahme zu verwerfen.

Denn weit entfernt, daß die Würde der Sittlichkeit Gefahr liefe, wenn ein solches untrügliches Gefühl als wirklich und allgemein vorhanden geleugnet würde, als ob nämlich alsdann dieselbe als etwas in der Natur nicht Gegründetes, sondern willkürlich Ausgedachtes erscheinen könnte: so sind ja alle darüber einig, daß auch das Natürliche und Wesentliche, wie es auch nach dem Begriff einer selbsttätigen Natur nicht anders sein kann, sich nur allmählich entwickelt, und so daß Gedanke und Gefühl einander wechselseitig ausbilden und erregen, nicht aber so, daß ein einfaches und untrügliches Gefühl für das Vollkommene vorhanden ist, indem noch der Gedanke teils offenbar falsch ist, teils überall dem Streit unterworfen. Vielmehr würde es der menschlichen Natur zur Unehre gereichen, wenn ein solches Gefühl den Gedanken noch nicht weiter gebracht, und auch seinen Gegenstand nicht so vielfach und kenntlich hervorgebracht hätte, um abweichende und widerstreitende Ansichten davon unmöglich zu machen. Und warum sollte auch das sittliche Gefühl ursprünglich vollkommener sein als das logische oder mathematische? Doch von diesen fremdartigen Gründen hinweggesehen, müßte andernteils, wenn ein solches Gefühl angenommen wird, durch ein verständiges versuchendes Verfahren mit demselben allein der Streit über die ethischen Grundsätze geschlichtet und die vollkommene Tonleiter gefunden werden können, in welche sich alle übrigen auflösen müssen. Welches unter den wissenschaftlichen Behandlern der Ethik auch die losesten und dem Gefühl am meisten einräumenden aus der anglikanischen Schule selbst nicht einräumen, noch weniger aber durch ihr Beispiel andere locken werden, denselben Weg einzuschlagen.

Ferner[1] entstehen noch andere Zweifel über die Echtheit dieser Begriffe als ethischer aus der Betrachtung ihres Verhältnisses gegeneinander. Denn Lob und Tadel verbreiten sich ungleich weiter als das Gewissen auf Gegenstände, über welche dem letzteren weder Vorwürfe zugemutet werden noch Billigung,

---

[1] Absatz nicht im Original.

wovon erst Beispiele anzuführen nur überflüssig wäre; wogegen aber dem Lobe und Tadel dieselbe Untrüglichkeit nicht beigemessen wird als dem Gewissen. Vergleicht man nun dieses mit dem, was oben gesagt worden teils von der Befugnis, auch das fremde Sittliche zu beurteilen, teils von der sittlichen Natur alles Handelns überhaupt, so ergibt sich für jeden zuerst, wie wenig das ein ethischer Begriff sein kann, und also auch nicht das Gefühl, welches er bezeichnet, ein rein sittliches, der auf gleiche Weise ein ethisches Urteil und ein anderes ausdrückt, so daß er mehr nur auf das Bejahen und Verneinen sich zu beziehen scheint, als auf die Grundsätze, nach denen es erfolgt. Dann auch noch, wie unzulässig ein so unbestimmter Übergang sein muß aus dem Gewissen in das Ungewisse, und aus dem Sittlichen in das Nicht-Sittliche; welches die Stoiker richtig beurteilend das Lob und das sittlich Gute zu unzertrennlichen Wechselbegriffen zu machen suchten. Wollte man aber Lob und Tadel und das übrige fahren lassend nur bei dem Gewissen stehenbleiben, wie es noch neuerlich Fichte als notwendig und untrüglich will abgeleitet haben: so kann über diese mit dem gewohnten Scharfsinn ausgeführte Ableitung hier keine vollständige und gründliche Erörterung Raum finden, weil sie größtenteils außerhalb des ethischen Gebietes auf dem transzendentalen liegt, indem das Abgeleitete auf eine Übereinstimmung des wirklichen Ichs mit dem ursprünglichen hinausläuft. Was jedoch von dem ethischen Standpunkt aus hieher Gehöriges darüber kann gesagt werden, ist folgendes. Zuerst ist bei Fichte das Gewissen, inwiefern er ihm jene beiden Eigenschaften beilegt, keineswegs das Gefühl oder Bewußtsein des Sittlichen und seines Gegenstandes überhaupt, sondern nur ein Teil desjenigen, was die Stoiker die sittliche Geistesgegenwart oder Schnelligkeit nannten, des Vermögens nämlich, die Pflicht in jedem Augenblick zu finden. Auf diese Weise nun müßte erst bestimmt werden, was es heiße, nach der Pflicht fragen, wenn nicht zur Vereinigung dieser Untrüglichkeit mit jener Falschheit der geltenden Begriffe der Ausweg offen bleiben soll, zu sagen, daß alle jene nach der Pflicht nicht gefragt haben. Auf jeden Fall aber, wenn es etwa lächerlich scheinen sollte, daß derjenige nicht nach der Pflicht gefragt habe, der ein System von ethischen Begriffen aufstellen will, erhellt schon aus der Natur des Pflichtbegriffs, daß mit einem die Pflicht untrüglich für jeden bestimmten Moment anzeigenden Gefühl gar wohl ein im ganzen sehr unvollkommenes Bewußtsein der Sittlichkeit könne verbunden sein. Denn die Pflicht zu erkennen ist jedesmal eine bestimmte und durch die vorhandenen Umstände und die gegebenen Möglichkeiten des Handelns bedingte Aufgabe, welche richtig gelöst werden kann, ohne daß dennoch die Unsittlichkeit oder unvollkommene Sittlichkeit wahrgenommen und gefühlt werde, welche schon in den Bedingungen liegt. Welches Nichtwahrnehmen dennoch nicht minder eine Unvollkommenheit und Fehlbarkeit des sittlichen Gefühls überhaupt anzeigt. Ferner könnte sich der Forderung eines solchen untrüglichen Gefühls als eines notwendigen Zeichens, daß nun die Überlegung geschlossen sei und das Handeln angehen solle, an die Stelle setzen lassen die Forderung eines vollendeten Systems, es sei nun der Pflicht oder der Tugend, in welcher jeder jeden ihm gegebenen Fall leicht auffinden könnte, ohne dazu eines andern Gefühls zu bedürfen, als des Gefühls derjenigen Gewißheit, welche unter allen am leichtesten zu erlangen ist und fast nur auf der Identität des Bewußtseins beruht, nämlich von der Gleichheit oder Verschiedenheit zweier Formeln. Daß nun demjenigen, der ein System der Pflichten aufstellen will, diese Forderung besser anstehe als jene, darüber kann kein Streit sein. Aber auch die Art der Ableitung selbst deutet mehr auf diese als jene. Denn die Übereinstimmung des wirklichen Ichs mit dem ursprünglichen ist wohl nicht als ein Vorübergehendes und einzelnes zu denken, sondern als ein Bleibendes und Ganzes. Als ein solches aber müßte sie entstehen nicht aus der Erkenntnis des in einem bestimmten Augenblick Geforderten, sondern des gesamten Sittlichen, und das aus jener entstehende Gefühl könnte nur dann Sicherheit und Wahrheit haben, wenn es zugleich aussagte, daß jene sich auf diese gründe. So daß die zweite Forderung vorausgesetzt wird, welche doch, sobald sie erfüllt ist, die erste überflüssig machte. Daß es auch an Fichte nicht zu loben ist, daß er dem Gewissen einen ansehnlichen Teil von dem Geschäft der Wissenschaft überläßt, und diese im einzelnen überall von jenem soll vertreten werden, dies kann man ihm aus ihm selbst erweisen. Denn er gesteht ja, daß es für die Urteilskraft theoretische Regeln geben muß, wie sie suchen soll, und diese muß ja, wer an ein untrügliches Gewissen glaubt, nur um so leichter finden und in ihrer ganzen Vollständigkeit aufstellen können, um so, wie es sich geziemt, vermittels seines Gewissens gesetzgebend zu werden für andere. Nicht aber durfte ein solcher mit Berufung auf das Gewissen die ganze Hälfte der Wissenschaft leer lassen, so daß auch entweder das übrige, weil es doch für sich nicht kann angewendet werden, nicht einmal praktisch gemeint zu sein scheint, oder die Prinzipien, um das Ganze zu Ende zu führen, nicht zugereicht haben.

III. Wenn also die Notwendigkeit eines in allen Menschen gleichen und in jedem untrüglichen sittlichen Gefühls nicht kann erwiesen werden, so ist es recht, zu dem zurückzukehren, was die Natur der Sache andeutet, daß nämlich das Gefühl und die Einsicht eines jeden sich untereinander bestimmen und in ihrer Fortschreitung sich gegenseitig zum Maß dienen können. Hieraus nun würde für die unwissenschaftlichen Menschen zwar folgen, daß auch ihre Selbstschätzung und ihr Gewissen nur auf dasjenige können gerichtet sein, was den Gehalt ihrer für sittlich angenommenen Vorstellungen ausmacht, nämlich auf der einen Seite nur in den engen Kreis des Rechtlichen beschränkt, auf der andern aber über das Sittliche hinaus auf das Kaufmännische und Haushälterische. Welches sich auch dadurch hinlänglich bestätigt, daß ihre Art zu billigen sowohl als zu tadeln und zu bereuen ebenso genau mit dem übereinstimmt, was Spinoza als aus dem

Affekt der Freude und Traurigkeit hervorgehend bezeichnet, wie gleichfalls ihre Tugenden mit dem zusammentrafen, was bei ihm in jeder Art dem Affekt der Begierde zugehört. Was aber soll daraus geschlossen werden für die wissenschaftlichen Schüler sowohl als Meister der Sittenlehre, deren sittlichem Gefühl noch das dialektische sollte zu Hilfe gekommen sein, und ihnen den Mangel innerer Wahrheit und Übereinstimmung in ihren Begriffen angezeigt haben? Was aber anders, als daß, da beides zusammen nicht hingereicht hat, sie über das Gemeine zu erheben, in dem Maß nämlich, in welchem sich dieses so verhält, auch ihr ethischer Sinn und Verstand nicht genugsam hervorrage, um eine höhere Stufe selbst zu ersteigen, und dann auch die andern zu sich heraufzuheben; sondern sie mehr den Merkzeichen gleichen, welche nur den Stand der Wasserfläche anzeigen, als den künstlichen Vorrichtungen, welche ihn erhöhen. Wovon wiederum, was die einzelnen Begriffe betrifft, nur Platon und Spinoza durch ihre kräftige und durchgeführte Polemik gegen die eingeführte ethische Sprache sich als preiswürdige Ausnahmen sogleich ankündigen. Dem Fichte hingegen kann auf diesem Gebiet nur das indirekte Verdienst zugeschrieben werden, dadurch, daß er sich streng an den Pflichtbegriff gehalten hat, zur Verminderung der bisherigen Verworrenheit eine Anleitung gegeben zu haben. Was aber das Ganze betrifft, so geht aus dem obigen hervor, welchen Mängeln er selbst bei einer vollkommenen Richtigkeit des Pflichtgefühls dennoch unterworfen sein kann, wenn auf der einen Seite nur dieses das Maß seiner Sittlichkeit ist, und auf der andern nicht die Dialektik ihm besser, als bisher sich gelegentlich gezeigt hat, zu Hilfe kommt. Wieviel nun von ihm sowohl als den andern in Absicht auf die Vollständigkeit des Systems ist geleistet worden, dieses ist, was dem folgenden Buche noch übrig bleibt zu untersuchen.

Drittes Buch.
Kritik der ethischen Systeme.
Einleitung.

1.

Von der Anwendung der Idee eines Systems auf die Ethik.

Die Idee eines Systems, vielleicht überdies noch in Absicht auf ihren Inhalt streitig, ist in jedem Falle eine solche, die zwar als Forderung der Vernunft im allgemeinen von jedem, welcher über die Natur der menschlichen Erkenntnis nachdenkt, muß zugegeben werden, deren Anwendbarkeit für einen einzelnen Fall aber gegen die Einwendungen des Skeptikers nur entweder durch ihre unmittelbare wirkliche Ausführung kann sicher gestellt werden oder mittelbar durch Beziehung auf eine ähnliche bereits gegebene und als richtig anerkannte Anwendung. Daher freilich, wenn die Ethik als System vorhanden wäre, die Frage nur lächerlich sein würde, ob sie als ein solches existieren solle; dasselbige aber, da wir jenes müssen unentschieden lassen, nicht kann gesagt werden, vielmehr uns allerdings obliegt, die Forderung zu rechtfertigen. Wäre nun auch nur das Ganze der menschlichen Erkenntnis, sollte es gleich bloß im Umriß sein, als System gegeben, und dabei zugestanden, daß die Ethik einen wesentlichen Teil jenes Ganzen ausmache: so würde dann leicht sein zu zeigen, daß auch sie schon deshalb systematisch müsse gebildet werden. Jetzt hingegen wird dieses von einigen, jenes von anderen geleugnet, und auch wenn eine der Ethik ähnliche Erkenntnis als System vorgezeigt würde, möchte Streit entstehen über den Grund der Ähnlichkeit, indem man dabei entweder ausgehen müßte von irgendeiner einzelnen, also bestrittenen Vorstellung der Ethik, oder von jener eigentlich noch gar nicht vorhandenen Idee eines Systems der ganzen Erkenntnis, worin denn freilich einzelne Teile andern entsprechen müßten. Weshalb die ganze Forderung nicht hinlänglichen Grund zu haben schiene, und vielmehr aufgegeben werden müßte, wenn sich nicht der Gedanke aufdränge, daß sie nicht unmittelbar das Ideale der Ethik betrifft, sondern vielmehr ihr Reales, oder um es anders zu sagen, nicht die Erkenntnis, sondern den Gegenstand. In zweierlei Fällen nämlich pflegt ein Reales, es sei nun gegeben oder erst hervorzubringen, ein System genannt zu werden; zuerst insofern es betrachtet wird als ein in sich beschlossenes Ganzes, dessen Teile nur aus dem Ganzen und durch dasselbe können verstanden werden, dann auch insofern es betrachtet wird als die Gesamtheit, es sei nun der Äußerungen einer Kraft, die sich nur in einer Mannigfaltigkeit des einzelnen offenbart, oder sonst eines Allgemeinen, welches sich vereinzelnd darstellt. So wird in dem ersten Sinne das Ganze von Weltkörpern, welchem unsere Erde zunächst angehört, ein System genannt, mit dem Vorbehalt jedoch, es noch aus einem andern Gesichtspunkt zu betrachten, auf welchem es selbst wiederum als Teil eines andern erscheint; und wiederum in dem andern Sinne heißt das Weltganze ein System als Gesamtheit der Äußerungen eben jener physisch architektonischen Kraft, welche sich durch solche einzelne offenbart, die in ihrer Verschiedenheit den ganzen Umfang derselben erschöpfen, jedoch ebenfalls mit dem Eingeständnis, daß wir die Regel, nach welcher die Gesamtheit des einzelnen das Ganze erschöpft, noch nicht gefunden haben. Ebenso nennen wir in der ersten Bedeutung jeden organischen Körper ein System, in der andern aber auch zusammengenommen die gesamten Erscheinungen des Organismus, wiewohl ebenfalls unter jenem Vorbehalt. Woraus zugleich am besten erhellt, wie der Unterschied zwischen einem schon vorhandenen und einem erst hervorzubringenden Ganzen hier nicht in Betrachtung kommt. Denn niemand wird sich auch weigern zu gestehen, daß ein Kunstwerk ein System ist in dem ersten Sinne; und ebenso auch, daß alle Künste und ihre Produktion, insofern jede von der andern wesentlich verschieden ist, ein System bilden sollen. Von einem solchen systematischen Realen muß nun unfehlbar auch die ideale Darstellung systematisch ausfallen, wenn sie anders getreu sein und die Idee nicht verlassen will, unter welcher das Reale, worauf sie sich bezieht, wenngleich nur problematisch, ist angeschaut worden. Ob aber überall eine Wissenschaft oder Erkenntnis noch aus einem andern Grunde, als weil sie eines solchen Darstellung ist, als ein System müsse betrachtet werden, und den Forderungen, welche daraus entspringen, genügen, dies ist eine Frage, welche wohl bezweifelt werden dürfte, ja vielleicht gar bis auf weiteres im voraus verneint, wenn einer auf das Beispiel der Größenlehre sehen will, oder der sogenannten Vernunftlehre. Denn diese beiden sind in dem ältesten und anerkanntesten Besitz des Namens der Wissenschaft; niemand aber hat eine von ihnen je ein System genannt oder Forderungen der Art an sie gemacht. Weil nämlich die erste außerhalb sich immer mehr erweitert, und neue Zweige derselben erfunden werden, ohne daß in den früheren und ihrem Zusammenhange irgendeine Lücke wahrgenommen würde; die andere aber, wenngleich sie keine Fortschritte der Art machen kann, dennoch weder Anfang und Ende noch irgendeine sichere Grenze aufzeigt, und der eigentlichen realen Wissenschaftslehre zwar zum Grunde liegend dennoch auf allen Seiten von ihr abhängig ist. Ja auch eine falsche Annäherung an die systematische Gestalt erlangen beide Wissenschaften alsdann nur, wenn sie auf ihr ungemessenes ideales Gebiet Verzicht leistend, den Schein annehmen, sich nur auf ein bestimmtes reales zu beziehen. So etwa, wenn die Größenlehre die Sätze irgendeines ihrer wesentlichen Zweige nur aufstellt als Bedingungen zur Auflösung einer einzelnen Aufgabe; oder die Vernunftlehre sich bescheidet, nichts anderes sein zu wollen, als die Analyse des Syllogismus, der als ein ideales Kunstwerk kann betrachtet werden. Doch wie es sich auch mit dieser nur im Vorbeigehen aufgeworfenen Frage verhalten möge, die Forderung, welche an die Sittenlehre gemacht wird, daß sie ein System sein solle, ist von ihr nicht abhängig, sondern lediglich davon, daß schon das Reale, auf welches die Ethik sich bezieht, von jedem als ein System muß vorgestellt werden.

Denn man gehe zuerst aus von dem Gesichtspunkt der **praktischen Ethik** und betrachte das Reale, was den Inhalt derselben ausmacht, so wie es in der gewöhnlichen Behandlung nach dem Pflichtbegriff vorkommt. Hier nun wird aus allem über diesen Begriff Gesagten, besonders in Hinsicht dessen, daß die Pflicht immer nur durch Begrenzung kann gefunden werden, offenbar sein, daß, wie es einem System gebührt, das einzelne jedesmal nur kann aus dem Ganzen verstanden werden. Denn wenn das Pflichtmäßige in jedem Entschluß nur kann beurteilt werden, indem das Gewollte zusammengenommen wird mit dem Nichtgewollten, nämlich nicht etwa dem Unsittlichen, sondern nur das unmittelbar angestrebte Sittliche mit dem nicht unmittelbar Beförderten, vielmehr in seinen Ansprüchen Zurückgesetzten: so ist ja deutlich, daß das einzelne nicht abgeleitet wird als ein Niederes von einem höheren Allgemeinen, oder von einem andern einzelnen, sondern nur aus dem Ganzen und der Gesamtheit alles einzelnen. Nämlich in jedem Moment, oder auch so viel sich davon sagen läßt im allgemeinen, ist etwas nur pflichtmäßig, weil nur nach dieser Formel die Gesamtheit der sittlichen Zwecke kann befördert werden, durch jede andere aber ein Teil den andern stören, und also das Gehandelte nur ein zum Teil Unsittliches unter dem Schein eines Sittlichen sein könnte. Wird nun hiebei noch dieses in Betrachtung gezogen, daß nach einer allgemein anerkannten Forderung die Darstellung der Ethik nach dem Pflichtbegriff auch so muß eingerichtet sein, daß nach derselben jede wenn nur vollständig gegebene Handlung muß können geprüft werden, ob sie für die angegebene Stelle sei eine sittliche gewesen, oder nicht: so sieht man, es wird gefordert, daß aus derselben Idee des Ganzen, durch welche jedes einzelne bestimmt wird, auch solle folgen können die Erkenntnis dessen, was nicht ein solches einzelne ist, und nicht in der Annäherung zum Vollbringen der gesamten Aufgabe des Handelns liegen kann. Ein Ganzes von dieser Art aber muß offenbar ein vollkommen in sich selbst Beschlossenes sein, in welchem für gar kein Zufälliges ein Raum übrig bleibt. Dieses nun kann die Größenlehre zum Beispiel, welche kein System ist in dem angegebenen Sinne, eben deshalb auch nicht leisten; sondern es können Fragen dieser Art aufgeworfen werden, für welche die Antwort noch gar nicht vorhanden ist, und erst durch Vergleichung mit mehreren einzelnen Gegebenen muß gesucht werden. Denn solche Fragen zum Beispiel, wie die nach einem gleichseitigen Vieleck im Kreise mit ungleichen Winkeln, sind freilich schon beantwortet, aber nur weil das Gefragte an sich unmöglich ist und den ersten notwendigen Sätzen widerstreitet, zu vergleichen etwa in der Sittenlehre dem, was die sogenannten vollkommenen Pflichten verletzt, worüber auch keine Frage aufzustellen ist. Solche Fragen aber, die an sich eine bedingte Möglichkeit enthalten, wie zum Beispiel, unter welchen Bedingungen auch ein durch ungleiche Flächen begrenzter Körper von einer Kugel könne umspannt werden, finden sich nicht durch notwendige Sätze der Wissenschaft beantwortet, sondern müssen jede durch Vergleichung mehreres einzelnen besonders untersucht werden. Betrachtet man demnächst das Reale der praktischen Ethik, wie es in der Behandlung nach dem Begriff der Güter vorkommt, so soll, wie alle verlangen, der Inbegriff derselben oder das höchste Gut nicht so wirklich gemacht werden, daß nacheinander jedes einzelne Gut, wie sie eben nach jedem System auf verschiedene Weise zerfallen, vollendet werde, sondern vielmehr durch allmähliche Annäherung, so daß an allen zugleich gearbeitet wird. Denn nur so kann diese Behandlung mit der nach dem Pflichtbegriff in Übereinstimmung sein. Indem nun jenes vereinzelnde Verfahren für ethisch unmöglich erklärt wird, so ist zugleich gesagt, daß jedes dieser Güter die übrigen bedingt, folglich auch, daß sie untereinander ein Ganzes ausmachen, und zwar so, daß in dem Bestreben nach ihnen sowohl, als in der Aufzeichnung derselben keines fehlen darf, weil sonst auch die übrigen nicht könnten richtig zustande gebracht und dargestellt werden. Sonach muß auch von dieser Seite betrachtet die Ethik als ein System erscheinen. Daß aber die Handlungen eines Menschen, auch wenn sie alle als sittlich gedacht werden, weder in der natürlichen Ordnung der Zeit, noch auch nach der Ordnung der Zwecke betrachtet ein Ganzes ausmachen, sondern ihrer Folge nach zufällig erscheinen und ihrer Wirkung nach fragmentarisch, dies kann demjenigen, der das obige im Sinne hat, keinen Einwand abgeben. Denn das **eigentlich Reale der Handlung ist nur der Entschluß**, die verschiedenen Entschlüsse aber bilden allerdings untereinander ein Ganzes, so gewiß als die Pflichtenlehre eins bildet, in welche sie sich ja fügen. In Absicht auf die Wirkung aber muß den aufgestellten Begriffen von Gütern gemäß, wie sie ihrer Natur nach gemeinschaftliche Werke sind in der Ethik, auch die Gesamtheit dessen, was der einzelne hervorbringt, als Element betrachtet werden, in welchem jedoch ebenfalls, wenn es integriert wird, der systematische Zusammenhang der Güter nicht wird können verkannt werden.

Geht man aber zweitens aus von dem Gesichtspunkt der **genießenden Ethik**, so ist oben hinlänglich gezeigt, daß auch die Glückseligkeit zu denken ist als ein Ganzes, wenngleich als ein solches, das niemals in seiner Vollständigkeit als eines erscheint, sondern nur in einer Mehrheit einzelner Gestalten sich ganz offenbart. Wie denn auch dieses alle ihre Verteidiger mehr oder minder deutlich eingesehen. Denn keiner glaubt, daß irgend jemand die ganze Glückseligkeit haben könne. Und nicht etwa nur der unvermeidlichen Unlust wegen, die in jedem Leben angetroffen wird, oder weil es zu jeder Art der Lust einigen an Gelegenheit fehlt; sondern weil es mehrere unvereinbare Arten gibt, dieselbe Lust zu genießen, und dasselbe Verhältnis zu einem verschiedenen Element der Glückseligkeit zu verarbeiten. Sind nun diese verschiedenen Gestalten, in denen zusammengenommen die Glückseligkeit enthalten ist, nur willkürlich bestimmt: so ist für keinen ein Weg zu zeichnen zu seiner Glückseligkeit, und keiner weiß nach einer Regel, was er suchen soll, und wessen sich enthalten. Wodurch offenbar die ganze Ethik aufgehoben würde. Sind sie aber wesentlich und der Natur nach voneinander abgesondert, so daß es bestimmte Gründe gibt, warum jedes Element nur der einen und nicht irgendeiner andern eigen sein kann, unter welcher Bedingung allein diese Ethik besteht: dann müssen auch teils alle untereinander ein System der zweiten Art ausmachen, indem sie ein Inbegriff sind der Erscheinungen, unter denen sich ein allgemeines offenbart. Teils auch muß in jeder einzelnen das für sie mögliche durch ein gemeinschaftliches Merkmal verknüpft und unter einer Formel befaßt sein, welche es erschöpft, so daß wiederum jede auch ein System der ersten Art ausmacht. Da nun jede Sittenlehre zu einer von diesen Abteilungen gehört, der tätigen oder genießenden, so ist offenbar, daß jede als System muß betrachtet und geprüft werden. Dasselbe hätte auch können gezeigt werden aus jeder andern von den oben bemerkten Verschiedenheiten der ethischen Grundideen; es reicht aber hin, daß es durch eine ist entwickelt worden, zumal durch die leichteste und verständlichste.

2.
Von den Momenten der Prüfung nach dieser Idee.

Soll nun ferner untersucht werden, wie denn zu entscheiden ist, ob eine Darstellung der zu prüfenden Wissenschaft dieser Idee angemessen ist, oder nicht, so kann dieses ersehen werden teils aus dem **Gehalte** derselben, teils auch aus ihrer **Gestalt**. Denn **beide stehen in einem so genauen Zusammenhange, daß die Vollkommenheit der Gestalt allemal Bürgschaft leistet für die Gleichartigkeit und Vollständigkeit des Inhaltes**, und wiederum diese nicht vorhanden sein kann, ohne sich von selbst in eine schöne und genügende Gestalt zu ordnen; welches besonders zu erweisen überflüssig sein würde. Es ist aber dieser Zusammenhang nicht von der Art, daß, wo Unvollkommenheit stattfindet, jedem Mangel des Inhaltes auch ein gleicher und ähnlicher der Gestalt, es sei nun als Ursach oder als Wirkung, entspreche und umgekehrt; in welchem Falle, der sich aber mit der Verschiedenheit beider Gegenstände nicht verträgt, es genug sein würde, nur einen und gleichviel welchen, prüfend zu betrachten. Vielmehr können als Wirkungen einer gemeinschaftlichen Ursach, nämlich eines Fehlers in der zum Grunde liegenden Idee, beide sich auf mannigfaltige Weise aufeinander beziehen, und, was im Gehalt als ein einzelner Mangel erscheint, die ganze Gestalt verderben oder umgekehrt. So wie auch im menschlichen Körper die Mißgestalt eines Gefäßes mehrere ganz verschiedene Säfte verderben, und die schlechte Beschaffenheit oder der Mangel einer Flüssigkeit eine Verunstaltung des ganzen Gebildes verursachen kann. Und eben deshalb ist es notwendig, beides, Gestaltung und Inhalt, abgesondert zu betrachten, um teils desto sicherer an dem einen zu entdecken, was bei Betrachtung des andern vielleicht der Aufmerksamkeit entgeht, teils auch das Auffinden der Ursachen einem jeden zu erleichtern, soweit es die Grenzen des gegenwärtigen Geschäftes gestatten.

Was nun zuvörderst den Inhalt einer Ethik betrifft, so entsteht aus der Idee eines Systems an denselben die doppelte Forderung, daß alles einzelne, was darin aufgeführt ist, auch wesentlich hineingehöre, und das Merkmal an sich trage, wodurch das Ganze verbunden ist. Dann auch ferner, daß alles, was dem Ganzen angehört, wirklich darin zu finden sein muß, und jede Frage dieser Art aus demselben muß können entschieden werden, wenn sie nur mit Verstand und auf die rechte Weise ist aufgeworfen worden. Über die erste dieser Forderungen aber enthalten schon die Ergebnisse des zweiten Buches eine ungünstige Entscheidung. Denn wenn, wie dort gezeigt worden, in fast jeder Darstellung der Ethik die Elemente in solche Begriffe zusammengefaßt sind, welche nach keiner Idee sich als reinsittlich bewähren, sondern Sittliches und Unsittliches vermischt enthalten, und wenn ferner in den verschiedensten Darstellungen, deren Grundideen gänzlich voneinander abweichen, dennoch dieselben Begriffe angetroffen werden: so ist offenbar genug, daß nirgends alles im System Aufgeführte demselben angehört, sondern Fremdartiges überall eingemischt ist. Und was hieraus folgt für den gegenwärtigen Zustand der Wissenschaft überhaupt, und für die ethische wie auch systematische Fähigkeit derjenigen, welche diese Darstellungen aufgeführt haben und durch sie befriedigt werden, dies ist ebenfalls dort hinreichend angedeutet. Es trifft aber dieser Vorwurf nur die Darstellungen der Sittenlehre, wie sie gegenwärtig sind, nicht aber kann hiedurch entschieden werden, daß sie besser sein könnten, und daß es unmöglich wäre auf demselben Grund, auf welchem sie aufgeführt sind, bessere und tadellose Grenzen zu erbauen. Denn um dieses zu erweisen, müßte gezeigt werden, daß auch mit dem richtigsten sittlichen und wissenschaftlichen Sinn wegen Verkehrtheit der ersten Idee in Übereinstimmung derselben richtige und in sich bestehende Begriffe nicht könnten gebildet werden. Eine solche Behauptung aber kann nur von einer polemischen Absicht aus entstehen, und auch schwerlich mit bloß kriti-

Inhalt der Ethik.

1.

schen Hilfsmitteln durchgeführt werden. Vielmehr muß die Kritik, welche sich durch keine vorgefaßte Meinung verunreinigen darf, sich hinneigen zu Versuchen, solche zufällige Fehler zu verbessern, und muß ein Urteil über das Ganze, sofern es auf diesen Gründen beruhen soll, verschieben, bis jedes auf die möglich beste Art ist vollendet worden. Deshalb nun ist die Aufmerksamkeit vor-
2. züglich zu lenken auf die zweite Forderung, nämlich auf des Inhaltes Vollständigkeit. Diese aber ist nicht so zu verstehen, als ob in jeder Darstellung alles ihrer Idee zufolge ethisch Mögliche auch ausdrücklich müßte aufgeführt sein. Vielmehr muß in dieser Hinsicht jede Darstellung eines Systems unvollkommen sein, schon weil das Reale für das Geschäft der Absonderung immer ein Unendliches darbietet, und also einzelnes kann herausgegriffen werden, welches in einer gegebenen Darstellung nur unter einem andern befaßt ist. Noch mehr aber, wenn das Reale wie hier unmittelbar ein Geistiges ist, für welches ja durch alles, was erfolgt, allmählich die Bedingungen sich ändern, und folglich mit ihnen auch die Gestalt des Bedingten. So muß besonders in Absicht auf den Pflichtbegriff einleuchtend sein, wie unmöglich eine Vollständigkeit wäre, welche alles genau enthielte, was irgendeiner aus dem ihm Vorliegenden sich als Pflicht berechnet. Überhaupt aber muß es bei dem Fortschritt und der weiteren Bildung und Realisierung des Sittlichen unmöglich erscheinen, daß eine Sittenlehre aus der alten Zeit alles ausdrücklich enthalten könnte, was von den Genossen der jetzigen zu fordern ist, und ebensowenig in einer jetzigen für eine ferne Zukunft. Sondern es ist nur gemeint, daß nichts Sittliches so ganz fehlen darf, daß nicht der Ort aufzuzeigen wäre, an welchem es unter einem andern ausdrücklich Benannten mit enthalten wäre; und ebenso, daß für jedes geforderte Urteil die Gründe in einem wirklich aufgestellten müssen zu finden sein. Auch in dieser Bedeutung nun sind bereits oben einige Mängel angeführt worden, welche aus der besondern Beschaffen-

heit dieser oder jener ethischen Idee notwendig zu folgen scheinen. Wenn nun hier nicht nur aus Betrachtung des Vorhandenen diese bestätigt, sondern ebenso mehrere Neue hinzugefügt werden, vielleicht ohne eine notwendige Ursach davon in irgendeinem Merkmal der zum Grunde liegenden Idee aufzuzeigen: so könnte es scheinen, als ob die letzteren ebenfalls nur den zufälligen veränderlichen Zustand eines jeden Systems anzeigten, nicht aber ein Urteil über seine wesentliche Beschränktheit und Untauglichkeit begründen könnten. Es verhält sich aber hiemit anders als mit dem, was an der Richtigkeit des einzelnen auszustellen war, und zwar aus diesen Gründen. Zuerst nämlich kann der wesentliche Grund solcher Mängel, wenn er nicht in der Hauptidee des Systems zu finden ist, in demjenigen Begriff der menschlichen Natur liegen, welcher dabei als Bezeichnung des Umfanges und als Grund der Einteilung angenommen ist; und daß zwischen beiden wiederum ein notwendiger Zusammenhang stattfindet, ist bereits anfänglich erinnert. Dann aber ist auch ein anderes: selbst erfinden und aufbauen, ein anderes: nur das Vorhandene vergleichend bemerken und anreihen. Jenes nämlich kann auch bei einer richtigen Idee mißlingen, wenn der sittliche Sinn von dem wissenschaftlichen nicht gehörig geleitet wird, da denn die Darstellung zwar unrichtig sein wird, im Handeln aber vielleicht das Gefühl berichtigt, was die Begriffe verworren haben, ohne daß dieses auch sogleich auf die Darstellung vorteilhaft zurückwirkt. Wenn aber ein im System gar nicht berührter und unstreitig ethischer Gegenstand in der Erfahrung wirklich vorkommt, gleichviel ob auf eine richtige oder unrichtige Art behandelt: so muß doch notwendig der sittliche Sinn, wo er vorhanden ist, die in der Tatsache liegende Aufgabe wahrnehmen, und der Idee angemessen, was recht ist, über den Gegenstand bestimmen. Ja auch, wenn jener schwiege, müßte doch der wissenschaftliche Sinn bemerken, daß ihm ein Ort entgangen ist, und ausfüllend auf die erste Quelle des Mangels zurückgehen. Je weniger aber bei einer solchen Aufforderung die Lücke wahrgenommen wird, um desto sicherer fehlt es auch der Idee an irgendeiner nötigen Eigenschaft, um das Ganze aus ihr abzuleiten. Ja überhaupt, wenn mangelhaft ist die sittliche sowohl, als die wissenschaftliche Fähigkeit derer, welche eine Idee hervorgebracht und angenommen haben, was für ein Grund bleibt noch übrig, um sie für die richtige zu halten? Darum nun sind wesentliche Mängel dieser Art jederzeit entscheidend für die Untauglichkeit eines Systems.

Was aber auf der andern Seite die Gestalt des Ganzen betrifft: so ist hier ebenfalls die erste Forderung die der durchgängigen Richtigkeit und Übereinstimmung des inneren Gliederbaues. Über diese jedoch ist ebenfalls zu dem im zweiten Buche bereits Abgehandelten nichts hinzuzusetzen. Denn die unstatthafte Einteilung der formalen Begriffe, welche sich fast durchgängig offenbarte, und der Mißverstand in ihren ersten Verhältnissen zueinander gibt genugsam zu erkennen, daß an eine richtige Gliederung noch nirgends, am wenigsten aber in den am weitesten ausgeführten Systemen zu denken ist, sondern sie meistenteils widernatürlich, teils Fremdartiges verknüpfen, teils das Zusammengehörige auseinanderwerfen. Dennoch aber könnte durch geschickte Auseinanderlegung vielleicht auch ein so verunstaltetes in ein wohlgeordnetes und richtiges System sich verwandeln lassen. So daß auch hier entscheidender ist die zweite Forderung, die der Vollständigkeit. Welche jedoch auch nicht so zu verstehen ist, daß alle verschiedenen Beziehungen der einzelnen Teile oder der Behandlungsarten aufeinander müßten aufgezeichnet sein. Vielmehr ist natürlich, daß eben das wahrste und schönste Ganze hierin am unerschöpflichsten ist, und also in der Darstellung das meiste dem Betrachter selbst aufzusuchen überlassen muß; nur daß mit den wichtigsten dieser Beziehungen auch die Regeln um die übrigen aufzufinden müssen gegeben sein. Die Vollständigkeit aber, welche in einem strengeren Sinne gefordert wird, ist auf der einen Seite das Ebenmaß der äußeren Umrisse, auf der andern aber die Bestimmtheit und Verständlichkeit der Grenzen der Wissenschaft gegen die übrigen nahegelegenen und verwandten, ohne welche die ursprüngliche Idee unmöglich eine richtige sein kann. Dies also ist es, was in Hinsicht auf den Inhalt und die Gestalt der bisher aufgestellten ethischen Systeme wird zu prüfen sein.

Erster Abschnitt.
Von der Vollständigkeit der ethischen Systeme in Absicht auf den Inhalt.

I. Das „Wie" des Handelns.[1]

Das erste nun, was in Beziehung auf diese Frage untersucht wird, sei dieses, ob dasjenige, was in den bisherigen Darstellungen der Sittenlehre wirklich aufgeführt wird, auch so durchgängig bestimmt ist, daß es mit Recht als das treffende Bild eines der angenommenen Idee gemäßen menschlichen Handelns kann angesehen werden. Und hier wird jeder sogleich gestehen müssen, daß von allem fast, wovon das Was ist bestimmt worden, das Wie wenigstens fast überall hat unbestimmt bleiben müssen. Alle sittlichen Vorschriften nämlich sind so weit, daß ohne ihnen zuwiderzulaufen dieselbe Pflicht auf sehr verschiedene Arten kann ausgeübt werden, und zwar so, daß die Ähnlichkeit der Handlungen in ihrem innern Wesen ganz verschwindet, und nur die äußere des Bewirkten übrig bleibt oder die allgemeine des Endzwecks. So zum Beispiel können mehrere dieselbe Pflicht der vergeltenden Gerechtigkeit ausüben nach gleichen Grundsätzen, mit gleicher Hinsicht auf das gemeine Wohl oder das persönliche Verdienst und gleichen Vorstellungen von dem zu beobachtenden Maß, dennoch aber mit so verschiedenen Abstufungen des begleitenden Gefühls von der entschiedensten Kälte an bis zur bewegtesten Teilnehmung, daß die äußersten Enden mehr entgegen-

---
[1] Hinzugefügte Überschrift.

gesetzt erscheinen durch diese Verschiedenheit als gleich durch jene Übereinstimmung mit der gleichen Vorschrift. Ebenso können mehrere die Verbindlichkeit erfüllen, ihre Überzeugung mitzuteilen gegen eine ihr zuwiderlaufende; der eine aber mit begeistertem Eifer, der andere mit bedachtsamer Gelassenheit, und der eine nur sich verteidigend, und nicht mehr, als unmittelbar zum Zweck gehörig ist, ausführend, der andere aber tiefer in den Zusammenhang eindringend, und mehr im großen, um Bahn zu machen der künftigen Erörterung ähnlicher Verschiedenheiten. Andere Ungleichheiten gäbe es in der Art den Beruf auszuüben und zu vervollkommnen, und dabei das Nachdenken mit der Ausübung zu verbinden. Denn wie bei einem einzelnen Werk andere nach anderer Ordnung verfahren, der eine nämlich erst einen Teil vollendet, der andere gleichmäßig alle bearbeitet: so kann auch das ganze geschäftige oder bildende Leben verschieden eingerichtet sein. Und viele andere Beispiele könnten von allen Seiten an diese angeknüpft werden; es können aber auch die angeführten schon hinreichen, um jedem bemerklich zu machen, wie diese Unbestimmtheit über das ganze Gebiet der Pflicht sich verbreitet. Vielleicht nun könnte jemand hierauf verteidigend anwenden, was Kant irgendwo sagt, daß in jeder Handlung mehrere Pflichten zusammenkommen, und daß also der Aufschluß über das Wie unter einem andern Abschnitt könne zu finden sein, als jener über das Was. Allein dieses ist zuvörderst zufolge desjenigen, was oben im Zusammenhange zur Erörterung des Pflichtbegriffs ist durchgeführt worden, eine gänzliche Verdrehung desselben, und auf solche Weise ließen sich die Mängel des Systems der Reihe nach einem Teile nach dem andern zuschieben, ohne irgendwo wirklich erlediget zu werden. Denn das Wesen des Pflichtbegriffs besteht eben darin, zu bestimmen, was das ganze Sittliche ist für ein gegebenes Handeln oder einen gegebenen Moment, und diese Bestimmung also muß vermittelst desselben an einer Stelle ganz und ungeteilt können gefunden werden. Wie es mit dieser Entschuldigung beschaffen ist, erhellt aber auch daraus, wenn man nur auf den Gedanken achtend und die unrichtige Bezeichnung übersehend, die richtigere **stoische** an die Stelle setzt von der Gegenwart mehrerer oder aller Tugenden in einer Handlung. Denn alle jene Besonderheiten der Art und Weise kann man, wenn sie das Maß nicht überschreiten, unter den Namen einer Tugend bringen. Nun aber kann es unmöglich gleichgültig sein, ob nur auf eine Weise oder auf verschiedene die verschiedenen Tugenden in jedem Falle dürfen verknüpft sein. Also wird die Forderung anerkannt nicht nur, sondern auch notwendig auf den Pflichtbegriff zurückgeworfen. Und ebenso würde sie auf ihn zurückkommen, wenn man die Frage ursprünglich aus dem Gesichtspunkt der Güter betrachten wollte. Es ist aber wohl zu merken, daß, was die Kritik fordert, um dem Mangel abzuhelfen, nicht dieses ist, daß für jeden Fall eine einzig mögliche Handlungsweise als sittlich aufgestellt werde: denn sie kann im voraus nicht entscheiden, ob es nur eine gibt oder viele. Sondern nur, daß eben diese durch die Erfahrung aufgegebene Frage wissenschaftlich beantwortet, und im letzten Falle Umfang und Bedingungen der angenommenen Mehrheit bestimmt werde, damit jeder das Sittliche unterscheiden könne von dem Unsittlichen. Denn dieses in der Ethik vorüberzugehen, ist nicht leichter zu entschuldigen, als wenn eine Anweisung zur bildenden Kunst mit allgemeinen Vorschriften sich begnügend, den Umstand gar nicht wahrnehmen wollte, daß es, und zwar für jeden Gegenstand sehr verschiedene Arten gibt, ihn zu behandeln in der Darstellung, welche doch alle jenen allgemeinen Vorschriften nicht widerstreiten. So wie nun die Kunstlehre sich darüber entscheiden muß, ob alle diese bis auf eine jedesmal nur können fehlerhafte Manieren sein, oder welche und welche nicht; so auch die Sittenlehre[1]. Wollte aber jemand sagen, es seien diese Verschiedenheiten weniger bedeutend als auf dem Gebiete der Kunst auf dem der Sittenlehre, wo sie daher willig und billig vernachlässigt würden, der hat die Ähnlichkeit

Bedeutung der Individualität für die Ethik.

---

[1] Vgl. S. 111.

des Beispiels nicht verstanden, noch bedenkt er, wie weit diese Abweichungen sich erstrecken, und in welcher Gestalt sie im großen betrachtet erscheinen. Denn sie beruhen am Ende auf der besondern Art, wie die Gedanken sich aneinanderreihen, und wie die Gefühle sich untereinander und gegen jene verhalten, worin fast jeder seine eigene Weise hat, durch alle Teile des Lebens hindurchgehend, und in allen Handlungen wiederzuerkennen. Welche natürliche Beständigkeit auch die Ursach sein mag, warum teils bei einzelnen Vorschriften hierüber nichts bestimmt ist, teils auch im ganzen dieses Eigentümliche[1] einer, wenngleich nur stillschweigenden und eben darum unwissenschaftlichen, Unverletzlichkeit genießt. Denn das gemeine Urteil wenigstens erkennt diese an, indem es die Handlung, welche dem einen als aus seiner feststehenden Regel hervorgegangen ungetadelt hingeht, einem anderen in gleichem Falle als mit der seinigen nicht übereinstimmend zum Vorwurf rechnet. Im großen betrachtet also, wo sich doch über den Wert eines jeden Sittlichen am besten urteilen läßt, ist dieses der wichtige und schwierige Ort von der Verschiedenheit der Gemütsstimmung, oder um es für den Fall, daß diese Verschiedenheit sittlich möglich ist, mit dem würdigsten Namen zu nennen, von der Verschiedenheit des Charakters. Welcher gewiß für die Sittenlehre nicht unbedeutender sein kann, als der von der Mannigfaltigkeit des Stils für die Kunstlehre; ihn aber dennoch dafür aufzugeben, wäre das Unverständigste, und der deutlichste Beweis, daß das eigentliche Wesen der Sittlichkeit ganz ist verkannt worden. Denn nur derjenige, welchem es lediglich um die äußere Tat zu tun wäre, dürfte von dieser Mannigfaltigkeit keine Kenntnis nehmen; wer aber unter dem Sittlichen versteht den ganzen Inbegriff dessen, was in einem gegebenen Falle im Gemüt vorgegangen ist, von dem muß sie wohl betrachtet und eine Entscheidung darüber gefaßt werden. Um nun das Ganze in wenige Worte zu vereinigen, so ist die Frage diese, ob das Ideal des Weisen ein Einfaches ist oder ein Vielfaches,

Eigentümlichkeit   Individualität und Persönlichkeit bei Schleiermacher.

und gefordert wird, daß jede Ethik diese Frage, auf welche Weise es auch sei, entscheiden solle. Denn bei der Unbestimmtheit der sittlichen Vorschriften in allen Systemen können mehrere Menschen denselben fortschreitend in gleichem Maße Genüge leisten, und werden also angesehen werden als dem Ideal des Weisen gleichmäßig annähernd; dennoch aber können sie in ihrem Handeln und Sein sich wesentlich verschieden zeigen. Soll daher die Ethik ihren Gegenstand bestimmen, so muß sie auch entscheiden, ob mehrere solche, ohne diesen Unterschied aufzuheben, das Ideal erreichen könnten, in welchem Falle es für jeden in gewisser Hinsicht ein anderes sein würde, oder ob es schlechthin für alle durchaus dasselbe ist, und also der Unterschied bei allen entweder allmählich verschwinden, oder einer in die Weise des andern übergehen müsse. Es ist aber auch der Ausweg abgeschnitten, daß dieses zusammenhange mit einer unerklärlichen und jenseit des Gebietes der Ethik gelegenen natürlichen und angeborenen Verschiedenheit der Menschen. Denn nichts, was das wirkliche menschliche Handeln betrifft, liegt jenseit des Gebietes der Ethik, weil alles angesehen wird als, wenn auch nicht der Anlage, wenigstens der Kraft nach, durch die Übung und das zufällige willkürliche Handeln selbst entstanden, und also auch sittlich zu beurteilen. Ist also jene Verschiedenheit anzusehen als der einen und unteilbaren Gestalt des Guten zuwider, so wird sie auch gesetzt als sittlich zu vernichten, und dies muß eine Aufgabe der Ethik sein. Wo aber nicht: so muß sie anerkannt werden als ein sittlich Hervorzubringendes oder Auszubildendes, und also auf jeden Fall ihren Platz finden in der Ethik, weil der Begriff des Gleichgültigen für diese Wissenschaft gänzlich aufgehoben ist. Dieses nun ist es, worüber in den meisten Sittenlehren gar nichts und in keiner etwas Genügendes bestimmt wird. Denn wo das Ideal des Weisen nicht ausdrücklich als eins gesetzt wird, da wird doch auch die Mannigfaltigkeit des Sittlichen nicht gehörig anerkannt und bestimmt; noch, wo jenes geschieht, die Einförmigkeit ausdrücklich festgesetzt und deutlich vorgezeichnet. Soviel aber wird jeder sehen, daß die Entscheidung der Frage selbst zunächst abhängt von jener bereits erwähnten Verschiedenheit der Ansicht, ob nämlich das Sittliche nur ein allen Gemeinschaftliches sein soll oder auch ein Besonderes und Eigentümliches; und es scheint aus diesem Erfolg, als ob jener Unterschied nicht wäre deutlich genug ins Bewußtsein gekommen. Wird nun auf dasjenige zurückgesehen, was oben schon hierüber beigebracht worden, daß nämlich, *Eudämonismus.* was zuerst die Sittenlehre des Genusses anbetrifft, diese um sich selbst zu erhalten notwendig ein Eigentümliches der Sittlichkeit annehmen muß, weil die Glückseligkeit nicht anders als in vielfachen Gestalten ganz und wirklich vorhanden sein, und nur geteilt, beides in Beziehung auf die Gegenstände sowohl, als auf die Art sie zu behandeln, von Verschiedenen auf verschiedene Weise kann hervorgebracht werden: so ist von diesen Systemen die ausgebreitetste Behandlung des Besonderen und Vielfachen in der Sittlichkeit und Aufzeichnung der verschiedenen Arten, wie die Menschen können weise werden, mit Recht zu erwarten. Dem ganz entgegen findet sich das Wenige, was der Eudämonismus von dieser Art aufzuweisen hat, und was keinem anders als fragmentarisch und unzureichend erscheinen wird, fast nur in den nicht wissenschaftlichen Darstellungen zerstreut; die zusammenhängenden aber halten sich alle vornehmlich nur an das Gemeinschaftliche, welches, da es kein Allgemeines sein kann, ein Unbestimmtes sein muß. Schon dieses nun kann unmöglich ein vorteilhaftes Anzeichen sein für ein System, wenn das Richtige und Notwendige mehr in anderer Gestalt vorhanden ist als in der wissenschaftlichen; weil nämlich mit Recht die Vermutung entsteht, daß der Inhalt der wissenschaftlichen Gestalt widerspricht, und eins das andere zerstört. Wie denn auch die Ursachen dieses Mangels darin vornehmlich möchten zu finden sein, daß seinem Geiste treu bleibend das System das Gemeinschaftliche ganz müßte vernachlässigen, so daß es nicht einmal dem Besonderen zur beschränkenden Bedingung dienen könnte, und dieses also gar nicht zu bändigen und zusammenzuhalten wäre, sondern ins Unbestimmte und

Unendliche zerfahren müßte. Daher denn die furchtsame Unvollständigkeit und Ungründlichkeit, welche jedem in jeder Sittenlehre dieser Art auffallen muß. Was aber zweitens die Sittenlehre der Tätigkeit anbetrifft, so folgt aus dem gemeinschaftlichen Geiste derselben keineswegs eine solche vorzügliche Hinneigung zum Anerkennen und Darstellen eines besonderen und eigentümlichen Sittlichen. Denn wenngleich oben gesagt worden, daß auch in diesen Systemen, recht verstanden, das höchste Gut ebenfalls nicht von jedem ganz, sondern nur von allen gemeinschaftlich kann hervorgebracht werden: so bezieht sich doch diese Teilung nur auf das Bewirkte, nicht aber auf das innere Handeln, welches, wenn kein anderer Bestimmungsgrund eintritt, in allen das nämliche sein kann. Nirgends also liegt in dem, was allen Systemen dieser Art gemein ist, eine Notwendigkeit, daß die der Weisheit sich annähernden nicht nur der Lage nach, sondern auch an sich müßten verschieden sein. Daher zu erwarten wäre, daß andere Verschiedenheiten der Ansicht eine Mannigfaltigkeit der Denkart über diesen Gegenstand sollten hervorgebracht, und einige auf diese, andere auf jene Seite sollten hingeneigt haben, bestimmt aber müßte ein jeder sein. Allein fast gänzlich ist von allen das Eigentümliche nicht sowohl verworfen als übersehen worden, und die Unvollkommenheiten sind vielfach, welche man in dem Ganzen erblickt, wenn dieser Gesichtspunkt einmal gefaßt ist. Zuerst als Einwurf möchten manchem hier einfallen als ein Versuch die Schilderungen, welche die Peripatetiker zu machen pflegten, welche aber nicht hieher gehören, da sie nur auf die äußeren Erscheinungen einzelner vornehmlich zu tadelnder Eigenschaften sich erstrecken. Dagegen ist der Mangel um so offenbarer, daß derselbe Beobachtungsgeist sie nicht auch auf jene größeren Eigentümlichkeiten geführt hat, um so mehr, da nach ihren Grundsätzen jede Abweichung von einem gemeinschaftlichen Urbilde ihnen ebenfalls als verwerflich hätte erscheinen müssen. Denn da die Unbestimmtheit des einzelnen Sittlichen und der gänzliche Mangel der Idee eines Berufs den Aristoteles veranlassen konnte, auch das

Tätigkeitsethik.

unbestreitbar Sittliche in Vergleich miteinander zu setzen und die schönsten Handlungen den schönen vorzuziehen, wieviel mehr hätte ihm auch eine bestimmte Gemütsverfassung als die schönste, alle übrigen aber als Unvollkommenheiten erscheinen müssen. Von andern Schulen des Altertums wäre aus andern Gründen die Annahme eines gleichförmig bestimmten Sittlichen zu erwarten. Teils nämlich, weil der größere Wert, den sie auf das politische Ganze legen, von dem der einzelne nur ein Teil ist, sie mehr auf die Ausbildung des Gemeinschaftlichen als des Besonderen führen mußte. Teils auch, weil sie selbst schon von einem Besonderen ausgehend, und eigentlich nur Teile und Zweige eines größeren Systems, sich fälschlich für das Ganze hielten. Denn dieses, wie es oben von den beiden eudämonistischen Systemen gesagt ist, könnte ebenso auch von dem **stoischen** und **cynischen** in Vergleich mit dem **platonischen** gesagt werden. Bei den **Stoikern** muß dieser Mißverstand, einen besonderen Charakter für die ganze Sittlichkeit zu nehmen, jedem einleuchten, da hingegen den **Cynikern** vielleicht das Zeugnis gebührt, ihn weniger gemacht zu haben. Demnach aber hätten die letzteren die Mannigfaltigkeit durchführen und der ihrigen beigeordnete Gestalten aufzeigen sollen, wovon jedoch keine Spur sich findet. Ebenso hätten die **Stoiker** nichts fester halten sollen, als das eine Urbild des Weisen und die auf alle inneren Verhältnisse sich erstreckende Einheit einer vollkommenen Handlung für jeden Fall. Dagegen finden sich im **Panaitios**, so wie im **Epiktet** und andern ähnlichen, Spuren genug von einer beim Handeln zu nehmenden Rücksicht auf die Eigentümlichkeit des Handelnden, und solche, daß es schwer ist, dabei nur an die äußere Verschiedenheit der Lage zu denken. Ja, wenn auch diese als spätere und unreine sollten zurückgewiesen werden, so ist schon genug an dem bekannten Spruch der **Stoiker** über die **Cyniker.** Denn wenn es einen abgekürzten und doch nicht allen gebotenen Weg zur Weisheit gibt, und zwar einen solchen, für oder gegen welchen äußere Veranlassungen und

Beruf nicht entscheiden können, so gibt es wohl schwerlich hiezu einen andern Grund, obgleich er ein besonderer sein soll, als einen inneren. Unleugbar also und deutlich sind hier Spuren und Anfänge, welche nicht fortgesetzt sind, und daher Unbestimmtheit des Ganzen, welche, wie nirgends, so auch hier nicht ohne Widersprüche besteht. Unter den neueren **stoisierenden** schwankt **Kant** auf ähnliche Art. Denn er redet zwar ausdrücklich von einer bestimmten Gemütsstimmung, nämlich der wackern und fröhlichen, als von einem nicht etwa beliebigen, sondern notwendigen Mittel zur Sittlichkeit: allein eben daraus, daß sie nur ein Mittel, ja das eine Element gar nur die Bedingung eines anderen Mittels ist, scheint hervorzugehen, daß sie dem beizugesellen ist, was bei vollendeter Sittlichkeit wieder kann aufgegeben werden, und also der Sittlichkeit nicht als Bestandteil notwendig angehört. Dies bestärkt sich noch, wenn man erwägt, wie **Kant** anderwärts als von einer natürlichen und gar nicht zu tadelnden Ansicht und Stimmung von der redet, die Menschen unliebenswürdig und widrig zu finden, welches doch weder wacker noch fröhlich lautet. Kann nun diese Stimmung, die ihrem Inhalt nach doch offenbar etwas Sittliches ist, vorhanden sein, ohne der Tugendübung zu schaden: so kann auch andern, als der schwermütigen und elegischen, und was für welche sich aus andern Gesichtspunkten darstellen möchten, das gleiche Recht nicht entgehen. Weder aber sind diese angedeutet und konstruiert, noch in Absicht auf ihren Einfluß gewürdigt. Mehr scheint **Fichte** der Idee eines ganz gleichförmig bestimmten Sittlichen treu geblieben zu sein. Denn wenn man acht gibt, wie bei ihm die sittlichen Handlungen zustande kommen, so ist alles der Überlegung eingeräumt, und es zeigt sich auf den ersten Anblick keine Verschiedenheit, als die der Angaben, nach denen die Rechnung angelegt wird, und höchstens unter die, also unter das nach einer und derselben Regel für alle zu Modifizierende, könnte die Stimmung mitgerechnet werden. Allein auch er ist ein Beweis, daß diese Gleichförmigkeit sich leichter mit Worten aussprechen, als wirklich in ihrer Gestalt zeichnen und darstellen läßt. Denn steigt man etwas weiter hinauf zu der Art, wie die Überzeugung oder das jedesmalige Pflichtgefühl zustande kommt, mit Zuziehung dessen, was oben von der Handlungsweise des Gewissens gesagt worden: so wird man finden, daß, wenn dieses nicht ein ganz blindes ahndendes Vermögen sein soll, alsdann gerade das, was der Grund des sittlich unbestimmt gelassenen Mannigfaltigen ist, nämlich die besondere Art, Gedanken und Gefühle aneinander zu reihen und zu beziehen, den entschiedensten Einfluß haben muß zur Bestimmung dessen, was in jedem Falle als Pflicht gefunden wird. Nämlich nicht nur, da keiner wohl das Gebiet des möglichen Handelns dem Umfang und Inhalt nach vollkommen übersieht, wird natürlich jeder nach Maßgabe seiner Eigentümlichkeit hierin auch einen andern Teil beachten und vernachlässigen, welches freilich allen für eine aufzuhebende Unvollkommenheit müßte angerechnet werden: sondern auch unter Voraussetzung vollständiger Übersicht hat gewiß jeder seine eigene Art, im einzelnen eines dem andern der Zeit sowohl als dem Werte nach unterzuordnen, von welcher Verschiedenheit denn nicht dasselbe mit Zuversicht im allgemeinen kann gesagt werden. Auch findet sich bei Fichte ein Wort, welches unter dem Scheine gemeingeltender Verständlichkeit diese ganze Unbestimmtheit verbirgt, wenn er nämlich einen jeden an sein Herz verweiset. Offenbar ist dieses Herz der Sitz des gerügten Übels, und es hätte, um folgerecht zu sein, entweder ganz müssen ausgerissen werden in einer Sittenlehre, die den größten Teil seiner Funktionen ohnedies aufhebt, so daß nur die Urteilskraft und das gleich unbegreifliche Gewissen übriggeblieben wäre; oder es hätte müssen selbst weiter bestimmt werden, damit nicht mit dem Herzen überhaupt auch allerlei böse Herzen gesetzt würden, oder solche die der sittlichen Urteilskraft das Gebiet verletzten. So aber wie jetzt verfahren worden, ist mit dem Herzen unstreitig ein Unbestimmtes, ohne Prinzip der

Bestimmbarkeit durch das ganze Gebiet des sittlichen Handelns Hindurchgehendes gesetzt.

Auf[1] eine andere Weise verfehlen ferner ihres Zwecks einige Lehrer der Vollkommenheit, welche auch einen einzig möglichen sittlichen Charakter behauptend sich mehr als andere bemühen, ihn genau zu verzeichnen. Ihr Verfahren dabei besteht aber darin, daß sie etwas unfein die Verschiedenheiten nur da bemerken, wo sie durch Übermaß sich von der sittlichen Regel entfernen, und daß sie nun glauben, sie durch Mäßigung gänzlich aufzuheben, wodurch sie ja vielmehr erst sittlich konstituiert werden. Denn die Gleichförmigkeit ist auf diese Art nur die äußere der Erscheinung, das innere Prinzip aber bleibt immer verschieden, und wer zum Beispiel in einem sanftmütigen Geiste handelt, welcher sittlich ist, und eben daher gemäßigt erscheint, weil sich nie eine stillschweigende Billigung des Unrechts oder etwas dem Ähnliches darin zeigt, der hat doch anders gehandelt als der, welcher in einem eifrigen und auf dieselbe Art sittlichen Geiste handelte, sollten auch äußerlich beide nicht zu unterscheiden sein.

So[1] ergehet es also denen, welche ihrem Grundsatz nach von der Gleichförmigkeit alles Sittlichen ausgehen, daß sie nämlich dennoch in der Ausführung dem indirekten Anerkennen einer Verschiedenheit nicht ausweichen, und so zwischen Entgegengesetztem schwankend, ebensowenig die Gleichförmigkeit wirklich zu behaupten vermögen, als die Verschiedenheit zu bestimmen. Derer aber, welche von einer Ausbildung des Eigentümlichen zur Sittlichkeit, und also von einem besonderen und vielgestalteten Sittlichen ausgegangen sind, gibt es, abgesehen von den Eudämonisten, deren schon erwähnt worden, nur wenige, und zu nennen sind nur die beiden, Platon nämlich und Spinoza. Von dem letzten ist schon oben gesagt, wie ihm die Annahme eines solchen Besonderen natürlich sein mußte, er befindet sich aber in demselben Falle, sich dessen nicht recht deutlich bewußt geworden zu sein, und nur der aufmerksame Leser desselben wird wenige

---
[1] Absatz nicht im Original.

Stellen finden, wo ihm so etwas vorgeschwebt hat. Wie denn auch nur, sofern der Mensch ein Gegenstand der Betrachtung und Behandlung ist nach seinen Grundsätzen, ein solches Eigentümliches als notwendig erscheint; von der Seite des Handelns aber angesehen, möchte auch wohl sein Ideal des Weisen nur ein einfaches sein, weil die durchgängige Erkenntnis Gottes in allen Dingen als reine Wissenschaft nur eine und durchaus dieselbe sein kann, und auch der daraus hervorgehende Affekt der Liebe zu Gott nur einer ist. So daß leicht dieses eine von den Stellen sein möchte, wo auch er weniger mit sich selbst übereinstimmt. Nur Platon ist offenbar und überall auf dieser Seite. Denn er unterscheidet sehr sorgfältig das Gebiet des Gemeinschaftlichen von dem des Besonderen, und setzt auch das letzte auf die Art, wie er bei allem zu tun pflegt, was über das Gebiet dialektischer Erweise hinausgeht, nämlich durch mythische und mystische Behandlung, als ein Ursprüngliches und Ewiges. Ja dem Aufmerksamen wird auch das Bestreben einer kosmischen und also gewiß systematischen Zusammenstellung dieses Mannigfaltigen nicht entgehen. Woraus genugsam erhellt, wie weit er auch in Beziehung auf diesen Gegenstand an sicherer und übereinstimmender Anschauung allen denen vorangeht, welche, obschon zugleich von dem Bedürfnis, ein Ganzes der Form nach darzustellen, getrieben, dennoch den Ausweg aus dem Unbestimmten nicht zu finden gewußt, in welches sie sich verwickelt hatten. Die Zusammenstellung dieser beiden aber wird auch demjenigen, der ihre Eigentümlichkeiten kennt, am besten den entscheidenden Wink geben, welches eigentlich die Ursach ist von dieser ganzen Verwirrung, daß einige das Besondere im Sittlichen in ihrer ausdrücklichen Lehre laut verneinen, und es dann doch stillschweigend und versteckt wieder annehmen, andere aber es zwar dialektisch auf ihrem Wege finden, es aber doch weder gründlich verstehen, noch gehörig herauszubringen vermögen. Denn wenn Platon sich eines Vorzuges rühmt, und denselben Spinoza entbehren muß: so ist die Ursach leicht zu finden, und vielleicht nirgends so deutlich als hier bestätigt sie sich durch Vergleichung der übrigen, von denen zu reden der Mühe verlohnt. Doch was so sehr an den Grenzen der Untersuchung liegt, weil es so genau mit der physischen Theorie der Ethiker zusammenhängt, kann für die, welche es noch nicht verstanden haben, nur mit wenigen Worten angedeutet werden. **Dieses nämlich scheint der Grund des Übels zu sein, daß alle fast das geistige Vermögen des Menschen nur ansehen als Vernunft, die andere Ansicht dieser Grundkraft aber als freies Verknüpfungs- und Hervorbringungsvermögen, oder als Phantasie, ganz vernachlässigen, welches doch die eigentlich ethische Ansicht sein müßte, und sich eben deshalb auch in der Ausführung nicht ganz übersehen läßt**[1]. Denn die Vernunft freilich ist in allen dieselbe und das durchaus Gemeinschaftliche und Gleichförmige, so daß es eigentlich sinnlos ist, von einer individuellen Vernunft zu reden, wenn nämlich dieses mehr bedeuten soll, als die bloße numerische Verschiedenheit der Organisation und der äußeren Bedingungen von Raum und Zeit. Die Phantasie aber ist das eigentlich Individuelle und Besondere eines jeden, und zu ihr offenbar gehört auch, was sich oben als das gemeinschaftliche Merkmal des unbestimmt Gelassenen gezeigt hat. Und wie würde sich **Kant** zum Beispiel, welcher so gern gesteht, seine Sittenlehre sei nur für diejenigen, gültig, welche vernünftig sein wollen, wie würde er sich verwundern und gar nicht vernehmen, was gesagt wäre, wenn einer noch den zweiten Teil der Sittenlehre forderte für diejenigen, welche Vernunft freilich, aber nicht nur sie haben wollten, sondern auch Phantasie, indem sie sonst glauben möchten nichts weder zu sein noch zu haben. Denn jener begreift nicht, **daß er durch dieselbe Kraft**, welcher er nur verstatten möchte, aus dem umherziehenden Rauch Bilder zu dichten, **auch alles andere bilden und gestalten muß, und daß eben diese nicht nur alle künftigen Handlungen vorbildet, welche die**

[1] Hier scheidet sich der deutsche Idealismus von Aufklärung und Rationalismus.

Vernunft bestätigt oder verwirft, sondern auch die gewählten erst belebend ausbilden muß[1]. Nicht anders ja ist es auch bei **Fichte**, welchem nur folgerechter als jenem auch das Wenige noch verschwindet, und alle Funktionen der Phantasie, ausgenommen, wenn sie wieder rückwärts von der Vernunft gefordert werden, in die nicht genug zu beachtende Rubrik der Dinge gehören, zu denen die Zeit nicht vorhanden ist. Wie er denn auch außerdem ganz richtig in die Gemeinheit aus dem Individuo heraus versetzten Sittengesetz nichts anerkennt als Verstand und Leib, welche Werkzeuge des Sittengesetzes sein sollen, alles übrige aber ihm zu dem Äußeren gehören muß, durch welches der Punkt bestimmt wird, auf dem der Mensch sich findet, unter welchem Zufälligen dann auch die Phantasie schläft zu großer Übereinstimmung mit seiner Lehre vom Dasein. Indes zeiget auch hier das Gleichnis vom Werkzeuge hinkend und verräterisch auf die Wahrheit und auf den Zusammenhang jenes Fehlers mit einem andern schon erwähnten, nämlich der Unbestimmtheit in der Methode, den Stand und Beruf zu erwählen. Denn die eigentümliche Art, Gedanken und Gefühle hervorzubringen, muß entweder von dem Augenblick an, wo der Mensch sich findet, ganz unter eine gleichförmige und allgemein geltende Vorschrift gebracht werden, wozu jede Anweisung fehlt, oder sie muß als ein Bleibendes notwendigen Einfluß haben auf die Art, wie jeder Werkzeug ist, und auf die Regeln, nach welchen er die Gegenstände seiner Bearbeitung wählt, welche Regeln nicht nur gleichfalls fehlen, sondern auch im Widerspruch stehen würden mit dem der Gesellschaft eingeräumten Rechte des Verbotes.

II. Fehlen von ethisch Bestimmtem.[2]

Ob aus demselben Grunde entstehend, das bleibe eines jeden Beurteilung anheimgestellt, offenbar aber im genauen Zusammen-

---

[1] Heute betont Eucken oft den großen Wert der Phantasie für Wissenschaft und Leben.

[2] Hinzugefügte Überschrift.

hange mit dem bisher Gerügten steht der zweite Fehler, daß nämlich vieles, was ethisch bestimmt sein müßte, so gut als ganz übergangen ist in den Darstellungen der Sittenlehre. Und zuerst zwar zeigt sich dieses natürlich in demjenigen Teile des menschlichen Lebens, wo das bisher als eigentümliche Art und Weise in pflichtmäßigen Handlungen Beschriebene zugleich den eigentlichen Gehalt der Handlungen ausmacht. Daß es aber einen solchen gibt, und daß er von großer Wichtigkeit ist für das Ganze, wird wohl niemand leugnen. Denn offenbar beschäftiget einerseits bei den meisten Menschen ihr eigentliches Handeln gar nicht die ganze Kraft des Gemütes, sondern wo die mechanische Ausführung angeht, da macht Übung und Gewöhnung selbst einen hohen Grad von Vollkommenheit möglich, ohne die Aufmerksamkeit mehr als in einzelnen Augenblicken für den Gegenstand zu binden. Und eine solche Reihe von Gedanken und Gefühlen, welche mit der Handlung gar nicht anders als durch die Identität der Zeit verbunden sind, wird mit Recht als ein eigener Gegenstand der sittlichen Bestimmung und Beurteilung angesehen. Daß aber hier alle Verschiedenheit beruht nicht etwa auf den äußern veranlassenden und auffordernden Gegenständen, sondern auf der eigentümlichen Art, die Gedanken anzuknüpfen und zu verbinden, dieses muß einleuchten, da ja bei Gelegenheit der nämlichen Gegenstände ganz verschiedene Betrachtungen entstehen können, und umgekehrt. So daß ein jeder gestehen muß, es gebe schon innerhalb dieses Gebietes eine große Masse inneren und idealen Handelns der angezeigten Art. Gewiß auch möchte es nicht angehen, dieses etwa unter dem Vorwande des Unwillkürlichen oder Geringfügigen auszuschließen aus dem Gebiete der Sittlichkeit. Denn über beides ist schon oben, und so auch über seine Anwendung auf das sogenannte ideale Handeln das Nötige gesagt: hier aber besonders ist nicht zu leugnen, daß es einesteils denjenigen sittlichen Zustand, mit welchem es als Zeichen und Ausdruck zusammenhängt, auch als Übung und Gewöhnung befestigt,

1. Innere Tätigkeit.

und daß es andernteils bei einiger absichtlichen Leitung auch durch Prüfung und Betrachtung des Gegenwärtigen vorbereitend und bessernd auf das Künftige zu wirken vermag. Wie denn auch offenbar nicht nur die Sittlichkeit des weiblichen Geschlechtes vorzüglich von diesem Teile ihres Lebens abhängt, sondern auch die mannigfaltigen besonderen sittlichen Erscheinungen unter der mechanisch arbeitenden Abteilung der Gesellschaft hieraus zu erklären sind. Ja der traurigste und am meisten zu verbannende Zustand der menschlichen Seele, der Wahnsinn nämlich, kann unmöglich anders anfangen, als durch unbeherrschte Verkehrtheit dieses innern Spieles der Vorstellungen. Andererseits aber müssen ebenso gewiß diejenigen, deren Handeln wenig oder nichts Mechanisches beigemischt ist, einen abgesonderten Zustand der freien und inneren Tätigkeit haben, nicht etwa nur aus Bedürfnis, von welchem ja erst müßte untersucht werden, ob es zu befriedigen ist oder abzuweisen, sondern schon weil alles vorhanden sein soll im menschlichen Leben, was darin gegeben ist, nur auf die rechte Art, und noch mehr, weil ein großer Teil der wesentlichsten sittlichen Endzwecke nicht etwa nach einem, sondern nach allen verschiedenen Systemen gar nicht anders kann erreicht werden als durch freie und innere Tätigkeit. Auch fühlt jeder wohl, wie durch dieser Tätigkeit Gehalt, Beschränkung und Ausdehnung, Sittlichkeit oder Unsittlichkeit sich ausdrückt und entsteht, und wie sowohl in den Gegenständen derselben, als in der Art sie zu behandeln, Schickliches und Unschickliches liegt für andere auf andere Weise; Anweisungen aber hierüber wird keiner in irgendeiner Darstellung der Sittenlehre aufzuzeigen haben, oder nur solche könnten es sein, über deren Leerheit und Dürftigkeit nicht erst nötig ist, etwas zu erinnern. Weiter verbreitet sich ferner

2. Freie Mitteilung. a) Allgemeines.

dieser Fehler sehr natürlich über die Art, eben dieses im Innern Vorgehende auch anderen mitzuteilen[1], worüber gleichfalls sittliche Vorstellungen von einiger Bedeutung an den meisten Orten ver-

---

[1] Im folgenden spricht Schleiermacher als Künstler des geselligen Umgangs.

geblich möchten gesucht werden. Denn die Gesetze des Umganges überhaupt sind fast überall nur negativ in Beziehung auf irgendeine entweder angenommene oder, wenn es hoch kommt, selbst konstruierte äußere Wohlanständigkeit. Sogar verbreitet sich nicht weiter die scheinbare, aber nur aus dem dialektischen Interesse entstandene Vollständigkeit der Stoiker, welche mehr den leeren Titel einer sich hierauf beziehenden Tugend aufstellt, als ihn wirklich ausfüllt, wozu auch in dem Geiste des Systems keine Veranlassung war. An die Benutzung der freien Mitteilung zur Beförderung wesentlicher ethischer Zwecke ist bei ihnen ebensowenig als bei andern zu denken, und die Tugenden der freien Geselligkeit, welche sie aufstellen, weisen auf nichts zurück in dem Verzeichnis ihrer Güter. Und was vielleicht jemand sagen möchte, die Handlungsweise müsse in dieser Hinsicht beurteilt werden nach den allgemeinen Vorschriften der Menschenliebe, wie sie eben in jedem System ist, und der Wahrhaftigkeit, dies heißt nur den Streitpunkt verschieben, und höchstens diesen Fehler in einen der vorigen Art verwandeln. Denn jene Vorschriften sind ja auch überall nur allgemein, in der freien Mitteilung aber beruht das meiste, wo nicht alles, nicht nur dem Inhalt, sondern auch der Weise nach gleichfalls auf dem Eigentümlichen, so daß gewiß das Prinzip der Beurteilung fehlte, wenn auch der Ort dazu da wäre, wiewohl auch das letzte nur mit großer Einschränkung könnte zugestanden werden. Und wie wenig namentlich den neueren praktischen Ethikern der Gedanke gekommen ist, etwas über diese Gegenstände bestimmen und die Mitteilung dieser Art eigentlich sittlich konstruieren zu wollen, dies sieht jeder. Denn wie lässig ohne eigentlichen Ort und Zusammenhang steht bei Kant die Maxime, daß der Mensch sich nicht vereinzeln solle mit seinen Kenntnissen und Gedanken, und wie wenig kann sie auch zu sagen haben bei dem Grundsatz, daß der Sittlichkeit nicht zugehöre, fremde Vollkommenheit zu befördern. Diesen nun hat Fichte zwar nicht in derselben Art aufgestellt, allein bei ihm bezieht sich jede Mitteilung, welche nicht streng wissenschaftlich ist, oder zum Geschäft des Berufs gehört, nur auf eine Aufforderung, und Sittliches gibt es nur in Hinsicht derselben, wenn diese Aufforderung etwas unmittelbar Praktisches zum Gegenstande hat. Vergleicht man nun hiemit gar jene denkwürdige Äußerung, daß es dem Menschen gar nicht obliege, Gesellschaft zu stiften, sondern er gar wohl in der Wüste bleiben dürfte, wenn er sich da fände: so sieht man, wie wenig auch er bedacht sein konnte, diesen Teil des Lebens, wie es sein müßte, ethisch zu konstruieren. Besonders offenbart sich auch bei ihm, eben weil er folgerechter und genauer ist, auch noch deutlicher als bei Kant, dieser Mangel an Bestimmtheit über die freie sittliche Einwirkung durch die schroffe und harte Art, wie die Erziehung sich absondern und begrenzen soll, ohne daß das Problem, den rechten Punkt zu finden, wirklich konnte gelöst werden. Doch dieses sei nur beiläufig angedeutet. Es gilt aber dieser Vorwurf, daß vernachlässiget wird, die freie Mitteilung als ein sittlich Gefordertes aufzustellen und auszubilden, nicht nur die praktischen Sittenlehren, sondern nicht minder auch die auf Lust und Genuß ausgehenden, für welche doch eben dieses, wofern sie sich nur einigermaßen über das Organische ausdehnen wollen, das Wichtigste und der Sitz der größten Güter sein müßte. So daß zu verwundern ist, wie so viele sich dennoch länger bei der Gerechtigkeit verweilen, die ihnen doch eigentlich ein Übel dünken muß, und lieber einen Staat aufbauen, als ein Gastmahl, oder sonst einen gemeinsamen Genuß löblicher und edlerer Vergnügungen. Vorzüglich nun wäre für sie

b) Scherz und Witz. wichtig, den Scherz und den Witz abzuleiten und zu bestimmen; aber auch für die praktischen Sittenlehrer ist es vieler Beziehungen wegen offenbar eine bedeutende Aufgabe, Umfang und eigentümliche Grenzen des Sittlichen dieser Art zu finden. Wie wenig aber hievon die Rede ist, weiß jeder. Denn selbst denen, welche sonst wohl zu scherzen wissen, geht der Scherz in der Sittenlehre ganz aus, und ist ihnen so fremd, daß er gar nicht zur Erinnerung kommt. Bei andern wird er zunächst nur als Erschütterungsmittel auf das Zwerchfell bezogen, oder als Reiz auf die Nerven, und gehört dem Körper an, so daß er eigentlich vom Arzt muß verordnet werden. Auch die Stoiker, wissen sie gleich dieses eine, daß der Weise sich nicht betrinken werde, noch bestimmter als Kant, führen doch von seinem Verhalten in dieser Hinsicht gar wenig aus. Aristoteles möchte fast der einzige sein, der dem Scherz ganz ernsthaft einen ebenso breiten Platz einräumt, als jedem andern ethischen Element; wiewohl auch nur aus Bedürfnis, der Ruhe wegen, also als Mittel. Davon aber, daß er, wenn er überhaupt sein soll, da er die Zeit ausfüllt, auch an sich selbst Zweck und Bedeutung haben muß, und von der besonderen Ansicht der Welt, wovon er gleichsam die Wurzel ist, davon ist nirgends die Rede, obgleich die Kunst nicht weniger als das Leben sich bestrebt hat, es zur Anschauung zu bringen. Und hier tritt freilich noch hinzu eine natürliche Wirkung von der beschränkenden Natur der meisten Sittenlehren, denen es gar nicht in den Sinn kommen kann, den Scherz zum Beispiel ursprünglich auf sittlichem Wege erzeugen zu wollen; sondern ihnen genügt, daß sie ihn annehmen, wie er gegeben ist, als eine natürliche unschuldige Neigung, und ihn nur durch irgendeine fremdartige sittliche Vorschrift begrenzen und im Zaum halten. Woraus freilich nichts Festes und Bestimmtes entstehen kann, so daß schon diese fast allgemeine Beschaffenheit die Notwendigkeit von Mängeln dieser sowohl als der vorigen Art verbürget. Ferner ist auch ebensowenig bestimmt über die ernsteren und wichtigeren menschlichen Verhältnisse, von denen Gemeinschaft des Innern wo nicht das eigentliche Wesen, doch eine unentbehrliche Bedingung ist. Denn wenn wir von diesen das Beste zusammenfassen unter den beiden Namen der Liebe, im engeren Sinne des Wortes nämlich, und der Freundschaft, so wird gleich jeder wissen, wie unbestimmt beide überall gelassen werden. So sehr nämlich, daß sie auch noch nicht die Spur einer wissenschaftlichen Bearbeitung tragen, und daß, weil fast nirgends auszumitteln ist, ob und wie beide genau unterschieden werden, gar nicht würde davon zu reden sein, wenn es nicht erlaubt wäre, sie nur pro-

c) Liebe und Freundschaft.

blematisch dem gemeinen Gebrauch nach zu trennen, und darauf zu verweisen, daß die Sache selbst zeigen werde, sie sei noch nicht weiter gediehen. Daß nun diese beiden Verhältnisse für jede Ethik unter die wichtigsten Gegenstände gehören, ist offenbar. Denn für die Glückseligkeit zuerst verursachen sie eine gänzliche Veränderung, indem sie die Lust sowohl als den Schmerz vervielfachen, und zu einer höheren Potenz gleichsam erheben, überdies auch, sobald sie gesetzt werden, eine ganz andere Unterordnung und Abwägung der Dinge entsteht, als sonst müßte statthaben. Ferner auch für die **praktische Sittenlehre** sind die Aufgaben selbst seltsam und merkwürdig, und nicht minder groß ihr Einfluß auf das übrige. In beiden aber sind Liebe und Freundschaft immer der Sitz eines blendenden und verführerischen Scheines gewesen, indem unter ihrem Vorwande gegen die mehrere Glückseligkeit sowohl, als gegen das richtige Handeln von jeher vielfach ist gefehlt worden. So daß auf alle Weise für beide notwendig ist, diese Verhältnisse zuerst in ihrem notwendigen Zusammenhange, wenn es einen gibt, mit den wesentlichen sittlichen Zwecken aufzustellen, dann aber hieraus genau ihren Umfang und ihre Grenzen zu bestimmen. Hierin nun scheinen im ganzen die Sittenlehrer der Glückseligkeit den Vorzug wenigstens des Bestrebens zu haben. Denn zu allen Zeiten haben sie sich bemüht, durch genaue Bestimmung des Begriffs und Aussonderung alles desjenigen, was offenbar ihren Grundsätzen widerspricht, die Freundschaft als ein auch nach ihren Ideen sittliches Verhältnis darzustellen. Näher betrachtet aber ist deutlich genug, daß die Selbstverteidigung gegen die praktischen Sittenlehrer, welche behaupten wollten, alles Wohlwollen werde aufgehoben durch das alles beherrschende Streben nach Lust, hieran den meisten Anteil gehabt, und daß auch sie den Begriff mehr als einen schon vorhandenen mit ihrem System zu vereinigen gesucht, als daß sie ihn aus den innersten Grundsätzen selbst erzeugt hätten. Wie denn auch an eine nur einigermaßen durchgeführte Lehre von der Freundschaft in keiner eudämonistischen Ethik zu denken ist.

Sondern es wollen die einen immer zu viel beweisen, indem sie
die Freundschaft auch zum Grunde der größeren bürgerlichen
Vereinigung machen wollen, welches dem in dieser Ethik unvermeidlichen Vorrange des Besonderen vor dem Gemeinschaftlichen
zuwiderläuft; die andern aber zu wenig, indem sie die Freundschaft
nicht aufrichten als ein festes und selbständiges Verhältnis, sondern
nur als ein zufälliges Zusammentreffen des eigenen Bestrebens
und Gelingens mit dem fremden. Was nun gar die Liebe anbetrifft, so ist weder von denen, welche die Geschlechtslust allein
für eines der größten Güter annehmen, die Absonderung derselben von jeder auf etwas anderes gerichteten Freundschaft als das
Bessere erwiesen, und die Art bezeichnet worden, wie jener Gegenstand in solcher Absonderung zu behandeln sei; noch auch von
den unter den Neueren nicht seltenen Verteidigern einer höheren
Liebe der Grund zu der Vereinigung zwei so verschiedener Elemente aufgezeigt und sie in ihrem Wesen und ihren Wirkungen
dargestellt worden. Gewiß aber nicht besser stimmen die Sittenlehrer des Handelns mit sich selbst überein, oder lösen bis zur
Vollendung die Aufgabe. Wobei für die Älteren noch dieses den
Vorwurf erschwert, daß sie sich der Fähigkeit, Freundschaft hervorzubringen, gegen die Eudämonisten so besonders gerühmt, und
diesen Ort als die Haupt- und Prachtstelle ihres Gebäudes also
auch vorzüglich hätten beleuchten und verzieren gesollt. Den
Neueren aber, welche mehr aus historischen als systematischen
Gründen diesen Streitpunkt aufgegeben, ist dagegen nachzusagen,
daß sie in der Sache selbst noch schlechter erfunden werden als
jene. Denn was zuerst die Liebe betrifft als ein besonderes, und
zwar das allergenaueste auf Gemeinschaft des Inneren angelegte
Verhältnis, so wären die Alten bei dem angenommenen und auch
äußerlich dargestellten Verhältnis sittlicher Ungleichheit zwischen
beiden Geschlechtern sehr zu entschuldigen, wenn dieses gänzlich
bei ihnen übergegangen wäre. Viel mehr also wird man sich begnügen müssen, wenn das, was dem ähnlich in dem Ort von
der edleren Knabenliebe vorkommt, auch unvollständig dargestellt

und, wie die Verkehrtheit der Sache selbst nicht anders erwarten läßt, sehr mangelhaft abgeleitet ist. Wie denn auch das Verhältnis, wie zum Beispiel die Stoiker es erklären, als das aus der Schönheit eines anderen entstandene Bestreben nach seiner Verbesserung, sich nicht gehörig begreifen läßt. Denn da ihnen die Idee des Symbolischen gänzlich fehlt, sind sie auch nicht imstande, einen Zusammenhang zwischen dem Physischen und Ethischen anzugeben, und der Vorzug, welcher der Schönheit erteilt wird, erscheint rein willkürlich und unsittlich. Auf der andern Seite aber ist die ethische Aufgabe, selbst so beschränkt aufgefaßt, wenigstens klar und verständlich. Bei den Neueren aber ist fast alles in diesem Gegenstande dunkel und unbestimmt, und sie scheinen nicht zu wissen, wie sie dieses Erzeugnis ihres Zustandes und ihrer Denkart verarbeiten sollen. Denn es ganz abzuleugnen hat fast Kant allein den Mut, welcher keine andere sittliche Liebe anerkennt, als die, welche er die praktische nennt, nämlich die Behandlung nach dem Gesetz, welche sich jedoch weniger auf das behandelte Subjekt bezieht, als auf das Gesetz, und also den Namen der Liebe kaum verdient. Etwas Besonderes aber und Höheres dieser Art anzuerkennen ist er so weit entfernt, daß er auch das eheliche und elterliche Verhältnis ganz ohne die Spur eines solchen behandelt. Wenn nun dieses als folgerecht und in sich zusammenhängend zu loben wäre aus unserm kritischen Standpunkte, so ist dagegen aus demselben zweierlei sehr zu tadeln. Einmal ist ihm doch, was er die pathologische Liebe nennt, als ein Wirkliches von großem Einfluß auf das gesellige Verhalten gegeben; will er sie also nicht als ein Sittliches anerkennen, so muß er sie als ein Unsittliches verwerfen. Dieses nun dürfte freilich jeder andere nur stillschweigend tun, indem ja alles verworfen ist, was nicht mit aufgebaut wird; nur ihm gerade kann diese Hilfe nicht zustatten kommen, da er den entgegengesetzten Weg einschlägt, und die Tugenden am meisten durch die ihnen entgegenstehenden Laster beschreibt. Denn so müßte auch die pathologische Liebe als ein besonderes einer Tugend entgegenstehendes Laster erscheinen; nun aber sieht man vielmehr, wie ganz mit Unrecht, durch eigene Feigherzigkeit geschlagen, er sich quält mit der Ungewißheit, ob sie anzunehmen sei oder zu verwerfen. Hätte sich ihm aber aus diesen Zweifeln verraten, daß sich unter jenem Namen noch etwas anderes, nicht so wie die eigentlich pathologische Liebe unbedenklich zu Verwerfendes mit verbirgt, weil er eben weder Ort noch Namen dafür weiß: so hätte er weiter schließend auf die Vermutung kommen können, daß diese sich auf ein wenigen Gemeinschaftliches, nicht aber als Neigung Unsittliches, sondern als reine Eigentümlichkeit Sittliches gründen, und daß es also ein solches geben müsse. Zweitens fehlt es nun, die Liebe hinweggenommen, dem ehelichen und elterlichen Verhältnis ganz an einem Entstehungsgrunde und an einem festhaltenden Bande. Denn der Gehorsam gegen die Natur, durch den er sie nun allein erklären muß, gibt weder einen Grund der Wahl, noch eine längere Dauer und weitere Ausbildung, als bis die Absicht der Natur erreicht ist, und man kann sagen, daß diese Verhältnisse nun nicht sowohl ein besonderes und geschlossenes Ganze bilden, sondern nur eine Reihe zufällig verknüpfter gleichartiger Anwendungen des Gesetzes, und daß die ethische Aufgabe vielmehr dahin gehen müsse, ihren Einfluß auf die übrigen Teile des Lebens, wie von allem, was bloß die Natur auflegt, möglichst einzuschränken. Worin sich denn mehr als irgendwo die Härte und der Unzusammenhang dieser bloß das Rechtliche abzirkelnden Sittenlehre offenbart.

Bei[1] Fichte hingegen fängt zum deutlichen Beweise, wie wenig die bessere Tendenz, die er im einzelnen verrät, in dem Inneren des Systems gegründet ist, der Unzusammenhang noch früher an. Denn er setzt zwar eine höhere und sittliche Liebe als notwendig; zuerst aber ist schon nicht klar, wie er sie unterscheidet von der Freundschaft, welche er eben wie jene auf die Ehe einschränkt, und ob nicht eine von beiden nur ein leeres Wort ist, oder was eigentlich jeder zukommt in dem durch beide be-

---

[1] Absatz nicht im Original.

stimmten Verhältnis. Ferner, insofern nun die Liebe dasjenige Gefühl ist, welches das Wesentliche in dem Zustande der Ehe, nämlich die gänzliche Hingebung bezeichnet: so ist die hohe Aufgabe, welche er ihr anweiset, nämlich das Verschmelzen der Individuen, auch nicht im geringsten als wünschenswert oder notwendig erwiesen, und ebensowenig in ihren Grenzen bestimmt: so daß es scheint, als habe er über der Freude des ersten Findens zur klaren Einsicht nicht gelangen können. Denn wie aus dem körperlichen Hingeben, welches die Befriedigung des Geschlechtstriebes bezeichnet, ein so gänzliches Geistiges erfolge, und gerade diesem Teile des organischen Systems eine so viel größere Bedeutung zukomme als jedem andern, dies ist aus dem, was gesagt wird, ethisch gar nicht zu begreifen, und nicht zu sehen, wie der cynischen Gleichgültigkeit gegen dieses Geschäft zu entkommen ist; da ja der Untüchtigkeit des einen Grundes durch Hinzufügung eines andern abhelfen zu wollen, welcher sich mit jenem nicht vereinigt, und für sich das Ganze doch auch nicht erklärt, ebenfalls ein ganz unwissenschaftliches und unbefriedigendes Verfahren sein würde. Was aber am meisten zu tadeln ist, besteht hierin. Erstlich, wenn, wie Fichte annimmt, der körperlichen Verschiedenheit der Geschlechter auch eine geistige ähnliche entspricht: so liegt ja die Aufgabe da, etwas über diese zu bestimmen, welche aber, als gehöre sie der Ethik nicht an, gänzlich vorbeigelassen ist. Denn teils mußte gesagt werden, wie sie vor der Ehe recht scharf ausgebildet werden müßte, damit die Ehe selbst das Geschäft der Vereinigung auch recht vollkommen vollbringen könne. Andernteils auch, wie diejenigen damit zu verfahren hätten, denen nun ohne Schuld die Verschmelzung unmöglich gemacht worden ist. Und so müßte eine Grenze gezogen sein zwischen dem gemein Menschlichen und dem geschlechtlich Eigentümlichen. Welche anerkannte Eigentümlichkeit dann offenbar mehrere Arten und Stufen derselben nach sich ziehen müßte; so daß entweder jene Anerkennung etwas Fremdartiges und Ungehöriges sein muß, oder diese Ethik hat sich bis auf eine kleine

Spur um die ganze Hälfte fast ihres Stammes verkrüppelt. Zweitens, indem er auch den Bestimmungsgrund der Liebe nicht angeben oder nicht erweisen kann, und also etwas Unfreies in derselben anerkennt, so verdirbt er sich den innersten Grund seiner Sittenlehre, nämlich die Lehre vom Gewissen. Denn ohne dessen Genehmigung darf doch nicht die Liebe, nachdem sie unwissend wie entstanden ist, handelnd weiter verfolgt, und die Ehe als die größte und sittlichste Angelegenheit des Lebens gestiftet werden: wie aber kann das Gewissen sprechen über das Unfreie, und zwischen Unfreien, nämlich einer richtigen und einer doch auch möglichen falschen Wahl, entscheiden, wohin doch die sittliche Urteilskraft es nicht geführt hat? Auch erscheinen, wenn man auf diesem Punkt stehen bleibt, alle Maximen, nach welchen sonst in diesem System das Sittliche in schwierigen Fällen konstruiert oder vielmehr tumultuarisch ergriffen wird, das Nicht-Zeit-Haben, die scharfe und einzige Linie des Berufs, und was dem ähnlich ist, gleichsam auf den Kopf gestellt, und die Unfähigkeit der Idee, ein wirkliches System zu begründen, dem allgemeinen Anblick bloß gegeben. Dasselbe zeigt sich auch, wenn man verbessernd untersuchen wollte, wie wohl Fichte auf richtigem Wege von seiner Idee aus sowohl zu derjenigen Liebe, welche sich auf die Geschlechtsverschiedenheit und die Ehe bezieht, als auch zu jeder andern genaueren und geistigen Verbindung hätte gelangen können. Nämlich davon ausgehend, daß die Individualität unter die wesentlichen Bedingungen der Ichheit gehört, wäre es der synthetischen Methode leicht, ja sogar angemessen gewesen, einen Trieb aufzustellen, welcher darauf gerichtet wäre, Individuen zu suchen. Dieser würde nicht nur, durch des reinen Triebes Durchdringung zu einem sittlichen gemacht, zu mannigfaltiger Freundschaft hingeführt haben, sondern hätte auch allein das notwendige und jetzt so wunderbare Auffinden der Kunstwerke erklären können. Ja es läßt sich denken, daß dies würde bis zu den Sternen, jenem größten Gegenstande des kritischen Enthusiasmus, hingewiesen haben. Indes sieht ein jeder, daß, um auch auf diesem Wege zum vorgesteckten Zwecke zu gelangen, jenes Prinzip nicht müßte in **Fichte** gewesen sein, welches das Erlaubnisgesetz begründet, gegebenenfalls in der Wüste zu bleiben, und daß auch Individualität ihm etwas mehr bedeuten mußte, als nur Persönlichkeit[1] und numerische Verschiedenheit des Leibes nebst dem bloß materialen Unterschied des Geistigen, der daraus folgt. So daß demnach ohne eine gänzliche Umwandlung des Inneren dieses Systems dasjenige nicht zu vollbringen möglich ist, welches anzufangen und einzuführen doch ein unüberwindlicher Trieb vorhanden war. Bei noch mehreren Neueren aber zu fragen, was ihnen die Liebe sei, scheint überflüssig. Denn wer auch nur den Hauptknoten der Aufgabe suchen will, nämlich die Verbindung des natürlichen Geschlechtstriebes mit einem besonderen geistigen Bedürfnis, oder wo diese geleugnet wird, die Nachweisung es sei nun eines anderen Unterschiedes zwischen Freundschaft und Liebe, oder eines anderen Grundes, das aus dem Naturtriebe entstehende Verhältnis zugleich zu einem intellektuellen zu machen, der wird überall diesen Knoten noch ungelöst, ja auch die Versuche dazu schwächer finden, und von selbst schließen, daß also in noch seichteren und unfähigeren Systemen auch die Unbestimmtheit noch häßlicher, und die Verwirrung der schlechteren Anlage des Ganzen gemäß noch schreiender sein muß.

Was[2] daher, um weiter fortzugehen, die eigentliche Freundschaft anbetrifft, so mag von ihr besonders in der Kürze nur noch dieses hinzugefügt werden. Zuerst nämlich setzt schon der gemeine Begriff mehrere Arten derselben, worunter nicht etwa die alten Abteilungen um des Nützlichen, des Angenehmen und des Guten willen sollen verstanden werden, welches nur eine Bestimmung des Begriffs angemessen dem Geist eines jeden Systems wäre, sondern wie jede dieser Ideen ihre verschiedenen Teile hat, von denen bald der, bald jener der Gegenstand der

---

[1] Heute brauchen wir die Begriffe Individualität und Persönlichkeit gerade umgekehrt.

[2] Absatz nicht im Original.

Verbindung und das gemeinschaftliche Streben ihrer Genossen sein kann. In den Darstellungen der Sittenlehre aber scheint weder das gemeinschaftliche Wesen, noch die Verschiedenheit der Arten der Freundschaft gehörig bemerkt zu sein. Denn wenn Kant hieran auch nur gedacht hätte: so würde er gefunden haben, daß die dialektische Freundschaft, welches doch wohl der angemessenste Name sein möchte für das, was er von der Freundschaft übrig läßt, nur eine einzelne und untergeordnete Art sein könne. Oder wenn Fichte sich die Freundschaft auf die rechte Art geteilt hätte: so würde er nicht nötig gehabt haben, indem er die ganze Freundschaft nur in der Ehe sucht, die teilweisen Verbindungen stillschweigend ganz zu verwerfen, sondern den Ort wohl gefunden haben, wo auch er bei seiner lückenhaften Darstellung menschlicher Verhältnisse die eine oder andere Art gar wohl hätte gebrauchen können, wie zum Beispiel bei der unbegreiflich vorausgesetzten Überzeugung des Biedermannes von dem übereinstimmenden Willen der Gemeine, den Notstaat umzustoßen. Was aber gegen die ganze und so gar nicht erwiesene Freundschaft in der Ehe zu sagen wäre, welche doch gewiß bei der Ausschließung des andern Geschlechts von so manchen Zweigen menschlicher Tätigkeit eines festen Grundes bedurft hätte, das mag als für sich einleuchtend übergangen werden. Ja auch vom Aristoteles, welcher diese Sache genauer nimmt als die meisten, und Fragen aufwirft und beantwortet, die andern auch nicht in den Sinn gekommen, kann man sagen, daß aus Überfluß seine Theorie mangelhaft geworden. Denn da er Freundschaft als den stiftenden Grund aller Verbindungen setzt, ja in allen häuslichen, ganz das Gegenstück von Kant, gar kein Recht, sondern nur Liebe sehen will: so ist ihm über dem Unterschiede, den er auf diese Art zwischen der häuslichen und der bürgerlichen Gesellschaft feststellt, der vielleicht größere zwischen der Freundschaft, welche von jener den Grund ausmacht, und der eigentlich sogenannten fast entgangen, so daß man, was er darüber noch sagt, kaum auf etwas anderes als die politischen Freundschaften beziehen kann.

Noch weiter zurück aber kann man behaupten, daß auch die Freundschaft wie die Liebe noch nirgends aus den Grundsätzen eines Systems als notwendig herfließend ist abgeleitet worden, daher sie auch wohl unter dem Verzeichnis der Güter steht, in welches noch niemand einen notwendigen Zusammenhang gebracht hat, von einer Pflicht aber, Freunde zu haben, nirgends die Rede ist. Sondern sie steht immer nur als aus einem fremden, niemand weiß, welchem Gebiet aufgenommen da, und muß eben deshalb von den Ansprüchen, mit welchen sie ursprünglich auftritt, vieles zurücknehmen, und sich auf mancherlei Weise einzwängen lassen, um in die Ordnung des Systems eingekleidet zu werden. Dergleichen aber in der Ethik zu dulden, streitet gegen die ersten Grundsätze, und beweiset deutlich die Unfähigkeit des Systems, den so behandelten Gegenstand sich anzueignen. So erscheint aber die Sache der Freundschaft gerade da am deutlichsten, wo am meisten von ihr die Rede ist. Denn worauf anders läuft es hinaus, wenn sie als ursprünglich im Streit mit andern Pflichten und Verhältnissen aufgeführt, und beratschlagt wird, wieviel jeder Teil nachlassen müsse? Wie denn Marcus Tullius meint, einiges dürfe um der Freundschaft willen schon vom strengen Rechte abgewichen werden, nur zu arg dürfe die Zumutung nicht sein. Oder wenn sie im Aristoteles als sterblich vorgestellt, und Maßregeln für den Fall vorgeschlagen werden; da doch nichts aus ethischen Prinzipien Entstandenes sich auflösen kann. Oder wenn die Stoiker, bei denen doch nichts wahrhaft Sittliches sich auf die bloße Empfindung beziehen kann, fragen, ob zum Mitleiden oder zum Mitgenuß der Freund herbeizurufen sei, und durch ihre Entscheidung die schlecht herbeigerufene Freundschaft ebenso schlecht wieder entfernen. Denn wollte man auch sagen, zu diesem Mißgriff hätte sie nur die Polemik ihrer Gegner verleitet, welche sie, von der Selbstgenügsamkeit des Weisen ausgehend, in das Geständnis hineinzwangen, daß er zu seinen wesentlichen Zwecken des Freundes nicht bedürfe: so ist doch gewiß, daß sie durch diesen Schein nicht hätten können geblendet werden, wenn die Freundschaft in ihrem System wirklich wäre gegründet gewesen. In allen diesen Beispielen also erscheint sie als etwas ursprünglich nicht Sittliches, das erst durch Begrenzung sittlich soll gemacht werden, und so ist es natürlich, daß sie kein Ganzes ausmachen, noch bestimmt in ihrem sittlichen Wert und Einfluß kann dargestellt werden. Weit allen andern voraus ist also auch hier wieder Platon, welcher von Freundschaft und Liebe, ob überall richtig und in jeder Hinsicht genügend, dies kann hier nicht erörtert werden, gewiß aber so zusammenhängend redet, daß es leicht wäre, aus allem, was zerstreut darüber vorkommt, in dialektischer und mythischer Form ein Ganzes zu machen. Es darf nur erinnert werden, wie er symbolisierend den Geschlechtstrieb mit dem Bestreben nach gemeinsamer Ideenerzeugung verbindet, und auf die Unvollkommenheit des persönlichen Daseins und seine Unzulänglichkeit zur Hervorbringung eines höchsten Gutes diese Aufgaben gründet: so muß jeder einsehen, daß hier, wenn auch nur durch leise Andeutungen, Fragen beantwortet sind, an die andere nicht dachten, und daß hier Freundschaft und Liebe nicht von außen angeknüpft oder aufgeklebt, sondern durch die eigenen Kräfte seiner ethischen Grundideen aus dem Inneren seines Systems hervorgetrieben sind.

Noch[1] ein dritter ethischer Stoff aber, der überall fast gänzlich vernachlässigt wird, ist Wissenschaft und Kunst. Denn da beide nur durch willkürliche Handlungen entstehen können, welche der sittlichen Beurteilung unterworfen sind: so muß auch über diese Handlungen und ihr Hervorgebrachtes, dessen vorgefaßte Idee der Grund des Handelns war, die Ethik entscheiden, und aus dem Grunde, welcher diese Handlungen löblich macht oder verwerflich, muß sich ergeben der Geist, in welchem Wissenschaft und Kunst allein können sittlich geübt werden, auch ob und welche Grenzen derselben es gibt. Was nun zuerst die Wissenschaft betrifft, so muß, um die hier gemachte Forderung zu verstehen, der Unterschied wohl betrachtet werden zwischen de

d) Wissenschaft und Kunst.

---
[1] Absatz nicht im Original.

Erkenntnis, welche Teil oder Bedingung irgendeines andern, ethisch schon aufgegebenen Handelns ist, und derjenigen, welche für sich selbst und nicht in und mit einem andern Handeln gesucht und hervorgebracht wird. Denn jene bedarf natürlich keiner besondern Rechtfertigung und Ableitung, sobald das Handeln gerechtfertigt ist, dem sie angehört. So daß zum Beispiel das Erlernen der Sprache oder der natürlichen Mechanik körperlicher Bewegungen gerechtfertiget ist, sofern es immer zugleich Teil eines andern unmittelbaren Handelns ist, und an demselben erfolgt; ebenso auch jedes nach der Wahl eines selbst gerechtfertigten Berufs erfolgende und auf ihn sich beziehende Lernen und Sammeln von Erkenntnissen. Das eigentliche Wissen aber, welches nur das Haben der Erkenntnis ist, und mit demselben sein Ziel erreicht hat, also ein besonderes Handeln für sich ausmacht, bedarf auch wie jedes andere seiner eigenen Ableitung, und wo diese fehlt, müßte man glauben, es sei in einem solchen System der Ethik stillschweigend ausgeschlossen aus dem Zusammenhange des sittlichen Lebens und verworfen. Welches demgemäß fast in allen Sittenlehren müßte der Fall sein, weil eine ethische Konstruktion des Wissens oder des wissenschaftlichen Bestrebens fast nirgends gefunden wird. Denn die Erkenntnis der zweiten Art oder die Wissenschaft, auf jene der ersten zurückzuführen, damit würde dem Übel nicht abgeholfen sein. Einesteils nämlich gibt es ganze Wissenschaften, und zwar diejenigen am meisten, welche als soche den höchsten Rang einnehmen, denen gar kein Einfluß als Mittel auf das unmittelbare und eigentlich sogenannte Handeln zuzuschreiben ist, worunter derjenige, welcher den Satz bestreiten möchte, zunächst nur unentbehrliche Mittel denken mag, welches bei einer ethischen Frage hinreicht, es ließe sich aber gewiß noch mehr erweisen. Anderteils aber gehört von denjenigen Wissenschaften, denen ein solcher Einfluß kann beigelegt werden, wenigstens die wissenschaftliche Form nicht dazu, sondern nur die einzelnen, am meisten auch der Geschichte nach im Gebrauch selbst gefundenen Sätze. Ferner auch, wenn auf diesem Zusammenhange die Sittlichkeit des Wissens beruhen sollte, so würde jeder, der sich einer wenngleich nützlichen Wissenschaft als Wissenschaft widmet, es werde nun dieses im Großen als gewählter Beruf oder auch nur als einzelne Tat betrachtet, unsittlich handeln, weil er offenbar und selbstgeständig seine Handlung nicht auf diese Zwecke bezieht. Sonach ist deutlich, daß die Frage von der Nützlichkeit der Wissenschaften, wenn sie auch in das Gebiet der Ethik gezogen würde, den bezeichneten Punkt nicht trifft, sondern es muß das Wissen selbst als ein sittlicher Zweck oder als ein Gut aufgestellt werden, um hernach auch als Pflicht betrachtet gehörig bestimmt und begrenzt werden zu können. Wie viele einzelne Aufgaben nun hieraus besonders für die letzte Behandlung entspringen, sieht jeder, wie auch, daß sie nirgends berührt sind.

So[1] wird auch jedem leicht sein, die Verkehrtheit wahrzunehmen, welche in beiden entgegengesetzten Stämmen der ethischen Systeme in dieser Hinsicht obwaltet. Denn die **eudämonistischen** neigen sich zu einer Verachtung des Wissens, da es ihnen doch am leichtesten wäre, nicht nur das Haben der Erkenntnis, sondern auch schon das Hervorbringen derselben als einen Zustand eigentümlicher Lust aufzustellen, so daß sie nicht einmal das letztere auf eine unwürdige Art bloß als Mittel durchschleichen dürften. Die **praktischen** hingegen, denen dies wegen der ihnen fast allen gemeinen so sehr beschränkten Ansicht des Handelns schwer sein müßte, lieben vielmehr das Wissen und stellen sich an, als verstände es sich von selbst. Dieses unverständige Sich-Von-Selbst-Verstehen, wobei immer nur etwa von den Pflichten dessen die Rede ist, der da weiß oder wissen will, verbinde man mit dem Gegenstück, das Aristoteles dazu hergibt, welcher, bis auf einen gewissen Punkt hin klarer in der Verwirrung, das gesamte Wissen mit allem, was dazu gehört, als ein eigenes Gebiet

---

[1] Absatz nicht im Original.

von dem Sittlichen gänzlich trennt, und so in einem umfassenderen Sinn und folgerechter freilich der Vorläufer derer ist, welche das Philosophieren ebenso vom Leben absondern: so ergibt sich der ganze Umfang der Unbestimmtheit, welche nicht auf einem Verkennen der Aufgabe beruht, sondern auf der Unfähigkeit, sie zu lösen. Das beste Beispiel, wie in dieser Verlegenheit bald alles vorausgesetzt, bald alles hinweggenommen wird, gibt Fichte, welcher zuerst das Forschen als eine nur durch die Form zu bedingende Pflicht setzt, nämlich nur, daß es müsse geschehen um der Pflicht willen. Dann aber wird diese Pflicht eine übertragbare, so daß also nicht jedem obliegt, wissend zu sein, wie sittlich zu sein, sondern daß nur im allgemeinen, damit das Sittengesetz herrsche, gewußt werden muß, gleichviel, wie bei jedem äußeren Geschäft, ob jeder es für sich selbst vollbringe, oder wenige für alle. Und da nun das letzte nach einer allgemeinen Maxime das Bessere ist, so wissen nun nur die Gelehrten. Was sie aber wissen, ist teils das Sinnliche zum Behuf der Naturbearbeitung, wozu nach dem obigen das strenge Wissen keineswegs gehört; teils aber das Übersinnliche, um das Meinen der Gemeine zum Behuf der Anerkennung des Sittengesetzes zu verbessern und um die Ethik als Wissenschaft hervorzubringen. Welcher Kreislauf auf das zierlichste vollendet wird, wenn man fragt, warum die Ethik müsse gewußt werden, da doch dieses zur Herrschaft des Gesetzes gar nicht erfordert wird. Denn so ist die Ethik da für das Wissen und das Wissen für die Ethik, beide aber zu nichts, also zum Spiel, welches aber auch verboten ist, weil die Sittlichkeit beide, die Ethik und das Wissen verschmäht. So daß auch hier wieder nur Platon und Spinoza mit einigen richtigen Andeutungen übrigbleiben. Der erste, indem er bei dem Bestreben in jeder einzelnen wahren Vollkommenheit die ganze Sittlichkeit darzustellen, sie auch darstellt im Wissen; der letzte aber, indem bei ihm die Sittlichkeit überall im genauesten Verhältnis steht mit dem wahren Wissen, und zwar nicht etwa irgendeines einzelnen unmittelbar Praktischen, sondern mit dem Wissen des Ganzen. Daher es möglich sein muß, wiewohl er selbst es vernachlässiget hat, das gesamte Wissen sowohl als auch die rechte Art seiner Erwerbung und Gemeinschaft aus seinen Grundsätzen abzuleiten, und er hier noch den Vorzug vor Platon verdient. Wogegen in Absicht der Kunst das Verhältnis zwischen beiden ganz anders ist. Denn Platon ist fast der einzige, der die Kunst ohnerachtet des Hasses, dessen er im einzelnen gegen sie beschuldiget wird, im ganzen ordentlich ableitet und als ein Glied in sein ethisches System verwebt, wenngleich die Art und Weise etwas unförmlich ist und nicht so hell und bündig, als seine ersten Grundsätze es wohl zuließen. Beim Spinoza hingegen ist das vollkommenste Stillschweigen hierüber, und schwerlich möchte, wenn man ihn ergänzen wollte, die Kunst unter einer besseren Aufschrift geltend zu machen sein, als der eines doch nur zufälligen und unsichern Beförderungsmittels der Weisheit bei andern. So daß man sagen muß, sie werde von ihm herzhaft und im ganzen verworfen, und daß selbst das Leben des Spinoza als eine symbolische Andeutung erscheint, wie er den geringsten Dienst irgendeiner Wissenschaft für wichtiger und sittlicher gehalten. Gegen eine solche Verwerfung nun, der nichts weder mittelbar noch geradehin widerspricht, hat auch die Kritik nichts einzuwenden, und muß selbst den Mangel aller Polemik gegen das Verworfene nur als höhere Vollkommenheit achten. So aber ist es keineswegs bei den übrigen, welche im Gegenteil die Kunst fordern, jeder auf seine Art, alle aber ohne genügende Darlegung der Gründe, wodurch die Forderung bestimmt wird, und der Handlungen, welche sie selbst wiederum bestimmt. Der unstreitig am meisten dafür getan hat, ist Fichte, und doch ist auch bei ihm nur Verwirrung zu suchen in dem vielerlei Angefangenen und wieder Aufgegebenen. Nämlich zunächst ist sie ihm ethisch betrachtet auch nur ein Mittel, um der Sittlichkeit den Boden zu bereiten, selbst also kein Teil derselben. Woraus, wenn weiter gefolgert wird, einesteils sich ergibt, daß sie aufhören muß, sobald auch nur die Empfänglichkeit für das eigentlich Sittliche fest gegründet ist, und daß sie also in einer Ethik als Darstellung des wahrhaft Sittlichen in seinem ganzen Umfange keinen Raum findet; andernteils auch Zweifel entstehen könnten, zumal Unentbehrlichkeit des Mittels nicht mit erwiesen ist, über dessen Zweckmäßigkeit und Zulässigkeit, indem sich gar nicht abwägen läßt das Verhältnis des Erreichten zu dem großen und der Sittlichkeit unmittelbar entzogenen Aufwand menschlicher Kräfte. Was aber Fichte weiter sagt von der Kunst, gleichsam um jenem Mangel abzuhelfen, davon möchte einiges wunderlich scheinen. Denn was bedeutet wohl der Verband zwischen dem Verstand und dem Willen, und wie ist es mit dem ästhetischen Sinn, der zwar von selbst kommen muß, von dem aber nicht gesagt ist, daß er von selbst kommt? Oder wenn er ein eigentümliches Vermögen des Geistes ist, und zwar von solcher Wichtigkeit, wie mag doch die Ausbildung desselben zur Vollkommenheit ein übertragbares Geschäft sein? Oder wenn der Genuß der Kunstwerke eine ebenso vollkommene Ausbildung desselben ist, als deren Verfertigung, weshalb soll diese einen besondern Beruf bilden? Das andere aber, daß sie nämlich den transzendentalen Gesichtspunkt gemein mache, schwebt in einer solchen Dunkelheit, daß nun der Künstler entgegengesetzt scheint dem Weisheitslehrer, und daß der, welcher keines von beiden ist, schwanken muß zwischen ihnen ohne ein Gesetz, das ihn entweder ganz zu einem von beiden hintriebe oder ihre Forderungen bestimmte. So daß hier alles unbestimmt ist und ohne Haltung. Von Kant aber, der nur wie von ungefähr an der Kunst vorbeistreift, oder gar von andern zu reden, wäre unbelohnend, indem die Unbestimmtheit der Folgerungen die nämliche ist, die Flachheit und Dunkelheit der Gründe aber noch ärger. Die Alten nun haben hier eine leidliche Entschuldigung, welche den Fehler mildert und zurückwirft. Denn die nähere Bestimmung alles Wissens und Bildens, worauf es gehen und wie verteilt sein soll, ist bei ihnen anheimgestellt dem Staate. Daß aber und wie das Wissen und die Kunst mit des Staates, der bei ihnen alles in allem war,

Endzwecken zusammenhängt, dieses besonders abzuleiten unterließen sie als von selbst einleuchtend, indem die Verbindung der Staatskunst mit dem Wissen und der Kunst mit der Ehrfurcht vor den Göttern von keinem System bestritten wurde. Welcher Mangel freilich auch bei ihnen unwissenschaftlich bleibt, doch aber mehr die Schuld der Ausführung sein kann, als der herrschenden Ideen. Die Neueren hingegen können dergleichen nichts sagen; denn teils hängt die Kunst bei ihnen mit nichts Besonderem besonders zusammen, und sie hätte nur können durch ihren allgemeinen Zusammenhang mit allem gerechtfertigt werden; teils kann bei ihnen der Staat weder solche Befugnis haben, noch solche Dienste leisten wegen seiner in den meisten Darstellungen der Sittenlehre so höchst beschränkten Zwecke.

Doch[1] dieses ist ein neuer Gegenstand für die jetzige Anklage, welcher für sich verdient betrachtet zu werden. Denn wunderlicheres gibt es nicht als die lose Art, wie die bürgerliche Verbindung gekittet und gehalten wird, zumal in den neueren Darstellungen der Sittenlehre. Bedenken wir nämlich nur die beiden Gründe, auf einem von welchen sie fast überall ruht, so sieht man leicht, daß die allgemeine Glückseligkeit, welche der Staat beschaffen soll, nur in einer Sittenlehre des Genusses stattfinden kann. Oder wie könnte die entgegengesetzte einem für sie gar nicht ethischen Zweck eine Stelle einräumen, und zwar eine solche, auf welche bei jedem sittlichen Handeln fast muß hingesehen werden? Aber auch in der genießenden Ethik hat, wie hinlänglich gezeigt ist, das Besondere den Vorrang vor dem allgemeinen, und es fehlt ganz an einer Rechtfertigung dieser Idee einer allgemeinen Glückseligkeit, welche die besondere eines jeden überall zu beschränken und die besten Hilfsmittel ihr zu entziehen scheint. Ja bei einer so künstlichen und verwickelten Aufgabe würde sie sich vergeblich der Forderung entziehen, entweder ein bestimmtes Ideal der Verfassung zu zeichnen, oder den wohlbegründeten Ent-

e) Der Staat.

---

[1] Absatz nicht im Original.

wurf einer möglichen Mehrheit. Die gewöhnliche Ausflucht aber, als liege der Unterschied nur in der Verwaltung, mag wohl hinreichen denjenigen abzuweisen, der keine andere Verschiedenheit sieht, als in der Zusammensetzung der Gewaltzweige, muß aber dem nichtig erscheinen, der eben aus dem ethischen Standpunkt ganz andere wahrnimmt. Eben das läßt sich sagen, wenn etwa auch Sittenlehren dieser Art wollten den andern Grund des bürgerlichen Vereins geltend machen, nämlich den Schutz gegen das Unrecht. Oder gibt es etwa schon eine Ableitung des Rechts nach eudämonistischen Grundsätzen, und weiß nicht vielmehr jeder, wie sich die Lehrer der Glückseligkeit von einer dieser Ideen in die andere zurückziehen? Wieviel weniger also würden sie imstande sein, vollständig und zusammenhängend zu bestimmen, was nun aus dem Gebot, den Staat zu stiften, in dem ganzen Umfang der Sittlichkeit folgen muß, und wie nun die eigene Glückseligkeit durch die Idee der allgemeinen oder des Rechtes genauer bestimmt oder anders gewendet wird? Daher auch bei fast allen die ganz fremdartige Behandlung dieser Gegenstände. Legt man im Gegenteil diese Idee, der Staat sei da zu Abwehrung des Unrechts, der praktischen Sittenlehre bei: so ist offenbar, daß, da das Unrecht ein Unsittliches ist, der Staat mit dem Anfang der allgemeinen Sittlichkeit aufhören müsse. Welches auch vielen N e u e r e n nicht entgangen ist; wie der merkwürdige Ausspruch bezeugt, ein guter Staat sei daran zu erkennen, daß er sich neige und strebe, sich selbst entbehrlich zu machen. Weniger aber ist die natürliche Folge bemerkt worden, daß auf diese Weise auch dem Staat nichts dürfe zugeschoben werden, was auch im Zustande der allgemeinen Sittlichkeit muß gedacht werden. Denn sofern die Sittenlehre eigentlich diesen seinem ganzen Umfang nach darstellen soll, ist schon der Staat ausgeschlossen, und es darf mit ihm nicht das Mittel fehlen zur Konstruktion irgendeines wesentlichen Teiles jener Darstellung. So ist es auch zum Beispiel beim S p i n o z a, welcher den Staat ebenfalls nur als ein Verwahrungs- und Verbesserungsmittel aufstellt, dagegen aber auch, wenn man einzelne leicht zu bessernde Irrungen nicht rechnen will, nichts wahrhaft und vollkommen Sittliches von ihm ausschließend ableitet. Beurteilt man hingegen nach demselben Maßstabe, um die andern mit Stillschweigen zu übergehen, den vorzüglichsten der heutigen Sittenlehrer[1], und fügt hinzu, wie seine Kirche und seine gelehrte Gemeinschaft nicht minder hinfällig sind: so ist zu verwundern, wie sehr er hiegegen gefehlt hat. Und von hieraus ist es am leichtesten, über den Umfang der Ethik nach diesem System eine Musterung anzustellen. Denn wenn nun der Staat wegfällt als gesetzgebende Macht, so bleibt allerdings die freie Einsicht in die Art, wie jeder will behandelt sein, und die freie Enthaltung aller dem zuwiderlaufenden Handlungen. Ebenso, wenn die Kirche wegfällt, bleibt dennoch die Übereinstimmung in Hinsicht der auf das Übersinnliche gegründeten sittlichen Überzeugung. Aber fragt man nun weiter, was denn, nachdem alles, was bloß Zurüstung war, hinweggenommen worden, als der eigentliche und letzte Gegenstand dieser einstimmigen Überzeugung und jener frei gesetzlichen Behandlung übrig bleibt: dann möchte schwerlich etwas anderes aufzuzeigen sein, als die Beherrschung der Erde und die Verarbeitung ihrer Erzeugnisse. So daß eine gleichsam physiokratische Sittenlehre herauskommt, in welcher der Ackerbau das eins und alles ist dem Inhalt nach, die Form aber nicht besser beschrieben werden kann, als die freilich möglichst strenge und ausgedehnte Rechtlichkeit in Form der Formlosigkeit. Nur nicht zu vergessen, daß sich wiewohl sehr schlecht hinzufügen zwei mystische Anhänge, die Kunst nämlich und die Ehe, in welchen beiden alles zusammengepreßt ist, was sich außer jenem großen Gegenstande und unmittelbarer auf den Menschen selbst bezieht, dergleichen Kleinigkeiten nämlich, wie die Erhöhung seines Gesichtspunktes für das Ganze der Welt, die Ausbildung der liebenswürdigsten Eigenschaften seiner Natur, die endliche Verknüpfung seines Verstandes und Willens, und was sonst an diesen Orten zu lesen ist, auch wohl selbst bezeichnet wird als das höhere der

---
[1] Fichte.

Sittlichkeit. Welch ein schlechtes Ganzes nun dieses bildet, von jeder Seite angesehen, zu viel entweder oder zu wenig, das ist klar, und es deutet hin auf die Notwendigkeit, die propädeutische Ethik, die es nur mit den Vorübungen zur Sittlichkeit zu tun hat, entweder ganz aufzugeben, wie denn die Alten nichts davon wissen, oder ganz abzusondern, wie Spinoza getan, oder auf eine andere Weise mit der wahren Ethik zu verbinden, und den Einrichtungen der ersten einen solchen Grund unterzulegen und solche Gestalt zu geben, daß sie auch dem wahren und vollendeten Sittlichen zu dienen vermögen. Und wie die Alten die ganze Stärke ihrer Ethik setzten in den Staat allein, in einen solchen aber, der nicht etwa, wenn alle sittlich wären, zu Ende ginge, sondern dann erst seine ganze Vortrefflichkeit anfinge zu entwickeln und den Endzweck der größten gemeinschaftlichen Tätigkeit zu erreichen, in diesem Sinne sollten auch die Neueren einen Staat nicht nur haben, sondern eine Kirche, und was sonst noch dieser Art sich darbietet. Denn ob die verschiedenen Güter, welche hievon der Zweck sind, auch durch eine und dieselbe Verbindung zu erreichen wären, diese erfordert eine eigene nicht hierher gehörige Untersuchung, daher sie besser problematisch als Mehrheit zu denken sind.

III. Ungenügende Reduktion der ethischen Sätze auf Prinzipien.[1]

Einen dritten Fehler endlich hätte aus allem bisher einzeln Angeführten jeder von selbst entdecken können, und er darf deshalb nur mit kurzem berührt werden. Es ist der nämlich, daß auch mit demjenigen, was sie bestimmen, die Sittenlehrer nicht weit genug zurückgehen, sondern von solchen Bedingungen anfangen, welche doch kein Anfang sind, weil sie selbst nur können ethisch entstanden sein, so daß auch von ihnen erst muß gefragt werden, ob sie sittlich sind oder nicht. Oder um den nächsten und gemeinsten Fall zu bezeichnen, daß sie jedesmal den ihnen gegebenen Zustand der Dinge zum Grunde legen, ohne ihn selbst der Prü-

---

[1] Überschrift nicht im Original.

fung zu unterwerfen. Beispiele sind aus allen Teilen des ethischen Gebietes nicht schwer zu finden. So dürfen wir nur bei dem stehenbleiben, wovon zuletzt geredet worden, der Verfassung des Staates. Denn mehr oder minder geht jeder aus von den Formen, welche er kennt, ohne sie selbst ethisch entstehen zu lassen, oder zu fragen, ob nicht ganz andere ebenso auf diesem Wege möglich sind. So beziehen sich die Ideale der Griechen überall auf ein kleines Gebiet, auf die Voraussetzung der Sklaverei, und auch der Einfluß ihrer beschränkten Begriffe von Völkerverwandtschaft und ihres Gegensatzes von Hellenen und Barbaren ist überall dem Kundigen leicht zu spüren. Wäre eine Ethik vorhanden von einem Volke, bei welchem die Erblichkeit der Geschäfte und Zünfte eingeführt gewesen, so würde auch diese gewiß darin vorausgesetzt sein, und die Frage von der Wahl des Berufs keinen Raum haben. Ebenso ist bei den Alten allgemein die Voraussetzung eines untergeordneten und zurückgezogenen Zustandes für das weibliche Geschlecht, bei den Neueren hingegen die der Einheit und Unzertrennlichkeit der Ehe, ohne auch nur zu denken, es könne jemand einen Beweis davon verlangen, daß jede andere Gestaltung dieses Verhältnisses müßte unsittlich sein. Nicht anders aber würde der Morgenländer von der Vielweiberei ausgehen, und der nairische Sittenlehrer die Natürlichkeit und Sicherheit seiner Einrichtungen anpreisen. Denn wenn auch bisweilen die Fragen aufgeworfen wurden, ob wohl der Weise dürfe den Staat verwalten, oder Kinder erzeugen und ehelich werden, so hatten diese gar nicht den Sinn, ob solche Verhältnisse überhaupt dürften vorhanden sein, sondern sie bezogen sich nur auf diejenige Form derselben, von welcher allein konnte die Rede sein. Ferner, wenn von den Pflichten der verschiedenen Stände gehandelt wird, bringen die Neueren jedesmal die eben vorhandene Einrichtung derselben mit. Und in dem Abschnitte von der sittlichen Ansicht der äußeren Güter wird fast immer vorausgesetzt, daß sie dem Zufall unterworfen sind, ohnerachtet doch dieser Zufall beruht teils auf den willkürlichen Handlungen der Menschen, teils auf der Art, wie sie gemeinschaftlich die Natur beherrschen, und also ebenfalls ethisch müßte gebildet und berichtiget werden. Auch die Stoiker in ihren Trostgründen bei Unfällen und in ihren Vorschriften, um sich über das Unglück zu erheben, setzen immer die damalige Ohnmacht des Menschen voraus, und denken an nichts anderes. Ja auch in der Fichteschen Sittenlehre, welche weiter als andere zurückgeht in ihren Ableitungen, sieht nicht jeder an dem Unzusammenhange der Folgerungen, daß sie das dem gegenwärtigen Ähnliche nicht gefunden, sondern sich mit Gewalt einen Weg dahin gebahnt hat, weil sie eben nirgends anders anzukommen gewußt? Denn wie gewaltsam und durch welche Mißdeutungen ist nicht der Begriff des Symbols in das System gezogen, um die Kirche aufzurichten? Und das Prinzip der Teilung der Stände hätte es nicht ebenso leicht auf eine Erblichkeit aller Geschäfte führen können, als auf jene Einrichtung, aus welcher dennoch kein vollständiger Bestimmungsgrund hervorgeht? Selbst von dem ersten Punkt an, wo die Ableitung der Ehe angeht, hätte gar leicht statt ihrer der Weg gefunden werden können zu einer vollkommenen Gemeinschaft der Weiber. Dieses jedoch mag jeder selbst herausfinden, dem Nachrechnungen solcher Art geläufig sind; so wie auch jedem überlassen bleibt, von hieher gehörigen Fehlern aller Systeme noch eine größere Anzahl aufzusuchen in allen Teilen des ethischen Gebietes, welches besonders in den bis jetzt vorhandenen eudämonistischen Sittenlehren ein schwer zu beendigendes Geschäft sein würde. Die Folge aber von diesem Anfangen auf halbem Wege ist die, daß niemals das vollkommene Sittliche dargestellt wird, welches der Grundidee eines jeden Systems angemessen wäre, sondern daß vielmehr das Unsittliche festgehalten wird. Denn wenn ein Zustand, der den Keim desselben enthält, unbedingt gesetzt wird als ein Moment, welches bei Bestimmung des Sittlichen muß in Anschlag gebracht werden: so muß ja alles auf diese Art Bestimmte noch unsittlich sein, und kann nur sittlich werden, wenn zugleich die Aufgabe, jenes zu berichtigen, ein anderes Moment ist in derselben Berechnung. Setzet zum Beispiel die Tapferkeit, wie sie von vielen eingeschränkt wird, bloß als den pflichtmäßigen Kriegesmut: so ist sie eine Tugend, welche lediglich auf der Voraussetzung eines Unsittlichen beruht; denn niemand wird leugnen, daß ein Krieg nur beginnen kann durch eine unsittliche Handlung. Wird ihr nun nicht beigelegt das Bewußtsein dieser Bedingtheit, sondern vielmehr ein solches Bestreben, sich immerfort tätig zu erweisen, wie es in jeder wahren Tugend muß gedacht werden, so ist sie offenbar unsittlich. Kommt nun etwa anderwärts zum Ersatz eine Gesinnung vor, welche den Ausbruch der Gewalt hindern soll: so entsteht zwischen beiden, es sei nun offenbar oder versteckt, unfehlbar eine Art von Widerstreit. Dasselbe wird sich auch ergeben bei solchen Mängeln, welche allgemeiner durch das Handeln eines jeden können und sollen hinweggenommen werden; wie wenn die Rede ist vom Verhalten gegen Vorurteile, oder von dem Werte, welcher zu legen ist auf eine herrschende, aber ungegründete öffentliche Meinung. So daß überall dieses Anfangen auf halbem Wege und bei dem schon Verdorbenen eine neue und reichliche Quelle sein muß von sogenannten Kollisionen eines Sittlichen mit dem anderen; und so lange noch irgend etwas selbst von menschlichem Handeln Abhängiges als unbewegliche Bedingung des Sittlichen gesetzt wird, fehlt es in der Sittenlehre an Zuversicht des Inhaltes und an vollständiger Haltung. Ja, wo ein offenbarer Widerspruch in einem ethischen System angetroffen wird, da ist gewiß auch in Verbindung damit ein Mangel dieser Art anzutreffen. Was zum Beispiel ist widersprechender, als daß Kant eine Pflicht annimmt für seine Glückseligkeit zu sorgen? Hätte er aber nur den Grundsatz festgehalten, daß auf dem Gebiet der Ethik nichts gegeben ist, sondern alles erst muß gemacht werden, welcher aber freilich demjenigen schwerlich recht klar sein kann, für den die Sittlichkeit nur eine beschränkende Natur hat: so würde er anstatt jener widersinnigen Pflicht nur die Aufgabe gefunden haben, die gesetzliche Geselligkeit so zu gestalten, daß das zur fortgesetzten Tätigkeit nötige Wohlbefinden aus der vorigen Tätigkeit regelmäßig erfolgt; welche Aufgabe, wenn sie vollständig gelöst wird, keine Notwendigkeit mehr übrig läßt, auf diesem Gebiet etwas Eigenes und Besonderes zu tun der Glückseligkeit wegen. Auch von dem Selbstmorde der Stoiker möchte der Grund größtenteils in einem Mangel dieser Art zu suchen sein. Unter den Neueren zwar hat Fichte in einer Stelle sehr deutlich gesagt, daß es für die Sittlichkeit nicht genug sei, den vorhandenen Bedingungen zu genügen, sondern daß es auch darauf ankomme, sie zu verbessern. Allein teils ist dieses bei ihm nur eine leere Formel, indem nichts in seinem System danach wirklich ausgeführt ist, vielmehr an den wenigen Stellen, wo er wirklich auf Verbesserung des Vorhandenen ausgeht, wie zum Beispiel bei der Umstürzung des Notstaates durch erstwelchen Biedermann, und bei der Veränderung des Symbols erlaubt er sich ein höchst tumultuarisches Verfahren, und an andern Stellen, wo die Verbesserung ebenso dringend wäre, wie bei der Einteilung der Stände, übersieht er sie gänzlich. Teils auch, wenn er diese Maxime überall richtig befolgt hätte, ist sie doch viel zu beschränkt, um der Ethik die Vollständigkeit ihres Inhaltes von dieser Seite zu sichern. Denn jeder sieht, daß die Sittenlehre, wenn sie bei ihren Bestimmungen von vorhandenen Bedingungen ausgeht, entweder ihre Anwendbarkeit beschränkt, sofern sie über den besonderen Fall das Allgemeine verabsäumt, oder daß sie sich eine unendliche Aufgabe setzt, wenn sie durch die Aufzählung alles Besonderen das Allgemeine herbeischaffen will. Sondern, indem sie das vollendet Sittliche darstellen will in seinem Sein, muß es in solchen Formeln geschehen, daß darin auch, wie sein annäherndes Werden für jede angenommene Bedingung zu konstruieren sei, muß können gefunden werden. Doch dieses hängt so genau zusammen mit dem, was den Gegenstand des zweiten Abschnittes ausmacht, daß es hier mag zur Seite gelegt werden, um es dort unter einer andern Gestalt wieder aufzunehmen.

Zweiter Abschnitt.
Von der Vollkommenheit der ethischen Systeme in Absicht auf deren Gestalt.

Der Anfang dieses letzten Teiles unserer Untersuchung möge gemacht werden von einer Mißgestaltung, welche sich dem ersten Anblick nicht als ein Mangel ankündigt, sondern als ein Überfluß, nämlich von dem Ansetzen einer Kasuistik und Asketik an die eigentliche und unmittelbare systematische Abhandlung der Ethik. Nicht mit Unrecht freilich könnte es manchem vielleicht scheinen, als ob zu wenige Sittenlehrer diese Fächer angebaut hätten, um ihrer zu erwähnen bei einer nur das Große betreffenden Untersuchung. Denn unter den rein philosophischen Sittenlehrern, von welchen doch mit Ausschluß der religiösen hier allein geredet wird, möchte leicht Kant der einzige sein von Bedeutung, der beides ausdrücklich aufführt. Und auch, könnte einer hinzufügen, sein Beispiel hinreichend, um die Sache in ihrer Nichtigkeit darzustellen. Denn die ganze Einteilung in Elementarlehre und Methodenlehre, durch welche allein der Platz ausgemittelt wird für die Asketik, ist ja der Sittenlehre gar nicht angemessen, und scheint nur aus Anhänglichkeit entstanden zu sein an die längstgewohnte Gestalt seiner kritischen Werke. So daß man sagen möchte, die Asketik sei mehr hingestellt, um den Platz auszufüllen, als der Platz ersonnen ihres Inhaltes wegen. Zumal auch diese Asketik eigentlich leer gelassen ist, weil ja nirgends Mittel und Wege aufgezeigt sind, um die wackere und fröhliche Gemütsstimmung zu erwerben, noch auch erwiesen, daß etwa jeder sie von selbst haben müsse, und sich nur erhalten dürfe. Nicht besser ist es mit der Didaktik bestellt, welche teils nur ein Abschnitt ist aus der Erziehungskunst, die doch, wenn sie zugegeben wird, eine besondere Wissenschaft sein müßte, wenngleich von der Ethik abgeleitet, teils aber bei Kant eigentlich

Kasuistik und Asketik.

gar nicht in Betracht kommen darf, dessen erster Grundsatz ja die Beförderung fremder Vollkommenheit leugnet. Seine Asketik ist also schon ihrer Nachbarschaft und ihres Ortes wegen verdächtig; seine Kasuistik aber, welche keinen eigenen Ort hat und keine Nachbarschaft, teilt wenigstens mit jener den Vorwurf der Leerheit, da sie sich fast ausschließend mit müßigen und kindischen Fragen beschäftiget, oder mit solchen, welche des Urhebers Abneigung beurkunden gegen sein eigenes Werk. Allein es mag Kant uns hier nur gelten als irgendein gleichviel welches Beispiel, nur vorzüglich wegen der Ausführlichkeit, womit er diese Gegenstände vor Augen stellt, um, ohne auf sein Eigentümliches dabei zu sehen, durch genauer Betrachtung der Sache selbst zu zeigen, daß auch andere, wenngleich weniger ausgeführt und noch gestaltloser, dasselbe mit ihm gemein haben. Denn wenn wir fragen, was die Kasuistik eigentlich sei, so ist es nicht etwa, wie auf den ersten Anblick scheinen möchte, eine Anweisung, schwierige einzelne Fälle unter die ethischen Vorschriften oder die in der Ethik angegebenen Begriffe richtig zu befassen. Sondern vielmehr aus dem Gesichtspunkt muß man sie ansehen, daß sie durch Vergleichung mit solchen Fällen, welche gleichsam an der Grenze liegen, erst den Sinn und Umfang der Formeln genauer festzusetzen sucht. Denn die aufgeworfenen Fragen sind immer darauf gestellt, als Versuche die Grenzen der ethischen Formeln zu bestimmen, es sei nun einer an sich oder mehrerer gegeneinander; wie zum Beispiel bei Kant, inwieweit man müsse sich selbst abbrechen, um wohltätig zu sein, oder die Frage, wo nun im Gebrauch der Sprachzeichen die Unwahrheit angehe, ob bei dem buchstäblichen Sinn, oder bei der durch stillschweigende Übereinkunft festgesetzten Bedeutung; oder was eigentlich seine größte kasuistische Frage ist, ob nicht etwa das Wohlwollen solle unter die gleichgültigen Dinge gezählt werden. Das nämliche würden alle Beispiele aus der religiösen Sittenlehre ausweisen, wo es auch immer darauf angelegt ist, den Umfang der Heiligkeit eines Gegenstandes zu bestimmen oder die Grenzen eines göttlichen Gebotes.

Auch die Vergleichung, wie Marcus Cicero sie anstellt, zwischen einem Pflichtmäßigen und dem andern, welches das Größere sei, ist in gleichem Sinne eine Kasuistik, nur daß sie sich vor andern dem ersten Anblick dadurch empfiehlt, daß sie nur das Verhältnis mehrerer Formeln gegeneinander bestimmen soll. Welcher Vorzug jedoch nur ein Schein ist. Denn wenn nicht jedes kleinere Pflichtmäßige gänzlich verschwinden soll gegen jedes größere: so entsteht hier die Frage, wo doch die Vergleichung anhebe, nämlich wie klein in jedem einzelnen Falle das Wichtigere sein dürfe, um dem größeren Unwichtigen voranzugehen; welches doch immer die Frage ist über den Sinn und die Grenzen jeder Formel für sich. Daß aber diese Bestimmung kein besonderer Teil der Wissenschaft sein könne, leuchtet ein. Denn wie sollte wohl ein Teil das Setzen der Formeln in sich enthalten, ein anderer aber die Bestimmung ihrer Grenzen, da ja ohne diese auch im ersten nichts gesetzt ist, und keine Ordnung kann gewesen sein, nach welcher dabei zu Werke gegangen worden. Allein auch, wie Kant getan hat, sie gleich hier und dort oder auch überall dem Hauptteil einzustreuen, kann nicht für besser gelten: denn so wird doch die Grenze einer jeden nur nach einer Seite hin bestimmt in Beziehung auf das bereits Festgestellte, jedes folgende aber muß auch wieder neue kasuistische Fragen veranlassen im Gebiete des vorigen. Auch ist Kants rechtfertigende Ableitung der Kasuistik der offenherzigste Fingerzeig über ihren eigentlichen Ursprung. Denn es erhellt daraus ganz deutlich, daß die Unbestimmtheit der Formeln das Bedürfnis derselben veranlaßt, dieselbe, welche oben von uns ist getadelt worden bei Übersicht der gewöhnlichen Behandlung des Pflichtbegriffs. Daher auch bei jeder Behandlung der Ethik nach dem Pflichtbegriff bis jetzt die Kasuistik ist am deutlichsten ans Licht getreten. Wiewohl wenn man bedenkt, wie im einzelnen Tugend und Pflicht fast überall verwechselt werden, und wie schlecht auch alle Einteilungen des Tugendbegriffs uns erschienen sind, man nicht zweifeln kann, daß auch in einer solchen Behandlung dieser Auswuchs nicht fehlen werde. Am wenigsten scheint demselben ausgesetzt zu sein diejenige Ethik, welche dem Begriff der Güter nachginge, bei welchem die Unbestimmtheit sich so groß und vielfach nicht gezeigt hat. Jedoch mag auch dieses leicht nur der sparsamen Bearbeitung nach dieser Methode zu zu verdanken sein; und der mangelhafte systematische sowohl als ethische Sinn würde auch wohl den klarsten und leichtesten Begriff, wenn er sich dessen bemächtiget hätte, verdunkelt und verdorben haben. Indes geben die Begriffe der Güter und der Tugend noch eine andere entschuldigende Vorstellung von der Möglichkeit eines solchen Mißgriffs. Nämlich wenn nach diesen Begriffen und ihren abgeleiteten Formeln die Tat für einen gegebenen Fall soll bestimmt werden: so kann es, weil jene Begriffe diesem Geschäft nicht angemessen sind, nicht anders geschehen als vermittelst eines solchen Versuchmachens, wie es die Kasuistik uns darstellt. Denn wie man auch die Frage löse, so wird immer scheinen nur ein Gut befördert zu sein, und eine Tugend geübt, die andere aber zurückgesetzt, versteht sich, insofern die Sittlichkeit eines Systems jenen fast überall gefundenen Charakter des Negativen an sich trägt, bei welchem sich an dem Einzelnen, durch eine Beschränkung gebildeten die Fülle unmöglich wahrnehmen läßt, welche auch der Forderung von Verbindung aller Güter und aller Tugenden Genüge leistet. So daß unter jener Voraussetzung die Kasuistik allen Systemen der Ethik natürlich ist, insofern darin entweder aus den Begriffen der Güter und Tugenden die einzelne Tat soll gefunden, oder die nach der Pflichtformel gefundene mit den Forderungen jener Begriffe verglichen werden.

Eine[1] ähnliche Bewandtnis nun hat es mit der Asketik. Diese nämlich soll vorstellen eine Technik der Sittenlehre, eine Methode gleichsam, um sich sittlich zu machen oder sittlicher, oder um sich im einzelnen die Ausübung des Pflichtmäßigen zu erleichtern. So daß auch sie zunächst nur in Beziehung auf den Pflicht- und Tugendbegriff stattfindet, der Begriff der Güter aber weniger

---
[1] Absatz nicht im Original.

auf sie hinführt. Daß nun eine solche Übung, sofern sie aus einer eigenen Reihe bestimmter Handlungen bestehen soll, in der Ethik nicht kann gefordert und aufgestellt werden, davon sind schon oben die Gründe auseinandergesetzt worden, da nämlich, wo gezeigt wurde, wie unstatthaft es wäre in der Ethik, etwas als Mittel zu setzen. Denn bei einer Behandlung der Ethik nach dem Pflichtbegriff kann die Asketik nur angesehen werden als der Inbegriff aller inneren Mittel. Da nun dem obigen zufolge in jedem Augenblick die schon erworbene Tugend soll in Tätigkeit gesetzt werden, um die Pflichten des Berufes zu üben, ebenso aber in jedem Augenblick etwas zu tun wäre zu Erhöhung der Tugend, so würden diese Reihen in der Ausübung einander widerstreiten, und selbst wenn das Geforderte jedesmal zusammenträfe, wäre ohne die Überzeugung von der Notwendigkeit dieses Zusammentreffens doch eine von beiden Forderungen in der Absicht des Handelnden unerfüllt geblieben. Wird aber die Ethik nach dem Tugendbegriff behandelt, so daß die Tugend als eine wachsende Fertigkeit dargestellt wird, welches das Eigentümliche ausmacht in dem System der Vervollkommnung: so entsteht der nämliche Gegensatz, nur umgekehrt. Hier nämlich wird die Asketik alles, und dagegen wird die eigentliche Ethik mit ihren Forderungen nur zufällig befriedigt. Nur aus dem Begriff der Güter angesehen können beide in dieser Hinsicht nebeneinander bestehen, indem die Tugend, als Fertigkeit angesehen, selbst ein Gut ist, und ihr Hervorbringen also ein Teil der allgemeinen Forderung. Doch dieses betrifft das Reale der Sache, und sei nur beiläufig gesagt, da hier ja zunächst die Rede ist von dem Formalen. Über dieses aber ist folgendes zu bemerken. Zuerst nämlich wenn man den letztgedachten Fall annimmt: so ist freilich nicht zu sehen, wie die Anweisung, dieses Gut hervorzubringen, mehr im Streit sein sollte mit dem Ganzen der Ethik, als die über irgendein anderes; ebensowenig aber, warum sie einen eigenen Teil oder Anhang der Wissenschaft ausmachen sollte mehr als irgendeine, und nicht zum Beispiel die Kunst, den Reichtum ethisch zu vermehren, oder die Ökonomik und tausend andere ebenso müßten behandelt werden. Dann aber auch könnte unter allen diesen keine uns Vorschriften geben zu irgendeinem bestimmten Handeln, weil ja in jedem alle Güter müssen befördert werden, so daß sie ebensowenig als die Kasuistik die rechte Verbindung sein kann zwischen der Behandlung der Ethik nach einem andern und der nach dem Pflichtbegriff. Ferner aber, wenn man von dieser letzten Behandlung ausgeht, und zwar so unvollkommen wie da, wo sie auch eine Kasuistik hervorbringt, und wenn man sich die Asketik neben dieser Kasuistik denkt, so verflechten sich beide wunderbarlich ineinander. Nämlich die Kasuistik in der Ausübung als Fertigkeit gedacht müßte ebensogut ihre besondere Asketik haben als die Ethik selbst, und so auch die Asketik auf jene unvollständigen und unbestimmten Begriffe von Pflichten und Tugenden bezogen ihre Kasuistik. So daß beide als ein künstliches Netz die so gestaltete Ethik ohne Ausweg bestricken und ihren verbotenen Umgang mit dem Unverstande offenbaren zur belachenswerten Schau. Allein außerdem, wie sollte wohl die Asketik irgendeine wissenschaftliche Gestalt haben können? Denn zweierlei läßt sich nur tun, um sie zu teilen und zu gliedern. Entweder die Tugend wird geteilt, und es wird gesetzt, es fehle dem an diesem, jenem an einem andern. Dann aber kann Stärkungsmittel für den schwachen Teil nur sein entweder ein anderer; wodurch die Teilung wieder aufgehoben würde, indem was als Wirkung und Ursach verbunden ist, nicht zugleich kann gedacht werden in der Verbindung, welche stattfindet zwischen Teilen desselbigen Ganzen. Oder für alle dasselbe, nämlich Übung durch Handeln und Vorübung durch Denken. Dann aber bestände die Asketik aus zwei ganz ungleichartigen Teilen, deren jeder schon anderswohin gehört, nämlich die Teilung des Tugendbegriffs in die Behandlung der Ethik nach demselben, der allgemeine Satz aber, daß sie nur gestärkt wird durch sittliches Handeln und

Denken, dahin, wo jeder die Übereinstimmung jedes ersten Begriffs mit den übrigen und dem Ganzen auseinanderzusetzen gedenkt. Woraus genugsam erhellt, daß sie der Wahrheit nach nichts anderes ist als ein einzelnes Beispiel jener Übereinstimmung, welches nur fragmentarisch und unwissenschaftlich zu einem eigenen ausgedehnten Ganzen kann verarbeitet werden. Daher bewährt sich sehr verständig die Einteilung der Alten in die wissenschaftliche Sittenlehre und die paränetische als eine auf die Ethik gemachte Anwendung von jener allgemeinen aller Erkenntnis in die esoterische und exoterische. Denn hierin liegt ja deutlich das Eingeständnis, daß nicht im Gegenstande etwas soll unterschieden werden, sondern nur in der Behandlung, also der Gegenstand ganz derselbe sein muß. Wenn nun gewiß keiner bezweifeln kann, daß die paränetische Ethik ganz gleich ist der Asketik, und daß auch diese nichts anderes ist als die Ethik selbst, nur, wie es sich fürs Volk geziemt, vom einzelnen ausgehend und durch dargestellte Übereinstimmung des einzelnen sich erst als Ganzes bewährend: so hätte ja jene Einteilung billig zur Warnungstafel dienen müssen für jeden späteren wissenschaftlichen Bearbeiter, nicht wie Kant gerade der wissenschaftlichsten Form der Sittenlehre jene nicht etwa als Anhang beizufügen, sondern als einen wesentlichen Teil einzuverleiben. Auch von dieser Verirrung also ist ein subjektiver Grund aufzusuchen in dem Geist der verschiedenen Systeme, und wird gewiß gefunden werden in eben jener schon gerügten Vorstellung der Sittlichkeit als eines nur Beschränkenden und nicht Ursprünglichen. Und zwar in den praktischen besonders, sofern diese überall nur die Rechtlichkeit hervortreten lassen, und daher immer den Stachel des Bewußtseins fühlen, daß kein einzelnes der ganzen ethischen Forderung entspreche. In den eudämonistischen aber, insofern das zu Beschränkende gleichartig ist dem Sittlichen und nur dem Maße nach verschieden, so daß durch dieses immer auch jenes mit genährt wird, wogegen ein besonderes Hilfsmittel außer dem jedesmaligen sittlichen scheint erfordert zu werden.

Diese[1] Vorstellungen von dem Sinne der Kasuistik und Asketik und ihren Ursachen festhaltend, werden wir beide auch unangekündigt überall finden, wo jene Veranlassungen vorhanden sind. Aristoteles zum Beispiel ist die Kasuistik nur ein Ausbruch der Dialektik wegen der Unbestimmtheit der einzelnen Begriffe, die bei der Beschaffenheit seines Begriffes von Tugend unvermeidlich war, und er entschuldigt sie sich leicht nach seiner vorklagenden Überzeugung von der Unwissenschaftlichkeit der Ethik. Doch beziehen sich seine zerstreuten Fragen dieser Art weniger auf die rohe Unbestimmtheit der realen Begriffe, wodurch sie bei Kant hauptsächlich bewirkt werden, sondern mehr teils auf die Unbestimmtheit der metaphysischen Vorbegriffe, teils auf den Widerstreit des rein Sittlichen mit den nicht selbst auch ethisch konstruierten Bedingungen, unter denen es soll wirklich gemacht werden. Epikorus bedarf einer ausgeführten Kasuistik, um die Begriffe von der Lust der Beruhigung und der Lust des Reizes zu sondern, und sie würde ausführlicher sein müssen als jemals eine ist vorgetragen worden, wenn es nicht im Geiste des Eudämonismus überflüssig, ja fast lächerlich wäre, die gebietende Darstellung des Sittlichen zu derjenigen Schärfe zu treiben, welche doch die Wissenschaft fordert. Ebenso bedarf er einer Asketik, um den Schmerz und die Furcht zu verhüten, unter welchen letzteren Titel, weil er den Trieb nach Erkenntnis als eine natürliche Aufforderung nicht genug in Anschlag bringt, bei ihm fast alles gehört, was sich auf die Reinigung und Verbesserung des Verstandes bezieht. Und eben dieses ist eine sonderbare Mißbildung seiner Ethik, welche fast mit allem Fehlerhaften derselben zusammenhängt, daß der Schmerz zwar, sofern er ein Erzeugnis des willkürlichen Handelns sein kann oder doch unter dessen Einfluß steht, durch das Sittliche selbst ohne fremde Veranstaltung aufgehoben wird, die Furcht aber, welche immer aus der Tätigkeit der geistigen Kraft hervorgeht, einer anderen an und für sich nicht sittlichen Hilfe

---

[1] Absatz nicht im Original.

bedarf, und also einer Asketik mit einem eigenen der Ethik fremden Inhalte. Hiezu nun bildet Spinoza den vollkommensten Gegensatz. Denn man kann freilich sagen, daß auch bei ihm alles, was zur Verbesserung des Verstandes angeraten wird, asketisch sei: allein wie bei ihm die Tugend eigentümlich erscheint als ein lebendiges Wissen, und als solches vollendet dargestellt wird in der Ethik, so ist auch jene Asketik nichts anderes als dasselbige Wissen in seinem Werden dargestellt, als Lösung der Aufgabe des Verstandes. Daher sie auch keineswegs ein Anhang der Ethik ist und in dieser nichts von jener vermißt wird; außer wenn jemand das in des Spinoza anschaulicher Darstellung Verbundene erst trennen, und die sittliche Gesinnung oder das sittliche Handeln in Beziehung auf einzelne Fälle einseitig betrachten wollte, und so, daß er das, was sich nicht unmittelbar auf den vorhandenen Gegenstand bezieht, nicht abgesondert dächte, sondern vernichtet, welches eben die Quelle so vieler Fehler ist bei den andern. Ebenso aber müßte auch bei denen, welche die Tugend als ein Handeln und Wirken darstellen, einleuchtend gemacht werden, wie sie durch sich selbst sich erweitert und vervollkommnet, und wie die Methode, sie hervorzubringen, nichts anderes enthalten könne als was auch die Darstellung ihres Wesens enthält. Diesem Urbilde aber möchte unter allen, die es anerkennen müßten, nur Platon entsprechen, für den es leicht wäre, eine solche Probe anzufertigen; wie denn bei ihm selbst von einer besonderen Asketik mit einem eigenen Inhalt auch nicht die leisesten Spuren sich zeigen, nicht einmal, wo es am ehesten zu erwarten wäre, in seiner Politik und Erziehungslehre. Bei dem besten hingegen unter den Neueren, bei Fichte, zeigen sich zerstreut gleichfalls Kasuistik sowohl als Asketik, sich ankündigend durch formlosen Trotz und Verzagtheit. Aber nur zerstreut; und keiner bilde sich ein, daß etwa seine mittelbaren Pflichten ein asketisches System bildeten neben der Ethik, weil er nämlich sagt, sie bezögen sich auf die Zurüstung des Menschen zum Werkzeuge des Gesetzes, welches bei ihm, der sich so streng an den Pflichtbegriff hält, dasselbe sei, wie bei andern die Vorübung zur Tugend. Denn diese gehen unmittelbar nicht darauf aus, die Tüchtigkeit des Menschen zu erhöhen, und was von dieser Art vorkommt, ist entweder nicht sittlich, nämlich die bloße Übung, oder es beruht auf einem anderen nicht hieher gehörigen auch sonst schon gerügten Mißverstand. Sondern sie stellen nur dar die Besitznehmung und Erhaltung eines eigenen Raumes für sein bestimmtes Handeln, und ihre Absonderung ist nur jene schon gerügte, gar nicht ethische Trennung des Anfangs der Handlung von ihrem natürlichen Fortschreiten. Vielmehr in der andern Abteilung wird der Suchende finden vieles, was nicht für sich als sittlich aufgestellt ist, dennoch gefordert als Mittel, um die Ausübung eines Sittlichen zu erleichtern, und er wird eine ganze asketische Reihe entdecken, vom kleineren zum größeren fortschreitend, von einzelnen Vorschriften, wie die der Sparsamkeit, unbestimmt wie sie ist als Mittel zur gleichfalls unbestimmten Wohltätigkeit, bis zu großen und zusammengesetzten Anstalten wie die Kirche und das gelehrte Publikum, denn beide gehören doch bei ihm fast nur zum asketischen Getriebe. Kasuistisch aber sind offenbar alle jene formalen Maximen vom Nicht-Zeit-Haben zu dem und jenem, vom Warten auf das Darbieten der Pflicht und Tugend, von dem Einfluß des ersten Punktes, auf welchem der Mensch sich findet. Denn was ist anders ihr Geschäft, als die Verwandlung der für sich unbestimmten realen Vorschriften in bestimmte anzuordnen und zu bewirken? So daß auch hier in dem Fehlerhaften dennoch Fichte sich auszeichnet vor den andern durch eine höhere wissenschaftliche Würde, indem er nicht einzelne Fragen aufwirft und beantwortet, sondern Regeln gibt, um alle gleichartigen im allgemeinen zu entscheiden. Wie es aber diesen Regeln selbst an fester Begründung mangelt, wie sie keinen festen Ort haben, noch auch haben können, wo ihre Rechte eingetragen wären, und wie sie ebenfalls mit jenen Fehlern zusammenhängen, aus denen auch anderwärts die Kasuistik entspringt, dieses kann nun aus vielen bereits gegebenen Andeutungen jeder sich selbst wiederholend zusammenfügen.

Ferner indem in beiden jetzt gerügten Fehlern sich das Bedürfnis offenbart, einer Darstellung der Ethik nach einem der drei Hauptbegriffe etwas hinzuzufügen, das einer andern angehört: so entsteht die Frage, ob ein solches verdächtiges Bedürfnis jeder nicht alle jene Begriffe umfassenden Darstellung natürlich ist, oder welcher von ihnen der Vorzug gebührt, sich hierin selbstgenügsamer zu beweisen. Diese nun zuerst in Beziehung auf das Vorhandene beantwortet, so ist leicht zu entscheiden, daß, solange die Begriffe von Pflicht und Tugend nicht richtiger ins Auge gefaßt und fester gehalten werden, als dem obigen zufolge bisher geschehen ist, es unmöglich sein muß, die Sittenlehre durch sie irgend befriedigend darzustellen. Denn wenn der Pflichtbegriff nur eine nie zu beendigende Teilbarkeit zeigt, und nichts Reales für ihn sich darbietet, und der Tugendbegriff im Gegenteil nicht auseinander will und trotz aller Bemühungen eine Einfachheit bewährt, die jeder Analyse trotzt, wie sollten sie zu irgendeiner wissenschaftlichen Darstellung gedeihen? Und wie sollte nicht das unvermeidliche Gefühl des Leeren und Verfehlten jeden Schutz ergreifen, um sich dahinter zu verbergen? Welchen Schutz jeder von diesen Begriffen in dem Gebiete des andern suchen wird oder des nur dunkel geahnten Dritten. Auf die Sache selbst aber gesehen und die mögliche bessere Behandlung dieser Begriffe, so ist nicht minder einleuchtend, daß jeder für sich die Ethik nur einseitig darstellen kann, und nur so, wie sie durch eine zufällige Wahrnehmung gefunden oder durch ein besonderes Bedürfnis aufgegeben erscheint. Denn wer sich der Ethik nur nach Anleitung des Pflichtbegriffes bemächtiget hat, wird noch nicht imstande sein, im einzelnen das Sittliche in die Formel der Gesinnungen umzusetzen, und ebenso umgekehrt; und da beides so genau zusammenhängt, so wird jeder auf irgendeine Art aus der andern Quelle ergänzen, was eine für sich nicht gewähren will.

Welche Sittenlehre, die nicht alle drei Hauptbegriffe enthält, ist relativ am vollständigsten?

Ja schon die Bedürfnisse, sowohl das, ein gültiges Gesetz der Entscheidung zu finden im Streite menschlicher Neigungen, als auch jenes, das sittliche Gefühl als ein Gegebenes zu erklären und die Denkungsart genau zu unterscheiden, welcher es folgt, sind von der Art, daß in einer wissenschaftlichen Gestalt aufgelöst diese dem Gegenstande zu groß zu sein scheint, und niemand weiß, wohin sie eigentlich gehört. Denn jenes Gefühl als ein wahres und notwendiges im voraus anzunehmen, ist schon voreilig und unwissenschaftlich. Hat sich aber die wissenschaftliche Erkenntnis der menschlichen Natur so weit entwickelt, daß es sich als ein solches bewährt, so ist die Analyse desselben nur ein kleiner Teil von der Erkenntnis des Menschen als eines besonderen Naturwesens, und ein Vorwand muß gesucht werden, ihr eine höhere Stelle anzuweisen. Welcher Vorwurf beide Behandlungen der Ethik trifft, die von der Pflicht ausgehende und die von der Tugend. Hier nun zeigt sich keine andere Rettung, wo sie auch gesucht würde, als in dem Begriff der Güter, der allein kosmisch ist und von einer Aufgabe ausgeht, welcher, wenn sie auch nicht aus der Idee eines Systems menschlicher Erkenntnis ausgegangen ist, doch ihre Stelle in derselben niemand bestreiten wird. Denn wenn die Lösung jener ganz subjektiven Aufgabe zusammentrifft mit der einer so durchaus objektiven, **was nämlich der Mensch bilden und darstellen soll in sich wie außer sich**, nur dann ist ein Ruhepunkt gefunden, und eine Rechtfertigung des wissenschaftlichen Bestrebens. Der Begriff der Güter aber und die Aufgabe, auf welche er sich zunächst bezieht, bedürfen selbst wieder jener beiden zur Bewährung ihrer Realität. Denn es muß aufgezeigt werden für das, was dargestellt werden soll, das Vermögen in der menschlichen Natur und die Regel für das dabei zu beobachtende Verfahren. Sonach scheint mit Beiseitsetzung der höheren Ansprüche, welcher wir uns gleich anfänglich begaben, der wissenschaftlichen Gestalt der Ethik so notwendig zu sein eine Vereinigung jener drei Begriffe, daß sie, wenn nicht auf dem richtigen Wege gefunden, wenigstens auf einem falschen von jedem muß gesucht werden. Offenbar aber kann diese Vereinigung nicht bestehen in dem bloßen Zusammenstellen jener drei Behandlungen der Ethik. Denn da allem obigen zufolge das Sittliche im einzelnen jedesmal in einer andern Gestalt erscheint, je nachdem es unter einen andern von jenen drei Begriffen gebracht wird, und durch eine solche Zusammenstellung gerade nur das einzelne ins Licht gesetzt würde: so könne, anstatt ihre Übereinstimmung anschaulich zu machen, auf diesem Wege nur der Schein ihrer Unabhängigkeit und Verschiedenheit noch verführerischer gemacht werden. Sondern das Wesen dieser Vereinigung liegt in der Reduktion jener verschiedenen Gestalten des Sittlichen, welche, wenn sie überzeugend sein soll und allgemein, nicht vom einzelnen darf aufs einzelne gehen, was auch schon die Natur der Sache verbietet, noch auch vom Ganzen aufs einzelne, sondern nur vom Ganzen aufs Ganze. **So daß alles ankommt auf die Reduktion der Formeln, durch welche das Gesetz bezeichnet wird, oder der Weise, auf die des höchsten Gutes.** Hiernach nun entsteht allerdings jeder Ethik ein formaler Teil, welcher unentbehrlich alle jene Formeln enthält, und ihre Übereinstimmung dartut, dann ein realer, welcher freilich nur dann ganz vollständig sein wird, wenn er das Sittliche nach allen drei Begriffen der Pflichten, der Tugenden und der Güter darstellt. Ist jedoch auch nur eine dieser Darstellungen richtig geleistet, so wird durch jenen formalen Teil unnötig jeder verunstaltete Zusatz, indem, die Reduktion im ganzen vorausgeschickt, ihre Anwendung auf das einzelne nur ein Versuch ist, durch den jeder die Richtigkeit sich anschaulich machen kann, der aber in die Behandlung der Wissenschaft nicht mehr gehört. Über den Vorzug jener vollständigen Darstellung vor diesen einzelnen ist nicht nötig, etwas zu erwähnen; und wenn die Ethik erst als ein Glied eines allgemeinen Systems menschlicher Erkenntnis wird bearbeitet werden, möchte schwerlich eine andere als solche zu dulden sein. Wird aber gefragt nach etwanigen Vorzügen irgendeiner von den einzelnen Darstellungsarten vor den übrigen, so ergibt sich hierüber aus dem obigen das Gegenteil von der Meinung, welche fast allgemein angetroffen wird. Denn zu dem großen Vorzug, welchen die Neueren dem Pflichtbegriff eingeräumt haben, entdeckt sich keine Ursach; vielmehr ist er nach allem obigen für jetzt noch weiter entfernt eine taugliche Ethik zu gewähren, als der Begriff der Güter, wenn sich jemand dessen bedienen wollte. So daß eine Täuschung scheint hiebei zum Grunde zu liegen, daß er nämlich nur verglichen worden ist mit dem Begriff der Tugend, und zwar weniger in Hinsicht auf das Hervorbringen der Wissenschaft, als auf deren Anwendung im Leben. Denn weil unter dem Pflichtbegriff das Sittliche als Teil erscheint: so scheint nach demselben leichter, das, was in jedem Augenblick geschehen soll, zu finden. Sieht man aber auf das oben Gesagte, daß nämlich auch die Pflichtformeln, wenn sie genügen sollen und in Übereinstimmung stehen mit den andern, so müssen eingerichtet sein, daß nur unter Voraussetzung der sittlichen Gesinnung und durch diese ihre Anwendung im einzelnen kann gefunden werden: so ist nicht zu sehen, warum nicht selbst die Tugendformeln das nämliche leisten sollten, und es scheint nur eine Erleichterung geträumt zu sein zum Auffinden der fälschlich sogenannten Legalität, bei welcher nämlich die Gesinnung fehlt. Ebenso ist zwar der Tugendbegriff für jetzt noch nicht so bearbeitet, daß eine Ethik daraus könnte erbaut werden; seine Unzulänglichkeit aber besteht doch auch nur in der schwierigeren Anwendung, und eine auf ihn sich beziehende vollständige Darstellung des Sittlichen kann an sich nicht für unmöglich gehalten werden. Eines wesentlichen Vorzuges also möchte sich nur der Begriff der Güter rühmen können, und unter Voraussetzung jenes formalen Teiles möchte auch er einer sichern Anwendung fähig sein, bei welcher, wenn anders die Gesinnung vorhanden ist, auch dem Irrtum am wenigsten Spielraum bliebe.

Doch[1] diese Vergleichung nur beiläufig, da von seiten der Form bei richtiger Behandlung wohl kein Unterschied möchte zu finden sein. Von hieraus aber, nämlich von der eingesehenen Notwendigkeit die Übereinstimmung der Formeln darzulegen, und erst auf diese das Reale zu gründen, eröffnet sich die Ansicht auf viele Unförmlichkeiten der bisherigen Sittenlehren, auf große und allgemeine sowohl als auf einzelne, welche jedoch hieher gehören, sofern sie eben aus dem Mangel an richtiger Form des Ganzen entstanden sind und denselben verdecken sollen. So ist zuerst verwirrt und unförmlich die Art, wie die Stoiker alle drei Behandlungen der Ethik zusammenfügen, ohne sie zu vereinigen. Oder wie könnte eine irgend klare Einsicht in die Natur und den Zusammenhang dieser Begriffe ein so ganz schlechtes Ganze hervorgebracht haben, als ihre bekannten Abschnitte oder Örter uns darbieten? Die unwahrscheinlichen Sätze nun vom Weisen, welche, wenn auch von den Cynikern entlehnt, doch in das System aufgenommen eigentlich keinen Ort haben in allen diesen Örtern, können formal nicht anders verstanden werden, als daß sie ein Behelf sein sollen, um die verabsäumte Reduktion der ethischen Ideen zu ergänzen. Nämlich sie laufen lediglich darauf hinaus, im einzelnen zu zeigen, daß die unter der Idee des Weisen dargestellte sittliche Gesinnung hinreiche, um das Sittliche, wie es im Abschnitte von den Gütern dargestellt ist, vollkommen hervorzubringen. Denn umgedeutet wenigstens aus dem peripatetischen Sinn in den cynischen ist auch den Stoikern alles ein Gut, was jene Sätze dem Weisen nachrühmen, der Reichtum und das Königtum mit allem übrigen. Ferner bei Fichte muß es jedem als eine große Unförmlichkeit auffallen, daß zuerst die Frage nach der Pflicht abgeteilt wird in die zwei Fragen, was geschehen solle, und wie es geschehen solle, dann aber diese letztere auf eine von der ersten so ganz unterschiedene, dem Pflichtbegriff nicht angemessene Art behandelt, und dabei zurückgegangen wird, bis in eine Gegend, welche ebenso hoch oder höher liegt als der Pflicht-

Mangelhafte Zusammenfügung der Teile.

---
[1] Absatz nicht im Original.

begriff selbst, von welchem doch ist ausgegangen worden. Dies nun erklärt sich ebenfalls aus dem hier angeregten Bedürfnis. Es ist nämlich dieser Teil der Untersuchung gar nicht ein Teil der Behandlung des Pflichtbegriffs, sondern eine Behandlung des Tugendbegriffs und Anknüpfung desselben an die dieser Philosophie ersten Glieder der Erkenntnis. Die Art aber, wie sie gestellt ist, soll die durch die Natur der Sache geforderte Verknüpfung beider Begriffe scheinbar ergänzen. Ebenso wenn Fichte und andere der Abhandlung des Pflichtbegriffes eine Übersicht hinzufügen von dem, was nun durch Erfüllung dieser Pflichten in der Welt geleistet wird und hervorgebracht: so ist auch dieses nichts anderes, als eine unförmliche und tumultuarische Stellvertretung für die verabsäumte Reduktion des Pflichtbegriffes auf den Begriff der Güter.

Reine — angewandte Sittenlehre.

Anstatt jener hier geforderten Einteilung nun in die vereinigende Auseinandersetzung des Formalen und die fortschreitende Darstellung des Realen findet sich in manchen Sittenlehren der Neueren teils wirklich ausgeführt, teils wenigstens vorausgesetzt und angedeutet eine andere Einteilung, welche anders als jene und nicht bei allen auf gleiche Weise das Reale absondert vom Formalen, die Einteilung nämlich in eine reine Sittenlehre und eine angewendete. Zwischen welchen beiden einige die Grenze so ziehen, daß die erste dasjenige enthalte, was gleichsam vor der menschlichen Natur und ohne Hinsicht auf ihre besondere Beschaffenheit kann ethisch gesetzt werden, die andere aber alles, was sich nach erlangter Erkenntnis der besonderen Verhältnisse der menschlichen Natur genauer bestimmen läßt. Auf diese Weise aber kann jene nicht nur, wie Fichte ihr mit Recht vorwirft, nichts Reales enthalten, sondern auch nicht einmal das Formale umfassen. Denn sollen die Formeln des Gesetzes oder des Weisen oder des höchsten Gutes etwas so weit Bestimmtes enthalten, daß sich dadurch ein System der Ethik von den andern unterscheiden läßt, und anders mögen sie doch ihre Stelle nicht erfüllen, so muß irgend etwas gesetzt sein, worauf sich jedes System auf eigene Weise beziehen kann. Absolut aber vor der menschlichen Natur kann nichts gesetzt sein, als die durch das bloße Denken geforderten und gegebenen Gesetze desselben. Wonach in diesen Grenzen jenen Formeln kein Inhalt kann zugewiesen werden, sondern nur ihre Form ausgesprochen, nämlich die Allgemeinheit der Maximen, das Wechselverhältnis der Tugenden, die Kompossibilität der Güter. Offenbar also muß in der angewendeten Sittenlehre ihr Inhalt erst anderswoher begründet oder eingeschlichen werden, und auf dieses positive und reale Prinzip, welches es auch sei, kann dann jene formale Bedingung nicht anders angewendet werden als prüfend und beschränkend. Hieraus nun erhellt genugsam, daß diese Einteilung in solchem Sinne nur da stattfinden wird, wo der Charakter der Sittlichkeit darin besteht, die Natur zu beschränken. Welche Ansicht sich auch hier durch die schlechte Form, welche sie hervorbringt, als dem Erbauen der Wissenschaft ungünstig verrät. Denn solche Einteilung muß jeden systematischen Sinn beleidigen, weil sie nicht etwa das Fremde vom Realen trennt, sondern jenes selbst in zwei Elemente zerfällt, und diese ganz voneinander reißt, das Negative noch dazu als das Höchste obenan stellend. In diesem Sinne wäre bei Kant das eigentlich Ethische in seiner Kritik der praktischen Vernunft und seiner Grundlegung zur Metaphysik der Sitten die reine Ethik, diese Metaphysik selbst aber die angewendete; und es bedarf schwerlich noch eines andern Beispieles, um den erhobenen Tadel zu beurkunden, so deutlich zeigt sich hier die Trennung dessen, was vereinigt sein sollte, und die schlecht verkittete und übertünchte Verknüpfung dessen, was gesondert sein müßte. Andere im Gegenteil sondern durch eine gleichnamige Einteilung das Reale der Ethik in zwei verschiedene Teile, indem sie der reinen Sittenlehre diejenigen Vorschriften zuweisen, welche allgemeiner Art sind und aus der Natur des Menschen selbst, oder was sonst zum Objekte der Pflicht gemacht wird, zu verstehen.

Die angewendete aber enthält solche, die sich auf ein Besonderes beziehen, welches nur erkannt werden kann in der Erfahrung, auf bestimmte Zustände nämlich und Verhältnisse. Eine solche Einteilung setzt auch Kant voraus in seiner Tugendlehre, vielleicht um einiges daraus verbannen zu können, weil sie in diesem Sinn genommen die reine Sittenlehre sein soll. Wiewohl er am wenigsten berechtiget gewesen wäre, das Schwankende dieses Verfahrens nicht wahrzunehmen. Denn wenn wie bei ihm die menschliche Natur nicht irgendwoher abgeleitet, sondern auch nur aufgefaßt ist: so verschwindet jeder bestimmte Unterschied zwischen dem Allgemeinen und Besonderen. Daher ist nicht einzusehen, warum zum Beispiel das, was sich auf den Unterschied der Geschlechter bezieht, mehr der reinen Ethik angehören soll, als was von der Mannigfaltigkeit der Gemütsarten ausgeht; oder warum auf den Unterschied der Erwachsenen und der Kinder ein ganzer Abschnitt der Ethik sich gründet, dessen aber zwischen den Kräftigen und den Abgelebten auch gar nicht gedacht wird. Auf der andern Seite aber hat er sehr Unrecht getan, die Ausführung dieser angewendeten Ethik als eine Nebensache zu vernachlässigen, da er nicht imstande war, in der reinen die Gründe befriedigend aufzustellen zu den ethischen Bestimmungen, welche sich auf jenes Besondere beziehen. Woraus zugleich erhellt, daß seine angewendete Ethik, ausgeführt, keineswegs nur Anwendungen enthalten dürfte, sondern auch für sich von vorn anfangen müßte; welches teils eine Folge ist von der Unstatthaftigkeit der Einteilung, teils von der unrichtigen und verworrenen Art, den Pflichtbegriff zu behandeln. Ist aber im Gegenteil die menschliche Natur, wie es auch sei, abgeleitet und konstruiert: so muß mit dem Allgemeinen zugleich auch der Ort gefunden sein für das Besondere, und eben deshalb auch die reine Ethik schon die Gründe enthalten zu den ethischen Bestimmungen aller Gestalten, in denen es vorkommen kann. Und da überdies das Besondere seiner Natur nach unendlich ist und unerschöpflich, so fehlt es wiederum am Entscheidungsgrunde, welches nun den Vorzug erhalten soll, wiederum als das Allgemeine des Besondern dargestellt zu werden. Und so scheint die wissenschaftliche Behandlung, wie sie aus jenem Grunde nicht notwendig ist, aus diesem auch nicht möglich zu sein.

Ferner,[1] wird überlegt, daß das Besondere und Zufällige, womit die angewendete Ethik sich beschäftigen soll, nicht etwa ein solches ist, das durch Naturnotwendigkeit so und nicht anders gegeben ist, sondern immer durch willkürliches Handeln hervorgegangen, gleichviel, ob durch eigenes oder gemeinschaftliches: so sieht man leicht, wie diese Einteilung zusammenhängt mit jenem Fehler, irgend etwas als absolut gegeben anzusehen in der Ethik, welcher sich schon als ein solcher erwiesen hat, der die ersten Bedingungen ihrer Wissenschaftlichkeit aufhebt. Daher natürlich auch diese Form, welche er veranlaßt, nicht bestehen kann. Denn ist nach gewöhnlicher Weise die Ethik aus dem Pflichtbegriff dargestellt, und es wollte zur Beschützung jener Einteilung gesagt werden, es sei doch in Hinsicht auf einen unvollkommenen ethischen Zustand zweierlei erforderlich, einmal freilich ihn zu verbessern, dann aber auch ihm, wie er ist, Genüge zu leisten: so weiset gerade jene Behandlung dieses Vorworts zurück, weil in der pflichtmäßigen Tat beides jedesmal muß vereiniget sein. Ist aber die Ethik unter dem Begriff der Güter dargestellt, so enthält die Beschreibung eines jeden die Formel, in welcher die ganze Reihe der Veränderungen irgendeines ethischen Zustandes eingewickelt enthalten ist von seiner ersten Bearbeitung an bis zu seiner Vollendung. Wie sollte es also zugestanden werden, aus diesen Reihen einzelne Momente in einem besondern Teile der Ethik besonders zu entwickeln? Ja, selbst wenn diese Entwicklung als Gegenstück einer im ganzen nach dem Begriff der Güter behandelten Ethik sollte dem Pflichtbegriff unterworfen werden, eben um jene häufig angedeutete, aber nirgends ausgeführte Verknüpfung des Behandelns und Verbesserns endlich darzustellen, welches gewiß die verständigste Ansicht wäre: so eignet

---

[1] Absatz nicht im Original.

sich doch ein wirklicher bestimmter Zustand nicht zu einer solchen wissenschaftlichen Darstellung, sondern die richtige Behandlung desselben ist vielmehr die künstlerische und selbstbildende Anwendung, welche ein jeder zu machen hat von der ihm als Richtmaß geltenden Ethik. Denn die Wissenschaft kann nur vereinzelt darstellen erst dieses Verhältnis, dann jenes; in einem wirklichen Zustande aber läßt sich nichts vereinzeln, sondern ein jedes Verhältnis hängt zusammen mit der Art, wie auch die übrigen bestimmt sind, ohne daß jedoch irgend die sämtlichen Bedingungen eines wirklichen gegebenen Momentes ein Ganzes ausmachen, welches durch bestimmte Formeln darzustellen wäre. Über keinen Gegenstand also würde etwas können ausgesagt werden, bis er seine Einzelheit verloren, und sich gleichsam unter den Händen verwandelt hätte in ein Ganzes mit mehreren; und anstatt Regeln auf viele ähnliche Fälle anwendbar an die Hand zu geben, könnte dieser Teil der Ethik mit Recht nur Entscheidungen enthalten über einzelne ganz bestimmte Fälle. Das scheinbare Bedürfnis aber nach einer solchen angewendeten Ethik ist unstreitig daher entstanden, weil durch Einwirkung eben jenes Fehlers auch das, was als reine Ethik gegeben wurde, größtenteils nicht allgemeingültig war und das Ganze umfassend, sondern von Voraussetzungen ausgehend, welche nur eine bedingte Gültigkeit übrig ließen, und also nur einer gewissen Zeit angemessen, wovon oben Beispiele genug angegeben wurden. Denn dieses unzulängliche Verfahren einmal mit der Wirklichkeit befangen, konnte eher bei dem herrschenden Geist zu dem noch bestimmteren herabgeführt werden, als zu dem höheren und unbedingten hinauf. **Die wahre Darstellung der Ethik** aber darf sich, wie bereits gesagt, auf keine, weder eine ganz bestimmte noch eine längere und unbestimmte Zeit beschränken, sondern **muß ganz allgemein sein**; nicht so nämlich, daß sie von dem Inhalt irgendeiner Zeit hinwegsieht, sondern so, daß sie den von einer jeden umfaßt. Ja in demselben Maße, als die Gegenwart sich durch sie bestimmen läßt, muß sie auch historisch die Vergangenheit und prophetisch die Zukunft bestimmen. **Denn nur indem ihm seine Stelle bestimmt wird in der Reihe der ethischen Fortschritte, wird das Vergangene eigentlich erkannt und gewürdigt; und was die Zukunft betrifft, so ist ebenso alles Erfinden, insofern es nicht etwa nur ein Entdecken ist wie in der Naturwissenschaft, eigentlich ethisch, und in der Ethik liegen die Prinzipien der von vielen gesuchten Erfindungslehre.** Hievon werden sich Beispiele einem jeden aufdrängen. Oder erscheint nicht vieles von dem, was jetzt Besseres anzutreffen ist in unsern geselligen und andern Verhältnissen, als Auflösung der Widersprüche, an welchen diese Verhältnisse sonst litten? Und kann man zweifeln, daß eben dieses auch durch Rechnung hätte können gefunden werden, wenn jemand den sittlichen Zustand verglichen hätte mit den ethischen Forderungen? Ebenso, wie manches ist schon ehedem dagewesen, was unserer Überlegung besser erscheint als das jetzige, und jeder wird einsehen, daß es schwerlich hätte verschwinden können, wenn es in seinem sittlichen Wert wäre erkannt und auch so aufgefaßt worden. **Denn nur was zufällig da ist in menschlichen Dingen ist vergänglich.** Nicht anders aber muß auch aus dem, was jetzt noch ein Gegenstand ähnlicher Klagen ist, sich berechnen lassen, was die Zukunft wird erfinden müssen, um ihnen abzuhelfen. Nur daß die Ethik selbst nichts weiter als die Formeln enthält, nach denen diese Berechnungen anzulegen sind, ihre Anwendungen selbst aber liegen außerhalb ihres Gebietes.

Endlich haben noch andere sich desselben Namens bedient, 3. um einen andern Unterschied zu bezeichnen, nämlich zwischen der Ethik selbst und einigen untergeordneten Wissenschaften, welche ihr auf eine besondere Art angehören, indem sie Zweck und Grundsätze von ihr entlehnen, doch aber auch jede ein eigenes Ganzes für sich ausmachen, kurz auf eine Art, welche genau zu bestimmen nicht wenig schwer fällt. Jedoch auch ohne den Namen findet sich dieselbe Verbindung solcher Wissenschaften mit der Ethik auch anderwärts, so daß die Prüfung dieser Form um so weniger kann übergangen werden, da sie die Ethik durch den glänzenden Schein vergrößert, als werde in ihr wirklich ein ganzer wissenschaftlicher Cyklus dargestellt. Auf den ersten Anblick nun könnte man Ähnlichkeit finden zwischen diesem Verhältnis und dem der reinen Größenlehre zu der angewendeten; der näheren Betrachtung aber muß die gänzliche Verschiedenheit bald einleuchten. Denn die Gegenstände, auf welche sich die Wissenschaften der angewendeten Größenlehre beziehen, sind keineswegs durch die reine gefunden oder in ihr abgeleitet, sondern sie müssen anderwärts her gesetzt werden, ja im Gegenteil ihre Wahrnehmung muß gewissermaßen vorausgesetzt werden, damit nur die Aufgabe entstehe, die reine Größenlehre zu suchen. So daß die Anwendung der Wahrheiten dieser letztern auf jene nur ist teils ein Zurücksehen auf dasjenige, wovon vorher ist hinweggesehen worden, teils ein Hinsehen auf ein fremdes, und nicht etwa untergeordnetes, sondern höheres Gebiet, nämlich das der physischen Kräfte. Ganz das Gegenteil aber findet statt in Hinsicht der Ethik und der ihr untergeordneten Wissenschaften. Denn die Staatskunst zum Beispiel, die Erziehungslehre, die Haushaltungskunst, als welche vorzüglich in diesem Sinne die angewendete Sittenlehre ausmachen, alle diese können in der Wissenschaft nur existieren in der Voraussetzung einer ethischen Aufgabe, und können auf die Ethik nur bezogen werden, nicht inwiefern sie durch ein besonderes, von ihr unabhängiges Bedürfnis aufgegeben sind, indem sie so angesehen vielmehr im Widerspruch mit ihr stehen müßten, sondern lediglich inwiefern ihre Idee ist in der Ethik gefunden worden. Welches jedoch nur gilt von derjenigen Ethik, welche als ursprünglich und selbst hervorbringend gedacht wird; dagegen jene Ähnlichkeit mit der Größenlehre allerdings besteht für diejenige Ansicht, welcher das Sittliche nur beschränkend ist, der Stoff zur Beschränkung aber ihm überall muß von außen gegeben sein, indem denn auch jene Aufgaben aus dem sinnlichen Bedürfnis entspringen, und nur verlangt wird, ihre Behandlung übereinstimmend zu machen mit den Forderungen der Ethik. Und dieses gibt allerdings, wenn sonst keine Ursach sollte zu finden sein, eine Andeutung über den Ursprung einer sonst unerklärlichen Mißgestaltung.

Doch[1] nur beiläufig von dieser Vergleichung und mehr als genug, da die Sache an sich selbst betrachtet das eben Gefundene so sehr bestätiget. Denn von dem Gesichtspunkt der **selbsttätigen Sittlichkeit** aus muß die Idee jeder Wissenschaft in der Ethik gefunden und ihre Ausführung aufgegeben sein, weil sonst das Streben danach keine Zeit ausfüllen und gar nicht dürfte vorhanden sein. Hiernach also wären alle Wissenschaften einander gleich, und keine entweder oder alle müßten der angewandten Ethik zugehören. Der Unterschied aber, welcher sich eröffnet, ist dieser, daß bei allen eigentlichen spekulativen Wissenschaften das Einzelne keiner ethischen Beurteilung weiter unterworfen ist, **außer als Tat in der Zeit**, nicht aber als Theorem in Beziehung auf seinen Inhalt, sondern so ist es nur den Gesetzen der Erkenntnis unterworfen. Wodurch also die Behandlung dieser Wissenschaften als ein Fremdartiges aus der Ethik gänzlich entfernt wird, und sie von der Ethik aus nur erscheint als die anderweitig zu bestimmende Technik des aufgegebenen Zweckes. So wird, um nicht ganz kahl zu reden, in der Ethik auch gefordert die Sternkunde, und **als Tat** ist allerdings auch ethisch zu beurteilen, ob gerade dieser sich damit beschäftigen solle oder nicht, und ob gerade jetzt oder nicht: ob aber nach dieser oder einer andern Voraussetzung die Bahn eines Gestirns zu suchen ist, und ob es richtig sei, die Nebelflecke als Milchstraßen zu betrachten oder nicht: dieses, wie alles, was den Inhalt betrifft, hat keine Berührung mehr mit der Sittenlehre. Praktische Wissenschaften dagegen, deren Inhalt aus Vorschriften besteht zu einem eigentlich sogenannten Handeln, welches auch einzeln und für sich

a) Einzelne Gründe gegen diese Scheidung.

---

[1] Absatz nicht im Original.

mit den ethischen Zwecken zusammenhängt, sind nicht nur durch die Ethik aufgegeben, sondern auch alles einzelne in ihnen ist selbst wieder ethisch zu beurteilen. So zum Beispiel von der Erziehungskunst ist nicht nur die allgemeine Aufgabe, auf die Belebung der geistigen Kräfte der Jugend richtig zu wirken, in der Ethik gegründet; sondern auch jede Vorschrift, welche dazu erteilt wird, ob zum Beispiel durch willkürliche Verknüpfung mit fremdartigen angenehmen Folgen die Tätigkeit der geistigen Kraft dürfe unterstützt und gelenkt werden, darf nicht technisch allein nach der Tauglichkeit zum Zweck beurteilt werden, sondern muß auch der ethischen Prüfung nach der Zusammenstimmung aller Zwecke gewachsen sein. Soll aber der allgemeine Zweck gleich in dieser Beziehung so ausgedrückt werden, daß jeder ethische Fehler auch ein technischer würde, so wird alsdann gewiß auch alles Technische ethisch, und die Ursach' geht ganz verloren, diese Theorie als eine besondere aus der Behandlung der Sittenlehre abzuscheiden. Nicht anders die Kunst des Haushaltes, oder um der dürftigen und mißverstandenen Benennung zu entfliehen, die Lehre von Vermehrung des Reichtums; denn sie ist ebenfalls nicht nur durch die Ethik aufgegeben, sondern auch jeder einzelne Fortschritt zum Zwecke kann an und für sich nichts anderes sein als eine sittliche Handlung, die allen Gesetzen der Ethik gemäß sein muß; so daß also bei Verfolgung dieser Aufgabe der ethische Standpunkt ununterbrochen der herrschende bleibt, ja der einzige. Das nämliche gilt auch von der Staatskunst, wie jedem von selbst einleuchten muß. Wie also können diese von dem angenommenen Standpunkte aus eigene und abgesonderte wissenschaftliche Ganze bilden, da doch ihre Teile untereinander nicht genauer oder nach einem andern Gesetz zusammenhängen, als jeder einzelne und alle zusammen mit dem größeren Ganzen, von welchem sie sollen getrennt werden? Auch läßt sich leicht weissagen, daß, wenn ein solcher, dem eine reale und selbsthervorbringende Ethik vorschwebt, eine von diesen abgeleiteten

Wissenschaften einzeln bearbeiten wollte, wie jetzt Schwarz[1] angefangen hat mit der Erziehungslehre, er entweder von selbst, wenngleich ohne deutlich zu wissen warum, nicht eine streng wissenschaftliche Form wählen wird, oder diese nicht wird festhalten können, sondern sich genötigt sehen, bei jedem einzelnen Gegenstand und vielleicht öfter in die Ethik zurückzugehen und diese selbst zerstückelt mit hervorzubringen. Füglicher aber, und vielleicht ausschließend, läßt sich eine solche Trennung denken aus dem Standpunkte der negativen Ethik, welche nicht alle jene Zwecke selbst aussinnt, sondern sie bereits findet, aufgegeben durch irgendein anderes Bedürfnis. Daher sie nicht mit Unrecht diese Lehren der Ethik anhängt in der Gestalt, welche diese ihnen gegeben hat durch äußere Begrenzung sowohl, als durch innere Bearbeitung. Denn hier ist offenbar, teils daß sie nicht eins ausmachen können mit der Ethik, teils auch, daß das Ganze mit dieser auf eine sehr verschiedene Art zusammenhängt von der, welche die Teile desselben untereinander verbindet und die Einheit der Wissenschaft bestimmt. Jedoch kann vor der Kritik dieser Ursprung, auch wenn er befriedigend erwiesen ist, die Sache nicht verdammen; sondern es muß gefragt werden, ob sie überhaupt bestehen kann oder nicht, und hier springt folgendes in die Augen. Zuerst ist diese Form überall nur höchst unvollständig ausgeführt, und so, daß jedes wirklich vorhandene Glied aus dem rechten Gesichtspunkt betrachtet auf dies Bedürfnis von andern würde hingeführt haben. So zum Beispiel, wenn die Erziehungslehre ein eigenes Ganze sein soll von der oben beschriebenen Aufgabe ausgehend, so erscheint sie entweder nur als ein willkürlich abgesondertes Stück einer allgemeinen Theorie des Umganges und der geistigen Einwirkung der Menschen aufeinander; oder wenn das Einseitige darin ein unterscheidendes Merkmal ausmacht, so müßten wenigstens alle andern intellektual ungleichen Verhältnisse der Menschen mit diesem zu gleichen Rechten behandelt sein.

---

[1] Karl Schwarz, stark von Schleiermacher beeinflußt.

Und warum sollten nicht diesen zusammen die gegenseitigen Einwirkungen und die gleichen Verhältnisse mit denselben Ansprüchen gegenüberstehen? Ferner in der Haushaltungskunst kann der Reichtum angesehen werden entweder als Mittel zur Darstellung sittlicher Ideen überhaupt, welches jedoch dem obigen zufolge weniger ethisch sein würde, oder auch selbst als Darstellung einer solchen Idee, nämlich **der bildenden Herrschaft des Menschen über das Leblose**. Weder aber ist das Materiale im ersten Falle das einzige Darstellungsmittel überhaupt, noch auch in dem andern zeigt sich die Herrschaft des Menschen allein in der Vermehrung der beweglichen realen oder symbolischen Erzeugnisse: sondern es ist auch sowohl das Formale ein Darstellungsmittel überhaupt, als auch die Vermehrung und Verbesserung der Formen ein Produkt der bildenden Gewalt des Menschen. Daher müßte mit der Theorie des Reichtums entweder als eins verbunden sein oder ihr als entsprechend gegenüberstehen die Theorie zur Erweiterung und Verbesserung der Sprache und der Kunst, sie mögen nun angesehen werden von seiten der Darstellung oder von seiten des Genusses. Beide Vernachlässigungen nun, die erste sowohl als die letzte, scheinen ihren Grund nirgends anders zu haben, als in der Vernachlässigung des Besonderen und dem Begnügen im Allgemeinen. Denn wenn es mit der Erziehung auf nichts abgesehen ist, als auf das Hervorbringen der Rechtlichkeit und der gemeinnützigen Kultur, so braucht ihr allerdings nichts anderes gegenüberzustehen als der Staat, in dessen Einrichtungen sich ja der Idee nach alle Mittel vereinigen sollen, dasselbe hervorzubringen in allen, die bereits in seinen Wirkungskreis eingetreten sind. Ebenso, wenn nur dasjenige soll dargestellt werden, das zum Allgemeinen gehört, so reicht allerdings das Materiale hin, und die Kultur des Formalen wird übersehen, indem sich dieses nur zur Darstellung des Besonderen eignet. Ebenso endlich müßte der Theorie des Staates in der **praktischen Ethik** sowohl, wo er einen unmittelbaren Wert hat, als auch in der **genießenden**, die ihn nur als Notmittel gebraucht, gegenüberstehen die Theorie der wissenschaftlichen und der religiösen Gemeinschaft. Beide aber sind nirgends weder als eigene Wissenschaften noch als Veranstaltungen des Staates gehörig behandelt. Von der Religion nun ist nichts zu sagen, wenn man sich des ethischen Druckes erinnert, unter welchem das freie Kombinationsvermögen existiert: denn so wird sie natürlich dem einen nur ein Werkzeug des ethischen Wissens, dem andern aber ein untergeordnetes und zufälliges, nur unter gewissen Umständen anwendbares Mittel. Das Übersehen der wissenschaftlichen Verbindung aber gründet sich offenbar in der Negativität der Sittenlehre. Denn hier wäre die Vereinigung nicht beschränkend, wie beim Staat und zum Teil auch bei der Kirche, sondern erweiternd, und diese also durch die Sittenlehre zu fordern würde voraussetzen, daß die Aufgabe des Wissens aus der ethischen unmittelbar hervorgegangen wäre. Ganz anders freilich ist es zu beurteilen, wenn bei den Alten die Staatskunst allein gleichsam die ganze angewendete Sittenlehre in dieser Hinsicht ausmacht. Denn weil alles Bürgerliche bei ihnen so sehr als irgend etwas selbsttätig war, der Umfang der Religion mit dem des Staates von selbst zusammenfiel, und das Wissen noch viel zu wenig ausgebreitet und organisiert war, so fanden sie keine Ursach zu diesen für uns so einleuchtenden Absonderungen.

Doch[1] über das einzelne, wie es wirklich dasteht, genug, um die Widersprüche der Form anzudeuten, durch welche das Gebäude ganz das Ansehen des Zufälligen erhält. Denn die letzte Ent- b) Allgemeiner scheidung gibt nur das zweite, was in die Augen fällt. Dieses Einwurf. nämlich, daß, wenn eine vollständige Behandlung solcher angewendeten Ethik die den gegebenen entsprechenden Teile überall hinzufügte, alsdann bald alle reale Vorschriften unter diesen Teil sich stellen würden, der reinen Ethik aber nichts übrig bleiben, als das Formale in seiner gewöhnlichen Dürftigkeit. Sonach aber würde auch die vollständigste Behandlung des Realen immer jenen Anschein des Zufälligen behalten, weil ohne Ableitung aus

---

[1] Absatz nicht im Original.

dem rein Ethischen kein Grund da sein kann sich von der Vollständigkeit zu überzeugen.

c) Welches sind die scheinbaren Grundlagen für diese Scheidung?

Will[1] man nun fragen, ob vielleicht auch diesen mißlungenen Formen, wie jenen zuerst erwähnten, etwas Wahres den Beifall erschlichen hat, dessen sie sich erfreuen, so kann es folgendes sein. Zuvörderst das Bedürfnis, die ethischen Vorschriften auch nach Maßgabe der Gegenstände, welche durch sie hervorgebracht worden, zusammen zu ordnen. Welches bei der gemeinen Behandlung nach dem Pflichtbegriff nicht möglich ist. Denn da müssen zum Beispiel die Vorschriften, welche die Theorie des Reichtums bilden, zusammengesucht werden unter mancherlei vollkommenen und unvollkommenen Pflichten gegen sich und andere; ebenso die der Erziehung teils unter den Pflichten, die Moralität unmittelbar zu befördern, teils unter denen in Ansehung der Freiheit anderer, und wo nicht sonst noch. Aus welchem Gesichtspunkt betrachtet diese verunglückte Form eigentlich nichts anderes wäre, als die natürliche Tendenz einer Darstellung der Sittenlehre unter dem Begriff der Güter, welche jedoch, weil es an dem deutlichen Bewußtsein des Begriffs fehlt, nicht anders ausfallen konnte als fragmentarisch und unvollkommen. Ferner aber kann auch dabei zum Grunde liegen ein Bestreben, die verschiedenen Potenzen des Daseins bestimmter ins Auge zu fassen, als bei der gewöhnlichen Behandlung der Ethik nach dem Pflichtbegriff möglich ist, und diese Beziehung kann leicht den Schein der Vollständigkeit hervorgebracht haben. Denn wenn sich der Mensch außer der ersten Stufe seines Daseins als Person und Individuum noch betrachtet als Glied einer Familie, eines aus den natürlich ungleichartigen Teilen der Menschheit bestehenden Ganzen, und dann noch als Glied eines Staates, aus gleichartig Ungleichen zusammengesetzt, so scheint der Umfang seiner Bestimmung ausgefüllt. So beziehen sich aber auf der Familie äußeres und inneres Dasein, Erziehungskunst und Hauswirtschaft, Staatswirtschaft aber und Politik auf das des Staates. Von hier scheinen unter den

---

[1] Absatz nicht im Original.

Alten mehrere ausgegangen zu sein bei ihrer Gestaltung der praktischen Philosophie. Nur daß sie sich bei der mittleren Potenz weniger aufhielten, und die Familie ganz als Element des Staates behandelten. Auch das gehört zu dieser Ansicht, daß, weil im Staate zugleich der Mann in seiner ganzen Eigenheit könnte tätig sein, zuletzt einigen von ihnen die Staatskunst alles wurde, die Ethik aber nur als formale Elementarlehre erschien, aber freilich der Idee nach in einem weit vollständigeren Sinne, als wo die Neueren bis zu einer solchen Teilung gelangen, und vielmehr so, daß es eine große Annäherung ist zu der oben beiläufig gezeichneten richtigen Gestalt der Wissenschaft. Indes geht schon aus den obigen Andeutungen hervor, daß jene Einteilung auch diesem Gesichtspunkt nicht genügt. Denn die Staatswirtschaft kann nicht anders gedacht werden als abhängig von der Politik; die Hauswirtschaft aber und die Erziehungskunst, wie ihre Grenzen gewöhnlich gesetzt werden, erschöpfen noch bei weitem nicht die ethische Theorie der Familie. Noch mehr aber möchte es daran fehlen, daß in der formalen Ethik der Grund aufgezeigt worden, warum nun in diesen beiden Ganzen alle möglichen Konstruktionen eines Zusammengesetzten erschöpft wären, vielmehr finden sich Andeutungen genug zum Gegenteil. Negativ nämlich das Bedingte und Zufällige, dem die Familie unterworfen ist in ihrer Bildung sowohl als Zerstörung; positiv aber die fast überall anerkannte Aufgabe der Freundschaft, mit der es von den mehrsten doch auch angesehen ist auf ein geschlossenes Ganze. So daß Zufälliges und Unbewußtes in der Form auch hier aus der ungründlichen Auffassung des Inhaltes von selbst hervorgeht.

Ganz entgegengesetzt dem bis jetzt betrachteten Verhältnis der Staatskunst zur Sittenlehre ist jetzt noch, wenngleich nur von einigen Neueren aufgestellt, das Naturrecht in Erwägung zu ziehen, welches die Ethik gewissermaßen von außen zu begrenzen sucht, sich als eine eigene beigeordnete Wissenschaft neben sie hinstellend. Hiebei aber ist nicht nötig, auf einen andern Rücksicht zu nehmen, als nur auf Fichte. Denn zu tumultuarisch und oberflächlich ist die Art, wie Kant diese Beiordnung begründet, indem er die Gesetzgebung der Vernunft einteilt in diejenige, die nur eine innere ist, und diejenige, welche auch eine äußere sein kann. Schon durch die Formlosigkeit des Ausdrucks „Sein" und „Seinkönnen" wird sie verdammt. Noch mehr aber durch die Überlegung, daß der Umfang der äußeren Gesetzgebung höchst veränderlich ist, und wenn man dabei auf das Seinkönnen sieht, auf das, was durch Verträge und willkürliche Einrichtungen hereingezogen werden kann, der Ethik wenig übrigbleiben würde. Erwägt man ferner das „Auch", welches feststellt, daß die äußere vorher schon eine innere sein muß: so sieht man, daß Kant nicht weniger als die Früheren ungewiß ist über das Verhältnis der Sittenlehre zum Naturrecht, und über des letzteren Ableitung. Ja man weiß nicht, soll es enthalten eine Grenzbestimmung der Politik für die Ethik, oder soll es eine solche voraussetzend nur den Inhalt des politisch Möglichen analysieren. In beiden Fällen aber leuchtet ein, daß nichts Reales durch diese Begründung ausgedrückt worden, als jenes Alte, daß nämlich das menschliche Handeln eine andere Quelle und ein anderes Ziel haben soll für sich, die Ethik aber nur die Grenzen desselben bestimmen. So daß auch das Naturrecht keinen andern Ursprung zu haben scheint, als die Negativität des Begriffs von der Sittlichkeit. Wie denn schon der Frage nach einem absoluten Dürfen außerhalb des Sollens kaum ein anderer Sinn kann untergelegt werden. Daher auch kaum zu bezweifeln ist, daß derselbe Geist auch Fichte bewogen, im voraus anzunehmen, das Naturrecht solle doch wohl eine besondere Wissenschaft sein, welches ja allerdings einer Untersuchung bedurft hätte. Doch da hievon auch die Tat den Beweis führen kann, so ist zu prüfen, wie er es denn als eine solche abgeleitet und hervorgebracht hat. Es ist aber hier dasselbige zu tadeln, was schon der Sittenlehre ist vorgeworfen worden, nämlich daß das Wesentliche und das in Hinsicht desselben nur Zufällige in gleichen Rang gestellt wird, als wäre es von dem gleichen Grunde auch gleich unmittelbar abgeleitet. Denn die Notwendigkeit, sich selbst als Individuum, oder, welches gleich ist, eine teilbare Welt und andere neben sich zu setzen, ist eine ganz andere, als die Notwendigkeit, die Welt wirklich zu teilen, und die Freiheit durch fortdauernde Anerkennung zu beschränken. So wie der jener ersten zum Grunde liegende Charakter der Vernünftigkeit, daß nämlich das Handelnde und das Behandelte eins sei, ein anderer und höherer ist als das Gesetz der Konsequenz, auf welchem diese letzte beruht. Auch muß es jedem einleuchten, daß unmöglich aus demselben Grunde wie die Sinnenwelt oder der Leib und also zugleich mit diesem auch der Rechtsbegriff und der Gedanke eines Staats, ja einer bestimmten einzig möglichen Verfassung derselben könne gesetzt und beides auf gleiche Weise des Selbstbewußtseins Bedingung sein. Wovon den ersten Fehler in der Rechnung genauer aufzusuchen hier nicht hergehört, und je leichter es ist, um so eher einem jeden selbst kann überlassen werden. Genau nun hat weder im Naturrecht noch in der Sittenlehre Fichte dargestellt, wie beide sich gegeneinander verhalten sollen; im allgemeinen aber läßt sich zeigen, daß bei seiner Begründung und Ausführung ein unabhängiges Verhältnis nicht kann statthaben. Denn sobald es zwei Gesetze des Handelns gibt, wie hier das Sittengesetz und das der Konsequenz: so muß zwischen beiden, wenn es eine Wissenschaft des Handelns geben soll, aufgezeigt werden ein bestimmtes Verhältnis der Übereinstimmung; indem es nicht genug ist, zu zeigen, wie freilich Fichte tut, daß der Rechtsbegriff niemals dem Sittengesetz widerstreiten könne wegen der jedem Recht beiwohnenden Klausel der Freiheit des Nichtgebrauchs. Er müßte denn, wie er nicht tut, zeigen können, daß, einmal angenommen jenes Gesetz der Konsequenz, dennoch nichts anderes sich je daraus ableiten lasse, als eben der Rechtsbegriff. Nun aber versperrt Fichte jeden Weg, um die geforderte Übereinstimmung zu finden. Denn nicht nur soll keines abhängig sein vom andern, sondern es bleibt auch nicht übrig, beide als Teile oder Folgerungen eines höheren anzusehen. Teils nämlich würde dieses den Rang beider Wissenschaften, wie er ihn festgestellt hat, schmälern, teils auch müßte dann jedes von beiden seine eigene Sphäre haben, ausschließend alles, was das andere enthält. Wogegen bei ihm der Inhalt zum Teil zusammenfällt, indem die Ehe, das Eigentum, der Staat und sonst einiges notwendig ist aus Gründen der Sittenlehre sowohl als des Naturrechts. Welches jedoch auch sonst kein günstiger Umstand ist für den, welcher behauptet, für alles wissenschaftlich Notwendige könne es nur **einen** Grund geben und **einen** Beweis. Zum Teil aber sind auch beide in Hinsicht dessen, was sie beide umfassen, gänzlich getrennt. Denn die Sittenlehre kann es durch die Gründe, aus welchen sie eine Ehe fordert und einen Staat, nicht zu einer solchen Konstitution beider bringen, wie das Naturrecht zu bilden vermag, sondern jene setzt, dieses gänzlich verleugnend, einen Notstaat voraus, der doch gar nicht möglich wäre, wenn das Konsequenzgesetz, aus dem der rechte Staat von selbst erfolgt, jene dem Setzen der Individualität gleiche Notwendigkeit hätte, und die Sittenlehre um dieses Gesetz wüßte. So daß nicht einmal eingetreten ist, was Fichte vermutete, es könne nämlich wohl die Sittenlehre eine neue Sanktion herbeiführen für den Rechtsbegriff und was aus ihm folgt. Sehen wir nun noch einmal auf die Zusammensetzung dieses sogenannten Naturrechts: so zeigt sich, daß es aus den ungleichartigsten Dingen besteht. So nämlich fortgesetzt, wie Fichte es angefangen, wäre es gewesen eine Ableitung alles Körperlichen und Äußerlichen, auch der Vernunftwesen in ihrer körperlichen Darstellung als Bedingung des Selbstbewußtseins, also allerdings eine Hälfte der idealistischen Philosophie, nämlich die physische, und wohl wären wir beraten, hätte Fichte dies festgehalten, und uns nun weiter geschenkt die Ableitung der Verschiedenheit äußerer Objekte und ihrer natürlichen Klassifikation. So aber angefangen, wie er es fortsetzt, und wie andere es anfangen, ist es nichts anderes als die nur durch ein ethisches Bedürfnis, nämlich das der Übereinstimmung, entstehende Aufgabe zu dem, was in der Staatskunst als ein Willkürliches und Positives erscheint, das Natürliche und Notwendige zu finden. Auf diese Art auch bezeichnet mit andern sich ähnlich ausdrückenden Alten Aristoteles diesen Teil von dem Inhalt des neueren Naturrechts als das, was in dem gesetzlichen Rechte natürlich ist; aber wiewohl er das Hinzukommende, wodurch es sich in verschiedenen Gestalten offenbart, für ungöttlich und unvollkommen hielt, hatte er doch keinen Drang, jenes Reine als ein eigenes Ganze darzustellen, weil er nämlich überzeugt war von dessen ethischem Ursprung und Wesen. Was nun jenes Gesetz der Konsequenz in Beziehung auf das Handeln bedeutet, und wo es in der Ethik zu stehen kommt, dieses berechne sich jeder aus dem, was oben gesagt ist von der vollkommenen und unvollkommenen Pflicht. Denn das Recht, wie aus Fichte selbst hervorgeht, insofern es ein Handeln bestimmt, ist nichts Ursprüngliches und für sich Bestehendes, sondern hängt ab von der vollkommenen Pflicht als eine andere Ansicht derselben, und erwartet, wie auch diese tut, seine Realität erst von der unvollkommenen. So viel aber ist ohne weiteres offenbar, daß ein so geartetes und gebautes Ganze sich nicht eignet, neben der Ethik zu stehen, ihr die Alleinherrschaft des Handelns beschränkend, und daß jener nicht weit entfernt gewesen ist von der Wahrheit, der es für nicht mehreres gelten ließ als für ein groteskes Spiel des wissenschaftlichen Strebens. Daß also eine rechte Ethik auch diese Uniform zerstören, und das Wesen und Praktische daraus in sich selbst aufnehmen muß, jede aber, die hiezu unfähig ist und jene Disziplin anerkennt im Systematischen oder Sittlichen, oder wie es zusammenzuhangen pflegt in beidem, muß vernachlässiget sein, dieses folgt unmittelbar.

Anhang.

Vom Stil der bisherigen Sittenlehre.

So wie nun die Wissenschaft selbst in den verschiedenen Formen erscheint, welche bis jetzt sind in Erwägung gezogen worden, so gibt es auch noch besondere Unterschiede in der Form oder dem Stil der einzelnen Werke, welche sich als Darstellungen der Ethik ankündigen. Diese freilich sind nicht mit jenen von gleicher Wichtigkeit für die geführte Untersuchung selbst, und daher auch aus dem eigentlichen Umkreise derselben mit Recht ausgeschlossen, dennoch aber einer beiläufigen Betrachtung nicht unwert. Denn so wie es freilich ein leeres Geschäft wäre hiebei ins einzelne zu gehen, und auch bei denjenigen nach der Form und Eigentümlichkeit ihrer Darstellung und nach deren Gründen zu fragen, welchen von der Kunst der Zusammensetzung jeder Begriff mangelt: so muß doch auf der andern Seite jeder mit dieser Einsicht Begabte wohl wissen, daß bei denen, welche auf den Namen der Künstler in der Wissenschaft dürfen Anspruch machen, nichts ganz Zufälliges stattfindet, sondern jede Bestimmung auch der Form ihren Grund hat, es sei nun bewußt in einer Absicht, oder unbewußt in einer nicht verkannten Beschaffenheit des Gegenstandes oder des Darstellenden. Aus diesem Gesichtspunkt nun sind besonders merkwürdig drei Verschiedenheiten des Stils in Darstellungen der Sittenlehre, welche sich bei Verschiedenen nicht nur zu verschiedenen Zeiten wiederfinden, sondern auch unabhängig von der Beschaffenheit der Grundidee und dem Inhalt des Systems. So daß sie uns bei Erforschung ihrer Ursachen über die unmittelbaren Gegenstände unserer Untersuchung hinaus und wahrscheinlich zu demjenigen hinführen, worauf wir nur bei der Einleitung des ersten Buches vorbeigehend hingesehen haben, indem sie nämlich abzuhängen scheinen von der Art, wie jeder die Ethik gefunden hat, und wie er sie anknüpft; welches, ob es sich so verhalte, ein jeder aus folgendem ersehen mag.

Zuerst nun gibt es in der Ethik ein **rhapsodisches und tumultuarisches Verfahren**, welches sich begnügt, unter der großen Masse alles dessen, was unter das Gebiet der Wissenschaft gehört, gleichsam herumzuwühlen, ohne gesunde Dialektik das einzelne vergleichend und unterordnend, ohne systematisches Verfahren seine Abschnitte wählend oder vielmehr ergreifend nach hergebrachter ungeprüfter Weise des gemeinen Lebens oder aufs Geratewohl. So daß von einer so unvollkmmenen Behandlung hier gar nicht Erwähnung geschehen könnte, wenn nicht ein Künstler, dessen Werke anderer Art, es seien nun physische oder technische und kritische, dem allgemeinen Urteil nach einen weit höheren Charakter an sich tragen, **Aristoteles** nämlich, es in der Sittenlehre nicht weiter hätte bringen können, als bis hieher. Der Grund aber der Verdammnis scheint der zu sein, daß er die Wissenschaft nicht an sich gewollt hat, wie er denn ausdrücklich sagt, er sehe nicht die Möglichkeit, sie zustande zu bringen; sondern er hat geklebt an einem materiellen Endzweck. Er wollte nämlich nicht als Resultat der Wissenschaft oder als höchstes Kunstwerk, sondern wie es eben sein könnte als ein wirkliches Ding in der wirklichen Welt, ein gemeines Wesen. Daß dieses die ganze subjektive Tendenz seiner Ethik ist, und er auch mit dem Staat nicht etwa höher hinaus will, wie **Platon**, sondern nur diesen Standpunkt hat, darüber wird gewiß kein Zweifel erhoben werden von denen, welche seine Sittenlehre kennen. Dieses vorausgesetzt nun wird ein Blick auf diejenigen, die ihm hierin ähnlich sind, hinreichen, um den Charakter solcher ethischen Darstellungen noch fester und vollständiger ins Auge zu fassen. Der nächste sei ihm der unter den Deutschen sonst vielgeachtete **Garve**, welcher mit seinen ethischen Bemühungen nie etwas anderes gewollt hat, als die Ordnung der guten Gesellschaft; ferner hängen sich hier an der große Haufe der **anglikanischen und gallikanischen Sitten-**

lehrer, von denen es den ersten zu tun ist um den Gemeingeist, den andern aber um die Ungebundenheit unter der Vormundschaft der Konvenienz. Bei einer solchen Beschränkung nun auf einen ganz willkürlichen pragmatischen Zweck ist ganz unvermeidlich jenes rhapsodische Verfahren. Nicht anders als diejenigen es zu machen pflegen, welche in Beziehung auf irgendein Gewerbe die Kenntnis der natürlichen Dinge und ihrer Kräfte betreiben, ohne jedoch diesen Zweck sich selbst oder öffentlich zu bekennen; da denn natürlich eine dunkle Ahndung der Zweckmäßigkeit oder ein blindes Umhertappen danach die Stelle des Wissenschaftlichen vertritt sowohl in der Anordnung des Ganzen, als in der Bestimmung und Behandlung des einzelnen. In derselben Richtung auf ein materielles Bedürfnis hat ferner seinen Grund jenes allen Sittenlehrern dieser Art anklebende ironische Bestreben, welches allen Streit über die Prinzipien zu vermeiden sucht und am liebsten behauptet, er beruhe immer nur auf Mißverstand, wohlverstanden aber sei alles einig. Wozu noch gefügt werden kann ein eigentümliches Unvermögen, diejenigen zu vernehmen, welche von einem höheren Standpunkt ausgegangen sind, und ein oft glückliches Bestreben auf die redlichste Weise und ohne irgendeine Absicht der Täuschung dem Mißverstande den Schein des Verstehens zu geben, weil nämlich das Äußere sich leicht in jene Sphäre der Betrachtung hinabziehen läßt. Dieses nun sind die Hauptzüge der ersten und unvollkommensten Weise der ethischen Darstellung.

Die zweite nun könnte am besten mit Verwarnung vor allen Mißdeutungen eines bedenklichen Wortes die dogmatische genannt werden, weil sie von einem festen Punkt ausgehend die Wissenschaft will und nichts anderes. Woraus im Gegensatz gegen die vorige ein gemessener Fortschritt entsteht, und eine eigentümliche, nach bestimmten Regeln jenem Anfangspunkt gemäß verfahrende Teilung und Verknüpfung der Begriffe. Auch ebenso offenbar anstatt jenes ironischen Bestrebens vielmehr eine polemische Richtung, sie äußere sich nun geradezu oder nur mittelbar. Denn wer so von einem festen Punkt auf wissenschaftliche Art ausgeht, der muß notwendig einiges absolut verwerfen; dagegen wer nur, wie jene, einen materiellen Zweck im Auge hat, auch fast nur zu relativen Entscheidungen gelangt, und weniger das Entgegensetzen der Begriffe betreibt, als nur das Vergleichen derselben. Damit aber gleich der ganze Umfang dessen erhelle, was zu dieser Gattung zu gehören scheint, ist es am besten die entgegengesetzten Pole derselben zu bezeichnen, hier nämlich die Methode der Stoiker, dort aber die des Spinoza. Denn daß beide übereinkommen in den angeführten Gegensätzen gegen die vorigen, ist offenbar. Die Verschiedenheit aber zwischen beiden, welche in die Augen fällt, beruht darauf, wie jener Anfangspunkt beschaffen gewesen, und zwar nicht etwa seinem Inhalt nach, sondern in Beziehung auf seinen Wert für das Bewußtsein. Die Stoiker nämlich gingen aus von einem in seinen Grenzen schwankenden Gedanken, den sie, unfähig, ihn durch höheres Hinaufsteigen und Bestimmen seiner Elemente ganz für die Wissenschaft zu reinigen, nur durch den Erfolg beweisen konnten, nämlich durch vollständige und gelungene Ausführung des darauf gegründeten Gebäudes. Daher also ihr fast ins Unendliche gehendes Bestreben nach dialektischer Vollständigkeit; daher aber auch, daß die Polemik sie oft verleitete in das Gebiet der Sophisterei, indem sie auch negativ ihre Grundsätze durchgängig bewähren wollten. Wogegen Spinoza ausging von einer klaren und ganz bestimmten Anschauung, für welche nichts mehr rückwärts zu tun übrig blieb. Daher denn die Polemik zuerst niemals ihm selbst Bedürfnis war für sich, sondern nur Erläuterung für andere, und deshalb auch mehr abgesondert gleichsam den Rahmen ausmacht, der das Ganze und seine einzelnen Teile umgibt, als innig in die Darstellung des Systems selbst verwebt ist, wie bei den Stoikern wohl größtenteils der Fall war. Ferner auch ist ihm fremd jene kleinliche niederländische Vollendung, an welcher die Stoiker sich ergötzen; sondern er begnügt sich, in wenigen großen und starken

Zügen Umriß und Gehalt seines Systems vors Auge zu stellen. Was aber die geometrische Methode betrifft, so hat er vielleicht besser gewußt, was damit gemeint war, als diejenigen, die hin und wieder nach wunderlichen Ansichten über diese Sache geredet haben. Vielleicht auch hat er nichts gewußt, wie es den Künstlern bisweilen ergeht. Die Hauptsache aber ist wohl nicht in den Überschriften zu suchen, durch welche die verschiedenen Sätze bezeichnet werden, sondern teils in dem öfteren und unmittelbaren genetischen Zurückweisen auf die ursprüngliche Anschauung, teils in dem Wechsel des fortschreitenden synthetischen Konstruierens und des analysierenden Vergleichens eines anderswoher Gegebenen oder willkürlich Angenommenen mit dem Ursprünglichen oder dem bereits Gefundenen. Von dem ersten dieser Elemente nun kann mit Recht gesagt werden, daß es nicht nur im Spinoza, sondern auch in andern Philosophen, welche das Äußere jener Methode nicht nachgeahmt, reiner und richtiger durchgeführt worden, als von den Größenlehrern selbst; woraus schon zu schließen, daß es der Philosophie nicht minder muß angehörig sein als der Mathematik. Das andere aber ist, wie es in der Geometrie sich nur dadurch rechtfertigt, daß sie kein System sein kann, in der Ethik gewiß nur da anwendbar, wo sie sich in Polemik ergießt, und nur nach diesem Maßstabe ist Spinoza in Hinsicht auf diesen Teil seiner Methode zu beurteilen. Wen nun und wie viele von den Sittenlehrern jeder in dieses Gebiet des dogmatischen Stils zu setzen würdigen will, bleibe jedem unbenommen, damit nicht übertriebene Strenge sich scheine aufzudringen.

Die dritte Methode aber ist die heuristische, und Platon der einzige Meister, der sie in ihrer Vollkommenheit aufgestellt hat. Ihr Wesen nun besteht darin, daß sie nicht von einem festen Punkt anhebend nach einer Richtung fortschreitet, sondern bei der Bestimmung jedes einzelnen von einer skeptischen Aufstellung anhebend durch vermittelnde Punkte jedesmal die Prinzipien und das einzelne zugleich darstellt, und wie durch einen elektrischen Schlag vereinigt. Wenn nun schon die vorerwähnte geometrische Methode dahin vorzüglich abzweckt, zu verhindern, daß nicht die Frage nach dem Prinzip durch die zunehmende Entfernung des einzelnen von demselben als eine alte und abgetane Sache erschiene, und sein eigentümliches Wesen durch die lange Ableitung geschwächt in dem einzelnen oft dem Übersehen und Verkanntwerden ausgesetzt wäre: so wird diese Absicht durch den heuristischen Stil ungleich vollkommener erreicht, und der Wissenschaft in allen ihren Teilen der höchste Grad des Lebens gesichert. Denn die innere Kraft derselben wird auf diese Art allgegenwärtig gefühlt, und erscheint immer jung und neu in jedem Teile der Darstellung. Sollte es auf diese Art aber scheinen, als ob dafür die Übersicht des Ganzen erschwert würde durch die dazwischen sich drängenden Zurüstungen, so ist wohl dieses nur den Ungewohnten treffende Hindernis nicht in die Wage zu legen gegen die tätige Teilnahme an dem Entstehen des Ganzen, wozu diese Darstellung einen jeden gleichsam nötigt. Der wesentlichste Vorzug aber ist die völlige Gewalt des Künstlers über die Schnelligkeit und Langsamkeit der Bewegung, und daß er in jedem Augenblick innehalten und nach allen Seiten umschauen kann. Hieran aber ist nur demjenigen gelegen, der nicht nur die einzelne Wissenschaft als ein organisches Ganze hervorbringen will, in welchem alle Teile sich gleichzeitig und verhältnismäßig bilden, sondern auch der jede einzelne Wissenschaft nur als einen Teil des Ganzen betrachtet, welcher ebenfalls den übrigen voreilen weder darf noch kann. Welcher allgemeine Zusammenhang nun auf diese Art im einzelnen bisweilen sich erreichen, und wo nicht, sich wenigstens andeuten läßt. Inwiefern aber alle Eigentümlichkeiten des platonischen Stils der Gattung selbst angehören, oder ihm, dieses ist hier nicht zu untersuchen. Nur soviel, daß der dialogische Vortrag nur in einem sehr weiten Sinne kann für notwendig gehalten werden. In demjenigen nämlich, in welchem auch der antithetische Vortrag des Fichte dialogisch wäre; denn dieser gehört allerdings hieher. Ja, die Vergleichung, wie Platon auch in seinen größten ethischen Konstruktionen jener Methode getreu bleibt, Fichte aber in der eigentlichen Ethik in den rein dogmatischen Stil ausweicht, und wieviel weniger was in diesem letzten hervorgebracht ist, die Prüfung aushält, diese kann am besten einen jeden leiten in dem Urteil, welches er zu fällen hat.

Beschluß.

Nachdem die Untersuchung in den zuvor abgesteckten Grenzen abgeschlossen worden, und einem jeden, der sie aufmerksam begleitet hat, die Hauptzüge vorschweben müssen, welche die Ethik zeihen, dasjenige noch fast gänzlich zu verfehlen, was sie sein soll: so entsteht die Frage, ob etwa auf die Wissenschaft besser als auf den Menschen jener befremdliche Satz der Stoiker anzuwenden ist, daß jeder entweder ein Weiser sei oder gänzlich ein Tor; ob also der Ethik gar kein Sinn kann zugeschrieben werden als Wissenschaft bis sie vollkommen ist, oder ob man wenigstens sagen könne, sie werde als eine solche, und unter welchen Bedingungen. Hierüber möge noch beschließend hinzugefügt werden soviel davon sich aus dem Standort dieser Kritik erblicken läßt. Zu welchem Ende eigentlich nur darf erinnert werden an zweierlei, welches hieher gehörig schon oben beiläufig ist aufgeführt worden. Zuerst nämlich im allgemeinen, daß keine Wissenschaft kann im strengsten Sinne vollendet sein für sich allein, sondern nur in Vereinigung mit allen andern unter einer höchsten, welche für alle den gemeinschaftlichen Grund des Daseins enthält, und eine jede bestätigt durch den Zusammenhang mit allen übrigen. Woraus schon von selbst hervorgeht, daß entweder diese auch die erste sein muß der Zeit nach und jene erzeugen, welches niemand gefunden zu haben behaupten wird, oder daß die untergeordneten sich zugleich und nach gleichen Regeln in Gestalt und Inhalt der Vollendung nähern, und eben hiedurch auch jene Idee sich allmählich entwickelt. Nur freilich erstreckt sich dieser Zusammenhang nicht auch auf solche Hilfswissenschaften, wie etwa die Größenlehre und die Vernunftlehre, sondern nur auf die eigentlichen dem Inhalt und der Bedeutung nach selbständigen; von diesen aber wird gewiß der wissenschaftliche Sinn eines jeden ohne weitere Erörterung das Gesagte einräumen. Zweitens aber in Beziehung auf die Ethik besonders ist angedeutet worden, daß sie als Darstellung eines Realen sich nicht anders als mit diesem zugleich vollkommen entwickeln könne. Welches von der Naturwissenschaft von selbst gilt, insofern ihr Reales von ihr selbst vollständig gegeben ist, von der Geschichte aber auch, insofern von ihr vielleicht gilt, was die Stoiker vom höchsten Gute behaupten, daß sie nicht wächst durch die Länge der Zeit. Soll nun der Ethik irgendwann mehr als einer unbestimmten und wieder verschwindenden Erscheinung ein wohlbegründetes bleibendes Dasein zukommen: so muß ein notwendiger Zusammenhang stattfinden zwischen ihren angeführten beiden Bedingungen. So daß entweder das Fortschreiten auch der andern Wissenschaften nebst dem Auffinden und Entwickeln der höchsten Erkenntnis gleichfalls abhängt von der Entwicklung des Sittlichen im Menschen, oder umgekehrt dieses von jenem, oder auch beides gemeinschaftlich in einem dritten gegründet ist. Dieses zwar, wie es sich verhalte, zu untersuchen ist nicht unseres Ortes; die Erscheinungen aber, welche wir hier können in Erwägung ziehen, müssen in allen Fällen, ist nur überhaupt die Voraussetzung gegründet, einen Parallelismus darstellen, welcher auch in allem bisher Geschehenen sich nicht verkennen läßt. Denn nicht nur die ersten fragmentarischen Elemente der Ethik, jene Denksprüche der Weisheit nämlich, welche bald mehr, bald minder den Mittelpunkt des Lebens trafen oder nur berührten, und doch schon sowohl die Ahndung enthalten von dem letzten Ziele der Wissenschaft, als auch die Keime jener verschiedenen Gestalten, in welche sie sich hernach spaltete, diese nicht nur sind gefunden worden in gleichem Zeitraum mit den Elementen der Naturwissenschaft und der Historie, und gleichsam in demselben Anlauf geistiger Anstrengung, sondern auch das Bestreben, die gebührende Form für sie zu finden, hat fast in Hinsicht auf alle gleichen Schritt gehalten. Ja, was noch mehr beweisende Kraft hat, zwischen den verschiedenen Ideen, nach denen im Verlauf besonders die Naturwissenschaft ist bearbeitet worden, und denen, welche der Ethik zum Grunde lagen, findet sich eine Ähnlichkeit der Verhältnisse und ein durchgängig herrschender Zusammenhang des gleichartigen in beiden, welcher dem Satz, daß die praktische Philosophie eines jeden, wie sie selbst durch die Sittlichkeit in ihm bestimmt werde, auch wieder seine theoretische bestimme, eine frühere Anerkennung schon längst hätte zusichern müssen. Oder hat jemals, seitdem es verschiedene Schulen und Charaktere der Philosophie gab, eine Verbindung stattgefunden in einem und demselben zwischen der Ethik der Stoiker und der atomistischen Naturlehre des Epikuros? Oder etwa wäre es einem möglich gewesen, dessen Naturwissenschaft nur von dem ewigen Fluß der Dinge wüßte, ein Platoniker zu sein in der Sittenlehre? Offenbar so wenig, daß nur der alle Verbindung aufhebende Skeptizismus sich schwankend bald hier-, bald dorthin neigen konnte, im Theoretischen auf diese, im Praktischen auf jene Seite. Wer nun diese Verschiedenheiten betrachtet, wie sie von jeher nebeneinander bestanden haben, der möchte bezweifeln, ob auch nur innerlich solchen Versuchen die besonderen Erkenntnisse zustande zu bringen, die Idee einer höchsten und allgemeinen zum Grunde gelegen habe. Denn je höher der Standpunkt genommen wird, desto weniger sollte wohl Vielartigkeit der Ansicht und der Ausführung möglich sein. Wenigstens war es nicht eine und dieselbe: denn unter der Herrschaft einer solchen Idee kann auch jede Wissenschaft nur auf eine Art der Form und dem Inhalt nach ausgeführt werden. Wollte aber jemand als ein Zeichen, daß jetzt nur eine solche anerkannt werde von allen, und als die Wirkung der darin liegenden Wahrheit anführen, die dem Anschein nach nun vollendete Reinigung des wissenschaftlichen Gebietes von dem Eudämonismus in der Ethik, und dem Atomismus, sei er nun chemisch oder mechanisch, in der Naturwissenschaft: so hat freilich von jenem die Kritik nichts anderes finden können, als daß er eine Wissenschaft zu bilden unfähig sei, und muß den Zusammenhang des letzteren mit ihm, und was daraus folge, dahingestellt sein lassen. Allein sie gibt zu erwägen, daß doch dieses nur einen von den Gegensätzen betrifft, welche sie auf dem Gebiete der Sittenlehre gefunden hat, und daß der siegreiche dynamische Idealismus, wie er sich bis jetzt gezeigt hat, wohl schwerlich die Ahnenprobe seiner Abstammung von einer Idee der höchsten Erkenntnis bestehen möchte, welche doch erforderlich ist, wenn ihm soll der Preis gereicht werden. Denn von den beiden Darstellungen desselben, welche ebenfalls in einem wichtigen und bedenklichen Streit begriffen sind, hat die eine zwar eine Ethik aufgebaut, dagegen aber die Möglichkeit einer Naturwissenschaft bald trotziger, bald verzagter abgeleugnet, und die andere dagegen die Naturwissenschaft zwar hingestellt, für die Ethik aber keinen Platz finden können auf dem Gesamtgebiete der Wissenschaften. Sollte man daher von der Sittenlehre der ersteren, welche sehr mangelhaft ist befunden worden, den Schluß machen dürfen auf die ebenso einseitig verneinende Naturwissenschaft der anderen: so dürfte, was sie beide zusammen Reales besitzen, nur einen mäßigen Wert haben; was sie dagegen beide zusammen leugnen, zumal wenn man die Abneigung der einen wenigstens gegen die Geschichte dazunimmt, möchte ziemlich alle reale und mehr als elementarische Wissenschaft ausmachen.[1] Wie nun der Charakter der einzelnen Wissenschaften, wie jeder sie darstellt, abhängig ist von der Beschaffenheit des sittlichen Bewußtseins in ihm, so auch im allgemeinen die wahre Idee eines Systems der menschlichen Erkenntnis, ohne welche keine Wissenschaft vollkommen sein kann und durchaus wahr, von der vollkommenen Sittlichkeit in der Idee wenigstens, oder welches dasselbe ist, von dem vollständigen Bewußtsein der höchsten Gesetze und des wahren Charakters der Menschheit. Wo demnach dieses Bewußtsein vorhanden war, da war auch in demselben Maße der Keim der wahren Ethik; und von welcher Zeit an es unaustilgbar, wenngleich nur von wenigen anerkannt, fortgepflanzt wird, von der fängt sich an das Werden der wahren Sittenlehre. Denn werdend kann sie immer nur sein, bis wenigstens von allen, welche die Bildung des Geschlechts repräsentieren, jenes Bewußtsein anerkannt ist, weil vorher im Kampf die Ansicht von dem ganzen Gebiet des Sittlichen, welches sie darstellen soll, zu sehr beschränkt ist und getrübt, als daß es tadellos könnte in Formeln gefaßt werden, welche den ganzen Fortschritt der notwendigen Entwicklung in sich begreifen. Wo aber und solange jenes Bewußtsein noch nicht vorhanden ist, ist auch noch nicht die Ethik werdend als Wissenschaft, sondern nur ihre Idee. Dieses letztere Werden aber kann auch nicht gleichmäßig sein, sondern muß den Schein des Zufälligen darbieten, indem bald das eine, bald das andere Element der Annäherung den übrigen vorangeht, bald der Sinn für das Ideale bloß von den Gesetzen

---

[1] Gegen Fichte und Schelling gerichtet. A. d. H.

der Form aus das bessere Reale ahndet und die Wirklichkeit hinter sich läßt, bald aber das Reale in der Wirklichkeit demjenigen zuvoreilt, welches in der Wissenschaft dargestellt ist, ohne sich dessen Anerkennung zu gewinnen. Und so erscheint bald vorwärtsgehend, bald rückläufig die Bewegung demjenigen, welchem ihr Mittelpunkt nicht gegeben ist und ihr Gesetz: denn nur in der vollkommenen Wahrheit und im klaren Selbstbewußtsein verkündiget sich unverkennbar das Maß und die Ordnung.

Abhandlungen

gelesen in der Königlichen Akademie der Wissenschaften

Über die wissenschaftliche Behandlung des Tugendbegriffes.

Vorgelesen den 4. März 1819.

In meinen Grundzügen einer Kritik der bisherigen Sittenlehre habe ich durch eine vergleichende Zusammenstellung zu zeigen versucht, wie wenig bis dahin noch die Sittenlehre als Wissenschaft fortgeschritten gewesen. Eine Fortsetzung solcher Kritik in Beziehung auf das, was seit jener Zeit auf dem Gebiete der Sittenlehre erschienen ist, würde ich, auch wenn dessen mehr wäre und Lohnenderes, wenigstens für jetzt nicht beabsichtigen. Vielmehr hatte ich darauf gerechnet, schon früher der bekannten Aufforderung nach Vermögen Folge zu leisten, daß, wer zerstöre, auch wieder aufbauen müsse, obgleich ich sie aus dem auch auf dem wissenschaftlichen Gebiete ganz zweckmäßigen Grundsatz der Teilung der Arbeit zurückweisen könnte. Allein wiewohl ich schon seit langer Zeit in der Ausarbeitung eines eignen Entwurfs der Sittenlehre begriffen bin, bei welchem es dann darauf ankommen müßte, ob und mit welchem Erfolg ich an ihm selbst eine ähnliche Kritik geübt, wie dort an meinen Vorgängern: so verzögert sich doch die Vollendung dieser Arbeit so sehr über die Gebühr, daß es mir wenigstens angemessen scheint, endlich einmal, wenn auch nur so weit es sich in einer Abhandlung von diesem Umfange tun läßt, an einem einzelnen Punkte eine Probe mitzuteilen von dem Verfahren, welches ich einzuschlagen gedenke, ob es wohl geeignet sein mag, dem mannigfaltigen Tadel auszuweichen, den jene Kritik über die bisherigen Systeme ausgesprochen hat. Es ist der Begriff der Tugend, welchen ich hierzu gewählt habe.

Das unerfreuliche Ergebnis jener Untersuchung war nämlich, daß in der bisherigen Behandlung der Sittenlehre die Begriffe weder gehörig voneinander gesondert, noch gehörig untereinander verbunden wären. Wollen wir nun von dieser Überzeugung aus eine neue Darstellung versuchen: so ist wohl die erste vorläufige Maßregel die, daß wir uns von der vergleichenden Betrachtung der Begriffe selbst zur Beurteilung des Verfahrens wenden, welches bei Bearbeitung des Gegenstandes ist beobachtet worden, und daß wir uns die Frage vorlegen, welche Fehler die Sittenlehrer wohl begangen haben mögen, aus denen jener ungünstige Zustand der Wissenschaft hervorgegangen ist. Diese Frage ist natürlich sehr schwierig, und, weil der Abweichungen vom rechten Wege so viele sein können, kaum durch eine Antwort im ganzen zu erledigen. Was sich aber darüber in bezug auf den jetzt vorliegenden Teil des Ganzen im allgemeinen sagen läßt, scheint mir folgendes zu sein. Zwei Umstände haben zusammengewirkt, um die Darstellung des Sittlichen unter dem Begriffe der Tugend zu verwirren. Der eine ist eine allgemeine, auch in andern Teilen dieser und verwandter Wissenschaften sichtbare Einseitigkeit der Betrachtungsweise. Überall nämlich, wo, um einen Gegenstand zur Anschauung zu bringen, ein System von Begriffen aufgestellt wird, ist der Gegensatz von Einheit und Vielheit die herrschende Form, sei es nun, daß das Verfahren mehr so erscheine, daß die Vielheit unter eine Einheit gebracht, oder so, daß die Einheit in eine Vielheit zerspalten wird. Ist ein Gegenstand nur als einer vorgelegt: so ist unter der Form des Begriffes nichts von ihm zu sagen, als daß seine Erklärung aufgestellt wird; wie sehr aber, und auf welche Weise das unter die Erklärung Gehörige unter sich verschieden, also vieles, sein kann, das wird nicht ausgemittelt. Sieht man dagegen nur die Vielheit, so kann man zwar mit den Einzelheiten, aus welchen sie besteht, dasselbe tun wie dort; aber wie diese unter sich zusammen gehören und von andern getrennt, also eines sind, das kann nicht erhellen. Die wissenschaftliche Darstellung unter dieser Form beruht also ganz auf der Gabe, Einheit und Vielheit zusammen zu schauen und ineinander zu verwandeln. Es gibt aber im Gegensatz zu dieser Richtung zwei Einseitigkeiten der Betrachtung, die eine, welche nur Einheit überall sieht und die Vielheit für bloßen Schein erklärt oder für Verworrenes und der Betrachtung Unwertes; die andere, welche nur Vielheit sieht, und die Einheit für Schein erklärt oder für willkürliches Zusammenwerfen. Beide finden wir schon im Altertume, oder, genauer zu reden, nur im Altertume in jener vollständigen Ausbildung, wegen der man die eine die pantheistische, die andere die atomistische nennen kann. Im einzelnen aber finden wir sie häufig auch in solchen philosophischen Darstellungen, welche, ohnerachtet einer vielleicht unleugbaren Verwandtschaft der Grundansicht, dennoch mit keinem von jenen beiden Namen belegt zu werden pflegen. Und so haben sich beide Einseitigkeiten auch zu allen Zeiten auf unsern Gegenstand geworfen. Die Frage, welche im Altertume schon so oft behandelt wurde, ob die Tugend eine sei oder viele, ist nichts anderes als das natürliche Ergebnis aus dem Streite jener unvollständigen Betrachtungsweisen. Denn die natürliche Voraussetzung für jeden, der den Tugendbegriff zu einer wissenschaftlichen Darstellung brauchen wollte, könnte doch nur die sein, die Tugend müsse eines und vieles sein in verschiedener Hinsicht. Aber hat der eine vermöge der einen Einseitigkeit gesagt, die Tugend ist nur eine, und folglich ist sie überall entweder ganz oder gar nicht; der andere vermöge der anderen, die verschiedenen Tugenden haben gar nichts miteinander zu schaffen, sondern der eine besitzt diese von ihnen, der andere jene, jeder nur vermöge seiner besonderen Einrichtung, und die höchste Kunst besteht nur darin, die Menschen so zusammenwirken zu lassen, daß ihre verschiedenen Tugenden einander ergänzen: dann entsteht freilich zunächst die Frage, welcher von beiden recht habe, und ist ein neues Zeichen, daß die beiderlei Ansichten vereinigende Gabe, das Viele in seiner natürlichen Zusammengehörigkeit und das Eine in seiner natürlichen Geteiltheit zu sehen, in der Untersuchung nicht walte. Eine geringere Wirkung derselben Einseitigkeiten ist diese, wenn zwar Zusammengehöriges verknüpft, und das in verschiedene Gestalten Verschiebbare geteilt wird, aber auf eine solche Art, daß die Erklärungen der größeren Einheit und der untergeordneten Einzelheiten nicht so miteinander zusammenstimmen, daß eines aus dem andern verstanden, und also in unserm Falle begriffen werden könne, wie die aufgestellten einzelnen Tugenden den allgemeinen Begriff der Tugend erschöpfen, und wie der aufgestellte allgemeine Begriff dasjenige ausdrücke, was die einzelnen Tugenden Gemeinsames haben. Und dieses eben wird man weder beim Aristoteles, noch bei den Stoikern, noch bei einem von den Neueren, so viele deren noch mit dem Tugendbegriffe verkehrt haben, auf eine befriedigende Weise finden. Wer also eine neue Darstellung versuchen will, der muß zuerst diese Einseitigkeit zu vermeiden suchen, und nicht den allgemeinen Begriff der Tugend für sich und die Erklärungen der einzelnen Tugenden wieder für sich zustande bringen, sondern beide nur in Beziehung aufeinander, so daß er mit keinem allgemeinen Begriff der Tugend zufrieden ist, es sei denn ein solcher, in welchem er schon die Teilungsgründe erblickt, nach denen sich die einzelnen Tugenden ableiten und ordnen lassen, und so auch mit keiner Erklärung einer einzelnen Tugend, es sei denn, daß er darin dasjenige nachweisen könne, was nur von einer beschränkenden Bestimmtheit befreit werden darf, um in dem allgemeinen Begriffe der Tugend gefunden zu werden.

Der andere Umstand aber, welcher der Behandlung des Tugendbegriffes nachteilig geworden, scheint dieser zu sein. Es finden sich in der Sprache eine große Menge Bezeichnungen lobenswürdiger oder beliebter menschlicher Eigenschaften, in bezug auf welche es scheint, als könne der Sittenlehrer zu einem von beiden angehalten werden, entweder ihnen sämtlich einen Platz anzuweisen in dem System von Tugenden, welches er aufstellt, oder seine Gründe anzugeben, warum er einige ausschließt. Je mehr nun in jenen Bezeichnungen das öffentliche Urteil sich ausspricht, und gerade am meisten in Beziehung auf das öffentliche und gesellige Leben die Sittenlehre bearbeitet wurde; oder, wenn wir auf die neueren Zeiten sehen, je mehr man die unbedingte Richtigkeit des sittlichen Gefühls voraussetzte, und je mehr die philosophische Behandlung der Sittenlehre nichts anderes sein zu dürfen glaubte, als nur eine genauere Verständigung über dasjenige, was im sittlichen Gefühle enthalten sei: um desto weniger wagte man es, von den geltenden Begriffen löblicher Eigenschaften einige aus dem Verzeichnis der Tugenden auszuschließen, sondern hielt sich streng verpflichtet, einem jeden seinen Platz anzuweisen. Daher denn die untergeordneten Haufen von Tugenden schon bei Aristoteles, und die ganz willkürlich gebildeten Stellen derselben bei den Stoikern, und eben so bei den Neueren. Denn wenn z. B. Aristoteles und die Stoiker nicht ganz dieselben Tugenden aufstellen, ohnerachtet beide demselben Volk angehören, und die ältere stoische Schule auch im wesentlichen noch demselben Zeitalter: so muß man dieses mehr grammatisch ansehen, daß nämlich, wie denn die im gemeinen Leben erzeugten Ausdrücke immer schwankend sind, die eine Schule eine andere Synonymie angenommen als die andere. Nun ist aber offenbar, daß gerade im öffentlichen Leben die Eigenschaften der handelnden Personen nach ganz anderen Gesichtspunkten aufgefaßt werden als nach dem, auf welchen die wissenschaftliche Sittenlehre sich stellen muß; und ebenso liegt zutage, daß das sittliche Gefühl nicht immer und überall sich auf dieselbe Weise äußert, so wie daß auch im geselligen Leben über die sich dort bildenden Urteile öfters Zweifel entstehen können, ob es auch das sittliche Gefühl gewesen, welches sich geäußert, oder ein anderes. Alle Begriffe aber über einen Gegenstand, die von einem andern Interesse aus, als dem, daß er rein und vollständig soll erkannt werden, sind gebildet worden, haben keinen Anspruch darauf, in eine wissenschaftliche Darstellung aufgenommen zu werden. Sie gehören einer andern Reihe an, in welcher sie wahr und richtig sein mögen, aber auf dem wissenschaftlichen Gebiet muß ihre Einmischung notwendig Verwirrung anrichten. Daher ich auch in bezug auf jene Begriffe nicht einmal die zweite Forderung gelten lassen kann, daß der Sittenlehrer verpflichtet sei, einzeln nachzuweisen, warum er diese im gemeinen Leben gültigen Begriffe in das System der seinigen nicht aufnehme. Vielmehr ist ja offenbar, solche Begriffe zu würdigen, erst ein weit späteres Geschäft, und kann nur gelingen, nachdem die wissenschaftlich begründeten Begriffe aufgestellt sind; denn jenes ist zugleich die Würdigung des sittlichen Zustandes desjenigen Volkes und Zeitalters, in welchem solche Begriffe ihre Geltung erlangt haben; und **hiezu müssen eben die wissenschaftlichen Begriffe den Maßstab enthalten**[1]. Wer aber beide Geschäfte nicht trennt, sondern seinen allgemein aufgestellten Tugendbegriff durch Anwendung auf alle jene oft politische, oft ökonomische oder sonst lebenskünstlerische Begriffe rechtfertigen will, der wird sich sein Geschäft ohnfehlbar verderben; ja was er irgend an sich hat von einer jener beiden Einseitigkeiten, das wird dadurch begünstigt. Ist er geneigt, nur die Einheit genau und richtig zu sehen, so wird er durch jenes verworrene Gemenge nur um so sicherer überredet, es gebe außer der Einheit keine bestimmte

---

[1] Von mir gesperrt. (Br.)

Vielheit, sondern nur die unbestimmt ineinander sich verlaufende Unendlichkeit der einzelnen Erscheinungen, und ebenso umgekehrt. Deshalb aber ist keineswegs meine Meinung, daß die Begriffe einzelner Tugenden, welche der Sittenlehrer unabhängig von jenen im gemeinen Leben üblichen auf seinem eigenen Wege findet, müßten mit neuen und unerhörten Namen bezeichnet werden, welches allerdings auf seine Tugenden den Verdacht werfen würde, als wären sie ganz und gar ersonnen. Sondern dieses nur meine ich, daß allerdings, wenn er seine Begriffe gebildet hat, er die Zeichen dazu aufsuchen soll in dem vorhandenen Schatz der Sprache, und sich fragen, ob er nicht eben dieses, was er jetzt gedacht, oft so und so genannt habe; und wie sonst der platonische Sokrates getan, soll er auch andere, entweder unmittelbar oder indem er an ihren Reden und Schriften anklopft, fragen, ob sie nicht auch etwas so nennen, und ob es nicht dasselbe sei, was auch er sonst so genannt; und wie dann er selbst und andere das Gefundene am meisten und sichersten genannt haben anderwärts, so soll er nun dasselbe auch in seinem System nennen, und das Wort zum Zeichen dieses Begriffs stempeln; wodurch er zugleich zu erkennen gibt, daß es noch andere Gebrauchsweisen des Wortes geben könne, mag nun dabei dasselbe gedacht, aber falsch angewendet worden, oder auch wohl ganz andres gedacht und nur einer falschen Ähnlichkeit zuliebe dasselbe Zeichen gebraucht worden sein, und daß er diese samt und sonders gar nicht zu vertreten gesonnen sei. Hält er nun aber mit seiner Begriffsbildung inne, und es bleiben ihm dann auch noch so viele Wörter übrig, deren er sich zwar erinnern muß, wenn er sich fragt, was für vortreffliche Tugenden unter den Menschen seiner Zeit und seines Volkes im Umlauf seien, die er aber doch in seinem Umkreise von Begriffsbildung nicht anzubringen weiß: so soll er sich um diese weder so viel kümmern, daß er deshalb Furcht bekäme, er hätte wohl die rechte Tugend nicht gefunden, noch auch so wenig, daß er sie gehen ließe, wohin sie wollten; sondern er soll ihnen auflauern, um zu sehen, ob sie etwa bei einer noch weiteren Vereinzelung der Begriffe, die er noch nicht unternommen hat, ihren Platz finden wollen, oder ob sie einem andern Teil der sittlichen Darstellung angehören, oder wohl gar einem ganz andern Gebiete. Hat er sie nun lange genug beobachtet, so wird ihm dieses gewiß nicht entgehen, und er wird sein zweites Geschäft an ihnen vollbringen können, nämlich die Reinigung und Sichtung der Sprache, welches allerdings seinem ersten nicht wenig zu Hilfe kommt. — Von der Anwendung dieser beiden Regeln nun will ich versuchen das Beispiel zu geben, so gut es sich außerhalb des geschlossenen Zusammenhanges, das heißt, ohne streng genommen von vorn anzufangen, tun läßt, und natürlich indem ich, um nicht die Grenzen einer Abhandlung zu überschreiten, nur bei der ersten Abstufung der Begriffe stehen bleibe.

Dieses nun muß ich mir, weil ich nicht von vorn anfangen kann, gleich vorausnehmen, und kann mich nur darauf berufen, daß es teils aus dem angeführten Buche so deutlich hervorgeht, als ich es irgend darzustellen imstande bin, teils auch jeder für sich es finden und also leicht ohne weiteres zugeben wird, daß nämlich die drei gepaarten Begriffe, Gutes und Übel, Tugend und Laster, pflichtmäßiges und pflichtwidriges Handeln, sich so gegeneinander verhalten, daß jedes Paar für sich allein in seiner Vollständigkeit gedacht, das Sittliche ganz setzt und ganz aufhebt, so daß auch die übrigen Paare notwendig mit gesetzt sind; auf die Weise, daß, sind alle Güter gesetzt, die in sittlichem Sinne so können genannt werden, dann notwendig, so wie alle Übel in demselben Sinne ausgeschlossen sind, so hingegen alle Tugenden als vorhanden gedacht werden müssen, und alle pflichtmäßigen Handlungen; Laster aber und pflichtwidrige Handlungen gar nicht, oder sonst könnten auch die Güter nicht da sein, sondern es müßten Übel entstehen. Ebenso wenn man zuerst alle Tugenden in allen denkt, oder nichts als pflichtmäßige

Handlungen auf allen Punkten und in allen Augenblicken, alsdann ebenso wie oben das übrige alles mit gesetzt, das Gegenteil aber ausgeschlossen sein muß. Denn das wird wohl niemand glauben, daß, wenn alle Tugenden in allen Menschen wirksam wären, daraus Übel in der Welt entstehen könnten, oder pflichtwidrige Handlungen, noch dieses, daß das Gute ebensowohl aus pflichtwidrigen Handlungen entstehen und dabei bestehen könne als aus und bei pflichtmäßigen, und was nun weiter folgt. Das zweite muß ich mir ebenso geben lassen, daß nämlich, demohnerachtet Gut, Tugend und Pflicht nicht an und für sich dasselbe sei, sondern jeder, wenn er das eine nennt, etwas anderes meine, als wenn das andere. Woraus von selbst folgt, daß auch nicht eine einzelne Tugend einzelne bestimmte pflichtmäßige Handlungen oder Güter notwendig bedinge; sondern das obige, daß, wenn alle Tugenden in allen gesetzt sind, auch alle und lauter pflichtmäßige Handlungen gesetzt sein müssen, entsteht vielmehr daher, weil in jeder pflichtmäßigen Handlung alle Tugenden des Handelnden sind, und jede Tugend auch an allen pflichtmäßigen Handlungen ihres Besitzers Anteil hat, und ebenso mit den Gütern. Wenn nun hieraus hervorgeht, daß, weil jeder dieser Begriffe das Sittliche ganz darstellt und dennoch etwas anderes bedeutet, jeder es in einer andern Beziehung darstellen muß: so ist nun die nächste Frage die, in welcher Beziehung denn der Tugendbegriff das Sittliche darstelle. Und auch hier nehme ich mir, weil ich nicht von vorn anfangend zeigen kann, ob und warum diese drei Begriffe und nur diese von gleicher Geltung bestehen, ganz unbesorgt dieses zum voraus, daß im Tugendbegriff das Sittliche dargestellt werde als Kraft, welche in dem einzelnen Leben ihren Sitz hat. Denn so reden wir alle von der Tugend als von etwas im Menschen, und zwar woraus seine Handlungen hervorgehen nicht nur, sondern auch woraus Handlungen gewisser Art notwendig hervorgehen müssen, indem eine untätige Tugend niemand denken kann; und möchte wohl niemand viel einwenden, wenn wir die Erklärung des Zenon von ἦθος, es sei die Quelle des Lebens, woraus die einzelnen Handlungen hervorgehn, auf den allgemeinsten Begriff der Tugend anwendeten, denn diese ist eben die sittliche Lebensquelle*). Reden wir aber auch von Tugenden eines Volkes, so betrachten wir alsdann gewiß dieses ebenfalls als ein einzelnes Leben, aus dessen Kraft sowohl die einzelnen Menschen solche werden, als die gemeinsamen Handlungen hervorgehen, welche das Gepräge jener Tugenden tragen.

Dieses nun vorausgesetzt, entsteht uns die Aufgabe. Wenn die Tugend im allgemeinen überall und in allen dieselbe, und also nur eine ist; soll aber das Sittliche in seiner ganzen Fülle aus der Vollständigkeit aller Tugenden beschrieben werden, zugleich ein mannigfaltiges sein muß, und zwar nicht nur dem Orte nach, sofern dieselbe Tugend in verschiedenen Menschen ist, sondern auch in jedem einzelnen, in eine Mannigfaltigkeit geteilt: so muß bestimmt werden, wie sie dann geteilt werden soll, um zugleich eines und vieles zu sein. Die Lösung dieser Aufgabe muß angefangen werden mit einem Satz, wovon ich mich hier, da ich ihn nicht, ohne noch viel weiter zurückzugehen, aus der Quelle ableiten kann, nur auf die allgemeine Zusammenstimmung berufen muß, daß nämlich alle, welche überhaupt von Tugend reden, es nur tun in Voraussetzung eines Zwiefältigen im Menschen, eines Höheren und Niederen, Vernünftigen und Unvernünftigen, Geistigen und Sinnlichen, oder himmlischen und

---

*) Stob. II. cp. VII. οἱ δὲ κατὰ Ζήνωνα τροπικῶς· ἦθός ἐστι πηγὴ βίου ἀφ' ἧς αἱ κατὰ μέρος πράξεις ῥέουσι. Man könnte freilich sagen, das Wort ἦθος entspreche mehr unserm Wort Gesinnung, und dieses bedeute mehr die individuelle Art, die Pflicht zu konstruieren: allein dieses gilt nur, sofern das Wort als ein mannigfaltiges gebraucht wird, sofern man von einer Gesinnung redet, oder gar von einer guten und schlechten. Die sittliche Gesinnung aber ganz im allgemeinen und die Tugend ganz im allgemeinen können hier einander unbedenklich substituiert werden.

Irdischen, oder wie andere es anders benennend doch immer im wesentlichen dasselbe dabei meinen. Wer aber eine solche Zwiefältigkeit im Menschen nicht annähme, der könnte zwar wohl, wenn er einen Menschen mit dem andern oder einen Augenblick mit dem andern vergleicht, Stärke und Schwäche unterscheiden, oder Vollkommenheit und Unvollkommenheit, oder sonstwie Besseres und Geringeres; von Tugend und Untugend aber im Sinn unserer Sprache und Sitte könnte er eigentlich nicht reden. Ebenso auch, wer beides zwar unterschiede im Gedanken, meinte aber, daß beides schon von Natur immer, und zwar entweder in allen auf gleiche Weise vorhanden und vereinigt wäre, oder wenigstens, daß die Verschiedenheit des Verhältnisses nur von äußeren Umständen abhinge und gar nichts Innerliches sei, auch der könnte nicht von Tugend reden. Sondern der Begriff der Tugend setzt notwendig voraus, nicht zwar, daß ein Mensch sein könne weder durch das Höhere allein ohne das Niedere, noch durch das Niedere allein ohne das Höhere, aber doch, daß großer Raum sei für Verschiedenheit in dem Zusammensein beider. Und nur dasjenige Zusammensein beider ist die Tugend, worin das Höhere gebietet und das Niedere gehorcht, das umgekehrte aber ist das Gegenteil. Ist nun dieses, so müssen wir jedes Zusammensein beider ansehen als zusammengesetzt einmal aus ihrer Zusammengehörigkeit, und aus ihrer Verschiedenheit, welche in bezug auf das Gebieten der einen und Gehorchen der andern als ein Widerstand aufgefaßt werden muß. Dieses nun gibt uns den einen Teilungsgrund, und die Tugend wird uns zuvörderst eine zwiefältige, inwiefern sich in der Herrschaft des Höheren über das Niedere ausdrückt die Zusammengehörigkeit, und inwiefern sich darin ausdrückt der Widerstand. Ich möchte die erste nennen die belebende Tugend, welche ohne diese nicht gesetzt wäre, die andere aber die bekämpfende Tugend, indem durch diese der Widerstand bezwungen wird, weil sonst ja keine Herrschaft des Höheren über das Niedere sich zeigen könnte im Widerstande des letzteren. Niemand wird diese Verschiedenheit leugnen können; denn es ist eine andere Tätigkeit, wodurch unmittelbar die Zusammengehörigkeit sich offenbart, wenngleich auch mittelbar dadurch der Widerstand gedämpft wird, und eine andere, wodurch unmittelbar der Widerstand sich verringert, wenngleich auch in ihr sich mittelbar die Zusammengehörigkeit offenbart. Aber die Einheit wird nicht aufgehoben durch diese Verschiedenheit, denn in beiden ist das Herrschen des Höheren, und auch in einem und demselben einzelnen Leben werden beide nicht können getrennt sein, indem die belebende Tugend nicht ans Licht kommen könnte, ohne die bekämpfende zu üben, und diese wiederum nicht geübt werden, ohne die belebende ans Licht zu bringen. Denn setzten wir das Höhere im Menschen tätig, so muß, wenn der Widerstand überwunden ist, die Angehörigkeit des Niederen in der Erscheinung frei werden, sonst wäre nicht nur das Element des Widerstandes im Niederen, sondern das Niedere selbst vernichtet. Doch dieses kann erst zur Anschaulichkeit gebracht werden, wenn wir noch den andern Teilungsgrund der Tugend hinzunehmen. Nämlich wenn wir davon ausgehen, daß sie die sittliche Kraft sei im einzelnen Leben: so müssen wir auch sehen, was das einzelne Leben ist. Dieses nun steht, indem es immer nur beziehungsweise vereinzelt ist und nie vollkommen, mit dem Ganzen in einem beziehungsweisen Gegensatz, der sich in einer stets erneuerten Wechselwirkung offenbart, in welcher einmal auf das einzelne eingewirkt wird von außen und es also leidend ist, aber als Lebendes nicht ohne Gegenwirkung, was wir die Empfänglichkeit nennen, das anderemal das einzelne von innen etwas nach außen wirkt, was wir die Selbsttätigkeit nennen, aber weil beschränkt und einzeln auch nicht ohne Gegenwirkung zu erfahren, welche dann dasselbe Spiel wieder von neuem beginnt. In dem Menschen nun, wie auch schon das Niedere in ihm das Gepräge an sich trägt, ist das einzelne Leben als ein bewußtes und sich bewußt werdendes gegeben und erscheint demzufolge wesentlich in zwei Gestalten; die eine ist das bewußte Insicheinbilden, worin die Empfänglichkeit, die andere das bewußte aus sich heraus in die Welt Hinüberbilden, worin die Selbsttätigkeit vorherrscht. Das erste von beiden nennen wir auch das Erkennen oder Vorstellen, denn auf die Unterschiede dieser Ausdrücke kommt es hier nicht an, das andere aber das Handeln, sei es nun mehr wirksam oder darstellend. Ist nun diese Zwiefältigkeit die allgemeine Form aller Lebenstätigkeit: so folgt, daß auch das Geistige und Vernünftige im Menschen nicht kann das Niedere beherrschen als nur in eben dieser Form. Und dieses gibt daher eine zweite Einteilung der Tugend, nämlich in eine vorstellende und darstellende. Die Verschiedenheit beider wird niemand leugnen können, jeder aber auch zugeben, daß die Einheit dadurch nicht aufgehoben wird; denn die Herrschaft des Höheren über das Niedere ist in beiden, jedoch eine andere in jedem. Und auch in demselben einzelnen Leben werden beide niemals getrennt sein. Denn die vorstellende oder erkennende Tugend wäre nichts als ein träumerisches, sich in sich verzehrendes Grübeln, wenn sie nicht in Darstellung überginge; und die darstellende wäre nichts Menschliches, geschweige Sittliches, wenn sie nicht auf dem Erkennen beruhte. Jedoch können in jedem Einzelnen beide in einem andern Verhältnis stehen, so daß, weil ein größtes im Erkennen verbunden sein kann mit einem kleinsten im Handeln und umgekehrt, nicht jede auch an und für sich das Maß der anderen ist. Wollte aber jemand die Verschiedenheit ganz leugnen und sagen z. B., Denken könne nicht sein ohne Reden, aber dieses sei schon ein Aussichherausbilden, und kein Handeln könne, am wenigsten sittlich, gedacht werden, welches nicht beständig auch selbst im Denken oder Empfinden sein müßte: so werde ich auch das noch annehmen können und nur erwidern, daß doch in umgekehrter Ordnung in dem einen erfüllten Augenblick dieses und in dem andern das andere Geschäft das Hauptwerk sei und die Zugabe; welches zuzugeben niemanden zu viel dünken wird, mir aber genug ist. Denn nun können wir das

Netz zuziehen und sagen, daß diese beiden Teilungsgründe sich kreuzen, und daß die belebende Tugend, sofern sie vorzüglich erkennend ist, die Weisheit heiße, sofern aber aus sich herausbildend, heiße sie die Liebe, die bekämpfende Tugend hingegen im Insichhineinbilden sei die Besonnenheit, im Handeln aber die Beharrlichkeit. Außer diesem Netz von Tugenden, wollen wir sagen, sei keine weiter gesetzt, sondern jede andere müsse bei einer weiteren Teilung in einer unter diesen ihren Ort finden. Über diese vier aber und die ihnen zugeteilten Benennungen will ich, in bezug auf das obige, noch einige Bemerkungen hinzufügen.

Zuerst also von der belebenden erkennenden Tugend, welche ich die Weisheit genannt. Der gewöhnliche Begriff, den wir mit diesem Worte verbinden, ist der, daß es sei die Richtigkeit in der Bestimmung der Zwecke. Diese Erklärung findet sich freilich größtenteils in Beziehung gesetzt mit einer verwandten Erklärung der Klugheit, daß diese nämlich sei die Richtigkeit in der Bestimmung der Mittel, und sofern sie gemacht ist, nur um die Unterscheidung dieses Begriffs von einem anderen durch einen Gegensatz zu befestigen, könnte sie schwerlich auf große Berücksichtigung Anspruch machen. Indes ist sie sehr verwandt mit den Erklärungen, welche in dem stoischen System der Tugenden vorkommen, φρόνησις ἐπιστήμη ὧν ποιητέον καὶ οὗ καὶ οὐδετέρων, besonders wenn man noch dazu nimmt τὴν μὲν φρόνησιν περὶ τὰ καθήκοντα γίγνεσθαι*). Eben dahin führen andere Erklärungen, welche geradezu sagen, die φρόνησις sei die Wissenschaft des Guten. So, daß der Frage doch nicht auszuweichen ist, wie sich doch der Begriff, den wir durch das Wort bezeichnen wollen, zu dem gewöhnlichen Gebrauch desselben verhalte? Offenbar erscheint der gewöhnliche weit beschränkter, indem man Zweckbegriffe nur auf im engeren Sinne sogenannte Handlungen zu beziehen pflegt, in unserm Begriff aber alles lie-

---

*) Stob. Lib. II. ecp. VII. p. 102 und 104 Ed. Har.

gen muß, wodurch sich im Bewußtsein das Belebtsein des niederen Vermögens im Menschen durch das höhere beweiset. Vergleichen wir zum Beispiel denjenigen Zustand des erfüllten menschlichen Bewußtseins, in welchem es dem tierischen am nächsten kommt, wie wir ihn nicht etwa nur bei noch unentwickelten Organen in der Kindheit, sondern auch bei rohen Menschen im Zustand der organischen Reife finden, mit demjenigen in welchem, mehr oder weniger entwickelt, die Anlage zur Wissenschaft sich offenbart: so werden wir sagen müssen, dieses sei aus der belebenden Tätigkeit des Höheren entstanden und jenes aus dessen Untätigkeit; kurz, wo und in welchem Maß wir in der vorstellenden Tätigkeit den Vernunftgehalt finden, da, sagen wir, walte das, was wir Gewißheit nennen, wogegen jene Erklärungen vorzüglich vorkommen in Verbindung mit einer Unterscheidung zwischen sogenannten Verstandestugenden und eigentlich sittlichen, so daß wenigstens der Umfang des Begriffes ein ganz anderer zu sein scheint. Allein wenn wir die vorstellende Tätigkeit nicht als einen bloß leidendlichen Zustand denken wollen, was sie doch gewiß, wenigstens überall wo Forschung und Untersuchung ist, nicht sein kann, so müssen wir doch gestehen, daß in diesen erstgenannten Fällen wenigstens, ihr wie ein Wollen so auch ein Zweck zum Grunde liegt: und daß, zumal auch Forschen und Untersuchen muß als Pflicht eingesehen werden, und auch kein anderer sittlicher Zweck ohne Forschen und Untersuchung richtig kann bestimmt werden, kein Grund abzusehen ist, warum die Bestimmung dieser Zwecke nicht im Gebiet derselbigen Weisheit liegen solle; und es liegt also unserer Bezeichnung in der Tat auch derselbe Sprachgebrauch zum Grunde, nur allerdings in einem weiteren Umfange, bei welchem aber auch allein sowohl eine vollständigere Zusammenstellung, als auch eine gesundere Teilung möglich wird. Dieser Umfang unseres Begriffs scheint sich aber noch mehr zu erweitern, wenn wir bedenken, daß erstlich, was der Wissenschaft recht ist, auch der Kunst billig sein muß, und also auch das Entwerfen aller wahren und echten Kunstwerke ebensogut als das der eigentlichen Handlungen in das Gebiet der Weisheit fällt; zweitens aber auch das Gefühlsvermögen dem Bewußtsein angehört, und auch hier jene zwiefachen Erscheinungen stattfinden, welche die Belebung des Niederen durch das Höhere aussprechen und welche sie verbergen, und so würde auch hier auf seiten des Gefühls ebenso wie auf seiten des Verstandes die Weisheit walten. Auch dieses leugne ich nicht ab, daß sich die Weisheit auch hierher erstrecken müsse; nur scheint mir auch dies ebenfalls dem gewöhnlichen Sprachgebrauch, wenn er sich selbst recht versteht, vollkommen angemessen. Denn wer sagt nicht, es sei gerade der weise Mann, dem es nicht gezieme, sich von einem sinnlichen Schmerz überwältigen zu lassen. Dies ist ja die gemeine Rede aller von dem ältesten Philosophen an bis zu dem neuesten Weltmanne, so Gott will. Wenn ich aber weiter frage, ist denn das der weise Mann, welcher das sinnliche Gefühl erst gewaltig werden läßt und es dann mäßigt? so wird wohl auch die allgemeine Antwort sein, daß, wiefern ein solcher zu loben sei, er wohl wegen einer andern Tugend, etwa der Mäßigung, gelobt werden möge, der Weise aber sei er nicht. Und so wird wohl der Weise nur der sein können, in welchem das Gefühl von Anfang herein nicht etwa gemäßigt erscheint, sondern ganz anders konstruiert ist, so nämlich, daß das Sinnliche gleich in seinem Entstehen von einem Höheren belebt, ein Sittliches werde, und was sich im Leben als ein voller Moment, als die Einheit des geistigen Pulsschlages absondern läßt, niemals durch ein Sinnliches allein erfüllt sei. Wie nun die Abweichung des gewöhnlichen Sprachgebrauchs darin gegründet ist, daß er das sittliche Gebiet überhaupt zu eng auffaßt, dies wird sich am besten von selbst zeigen, wenn wir ähnliches auch in den andern Tugenden finden. Wie aber die Teilung des so erweiterten Begriffs anzugeben sei, um die verschiedenen Unterarten oder Gestaltungen der Weisheit zusammenhängend und vollständig darzustellen, dies liegt jenseits der Grenzen unserer Untersuchung. Ich wende daher um, in der Absicht, nachdem so der Umfang des Begriffs der Weisheit, soweit es sich durch Hervorhebung weniger Punkte tun ließ, ins Licht gesetzt ist, auch das Verhältnis desselben zu dem verwandten Gebiet der Besonnenheit zu bestimmen. — Hier aber muß ich zuerst einem Mißverständnisse, welches leicht entstehen könnte, vorbeugen. Man mag nämlich auf die Art sehen, wie die Weisheit sich in dem eigentlich sogenannten sittlichen Handeln äußert, oder auf ihre Äußerung im Gefühl oder im Vorstellen: so erscheint sie nach dem obigen sowohl im einzelnen Menschen, als in den größeren Teilen des menschlichen Geschlechtes, als ein wachsendes und allmählich sich ausbildendes; und es könnte also leicht einer sagen, in diesem Wachsen muß sie einen Widerstand überwunden haben, sonst würde sie ja ursprünglich oder plötzlich gewesen sein, was sie erst geworden ist und noch wird, und also erscheint sie selbst überall, wo sie ist, als eine bekämpfende Tugend, und der aufgestellte Unterschied zwischen dieser und der belebenden, also der Weisheit und Besonnenheit, ist nichtig. Allein hierauf erwidere ich, daß ich das Wort gern schenken will, wenn jemand behauptet, alles Werden und Wachsen, wenn man es auf eine Kraft zurückführe, setze eine Hemmung derselben und also einen Widerstand voraus; denn der Streit, der hierüber zu führen wäre, liegt wenigstens nicht auf unserm Gebiet, sondern einem weit höheren. Aber dieser Widerstand, welcher die Form alles Werdens ist, wenn er so heißen soll, ist wenigstens nicht derselbe, auf welchen sich die bekämpfende Tugend in ihrem Gegensatz gegen die belebende bezieht. Denn nicht nur das niedere Vermögen des Menschen ist ein werdendes und wachsendes, sondern der ganze Mensch, und so auch das ganze Volk, und was man sonst will, entwickelt sich aus der Bewußtlosigkeit, als gleichsam dem relativen Nichts, in das Bewußtsein, und das Zunehmen der Weisheit beruht nur auf dieser Entwicklung der höheren belebenden Kraft selbst, nicht aber auf einem überwundenen Widerstande der schon entwickelten niederen. Wie denn auch in der Umgestaltung aller sittlichen Verhältnisse durch vollkommnere Zweckbegriffe das spätere Weisere sich zu dem früheren nicht sowohl als Zerstörung desselben verhält, als vielmehr als Entfaltung, Entdeckung der vorher verkannten oder verborgenen tiefern Bedeutung. Und so bleibt von dieser Seite die Weisheit in ihrer Trennung von der Besonnenheit wohl unangefochten stehen. Allein von einer andern Seite erscheint es schwieriger, beide getrennt zu erhalten. Wenn wir nämlich davon ausgehen, daß in allem, was Einbilden in das Bewußtsein ist, die Entwerfung der Zweckbegriffe, oder wo sich dieses Wort nicht in seinem eigentlichen Sinne brauchen läßt, die Typen des Handelns der Weisheit zukommen: so kann auf demselben Gebiet die Besonnenheit nirgend anders sein als in der Ausführung, und man könnte auch beide unterscheiden als die entwerfende Tugend und die ausführende, und es ist auch ganz natürlich, daß der Kampf, durch welchen die andere Tugend bezeichnet ist, auf diesem Gebiete überall sein müsse in der Ausführung, in welcher sich teils andere Vorstellungen zwischen eindringen können, teils die Trägheit und Unbeholfenheit des vorstellenden Organs kann zu bekämpfen sein. Aber um Entwurf und Ausführung zu scheiden, komme alles darauf an, wie man die Einheit der Handlung bestimme, was man als Teil und was als Ganzes ansehe, welches auf die verschiedenste Weise geschehen könne, so daß dadurch die aufgestellte Unterscheidung der belebenden und bekämpfenden Tugend unmöglich wird. Diese Schwierigkeit ist nicht abzuleugnen; aber sie trifft ebensogut den gewöhnlichen Unterschied zwischen Weisheit und Klugheit, wie er sich auf Zweck und Mittel bezieht, und ist überhaupt wohl überall, wo Tugenden getrennt werden sollen, erst zu überwinden. Wenn z. B. auch alle übereinstimmen, daß es die Weisheit sei, welche den Entwurf zu einem Feldzuge hervorbringt; es tritt aber hernach irgendein Umstand ein, der eine Bewegung erfordert, welche in der ursprünglichen Idee nicht lag, und der Feldherr hat nun oder hat nicht die Geistesgegenwart diese Bewegung zu erfinden, gehört dieses zur Weisheit oder zu einer andern Tugend, mag man nun sagen zur Klugheit, wenn man die Bewegung als Mittel ansieht, jenen Umstand unschädlich zu machen, oder zur Besonnenheit, wenn man sie als einen Teil der Ausführung ansieht. Offenbar kann man das letzte sagen, aber ebenso auch das erste, und diese Geistesgegenwart der Weisheit zuschreiben, wie auch die Alten ihre ἀγχίνοια unter ihre φρόνησις stellten, wenn man nämlich diese Bewegung als eine eigene im Zusammenhang mit dem Ganzen entworfene Handlung ansieht, deren Begriff ja wieder von ihrer Ausführung verschieden ist, und vor derselben hergeht. Aber ebenso könnte man auch rückwärts gehend sagen, die Entwerfung des Feldzuges selbst sei schon zur Ausführung gehörig, und die Weisheit sei hier nur in dem Herrscher, der den Krieg im Zusammenhange mit einer reinen und richtigen Idee von dem Wohl des Ganzen beschließt. Ja noch mehr, auch schon den Beschluß des Krieges, wie er denn wirklich besonnener oder unbesonnener auch schon dem gemeinen Sprachgebrauch nach kann gefaßt werden, könnte man nur zur Ausführung rechnen, und nur die bestimmte und alles beherrschende Vorstellung von der Stufe der Selbständigkeit, welche der Staat unter seinesgleichen einnehmen muß, als das Werk der größeren oder geringeren Weisheit ansehen. Und eben dasselbe ließe sich mit leichter Mühe auch auf jedem andern Gebiet nachweisen. Soweit nun hat dieses seine Richtigkeit, daß jede hierher gehörige Handlung der Weisheit sowohl zugeschrieben werden kann als der Besonnenheit, dieser sofern noch eine größere Handlung über der bezeichneten ist, als deren Teil sie angesehen werden kann, jenes sofern noch kleinere unter ihr stehen. Aber ebenso gewiß ist auch, daß nicht dieselbe Ansicht der Sache zum Grunde liegt, wenn man das eine und wenn man das andere tut. Denn die eine läuft darauf hinaus, daß durch eine einzige

Tat, in welcher sich gleichsam das höhere erkennende Vermögen seines niederen Organs bemächtiget, auch das ganze Bewußtsein des Menschen von seiner Stellung in der Welt, mithin sein ganzes Leben, in der Idee völlig bestimmt sei, und es nur noch auf diejenige Tätigkeit ankomme, welche wir der kämpfenden Tugend beigelegt haben. Die andere Ansicht geht darauf hinaus, daß es keine Unterordnung von Teilen in den sittlichen Tätigkeiten gebe, sondern jeder einzelne Moment auf einem gleich ursprünglichen Impuls des höheren Vermögens beruhe. Wer nun behauptet, Weisheit und Besonnenheit sei nicht zweierlei, sondern eins, der sagt eigentlich, daß diese beiden Ansichten gleiche Wahrheit hätten, und man eine der andern substituieren könne. Allein dieses möchte wohl nur wahr sein, wenn wir uns den Weisen nach Art der Alten denken, der es eigentlich auch nicht geworden sein kann, sondern immer gewesen sein muß; von diesem möchte kein Grund sein, mehr das eine zu behaupten als das andere, sondern wir möchten ebensogut sagen können, sein ganzes Leben sei aus dem einen Guß einer transzendenten Tat, und auch, es sei die in jedem Moment sich erneuende ursprüngliche Durchdringung, vermöge deren nichts in dem geistigen Organismus Erscheinendes genauer unter sich zusammenhänge, als jedes von einem besonderen Impuls abhängt. Dem erscheinenden Menschen aber ist nur gegeben, sich dieser Formel anzunähern, und also muß auch in der Tugend unterschieden werden, was wir die Weisheit und was wir die Besonnenheit genannt haben, nur daß von jeder einzelnen Tatsache streng genommen kein anderer als der, dessen innerem Bewußtsein sie vorliegt, entscheiden kann, ob sie aus der Idee der Weisheit oder der Besonnenheit zu beurteilen sei. Niemand wird zum Beispiel leugnen, daß das Wissenwollen ein Erzeugnis der Wahrheit sei; wenn wir aber nun in einzelnen auf diese Richtung Bezug habenden Handlungen eines Menschen eine Verworrenheit bemerken, die in dem Streben nach Wissen nicht aufgeht, so wird nur das eigene Gewissen des Handelnden, wenn er über seiner einzelnen Handlung sieht, entscheiden können, ob er zwar die Idee seines Verfahrens unrichtig aufgefaßt, diese aber hernach mit aller Besonnenheit und Beharrlichkeit verwirklicht habe, oder ob er vielmehr nach einem richtigen Begriffe zwar verfahren sei, aber hernach in der Ausführung nicht die gehörige Gewalt gehabt habe über zerstreuende Vorstellungen.

Unter der Besonnenheit also verstehen wir die den Widerstand des niedern Vermögens überwindende Verwirklichung und vollkommene Einbildung alles dessen in das Bewußtsein, wozu der lebendige Keim in der belebenden Tätigkeit des höheren lag. Auch durch diese Erklärung wird dem Worte ein weiteres Gebiet beigelegt als der hellenischen σωφροσύνη, welche ich jedoch selbst immer durch Besonnenheit übertragen habe. Allein die Mannigfaltigkeit der hellenischen Erklärungen, und wenn man in dem stoischen System die der σωφροσύνη untergeordneten Tugenden betrachtet, wie die erste εὐταξία noch zur Weisheit zu gehören scheint, und die letzte ἐγκράτεια kaum mehr von den zur Tapferkeit gehörigen unterschieden werden kann, wenn man nämlich mehr auf die Erklärung als auf den Namen sieht, ja schon die Verlegenheit, in der man sich befindet, wenn man eine ἐπιστήμη αἱρετῶν καὶ φευκτῶν von einer ἐπιστήμη ὧν ποιητέον καὶ οὔ auf der einen Seite unterscheiden, und auf der andern eine ἐπιστήμη τῶν δεινῶν καὶ οὔ nicht darunter subsumieren soll, dies zusammen zeigt deutlich genug, daß dieser Begriff zu denen gehört, welche dort am wenigsten sind bestimmt worden. Bleiben wir aber bei dem gewöhnlichen Gebrauch unseres Wortes stehen: so wird der Besonnenheit am meisten entgegengesetzt die Zerstreuung auf der einen Seite und die Übereilung auf der andern, woraus man wohl sieht, es soll alles abgehalten werden, was den zur Ausführung einer Handlung nötigen Zusammenhang des Bewußtseins stört; und inwiefern sich Fremdes, diesen Zusammenhang Störendes eindrängen will, ist dies allerdings die kämpfende Tugend im Bewußtsein. Aber auch dem schreiben wir einen Mangel an Besonnenheit zu, welchem das zur Vollbringung einer Handlung Nötige nicht einfällt, dann, wann es ihm einfallen sollte. Oder wenigstens wird wohl jeder zugeben, daß die Geistesgegenwart nach unserm Sprachgebrauch der Besonnenheit gar sehr verwandt sei, und daß, wenn man sie in das System der Tugenden einschalten soll, und der Begriff der Besonnenheit schon gegeben ist, man ihr weder neben dieser einen besonderen Platz würde anweisen, noch weniger aber sie einer andern Tugend unterordnen wollen. Sollen wir nun auch die Geistesgegenwart unter den Begriff der kämpfenden Tugend bringen, so werden wir sagen müssen, sie sei der Sieg über die Trägheit und Ungeübtheit des Organismus der Vorstellungen, und wir sind ja schon überall gewohnt, auch die Trägheit als Widerstand anzusehen. Indem wir aber der Besonnenheit auch die Übereilung entgegensetzen, die doch größtenteils aus einem überströmenden Gefühle entspringt: so sehen wir, wie leicht sich der Sprachgebrauch dem ganzen Umfange hergibt, in welchem wir den Begriff nehmen müssen, indem ja allerdings jede Erregung des Gefühls auch ein Insichhineinbilden ist, wie die Konstruktion des Gedankens, und wie also auch die Besonnenheit auf ihre Weise zugleich über das Gefühl gebieten muß, wie die Weisheit auf die ihrige. Aber je mehr uns der Begriff auf diese Weise fest geworden scheint, um so schwieriger will es auch uns werden, ihn von dem verwandten der Beharrlichkeit zu trennen, schon gleich, wenn wir mit der Bemerkung anfangen, daß ja doch die Furcht, welche am meisten die Beharrlichkeit zu hindern pflegt, auch ein Gefühl sei, und also dessen Besiegung der Besonnenheit anheim falle; und es will mit den beiden Gliedern der kämpfenden Tugend ebenso gehen, wie mit denen der erkennenden. Denn auch hier kann einer sagen, das Wesen eurer kämpfenden Tugend ist doch immer nur die Stärke des Willens; was ihr aber darin unterscheiden wollt, ob sie sich zeige in dem Insichhineinbilden durch das Bewußtsein, oder in dem Aussichherausbilden durch die Tat und das Werk, so daß, wenn das erste ohne Störung vollendet ist, ihr dies der Besonnenheit, wenn aber das letzte, ihr es der Beharrlichkeit zuschreiben wollt, das ist kein Unterschied in der Sache. Sondern alles in dem Menschen, jede Lebensäußerung, auch was in seinem Bewußtsein vorgeht, ist doch immer Tat, ist Heraustreten seines inneren verborgenen Lebens in das Gebiet der Erscheinung und der gemeinsamen Welt, und ebenso ist alles Aussichherausbilden in Wort und Tat doch nichts anders als Bewußtsein, Insichhineinbilden der äußerlich dargestellten Idee selbst. Denn jeder Zweckbegriff ist an sich noch unbestimmt und dunkel, und die zur Ausführung begeisternde Kraft desselben ist nichts anders als das Streben, jene Unbestimmtheit und Dunkelheit zur Klarheit und Vollendung zu bringen. Aber auch hier werden wir dieselbe Antwort haben wie oben, daß dem vollkommenen Weisen zwar alles immer gleich geraten werde, und es eben wegen der überall gleichmäßigen Vollkommenheit keinen Unterschied mache, ob man alles als Beharrlichkeit oder alles als Besonnenheit ansehe, aber nur deshalb, weil dieser vollkommene Weise eben gegen keine von beiden je fehlen wird, jeder andere aber wisse gar wohl, daß seine Besonnenheit nicht das Maß seiner Beharrlichkeit sei und umgekehrt, und daß daher auch beide nicht dasselbe sein könnten. Denn, um es da zu betrachten, wo es, weil auf dasselbe sich beziehend, am besten verglichen werden kann, es kann mancher stark darin sein, jeden Gedanken eines Werkes oder einer Tat durch Besonnenheit wohl auszutragen in seiner Seele und zu nähren, aber schwach darin, daß er das Werk im Stich läßt, wenn es nicht unangefochten und ungehindert zu Ende gehen will, und umgekehrt. Und so unterscheidet auch jeder, dem sich sein Bewußtsein verwirrt in der Entwicklung, ob dieses geschieht aus vorbildender Furcht oder ersterbender Teilnahme an dem Gegenstande, und was sonst der Beharrlichkeit feind ist, oder ob es geschieht aus

Unvermögen oder Ungehorsam der vorstellenden Verrichtung selbst.

Nach diesem nun, glaube ich, wird nicht nötig sein, von der Beharrlichkeit, sofern sie als das andere Glied der kämpfenden Tugend mit der Besonnenheit zusammenhängt, noch besonders zu handeln. Denn es wird von selbst deutlich sein, wie sie die griechische ἀνδρία in sich schließt, und auch hier bei den vielen sehr sinnverwandten Wörtern, deren wir in unsrer Sprache uns bedienen, wird sich von selbst rechtfertigen, daß gerade dieses Wort, Beharrlichkeit lieber als Tapferkeit, zur allgemeinen wissenschaftlichen Bezeichnung gebraucht wird. Nur über die kämpfende Tugend überhaupt möchten wir die alte Frage nicht ganz vorbeigehen können, ob die Besonnenheit und Beharrlichkeit der Bösen denn auch könne Tugend genannt werden. Auf diese alte Frage kann aber immer nur die alte Antwort wiederholt werden, daß kein Böser als solcher weder tapfer noch besonnen sein, noch irgendeine andere einzelne Tugend haben könne. Sondern Besonnenheit und Beharrlichkeit sind nur, was sie sind, in ihrem Zusammenhange mit der Weisheit und mit der Liebe; und wird ein Böser gut, so brächte er keineswegs das, was man fälschlich seine Besonnenheit oder Beharrlichkeit nannte, in den Dienst der Liebe und Weisheit mit, sondern diese Geschicklichkeiten und Fertigkeiten, die er im Bösen gehabt, würden ihn sogleich im Stich lassen, und er müßte auf dem Gebiete des Guten als ein Neuling und also als ein leicht Verwirrbarer und Schwachmütiger von vorn anfangen, und sich unsere Besonnenheit und Beharrlichkeit erst erwerben.

Wie aber die Beharrlichkeit, als das kämpfende Glied der bildenden Tugend, sich verhalte zu der Liebe, als dem belebenden Gliede derselben, das wird am besten erhellen, wenn wir nur erst deutlich machen, weshalb wir denn die ganze bildende Seite der belebenden Tugend am besten glauben Liebe zu nennen. Hierbei mag wohl das erste, was jedem auffällt, dieses sein, daß unsere andern drei Glieder ziemlich schienen mit den andern drei hellenischen Haupttugenden zusammen zu treffen, hier aber an die Stelle der δικαιοσύνη etwas ganz anderes tritt, die Gerechtigkeit dagegen ganz zu verschwinden scheint. Verschwinden nun soll sie nicht, sondern was wir Gerechtigkeit nennen, das soll in dem Umfange der Liebe eine untergeordnete Stelle einnehmen, als diejenige besondere Äußerung der Liebe, welche ein schon bestehendes Bildungsgesetz in jedem vorkommenden Fall im einzelnen darstellt. Ist nun dieses die richtige Erklärung unseres Wortes, wie es gewöhnlich bei uns gebraucht wird: so sieht man, es kann, wird nur auf einen höheren Gesichtspunkt zurückgegangen, alle Gerechtigkeit auch unter die Beharrlichkeit gebracht werden. Die δικαιοσύνη der Griechen ist aber mehr als was wir Gerechtigkeit zu nennen befugt sind, weil sie diejenige Tugend ist, durch welche das Bildungsgesetz selbst, welches hier das Recht heißt, festgestellt wird. Wenn wir aber uns fragen, wie nennen denn wir die Kraft, welche überall das Recht hervorbringt: so werden wir nicht sagen dürfen, die Gerechtigkeit, weil alles erst gerecht wird unter Voraussetzung eines Rechtes, sondern wir werden sagen müssen, daß überall die Liebe das Recht hervorbringt, so wie überall, wo die Liebe aufhört, auch das Recht verloren geht, und in demselben Maß ein Zustand der Rechtlosigkeit eintritt. Dabei aber will ich nicht sagen, daß, was ich Liebe nenne, dasselbe sei mit der δικαιοσύνη der Hellenen. Der Unterschied beruht aber darauf, daß bei den Hellenen das bürgerliche Leben alles war. Auch das häusliche Leben wurde ausschließend in Beziehung auf dasselbe gedacht und behandelt, und die bürgerliche Liebe ist freilich nichts anders als die wohlverstandene δικαιοσύνη der Hellenen. Bei uns aber ist der Staat nicht mehr das alles in sich Begreifende, und kann uns nicht ebenso wie ihnen der Typus aller Gemeinschaft auf so ausschließende Weise sein, daß wir, wie sie es tun, selbst die Ehrfurcht gegen das höchste Wesen die Gerechtigkeit gegen dasselbe nennen möchten.

Eine allgemeinere Bezeichnung aber haben wir nicht für das Bestreben, Gemeinschaft hervorzubringen als Liebe. Alle Gemeinschaft aber, welche von dem höheren geistigen Vermögen des Menschen ausgeht, ist Darstellung und Bildung, und deshalb ist Liebe die rechte Bezeichnung für alle darstellende und bildende Tugend, sofern nicht vorzüglich das Meßbare derselben in der Ausübung, welches eben die Beharrlichkeit ist, sondern vielmehr ihr inneres Wesen ausgedrückt werden soll. Denn das höhere Geistige des Menschen kann nur in Gemeinschaft treten entweder erstlich mit sich selbst in andern — welches aber nur möglich ist durch Selbstdarstellung und Offenbarung, so wie diese keinen andern Zweck haben kann, als jene Gemeinschaft — oder zweitens mit dem niederen menschlichen Vermögen in sich selbst und andern; aber diese Gemeinschaft kann nichts anders sein, als Anbildung, und dies ist eben die erziehende Liebe; oder endlich drittens kann auch das höhere und geistige Vermögen des Menschen mittelst des niederen in Gemeinschaft treten mit der äußeren Welt; und dieses ist ebenfalls beides sowohl Offenbarung des Geistes in der Gestaltung der Welt, als auch Erziehung der Welt zur Einheit des Daseins mit dem Menschen. Und dieses reicht für den gegenwärtigen Zweck hin zu zeigen, daß ohne die Gleichheit des Einteilungsgrundes zu verletzen, diese Stelle anders als bei den Hellenen mußte ausgefüllt werden, und daß dieses durch den Ausdruck Liebe sowohl der Sache am würdigsten als auch am übereinstimmendsten mit dem wohlverstandenen Gebrauch unserer Sprache geschehe, wenn doch auch ihr die Liebe φιλία nur ist die Gemeinschaft des Guten mit sich selbst oder mit dem weder Gut noch Bösen, um es gut zu machen. So wie auch die Hellenen nach ihrer Ansicht Recht hatten diese Stelle der δικαιοσύνη einzuräumen, welche ihnen höher erscheinen mußte als die φιλία, indem sie war die Gemeinschaft der Guten unter sich, um durch Gemeinschaft mit dem weder Gut noch Bösen dieses gut zu machen. Das Gute selbst aber ist nichts anders als das Sein und Leben jenes Höheren, mögen wir es nun Geist nennen oder Vernunft oder wie immer, in allem andern. Wie nun die Liebe sich zur Beharrlichkeit ebenso verhalten muß wie die Weisheit zur Besonnenheit, das erhellt von selbst; auch wie dieselben scheinbaren Schwierigkeiten entstehen, daß Beharrlichkeit Treue ist, und Treue und Liebe eins, und daß man alles müsse auf die Liebe zurückführen können und auf die Beharrlichkeit, und wie diese Schwierigkeiten sich hier ebenso lösen wie dort, scheint keiner ausdrücklichen Wiederholung zu bedürfen, sondern kann der Kürze aufgeopfert werden. Nur das ist nicht gleichermaßen zu übergehen, daß auch Liebe und Weisheit scheinen können ineinander überzugehen, wenn doch die Weisheit vorzüglich die Zweckbegriffe hervorbringt. Denn was können diese anders sein als die Keime und Urbilder der Liebe im Bewußtsein; und alle Taten und Werke der bildenden Liebe, was können sie anders sein, als was die Weisheit auch ist, nämlich der Geist der, sich selbst offenbarend, das belebt, was nicht er selbst ist. Was ist die Liebe als das schöpferische Wollen der Weisheit? und was die Weisheit als das stille Sinnen und Insichselbstsein der Liebe? Und dieses Hinüberschillern beider in einander entsteht ganz natürlich daraus, weil der Mensch weder ganz getrennt ist von der übrigen Welt, noch ganz eins in sich selbst. Denn wenn wir uns jemals denken, die Welt ganz durchgebildet durch den Menschen, und den Menschen ganz eins geworden in sich, dann ist auch in der Tat jede Lebensäußerung ebensosehr ein Insichhinein- als ein Aussichherausbilden. Aber die Tugend selbst ist nicht in dieser vollen Einheit, sondern nur in der Annäherung zu ihr, und darum sind auch Weisheit und Liebe nicht dasselbe, indem der eine Liebe genug haben kann, um andere damit zu übertragen, seine Weisheit aber selbst ergänzen lassen muß von andern, und umgekehrt.

Natürlich aber erinnert eben dieses, daß die Liebe die Stelle der Gerechtigkeit einnimmt, wie überhaupt an den Unterschied der alten Welt und der neuen, so auch besonders an die christliche

Trias der Tugenden, mit welcher die hier aufgestellte Einteilung ein einzelnes Glied gemein hat und kein anderes. Und es scheint schwierig, dieses Rätsel zu lösen, wenn man nicht annehmen will, auch die Gemeinschaft dieses einen Gliedes sei nur scheinbar, welches doch niemand und ich am wenigsten behaupten möchte. Wenn man aber bedenkt, wie der Glaube doch das Innerste des Bewußtseins ist und die lebendige Quelle der guten Werke: so kann man wohl nicht zweifeln, daß der Glaube der religiöse Ausdruck ist für dasselbe, was wir in der Wissenschaft, mit unserm guten Recht zwar, mit einem Ausdrucke jedoch, welcher der religiösen Sprache zu anmaßend ist, Weisheit nennen; und dann bleibt nur zu sagen, daß der Unterschied zwischen der Besonnenheit und Weisheit von dieser Ansicht aus nicht konnte aufgefaßt werden, die Beharrlichkeit aber als Hoffnung bezeichnet ist, als das im Auge behalten des Erfolges und der Vollendung.

Und dieses führt mich auf noch eine ähnliche letzte Betrachtung. Wie nämlich nicht nur der christlichen Sittenlehre Grundsatz ist Ähnlichkeit mit Gott, sondern auch die Alten schon gesagt, das Ziel des Menschen sei Verähnlichung mit Gott nach Vermögen: so muß, wenn unsere aufgestellten Tugenden der Inbegriff der menschlichen Vollkommenheit sind, jener Satz sich auch dadurch bewähren, daß in dieser die Ähnlichkeit mit Gott muß dargestellt sein. Und dies findet sich auch, wenn man nur das nach Vermögen nicht versäumt, vollkommen. Denn Weisheit und Liebe werden überall als die wesentlichsten Eigenschaften Gottes aufgestellt, ja die Liebe als der Ausdruck seines ganzen Wesens, welches auch insofern vollkommen richtig ist, als ein Unterschied zwischen Weisheit und Liebe in Gott nicht kann gedacht werden, indem der Gedanke selbst unmittelbar das Hervorbringende ist. Nun könnte freilich, dieses vorausgesetzt, ebensogut gesagt werden, Gott ist die Weisheit als Gott ist die Liebe; aber jeder wird auch einsehen, daß jenes mehr der philosophische Ausdruck wäre, dieses aber der religiöse sein muß. Nur freilich von Besonnenheit und Beharrlichkeit kann nicht die Rede sein, wo kein Widerstand kann gedacht werden; sondern um ihre Stelle zu bezeichnen, setzen wir die absolute Macht, welche aber wiederum nicht etwas Besonderes für sich ist, sondern nur die Unendlichkeit jener Identität von Weisheit und Liebe. In uns aber ist auch Besonnenheit und Beharrlichkeit die Macht des in Weisheit und Liebe, Insichhinein- und Aussichherausgehen, gespaltenen Geistes. So daß in dem Ineinandersein dieser Tugenden allerdings die Verähnlichung mit Gott nach Vermögen ist, und sich zugleich zeigt, daß das Bestreben eine Vorstellung des höchsten Wesens nach Vermögen zu bilden das höchste Erzeugnis ist unsers Bewußtseins von unserem eigenen Ziel.

Versuch über die wissenschaftliche Behandlung des Pflichtbegriffs.

Gelesen am 12. August 1824.

Indem ich damit anfange, zu erklären, daß diese Abhandlung als ein Gegenstück zu betrachten ist, zu der früher vorgelesenen über die Behandlung des Tugendbegriffs: so gilt nun, was dort vorgeredet ist, gemeinsam für diesen Aufsatz ebensogut wie für jenen; und ich kann ohne weiteres zur Sache schreitend auch hier wie dort die Behauptung zum Grunde legen, daß die drei Begriffe, Gut, Tugend und Pflicht jeder für sich in seiner Ganzheit auch das ganze sittliche Gebiet darstellen, jeder aber dieses tut auf eine eigentümliche Weise, ohne daß, was durch den einen gesagt wird, in der Wirklichkeit jemals könnte getrennt sein von dem durch den andern gesagten. Wenn daher in dem ganzen menschlichen Geschlecht, von welchem hier nur die Rede ist, alle Güter vorhanden sind, so müssen auch alle Tugenden in allen wirksam sein; und umgekehrt, sofern alle Tugenden in allen sind, müssen auch alle Güter vorhanden sein, indem diese auf keine andere Weise weder durch Zufall noch als ein göttliches Geschenk, sondern nur als die Tätigkeit aus der notwendig zusammenstimmenden Wirksamkeit aller Tugenden entstehen können. Ebenso nun, denn Pflicht ist der dritte zu jenen gehörige Begriff, können nicht jene beiden irgendwo gefunden werden, ohne daß ebenda auch alle Pflichten wären erfüllt worden, so wie unmöglich alle Pflichten von allen können erfüllt werden, als nur sofern auch alle Tugenden in ihnen gesetzt sind, und nicht, ohne daß zugleich dadurch auch der menschlichen Gesellschaft alle Güter müßten erworben werden. Die Verschiedenheit dieser Begriffe aber zeigt sich darin, daß kein einzelnes Gut etwa entsteht durch Erfüllung einer und derselben, sondern verschiedener, ja genau genommen, aller Pflichten, und daß keine Pflicht erfüllt werden kann durch die Tätigkeit einer, sondern nur aller Tugenden, wie auch jede Pflichterfüllung, sofern die Tugend als Fertigkeit ein Werdendes ist, nicht zum Wachstum nur einer Tugend, sondern aller als Übung beiträgt, und nicht nur auf die Entstehung und Erhaltung eines Gutes hinwirkt, sondern aller.

Hieraus nun geht auch schon hervor, auf welche Weise der Pflichtbegriff das Sittliche darstellt. Denn wenn es in dem Tugendbegriff dargestellt wird als die eine, sich aber mannigfaltig verzweigende, dem Menschen als Handelndem einwohnende Kraft, in dem Begriff des Gutes aber als dasjenige, was durch die gesamte Wirksamkeit jener Kraft wird und werden muß: so kann es in dem Pflichtbegriff nur dargestellt sein als das, was zwischen jenen beiden liegt, d. h. als die sittliche Handlung selbst. Die Entwicklung des Pflichtbegriffs muß also ein System von Handlungsweisen enthalten, welche nur aus der sittlichen Kraft und der Richtung auf die gesamte sittliche Aufgabe begriffen werden können; eine Entwicklung dieses Begriffs kann es aber wiederum nur geben, sofern in den sittlichen Handlungen die Beziehung auf die Gesamtheit der sittlichen Aufgabe und auf das Begründetsein in der Gesamtheit der Tugenden sich als eine verschiedene zeigt. Indem nun eine jede Pflicht eine solche Bestimmtheit der Handlungsweise ist: so kann sie nicht anders ausgedrückt werden, als durch das, was Kant eine Maxime nennt, welches Wort wir aber, weil es in dem allgemeinen Sprachgebrauch zu deutlich den Stempel der Subjektivität an sich trägt, mit dem Worte Formel vertauschen wollen.

Ehe ich aber dazu schreite, ein genügendes Prinzip zur Entwicklung der Pflicht-Formeln womöglich aufzustellen, muß ich noch einige Bemerkungen voranschicken. Zuerst, wenn der Begriff einer Pflicht die vollkommne sittliche Richtigkeit einer Handlung ausdrückt: so kommt hier der Unterschied, den man bisweilen zwischen der Gesetzlichkeit und Sittlichkeit einer Handlung gemacht hat, in gar keinen Betracht, weder so, als ob die Pflichtmäßigkeit die bloße Gesetzlichkeit sei, die Sittlichkeit also etwas höheres als die Pflicht, noch auch so, als ob die Pflichtmäßigkeit zwar die Sittlichkeit sei, diese aber auch wohl ungesetzlich sein könne. Denn das Gesetz selbst ist, da ja in diesem Zusammenhang nur von einem äußeren Gesetz die Rede sein kann, selbst nur durch menschliche und ihrer Natur nach sittliche Handlungen geworden, und könnte also, ob es richtig, das heißt durch pflichtmäßige Handlungen zustande gekommen ist oder nicht, niemals beurteilt werden, hätte also gar keine erkennbare Sittlichkeit, wenn Pflichtmäßigkeit selbst immer nur Gesetzmäßigkeit wäre, und also der Pflicht allemal ein Gesetz schon vorausgehen müßte. Ebenso aber ist auch das Gesetz als ein sittlich Gewordnes und selbst wieder auf dem sittlichen Gebiete Wirksames, notwendig ein Gut; und wenn jede pflichtmäßige Handlung auf die gesamte sittliche Aufgabe, also auf alle Güter Bezug nehmen muß: so muß auch jede auf das Gesetz Bezug nehmen, und keine kann demnach ungesetzlich sein*). — Zweitens, wenn der Pflichtbegriff

---

*) Auch für das Gebiet der bürgerlichen Gesellschaft, für welches er eigentlich gemacht ist, hat dieser Unterschied weit weniger Bedeutung als man gewöhnlich glaubt. Denn auch dem Gesetzgeber kann an der bloßen Gesetzlichkeit wenig gelegen sein; indem, wenn das Gesetz nicht in den Bürgern lebendig und also je länger je mehr ihre eigene Sittlichkeit wird, es auch in jedem Falle,

auf die angegebene Art seine Stellung hat zwischen dem Tugendbegriff und dem Begriff der Güter: so sollte man denken, die allgemeine Pflichtformel sei schon gegeben in dem Ausdruck: Handle in jedem Augenblick so, daß alle Tugenden in dir tätig sind in bezug auf alle Güter. Allein einesteils ist diese Formel an und für sich zur unmittelbaren Anwendung nicht geschickt, weder um für irgendeinen Augenblick ein bestimmtes Handeln zu entwerfen, noch um ein schon entworfenes danach zu prüfen. Letzteres, weil das Verhältnis einer Handlung zu dieser Formel nicht unmittelbar erkannt werden kann. Denn wenn ein entworfenes Handeln noch so klar vor Augen liegt: so kann weder bestimmt behauptet werden, daß es alle Güter fördern müsse, noch auch mit rechtem Grunde geleugnet, daß es dieses nicht leisten könne. Und ebenso mit den Tugenden. Vielmehr wenn mir die Vorstellung einer bestimmten Handlung vorliegt, die sich nicht schon gleich als unsittlich zu erkennen gibt: so kann es mir nur als ein Zufälliges erscheinen, ob sie in beiden Stücken unserer Aufgabe entsprechen wird oder nicht. Noch weniger kann durch diese Formel allein ein Handeln bestimmt werden; sondern es lassen sich von derselben Voraussetzung gar mancherlei Handlungen entwerfen, denen mit gleichem Rechte die Möglichkeit zukäme, ihr zu entsprechen. Es ist aber ganz vorzüglich die Anwendbarkeit in dem Leben selbst, sowohl wo die Konstruktion der Zweckbegriffe schwankt oder stockt, als auch für die Beurteilung des Geschehenen, welche der Pflichtenlehre, dieser den Alten fast unbekannten Behandlung der Ethik, in der neueren Zeit eine so ganz vorzügliche Gunst geschafft hat. Andernteils wenn man

---

wo es mit etwas in ihnen Lebendigem in Streit kommt, immer wird übertreten werden, sodaß es seinen Zweck nicht erreichen kann. Nur für den Richter ist der Unterschied ein Kanon, daß nämlich die Funktion der vergeltenden Gerechtigkeit nur da beginnt, wo das Gesetz ist verletzt worden, indem Belohnung und Bestrafung mit der Sittlichkeit in gar keiner Beziehung stehn.

auch diese allgemeine Formel weiter entwickeln wollte, um ein System der einzelnen Formeln daraus zu bilden: so scheint sich unmittelbar kein anderer Einteilungsgrund in derselben darzubieten, als entweder nach den Tugenden, welche tätig sind, oder nach den Gütern, welche angestrebt werden; dann aber wäre diese Behandlung keine selbständige Darstellung der Sittlichkeit, sondern ganz abhängig von der Lehre vom höchsten Gut und von der Tugendlehre, und somit verlöre die Pflichtenlehre alles, was sie der Wissenschaft empfehlen kann. Denn für diese bleibt immer die objektivste Darstellung, also die aus dem Begriff der Güter, die erste und für sich hinreichende; die beiden andern dienen jener nur gleichsam als Rechnungsprobe, welches sie aber nur in dem Maß leisten können, als sie nicht unmittelbar aus ihr entlehnen. Wie wir also die Tugendlehre gesucht haben zu gestalten, ohne von einer der beiden andern Formen unmittelbaren Gebrauch dafür zu machen: so darf auch für die Gestaltung der Pflichtenlehre von den anderweitig festgestellten Begriffen von Tugenden und Gütern kein Gebrauch gemacht werden.

Demohnerachtet können wir nicht leugnen, jener Ausdruck: Handle in jedem Augenblick mit der ganzen zusammengefaßten sittlichen Kraft und die ganze ungeteilte sittliche Aufgabe anstrebend, stellt den einen das ganze sittliche Leben bedingenden Entschluß dar, unter welchem alle einzelne pflichtmäßige Handlungen schon so begriffen sind, daß kein neuer Entschluß gefaßt zu werden braucht, wenn immer das Rechte geschehen soll, daß aber durch jede pflichtwidrige Handlung dieser gewiß gebrochen wird. Daher bleiben wir doch an diesen Ausdruck gewiesen, und es kommt nur darauf an, daß wir ihn anderswie als nach Anleitung der Begriffe von Tugenden und Gütern spaltend auf das einzelne anzuwenden wissen.

Von diesem allgemeinen Entschlusse aus läßt sich aber das ganze sittliche Leben betrachten nach der Analogie zusammengesetzter Handlungen, welche auf einem Entschluß ruhend dennoch aus einer Reihe von Momenten bestehen, so daß für diese auch noch untergeordnete Entschlüsse aber freilich in sehr verschiedenem Verhältnis zu dem zum Grunde liegenden allgemeinen Entschluß gefaßt werden. Wer sich niedersetzt zum Schreiben, wenn sein Entschluß nur nicht etwa noch ein unbestimmter ist, sondern er schon seine volle Bestimmtheit hat, dessen Handlung besteht zwar aus einer Reihe von Momenten, aber ohne daß eine neue Beratung oder Wahl entstände; beim Federeintauchen, beim Blattumwenden sind wir uns kaum einer Volition bewußt, sondern alles geht aus dem einen Entschluß hervor, der allein das Bewußtsein beherrscht. Hier also verschwinden die untergeordneten Entschlüsse fast ganz sowohl ihrer Form nach ins Bewußtlose als auch ihrem Inhalte nach, indem sie sich nur auf die unbedeutendsten Kleinigkeiten beziehen. Wer sich hingegen zu einer bestimmten Lebensweise entschließt, für den entsteht aus diesem allgemeinen Entschluß auch eine Reihe von Handlungen, welche zusammengenommen die Ausführung desselben bilden und also eines sind; aber wiewohl eines, gehört doch hier zu jeder einzelnen noch ein besonderer Entschluß; die einzelne Wollung tritt stark hervor, so daß der allgemeine Entschluß, wiewohl die fortwirkende Ursache dieser einzelnen, doch in den Hintergrund zurücktritt, und also hier das umgekehrte Verhältnis eintritt wie dort. Der Künstler endlich, welcher das Urbild seines Gemäldes vollkommen in sich trägt, gleicht im ganzen während der Ausführung jenem Schreibenden; allein bei welchem Teile er anfängt und in welcher Ordnung und Folge er fortarbeitet, das ist in dem allgemeinen Entschluß nicht mit gesetzt, und sofern diese Ordnung auch durch die technischen Regeln — auf welche wir hier ohnedies nicht Rücksicht nehmen dürfen — nicht vollständig und nicht für alle auf gleiche Weise bestimmt ist, so geht der Fortschreitung allerdings jedesmal eine einzelne Wollung voraus, die aber nicht eigentlich einen Gegenstand bestimmt, sondern nur die Priorität eines schon bestimmten Gegenstandes, deren Wert also vorzüglich darauf beruht, daß sie ohne Verdunkelung wie ohne fremde Einmischung als die vollkommenste Fortwirkung des ersten Entschlusses erscheint. Aus der Zusammenstellung dieser drei Fälle, welche gleichsam als Typen dienen können, erhellt demnach, daß die Vereinzelung der Momente, aus denen eine zusammengesetzte Handlung besteht, etwas durchaus Relatives ist, und es ist leicht zu schließen, daß eine einfache und allgemein gültige Regel für die Richtigkeit der Handlung nur in dem Maß gegeben werden könne, als der einzelne Moment mit Notwendigkeit aus dem ursprünglichen Entschluß hervorgeht, das heißt, als man einer besonderen Regel nicht bedarf. Sofern wir also das ganze sittliche Leben ansehen können als die Ausführung eines allgemeinen Entschlusses, also als eine, wenngleich zusammengesetzte Tat: so wird dasselbe auch hier gelten, und es scheint, daß wir mit dem Geständnis anfangen müssen, daß Pflichtformeln nur da recht vollkommen und befriedigend sein können, wo der Handelnde selbst ihrer nicht bedarf, und daß demnach der Nutzen der vollkommensten sich am meisten auf die bloße Beurteilung beschränkt. Wenn hier also eine vorzügliche Sicherheit allen denen Momenten beigelegt wird, in welchen der besondere Entschluß am meisten schon mit dem allgemeinen gegeben ist, so schadet dies wenigstens der Freiheit, welche wir für die sittlichen Handlungen postulieren, keinesweges; denn diese besteht am wenigsten in einer vor der Entscheidung hergehenden und mehr oder weniger willkürlich, das heißt durch subjektiven Zufall abgebrochenen Unentschiedenheit, sondern nur in der Selbsttätigkeit, welche dem Entschluß in seinem ersten Hervortreten sowohl als in seiner Fortwirkung einwohnt.

Um nun zu bestimmen, wie weit wir es mit der Behandlung des Pflichtbegriffes bringen können, und wie wir sie demgemäß einzuleiten haben, muß unsere nächste Frage die sein, welcher von den drei aufgestellten Fällen uns die genaueste Analogie darbietet mit dem sittlichen Leben als einer wahren aber in eine Reihe von sich relativ aussondernden Momenten zerfällten Einheit. Es wird unschädlich sein die Beantwortung dieser Frage mit einer Fiktion anzufangen. Wenn wir uns einen einzelnen Menschen denken für sich allein die gesamte sittliche Aufgabe des ganzen Menschengeschlechtes auf ihn gelegt oder wenigstens ein kleineres vollkommen abgeschlossenes Gebiet ihm hingegeben, innerhalb dessen er sie lösen soll: so würde dieser sich unstreitig in dem mittleren Falle des Künstlers befinden. Nämlich Neues entstände ihm nichts, was nicht in seinem ursprünglichen Entschluß, welchen wir uns die ganze sittliche Aufgabe umfassend zu denken haben, schon liegt, wie auch die ganze Ausführung schon in dem Urbilde des Künstlers liegt; aber er könnte in jedem Moment nur einen Teil seiner Aufgabe lösen, ohne daß jedoch die Ordnung, in welcher er zu verfahren hat, ihm mit aufgegeben wäre. Denn denken wir uns das Ganze in verschiedene Regionen geteilt, so wird es an sich gleichgültig sein, und dies wäre doch der stärkste Gegensatz, der sich darbietet, ob er erst eine Region ganz zur Vollendung bringt, und dann zu einer andern übergeht, oder ob er nacheinander alle zu bearbeiten beginnt, und sie nach und nach ebenso weiter fördert; sofern er nur in dem letzten Falle stark genug ist, daß er nicht etwa über der gleichmäßigen Steigerung den ursprünglich mitgedachten Grad der Vollkommenheit, gleichend der Stärke der Färbung in dem Urbilde des Künstlers, vergißt, und in dem ersten, daß ihm nicht über der beharrlichen Beschäftigung mit dem einen Teile das Bild der übrigen Teile allmählich erlischt und sich hernach anders reproduziert. Sind nun diese beiden Methoden an sich gleich gut: so wird auch unter denselben Bedingungen jeder Wechsel zwischen beiden, wie er nur immer gedacht werden kann, gleich gut sein; und also wird, sobald irgendeine Handlung, die, mit welchem Rechte darf uns hier nicht kümmern, als ein diskreter Teil des Ganzen gesetzt war, vollendet ist, und ein neuer Moment beginnen soll, auch eine Wahl eintreten, wenngleich nur über Ordnung und Folge. Wenn nun diese durch den ursprünglichen Entschluß nicht bestimmt sind, wodurch können sie jedesmal bestimmt werden? Offenbar nur entweder durch eine überwiegende, aber für den ursprünglichen Entschluß gleichgültige Hinneigung des Handelnden zu einem Teile der Aufgabe vor dem andern, oder durch eine äußere Mahnung und Aufforderung, welche von einem Teile aus stärker an den Handelnden ergeht als von den übrigen. Und jede dieser Bestimmungsweisen für sich abgesehen von der andern ist untadelhaft. Denn jene innere Hinneigung ist zwar für den sittlichen Willen zufällig; aber wäre sie auch das allerzufälligste Innere, was wir Laune nennen, da sie einen Teil der Aufgabe realisiert in einem Moment, wo sonst aus Mangel eines anderen Bestimmungsgrundes keiner wäre realisiert worden, so ist sie eine richtige Bestimmung, und wir könnten hierüber folgende Formel aufstellen: Tue in jedem Augenblick dasjenige sittliche Gute, wozu du dich lebendig aufgeregt fühlst. Und da die Hinneigung dem sittlichen Willen doch fremd ist: so kann es auch gleich gelten, ob sie eine ursprünglich einfache ist, oder ob zwei verschiedene innere Aufregungen vorhanden waren, aus deren Streite nur ein Überschuß der einen über die andere zurückgeblieben ist. Denn die Bestimmung kann doch erst eintreten, nachdem dieser Streit, für den in dem ursprünglichen sittlichen Entschluß kein Entscheidungsgrund liegt, irgend anderswie entschieden und die Kollision der Neigungen geschlichtet ist. Ebenso und aus demselben Grunde ist die äußere Aufforderung an und für sich ein richtiger Bestimmungsgrund, und es wäre die Formel aufzustellen: Tue jedesmal das, wozu du dich bestimmt von außen aufgefordert findest. Nur daß hier nicht gleich gilt, ob die Aufforderung eine einfache ist oder nicht. Denn die äußeren Aufforderungen reduzieren sich nicht wie die inneren Erregungen von selbst auf einen Überschuß; sondern ein Streit zwischen ihnen könnte nur durch ein Urteil des Handelnden geschlichtet werden, welches anderweitig erst mit Rücksicht auf den allgemeinen Entschluß müßte begründet, und demnach eine andere Formel, um die Dringlichkeit der Aufforderungen zu messen, gesucht werden. Beide Formeln aber sind nur wahre Entscheidungen, die eine, wenn keine auf einen andern Teil der Gesamtaufgabe gerichtete äußere Aufforderung sich einer innern Hinneigung entgegenstellt, und die andere umgekehrt. Sobald aber beides gleichzeitig differiert, entsteht auch dem so allein Handelnden ein Zwiespalt, den wir eine Kollision nennen, die aber nun keine Kollision der Neigungen mehr ist, sondern eine Kollision der Maximen. In solchem Falle heben sich beide Formeln auf, und es muß das Verlangen entstehen nach einem dritten, welches die Entscheidung bewirke. Da nun die Möglichkeit dieses Streites zwischen der innern Neigung und der äußeren Aufforderung, wenn beide nicht dasselbe sittliche Handeln fördern wollen, immer gegeben ist: so sind auch eigentlich die beiden aufgestellten Formeln niemals wahre Pflichtformeln, sondern nur diejenigen sind solche, welche die Lösung dieses Streites in sich enthalten. Denn Pflichtformeln selbst dürfen nicht miteinander im Streite sein. Doch wird der einzelne die Lösung in sich selbst finden, und immer sagen können, er habe pflichtmäßig gehandelt, wenn er weder die Neigung der Aufforderung, noch umgekehrt, aufopfert, sondern sie in dem beiden Gemeinschaftlichen verbindet. Denn der Neigung soll man folgen, weil das am besten gerät, was mit Lust geschieht; und der Aufforderung, weil das am besten gerät, was im günstigen Augenblick geschieht. Vergleicht er also beide nur in dieser Hinsicht: so hat er nach einem Kanon gehandelt, der über jenen beiden stehend so lautet: Tue unter allem Sittlichguten jedesmal das, was sich in der gleichen Zeit durch dich am meisten fördern läßt. Nur gibt es hier keine objektive allgemeingültige Entscheidung, sondern nur die subjektive der ungeteilten Zustimmung. Bei dieser werden wir uns also auch begnügen müssen in dem gegenwärtigen Zustand für dasjenige Handeln des einzelnen, und zwar gleichviel, ob von einer natürlichen oder einer moralischen Person die Rede ist, welches ebenfalls, so weit menschliche Einsicht reicht, als ein ihm ganz eignes abgeschlossenes Gebiet erscheint. Nicht also, als ob es auf diesem Gebiet, wie es häufig nicht nur im Leben sondern auch wissenschaftlich angenommen wird, gar keine Pflicht und nichts Pflichtmäßiges, sondern nur Erlaubtes gäbe; sondern nur, daß die Pflichtmäßigkeit einzig auf des Handelnden subjektiver Überzeugung von der größten Zuträglichkeit der Handlung für das ganze sittliche Gebiet beruht.

Allein der größte Teil des sittlichen Lebens wird dieser Regel entzogen und muß unter eine andere gestellt werden, deshalb weil es nur eine Fiktion ist, daß der einzelne Mensch allein die ganze sittliche Aufgabe oder auch nur einen Teil derselben wirklich abgeschlossen für sich allein vor sich habe. Vielmehr ist die Aufgabe eine gemeinschaftliche des menschlichen Geschlechts. Jeder einzelne findet sich, sobald die Möglichkeit eines sittlichen Handelns in ihm entsteht, ja immer schon viel früher, nämlich am Anfange seines Lebens in dieser Gemeinschaft, und wird von derselben so festgehalten, daß keiner in bezug auf irgendeinen Teil seines sittlichen Handelns sich so vollkommen isolieren kann, daß er nicht immer durch diese Gemeinschaft mit bestimmt wäre. Hierdurch nun wird das sittliche Handeln der Botmäßigkeit der bisher zum Grunde gelegten, für sich selbst nicht weiter teilbaren Formel entzogen, und es entsteht eine andere Notwendigkeit als nur die bisher bemerkte, welche war, innere Neigung und äußere Aufforderung gegeneinander auszugleichen, nämlich die einer gegenseitigen Verständigung über die Teilung der Aufgabe und das Zusammenwirken zu ihrer Lösung. Da nun aber außer dieser keine andere dem sittlichen Handeln des einzelnen vorangehende und es schon zum voraus bestimmende Naturvoraussetzung vorhanden ist: so müssen außer jener dem einzelnen Menschen für sich zum Grunde liegenden alle andern Pflichtformeln sich auf diese Voraussetzung beziehen, und die Notwendigkeit, ein System derselben aufzustellen, kann nur in diesem Gemeinschaftszustand gegründet sein, wie denn auch aus jener ersten Formel keine eigentümliche Teilung hervorgehen will. Auf der andern Seite aber, da wir jeden einzelnen sittlichen Willensakt nur ansehen können als einen Ausfluß aus jenem allgemeinen, der das ganze sittliche Leben konstituiert und auf eine wahre Totalität ausgeht: so muß zugleich eben dieses, daß jeder einzelne den Gemeinschaftszustand sittlich anerkennt, auf jene ursprüngliche Pflichtformel zurückgeführt und als ein Akt absoluter Identität der innern Neigung und der äußeren Aufforderung gesetzt werden; welches auch schlechthin postuliert werden kann, und nichts anderes aussagt als die Ethisierung der geselligen Natur des Menschen. Hierdurch ist aber zugleich bevorwortet, daß, da der einzelne, sofern er durch einen freien Willensakt den Gemeinschaftszustand anerkennt, auch wieder über demselben steht, und daher auch die ursprüngliche Pflichtformel nur modifiziert durch diese Anerkennung überall gültig bleibt, nun jede einzelne aus dem Gemeinschaftszustand sich ergebende Pflichtformel auch immer jene ursprüngliche, nach eigner Überzeugung jedesmal das sittlich Größte zu tun, in sich schließen muß.

Zu allererst also, und ehe wir weiter gehen, müssen wir untersuchen, ob nicht etwa auch dieses beides in Widerspruch miteinander kommen kann, und also beide Formeln sich auch als Pflichtformeln aufheben und eine dritte nötig machen. Es erledigt sich aber dieses Bedenken schon dadurch, daß die Anerkennung des Gemeinschaftszustandes selbst nur als eine pflichtmäßige Handlung zustande kommen kann, und daß sie also nur möglich ist unter der Form der subjektiven Überzeugung, die Anerkennung des sittlichen Gemeinschaftszustandes mit allem, was nur die zeitliche Entwicklung derselben ist, sei ein für allemal das sittlich Größte, was der einzelne Mensch tun kann, und er würde also durch alles, was mit dieser Anerkennung im Widerspruch stehen würde, allemal wenigstens das sittlich Kleinere tun und also pflichtwidrig handeln. Daß nun im wirklichen Leben diese Überzeugung immer vorherrscht, und das Gegenteil nur als ein partieller Wahnsinn zutage kommt oder als eine verkehrte und irrtümliche Form der Regeneration des Gemeinschaftszustandes, dies bedarf hier nur angedeutet zu werden. Ebenso aber auch auf der andern Seite, wenn wir uns denken die Gemeinschaft schon bestehend, und nun den einzelnen, sobald dieser sie anerkennt, zugleich in sich aufnehmend: so kann sie ihn nur so aufnehmen, wie er sie anerkennt, also mit seinem ursprünglichen, der Anerkennung selbst zum Grunde liegenden sittlichen Willen. Wie nun aber das Eintreten des einzelnen in die Gemeinschaft ein Zeitliches ist, also ein Werden: so ist auch die Identität der Überzeugung aller über die sukzessive Lösung der sittlichen Aufgabe mit der eines jeden ein Werden; und daß sie, sofern sie noch nicht ist, immer im Werden bleibe, und zwar als eine Wechselwirkung zwischen allen und jedem, ist die Grundbedingung alles sittlichen Gemeinlebens, indem nur auf diese Weise allmählich ein Zusammenstimmen in der Anwendung der Pflichtformeln entstehen wird.

Nachdem dieses vorausgeschickt ist, werden wir nun versuchen können die allgemeine Pflichtformel: **Jeder einzelne bewirke jedesmal mit seiner ganzen sittlichen Kraft das möglich Größte zur Lösung der sittlichen Gesamtaufgabe in der Gemeinschaft mit allen**, zu einem das ganze sittliche Gebiet erschöpfenden System von untergeordneten Formeln zu entwickeln. Es ist jedoch gegenwärtig meine Absicht, nur diejenigen, die der allgemeinen am nächsten stehen, zu verzeichnen, wodurch schon eine Übersicht des Ganzen gewonnen wird, weitere Erörterungen aber und größere Vereinzelung auf eine zweite Abhandlung zu versparen. Ich bemerke nur, daß, wenn wir gleich von einem Wechselverhältnis zwischen der Gemeinschaft und dem einzelnen ausgehen, wir dennoch in der Konstruktion der Pflichtenlehre nur den einzelnen als handelndes Subjekt, welches die Pflichtformeln in Anwendung bringen soll, betrachten. Dieses rechtfertigt sich einerseits dadurch, daß die absolute Gemeinschaft aller in einem bestimmten Wechselverhältnis mit jedem einzelnen in jedem Falle noch nicht besteht, sondern immer nur wird, und also auch nicht als wirklich schon einzeln handelndes Subjekt aufgeführt werden kann, sondern nur als das, welches werden soll und auf dessen Werden gehandelt wird. Andrerseits rechtfertigt es sich dadurch, daß untergeordneter und wirklich schon bestehender Gesellschaften sittliches Handeln doch immer nur aus dem pflichtmäßigen Handeln aller einzelnen hervorgehn kann, also eigner Pflichtformeln nicht bedarf; sofern aber solche Gemeinschaften andern gegenüber selbst als einzelne erscheinen, muß auch für sie gelten, was von den natürlichen Personen gilt. Hierzu gehört freilich auf der andern Seite als Gegenstück auch noch dieses, daß, wenn der einzelne angesehen wird als in die schon bestehende Gemeinschaft eintretend, sein sittliches Handeln überall nur erscheint als ein Anknüpfen an das schon Bestehende, mithin mehr durch die Gemeinschaft bestimmt als durch ihn, so daß das Gegenteil des eben Gesagten ratsamer scheint, nämlich die Gemeinschaft als das ursprünglich handelnde Subjekt in der Pflichtenlehre zum Grunde zu legen. Allein die Gemeinschaft besteht nur durch das fortwährende Handeln der einzelnen in ihr, und ist also selbst nur als deren Tat anzusehen, so daß jedes anknüpfende Handeln eigentlich doch ein die Gesellschaft stiftendes und in jedem Augenblick wieder erzeugendes ist.

Aus diesen Betrachtungen nun gehen zwei Einteilungsgründe hervor für das ganze Gebiet des pflichtmäßigen Handelns. Der erste nämlich ist dieser. Eine Gemeinschaft könnte nicht bestehen, wenn nicht die sittliche Kraft in allen einzelnen dieselbe und die sittliche Aufgabe für alle dieselbe wäre, und dadurch also ist bedingt ein in allen gleichzusetzendes Handeln.

Allein sofern der sittliche Wille jedem einzelnen einwohnet in seiner Person, und jeder als ein schon irgendwie gewordener die Ausführung dieses Willens beginnt auf den Grund seiner Überzeugung, welche der Ausdruck ist seiner, von allen andern unterschiedenen sittlichen Person, und jeder nur so in die Gemeinschaft aufgenommen wird: so bedingt eben dieses ein für jeden eigentümliches, von allen aber anzuerkennendes Handeln. Wir nennen vorläufig jenes das universelle und dieses das individuelle Gebiet. In der allgemeinen Pflichtformel sind beide ineinander gesetzt, mithin ist jedes nur ein Sittliches, wenn es zugleich auf das andere bezogen wird, und es entstehn uns für diese beiden Handlungsweisen aus der ursprünglichen allgemeinen Pflichtformel zwei besondere und abgeleitete. die erste: **Handle jedesmal gemäß deiner Identität mit andern nur so, daß du zugleich auf die dir angemessene eigentümliche Weise handelst.** Die Notwendigkeit dieser Formel, wenn ein vollkommen sittliches Handeln zustande kommen soll, wird schon jedem daraus einleuchten, daß ein in bezug auf die andern vollkommen richtiges Handeln doch als ein relativ leeres, also unvollkommnes erscheint, wenn ihm das Gepräge des eigentümlichen ganz abgeht, indem durch die Forderung auf Übereinstimmung, welche die andern machen können, die Art und Weise der Handlung doch nie vollkommen bestimmt wird. Will aber die Gesamtheit ihre Anforderungen bis zu einer gänzlichen Unterdrückung des Eigentümlichen steigern: so wird der einzelne nur unvollkommen anerkannt, die Pflichtmäßigkeit ist von der Gesamtheit verletzt, und das Resultat ist eine Mechanisierung des ganzen Gesamtlebens, wozu das Chinesische eine bedeutende Annäherung darstellte. Die andre Formel lautet so: **Handle nie als ein von den andern unterschiedener, ohne daß deine Übereinstimmung mit ihnen in demselben Handeln mitgesetzt sei**; denn ohne diese Bedingung wäre aus dem eigentümlichen Handeln alle Anerkennung der Gemeinschaft vertilgt, und das Resultat würde sein die Verwandlung des sittlichen in ein völlig lizenziöses Leben.

Der zweite Einteilungsgrund ist dieser. Der ursprüngliche sittliche Wille des einzelnen für sich betrachtet schließt in sich die Aneignung der ganzen sittlichen Aufgabe. Indem aber der einzelne die Gesamtheit der handelnden Subjekte, mit denen er sich in Verbindung findet, anerkennt: so stiftet er mit ihnen die Gemeinschaft. Dieses beides nun, Aneignen und Gemeinschaftstiften, ist in der ursprünglichen Pflichtformel als eines gesetzt. Also ist auch jedes für sich nur sittlich in Beziehung auf das andere, und es entstehen daher durch die beiden Momente des ursprünglichen sittlichen Willens aus der allgemeinen Pflichtformel zwei besondere einander ergänzende Formeln. Die erste: **Eigne nie anders an, als indem du zugleich in Gemeinschaft trittst.** Diese schließt alles Egoistische aus von dem sittlichen Handeln, und schließt den einzelnen so ganz in die Gemeinschaft ein, daß er nie einen Teil der sittlichen Aufgabe ausschließend für sich nehmen noch auch irgend etwas von dem durch sittliches Handeln, und zwar gleichviel, ob durch sein eignes oder durch fremdes gebildeten, in Beziehung auf sich allein haben und behalten darf, sondern immer nur in bezug auf die Gemeinschaft und für sie. Die andere: **Tritt immer in Gemeinschaft, indem du dir auch aneignest.** Diese sichert dem einzelnen in der Gemeinschaft seine sittliche Selbständigkeit, damit er zwar immer in der Gemeinschaft, in ihr aber auch wirklich so handle. Denn es gibt kein anderes Aneignen als nur des, wenn ich so sagen darf, sittlichen Stoffes, um ihn zum Gut, aber immer wieder zum Gemeingut zu bilden.

Wie nun in diesen vier Formeln das Ganze erschöpft sei, so daß es außer ihnen keine weiter gibt, sondern nur, wie sie selbst aus der allgemeinen als ihr untergeordnete Entwicklungen dadurch entstanden sind, daß die allgemeine Naturvoraussetzung des sittlichen Handelns mit in Betrachtung gezogen wurde, ebenso auch alle anderen nur untergeordnete Entwicklungen von ihnen sein können, entstehend aus einer nähern Betrachtung der sittlichen Gesamtaufgabe und ihrer Beziehung auf jene Voraussetzung; dies kann vorläufig bis auf nähere Erörterung einigermaßen geprüft werden, teils wenn wir auf unsere anfängliche Fiktion zurückgehen, und unsere Formeln mit ihr vergleichend finden, daß sie nichts anderes sind als die Verteilung derselben Momente auf die Gesamtheit der einzelnen, von denen bei dem einen die vollkommene Lösung der sittlichen Aufgabe abhing. Teils wird auch dasselbe erhellen, wenn man betrachtet, wie die beiden Einteilungsgründe einander schneiden, so daß es gibt ein universelles Gemeinschaftbilden und ein ebensolches Aneignen, sowie auch ein eigentümliches Aneignen und ein ebensolches Gemeinschaftbilden. Die beiden Gemeinschaftsgebiete sind die des Rechtes und der Liebe, die beiden Aneignungsgebiete sind die des Berufs und des Gewissens; letzteres auf besondere Weise so genannt, weil in der Abneigung in bezug auf die Eigentümlichkeit das ursprüngliche Verhältnis des einzelnen zur Gesamtheit der sittlichen Aufgabe wiederkehrt, und also über die Pflichtmäßigkeit im einzelnen dieses Gebietes nichts anderes entscheiden kann als dieselbe subjektive Überzeugung. Diese Gebiete bedingen einander gegenseitig; und die Bezugnahme auf alle übrigen, indem man vorzüglich für eines von ihnen handelt, muß die Sicherheit geben, daß keine Kollisionen entstehen können. Wir wollen daher sagen, der Ausdruck: **Begib dich unter kein Recht, ohne dir einen Beruf sicher zu stellen und ohne dir das Gebiet des Gewissens vorzubehalten**, sei die allgemeine kollisionsfreie Formel der Rechtspflicht; die gleiche aber für die Liebespflicht laute so: **Gehe keine Gemeinschaft der Liebe ein, als nur indem du dir das Gebiet des Gewissens frei behältst und in Zusammenstimmung mit deinem Beruf.** Und ähnliches wird von den beiden andern gegenüberstehenden Punkten zu konstruieren sein, so daß alle sich gegenseitig mehr oder weniger unmittelbar bedingen. Alles aber wobei irgend Pflichtformeln in Anwendung kommen können, wird in einem von diesen Gebieten, wenn die Ausdrücke in dem angegebenen Sinne genommen werden, auch gewiß enthalten sein.

Über den Unterschied zwischen Naturgesetz und Sittengesetz.

Gelesen am 6. Januar 1825.

Eine vereinzelte Untersuchung, wie die hier angekündigte, welche damit beginnt, zwei Begriffe aus ihrem natürlichen Ort herauszureißen, den hier der eine in der Naturwissenschaft hat, der andere in der Sittenlehre, um sie vergleichend nebeneinander zu stellen, ist immer schon wegen des Scheines von Willkür mißlich; und soll überhaupt etwas dadurch erreicht werden, so ist es notwendig, daß gleich von vornherein die Absicht des Verfahrens bestimmt dargelegt werde. In dem gegenwärtigen Falle sind nur zwei Absichten denkbar. Entweder, da beide Begriffe unter dem höheren des Gesetzes als Arten oder Anwendungen zusammengefaßt sind, kann die Untersuchung auf dieses höhere, auf die Bestimmung seines Umfanges und die Einteilung desselben gerichtet sein, welches aber hier nicht der Fall ist; oder sie muß das Verhältnis der untergeordneten Begriffe zu den wissenschaftlichen Gebieten, denen sie angehören, feststellen wollen. Von diesen aber habe ich es, wie ich denn überhaupt mit meinen Studien der Naturwissenschaft weniger angehöre, eigentlich nur mit der Sittenlehre zu tun, und möchte etwas beitragen, um durch Vergleichung mit dem entsprechenden naturwissenschaftlichen Ausdruck Naturgesetz die Bedeutung des Begriffes Sittengesetz für die Sittenlehre genauer zu bestimmen.

Es ist eine alte wissenschaftliche Form, Naturwissenschaft und Sittenlehre einander zu koordinieren und also entgegenzustellen; sie ist so alt als die Einteilung aller Wissenschaft in Logik, oder nach dem ältern Sprachgebrauch Dialektik*), Physik und Ethik. Denn in dieser ist offenbar, daß die beiden letzteren sich zur ersteren verhalten sollen, eine wie die andere, nicht aber etwa auch Logik und Physik zur Ethik eine wie die andere, oder umgekehrt Logik und Ethik zur Physik. In der hellenischen Philosophie aber war in keiner von beiden Wissenschaften eigentlich von Gesetzen die Rede; teils aber wurden übrigens beide in gleicher Form behandelt, teils auch nicht. Namentlich, um bei den beiden Weltweisen stehen zu bleiben, welche auf die späteren Formationen den bedeutendsten Einfluß ausgeübt haben, gilt dies von Platon und Aristoteles. So behandelte Platon beide Wissenschaften auf gleiche Weise, denn sie waren ihm beide Konstruktionen aus der verschieden gewendeten Idee des Guten; Aristoteles aber behandelte sie ungleich, insofern wenigstens, als er aus der Naturwissenschaft die Idee des Guten verbannte, in seiner Ethik aber diese noch ihre Stelle fand als Maß, um unter dem in der menschlichen Seele und den menschlichen Lebenstätigkeiten vorkommenden und auf die bezogenen das Bessere als Ziel und Gegenstand des Bestrebens von dem Schlechteren zu unterscheiden. Will man nun sagen, hier habe doch schon der Begriff des Gesetzes latitiert, so will ich freigebig sein und dieses in gewissem Sinne zugeben; nur gestehe man, zum rechten Bewußtsein

---

*) Vielleicht ließe sich nachweisen, daß diese Änderung des Sprachgebrauchs auf nichts weiter als auf dem Aufhören der dialogischen Methode beruht; wenigstens ist ein Unterschied in Absicht auf den Gehalt beider Ausdrücke in dieser Zeit durchaus nicht vorhanden.

und somit zu einem eigenen bestimmten Einfluß auf die Behandlung der Wissenschaft ist dieser Begriff damals nicht gekommen, und zwar in der Naturwissenschaft ebensowenig als in der Ethik, sondern dies blieb der neueren Zeit vorbehalten. Denn wenn gleich bei den Stoikern der Begriff der Pflicht — sofern es überhaupt richtig ist ihr κατόρθωμα und καθῆκον unter diesem Ausdruck zusammenzufassen — eine größere Rolle spielte: so war es doch wieder nur die Idee des Guten, woraus die Pflichten abgeleitet wurden, und nicht eigentlich der Begriff des Gesetzes. In der neueren Zeit hingegen finden wir diesen Begriff in beiden Wissenschaften in einem ganz andern Sinne vorherrschend und die Form derselben bestimmend, indem beide, Ethik und Physik, nach nichts anderem zu streben scheinen als nach einem System von Gesetzen. Aber sobald dies recht zum Bewußtsein gekommen war, wurde auch festgestellt, daß der Begriff Gesetz in dem Ausdruck Naturgesetz etwas anderes bedeute, also nicht derselbe sei, als in dem Ausdruck Sittengesetz; und der Einfluß, den dieses seit Kant und Fichte auf die ganze Gestaltung der Sittenlehre gehabt hat, hat mich vornehmlich zu der gegenwärtigen Untersuchung angeregt. Nun kann man freilich sagen, die hier bezeichneten Formen der Philosophie, die Kantische und Fichtische, seien schon lange antiquiert, und also sei auch weder die eine noch die andere von beiden Sittenlehren als die einzige oder auch nur vorzüglich geltende anzusehn; neuere Gestaltungen aber würden schon von selbst den Begriff des Gesetzes wieder mehr zurücktreten lassen, und somit auch jenem Gegensatz zwischen Naturgesetz und Sittengesetz keine so große Bedeutung einräumen. Mögen diese neuen Formen der Ethik auf das trefflichste geraten; meine Meinung ist, weder ihnen vorgreifend zum Vorteil der einen Methode und zum Nachteil einer andern zu entscheiden, noch überhaupt zur bessern Gestaltung dieser Wissenschaft selbst durch die gegenwärtige Untersuchung etwas Eignes beizutragen. Meine Untersuchung ist vielmehr nur rückwärts gewendet, und ich will nur kritisch und geschichtlich jene Formen der Sittenlehre würdigen helfen, welche, daß ich so sage, auf der Zentralität des Begriffes Sittengesetz beruhen.

Die Ausdrücke Naturgesetz und Sittengesetz scheinen freilich schon durch ihre sprachliche Zusammensetzung sich einer genauen Beziehung aufeinander verweigern zu wollen: denn was bilden wohl Natur und Sitte für einen Gegensatz? Allein eine solche Kritik halten wohl wenig wissenschaftliche Terminologien aus; und um diese beiden Ausdrücke gleichmäßiger zu machen, dürfen wir ja nur, da beides so oft als gleichbedeutend gebraucht worden ist, Sittengesetz verwandeln in Vernunftgesetz, wobei nur zu bevorworten ist, daß hier lediglich von dem, was man praktische Vernunft genannt hat, vorläufig die Rede sein kann; Vernunftgesetz also, mit Ausschluß der logischen oder anderweitig theoretischen Vernunftgesetze, zu verstehen ist. Dann sind unsere Ausdrücke auf den Gegensatz Natur und Vernunft zurückgeführt, der noch immer häufig genug gebraucht wird, um hier keiner besonderen Feststellung zu bedürfen. Nun sollen aber beide Ausdrücke noch auf eine andere Weise verschieden sein, als schon durch jenen Gegensatz bezeichnet wird. Das Sittengesetz soll nicht etwa auf dieselbe Weise ein Gesetz sein wie das Naturgesetz, so daß dieses auf dem Gebiet der Natur ebensoviel gälte als jenes auf dem Gebiet der praktischen Vernunft; sondern das Naturgesetz soll eine allgemeine Aussage enthalten von etwas, was in der Natur und durch sie wirklich erfolgt, das Sittengesetz aber nicht ebenso, sondern nur eine Aussage über etwas, was im Gebiet der Vernunft und durch sie erfolgen soll. So daß in dem einen Fall Gesetz eine Aussage wäre über ein Sein, ohne daß im eigentlichen Sinne ein Sollen daran hinge, in dem andern eine Aussage über ein Sollen, ohne daß demselben sofort ein Sein entspräche. Daß also das Wort Gesetz, so verstanden, in der einen Zusammensetzung eine andere Bedeutung hat als in der andern, das ist für sich klar. Die Frage, die ich hier zuerst aufwerfen möchte, welche von diesen beiden Bedeutungen wohl die richtigere oder wenigstens ursprünglichere sei, erscheint zwar ganz grammatisch; wir können sie aber doch nicht umgehen, weil sie mit einem Hauptpunkt unserer Untersuchung zusammenhängt, nämlich mit jenem Sollen, welches auf dem Gebiet der rationalen Sittenlehre, wie sehr wir auch schon daran gewöhnt sind, doch immer etwas Geheimnisvolles und Unerklärliches an sich hat.

Das Sollen nämlich geht ursprünglich immer auf eine Anrede zurück; es setzt einen Gebietenden voraus und einen Gehorchenden, und spricht eine Anmutung des ersten an den letzten aus. Denn der Gehorchende sagt, Ich soll, wenn der Gebietende ihm etwas angemutet hat, und er sagt dieses ohne Rücksicht darauf, ob er selbst das Angemutete zu tun gedenkt oder nicht, niemals aber ohne die genaueste Beziehung auf ein dem Anmutenden beiwohnendes bestimmtes Recht. Wer soll nun aber in diesem sittlichen Sollen der Anredende sein, und wer der Angeredete? Mancherlei zu diesem Behuf gebrauchte Gegensätze treten uns hier vor Augen, aber keiner will sich recht angemessen zeigen. Die praktische Vernunft oder das obere Begehrungsvermögen redet an; dann aber muß angeredet werden das untere Begehrungsvermögen oder die Sinnlichkeit, aber dann auch ihr nichts zugemutet, was sie nicht wirklich vollziehen kann. Kann aber wohl die Sinnlichkeit darauf angeredet werden zu vollziehen, was z. B. in dem Kantischen kategorischen Imperativ enthalten ist? Unmöglich. Denn in ihr liegt kein Trieb auf allgemein Gesetzmäßiges, ja auch nicht einmal ein Urteil darüber, ob etwas, was sie wirklich vollziehen kann, dem Gesetzmäßigen widerspreche oder nicht. Ja sie vernimmt überhaupt schon nicht das bloße Wort, sondern es gibt mit ihr keine andere Sprache als die der Empfindung oder des Reizes, sei es in der unmittelbaren Gegenwart oder in Furcht und Hoffnung. Ebenso ist es mit dem Fichteschen Prinzip der Sittlichkeit, sowohl dem formalen Ausdruck desselben, sich die absolute Selbständigkeit zum Gesetz zu machen, als auch dem realen, die Dinge gemäß ihrer Bestimmung zu behandeln. Denn die Sinnlichkeit besteht nur in der Wechselwirkung, und hat überall keine Selbständigkeit, noch auch kennt sie eine andere Bestimmung der Dinge als deren Beziehung auf sie selbst. Oder soll die Vernunft anreden, und das obere Begehrungsvermögen angeredet werden? Denn man hat beide auch irgendwie unterschieden, und wir wollen gern zufrieden sein, wenn wir unserm Sollen zuliebe auch nur einen halb eingebildeten Unterschied herausbringen. Will man aber beide unterscheiden: so muß doch die praktische Vernunft nicht begehren, sofern sie nicht soll das Begehrungsvermögen sein. Im Aussprechen des Sollens aber begehrt sie, denn das Anmuten ist doch ein Begehren; und man kann nicht sagen, daß sie als nichtbegehrend von sich selbst als Begehrendes etwas begehrte. Oder ist es die Vernunft überhaupt und an sich, welche anmutet der Vernunft des einzelnen? wenn anders dies nicht schon ein Unterschied gar nicht mehr ist, sondern nur scheint. Aber wenn es auch einer ist: so spricht doch der einzelne die Pflicht aus in sich selbst für sich selbst, und das Begehren, selbst etwas zu tun, ist nur ein Wollen, kein Sollen, so wie das Anerkennen des Begehrens sich selbst etwas anzumuten nur ein Selbstanerkennen ist, nicht ein Anerkennen eines andern; so daß auf beiden Seiten das Sollen ganz seine Bedeutung verliert.

Doch es ist noch eine andere Ansicht der Sache möglich. Nämlich indem die Vernunft in der Konstruktion der Sittenlehre oder des Systems der richtigen menschlichen Handlungen begriffen ist, befindet sie sich in einer wissenschaftlichen Tätigkeit, in welcher alles im Zusammenhange in großer Klarheit erscheint. Im Leben kommt die Anwendung davon nur vereinzelt vor und zerstreut; die Vernunft aber im wissenschaftlichen Zustande mutet sich selbst als im Leben handelnder zu, dann doch immer aus diesem klar gedachten Zusammenhange heraus zu handeln und unter ihn zu subsumieren. Hier wäre also eine Zweiheit, wenngleich nur verschiedener Momente, der wissenschaftliche wäre der gebietende und der handelnde der gehorchende, und das Sollen spräche eigentlich aus, daß, wenn in einem tätigen Augenblick der Willensakt der Vernunft nicht diesem Zusammenhange entspräche, er falsch sein würde. Hiergegen ist nur einzuwenden, daß das sittliche Verhältnis derer, die auf einen wissenschaftlichen Zusammenhang zurückgehn, durchaus nicht unterschieden wird von dem sittlichen Verhältnis derer, welche von einem solchen gar nichts wissen. Ja auch diejenigen, denen dieser Zusammenhang zugänglich ist, gehn doch im Augenblick des Entschlusses und der Tat nicht auf ihn zurück, sondern das Soll, was sie in sich vernehmen, bezieht den jedesmaligen einzelnen Fall auf ein mehr oder minder allgemeines oder besonderes, immer aber als einzeln gedachtes Gebot, ohne dieses als Glied eines allgemeinen Zusammenhanges vorzustellen. Also kann auch dies die Bedeutung dieses sittlichen Solls nicht sein.

Diese gar nicht leicht zu überwindenden Schwierigkeiten führen ganz natürlich darauf zu fragen, woher doch eigentlich dieses Soll uns entstanden ist mit dem Gesetz zusammen in der Sittenlehre. [Zuerst kennen wir das Sollen in dem Gebiet des häuslichen und bürgerlichen Lebens; es ist der Ausdruck, durch welchen einer in dem andern einen Willen hervorruft, welcher vor dem Soll gar nicht vorausgesetzt wird: der Gehorchende erkennt aber an dem Soll den Willen des Gebietenden, und was also allerdings vorausgesetzt wird in dem Angeredeten, das ist sein allgemeiner Wille zu gehorchen. Mit dem Gesetz als dem Willen des Gebietenden hängt also hier allerdings das Soll zusammen, keinesweges aber etwa mit der Strafe. Vielmehr wenn man Zuflucht zur Strafe nehmen muß: so verliert das Soll seine Kraft, und man sagt dann richtiger, Du mußt dieses tun, sonst wird dir jenes begegnen. Man kann sich auch denken in einem Gemeinwesen alle einzelnen so bereitwillig dem allgemeinen Willen nachzukommen, daß keine Androhung von Strafen nötig ist den Gesetzen hinzuzufügen, aber doch wird ihnen das Soll anhängen als Zeichen des willenbestimmenden Ansehns. Es läßt sich allerdings noch eine höhere Stufe denken, auf welcher, weil der Wille nicht erst bestimmt zu werden braucht, auch das Soll, aber dann mit dem Soll zugleich auch das Gesetz verschwindet, wenn nämlich zu der allgemeinen Bereitwilligkeit noch eine eben so allgemeine richtige Einsicht in das allgemeine Wohl hinzukommt, so daß nur die vorhandenen Umstände dargelegt zu werden brauchen, um einen gleichmäßigen Beschluß aller einzelnen hervorzurufen. Was also hier das Soll bedeutet auf dem Gebiet positiver Willensbestimmungen, das ist klar. In der jüdischen Gesetzgebung aber war der theokratischen Verfassung gemäß das allgemein Menschliche mit dem besonderen Bürgerlichen und Religiösen gemischt, wie es auch notwendig war für ein Volk, welches solange in einem Zustande gänzlicher Unterdrückung des Gefühls für das allgemein Menschliche gelebt hatte, daß es nur zu geneigt sein konnte, alles für erlaubt zu halten. Der göttliche Wille wird hier gedacht wie der oberherrliche, einen Willen hervorrufend vermittelst des allgemeinen Willens, ihm zu gehorchen. Als nun unter eben dieser Form jene Festsetzungen des Sittlichen auch in den christlichen Unterricht aufgenommen wurden: so entstand die Gewöhnung, mit der sittlichen Erkenntnis das Soll zu verbinden, und diese erhielt sich hernach auch, seitdem man angefangen hatte, die sittliche Erkenntnis in eine allgemeine Gestalt zu bringen, wobei auf einen äußerlich bekannt gemachten göttlichen Willen nicht mehr gesehen, sondern die menschliche Vernunft selbst als gesetzgebend gedacht wurde. Wieviel nun aber von der ursprünglichen Bedeutung des Soll bei dieser Übertragung übrig bleibt? Wohl nur dieses. Das Soll des bürgerlichen Gebotes ergeht an alle die unter derselben anmutenden Autorität stehn. Sofern ich also etwas will, und mir dabei bewußt bin, daß dieser Wille ein allgemeiner Akt der menschlichen Vernunft ist, unter deren anmutendem Ansehen alle stehen, so drücke ich ihn durch Soll aus, weil alle andere mir dasselbe anmuten können, so gut als ich ihnen. Dieses angenommen, wird man nun wohl sagen können, daß auf dem sittlichen Gebiet Gesetz und Sollen genau miteinander verbunden sind, indem auch das Soll nichts anders aussagt als die Allgemeinheit der sittlichen Bestimmung. Ob nun aber alles Sittliche unter dieser Form ausgesprochen werden kann, das wäre eine andere Frage. Denn jeder Entschluß, der als ein rein individueller entsteht, kommt nicht mit diesem Soll zum Bewußtsein, sondern als ein eigentümlicher aber vernunftmäßiger Wille, und nur die zweite Frage, inwiefern einem solchen ohne Soll auftretenden, auf ein sogenanntes Erlaubtes gehenden Willen gefolgt werden darf, läßt sich wieder auf ein Gesetz zurückführen. Und dies wäre dann freilich ein Unterschied zwischen Naturgesetz und praktischem Vernunftgesetz, daß alles Natürliche, wie es geschieht, sich auf Gesetze zurückführen läßt, vermöge deren es geschieht, nicht aber im Gebiet der praktischen Vernunft alles auf solche Gesetze, vermöge deren es geschehen soll; nur ganz ein anderer Unterschied ist dies, als der gewöhnlich angenommene.

Ehe wir aber diesen näher betrachten, entsteht uns noch die Frage, wie es damit steht, daß die sittlichen Formeln, um sie von andern auch mit dem Soll behafteten auf demselben Gebiet auftretenden Gesetzen oder Imperativen zu unterscheiden, kategorische genannt werden, die andern aber hypothetische. Zunächst würde man nun nach der Kantischen Tafel versucht, zu beiden noch einen dritten aufzusuchen, dessen er aber nirgends erwähnt, nämlich den disjunktiven, welcher lauten müßte: Du sollst entweder dieses tun oder jenes. Die hypothetischen Imperative aber teilt Kant wieder in solche, die als praktische Prinzipien assertorisch, und in solche, die nur problematisch sind, wogegen der kategorische Imperativ apodiktisch ist. Doch gesteht er selbst zu, daß beide zusammenfallen würden, wenn die Klugheit auf einen richtigen Begriff leicht zu bringen wäre. Wenn aber nun alle besagten Regeln hypothetische Imperative sind, weil unentschieden bleibt, ob die Absicht, zu welcher sie gebraucht werden, gut ist: so muß der kategorische Imperativ ebenfalls hypothetisch bleiben, wenn man nicht darauf zurückgehn will, daß der Begriff des Guten vor Aufstellung der sittlichen Gesetze bestimmt sein muß. Denn sonst ist noch nicht entschieden, oft vernunftmäßig Handelnwollen gut ist; und das Gebot dazu kann demnach nie anders lauten als so: Wenn du vernünftig sein willst, so handle so. Nehmen wir aber an, daß natürlich alle verschiedenen Methoden und Stile einer Kunst in ihren Verhältnissen zueinander einer Konstruktion fähig sein müssen, und in dieser angeschaut ein Ganzes bilden, so daß jeder, der etwas Tüchtiges hervorbringen will, nach einer von diesen verfahren muß: so wird offenbar in diesem Fall der technische Imperativ ein disjunktiver, und diese Lücke wäre demnach ausgefüllt. Vergleichen wir nun hier mit dem individuellen sittlichen Handeln das einzelne, und denken uns, wie kaum anders möglich, wenn wir die menschliche Natur als Gattung betrachten, die verschiedenen Gestaltungen der Intelligenz innerhalb derselben auch als einen Zyklus: so ergibt sich von selbst das gleiche, daß nämlich der ursprünglich kategorische Imperativ an die Gesamtheit der einzelnen gerichtet als Ausdruck des allgemeinen sittlichen Willens ebenfalls in der Anwendung der Formel auf die einzelnen disjunktiv werden muß. Der allgemeine Wille, vernünftig zu sein, muß sich an dem einzelnen entweder so gestalten oder so. Ja noch auf andere Weise kann man sagen, wenn man auf die Gesamtheit der sittlichen Handlungen sieht, daß, wenn in dem Vernunftwesen der allgemeine sittliche Wille gesetzt ist, alle besonderen Formeln, welche sich auf einzelne Klassen von Handlungen beziehn, wie dies mit den Pflichtformeln der Fall ist, nichts anders sind, als technische Imperative, um jenen allgemeinen Willen, dessen Ausdruck allein der kategorische ist, zu realisieren. Man nehme noch hinzu, daß die isolierte Betrachtung des kategorischen Imperativs am wenigsten geeignet ist, eine wissenschaftliche Basis zu werden, weil sie nichts darbietet zwischen der Einheit des Prinzips und der Unendlichkeit einzelner Fälle der Anwendung, also die Vielheit gar nicht gestalten kann; und nur das Disjunktive ist auch bei Kant das Prinzip aller wissenschaftlichen Zusammenstellung der Vielheit. Der kategorische Imperativ kommt also erst zur Klarheit des Bewußtseins, wenn er hypothetisch wird. Nur indem das Dilemma aufgestellt wird, entweder vernünftig sein und so handeln, oder nicht so und unvernünftig, wird das Sittengesetz nach Kants Ausdruck pragmatisch, welcher Ausdruck in der Tat weit mehr sagen will als jener, wenngleich Kant ihn nur für den untergeordneten konsulativen Imperativ der Klugheit aufbewahrt. Denn das Soll, sobald es sich nicht mehr auf eine äußere Autorität gründet, kann nur wie ein Zauber erscheinen, wenn es nicht jenen assertorischen Charakter annimmt: Weil du vernünftig sein willst, so handle also. Der kategorische Imperativ ist demgemäß nur die bewußtlose unentwickelte Form des Sittengesetzes, und bekommt erst eine praktische Realität und eine wissenschaftliche Traktabilität, wenn er sich in den hypothetischen und disjunktiven entwickelt.

Doch dieses war nur beiläufig; aber wie steht es nun um den durch ein entgegengesetztes Verhältnis beider zum Sein begründeten Gegensatz zwischen Sittengesetz und Naturgesetz? Besteht — denn darauf laufen die Kantischen und Fichtischen Erklärungen hinaus — besteht die absolute Gültigkeit des Sittengesetzes darin, daß es immer gelten würde, wenn auch niemals geschähe, was es gebietet, weil ja doch das Soll desselben besteht, auch wenn ihm ein Sein gar nicht anhängt, die absolute Gültigkeit des Naturgesetzes hingegen darin, daß immer geschehen muß, was darin ausgesagt ist? Was das erste betrifft, so ist allerdings wahr, daß die Gültigkeit des Gesetzes nicht abhängt von der Vollständigkeit seiner Ausführung; ja es ist der richtige Ausdruck für unsere Annahme des Gesetzes, daß, ohnerachtet wir keine einzige menschliche Handlung für schlechthin vollkommen, also ganz dem Gesetz entsprechend erkennen, die Gültigkeit des Gesetzes dadurch dennoch gar nicht leidet. Allein auf der andern Seite muß doch immer etwas vermöge des Gesetzes geschehen, sonst wäre es auch kein Gesetz. Denn wenn wir auf den Prototyp des Sollens, nämlich das bürgerliche Gesetz, zurückgehn: würde wohl jemand sagen, das sei wirklich ein Gesetz, was zwar ausgesprochen sei als solches, aber niemand mache auch nur die geringste Anstalt, dem Gesetz zu gehorchen? Gewiß würden wir verneinen, aber dann auch hinzufügen, der Gesetzgeber sei auch keine Obrigkeit mehr, weil seine Aussprüche nicht anerkannt werden, und das ganze Verhältnis nur im Anerkennen bestehe. Werden wir nun nicht auf dieselbe Art auch vom Sittengesetz sagen müssen: Wenn in keinem Menschen die geringsten Anstalten gemacht würden, demselben zu gehorchen, und das, was Kant die Achtung für das Gesetz nennt, gar nicht vorhanden wäre; denn diese ist doch immer schon ein, wenngleich unendlich kleiner, Anfang des Gehorchens: so wäre auch das Sittengesetz kein Gesetz, sondern nur ein theoretischer Satz, von welchem man sagen könnte, er würde ein Gesetz sein, wenn es ein Anerkenntnis desselben gäbe? Aber die Vernunft wäre dann auch gar nicht praktisch, so wenig als jener Gesetzgeber, dem niemand im mindesten gehorchte, eine Obrigkeit wäre. Jene Achtung für das Gesetz, ein gewiß unter den gegebenen Umständen sehr wohlgewählter Ausdruck, konstituiert als eigentlich erst das Gesetz, und ist die Wirklichkeit des Gesetzes. Denn das einzige, was man an dem Ausdruck tadeln könnte, ist nur dieses, daß er zu trennen scheint, was unmöglich getrennt werden kann. Denn nicht existiert das Sittengesetz zuerst als Gedanke, und hernach bringt die Vernunft die Achtung dafür hervor; sondern es ist nur ein und dasselbe oder ein und derselbe transzendentale Akt, wodurch die Vernunft praktisch wird, das heißt als Impuls besteht, und wodurch es ein Sittengesetz gibt. Kann man also wohl sagen, das Sittengesetz würde gelten, wenn auch nie etwas demselben gemäß geschähe? Wohl nur, wenn man bei der äußern Vollbringung der Handlungen stehen bleibt; diese aber sind auf der einen Seite gar nicht Produkte des Gesetzes oder des Willens allein, auf der andern Seite ist aber doch immer, wenn nur irgend das Gesetz dabei mit eingetreten ist, auch etwas in ihnen, was rein dem Gesetz gemäß geschieht. Denn wird überhaupt nur auf das Gesetz bezogen: so wird auch entweder dem Gesetz gemäß gewollt, oder das Gegenteil wird nur unter der Form des Unrechtes gewollt; und auch das geschieht dann dem Gesetz gemäß. Wird aber dem Gesetz gemäß gewollt: so ist notwendig auch in der erscheinenden Handlung etwas, wodurch das Gesetz repräsentiert wird. Eben dieses aber ist ja ein Sein, es ist die innerste Bestimmtheit des Ich, und aus unserm Gesichtspunkt weit mehr ein Sein als die äußere Tat und was aus derselben hervorgeht; denn die bestimmende Kraft der Gesinnung ist das eigentliche und ursprüngliche sittliche Sein, wodurch allein jede erscheinende Tat, sie sei nun vollkommner oder unvollkommner, an der Sittlichkeit teilnimmt. Ja wenn man auch bei dem ohnstreitig dürftigern Ausdrucke der sich selbst setzenden Selbsttätigkeit oder der Gesetzmäßigkeit um des Gesetzes willen stehen bleibt, was freilich in einer Hinsicht etwas Leeres ist, weil daraus niemals eine bestimmte Handlung hervorgehen kann, so ist doch auch dann die Gesinnung in der Tat das Sein bestimmend, weil sie den Verlauf jeder Tätigkeit hemmt, welche der Gesetzmäßigkeit und der Selbsttätigkeit schlechthin etwa zuwider wäre. Das Gesetz ist also nur Gesetz, insofern es auch ein Sein bestimmt, und nicht als ein bloßes Sollen, wie denn auch ein solches streng genommen gar nicht nachgewiesen werden kann.

Können wir also hier auf dem Gebiet des Vernunftgesetzes das Sollen nicht trennen von der Bestimmung des Seins; ist die Vernunft nur praktisch, sofern sie zugleich lebendige Kraft ist: wie wird es nun auf der Seite des Naturgesetzes stehn? Werden wir dort dieses, daß das Gesetz wirklich das Sein bestimmt, ganz trennen können davon, daß dem Gesetz auch ein Sollen anhängt? Freilich, wenn man allein dabei stehen bleibt, daß das Sollen eine Anmutung an den Willen enthält: so kann hier von keinem Soll die Rede sein, weil in der Natur kein Wille gesetzt ist. Alsdann ist aber durch den Unterschied, von welchem wir handeln, auch keine Verschiedenheit zwischen Natur g e s e t z und Vernunft g e s e t z ausgedrückt, sondern nur zwischen Natur und Vernunft. Es liegt aber allerdings in dem Sollen, außerdem daß es eine Anmutung an den Willen ausdrückt, auch noch dieses, daß bei derselben zweifelhaft bleibt, ob der Anmutung wird Folge geleistet werden oder nicht. Wenn wir nun nachweisen, daß Naturgesetze auch eine Anmutung enthalten, wenngleich freilich an ein willenloses Sein, aber doch eine solche Anmutung ebenfalls, bei welcher zweifelhaft bleibt, ob sie wird in Erfüllung gehen oder nicht: dann wäre das Verhältnis zwischen Sollen und Seinbestimmung in beiderlei Gesetzen so sehr dasselbe, als es bei der Verschiedenheit von Natur und Vernunft nur möglich ist. Die Gesetze nun, welche sich auf die Bewegungen der Weltkörper beziehen, und welche die Verhältnisse der elementarischen Naturkräfte und Urstoffe aussagen, wollen wir in dieser Hinsicht übergehen. Denn wenn die einzelnen Fälle hier nicht mit dem Gesetz zusammenstimmen, so behaupten wir entweder, daß in dem einzelnen Falle noch etwas anders tätig gewesen als dasjenige, wovon das Gesetz redet; oder wir erkennen unsern Ausdruck nicht mehr für das wahre Naturgesetz, sondern modifizieren ihn, und hoffen so, es immer besser zu treffen, lassen aber nicht von der Voraussetzung, daß, wenn wir erst das Richtige gefunden haben, alsdann auch alles, worauf das Gesetz anwendbar ist, demselben völlig entsprechen werde. Ebenso mit den Formeln für die Bewegungen. Wenn diese nicht genau zutreffen: so sieht das freilich aus, als hätten wir dem Weltkörper etwas zugemutet, was er nicht geleistet habe; allein statt uns dabei zu begnügen, nehmen wir an, daß noch andere bewegende Kräfte müßten eingewirkt haben. Aber wir können dieses zugeben, ohne dem Eintrag zu tun, was wir hier über das Naturgesetz behaupten möchten. Denn eine Formel für die Bewegung allein als das bloße Massenverhältnis ist doch nur eine abstrakte mathematische Formel. Erst wenn wir aus der Genesis der Sonne und der Planeten die Massen und Raumverhältnisse selbst begreifen könnten, so daß auch alle Veränderungen in den Massenverhältnissen der Weltkörper und in ihrem Verhalten zu ihren Bahnen mit darin begriffen wären, erst dann würden wir ein wahres Naturgesetz haben auch für die Bewegungen. Aber würde denn dieses rein zutreffen? Wohl nicht leicht; sondern wenn wir auf diese Art ein Bewegungsgesetz für das Sonnensystem an sich gefunden hätten: so würde es doch irgendwie, wenn auch auf eine für uns gänzlich unmerkliche Weise, durch den allgemeinen Zusammenhang affiziert werden; und wir werden mit Recht sagen können, es solle sich so bewegen, erleide aber bisweilen Perturbationen, und ein Gesetz, das ein vollkommener Ausdruck des Seins wäre, würden wir erst gefunden haben, wenn wir das ganze Universum auf eine Formel bringen könnten. Dasselbe gilt von den Urstoffen und den elementarischen Kräften. In welchem Umfange wir sie als ein Ganzes begreifen könnten, wenn es nicht das absolute Ganze wäre, so würden wir immer nur ein Gesetz haben, nach welchem das Sein sich nicht vollkommen richtete, und die Abweichung würde uns über jenen Umfang hinaus weisen; wo wir aber eine ganz zutreffende Formel haben, die wird sich nur auf sehr bedingte Faktoren beziehen, deren Erscheinen unter diesen Bedingungen wir wieder nur als ein Zufälliges begreifen, so daß kein Sein durch die Formel bestimmt wird.

Doch hierbei länger stehen zu bleiben, das hieße nur die Frage ins Unendliche hinausschieben, bis wir etwa zu Naturgesetzen gelangen, die dem Begriff besser entsprechen. Allein wir haben dergleichen schon auf einem andern uns näher liegenden Gebiet, und die uns nur um so mehr als wahre Naturgesetze erscheinen werden, wenn wir sie mit jenen vergleichen. Nämlich alle Gattungsbegriffe der verschiedenen Formen des individuellen Lebens sind wahre Naturgesetze. Denn die lebendigen Wesen, die Vegetation mit eingerechnet, entstehen aus Tätigkeiten und bestehen in Tätigkeiten, welche sich immer auf dieselbe Weise entwickeln; wahre Gattungsbegriffe nun sollen der vollständige Ausdruck sein für alles, was eine bestimmte Lebensform konstituiert an sich und in ihrer Differenz von andern verwandten, und zwar so, daß sie in ihrem Zusammenhange, den wir auf bestem Wege sind, immer vollkommner zu begreifen, das Naturgesetz des individuellen Lebens auf unserm ganzen Weltkörper ausdrücken. Weiter hinabzusteigen bis z. B. auch auf die Formen der Kristallisation, deren allerdings jede auch nur begriffen werden kann als eine Entstehung der Gestalt aus der Bewegung, werden wir dadurch verhindert, teils, daß hier die Gattungsbegriffe überall auf das dem Kristallisierten analoge Derbe zurückweisen, und die bloße Regel der Kristallisation doch nur eine abstrakte Formel sein würde, das Naturgesetz aber sich auf die Entstehung und Gestaltung des Starren überhaupt erstrecken müßte, teils auch dadurch, daß uns hier der Prozeß selbst nicht gegeben ist, sondern nur das Resultat desselben. Die Vegetation aber und Animalisation zeigen uns in jeder ihrer verschiedenen Formen ein abgeschloßnes Ganze, dessen Begriff das Gesetz ist für ein System von Funktionen in ihrer zeitlichen Entwicklung. Werden wir nun gefragt: Ist jedes solche Gesetz, gleichviel ob es der untergeordnete Begriff einer Art ist oder der höhere einer Gattung oder der noch höhere einer natürlichen Familie, ist jedes solche Gesetz bestimmend ein Sein? so werden wir offenbar bejahen müssen; denn die sämtlichen Individuen dieser Art oder Gattung entstehen nach diesem Gesetz, und ihr ganzes Dasein in seiner allmählichen Entwicklung, Kulmination und Entkräftigung verläuft nach demselben. Wenn wir aber nun auf der andern Seite gefragt werden: Hängt diesem

Gesetz auch ein Sollen an? so werden wir soviel ebenfalls bejahen müssen, daß wir das Gesetz aufstellen für das Gebiet, ohne daß in der Aufstellung zugleich mit gedacht werde, daß alles rein und vollkommen nach dem Gesetz verlaufe. Denn das Vorkommen von Mißgeburten als Abweichungen des Bildungsprozesses, und das Vorkommen von Krankheiten als Abweichungen in dem Verlauf irgendeiner Lebensfunktion nehmen wir nicht auf in das Gesetz selbst, und diese Zustände verhalten sich zu dem Naturgesetz, in dessen Gebiet sie vorkommen, gerade wie das Unsittliche und Gesetzwidrige sich verhält zu dem Sittengesetz.

Noch eine Betrachtung, mit welcher wir schließen wollen, wird die Identität des Verhaltens beider Begriffe zur vollen Anschauung bringen. Legen wir die elementarischen Kräfte und Prozesse und den Erdkörper in seiner durch die Scheidung des Starren und Flüssigen bedingten Ruhe zum Grunde; und können wir dann mit Recht sagen, hypothetisch wenigstens, und mehr ist hier nicht nötig, mit der Vegetation trete ein neues Prinzip, nämlich die spezifische Belebung, in das Leben der Erde, ein Prinzip, welches in einer Mannigfaltigkeit von Formen und Abstufungen erscheinend sich in seinem Umfange den chemischen Prozeß sowohl als die mit der Bildung der Erde gegebene Gestaltung unterordnet und beides auf eine individuelle Weise fixiert; und fragen wir dann weiter, worin denn das gegründet sei, was auf diesem Gebiet als Mißgeburt oder Krankheit angesehen werden muß, was hier freilich fast immer sehr einfach auf Mangel oder Überfluß, das heißt auf ein quantitatives Mißverhältnis zurückgeführt werden kann, so werden wir doch nur antworten können: Nicht in dem neuen Prinzip an und für sich; denn für dessen reine Wirksamkeit sei der Begriff der Vegetation der reine und vollständige Ausdruck; sondern in einem Mangel der Gewalt des neuen Prinzips über den chemischen Prozeß und die mechanische Gestaltung. An diesem Mangel aber scheine zugleich die zeitliche Beschränktheit der vegetativen Einzelwesen zu hangen; wenn also diese vergänglich sein sollten, so mußte auch jener Mangel mit seinen anderweitigen Folgen sein. Weitergehend werden wir dann sagen müssen, mit der Animalisation trete abermal ein neues Prinzip, nämlich der spezifischen Beseelung ein, welches sich in seiner ganzen Erstreckung, wenngleich nicht überall in gleichem Maße, sowohl den vegetativen Prozeß als auch das allgemeine Leben unterordnet, und ebenfalls in einer Mannigfaltigkeit von Formen und Abstufungen erscheint, welche nun auf dieselbe Weise Gesetze sind für die Natur. Und wird nun weiter gefragt, worin denn die auf diesem Gebiet vorkommenden, schon weit komplizierteren Abweichungen gegründet sein, so werden wir wohl auch antworten müssen: Nicht in dem Prinzip selbst; denn für dieses ist der Begriff des tierischen Lebens in der Mannigfaltigkeit seiner Formen der reinste Ausdruck; sondern in einem relativen Mangel an Gewalt dieses Prinzips über den vegetativen Prozeß sowohl, als über das allgemeine Leben, und natürlich wären also die Abweichungen auf diesem Gebiet auch komplizierter und nicht in so leichte Formeln zu fassen. Und können wir nun wohl noch umhin, der Steigerung die Krone aufzusetzen, indem wir sagen, mit dem intellektuellen Prozeß trete nun abermals ein neues, denn wir brauchen nicht zu behaupten das letzte, Prinzip in das Leben der Erde, welches jedoch nicht in einer Mannigfaltigkeit von Gattungen und Arten, sondern nur in einer Mannigfaltigkeit von Einzelwesen einer Gattung erscheine, so daß eine Mannigfaltigkeit der Gattungen nicht gedacht werden kann, als nur in Verbindung mit der Mehrheit der Weltkörper. Wie aber der Geist nun hier erscheine in der einen Menschengattung: so werde er sich auch in seinem Umfange nicht nur den Prozeß der eigentümlichen Beseelung und Belebung, sondern auch das allgemeine Leben unterordnen und aneignen. In diesem geistigen Lebensgebiet wiederholen sich nun auf die seiner Natur gemäße

Weise die Abweichungen, die innerhalb des Gebietes der Animalisation und der Vegetation vorkommen; aber es entständen zugleich neue, welche dem obigen zufolge ihren Grund nicht haben in der Intelligenz selbst, denn für das Wesen und die Wirksamkeit dieser sei das Gesetz, welches hier aufgestellt werden müsse, ebenfalls der reine und vollkommene Ausdruck, sondern wie oben darin, daß der Geist eintretend in das irdische Dasein ein Quantum werden muß, und als solches in einem oszillierenden Leben im einzelnen unzureichend erscheint gegen die untergeordneten Funktionen. Und wenngleich dieses eben so hypothetisch gesetzt ist, wie das, woraus es folgt: so ist doch dies gerade dieselbe Hypothese, von der auch diejenigen ausgehen, welche das Sittengesetz als ein reines Sollen beschreiben; denn sie sagen, es sei ein solches, weil mit der Vernunft und dem Vernunftgesetz zugleich eine Insuffizienz gesetzt sei. Was also folgt, das folgt vermöge eben jener Hypothese. Und das Gesetz, welches hier neu aufgestellt werden muß, so daß es die ganze Wirksamkeit der Intelligenz vollständig verzeichnet, wird das wohl etwas anderes sein als das Sittengesetz? und die neuen Abweichungen, in welchen die Begeistung unzureichend erscheint gegen die Beseelung, werden sie etwas anderes sein als das, was wir böse nennen und unsittlich? Schwerlich wird jemand verneinen wollen; es müßte denn einer fragen, wo denn nun der Unterschied bleibe zwischen der theoretischen und praktischen Vernunft, und woher denn entschieden worden, daß das hier aufzustellende Gesetz allein das der praktischen Vernunft und nicht beider sei, oder daß nicht vielleicht ausschließend das der theoretischen hierher gehöre. Oder es möchte mir jemand das Schreckbild des Wahnsinns vorhalten, und sagen, dieser und alles was eine Annäherung dazu bildet, sei die hier neu aufzustellende Abweichung, das Böse aber müsse einen andern Ort haben. Dem ersten würde ich antworten, da hier nur die Rede sei von einem neuen Prinzip für ein System von Tätigkeiten: so könne auch die Vernunft hier nur betrachtet werden als praktisch, das heißt als tätig, und der ganze theoretische Vernunftgebrauch gehe doch als Handlung immer vom Willen aus. Dem andern aber würde ich aus demselben Grunde sagen, daß von unserm Standpunkt aus der Wahnsinn und das Böse nicht zwei verschiedene Örter haben könne, sondern jedes sei auf das andere zurückzuführen, und jeder Wahnsinn entstehe nur dadurch, daß die Intelligenz als Wille zu ohnmächtig sei, um den Angriff einer untergeordneten Potenz auf ihren unmittelbaren Organismus abzuweisen. Bleibt es also bei der Bejahung beider Fragen: so stimmt auch das hier Gesagte vollkommen zusammen mit dem oben Gesagten über die Art, wie das Sittengesetz sowohl seinbestimmend ist, als auch ihm ein Sollen anhängt. Hier aber entwickelt es sich uns durch eine Steigerung als das höchste individuelle Naturgesetz aus den niederen. Die Seinsbestimmung in demselben ist also von derselben Art, und das Sollen ist auch von derselben Art, nur mit dem einzigen Unterschiede, daß erst mit dem Eintreten der Begeistung das Einzelwesen ein freies wird, und nur das begeistete Leben ein wollendes ist, also auch nur auf diesem Gebiet das Sollen sich an den Willen richtet. Im allgemeinen aber ist es überall die Forderung der Gewalt des individuellen Seins über das elementarische und allgemeine, als des höheren über das niedere, und das Naturgesetz liegt nicht auf der entgegengesetzten Seite wie das Sittengesetz, sondern beide auf derselben. Also werden auch, was wenigstens das Verhältnis des Gegenstandes zum Gesetz betrifft, Naturwissenschaft und Sittenlehre keineswegs zwei verschiedene Formen haben müssen, sondern sie werden sich füglich hineinbilden lassen in eine gemeinschaftliche, sobald nämlich die Sittenlehre sich befreit hat von der Analogie mit dem Politischen, und die Einsicht hervorgetreten ist, daß, da das Politische selbst nur durch die Sittenlehre konstruiert werden kann, die Form desselben unmöglich als die Urform angesehen werden darf, nach welcher die Sittenlehre gebildet werden muß. Sondern die Form der Sittenlehre wird die beste sein, in welcher die Intelligenz dargestellt wird als aneignend und bildend und sich so in einer eigenen in sich abgeschlossenen Schöpfung offenbarend; ein Typus, welcher nirgend so deutlich als bei der platonischen Konstruktion zum Grunde liegt, aber nicht zu seiner vollkommenen Entfaltung gediehen ist.

Über den Begriff des Erlaubten.

Gelesen am 29. Junius 1826.

Der Zusammenhang dieses Begriffs mit dem früher von mir behandelten Begriff der Pflicht ist so genau, daß diese Abhandlung nur als eine Erläuterung zu jener angesehen werden kann. Denn überall stellt sich das Erlaubte in die Mitte zwischen das Pflichtmäßige und Pflichtwidrige, als ein Drittes zu beiden, welches keines von beiden sein will. Es will überall mit dem Pflichtmäßigen das eine gemein haben, daß es nicht gewehrt werden kann; mit dem Pflichtwidrigen aber das andere, daß es nicht gefordert werden darf. Eine Darstellung der Pflichtenlehre ist also erst völlig verstanden, das heißt, man übersieht erst ihr Verhältnis zur Gesamtheit des geistigen Lebens, wenn auch deutlich geworden ist, inwiefern sie diesem Begriff eine Wahrheit zugesteht, und was für einen Umfang sie ihm anweiset. Dieses allein ist daher auch der Gegenstand der gegenwärtigen Abhandlung, ohne daß sie — sofern sich nicht auch dieses schon durch jene Untersuchung von selbst erledigt — ausdrücklich beabsichtigte zu bestimmen, welche Handlungen oder Handlungsweisen in einzelnen Gebieten für erlaubt zu halten sind oder nicht; sondern sie hat es nur mit dem Begriff selbst und seinem Verhältnis zu den andern sittlichen Begriffen zu tun. Denn steht er gleich im unmittelbarsten Verhältnis mit dem Pflichtbegriff, so muß er doch eben deshalb auch ein Verhältnis haben zu dem Begriff der Tugend und dem des Guten.

Wenn nun meine vor einiger Zeit mitgeteilte Abhandlung über den Pflichtbegriff*) das Ergebnis aufgestellt hat, daß pflichtmäßig jede solche Handlung sei, welche, indem der Antrieb dazu von dem Interesse an einem bestimmten sittlichen Gebiet ausgeht, doch zugleich auch das Interesse an der Totalität der sittlichen Aufgabe befriedigt, pflichtwidrig aber demgemäß nicht nur dasjenige, was der sittlichen Totalität oder einer einzelnen sittlichen Richtung widerstreitet, ohne im letzten Fall von einer anderen solchen ausgegangen zu sein, weil nämlich der Antrieb bloß sinnlich ist, sondern auch welche Handlung wirklich von einer einzelnen sittlichen Richtung ausgeht, aber so, daß sich die Forderung einer andern sittlichen Richtung in dem gegebenen Moment gegen sie erhebt, so daß sie in Beziehung auf diese zur Unzeit geschähe oder im Unmaß: so fragt sich zunächst, was für Handlungen könnten wohl zwischen diesen beiden liegend solche erlaubte sein?

Zweierlei scheinen sich deren zu ergeben. Denn wenn zu einer Handlung zwar der Antrieb ein sinnlicher wäre, aber es erhöbe sich gegen sie keine Klage von irgendeinem sittlichen Gebiete aus: so wäre eine solche weder pflichtmäßig, weil der sittliche Antrieb, noch pflichtwidrig, weil der sittliche Einspruch fehlt. Ebenso auch zweitens, wenn es möglich wäre, daß der Impuls zu einer Handlung ausginge von dem Interesse an der gesamten sittlichen Aufgabe, aber ein einzelnes sittliches Gebiet erhöbe sich dagegen: so läge eine solche auf eine andere Weise zwar zwischen beiden, würde aber doch auch erlaubt zu nennen sein, wenngleich nur als eine Sache der Not. Der Einspruch nämlich fehlt hier nicht, aber er wird, weil der vollkommene Antrieb

---

*) S. den Jahrgang 1824. Philosoph. Klasse.

da ist, überhört. Nur daß dann auch das Entgegengesetzte erlaubt sein muß, nämlich dem Einspruch als dringend zu folgen und die angestrebte Handlung zu unterlassen, den Antrieb aber auf einen späteren Moment zu vertrösten. Die Not aber ist eben dies, daß vorausgesetzt wird, daß das sittlich einzelne und die sittliche Totalität sich einander, wenn auch nur momentan, aufheben. Hierher gehören nun fast alle die so oft angeführten und beleuchteten Fälle von Selbsthilfe in der Not auf Gefahr eines andern zuzufügenden Unrechtes, sofern nämlich dabei immer vorausgesetzt wird, man dürfe den Trieb der Selbsterhaltung und die Richtung des Individuums auf die Totalität der sittlichen Aufgabe als eines und dasselbe ansehen. Allein die ganze Gegend bleibt, auch dieses zugegeben, immer verdächtig, indem ja doch ein Widerspruch in dem Gebiete des rein Sittlichen vorausgesetzt wird, der eigentlich auf keine Weise angenommen werden kann, wenigstens nicht aus dem Standpunkte der angezogenen und hier zum Grunde liegenden Abhandlungen, als welche eine wesentliche Zusammengehörigkeit alles dessen, was mit Recht sittlich soll genannt werden können, überall voraussetzen. Denn es hört alle Konstruktion des Pflichtmäßigen auf, mithin ist es auch um alle wissenschaftlichen Prinzipien zur Beurteilung der einzelnen sittlichen Handlungen geschehen, sobald ein Widerspruch stattfinden kann zwischen dem, was das Ganze fordert, und dem, worauf ein Teil Anspruch macht. Der Unterschied zwischen dem Pflichtwidrigen und Pflichtmäßigen wird sofort nur ein zufälliger, und der Charakter des Pflichtbegriffs ist aufgehoben. Es möchte aber auch niemals nachzuweisen sein, daß überhaupt eine einzelne Handlung als von der Richtung des Willens auf die ganze sittliche Aufgabe ausgehend angesehen werden kann, weil durch diese allein nichts einzelnes bestimmt wird. Am wenigsten aber möchte man eine Äußerung des Selbsterhaltungstriebes so nennen können. Denn wenngleich der einzelne sich erhalten soll, um sittlich zu leben, so ist doch ein jeder Akt der Selbsterhaltung nur bedingt durch die ihm eben vorliegenden sittlichen Aufgaben, damit diese nicht gestört werden und sonach durch wenngleich mannigfaches, doch immer einzelnes sittliches Interesse, gegen welches also auch ein anderes auftreten kann.

Genau betrachtet also würde auch das zweite, was sich uns ergeben hätte, nur eine leere Stelle sein, und die scheinbar dahin gehörigen Fälle wären bei dem ersten unterzubringen, wie denn alle sinnlichen Motive mehr oder weniger auf die Selbsterhaltung zurückgehn, die ja auch oft genug als die allgemeine Formel für alle ist angesehen worden. Sonach bliebe uns nur das erste übrig. Erlaubt nämlich wären solche Handlungen, bei denen zwar ein sinnlicher Impuls zum Grunde liegt, aber ein solcher, gegen den von keiner Seite der sittlichen Aufgabe aus protestiert wird. Da nun diese Protestation eben das ist, was einer Handlung das Gepräge der Schuld aufdrückt: so wäre das Erlaubte, wie es scheint, das Unschuldige, und dann auch umgekehrt. Nämlich was erlaubt ist, das wäre unschuldig, weil es als nicht von dem sittlichen Interesse ausgehend auch nicht verdienstlich sein kann, und weil nicht im Widerspruch mit der sittlichen Aufgabe, auch nicht verwerflich; und das Unschuldige wiederum müßte immer erlaubt sein, weil es zwar nicht pflichtmäßig ist seinem Ursprunge nach, aber auch nicht pflichtwidrig seiner Beschaffenheit nach. Wir haben nun hierdurch zwar ein neues Merkmal gewonnen, aber keineswegs etwa eine Entscheidung. Denn wenn man freilich auf der einen Seite sagen möchte, daß es eine große Menge unschuldiger menschlicher Handlungen gebe, könne doch niemand bezweifeln: so ist auf der andern Seite wieder nicht zu leugnen, daß diese wesentlich der Kindheit angehören, welcher das sittliche Auge noch nicht geöffnet ist, und andern ähnlichen Zuständen. Es fragt sich also immer noch, ob und auf welche Weise es solche Handlungen geben könne, welche zwar von einem sinnlichen Antriebe ausgehen, aber doch keinen Widerspruch von dem sittlichen Interesse erfahren.

Wenn nun nach dem früher Gesagten aus der Totalität aller pflichtmäßigen Handlungen auch alle Güter hervorgehn: so könnten also alle bloß erlaubte Handlungen an der Hervorbringung irgendeines Gutes keinen Anteil haben, und wären demnach unfruchtbar für das höchste Gut. Man sollte daher denken, es könne sich gegen dieselben nur insofern kein Widerspruch von dem sittlichen Interesse aus erheben, als feststände, daß zu derselben Zeit dasselbe Subjekt nichts tun könne, um das höchste Gut zu fördern. Ebenso wenn jede Tugend nichts anderes ist als die kräftige Wirksamkeit eines sittlichen Antriebes, und mithin alle Tugenden in der Gesamtheit der von sittlichen Antrieben ausgehenden Handlungen vollkommen aufgehen: so hätte also an allen bloß erlaubten Handlungen, sofern sie ja von einem sinnlichen Antriebe ausgehn, keine Tugend irgendeinen Anteil; und auch so betrachtet sollte man denken, die sittliche Lebenskraft des Individuums müsse sich allemal gegen solche Handlungen auflehnen und die sinnlichen Antriebe auch mit diesen Ansprüchen abweisen, es müßte denn sein, daß zu derselben Zeit gar keine Tugend sich wirksam beweisen könne. So zeigt sich demnach auf alle Weise, daß bloß erlaubte Handlungen in einem sittlichen Leben nur insofern vorkommen können, als sie in eine als natürlich und notwendig nachzuweisende Pause des sittlichen Lebens hineinfallen, so wie der Schlaf eine Pause des Seelenlebens ist. Und wie das Leben sich in dieser Beziehung in Schlaf und Wachen teilt, so müßte es sich in jener Beziehung teilen in das Pflicht- und Berufsleben, oder, so können wir es wohl nennen, den Ernst, welcher das eigentliche sittliche Wachen wäre, und in dieses andere, welches aus dem sittlichen Standpunkt betrachtet, weil keine Tugenden dabei wirksam sind, eben wie der Schlaf nur als ein untätiger Zustand zu denken wäre, und auch wie jener außer der Ernährung und Stärkung der sinnlichen lediglich dienstbaren Kräfte nur den Gehalt eines Traumes haben könnte. Wollen wir nun diesen Teil das Erholungsleben oder das Spiel nennen im Gegensatz gegen den Ernst oder das Berufsleben: so werden wir nicht weit fehlen; vielmehr sieht jeder leicht, daß alles, was wir mit solchen Namen zu bezeichnen pflegen, von denen, die es verteidigen, immer nur als erlaubt in Schutz genommen wird, und daß, wo eines oder das andere dieser Art angefochten wird, die Rechtfertigung des Erlaubten immer darauf beruht, daß es unschuldig sei.

So scheint denn dieser Begriff ein überall in irgendeinem Maß anerkanntes, in den schönsten und edelsten Gestaltungen des menschlichen Daseins aber so gar weit umfassendes und überall zugleich gewissermaßen unter sich zusammenhängendes Gebiet in unserm Leben einzunehmen. Je strenger und herber die ganze Form des Lebens, desto seltnere und kürzere Pausen von sittlicher Anstrengung und Mühe, und umgekehrt, wo sich das Leben in größerer Fülle und Anmut entfaltet; überall aber, so oft der Ernst des Lebens nachläßt, und unser Beruf (das Wort in seinem weitesten Umfange genommen) feiert, so oft wir im Spiel irgendeiner Art begriffen sind, im freien und fröhlichen geselligen Verkehr, im Genuß irgendeiner Kunst und Schönheit: so treiben wir Erlaubtes. Im Berufsleben soll die volle Zustimmung, das beifällige Bewußtsein, daß wir Pflichtmäßiges treiben und für das höchste Gut arbeiten, uns beständig begleiten, wie im wachen Zustande das besonnene Selbstbewußtsein im allgemeinen Sinne des Wortes in jedem Augenblick jede Tätigkeit begleitet; wenn wir aber in diesem Zwischenraume des Spiels und der Erholung uns befinden, dann schläft jenes höhere Bewußtsein; aber es erwacht gleich wieder und ordnet das Leben, sobald wir wieder in den Zustand des Ernstes und der Pflichterfüllung zurücktreten. Ja auch das versteht sich schon aus dieser Analogie, daß wir doch dieses Gebiet des Erlaubten, wenngleich wir dabei nicht von sittlichen Antrieben ausgehen, keinesweges aller sittlichen Beurteilung entziehen. Denn wie es einen erquicklichen Schlaf gibt und einen krankhaften, und so auch anmutige Träume und düstere und erschreckende, und wir gern wachend etwas tun würden, wenn wir nur wüßten was, um diesen letzten zuvorzukommen und den Schlaf in seinen gesunden Typus hinein zu beschwören: so unterscheiden wir auch in erlaubten Handlungen ein mehr und minder Zuträgliches und dem eigentlichen sittlichen Leben Verwandtes, und möchten uns gern immer einen sittlichen Einfluß bewahren auf den Pulsschlag in diesem Schlaf, und auf die Elemente, aus denen diese Träume sich zusammensetzen; und so scheidet sich denn, um auf eine alte Terminologie zurückzukommen, ein Vorgezogenes und ein Abgeratenes.

Eine solche Analogie, wie die hier aufgestellte, ist freilich kein Beweis, und es wäre ohnstreitig zu kühn, aus dem bisherigen folgern zu wollen, Spiel und Erholung wären aus dem Grunde erlaubt, und das Erlaubte sicher gestellt, weil es dieselbe Bewandtnis damit habe wie mit dem Schlaf. Indessen, wenn sie sich sonst nur halten läßt, wäre immer mit der Subsumtion unter ein so klares Verhältnis nicht wenig gewonnen, und wir hätten daran eine gute Vorarbeit für die bestimmtere wissenschaftliche Begrenzung des Begriffs. — Aber läßt sie sich halten? und scheint nicht vielmehr die ganze Ähnlichkeit bei näherer Betrachtung wieder zu verschwinden, weil sie allzu bedenklich wird, wenn wir auf Anfang und Ende eines solchen Zustandes zurücksehen? Denn der Rückgang aus dem freien Spiel mit erlaubten Handlungen in das eigentliche sittliche Leben gleicht doch dann dem Erwachen; und wie sollen wir eigentlich denken, daß uns das sittliche Leben immer wieder entsteht aus jenem seiner Abstammung und seinem unmittelbaren Gehalt nach nicht sittlichen? Wenn wir doch in einer solchen Reihe von Momenten nicht von sittlichen Antrieben bewegt werden, sondern von sinnlichen, soll der Übergang von hier zum pflichtmäßigen Leben als der letzte Moment jener Reihe auch von sinnlichen Motiven abhängen, und nicht von sittlichen? Denn würde alles, was sich an diesen

Moment des Erwachens anschließt, auch auf dasselbe Motiv zurückgeführt werden können, das Sittliche käme nur vermöge des Nichtsittlichen zur Wirklichkeit, und das Berufsleben wäre mehr dem Schein als der Wahrheit nach von dem Erholungsleben geschieden, und jeder neue Abschnitt von jenem, da doch sein erstes Motiv in diesem läge, wäre nur gleichsam eine Episode von diesem. Eine Ansicht, auf welche sich freilich manche ethische Theorie von denen, die man als eudämonistische bezeichnet hat, zurückführen läßt, mit welcher aber Pflicht und Tugend als bestimmte Begriffe für sich überhaupt nicht, am wenigsten aber so, wie wir sie bestimmt haben, zu vereinigen sind. Ein anderes wäre es, wenn sich auch von diesem Erwachen sagen ließe, es sei keine Handlung im eigentlichen Sinne des Wortes, wie dies von dem täglichen Erwachen aus dem Schlafe gilt. Denn alsdann wäre ein Motiv dazu gar nicht zu suchen, und es könnte also auch die Frage nicht entstehen, ob dieses ein sittliches wäre oder ein sinnliches. Wir müßten dieses aufgreifend etwa sagen, das Erwachen zum Ernst des Lebens erfolge von selbst, sobald wieder Stoff gegeben sei zu pflichtmäßigen Handlungen, sobald sich wieder eine Wirksamkeit auftue für die einwohnenden Tugenden. Allein hierdurch würden wir, wie mir scheint, nur eine Verlegenheit mit einer andern vertauschen. Denn zwischen dem bloßen Vorhandensein solchen Stoffes und dem Anfang einer neuen Reihe von Handlungen ist kein unmittelbarer Zusammenhang einzusehen. Der Stoff muß doch erst aus einem Äußeren ein Inneres geworden, er muß als Wahrnehmung oder wenigstens als Ahndung aufgenommen sein. Dann aber ist auch das Erwachen selbst ein sittlicher Moment; es geht aus von dem Interesse an der Gesamtheit der sittlichen Aufgabe, und niemand wird leugnen können, daß bei gleichem Vorhandensein des Stoffes derjenige am frühesten erwachen wird, in dem das sittliche Interesse am lebendigsten ist. Aber so, wie wir hier angekommen sind, scheint auch der Begriff, den wir bestimmen wollten, wieder ganz in den Dunst zu zerfließen. Denn was wollen wir entgegnen, wenn einer sagt, daß bei dem höchsten Grade des sittlichen Interesse gewiß niemand überhaupt erst einschlafen könne. Es werde ja wohl immer ein kleinstes von sittlichem Stoff vorhanden sein, bestände es auch nur in Vorbereitungen und Übungen. Ja wenn auch gar nichts wahrzunehmen sei, so werde jenes lebendigste Interesse doch das Suchen nach sittlichem Stoff nicht aufgeben können. Dieses aber gehöre offenbar dem Wachen an, und nicht dem Schlaf; und so werde denn eine solche Pause, welche von den bloß erlaubten Handlungen ausgefüllt werden dürfe, gar nicht eintreten. Diese seien also immer nur eine Folge sittlicher Unvollkommenheit, ein Mangel an Tugend, mithin pflichtwidrig, weil zu derselben Zeit stattfinden könne jenes offenbar pflichtmäßige Suchen. — Doch unsere Vergleichung bietet uns noch einen anderen Ausweg dar. Es könnte nämlich jemand sagen, wie das Erwachen aus dem Schlaf auch in manchen Fällen wahrhaft eine Handlung sei, wenn wir uns nämlich von der Notwendigkeit des Geschäftes oder von einem starken Entschluß gemahnt, schon als wir uns dem Schlafe hingaben, vorgesetzt haben, zu einer bestimmten Zeit zu erwachen und dies dann auch leisten: so sei es nun hier immer. Die Unterbrechung des pflichtmäßigen Handelns durch die Erholung sei nun größer oder kleiner, immer werde sie nur eingewilligt als in eine Unterbrechung, mithin für eine bestimmte Zeit. So sei demnach das Berufsleben keineswegs eine Episode, sondern das einzige ganz in sich Zusammenhängende, und das Spiel sei die Episode im eigentlichsten Sinne, indem auch die Rückkehr von demselben zum Pflichtleben nicht aus der Erholung selbst als eine Wirkung derselben hervorgehe, sondern sie gehe vielmehr auf den Anfang derselben zurück, und sei schon vollkommen begründet und bestimmt gewollt in demselben Zeitraum pflichtmäßiger Tätigkeit, auf welchen die Erholung gefolgt ist, so wie ja in jenem Falle das Erwachen auch noch dem wachenden Zustande vor dem Einschlafen angehört. — Auch diese Darstellung der Sache aber erklärt das Ende eines solchen Zustandes nur, indem es die Schwierigkeit auf den Anfang zurückwirft. Denn freilich, wenn eine Pause im Berufsleben beschlossen wird als eine solche, so wird ihr Ende schon mitbeschlossen, und daß sie dann beendigt wird, ist demgemäß eine vollkommen sittliche Handlung. Aber wenn es wahr ist, daß immer entweder Aufforderung zu pflichtmäßigen Handlungen vorhanden ist, oder Gelegenheit dazu gesucht werden kann: wie mag denn ein Beschluß, diese Bahn auch nur auf eine kurze Zeit ganz zu verlassen, jemals ohne Pflichtwidrigkeit zustande kommen? Und hier eben scheint uns die Ähnlichkeit mit jenem andern Gebiete ganz zu verlassen. Das natürliche Erwachen freilich ist nicht nur dann, wenn es für einen bestimmten Zeitpunkt gewollt worden ist, wirkliche Tat, sondern es muß auch in jedem Falle, wenn das tätige Leben wieder beginnen soll, erst durch Besinnung auf den Gesamtzustand Tat geworden sein. Ganz ein anderes aber ist es mit dem Einschlafen. Dies ist niemals freie Handlung, sondern immer nur eine Naturnotwendigkeit, also für das geistige Lebensgebiet nicht eine Tat, sondern nur eine Begebenheit. Wir wehren uns dagegen oft, so lange wir nur irgend können, und bezeugen eben dadurch, daß, solange wir noch imstande sind zu wollen, wir auch die sittliche Tätigkeit fortsetzen wollen und nichts anderes; und ebenso ist es mit der Zeit, die wir der Ernährung widmen. Denn wenn wir uns vielleicht in der Regel gegen Hunger und Schlaf nicht bis auf den letzten Augenblick wehren, und somit auch das Einschlafen freiwillig zu sein scheint: so kommt dies teils daher, weil, wenn wir den Kampf zulange fortsetzen wollten, der Preis desselben immer schon früher verloren gehn würde, indem bei zu großer Anspannung der Kräfte nichts mehr gefördert wird; teils verbindet sich mit dieser Erfahrung die andere, wieviel heilsamer es ist, wenn auch diese unabweisbaren Forderungen der Natur in eine bestimmte Ordnung gebracht werden. Was also hierbei als freiwillig erscheint, das ruht doch ganz auf der Naturnotwendigkeit, und ist nur eine Modifikation derselben. Das Übergehen aus dem Pflichtleben in die Erholung hingegen ist immer und ursprünglich freiwillig. Es gibt dafür gar keine Naturnotwendigkeit, und man kann niemals sagen, daß die Erholung so bestimmt als Bedürfnis indiziert sei, wie der Schlaf und die Ernährung es sind. Zumal einige strenge, aber erfahrene Leute kommen und sagen, daß schon die Abwechslung in pflichtmäßigen Handlungen ein hinreichendes Mittel sei zur Wiederherstellung der psychischen Naturkräfte. Freiwillig also, und ohne daß eine hemmende Naturnotwendigkeit einträte, müssen wir die pflichtmäßige Tätigkeit, sei es auch nur für eine Zeitlang, aufgeben; und es fragt sich, ob dies auf eine pflichtmäßige Weise geschehen, ob ein solcher Entschluß aus dem sittlichen Interesse selbst hervorgehen könne. Es sei mir erlaubt, hier zu bemerken, daß meine neulich in der Akademie vorgelesene Abhandlung*) Über Platons Ansicht von der richtigen Ausübung der Heilkunst,[1] denselben Gegenstand im Auge hat, und genau genommen, wiewohl es nicht ausgesprochen wird, nichts anderes ist als von einem einzelnen Falle ausgehend eine kasuistische Behandlung dieser Frage. Die Krankheit, welche einen bestimmten Verlauf hat, ist dem Schlaf zu vergleichen oder dem Hunger. Die Naturnotwendigkeit, das pflichtmäßige Handeln einzustellen, würde eintreten, sollte es auch größtenteils um etwas später geschehen, als der Arzt den Kranken in seine Behandlung nimmt; und sobald die Möglichkeit des Berufslebens wiedergegeben ist, hört auch die Unterbrechung auf. Wer hingegen auch die Kränklichkeit auf solche Weise behandeln läßt, daß er sein Berufsleben unterbricht, nicht um einer sichern Heilung willen, die in bestimmter Zeit erfolgen müßte, sondern nur um einer immer wieder zu erneuernden Linderung willen, der

---

*) Die Akademie hat dem Verfasser in bezug auf diese Abhandlung den Wunsch gewährt, sie nicht in ihre Denkschriften aufzunehmen.

[1] Sämtliche Werke. III.

macht einen ebensolchen Anspruch auf Erholung — denn was ist Linderung anders? — der nie kann sittlich gerechtfertigt werden; und Platons Meinung geht dahin, daß man nicht solle die pflichtmäßige Tätigkeit als die eigentliche Lebensbestimmung jenem Anspruch aufopfern, und nie eines bloß Erlaubten willen das Gebiet des Pflichtmäßigen in immer engeren Grenzen einschließen, solange es noch möglich ist, es in weiterem Umfange zu erfüllen. Denn daß ein solcher Gehorsam gegen den Arzt, wie sehr dieser auch sonst das Recht habe, über die Kranken zu herrschen, doch immer nur etwas Erlaubtes sei, das wird jedem einleuchten. Man kann die platonische Widersetzlichkeit rauh finden und eigensinnig, aber pflichtwidrig wird sie doch niemand nennen wollen, es müßte denn einer gar keine andere Pflicht gelten lassen wollen als die der Selbsterhaltung, und diese in dem weitesten Sinne. Ist nun aber der Ungehorsam nicht pflichtwidrig: so kann auch der Gehorsam nicht pflichtmäßig sein, sondern nur etwas zwischen beiden. Und der dortige Eifer gegen die Weichlichkeit, mit welcher wir in solche Erholungskuren eingehen, geht zugleich auf alle Weichlichkeit, mit welcher wir dem Erlaubten einen freien Spielraum vergönnen; und den Ärzten sind in jener Beziehung alle diejenigen zuzugesellen, welche der Erholung dienen, und sich uns einander abwechselnd zuzuschieben suchen, jeder mit dem Anspruch, daß wir nun auch um seinetwillen unserm Berufsleben einige Zeit entziehen möchten, deren Verwendung in das, was er uns darbietet, uns schon irgendwie zugute kommen werde in der Zukunft. Wenn man nun bedenkt, wie es in unserm heutigen Leben eine große, keineswegs zu übersehende Klasse gibt, für welche sich in immer nicht unbedeutender Zeit des Jahres das, was seinem Gehalte nach nur Erholung sein kann, so zusammendrängt, daß zwischen Vorbereitung und Genuß und neue Vorbereitung kaum ein weniges von solcher Tätigkeit, die wirklich von sittlichen Impulsen ausgeht, gleichsam als Erholung von Erholungen eingeschoben werden kann: so wird auch jener Eifer minder barock und unphilosophisch erscheinen, weil er gegen eine Maxime gerichtet ist, welche, indem sie allen Ernst des Lebens bedroht, zugleich auch, wenn sie Erfolg hätte, aller Philosophie ein Ende machen würde. Darum lobe ich mir für diesen Gegenstand einen berühmten Ethiker, wenn ich auch über anderweitige Anwendungen seiner Formel nicht überall mit ihm einig werden dürfte, welcher mancherlei Ansprüche, die in sein System von Pflichten nicht hineingehen, damit abweiset, es sei alles dergleichen, wozu man keine Zeit haben müsse; eine Formel, die auch schon in jener platonichen Diatribe vorkommt.

Und in der Tat, ohne mich auf die Frage einlassen zu wollen, ob alles nicht an sich Pflichtmäßige auf diese Weise abgewiesen werden kann, scheint es nicht schwer, die Formel so zu entwickeln und zu begründen, daß dadurch wenigstens auf mittelbare Weise die ganze Zeit, welche unser Begriff sich angemaßt hatte, wieder für die Pflicht und den Beruf gewonnen wird. Denn wenn wir auch zugeben, es müßten aus irgendeinem Grunde Pausen in dem Berufsleben eintreten, auch außer denen, welche durch die Notwendigkeit des Schlafes und der Ernährung erzwungen werden: muß deshalb die Zeit durch irgend etwas ausgefüllt werden, was mit dem sittlichen Interesse in gar keiner Verbindung steht? Was ich eben beiläufig als einen ziemlich unbestimmten und eben deshalb auch unsichern Ausspruch der Erfahrung angeführt habe, daß schon Abwechselung mit verschiedenartigen pflichtmäßigen Handlungen eine Erholung gewähre, das läßt sich allgemeiner auf einen größeren Gegensatz zurückführen, nämlich auf den zwischen der Betrachtung und der äußern Tätigkeit, so nämlich, daß denen, welche aus der Betrachtung ihr eigentliches Geschäft machen, schon jede nach außengehende Tätigkeit, auch solche, die Berufsarbeit ist für andere, Erholung gewähre, und ebenso diejenigen, welche durch ihren Beruf an eine äußere Tätigkeit gewiesen sind, sich schon in der Betrachtung erholen. Jene also dürften nur in bestimmten Zwischenräumen die Vertreter von diesen werden, um einer andern außerhalb des sittlichen Gebietes liegenden Erholung nicht weiter zu bedürfen. Für die letzteren aber gibt es ein Gebiet der Betrachtung, auf welchem sie sich ergehen können, ohne den Zusammenhang mit der pflichtmäßigen Tätigkeit aufzugeben. Wenn ich aus der Abhandlung über den Pflichtbegriff zurückrufe, wie jede einzelne sittliche Willensbestimmung ein Produkt ist von der allgemeinen sittlichen Richtung des Willens in eine bestimmte äußere Aufforderung, wird nicht daraus folgen, daß alle Unvollkommenheit in der Pflichterfüllung teils auf einer schwachen Wirksamkeit des sittlichen Impulses beruhe, teils auf einem Mangel an Fertigkeit, die einzelnen Aufforderungen wahrzunehmen? Nun aber gibt es Betrachtungen, welche den sittlichen Antrieben einen neuen Zufluß zuführen, und auch solche, welche die Aufmerksamkeit auf den sittlichen Gehalt und die sittlichen Bedürfnisse unseres Lebenskreises zu schärfen geeignet sind. Wer also mit solchen die geforderte Pause ausfüllt, der wird keines Überganges zu solchen Handlungen bedürfen, zu welchen sich keine sittlichen Motive nachweisen lassen; denn zur Teilnahme an solchen Betrachtungen findet jeder das Motiv in dem Bewußtsein der Unvollkommenheit seiner Pflichterfüllung. Ja man könnte sagen, solle es überhaupt einen hinreichenden Grund geben zu solchen Pausen: so könne es nur der sein, daß in einem längeren oder kürzeren Zeitverlauf dieses Bewußtsein so mächtig würde, daß die Aufforderung, sich zu sittlich stärkenden und belehrenden Betrachtungen hinzuwenden, alle anderen Aufforderungen überwiegt. Sei nun aber diese befriedigt: so trete auch unmittelbar der gewöhnliche Verlauf der Berufstätigkeit wieder ein. Hier sind wir also bei einer rigoristischen Theorie angekommen, welche für alle solche Zwischenräume keinen andern Inhalt gestattet als die sittliche Betrachtung, und deshalb alles, was sich unter dem Vorwande der Erholung als Erlaubtes eingeschlichen hatte, wenn auch die Form nicht gleich zerschlagen werden kann, doch in einen solchen Inhalt umlenkt. Und da nun die aus der Betrachtung hervorgehende sittliche Belebung und Reinigung unleugbar eine Vervollkommnung und also ein Teil der sittlichen Aufgabe ist: so kann jedem, der im Begriff wäre, sich dem sogenannten Erlaubten hinzugeben, gezeigt werden, daß es in diesem Augenblick auch für ihn noch einen Teil der sittlichen Aufgabe zu realisieren gäbe, und jeder wäre ohne alle Entschuldigung, wenn er nicht umlenkte. Auch hat wohl jeder diesen Anzeiger immer in sich selbst. Denn wer müßte nicht, so oft ihm die Aufforderungen zu pflichtmäßigen Handlungen nicht mehr in Fülle zuströmen, sich selbst einer sichtbaren Abstumpfung zeihen, welche ihm eine neue Belebung notwendig macht. Mithin gibt es keinen anderen Wechsel als diesen, und die Formel, daß wir zu nichts Zeit haben sollen, was nicht pflichtmäßig, sondern nur erlaubt, nicht sittlich notwendig, sondern nur sittlich möglich sein will, dafür aber auch nur von sinnlichen oder, wie man auch gesagt hat, pathologischen Motiven ausgeht, erscheint vollkommen gerechtfertigt. Vorausgesetzt also, das sei die richtige Vorstellung von erlaubten Handlungen, von der wir gleich anfänglich ausgegangen sind: so würde unsere Untersuchung dahin enden, daß man immerhin zugeben könne, diese Handlungen seien ihrem Inhalte nach nicht pflichtwidrig, und insofern also an sich betrachtet sittlich möglich, wie ja auch das Erlaubte gewöhnlich erklärt wird; aber dies sei eine Möglichkeit von jener untergeordneten Art, welche nie realisiert werden kann. Denn solche Handlungen vollziehen wollen, sei immer pflichtwidrig, weil ein bestimmter Wille in einem Augenblick anders als aus sittlichen Motiven zu handeln notwendig vorangehen muß.

Wenn nun auf der einen Seite gegen die Art, wie uns dieses Ergebnis entstanden ist, schwerlich viel einzuwenden sein möchte: so wird auf der andern Seite doch auch nicht leicht jemand das Starre und Versteinernde darin verkennen, wodurch sich überall die sittlichen Gestaltungen auszeichnen, die von dem isolierten Pflichtbegriff aus gebildet sind. Nun hängt aber die ganze bisherige Auseinandersetzung von unserer früheren Behandlung des Pflichtbegriffes ab, und zugleich beruht sie auf dem strengen Unterschiede zwischen rein sittlichen Motiven und sinnlichen oder pathologischen; es käme also zunächst auf einen Versuch an, ob nicht, wo dieser nicht auf dieselbe Weise anerkannt und jener Begriff anders gefaßt wird, ein milderes und ansprechenderes Ergebnis hervortritt; und man könnte die Frage aufwerfen, ob es nicht, statt den Begriff des Erlaubten aufzugeben, richtiger sein möchte, jenen Unterschied etwas minder scharf zu fassen und den Begriff der Pflicht irgendwie auf einen engeren Raum zu beschränken. Der Versuch wird wohl nicht anders ausfallen als so. Wenn wir jene Unterscheidung beiseite stellen, auf welcher der strengere Pflichtbegriff beruht, und vorzüglich zugeben, auch was wir nur von sinnlichen Bewegungen aus erstreben, gehöre mit zur Vollständigkeit des Lebens: so wird doch auch auf diesem Standpunkt jeder, der nur überhaupt der Idee der Sittlichkeit eine Wahrheit beilegt, doch damit einverstanden sein, daß der Zustand der vollkommensten sittlichen Selbstbejahung auch das höchste Bewußtsein und der höchste Lebenszustand sei. Soll nun zugleich noch ein Unterschied zwischen innerlich Gebotenem und lediglich Erlaubtem bestehen: so folgt auch notwendig, daß jener höchste Zustand nur durch die erste Tätigkeit herbeigeführt wird, durch die andere aber nicht. Wie soll sich einer aber freiwillig dazu verstehen, und nicht sich selbst Unrecht tun, wenn er es täte, aus jenem höchsten Zustand in einen niedrigeren überzugehen? zumal uns das Niedrigere doch schon von der Natur aufgedrungen wird, und dann unsere erste Sorge ist, es so viel möglich zu veredeln! Wenn sich also nun diese, die mehr den Standpunkt der Lebensweisheit festhalten, mit jenen strengeren bloß rationellen Sittenlehrern vereinigen, und nun noch eine dritte Klasse hinzukommt und dasselbe sagt, nämlich die strengeren Anhänger einer supernaturalistischen asketischen Frömmigkeit, als welche sich auch nur durch die Naturnotwendigkeit überwältigt auf dem Gebiet der Natur bewegen wollen, sonst aber, um mich ihres Ausdrucks zu bedienen, nur das für unsündlich erkennen, nicht etwa was der Gottandächtigkeit nur nicht widerspricht, sondern nur das, was ihr unmittelbar angehört und von ihr ausgeht: welch ein gefährliches Bündnis gegen unsern Begriff von mehreren, welche sonst selten eins sind! und doch, wie natürlich muß es uns erscheinen, wenn wir nur noch eine Betrachtung dazu nehmen. Denn jene rein rationellen Moralisten, denen die Pflicht allein das schlechthin Heilige ist, unterscheiden sich zwar von den andern beiden wesentlich dadurch, daß sie sich niemals in dem einen Augenblick durch die Beziehung auf den andern bestimmen; dafür aber haben sie an dem sich immer gleich bleibenden Gebot einen Beziehungspunkt, von dem sie sich niemals können entfernen wollen, solange sie nicht das Gebot etwa in ein Verbot verwandeln. Die andern beiden, die es weniger scheuen, auf einen künftigen Moment Rücksicht zu nehmen, werden jeder auf seine Weise sagen — ich will es aber nur in einer Sprachweise ausdrücken — Wenn wir auch über den kritischen Augenblick einer freiwilligen vorübergehenden Entsagung auf das höchste hinweggehen, so treten doch immer hernach Momente des höchsten, rein sittlichen Bewußtseins ein, wo dieses sich in seiner richtenden Form auf die ganze Vergangenheit wendet, mit eingeschlossen diese Zustände der Unterbrechung des sittlichen Lebens. Ein solches wiederaufnehmendes Bewußtsein wird aber in allen zweifelhaften Fällen die Ergänzung oder Berichtigung des unmittelbaren. Wird nun alsdann die Vergangenheit um jener Unterbrechungen willen gemißbilligt, weil sich, nun ein größerer Zusammenhang vorliegt, das Sittliche zeigt, was in jener Stelle hätte geschehen sollen: so war es auch damals nur ein unvollständiges Bewußtsein, vermöge dessen sie uns als erlaubt erschienen, sondern sie sollten uns als pflichtwidrig erschienen sein. Verringert sich aber die Billigung auch alsdann nicht, erscheinen vielmehr jene damals nur als erlaubt unternommene Handlungen als wirksam in dem sittlichen Zusammenhange des Lebens: so war doch das frühere Bewußtsein ebenfalls unvollständig; denn wir sollten sie nicht nur für erlaubt, sondern für pflichtmäßig erkannt haben. Sonach würde also, sobald wir nicht eine unbestimmte Allgemeinheit im Auge haben, sondern von einer bestimmten Handlung die Rede ist, die in bestimmter Zeit vollzogen werden soll oder unterbleiben, das dritte zwischen dem Pflichtmäßigen und Pflichtwidrigen, welches unser Beweis aufstellen will, auf jeden Fall ausgeschlossen.

Und wie gestaltet sich die Sache, wenn wir auf das Verhältnis unseres problematischen Begriffes zu dem andern für uns außer allem Zweifel gestellten, nämlich zu dem Begriff der Tugend sehen wollen. Schon bei der Tugend im allgemeinen, noch mehr aber wenn wir uns die Tugenden vereinzeln wollen, müssen wir auf zweierlei achten, auf die Stärke und Tüchtigkeit der bestimmten Tätigkeitsform, und auf die Unfehlbarkeit und Ausschließlichkeit ihres Zusammenhanges mit einem sittlichen Antriebe. Mag immerhin der Begriff seiner materiellen Seite nach einer unendlichen Teilbarkeit fähig sein; alle Fertigkeiten sind doch nur insofern Tugenden, als sie nur durch einen sittlichen Antrieb in Bewegung gesetzt werden. Wenn nun die erlaubten Handlungen nur durch solche Tätigkeitsformen verrichtet würden, welche unfähig sind, dem sittlichen Antriebe zu folgen: so wäre es nicht möglich, daß sie nicht sollten dem sittlichen Interesse widerstreiten und also pflichtwidrig sein. Wenn nun aber Tätigkeitsformen, die ihrer Natur nach dem sittlichen Antriebe dienen können, und also auch häufig für ihn in Anspruch genommen werden, in den erlaubten Handlungen einem sinnlichen Impulse dienen: wie sollte es möglich sein, daß dadurch nicht der Zusammenhang dieser Fertigkeiten mit dem sittlichen Antriebe, mithin auch ihr Tugendgehalt geschwächt würde? Betrachten wir nun von hier aus den ganzen Umfang des sogenannten Erholungslebens: so finden wir darin eine große Mannigfaltigkeit anmutiger und zierlicher Fertigkeiten geschäftig, die wir nicht gerade Tugenden nennen, aber nahe verwandt finden wir sie den Tugenden, und müssen fast von ihnen allen rühmen, daß durch sie auch die pflichtmäßigen Handlungen, in denen sich die eigentlichen Tugenden zeigen, erst ihre höchste Vollkommenheit erlangen. Ist nun dieses nicht zu leugnen, wenn wir an die Meisterschaft in der Sprache, an die Anmut in den Bewegungen, an das schöne Maß in allen Äußerungen und an so vieles andere denken: so werden wir doch auch gestehen müssen, daß diese Eigenschaften, wenn sie sich an den pflichtmäßigen Handlungen finden, dann auch Tugenden sind, wenn auch nur untergeordnete, weil sie hier nur durch den sittlichen Antrieb in Bewegung gesetzt werden, welcher der Haupthandlung zum Grunde liegt. Kommen sie aber vor in dem freien Spiel des geselligen Verkehrs: dann freilich sind sie keine Tugenden, weil der Zusammenhang mit dem sittlichen Antriebe fehlt. Wie soll aber das beides nebeneinander hergehen, ohne daß eines dem andern schadet? Je weniger der Lauf des Berufslebens unterbrochen worden, um desto schwieriger wird es dann werden, in diesen seltenen Fällen jene Fertigkeiten, die ganz in den Ernst des Lebens hineingezogen sind, für die, wenn auch unschuldigen, sinnlichen Antriebe in Gang zu bringen. Je mehr Raum das Erholungsleben einnimmt, um desto mehr muß der Zusammenhang solcher Fertigkeiten mit den sittlichen Antrieben geschwächt werden, und also hier die Tugend allmählich verloren gehen. Daher ist auch hier das Endergebnis dasselbige. Wir dürfen es nie billigen, daß unsere wohlerworbenen Fertigkeiten bald einem sittlichen Antriebe dienen und bald einem sinnlichen. Wie unschuldig auch der letztere sein möge, das sinnlich Begonnene kann doch nur sittenverderblich wirken; wenn also alles was zur Tugend gehört, in wahrem Fortschreiten bleiben soll: so müssen die Handlungen, die wir geneigt sind, als erlaubte zu dulden, ganz aus dem Leben verbannt werden, es müßte denn sein, daß auch sie in der Tat von sittlichen Antrieben ausgehen.

Sonach ist nur noch übrig, daß wir diese Handlungen in Beziehung setzen mit dem dritten Begriff, nämlich dem der Güter und Übel. Hier aber können wir nicht mehr ganz so verfahren wie bisher; denn wir haben es nicht mit den einzelnen Handlungen selbst zu tun; sondern mit dem, was aus der Gesamtheit gleichartiger Handlungen hervorgeht. Und hier muß sich also zeigen, ob, wenn wir auf diese Weise jede Art von erlaubten Handlungen für sich betrachten, man sagen kann, daß sie, im allgemeinen und nur ihrem Inhalte nach angesehen, in der Mitte stehen zwischen dem Sittlichen und Unsittlichen. So wird es sich nämlich verhalten, wenn dasjenige, was sich aus ihnen als ein Ganzes gestaltet, weder ein Gut ist noch ein Übel. Sollte aber dieses notwendig entweder ein Gut sein oder ein Übel: dann gewiß sind auch die Handlungen, woraus dieses hervorgeht, in dem einen Falle sittlich, in dem andern unsittlich. Nun ist gewiß, daß ohne die Gewohnheit des Spazierengehens keine schöne Gartenkunst vorhanden wäre, daß ohne die Neigung Musik in Masse zu hören, unsere großen Gattungen tonkünstlerischer Produktion nicht beständen, und ebensowenig die dramatische Kunst, wenn sich niemand an ihren Darstellungen ergötzte*). Könnten wir nun wohl diese und andere ähnliche so große gemeinschaftliche

---

*) Sollte jemand einwenden, man könne doch eigentlich nicht sagen, daß diese Künste aus den angegebenen Handlungen, im ganzen betrachtet, entstünden: so bemerke ich dagegen, daß doch offenbar Musik hervorbringen und Musik aufnehmen und so auch das übrige beides zusammengehört, ja wesentlich dasselbige ist, und sich nur verhält wie Spontaneität und Rezeptivität, und daß daher alle festlichen Versammlungen dieser Art angesehen werden können als ein aus Einem Impuls hervorgehendes Ganze, das nur aus in dem angegebenen Verhältnis ungleichartigen Teilen besteht, in welchem einigen ihrer Beschaffenheit gemäß obliegt, produktiv hervorzutreten, den anderen, das Dargebotene aufzufassen und in sich lebendig zu erhalten.

Werke ganz aus dem sittlichen Gebiete verweisen und für sittlich gleichgültig erklären wollen? oder werden wir nicht immer sagen müssen, entweder es sei eine Unvollkommenheit, wenn sie in einem Volke ganz fehlen, und dann sind sie ein Gut, oder es sei ein Verderben, wenn sie in einem Volke auch nur irgendwie vorhanden sind, und dann sind sie ein Übel. Sonach muß aber auch in dem einen Falle sittlich und also irgendwann pflichtmäßig sein, sie machen zu helfen, und in dem andern unsittlich und auf alle Weise pflichtwidrig, sie nicht nach allen Kräften zu hindern und zu stören. Oder — um noch ein anderes Beispiel anzuführen — es könnte jemand sagen, die Tätigkeit der Gedankenerzeugung sei nur rein sittlich, wenn sie absichtlich auf etwas Bestimmtes gerichtet entweder das geschäftige Leben begleitet und diesem angehört, oder sich auf dem Gebiet der Wissenschaft an der Leitung einer strengen Methode entwickelt; aber Einfälle nicht sowohl zu haben, denn das könnte als unwillkürlich nicht ganz hierher gehören, aber doch sie auszubilden und mitzuteilen, dieses könne doch nicht jenem gleichgestellt werden, sondern höchstens als etwas Erlaubtes durchgehen. Ich aber entgegne, daß wie durch jenes das Geschäftsleben und die Wissenschaft gemacht wird, so durch dieses das freie gesellige Gespräch in seinen verschiedenen reizenden Formen; und ich könnte nicht absehen, warum dieses weniger als jene sollte entweder ein Gut sein oder ein Übel. Ich trage daher kein Bedenken, hierauf gestützt den Ausspruch zu tun, daß so große und bedeutende Gebiete der menschlichen Gesamttätigkeit keinesweges dürfen der sittlichen Beurteilung entzogen werden; und ich glaube, es wird schwer sein, irgendeine Tätigkeitsform, die man gern als erlaubt möchte gelten lassen, aufzufinden, welche im großen betrachtet nicht einem solchen gemeinsamen Werke angehörte. Wie wir also auf der einen Seite sagen müssen, jede freie Handlung eines sittlichen Wesens muß entweder pflichtmäßig sein oder pflichtwidrig, und alle Fertigkeiten, welche in pflichtmäßigen Handlungen verwendet werden können, dürfen niemals einem wenn auch noch so unschuldigen doch bloß sinnlichen Antriebe folgen: so auch alles, was aus freien Handlungen gleicher Art zusammenwächst, muß entweder ein Gut sein oder ein Übel. Sonach würde der Begriff des Erlaubten aufgehoben, und sein Inhalt müßte — wie, das lassen wir dahingestellt sein — unter die beiden Glieder des Gegensatzes, zwischen denen es sonach kein drittes gäbe, verteilt werden.

Nachdem sich nun von allen Seiten her gleichmäßig dasselbe ergeben hat, kann wohl die oft wiederholte Klage, das sei eben die Krankheit der Theorie, ihren Gegenstand so auf die Spitze zu stellen, daß sie sich selbst dadurch alles Einflusses auf die Ausübung beraube, nicht weiter gehört werden; denn hier möchte schwerlich eine Wahl sein. Wenn wir ein sittlich Gleichgültiges zwischen einschieben zwischen Gebot und Verbot, und also durch die Theorie selbst der Willkür und dem einzelnen ja augenblicklichen Gutdünken einen Spielraum gestatten, was der Theorie mehr als alles andere entgegen ist: so geht dieser Einfluß ebenfalls verloren; aber es möchten überdies von der eigentlich sittlichen Theorie kaum noch unzusammenhängende Bruchstücke übrigbleiben, und sehr bald alles, was Pflicht auch im sittlichen Sinne sein soll, auf das Gebiet des äußern Gesetzes beschränkt werden.

Nur das sind wir freilich schuldig zu erklären, wie doch dieser Begriff, wenn er so ganz unstatthaft ist, entstanden sei und sich so weit verbreitet habe. Dies hat aber auch keine Schwierigkeit, vielmehr führt schon das eben Gesagte unmittelbar darauf. Das ist nämlich wohl klar, daß der ursprüngliche Sitz dieses Begriffes nicht das Gebiet der Sittlichkeit sein kann, auf welchem er eben gar nicht statthaft ist. Er gehört aber in das Gebiet des positiven Rechtes und Gesetzes; und im bürgerlichen Leben gibt es ursprünglich in eben diesem Sinne ein Erlaubtes, daß es nämlich in der Mitte steht zwischen dem Gesetzlichen und dem

Gesetzwidrigen, als dasjenige offenbar, was das Gesetz gar nicht zu seinem Gegenstande gemacht hat. Denn in dem vorbürgerlichen Zustand, wo es kein äußerlich Gebotenes und Verbotenes gibt, gibt es eigentlich auch kein Erlaubtes, und nur wir von dem gesetzlichen Zustande aus werfen die Frage auf, ob dort alles erlaubt sei. Aber es gibt eben deshalb auch auf jener Stufe wenig individuelle Entwicklung des Willens, sondern nur eine gleichförmige Art und Weise. Mit dem Anfang des bürgerlichen Zustandes setzt das Gesetz sich selbst als Gebot und Verbot, und zugleich erwacht im Gegensatz der individuelle Wille; beides von einem kleinsten beginnend in fortschreitender Entwicklung. In demselben Maß aber entwickelt sich auch dem Gesetz gegenüber der Wille des einzelnen und bemächtigt sich des freigelassenen Tätigkeitsstoffes, und das ist das Gebiet des Erlaubten. Zwar unterscheidet schon der Autor ad Herenn.*) erlaubende Gesetze von nötigenden Gesetzen, und auch bei Cicero**) kommt dasselbe vor, und hernach ebenso bei späteren römischen Rechtslehrern***); und wahrscheinlich ist die Quelle dieser Vorstellung schon griechisch; allein es ist wohl nicht zu bezweifeln, daß Erlaubnisgesetze im römischen Staate sich immer nur auf frühere Verbote bezogen als Aufhebung oder als teilweise Begrenzung derselben, und dies gilt auch von denen Erlaubnisgesetzen, welche Kant versucht hat geltend zu machen. Ein bürgerliches Erlaubnisgesetz ohne eine solche frühere Beziehung läßt sich nur denken in dem Falle, wenn sich für die Bürger eine bisher noch gar nicht vorgekommene Tätigkeit auftäte. Aber auch dann wäre eine von der höchsten Gewalt ausgehende Erlaubnis doch immer ein Beweis, daß sie an dieser Tätigkeit Interesse nimmt, und wäre für eine

---

*) II, 10. utrum leges ita dissentiant, ut altera cogat, altera permittat.
**) De Invent. II, 49. utra lex iubeat aliquid, utra permittat.
***) Legis virtus est imperare, vetare, permittere, punire. Modestin. L. 7 D. de legib. I, 3.

Aufforderung oder Auktorisation zu achten. Man kann daher genau genommen keineswegs sagen, daß in einem Staate das Gesetz eigentlich eine erlaubende Macht, folglich in demselben nichts erlaubt sei, als was vermöge eines Gesetzes erlaubt ist. Vielmehr werden in dem gewöhnlichen Leben des Staates die Gesetzhüter nie in den Fall kommen zu fragen, wer hat dir das erlaubt? ausgenommen da, wo ein Verbot besteht, unter welches die Handlungen hätten subsumiert werden sollen, so daß die beständige Beziehung des Erlaubten auf das Verbotene wohl nicht bezweifelt werden kann. Nur Barbeyrac*) geht von einer andern allgemeinen Voraussetzung aus, als ob der Gesetzgeber genau genommen über alle Handlungen seiner Angehörigen zu disponieren habe, und also in der Tat nichts anders erlaubt sei als durch ihn. Allein dies ist nur für einen solchen Zustand richtig, in welchem die Obrigkeit im eigentlichsten Sinne eine väterliche Gewalt ausübt, und also eine gänzliche Unmündigkeit der Untertanen vorausgesetzt wird. Wie aber in einem solchen Zustande allerdings der Gegensatz zwischen dem Erlaubten auf der einen Seite und dem Gebotenen und Verbotenen auf der andern fast verschwindet: so auch jener andere, daß der freie Wille des einzelnen sich fortentwickelnd einzelnes vollbringt, das Gesetz hingegen in allgemeinen Akten die Stabilität repräsentiert, d. h. es ist ein Zustand, der als gesetzlicher erst ein kleinster ist. Wo aber das bürgerliche Leben schon auf einer höheren Stufe steht, da nimmt der freie Wille der einzelnen immer mehr Material als erlaubt in Besitz und ruft es auch hervor, und aus diesem erst bestimmt dann, wenn die gemeine Sache es erfordert, das Gesetz wiederum einiges als gesetzmäßig und geboten, und anderes als verboten und und gesetzwidrig. Und so ist es natürlich immer ein sehr gutes Zeichen für einen Staat, wenn sich in demselben eine recht große Mannigfaltigkeit von erlaubten Handlungen, als die Hauptmasse

---

*) In der Übersetzung des Grotius B. 1, S. 49, Note 5.

der gemeinsamen Tätigkeit, gestaltet. Es ist das Zeichen von einer erfolgreichen Regsamkeit, und zugleich von einer dem Gemeinwohl so zusagenden Richtung derselben, daß die Gesetzgebung nicht nötig findet, die Äußerungen des freien Willens der einzelnen durch Verbote zu hemmen oder ihnen durch Gebote ein Gegengewicht zu geben. Hier also ist der eigentliche Sitz des Erlaubten, und jede Handlung wird so genannt, welche, wenn sie aus dem freien Willen der einzelnen entspringt, aus dem Gesetz nicht kann angefochten werden. Auf diesem Verhältnis also, daß ein handelnder Wille da sei und ein Gesetz außer dem Willen, ruht der Begriff wesentlich; und je mehr dem freien Willen der einzelnen in diesem Verhältnis überlassen ist, um desto lieber und kräftiger unterstützen sie auch wieder das Gesetz. — In diesem vom bürgerlichen Gesetz frei gelassenen Gebiete aber gestaltet sich früher oder später ohnfehlbar wieder ein anderes feststehendes, nämlich das Gebiet der Sitte und der öffentlichen Meinung. Hier finden wir also wieder bestimmte übereinstimmende Billigung und Mißbilligung, welche wir aussprechen, wenn wir nach Maßgabe der Wichtigkeit und der Beschaffenheit des Gegenstandes das eine anständig oder schicklich nennen, und das andere mit den entgegengesetzten Namen bezeichnen. Nicht ist diese dem Gebot und Verbot des Gesetzes zu vergleichen; denn die Sitte gebietet nicht, weil sonst unterbleiben würde, was sie verbietet, und umgekehrt verbietet sie auch nicht gleich dem Gesetz, was sonst geschehen würde; sie ist nichts außer dem Willen der einzelnen, sondern sie ist die Übereinstimmung dieser einzelnen Willen. Darum freuen wir uns auch hier nicht daran, als wäre es eine Folge schöner und freier Entwicklung, sondern wir achten es als ein Zeichen herannahenden Verfalls der Gesellschaft, wenn es sehr viele Handlungsweisen gibt, welche die Sitte gleichgültig übersieht, und über welche sich die öffentliche Meinung nicht ausspricht. Und so erscheint es denn, weil das Erlaubte dem Rechtsbegriff angehört, und nicht dem Pflichtbegriff, auch ganz natürlich, daß wir schon auf dem Gebiet der Sitte, welches auch schon außer dem des Rechtsbegriffes liegt, keinen Wohlgefallen haben an einem solchen mitten zwischen dem Löblichen und Tadelnswerten inne Liegenden. Viel weniger also noch auf dem Gebiete des eigentlichen sittlichen Pflichtbegriffs, wo jede Bestimmung nichts anderes ist als der sich selbst setzende vollständige Wille des einzelnen selbst. Denn eher noch kann jene freie Übereinstimmung der einzelnen Willen unsicher erscheinen, so daß wir nicht wissen, ob wir etwas sollen anständig nennen oder unschicklich, als daß dem einzelnen Willen für sich ähnlichen begegnen könnte.

Es scheint daher notwendig zu folgen, daß, wenn man das sittliche Handeln so ansieht wie hier überall vorausgesetzt wird, daß nämlich die Vernunft nicht bloß abschlägt oder genehmigt, sondern ursprünglich die Handlungen bildet, alsdann das Erlaubte von diesem Gebiet verwiesen werden muß, so daß kein sittlich handelndes Subjekt eine Handlung zustande bringt unter dem Titel einer erlaubten, sondern das Erlaubte gehört nur dem Rechtsgebiet an, aber das dort Erlaubte tut der sittlich Handelnde in jedem einzelnen Fall nur als die Pflicht des Augenblicks, oder unterläßt es, weil er eine andere zu tun hat. Und nur wenn die Vernunft im sittlichen Handeln beschränkt wird auf Gewährung oder Versagung des anderwärts her Geforderten, wie dies allerdings der Fall ist, wenn sie nur ein Gesetz aufstellt, wonach sie die Tauglichkeit der Maximen beurteilt, selbst also nichts tut als Recht sprechen; in einer solchen Sittenlehre muß des Erlaubten viel aufgestellt werden. So daß die Zulassung dieses Begriffes auf dem sittlichen Gebiet ein charakteristisches Merkmal derjenigen ethischen Systeme ist, welche ich die negativen genannt habe. Wer aber verlangt, es solle sich im sittlichen Menschen alles nur als Organ zur Intelligenz verhalten, der kann jenen Begriff nicht zulassen, sondern muß auch fordern, daß jede Handlung der Idee der Sittlichkeit widerspreche, zu welcher der Impuls nicht von der Intelligenz ausgegangen ist.

Ohne nun hiervon das mindeste nachzulassen, kann ich doch den Sprachgebrauch nicht verdammen wollen, welcher diesen Ausdruck nicht rein auf das Gebiet des bürgerlichen Gesetzes beschränken will; und es ist mir nur noch übrig, die Erweiterungen zu bezeichnen, welche ihm in Übereinstimmung mit dem bisherigen gestattet werden können. Denn zuerst können wir ja unser ganzes Sein und Leben im Staat so ansehen, daß wir durch eine freie Willensbestimmung hineintreten. Wenn diese nicht in allen Staaten auf eine so bezeichnende und feierliche Weise zur Anschauung gebracht wird, wie in einigen: so ist das eher ein Fehler zu nennen, aber die Sache ist überall dieselbe. Was nun von dieser Willensbestimmung gilt, daß nämlich durch dieselbe eine große Menge von künftigen Handlungen schon im voraus bestimmt sind, diejenigen aber, von denen dieses nicht gesagt werden kann, eben die erlaubten sind, die wir schlechthin so nennen — sie sind es aber eigentlich nur in bezug auf jene Willensbestimmung —: eben das muß gelten von allen Willensbestimmungen, durch welche ein dauerndes Verhältnis angeknüpft wird, daß alle nicht durch sie schon im voraus bestimmten Handlungen in Beziehung auf sie erlaubt sind, jede von ihnen ist aber jedesmal, wenn sie vollzogen wird, dennoch für den Täter nur entweder pflichtmäßig oder pflichtwidrig. Ob sie nun aber das eine oder das andere ist, ob, nachdem der einzelne sittliche Impuls gegeben war, der Gedanke der Handlung auch an die Totalität der sittlichen Aufgabe gehalten worden ist, und sich kein Widerstreben gefunden hat, oder ob es sich entgegengesetzt verhält, das wird in den meisten Fällen nur der Täter selbst wissen, und wem er es offenbaren will. Jeder andere kann von jeder Handlung eines anderen, welche nicht schon durch ein ihm bekanntes Verhältnis des Täters irgendwie müßte im voraus bestimmt worden sein, auch nur sagen, daß sie von seinetwegen und für seine Kenntnis eine erlaubte sei. Wodurch aber auch der Beurteilende, wenn er anders sich selbst recht versteht, den Täter keinesweges davon frei sprechen will, daß er bei der Handlung selbst sich in einem Zustande vollkommner sittlicher Zustimmung müsse befunden haben.

Und was diesem Gebrauch des Wortes den weitesten Spielraum eröffnet, das sind die engen Grenzen, in welche das Sichoffenbaren-wollen selbst eingeschlossen ist. Wir können den Zustand der festen Überzeugung und gänzlichen Zustimmung zu unsern Handlungen fast nur dann in Worte fassen und mitteilen, wenn wir selbst genötigt gewesen sind mit Worten zu rechnen, wenn uns diese vollkommne Sicherheit entstanden ist durch überwundene Bedenklichkeiten, durch aufgelöste Zweifel, durch eine wohl abwägende Wahl zwischen verschiedenen Ansprüchen; und dies ist vielleicht bei den meisten unserer freien Handlungen der Fall, aber diese sind dann nicht die begeistertsten, nicht die reinsten. Die vollkommenste Sittlichkeit ist nur da, wo unsere volle Überzeugung sich gleich, und ohne daß etwas anderes dazwischen tritt, der Handlung zuwendet und sie gestaltet, und solche Handlungen sind es, auf welche wir auch lange hernach noch mit derselben Befriedigung sehen. Von solchen Augenblicken aber, die nicht auch innerlich durch Worte vermittelt waren, durch Worte Rechenschaft zu geben, ist uns nicht verliehen; und so müssen wir oft zufrieden sein, wenn das Urteil anderer uns das als etwas wohl Erlaubtes durchgehen läßt, worin wir selbst uns der sittlichen Kraft unseres eigentümlichen Lebens auf das bestimmteste bewußt geworden sind.

Über den Begriff des höchsten Gutes.
Erste Abhandlung.
Gelesen am 17. Mai 1827.*)

Es ist, glaube ich, keine gewagte Behauptung, daß die Sittenlehre als Wissenschaft sich in einem unerfreulichen Zustande befindet. Die Produktivität auf diesem Gebiet ist äußerst gering, und auch das wenige wird weniger als alles andere beachtet. Demohnerachtet kann man nicht sagen, daß sie etwa als eine ältere Wissenschaft schon so völlig ausgebaut sei, daß aus diesem Grunde der größte Teil des wissenschaftlichen Bestrebens sich anderen Regionen zuwende. Denn dann müßte sie lange Zeit hindurch auf eine gleichmäßige Weise sein bearbeitet worden, welches doch keinesweges der Fall ist. Vielmehr scheinen die vielen und auch in der neueren Zeit schnell aufeinander folgenden Veränderungen zu beweisen, daß keiner von den früheren Versuchen eine feste Überzeugung begründet habe; und es wäre nicht übereilt, den Schluß zu ziehen, daß wahrscheinlich der rechte Weg noch nicht eingeschlagen sei. Die Kantsche Grundlegung zur Metaphysik der Sitten mit ihrem kategorischen Imperativ machte freilich ein glänzendes Glück; aber schon die Ausführung

---

*) Gedruckt unter den Abhandlungen aus dem Jahre 1830.

auf diesem Grunde, welche in der Rechtslehre und Tugendlehre als die wirkliche Metaphysik der Sitten auftrat, vermochte nicht den ersten Erfolg zu unterstützen. **Fichtes** System der Sittenlehre ist unter allen Werken dieses ausgezeichneten Denkers vielleicht das der Form nach vollendetste; die Wirkung aber, die es hervorgebracht hat, ist verhältnismäßig wohl die geringste. Läßt sich nun doch keineswegs annehmen, daß es im allgemeinen an Interesse für den Gegenstand dieser Wissenschaft fehle; dürfen wir uns vielmehr wohl das Zeugnis geben, daß auch in den verworrensten Zeiten Sittlichkeit und sittliche Gewißheit nie aufgehört haben, als zu unsern wichtigsten Angelegenheiten gehörig auch den Forschungen derer empfohlen zu sein, welche berufen sind, überall auf die letzten Gründe zurückzugehen: so kann die Schuld eines solchen Mißlingens nur in der wissenschaftlichen Behandlung des Gegenstandes gesucht werden; und am nächsten liegt dann immer die Vermutung, daß jede Sittenlehre, welche nur in der Form von Pflichtenlehre oder Tugendlehre auftritt, sei es in einer von beiden allein oder auch, daß man beide verbindet, nur eine geringe Befriedigung gewähren könne. Wenn auch wirklich ein System von Pflichtformeln das ganze Leben umfaßt, so daß der Besitzer desselben sich niemals ratlos finden kann oder auch nur unaufgeregt: so findet es doch seine Anwendung immer nur in den einzelnen Fällen, und hält die Aufmerksamkeit an diesen fest; ein lebendiger Zusammenhang alles dessen aber, was von dem vernünftigen Willen oder von der Gesetzgebung der Vernunft ausgeht, kommt hierbei nirgend zum Vorschein. Auch diejenige Pflichtenlehre, wozu ich die ersten Grundlinien in einer früheren Abhandlung aufgezeichnet habe, konnte das, was sie allerdings voraussetzte als die Abzweckung aller sittlichen Handlungen, nämlich die sittliche Aufgabe in ihrem ganzen Umfang zu lösen, in dieser Form nicht so zur Darstellung bringen, daß dieser ganze Umfang ausgefüllt vor Augen träte; denn die Natur jenes Begriffes leidet es nicht. Stellt nun gar eine Pflichtenlehre solche

Formeln auf, welche noch Kollisionen zulassen: so erscheint die Totalität des Lebens ganz verworren, so daß klare sittliche Bestimmungen nur als einzelne zerstreute Lichtpunkte auftreten, ohne auch nur den Anspruch machen zu wollen, daß jenes Verworrene völlig könne geordnet, und die Verwirrung durch ein bestimmtes und umfassendes Verfahren gelöst werden. Denn es findet sich in solchen Behandlungen nirgend ausgesprochen, daß, wenn nur das pflichtmäßige Handeln einmal durchgeführt werde, alle solche Kollisionen unmöglich geworden sein müßten. Nicht anders ist es auch in beider Hinsicht mit der Tugendlehre. Die Tugend ist die sittliche Vollkommenheit des handelnden einzelnen, und wird immer nur in diesem gefunden. Der einzelne aber ist, wenn man von der leeren Dichtung eines völlig isolierten Zustandes abstrahiert, teils nur in einem sehr engen Gebiet allein und abgeschlossen zu ergreifen, teils aber auch kann man ihn innerhalb dieses Raumes doch nicht vollständig verstehen. Fragen wir wo die Tugend sich zeigt: so finden wir uns ursprünglich auf das Entstehen eines Entschlusses, auf den Moment einer Willensbestimmung hingewiesen. In dieser liegt zunächst alles Lobenswürdige und Verdienstliche; versteht sich, daß ich unter Willensbestimmung nicht nur das innere Wort verstehe, sondern daß ich die wirkliche Bewegung, den Impuls, der sich von da an durch den ganzen seelischen und leiblichen Organismus fortpflanzt, als mit darin enthalten denke. Inwiefern aber nun durch diese Tätigkeit das in der Willensbestimmung Vorgebildete wirklich ins Leben tritt, das fällt durchaus nicht mehr in das Gebiet des Handelnden, und das sittliche Werk kommt also in einer solchen Darstellung nicht ans Licht. Denn die Tugend ist nicht größer, wenn die Tat vollkommen gelingt, und nicht kleiner in dem andern Fall; indem dieses mehr oder weniger überall von der Mitwirkung oder Gegenwirkung anderer abhängt. Es lohnt kaum die Einwendung hiergegen zu widerlegen, daß doch Geduld, Beharrlichkeit u. dgl. Tugenden nicht eine neue Willensbestimmung hervorbringen, sondern sich nur in dem Verlauf einer schon gefaßten offenbaren. Denn es sind hier nur zwei Ansichten möglich. Denken wir uns eine Hemmung der verlaufenden Tätigkeit eingetreten oder vorgebildet: so ist auch eine neue Willensbestimmung in Beziehung auf dieselbe zu fassen, und dann erklären sich auch diese Tugenden auf die obige Weise, sie sind die Quelle der richtigen Willensbestimmungen in bezug auf eintretende Hemmungen der schon bestehenden sittlichen Tätigkeit. Fassen wir aber die Sache anders, und sagen, diese Tugenden verhinderten eben, daß Hemmungen gar nicht einträten: so sind sie dann auch nichts Besonderes für sich, sondern nur die Stärke der jedesmaligen ursprünglichen und unterbrochen fortwirkenden Willensbestimmung. Über diese also hinaus zum Ergebnis der Tat, zum Werk, kommen wir mit der Tugend niemals. Ist aber nun dieses enge Gebiet aus sich selbst vollkommen zu verstehen, so daß der handelnde einzelne vollständig verstanden ist als solcher, wenn sein Tugendzustand gegeben wird? Auch dies ist wohl kaum zu bejahen. Denn die Willensbestimmung könnte doch nie die sein, welche sie ist, wenn die Auffassung der Elemente, welche den durch eine Willensbestimmung auszufüllenden Moment konstituieren, eine andere gewesen wäre. Diese Auffassung hängt freilich zum Teil auch von eigner Willensbestimmung ab, und insofern fällt sie auch, wiewohl dies häufig nicht einmal anerkannt wird, in das Gebiet der Tugend. Ebensosehr aber ist sie abhängig von dem Gesamtzustand, welcher nicht ohne Mitwirkung anderer entstanden ist. Und so ist das unter dieser Form darstellbare Sittliche ebenfalls nach beiden Seiten hin abgebrochen und vereinzelt. Wenn nun aber noch die Größe der Tugend abhängt von dem Widerstand, welchen sie überwindet; und wenn dieser keineswegs allein oder auch nur vorzüglich von den äußeren Dingen ausgeht, sondern bei weitem größtenteils von entgegenstrebenden menschlichen Handlungen: so muß also auch hier, soll anders die Tugend sich herausheben und bemerklich werden, die große Masse des Lebens ebenso verworren erscheinen als dort.

Schon dieses erklärt mir wenigstens hinreichend jene herrschende Gleichgültigkeit gegen die wissenschaftliche Sittenlehre. Wie kann man sich für eine Darstellung des Sittlichen interessieren, die nur fragmentarische Einzelheiten aufzustellen vermag und worin das Sittliche immerfort durch die Fortdauer des Unsittlichen bedingt erscheint? Wie anders ist es doch mit der Naturwissenschaft in ihrem ganzen Umfange betrachtet, wie weit sie auch noch von ihrem Ziele entfernt sein mag! Denn wenn auch jemand sagen wollte, das höchste Ziel, was sie sich gesteckt haben könne, sei doch nur, unsern Weltkörper und die in ihm waltenden Kräfte im Zusammenhange mit den noch bestehenden und den schon ausgelebten körperlichen Dingen für die Erkenntnis vollständig aufzuschließen, und dann dieses als einen Typus zu gebrauchen, um die allgemeine Vorstellung auch von den andern Weltkörpern mehr zu beleben und näher zu bestimmen; diese insgesamt aber seien ja auch nur einzelnes und Abgerissenes, von dem uns noch völlig verschlossenen allgemeinen Raum umgeben und auseinandergehalten, also auch durch ihn bestimmt: so wäre doch dadurch keinesweges ein ähnliches Verhältnis aufgestellt wie auf dem Gebiet der Sittenlehre. Denn einesteils hängt die Erkenntnis des Weltkörpers gar nicht davon ab, daß jener allgemeine Raum als Natur unerkannt bleibe, vielmehr muß jeder schon im voraus überzeugt sein, daß unsere Naturerkenntnis der Weltkörper nur um so vollkommner werden würde, wenn jener Raum uns auch erkennbare Natur geworden wäre: andernteils aber sind doch zunächst die in dem Weltkörper tätigen Kräfte und deren Erzeugnisse der eigentliche Gegenstand der Naturwissenschaft; und diese sucht sie keinesweges als einzelnes und Fragmentarisches zu verstehen, sondern immer tiefer in ihren Zusammenhang einzudringen, und die Kräfte mit den Gesetzen ihres Verhaltens als ein unzertrennliches Ganze, durch welches zugleich auch das ganze

System der lebendigen körperlichen Dinge gegeben ist, aufzufassen und darzustellen. Auf dem ethischen Gebiet aber ist grade jene schon erwähnte und überall, wo nichts als Pflichtenlehre oder Tugendlehre aufgestellt wird, unvermeidliche, an sich aber höchst unnatürliche Trennung der Handlungsweise und Tätigkeit von dem daraus hervorgehenden Werke das, wodurch am meisten alles Interesse an derselben aufgehoben wird. Kommt doch das meiste von dem, was in der menschlichen Welt geschieht und auch unser Leben bedingt und bestimmt, nicht durch unsere und anderer einzelner sittliche Willensbestimmungen und pflichtmäßiges Handeln zustande, sondern auf eine andere Weise: so kann man den Vorsatz sich aller Versuche, die Regeln des sittlichen Handelns wissenschaftlich zu begründen und zusammenzustellen, lieber ganz zu enthalten, nicht füglich ungünstiger beurteilen, als jenes ähnliche, daß nicht wenige Seefahrer die Kunst zu schwimmen vernachlässigen und gering achten, weil sie ihnen nämlich, wenn ein Unglück ihnen auf offner See zustößt, nur Ursache wird zu verlängerter Qual, ohne sie doch retten und zum Ziele führen zu können; und sie sei nur gut, sprechen sie, für diejenigen, welche auf dem Festlande lebend nur zum Scherz und anständiger Leibesübung wegen ins Wasser tauchen, nicht aber für diejenigen, die auf demselben ihr Leben führen. Denn wirklich ebenso ist es auch mit der Sittenlehre in einer solchen Gestalt, ohne daß ihre Ausübung zu dem hinführt, was doch in den Wünschen liegt, oder in der Gesamtheit der Zweckbegriffe will ich lieber sagen, damit mir nicht auch die Sprache in das Gebiet des Zufälligen hinabgezogen werde, in solcher Gestalt, sage ich, leistet sie denen gar nichts, die das Meer eines wahrhaft selbsttätigen Lebens zu durchschiffen haben; sondern nur, wenn es solche gibt, die in eine so feste und starre Ordnung gestellt sind, in welcher sich schon das meiste für jeden von selbst versteht, und nur selten in einzelnen Augenblicken einer zu einer wahrhaft freien Tätigkeit aufgefordert wird, wobei es aber nicht darauf ankommt, etwas zu bewirken, sondern nur sich so oder so selbst darzustellen, denen kann sie die Regel ihrer Bewegungen angeben. Darum habe ich mich auch in alle diese herrlichen Lobpreisungen niemals finden können, wie wohl und voll sie auch klingen, von einer Pflichtmäßigkeit des Handelns, welche gar nicht daran denke, was dabei herauskommt oder nicht, und von einer Tugend, welcher gar nichts darauf ankommt, ob das auch gelingt und wohl gerät, woran sie sich setzt, oder nicht, sondern dieses, wie es nun eben jeder meint, dem Zufall oder der göttlichen Vorsehung anheimstellt. Geht eine Handlung von einem Zweckbegriff aus: so kann sie auch nur darnach geschätzt werden, wie viel oder wenig jener Begriff durch sie seinen Gegenstand erhält. Will ich aber nichts bewirken, warum handle ich? Geschieht es auch nur, um mich andern als einen solchen und so Gesinnten zu zeigen: so will ich ja doch etwas in diesen bewirken. Es bliebe also nur übrig, daß jeder nur handelt, um so zu sein und zu bleiben, wie er ist. Aber dazu brauchen wir nie etwas Bestimmtes zu tun, oder aus zweien und mehrerem, was vorhanden ist, lieber eines als das andere zu wählen; sondern nur irgend etwas zu tun. Denn wird nur das Leben durch Tätigkeit erhalten: so bleibt jeder auch dadurch, was er ist. Haben demohnerachtet diese Darstellungen der Sittlichkeit durch die heilsame Strenge, welche sich darin ausspricht, einen großen und vielleicht auch vorteilhaften Einfluß gehabt auf die durch eine luftige, schmeichlerische Skepsis von der tieferen Strenge religiöser Zusprache entwöhnte Menge: so kann eine Wirkung, die bei vielen gewiß nur auf der magischen Kraft der Formeln beruhte, für ihren wissenschaftlichen Wert um so weniger beweisen, als auch jener Einfluß in denen Kreisen, wo die Tongeber geistiger gebildet sind und schärfer prüfen, sich niemals bedeutend erwiesen hat. Denn diesen konnte es nicht entgehn, wie nicht nur auch hier, was die Anwendbarkeit der Lehre im Leben betrifft, mit der Lehre zugleich auch ein neues Feld für Täuschungen sich eröffnete, und je innerlicher der Maßstab war, um desto weniger Sicherheit, ob sich nicht Sinnliches doch unter das Geistige gemischt und die Sittlichkeit verunreinigt habe, sondern auch, und das ist das wichtigste, wie wenig diese Vorschriften geeignet waren, alles das, was doch unleugbar aus den freien Willensbestimmungen der Menschen hervorgeht, zu umfassen, und es nicht bloß scheinbar, sondern wahrhaft als ein Sittliches zu bestimmen. Wenn z. B. die Frage skeptisch aufgeworfen wird, ob, wenn es den Staat nicht schon gäbe, es eines Menschen Pflicht sein könnte, ihn zu errichten: so ist offenbar der Staat, der doch notwendig ein aus freien Willensbestimmungen Entstandenes ist, gar nicht sittlich bestimmt, sondern er ist ursprünglich entweder ein Unsittliches oder ein Sittliches zwar, aber auf ganz unbekannte Weise. Wenn Verbesserungen in den Grundverhältnissen der verschiedenen Klassen von Staatsbürgern davon abhängig gemacht werden, daß eine große Mehrheit sie in Anspruch nehme, dieses in Anspruch nehmen aber nicht seinen bestimmten Ort hat unter den sittlichen Handlungen oder Pflichten: so sind auch jene Verbesserungen, weil nicht Handlungen dessen, der sie vollzieht, sondern derer, welche sie in Anspruch nehmen, keineswegs sittlich bestimmt, sondern sie sind bloße Naturereignisse. Wenn die schönen Künste als eine Vorbereitung zur Sittlichkeit deduziert werden, der Gebrauch derselben aber nur als mit in den Inbegriff der geistigen Erhaltungsmittel gehörig verordnet wird: so kann man wohl nicht sagen, daß dieses große Gebiet freier Tätigkeit sittlich bestimmt sei, da doch beides, was wesentlich zusammengehört, nicht zusammentrifft. Wenn einer ein Künstler werden soll, nicht aus willkürlichem Vorsatz, sondern nur aus Antrieb der Natur, im allgemeinen aber jeder seinen besondern Beruf wählen soll nicht sowohl aus Antrieb der Natur, als um der Überzeugung willen, dadurch den Vernunftzweck am besten befördern zu können, nirgend aber bestimmt ist, wie der Antrieb der Natur vom eigenwilligen Vorsatz zu unterscheiden, und ebensowenig hier diese Überzeugung als ein sittlich Gewordenes erscheint: so ist auch diese wichtige Angelegenheit mehr scheinbar als in der Tat sittlich bestimmt, sondern auch hier zuletzt alles auf Naturereignisse, auf etwas was sich von selbst verstehn soll, gestellt. Und doch ist Fichtes System der Sittenlehre das vortrefflichste in dieser Gattung. Es ist demnach ein ganz allgemeines Ergebnis dieser Darstellungsweise, daß dabei große Gebiete menschlichen Handelns von unstreitig sittlichem Gehalt in der Sittenlehre doch nicht abgeleitet und in ihrer Notwendigkeit begreiflich gemacht, sondern nur als ein Zulässiges oder Erlaubtes durchgelassen werden, und daß ein keineswegs durchschauter und wissenschaftlich gebildeter, sondern verworrener, aber in dieser Verworrenheit tief eingreifender Unterschied entsteht zwischen dem, was der Mensch nicht von der Vernunft getrieben, sondern nur seiner Natur nach, aber doch ebenso unvermeidlicher als unverwerflicher Weise tut, und dem was er seiner Vernunft nach tun soll. Eine Darstellung dieser Art spiegelt dann auch nur eine sehr unvollkommne Entwicklung des sittlichen Bewußtseins ab. Denn dieses kann, so wie es die von der Vernunft gebotenen Handlungen begleitet oder ihnen vorangeht, bei den von der Natur ausgehenden nicht vorhanden sein. Der ursprüngliche Impuls ist also auch auf dem letzten Gebiet derselbe in solchen Fällen, wo, wenn die Handlung vorgebildet ist, ein negatives oder limitatives Vernunftgebot eintritt, und in solchen, wo die Vernunft durch nichts dergleichen den Übergang von der Vorbildung zur Ausführung hemmt.

Zwei früher vorgelesene Abhandlungen, von denen die eine eben diese Vorstellung von einem sittlich Erlaubten einer Kritik unterwirft und ihren wissenschaftlichen Gehalt beleuchtet, die andere aber den angenommenen Gegensatz zwischen Naturgesetz und Sittengesetz in Anspruch nimmt, haben die Abzweckung, auf diese Unvollkommenheiten aufmerksam zu machen und der Abhilfe vorzuarbeiten. Denn wenn Naturgesetz und Sittengesetz auf dem Gebiet der menschlichen Freiheit so zusammenfallen, daß aus der menschlichen Natur gesund und vollkommen entwickelt alles hervorgeht, was der Mensch seiner Vernunft gemäß tun soll und nichts anderes: nun so muß auch die Vernunft in ihren sittlichen Forderungen alles das vorbilden, was die gesunde Natur wirklich ans Licht bringt; und wenn der Begriff des Erlaubten auf unserm Gebiet keine andere Geltung hat, als die ihm dort beigelegt wird: so entsteht die Aufgabe, alles was unter denselben subsumiert worden ist, zu sichten und in teils von der Vernunft wirklich Gefordertes, teils der Natur wirklich Zuwiderlaufendes aufzulösen. Die gegenwärtige will den Versuch empfehlen, ob nicht den aufgezeigten Mängeln der Sittenlehre abgeholfen und sie in einen richtiger und gerader auf das Ziel hinführenden Entwicklungsgang geleitet werden könnte durch Wiederaufnahme einer früher schon angewendeten, aber nicht zu ihrer rechten Ausbildung gelangten Methode, nämlich die Konstruktion des höchsten Gutes. Daß dieses in der hellenischen Philosophie nach Sokrates eine Hauptaufgabe der Ethik war, und ein streitiger Ort, indem in der Behandlung derselben der Charakter der verschiedenen Schulen sich bestimmt aussprach und der unter ihnen stattfindende Gegensatz ins Licht trat, setze ich als bekannt voraus, enthalte mich aber hier aller geschichtlichen Auseinandersetzung, und will nur suchen anzugeben, was ich für die eigentliche Tendenz dieses Ausdruckes halte, und was mir durch den Gebrauch desselben für die Sittenlehre erreicht werden zu können scheint.

Zuerst will ich nur bevorworten, daß ich dabei nicht an den adjektivischen Gebrauch des Wortes anzuknüpfen denke. Denn Gutes und Böses oder Übles beziehen wir entweder auf äußere Verhältnisse, und dies ist das zu etwas oder in Beziehung auf ein anderes Gutes oder Übles, welches wir auch das Nützliche oder Förderliche und sein Gegenteil nennen. Hiervon kann hier unmittelbar gar nicht die Rede sein; wenngleich, beiläufig gesagt, nicht zu leugnen ist, es gehöre ebenfalls zum höchsten Gute, daß alles Förderliche da sei, ja sogar alles, was zum höchsten Gut gehört, müsse auch ein Förderliches sein, und Schädliches könne in dem Inbegriff desselben nirgend vorkommen. Außerdem brauchen wir nur gut und böse von menschlichen Handlungen oder Gemütszuständen, entweder auch in dem obigen Sinne, insofern sie zu etwas, und also um eines andern willen gesetzt und gebilligt werden, und dann gilt das eben Gesagte; oder so, daß wir sie an und für sich als solche bezeichnen. Aber dann wird die gute Handlung offenbar zurückzuführen sein auf ein Pflichtmäßiges, der gute Gemütszustand aber wird seinen Ort in dem Gebiet der Tugend finden; und wollten wir auch unter dem höchsten Guten nicht ein einzelnes solches verstehen, sondern den Inbegriff von allen, so kämen wir doch nicht aus Pflicht und Tugend heraus, und würden mit der Anwendung der Formel nichts Wesentliches gewinnen. Substantivisch kennen wir außer der eigentlich ethischen selbst noch zwei Gebrauchsweisen, zwischen denen aber gar kein Zusammenhang stattzufinden scheint. Die eine ist politisch und ökonomisch, indem wir die einzelnen Örter des Nationalreichtums, Grundstücke, Bergwerke, zum Erwerb bestimmte Gebäude, Güter nennen; die andere religiös und spekulativ, indem Gott nicht selten das höchste Gut genannt wird. In dem letzteren ist keine Analogie mit dem ersten. Denn ist die Meinung, daß Gott das höchste Gut für den Menschen sei: so wäre dies ein uneigentlicher Ausdruck, und besser würde gesagt, die Liebe zu Gott oder die Erkenntnis von Gott oder die Leitung und Fürsorge oder die Gnade Gottes, wie man es eben nennen wollte, oder, um auch dies Mystische hinzuzufügen, der Genuß Gottes sei dies höchste Gut. Wird aber Gott so genannt in demselben Sinne, in welchem man ihn auch das vollkommenste Wesen nennt, weil nämlich alles Gute und nichts als Gutes in ihm gesetzt sein kann: so geht dieser Gebrauch offenbar auf das Adjektivische zurück, und kann also hier nicht in Betracht kommen. Der ökonomische Gebrauch hingegen hat mit dem ethischen die größte Analogie, und kann demselben füglich zur Erläuterung dienen. Jene Güter nämlich sind immer etwas aus der menschlichen Tätigkeit Hervorgegangenes, aber zugleich dieselbe in sich Schließendes und Fortpflanzendes. Vermögen sie das letzte nicht mehr, wie etwa eine abgebaute Grube oder ein ganz ausgesogener und deshalb verlassener Acker: so hören sie auch auf, ein Gut zu sein. Dasselbe habe ich von dem früheren ethischen Gebrauch in meiner Kritik der Sittenlehre zu zeigen gesucht, daß alle alten Schulen, welche diesen Begriff verarbeitet haben, wie verschieden auch ihren Ansichten gemäß die Anwendungen des Begriffs waren, doch insgesamt dadurch das durch die sittliche Tätigkeit Hervorgebrachte, insofern es dieselbe auch noch in sich schloß und fortentwickelte, bezeichnen wollten. Der Ausdruck „höchstes Gut" aber ist ebenso überall nicht in dem Sinne komparativ, in welchem ein höchster Grad zwar jeden niederen gewissermaßen in sich schließt, zugleich aber auch so ausschließt, daß doch von ihm für sich nicht weiter die Rede sein kann; sondern in dem Sinne, in welchem jedes Ganze größer ist und vollkommner als seine einzelnen Teile, aber doch nicht erkannt und dargestellt werden kann, als insofern diesen dasselbe auch widerfährt. Wenn z. B. auch der Reichtum und die Gesundheit Güter genannt werden: so geschieht es, weil beide eine Menge von freien Handlungen voraussetzen, ohne welche sie nicht zustande kommen; aber es geschieht auch nur insofern, als diese für sittlich gehalten werden. Zur Gesundheit rechnet man wesentlich mit die vollkommne Entwicklung aller leiblichen Kräfte, und diese erfolgt nur durch eine Menge freier, auf die Selbsterhaltung gerichteter Handlungen. Wer die Gesundheit für ein Gut achtete, der achtete auch diese Handlungen für sittliche, vielleicht nicht jeder insofern sie Übungen waren, aber doch gewiß insofern sie ein Bewußtsein des werdenden Wohlbefindens und also einen Genuß in sich schlossen. Und ebenso halten vielleicht viele zwar den Reichtum für ein Gut, die Arbeit aber nur für eine Sache der Not; dann aber auch gewiß den Reichtum, der nur durch angestrengte Arbeit und Entbehrung bei kleinem herbeigeschafft wird, noch lange für kein Gut, sondern eher für einen Mangel, die leitenden und gebietenden Tätigkeiten hingegen, aus denen er bei großem erwächst, desto gewisser für sittliche. Beide aber, Gesundheit und Reichtum, sind auf der andern Seite nur Güter, weil und sofern es ihnen wesentlich ist, und nicht etwa nur ein Zufälliges, daß sich sittliche Tätigkeiten und Zustände in ihnen erzeugen. Eine verschlafene Gesundheit wäre kein Gut; aber Schlaf außerhalb des naturgemäßen Wechsels zwischen Wachen und Schlaf ist auch schon eine Störung der Gesundheit. Ähnliches ließe sich auch vom Reichtum sagen; es ist aber minder einfach, weil der eine ihn in dieser, der andere in jener Betrachtung für ein Gut hält. Wenn wir ein Werk der schönen Kunst für ein Gut ansehen, so tun wir es freilich nur, insofern die Tätigkeit, woraus es hervorging, uns eine sittliche ist; aber gewiß auch nur sofern und nur für die, in welchen es durch sein Dasein sittliche Tätigkeiten und Zustände wesentlich erweckt. Ebenso nun ist es mit dem höchsten Gut, und der Ausdruck schließt sonach die Aufgabe in sich, den Inbegriff aller wahren Güter, die es nämlich in dem bisher erläuterten Sinne sind, so aufzustellen, daß ihre wesentliche Zusammengehörigkeit und die vollständige Lösung der sittlichen Aufgabe durch ihr Miteinander- und Füreinandersein, eben weil sich in ihnen alle sittlichen Tätigkeiten immer wieder erzeugen, zum klaren Bewußtsein komme. Wollten wir dieses letzte beiseite stellen: so würde auch der vollständigste Inbegriff alles durch die Vernunft Bewirkten und Hervorgebrachten nur ein leeres Schattenbild sein. Ist in dieser Gesamtheit des Hervorgebrachten das Hervorbringende selbst, das pflichtmäßige Handeln, durch welches sich in jedem Moment ein Kleinstes ansetzt zur Erneuerung jenes Organismus, und die Tugend als das kräftige Leben der Vernunft in den einzelnen, nicht mit gesetzt: so sind dann beide entweder überhaupt nicht, oder getrennt von jenem. In dem letzten Falle habt ihr dann zwei verschiedene Welten, aber nur in der, wo diese sind, noch ein wahres Leben, in welchem ihr aber auch gewiß, wären es auch der äußeren Erscheinung nach erst leise Anfänge, das Wesentliche jenes Inbegriffs, den wir das höchste Gut nennen, immer finden werdet; die andere aber, die einzige, welche euch im ersten Falle übrig bleibt, wäre nur ein Schattenleben, wie ein erstorbener Weltkörper, dessen Massen von vergangenem Leben zeugen, auf dem sich aber nichts mehr regt; ein solcher erstarrter und immer mehr erstarrender Nachgenuß und Nachbewußtsein der vorigen Tätigkeit. Trümmern, wie übel auch zugerichtet, können noch zu den Gütern des Lebens gehören für den, dem sie Gedanken erregen, die zur lebendigen Tat werden; ein tatenloser Zustand, wie unendlich auch ausgestattet, ist keines.

Soll aber die Wiedereinführung dieses Begriffs der Absicht entsprechen: so muß freilich der Fehler vermieden werden, in den die älteren Schulen verfielen, und um dessentwillen wahrscheinlich er zu seiner vollen Ausbildung nicht gelangen konnte; nämlich daß wir nicht auch diesen Begriff nur auf den einzelnen Menschen beziehen, und nach dem höchsten Gute des einzelnen fragen, worin es bestehe. Denn fragen wir, warum eigentlich in der Pflichtenlehre und Tugendlehre, wenn man irgend streng und genau verfahren will, es so notwendig ist, Gesinnung und Handlungsweise von dem Werk und dem Erfolg gänzlich zu trennen: so ist die Ursache eben die, daß die Wirksamkeit des einzelnen sich nicht ausmitteln läßt, indem sie in die der andern ganz unzertrennlich verflochten nicht nur, sondern wahrhaft verwachsen ist. Wird nun also doch nach dem höchsten Gute des einzelnen gefragt: so bleibt natürlich nichts anderes übrig, als etwas ganz Innerliches aufzustellen, und die Tugend das höchste Gut zu nennen oder die Glückseligkeit, eine Verwirrung, die ich in der Kritik der Sittenlehre nachgewiesen und gerügt habe. Allerdings ist auch die Tugend des einzelnen ein Gut, und zwar ganz in dem eben angegebenen Sinne, und recht verstanden ist auch seine Glückseligkeit ein solches, nur nicht sein Gut besonders, sondern ein Gemeingut, in dem sittlichen Kreise, dem er angehört, hervorgebracht und auch hervorbringend; und nicht ist seine Tugend ein anderes und seine Glückseligkeit ein anderes, sondern beide in ihrer Wechselbeziehung, eigentlich also der einzelne selbst seinem geistigen Gehalte nach ist ein Gemeingut. Nur vom höchsten Gut kann auf diese Weise gar nicht die Rede sein. Vielmehr läßt sich des einzelnen intelligente Produktion so wenig isolieren, daß selbst dasjenige, was man am meisten glauben sollte, als das Seinige herausheben zu dürfen, doch nur durch eine gewöhnliche Täuschung dafür gehalten wird; denn der Wahrheit nach kann nur in Form eines willkürlichen, und zwar auf einem unsittlichen Grunde beruhenden Tausches einer verlangen, dies und jenes, sei es nun ein wissenschaftliches Werk oder ein Kunstwerk oder ein politischer Effekt oder was irgend sonst, solle für sein eignes gehalten werden, weil er sich nämlich dagegen auch alles Anteils an dem begeben wolle, was ein anderer auf gleiche Weise sich anzueignen begehre. Daher nun kann nur, was aus einer Gesamttätigkeit hervorgeht, bestimmt aufgezeigt werden und als ein Besonderes hingestellt; und wenn also von dem Inbegriff der Güter die Rede sein soll, so kann nur auf die Gesamtwirkung der Vernunft zurückgegangen werden. Diese, daß ich mich so ausdrücke, als einen Organismus aufzustellen, in welchem jeder verwirrende Gegensatz von Mittel und Zweck aufgehoben, jedes Auseinander auch ein Ineinander, jeder Teil auch das Ganze ist, nichts aber mit aufgenommen wird, was nicht aus dem Leben der Vernunft im menschlichen Geschlecht entsprungen ist und dasselbe auch fortpflanzt und erneuert, das ist es, was ich mir unter einer Darstellung des höchsten Gutes denke. In diesem sind dann, wie ich es in den früheren Abhandlungen über den Tugendbegriff und Pflichtbegriff mehr postuliert als wirklich dargelegt habe, alle menschlichen Tugenden mitgesetzt. Denn irgend etwas in den Erscheinungen der Menschheit dem Begriff des höchsten Gutes Angehöriges kann nur durch das Zusammenwirken aller menschlichen Tugenden entstehen und bestehen; und was für einen organischen Teil der Gesamtwirksamkeit der Vernunft könnte man sich wohl denken, aus dem sich nicht alle menschlichen Tugenden nährten und in dem Wechsel der Individuen reproduzierten? sonst müßte ja in dem Gesamtorganismus etwas fehlen oder etwas Falsches mitgesetzt sein. Ebenso können auch die Elemente dieser Wirksamkeit nichts anderes sein, als die von allen Orten her ineinander greifenden, einander aufnehmenden und ergänzenden pflichtmäßigen Handlungen. Vornehmlich aber muß sich ergeben, daß alles wahrhaft Menschliche, und nicht nur einiges, in dieser Darstellung aufzufinden sein muß; jede Eigenschaft des einzelnen, wodurch etwas hierher Gehöriges wahrhaft wird und fortbesteht, muß in der Glorie der Tugend erscheinen, und jede Handlung, die irgend wohin innerhalb dieses Umfanges wirklich gehört und ihren bestimmten Ort hat, muß auch als pflichtmäßig gepriesen werden. Diese Aufstellung daher beschränkt sich nicht in den Kleinlichkeiten des einzelnen Lebens und verworrener persönlicher Relationen, sie ist der Maßstab für alle geschichtlichen Erscheinungen und der Schlüssel zu ihrem Verständnis; und wie wir alle in diesen mit verschlungen sind, so ist sie zugleich auch die Verklärung des persönlichen Bewußtseins. Wenn nun hernach Pflichtenlehre und Tugendlehre, die es mit diesem letzten allein zu tun haben, auf eine solche umfassende Darstellung zurückgeführt werden: so wird es zwar dabei bleiben müssen, daß sie nur für das einzelne Leben konstruiert werden, aber jene namhaft gemachten Mängel werden sie ablegen können, und bei einer verständigen Behandlung wird sich immer auch in ihren einzelnen Positionen dieses Ganze abspiegeln.

Es ist in dieser Abhandlung, wie auch schon der Umfang einer solchen verbietet, nicht meine Absicht, den Begriff des höchsten Gutes in seiner Verteilung auch nur so weit auszuführen, daß die ganze Behandlung desselben wenigstens angelegt wäre, indem schon dieses die Grenzen einer Vorlesung nach unserer Weise überschreiten würde; indessen muß ich doch, ohne Anspruch auf strenge Systematisierung zu machen, einiges zur Bestätigung des Gesagten herausnehmen. Stellen wir uns auf den in einer früheren Abhandlung*) angegebenen Punkt, und denken uns das Leben auf der Erde zur Animalisation hinauf entwickelt — ob plötzlich oder allmählich, und im letzten Falle, ob stufenweise oder nach manchen einander partiell wieder aufhebenden Aktionen und Reaktionen, das liegt außer dem Gebiet unserer jetzigen nicht nur, sondern jeder ethischen Untersuchung. Nun aber soll die höhere Stufe, das geistige Leben, hinzukommen, so nämlich, wie es dem Menschen eignet und sich in ihm und von ihm aus auf der Erde regt und wirkt. Wir bezeichnen das eigentümliche Prinzip desselben am liebsten mit dem Namen Vernunft, weil hierdurch wohl am wenigsten schon im voraus Mißverständnisse ausgesäet werden; in dieser also, der Vernunft, ist unsere ganze Aufgabe abgeschlossen. Denn wie die bloße Gravitation nebst dem Mischungs- und Entmischungsprozeß von der Vegetation aufgenommen wurde, und die Animalisation beides unter sich zusammenfaßte: so soll wiederum die Humanisation aus dieser sich hervorheben und sie in sich schließen. Wie denn auf der einen Seite schon das älteste sittliche Bewußtsein der Menschen sich ausgesprochen hat in dem Beruf, die Erde zu beherrschen, auf der andern Seite aber schon ein zwar ziemlich entwickeltes Bewußtsein von der Beherrschung untergeordneter Kräfte, das aber doch den Umfang derselben noch lange nicht ausgemessen hatte, die richtige Grenze nach dieser Seite zu finden wußte in dem bekannten δὸς ποῦ στῶ καὶ γῆν κινήσω. Alles also, was der Mensch in diesem Sinn auf der Erde tut, gehört in unsere Aufgabe; und wir wollen von nichts

---

*) Über das Verhältnis zwischen Naturgesetz und Sittengesetz.

dieser Art sagen, so wie wir es an und für sich betrachten, daß er es nur seiner Natur nach ohne die Vernunft beginne, und diese es etwa nur gestatte und limitiere. Sondern finden wir in menschlichen Tätigkeiten, welche sich auf die Entwicklung unseres Lebens und auf unsere Herrschaft über die Erde beziehen, etwas das limitiert werden muß: so ist es auch etwas Nichtbleibendes, also Nichtwahres, und muß mit der weiteren Entwicklung des Wahren verschwinden. Soll aber das Prinzip der Begeistung irdisch werden und in der Menschengestalt erscheinen: so muß es auch den Typus des Irdischen an sich tragen, und kann sich nur in einem durch die Kreisbewegungen und die Oszillationen der Erde mitbestimmten Geschlechtsleben offenbaren, welches seine Fülle nur in aufeinander folgenden Lagerungen vergänglicher Individuen entwickelt. Ist nun gleich jeder von diesen ein Ort, in welchem und von welchem aus die Vernunft wirkt: so war doch das nur eine willkommne Fiktion, was ich als solche auch nur zu einem bestimmten Behuf an einem andern Orte*) eingeschoben habe, daß es einen einzelnen geben könne, welchem die ganze sittliche Aufgabe zu lösen obliege; sondern die physische Vorbedingung, auf welcher auch schon der erste Anfang dieser Lösung ruht, ist die, daß die Geschlechter zusammen bestehen, und nicht der einzelne als solcher ist ein selbständiger Ort für die Wirksamkeit der Vernunft, sondern nur die Verbindung der Geschlechter zur Erneuerung der Individuen, d. h. die Familie — das Wort natürlich nur in seinem wesentlichen Inhalt genommen ohne nähere Bestimmung der Form; und der einzelne ist ein solcher Ort nur innerhalb ihrer, oder wenigstens sie vorausgesetzt. Diese ist mithin der Ort nicht nur der Erneuerung jenes ursprünglichen Aktes des Eintretens der Vernunft in das irdische Leben, welcher sich nun durch Erzeugung und Geburt wiederholt, und also der Tradition des Lebens selbst, sondern auch des

---

*) Über den Pflichtbegriff.

von der früheren Generation schon sittlich Bewirkten und Gewonnenen. Hier also ist das erste vollständige und für sich bestehende Gut, das erste wahrhaft organische sittliche Element im Ineinander des Hervorgebrachten und Hervorbringenden, ein Abbild des Großen und Ganzen. Auch hier gilt daher dasselbe, daß wir in einem solchen Lebenskomplexus Natur und Vernunft nicht trennen können. Nur was in diesem Sinne geschieht, ist das menschlich Natürliche; aber dies ist auch alles anzusehen als durch die Vernunft bewirkt, und vermöge ihres Gesetzes. Waltet wirklich darin der Instinkt vor, ohne zum vernünftigen Triebe umgestaltet zu sein, sondern so wie er das bewußtlosere Gebiet der niedern Animalisation bezeichnet: so ist dies nicht etwas, was die Vernunft irgendwie limitieren soll, sondern es verschwindet durch sie; und wer jenes behaupten wollte, könnte ebenso auch im allgemeinen sagen, die Menschheit sei nur eine Limitation des tierischen Lebens.

Dies führt uns von selbst auf zwei Punkte, welche uns beinahe das Ganze vollenden werden. Der erste ist dieser. So wie schon von den niederen Stufen des Daseins an zugleich mit dem höheren Hinaufsteigen auch die Gattungen bestimmter werden, nämlich das Sein eines Gemeinsamen in vielen, und das Bewußtsein vieler durch ein und dasselbige, wie sich beides in auseinander entspringenden Generationen wiederholt: so gebührt nun auch dem mit dem Eintreten des Prinzips der Begeistung entstehenden menschlichen Geschlecht die vollkommenste Gattung zu sein, d. h. das Eine in allen, nämlich jenes Prinzip selbst, muß auf das Vollkommenste in allen dasselbe und aus allem andern auf das Vollkommenste ausgeschlossen, dann aber auch jedes Einzelwesen von allen andern auf das bestimmteste geschieden und verschieden, und also das Eine selbige in jedem einzelnen ein Eigentümliches geworden sein. Dieses ist, wie es beides auch in der Menschengestalt am vollkommensten erscheint, so auch die allgemeinste Grundvoraussetzung, welche unser Bewußtsein konstituiert, und von welcher wir bei allem Handeln ausgehn. Dennoch wäre das begeistete Leben ein sehr untergeordnetes, wenn die Unendlichkeit des Mannigfaltigen unmittelbar und verworren auf das Eine in allen sollte zurückgeführt werden. Darum finden wir schon immer, und wir mögen es gleich sehr naturgewordene Vernunft nennen und Vernunft gewordene Natur, daß die Menschen durch eine bestimmtere Gemeinsamkeit des Eigentümlichen in größeren Massen, die wir Völker nennen, vereint sind, und unter diesen also die Selbigkeit des Einen Prinzips nach bestimmter Weise hervortritt. Wie sich nun dieses volkstümliche Gepräge in allen wesentlichen Äußerungen der Begeistung fixiert und in der Folge der Generationen erneuert: so haben wir hier einen größeren eben solchen Ort, in welchem die Familie als ein organisches Element nicht etwa verschwindet, sondern ihre Beziehung zur ganzen Menschheit unmittelbar fixiert. Auch hier gilt also dasselbe, daß es rein sittliche Handlungen sind, durch welche ein Volk als solches fortbesteht, und daß das Volksleben in seiner rein vernünftigen Entwicklung ein organischer Teil ist des höchsten Gutes. Der zweite Punkt ist dieser. So wie aus den niederen Stufen des Daseins sich die Animalisation hervorhebt: so entwickelt sich im Hinaufsteigen derselben zu vollkommneren Gestaltungen ein immer kenntlicheres Analogon des Bewußtseins. Nur im Bewußtsein kann das geistige Leben wohnen, und darum ist es dasselbe, daß die Vernunft auf der Erde erscheint, und daß in der Menschengestalt das vollkommene Bewußtsein sich regt, sich selbst festhaltend, und alles durch Entgegensetzung und Einigung in sich aufnehmend. Und so sind es zwei Richtungen, in welchen die Vernunft an allen jenen Orten wirkt, und in welchen das geistige Leben der Völker begriffen ist, daß alles Sein ins Bewußtsein aufgenommen werde auf das vollkommenste, und daß, indem alles dem Menschen unterworfen wird, auch das innerste Wesen des Geistes jeglichem Sein und Erscheinen nach Maßgabe seiner Empfänglichkeit eingebildet werde auf das vollkommenste. Wie aber die Zersplitterung in das persönliche einzelne Leben nur dem Irdischwerden der Vernunft angehört: so gehört es zur Vergeistigung der irdischen Erscheinung, daß die Vernunft die Schranken der Persönlichkeit durchbreche, und daß soviel möglich, es ist aber freilich nur in den mannigfaltigsten Abstufungen möglich, das geistige Leben in jedem einzelnen zugleich für alle sei, und doch in jedem ein anderes, je nachdem in einzelnen Äußerungen die Selbigkeit des Einen Prinzips vorherrscht, oder in andern die Eigentümlichkeit der Gestaltung sich geltend macht. So dürfen demnach auch die Völker nicht für sich sein; und rein stellt sich die Vernunft in ihrem Leben erst dar, wenn auch diese sich jedes der Gemeinschaft aller öffnen. Aber sowohl in der Tätigkeit, welche das Bewußtsein bildet und, wie wir eben gesehen haben, mitteilt, als in der, welche die Dinge dem Menschen anbildet, und zwar auf beide Weisen, mag die Einerleiheit vorherrschen in dem Verschiedenen oder die Eigentümlichkeit im Gleichen, wird doch die Wirksamkeit der Vernunft erst ihre Selbstoffenbarung, wenn der Geist seine überirdische Heimat darin kund gibt, vermöge deren er das Ewige und Einfache, das schlechthin Seiende, auf eine geheimnisvolle Weise in sich trägt. Alles dieses ist Eins, und keines ohne das andere; aber je nachdem wir den einen Standpunkt nehmen oder den andern, erscheint das höchste Gut bald als das goldene Zeitalter in der ungetrübten und allgenügenden Mitteilung des eigentümlichen Lebens, bald als der ewige Friede in der wohlverteilten Herrschaft der Völker über die Erde, oder als die Vollständigkeit und Unveränderlichkeit des Wissens in der Gemeinschaft der Sprachen, und als das Himmelreich in der freien Gemeinschaft des frommen Glaubens, jedes von diesen in seiner Besonderheit dann die anderen in sich schließend und das Ganze darstellend.

Aus diesen wenigen, aber doch das Wesentliche enthaltenden Andeutungen muß, denke ich, hervorgehen, daß ein solches Ganze auch schulgerecht und kunstgemäß kann aufgestellt werden, und daß, wenn sich dann solche Behandlungen der Pflichtenlehre und der Tugendlehre nach der Weise der angelegten daran schließen, eine solche Zusammengehörigkeit sich ergeben wird, und auch diese Begriffe so sehr an Reichtum der Beziehungen gewinnen werden, daß sich von selbst erweiset, wie diese allgemeine Darstellung des geistigen Lebens in seiner reinen Vernünftigkeit aufgefaßt wesentlich unserer Wissenschaft angehöre, ja wie nur hierin die Ethik ihre Vollendung finden könne. Nur zweierlei, was mehr außer ihrem unmittelbaren Gebiete liegt, will ich noch hinzufügen. Zuerst nämlich, daß nur auf diesem Wege der Zusammenhang anderer wissenschaftlichen Disziplinen mit der Ethik und ihre Abhängigkeit von derselben wiederhergestellt wird, welche bei den Alten, so wenig diese auch den Begriff des höchsten Gutes durchgebildet hatten, doch immer auf dieser Seite standen, bei uns aber meistenteils in der Luft schweben; ich nenne nur die allgemeine Theorie der Erziehung, so wie die Theorie der Staatsverfassungen und die allgemeinen Grundsätze der Staatsverwaltung. Ebenso aber müssen sich ihr von andern Seiten auch die Theorie von den verschiedenen Organisationen der Verteilung und Mitteilung des Wissens und die allgemeine Kunstlehre anschließen. — Das zweite ist dieses. Die allgemeinen Erscheinungen des Lebens beruhen auf der einen Seite in ihrer Mannigfaltigkeit auf bestimmten Beschaffenheiten und Verhältnissen der irdischen Natur, welches ich auch oben, wiewohl nur durch eine kurze Formel, angedeutet habe; sie sind in ihrem Verlauf der Gegenstand der Geschichtskunde. Soll aber diese immer mehr ein Verstandenes werden: so muß sie zuerst ihrer Basis nach auf die entsprechenden Zweige der Naturkunde, nämlich auf die physische Erdkunde und auf die geographische sowohl als physiologische Ethnographie zurückgeführt, dann aber in den großen Zügen ihres Verlaufs ethisch geschätzt werden, damit nicht die scheinbare Verwirrung eine Veranlassung gebe, den Gang des menschlichen Geschlechtes auch im großen als ein Spiel des Zufalls anzusehen, als wodurch alle Wissenschaft des Geistes zerstört wird. Diese bedeutungsvollen eingreifenden Bestrebungen, in denen der menschliche Geist sich selbst am lebendigsten und anschaulichsten erfaßt, und aus deren Gebiet die neuere Zeit eine Menge von geistreichen Versuchen aufzuzeigen hat, haben doch nur in dieser rein ethischen Darstellung ihren wissenschaftlichen Stützpunkt; und nur wenn diese sich recht gestaltet hat, werden auch sie erst ihre vollkommne Durchbildung erreichen können. Dasselbe gilt natürlich auch von der kritischen Betrachtung alles dessen, was in jenen größeren Erscheinungen nicht der reinen Vernünftigkeit entspricht, sondern durch Mißverständnisse oder andere Krankheitszustände affiziert ist. Daß dieses nur ethisch gerichtet werden kann, versteht sich; aber es ist bekannt, wie schwer es ist, den Maßstab der Tugend, wo es auf eine differente Zusammenwirkung vieler ankommt, richtig anzulegen, und wie mannigfaltig auf der andern Seite, so oft die Verhältnisse kompliziert sind und der Ausschlag bedeutend, gegen eine Zurückführung auf den Pflichtbegriff protestiert wird. Die Frage aber, ob diese und jene Gestaltung der Dinge ein Element des höchsten Gutes sein könne, wird immer leicht zu entscheiden sein, und niemand kann sie abweisen. Also auch für den Zusammenhang der Wissenschaften und für den kritischen Gebrauch der Ethik im Leben überhaupt, am meisten aber in seinen größten Verhältnissen, ist es wichtig, diese Behandlungsweise derselben in der Schule wieder geltend zu machen und womöglich der Vollkommenheit näher zu bringen.

Über den Begriff des höchsten Gutes.
Zweite Abhandlung.
Gelesen am 24. Juni 1830.

Bei der ersten Abhandlung über diesen Gegenstand, welche ich bereits im Jahre 1827 die Ehre hatte der Akademie vorzulesen, kam es mir vornehmlich darauf an, den Ort dieses Begriffs möglichst festzustellen, das Schwankende in seiner Anwendung zu beseitigen, und auf den Vorteil, welchen die Ethik aus einem erneuerten Gebrauch desselben ziehen könnte, aufmerksam zu machen; hingegen mich über den Inhalt selbst zu verbreiten, war nicht meine Absicht. Je weniger ich indes voraussah, daß ich bald zu dem Gegenstande würde zurückkehren können: um desto weniger konnte ich mich enthalten, mindestens einige Andeutungen über denselben einzustreuen. Diese konnten aber ihrer ganzen Stellung wegen nicht so ausgestattet werden, daß jeder Leser schon selbst alle Einwendungen, die sich ihm darboten, mußte zurückweisen können, oder daß es auch einem Wohlwollenden könnte leicht geworden sein, sich aus dem Gesagten auch nur die ersten Umrisse eines bestimmten Bildes zu gestalten. Daher mußte ich den Entschluß fassen, diesem Mangel späterhin auf irgendeine Weise abzuhelfen, und mir zugleich die Erlaubnis erbitten, jene Abhandlung lieber bis dahin von der öffentlichen Bekanntmachung zurückzuhalten. Eine genügende ins einzelne ausgeführte Darstellung aber würde ein Werk sein von nicht unbedeutendem Umfang; und da es auch von strengerem systematischen Charakter sein müßte, als die Form einzelner Abhandlungen gestattet: so halte ich es auch nicht für angemessen, es auf eine Reihe von akademischen Abhandlungen anzulegen, in der sich das Ganze erschöpfen ließe. Denn es scheint mir gegen die Natur unserer Arbeiten und der Art wie wir sie dem Publikum mitteilen, wenn wir, gleich einer immer wieder abgebrochenen Erzählung, die durch eine Reihe von Tageblättern hindurchgeht, ein größeres Ganze durch mehrere Jahrgänge zerstückeln wollten. Daher kann ich auch nur die ersten Grundzüge hier aufstellen, so wie sich mir die Veranlassung dazu aus der ersten Abhandlung ergibt; und kann mir höchstens nur die Aussicht offen lassen, in der Folge vielleicht einzelne Teile, zwar in Beziehung auf diese Grundzüge, aber doch so zu bearbeiten, daß jeder von den andern unabhängig und für sich allein verständlich sei.

Dieses nun nehme ich zuerst als abgemacht aus jener Abhandlung herüber, daß es immer ein Mißverständnis gewesen ist, ein sehr altes freilich und sehr weit verbreitetes — denn es kommt fast in allen griechischen Schulen vor — wenn man gefragt hat, was das höchste Gut für den einzelnen Menschen sei. Vielmehr würde immer richtiger gesagt werden, der einzelne Mensch habe Teil an den verschiedenen Teilen des höchsten Gutes, ohne daß irgendeiner von diesen mehr als der andere das höchste Gut für ihn sein könne, weder derselbe Teil für alle, noch für einige dieser, für andere jener. Oder wenn man doch sagen wollte, weil der einzelne an allen Teilen desselben teilhabe, so trage er auch das Ganze, wenn auch nicht ausschließend, sondern mit allen gemeinschaftlich in sich: so würde hiervon noch in weit höherem Grade dasselbe gelten, was der platonische Sokrates von der

Gerechtigkeit behauptet, daß ihre Erscheinung in dem einzelnen ein unendlich kleines Abbild sei, und daß wir daher, um es genau zu erkennen, das geistige Auge, damit es nicht durch die Anstrengung geblendet werde, einem andern Gegenstand zuwenden müssen, wo dasselbe im großen anzuschauen ist. Dieser hellere Ort aber ist nicht eine ebenso beschränkte menschliche Gemeinschaft wie der platonische Staat, sondern vollständig geschaut kann das höchste Gut nur werden in der Gesamtheit des menschlichen Geschlechts, mithin ist auch dieses nur der wahre und eigentliche Ort desselben. Ja ich möchte gleich hinzufügen, auch dieses nicht etwa so wie man es sich denken könnte getrennt oder trennbar von der Erde, sondern in seiner Zusammengehörigkeit mit dieser. Denn da wir es hier mit dem schlechthin Realen zu tun haben: so würden von einer solchen abstrakten Voraussetzung aus auf jede Frage nur fantastische Antworten können gegeben werden. Wir haben hier das menschliche Geschlecht nicht zu betrachten als eine Gesamtheit vernünftiger Wesen überhaupt, sondern als die in dieser Organisation und unter den Bedingungen dieses Weltkörpers lebende Vernunft; und was sonst auch von Gott gesagt worden ist, er sei deshalb vollkommen, weil er so ganz sei, daß alles in ihm ist, das gilt in diesem Sinne von dem höchsten Gut; es ist vollkommen, weil es so das Ganze ist, daß alles in ihm ist. Die Gesamtwirkung der Intelligenz auf dieser Erde vermittelst der menschlichen Organisation ist es, die wir uns auseinanderzulegen haben, als wäre sie so vollendet, daß sie sich mit denselben Zügen nur immer wieder zu erneuern brauchte. Diese ist das höchste Gut, ein vollkommen abgeschlossenes Ganze, wie unser Weltkörper ein im Raum Abgeschlossenes ist, so daß auch alle menschliche Tätigkeit über den Umfang desselben hinaus nicht reichen kann; und ein vollkommen erfüllter Raum ist es, daß ich mich so ausdrücke, ohne gleichsam leere Zwischenräume und ohne einander auf nichts bringende Gegensätze, wenn alle Vernunfttätigkeit mit ihrer Wirkung gegeben ist.

Wobei allerdings dieses vorausgesetzt wird, daß alle Vernunfttätigkeit, auch die verschiedensten und einander relativ entgegenstehenden nicht ausgeschlossen, unter sich kompossibel; jede Tätigkeit aber, welche die Abzweckung hätte, Vernunfttätigkeiten oder deren Wirkungen aufzuheben, keine Vernunfttätigkeit sei. Diese, allerdings die ethische Grundvoraussetzung, ist aber auch nichts anderes als die uns allen ursprünglich einwohnende Überzeugung von der Identität der Vernunft in allen. Wenn wir nun, wie in jener Abhandlung gezeigt ist, hier nicht die Vernunfttätigkeit als bloß inneren Impuls oder als Willensbestimmung isoliert, sondern mit ihrer Wirkung als eins zu betrachten haben, wie diese überwiegend bald als Tat, bald als Werk erscheint: so müssen wir auch, weil uns die Intelligenz nur als dem menschlichen Geschlechtsleben anhaftend gegeben ist, vermöge derselben Grundvoraussetzung das ganze System von Vernunfttätigkeiten als sich immer erneuernd und von jeder Generation stetig aufgenommen denken. Demnach hat jede Generation in dieser Hinsicht drei aufeinander folgende, aber auch miteinander bestehende Verrichtungen; zuerst entwickelt sich ihre Intelligenz an der des früheren Geschlechtes, dann ist sie selbst fortbildend wirksam in dem gegebenen Raum, und zuletzt überliefert sie anregend ihre Tätigkeit an die in der Entwicklung noch begriffene Generation. In diesem ganzen Vernunftleben ist nun freilich jede sittliche Handlungsweise, ja jeder sittliche Moment ein Bestandteil; aber nicht jedes solches Element werden wir mit dem Namen des Ganzen ein Gut benennen, sondern nur solche Bestandteile, welche auch dem Ganzen ähnlich, ebenfalls einen — wenn auch nur beziehungsweise abgeschlossenen — Inbegriff von verschiedenen, auch beziehungsweise entgegengesetzten Tätigkeiten bilden, welche sich in demselben Umfang stetig erneuern. Denn nur beziehungsweise wird jedes von diesen Gütern ein solcher Inbegriff sein dürfen, nämlich so daß jedes als für sich unvollständig einer Ergänzung bedarf, wenn doch das vollständige, nämlich das höchste Gut, nicht eine Zusammenstellung von ihnen als gleichen, sondern ein Inbegriff von ihnen als ungleichen sein soll. So ist ja auch in jedem Leibe jedes Glied eine Ergänzung der übrigen, so in jedem Staat ein jeder Stand eine Ergänzung der andern, so in jeder Familie jedes Einzelwesen eine Ergänzung der übrigen, indem jedes sich erst ganz entwickelt und ganz erkannt werden kann in seinen Relationen zu allen andern. Und aus eben dem Grunde, wenn sich ein solcher partieller Inbegriff von Vernunfttätigkeit seiner Wirkung nach beschränkt auf einen bestimmten Raum, während andere gleicher Art andere Räume einnehmen, wie das mit den Familien der Fall ist im kleinen und mit den Völkern im großen, darf auch diese Beschränkung nicht eine schlechthinige, sondern muß teilweise wenigstens aufgehoben sein. Denn wie ein Volk nur besteht nicht aus den Familien einzeln, sondern nur durch die Gemeinschaft der Familien: so besteht auch die Menschheit und hat ihr wahres Dasein nicht durch die Völker einzeln, sondern erst in ihrer möglichst innigen Gemeinschaft.

Soll nun das höchste Gut auf diese Weise beschrieben werden können: so muß einerseits nachzuweisen sein, wie die Vernunfttätigkeit sich differentiiert und auseinandergelegt, auf der anderen Seite aber auch, wie das durch die Vernunfttätigkeit anzufüllende Gesamtgebiet sich in Beziehung auf dieselbe gleichfalls sondert oder zusammenfaßt. Ehe wir aber den hierüber in der früheren Abhandlung gegebenen Andeutungen weiter nachgehen, muß ich noch einmal auch auf den dortigen Anfangspunkt zurückkommen, daß nämlich das Eingetretensein der Intelligenz in die Lebensentwicklung der Erde oder die Vernünftigkeit der menschlichen Gattung, und zwar als die einzige hiesige Art zu sein der Vernunft, vorausgesetzt wird. Hiermit soll keinesweges irgendeine kosmologische oder metaphysische Prämisse über das Verhältnis des Sittlichen zu dem lediglich Natürlichen, oder des Geistigen zu dem lediglich Leiblichen erschlichen werden; vielmehr wollen wir unser Gebiet in dieser Hinsicht nur möglichst vollständig isolieren. Sollte auf der einen Seite behauptet werden, die Vernunft sei überall nur das Resultat von der Entwicklung des organischen leiblichen Lebens: so werden wir nur sagen, wie die Vernunft geworden sei — wenn dieser Ausdruck, sei es auch nur hier, erlaubt ist — das gelte uns gleich; das Gewordensein derselben aber sei der Wendepunkt in der Geschichte der Erde, mit welchem das Sittliche erst beginne, und von welchem an auch erst von einem Gut die Rede sein könne. Wollte im Gegenteil behauptet werden, die Intelligenz sei schon von vorneherein und von unten auf das den Stoff Gestaltende und namentlich auch das die organischen Zustände Hervorrufende gewesen, und finde nur sich selbst nicht eher als auf diesem Punkt dem menschlichen Organismus: so werden wir nur sagen, jene früheren Wirksamkeiten wären nur nicht sittliche, sondern anderer Art, und nur das Sich-selbst-gefunden-haben der Intelligenz sei es, wovon die sittliche Wirksamkeit ausgehe. Und so bleibt auch jetzt das erneuernde Entstehen der menschlichen Organisation an und für sich betrachtet von unserm Gebiet ausgeschlossen. Denn die Geschlechtsvermischung zum Behuf der Erzeugung ist freilich ein sittliches Element, die Erzeugung aber als unabhängig vom Willen ist keines. Und daß die Anordnung der Geschlechtsverhältnisse eine sittliche Aufgabe ist, und Abnormitäten in der Bildung eines neuen Geschlechtes Folgen sein können von Mängeln an irgendeinem sittlichen Ort, versteht sich von selbst. Aber an und für sich betrachtet liegt das Entstehen neuer Organisationen außerhalb unseres Bereichs. Mag sich die geistige Kraft bei der Entwicklung der Organisation im embryonischen Zustande verhalten wie es auch sei: das gewordene intelligente Einzelwesen tritt in unser Gebiet erst ein, wenn es ans Licht tritt, und so wie es dann schon, uns unbewußt, geworden ist. — Eine ähnliche Bewandtnis hat es noch mit einer andern dort aufgestellten Behauptung, daß nämlich dem Menschen gebühre, in dem vollkommensten Sinne des Wortes Gattung zu sein, so nämlich, daß jeder einzelne nicht nur durch seine Stellung in Raum und Zeit von allen andern verschieden ist, sondern auch auf rein geistige Weise als eine eigentümliche Modifikation der, wenngleich in allen selbigen, Intelligenz. Denn man könnte denken, alle Sätze, auf welche diese Voraussetzung Einfluß hat — und dieser erstreckt sich, wie wir sehen werden, durch das Ganze hindurch — wären für diejenigen verloren, welche geneigt sind, eine anfängliche Gleichheit unter allen Menschen anzunehmen und alle Verschiedenheiten nur aus den äußeren Verhältnissen zu erklären. Wir können auch dieses streitig lassen; denn das wird nicht geleugnet werden dürfen, daß die Hauptzüge des eigentümlichen Daseins schon festgestellt sind, ebensogut als ob sie angeboren wären, ehe der einzelne seinen eigenen Ort in der sittlichen Welt einnimmt, so daß wir ihn auffordern, sich diesen Ort nach Maßgabe jener zu suchen und zu bestimmen. Wir können daher beides zusammenfassen in eine und dieselbe Voraussetzung, daß immer schon die Vernunft in der menschlichen Organisation gegeben sein muß, wenn das höchste Gut werden soll, und daß immer schon eigentümliche Natur gegeben ist, durch welche es werden muß.

Um aber den Inhalt unseres Begriffs näher zu ermitteln, ist, soweit dies einerseits von einer Zerteilung der Vernunfttätigkeit ausgehen muß, dort nichts weiter angedeutet, als daß sie in zweierlei zerfalle, daß alles Sein in Bewußtsein aufgenommen, und daß allem Sein das Wesen des Geistes eingebildet werde. Wenn hierdurch auf der einen Seite insofern etwas Vollständiges gegeben ist, als Sein und Bewußtsein dann ineinander aufgehen: so scheint es doch, als ob in der ersten Tätigkeit, durch welche nämlich das Sein in Bewußtsein aufgenommen wird, doch nur das beschauliche Leben, oder vielleicht auch das genießende, von der dritten griechischen Lebensweise aber, der tätigen in der andern Vernunfttätigkeit, welche dem Sein das Wesen des Geistes einbildet, nur der eine Teil, nämlich das eigentlich künstlerische Leben ausgesprochen wäre, das praktische aber gänzlich vernachlässigt. Indes wird dieser Schein der Unvollständigkeit vielleicht verschwinden, wenn wir jene Formeln durch ein paar andere erläutern, in welchen umgekehrt das dort Vernachlässigte vornämlich hervorgehoben wird, und deren Identität mit jenen sich doch leicht nachweisen läßt.

Ist nun das lebendige Sein der Vernunft in der Organisation der schon immer vorausgesetzte Punkt, die Gesamtwirksamkeit der Vernunft aber in allem irdischen Sein der angestrebte: so ist auch alles, was von jenem ersten aus zu diesem letzten hingeht, das Werden des höchsten Gutes. Ein solches Hinübergehen ist aber nur möglich unter der Voraussetzung lebendiger Beziehungen zwischen der ursprünglich mit der Vernunft geeinigten Organisation und der übrigen Natur, als welches die physische Grundvoraussetzung für unsern Begriff ist; und das Werden desselben ist nicht anders anzuschauen als durch diese Beziehungen. Wie nämlich anfangs der menschliche Leib ausschließlich mit der Vernunft geeinigt ist, alles andere aber nicht: so tritt dann allmählich dies und jenes von diesem letzten, mittelst jener Beziehungen an den Leib sich anschließend, in dieselbe Verbindung mit der Vernunft, die hierauf mit diesem gleichermaßen auf das übrige wirkt usf. Indem nun die jedesmal schon geeinigte äußere Natur sich zu der noch nicht geeinigten verhält wie die ursprünglich geeinigte Organisation zu der Gesamtheit des irdischen Seins, für welche die Einigung mit der Vernunft angestrebt wird: so ist also jene durch ihre erfolgte Vereinigung auch für die Vernunft organisiert; und die Tätigkeit, welche dieses bewirkt, läßt sich nicht besser bezeichnen, als durch den Ausdruck, die organisierende. In dieser Tätigkeit, wie sie von dem Vorhergeeinigtsein der Vernunft und der Organisation ausgeht, ist die Vernunft ebenso das bewegende Prinzip, als wenn sie es auch schon bei der ursprünglichen Bildung der Organisation selbst gewesen wäre; und die jedesmal schon angebildete Natur verhält sich gemeinschaftlich mit der ursprünglichen Organisation in dieser Tätigkeit so als Organ der Vernunft, als wäre auch die ursprüngliche Organisation eine solche durch die Vernunft als bewegendes Prinzip ihr angebildete Natur. Daher ist das Ende dieser Wirksamkeit, mithin die hierher gehörige Seite des höchsten Gutes, nichts anderes, als das möglichste Organisiertsein der gesamten irdischen Natur für die geistigen Funktionen des Menschen. Wie aber die Vernunft nur in der Organisation gegeben ist, so ist sie auch in dem Gegensatz der Geschlechter und in der Gesamtheit der Einzelwesen aufeinander folgender Generationen gegeben; mithin ist ein Gesamtwirken der Vernunft nur möglich, insofern die in der einen Organisation eingeschlossene Vernunfttätigkeit auch vermag, die in andern Organisationen eingeschlossenen, und zwar als handelnde, mit ihren Wirkungen zu erkennen und anzuerkennen. Die Möglichkeit, jene Seite des höchsten Gutes auch nur als Werdendes zu realisieren, d. h. die Möglichkeit der organisierenden Aufgabe überhaupt, beruht also darauf, daß es Vernunfttätigkeiten gebe, wodurch die Vernunft sich selbst erkennbar macht; sie kann das aber nur in einem andern, mithin auch nur in dem irdischen Sein, in welches sie als menschliche Seele gesetzt ist. Nun ist aber ein gewöhnlicher Ausdruck für dasjenige, worin ein anderes, zumal für das Leibliche, worin ein Geistiges erkannt werden kann, der, daß jenes ein Symbol für dieses sei. Wir werden daher unsere zweite Vernunfttätigkeit füglich durch den Namen der **symbolisierenden** bezeichnen können. Nun ist auch schon das Gattungsleben als solches nicht denkbar, wenn nicht die Vernunft der Eltern in Gestalt und Bewegung der Kinder sich selbst erkennt; und so auch kein Verhältnis gleichzeitiger, wenn sie sich nicht untereinander erkennen. Dieses also ist der Anfang des Werdens für diese Seite des höchsten Gutes; und das Ende wäre dieses, wenn die gesamte Vernunft sich manifestierte in der gesamten Natur, so daß alle Vernunft erkannt würde und alle irdische Natur in diese Kundmachung eingehe. Nehmen wir nun aber beide Tätigkeiten zusammen: so können wir nicht dabei stehen bleiben, daß die organisierende nur bedingt sei durch die symbolisierende. Vielmehr ist nicht nur ebenso die symbolisierende bedingt durch die organisierende; denn die Vernunft muß sich erst in der ursprünglichen Organisation tätig zeigen, das heißt sie sich selbsttätig aneignen, ehe sie in ihr auch nur im mindesten erkannt wird; sondern sie organisiert auch nur zum Behuf dieser vollständigen Anerkennung ihrer selbst in allem ihr vorliegenden Sein. Daher, wenn wir die Frage aufwerfen wollten, ob es außer diesen beiden noch andere Vernunfttätigkeiten gebe, durch welche dem höchsten Gut Elemente zugeführt werden können oder nicht; und wir besännen uns nun darauf, was wohl noch zu verrichten übrig wäre, oder was derjenige noch wünschen könnte, der ganz im Interesse der Vernunft lebt, wenn dies beides vollbracht wäre, daß die ganze Vernunft sich überall manifestierte, und daß alles ihr Erreichbare ihr auch zum Organ diente: so würde, glaube ich, nichts gefunden werden können. Denn nehmen wir z. B. die höchste Entwicklung des Denkens in der Wissenschaft, so ist diese doch durch die Sprache vermittelt, und ist nur die höchste Manifestation der Vernunft in dieser und die Hinwegräumung alles Vernunftwidrigen aus derselben. Ja alles, was wir nach dieser Seite hin als größere Entwicklung ansehen, ist eigentlich doch immer nur Entwicklung der Manifestation der Vernunft in diesem Organ; und ist um so mehr nur so zu betrachten, als wir das Wissen an und für sich als überall eines und sich selbst gleich voraussetzen. — Und nun wird sich uns auch die Ausgleichung zwischen diesen beiden Formeln und den zuerst aufgestellten bald ergeben. Dasjenige nämlich, um hiermit anzufangen, was in den ersten beiden Formeln am meisten vernachlässigt zu sein schien, ist hier vorzüglich wohl bedacht; denn alle Gewerbstätigkeit im Volksleben, sowie alle Staatsverwaltung, geht doch nur darauf aus, die Natur auf das vollkommenste als Werkzeug für den Menschen auszubilden, und alles überhaupt wird hierher zu rechnen sein, worauf die tätige Lebensweise es am meisten anlegt. So wie auf der anderen Seite alles, was wir am meisten Kunst nennen, auf eine solche Belebung der Natur hinwirkt, durch welche am vollkommensten die Intelligenz in ihrem eigentümlichen Wesen erkannt wird. Haben wir also, was sich leicht noch weiter ausführen ließe nichts aufzuweisen was zum höchsten Gut gehörig außerhalb dieser beiden Formeln läge: so müssen auch jene beiden früheren, das Sein ins Bewußtsein aufnehmen und das Bewußtsein dem Sein einbilden, wenigstens in diesen beiden enthalten sein. Aber es ergibt sich auch leicht, daß sie ganz in ihnen aufgehen und sie auch ganz ausfüllen. Denn auf der einen Seite muß das Bewußtsein allem eingebildet sein, woran die Vernunft handelnd soll erkannt werden, und alles, dessen sich die Intelligenz als Organ bedient, kann auch nur daran, daß ihm Bewußtsein eingebildet ist, von dem mit der Intelligenz noch nicht verbundenen Sein unterschieden werden; auf der anderen Seite kann überhaupt die Vernunft sich nur irgendwie an etwas manifestieren, sofern sie Sein ins Bewußtsein aufgenommen; und alles, was sie sich als Organ angeeignet hat, muß auch, indirekt wenigstens, in ihr Selbstbewußtsein auf dieselbe Weise aufgenommen sein, wie die ursprüngliche Leiblichkeit darin aufgenommen ist.

Um aber zu übersehen, wie der Gesamtzustand der menschlichen Dinge, sofern darin das höchste Gut wird, auf diese Tätigkeiten zurückzuführen ist, müssen wir noch zweierlei auch schon Erwähntes mit dem Bisherigen in nähere Verbindung bringen. Das erste ist dieses. Gehört es nämlich zur Vollkommenheit der menschlichen Gattung als solcher, daß jedes organische Einzelwesen auch qualitativ durch seine Mischungs- und Gestaltungsverhältnisse von den andern verschieden sein müsse: so ist auch die Vernunft in jedem schon vor aller sittlichen Tätigkeit mit diesem Eigentümlichen geeinigt; mithin muß auch die nachfolgende Tätigkeit das Gepräge dieser Eigentümlichkeit an sich tragen. Demohnerachtet aber bleibt die Vernunft selbst in allen eine und dieselbige, und auch diese Selbigkeit muß sich in allen Tätigkeiten offenbaren. Beides ist nun freilich entgegengesetzt; aber es darf nur beziehungsweise, nicht eines das andere aufhebend, sondern sich miteinander verbindend, entgegengesetzt sein. Hierbei bleibt natürlich die größte Mannigfaltigkeit des Verhältnisses vorbehalten, so daß das eine mit dem andern im Gleichgewicht sein kann, oder auch das Eigentümliche an dem Identischen als Minimum und umgekehrt. Sonach wird auch die organisierende und symbolisierende Tätigkeit in allen ihren verschiedenen Beziehungen eine andere sein, wenn überwiegend den einen oder den anderen Charakter an sich tragen. Jede eigentümliche aber ist als solche von den gleichartigen ursprünglich geschieden, die identische hingegen auch mit den andern einzelnen ursprünglich eines; mithin kann es eine Gesamtwirkung der Vernunft als einen Inbegriff aller Tätigkeiten nur geben unter der Form einer Gemeinschaft der auf jene Art verschiedenen und einer Sonderung der auf diese Art identischen. Das andere ist dieses. Geht alle Vernunfttätigkeit aus von der ursprünglichen, jedesmal vor aller eigenen sittlichen Tätigkeit schon gegebenen Einigung der Intelligenz mit der einzelnen Organisation; und ist sie in dem Begriff des höchsten Gutes ein auch äußerlich Vollständiges, sofern abgeschlossen auf dem Umfang unseres Weltkörpers: so muß es auch, weil äußerlich jedes Einzelwesen von dem anderen geschieden ist, eine ursprüngliche Gemeinschaft des Geschiedenen, und weil an und für sich das Verhältnis der menschlichen Organisation zur Erde nur eines und dasselbe ist, eine ursprüngliche Scheidung dieses Identischen geben. Jene erfolgt vermittelst der Art, wie das Einzelwesen wird durch Erzeugung; denn die Gleichheit der Abstammung ist eine ursprüngliche Gemeinschaft der als Einzelwesen ursprünglich Geschiedenen. Die ursprüngliche Scheidung des Identischen ist gegeben in der klimatischen Differenz der verschiedenen Regionen des Weltkörpers, vermöge welcher auch die menschliche Organisation sich differentiiert in allen den verschiedenen Funktionen, durch welche die Vernunfttätigkeit hindurchgeht. Dieses zusammengenommen ist also die schon gegebene Naturbedingung, vermittelst welcher das höchste Gut als Gesamtwirkung der Vernunft unter der Form von Sonderung und Gemeinschaft innerhalb dieses Naturganzen unseres Weltkörpers möglich ist; so daß das Maximum des Verhältnisses der menschlichen Organisation zu dem Weltkörper selbst das Maß desselben ist. Wird nun das höchste Gut in dem Inbegriff von einzelnen Gütern, welche nur als Abbilder von jenem an diesem Namen teilnehmen: so wird auch das höchste Gut nicht nur die Nebeneinanderstellung, sondern auch die Gemeinschaft von diesen sein müssen, jedes einzelne also auch als Abbild des Ganzen zwar ein Abgeschlossenes, aber als die Gemeinschaft mit den Gleichartigen sich vorbehaltend nur ein beziehungsweise Abgeschlossenes. Jedes beziehungsweise für sich bestehende Naturganze aber, in welchem, als einem Bestimmten und Gemessenen, die sich selbst gleiche und überall selbige Vernunft zu einer Besonderheit des Daseins wird, als zugleich Mittelpunkt einer eigenen Sphäre von Vernunfttätigkeiten und deren Wirkungen, zugleich aber auch Gemeinschaft anknüpfend, nennen wir eine Person; und jeder die Gegensätze in sich vereinigende Inbegriff von Tätigkeiten ist nur ein Gut und ein Ort innerhalb des höchsten Gutes, insofern ihm in diesem Sinn eine Persönlichkeit zukommt.

Es wird in dem Umfang dieser Abhandlung nur noch möglich sein, in Beziehung auf das eben Gesagte den Inhalt der beiden wesentlichen Vernunfttätigkeiten ihren ersten Grundzügen nach darzulegen. Dies kann freilich manchen Sätzen den Schein geben, als knüpften sie nicht genau an, und wären also auch nicht hinreichend begründet; allein dieser würde bei einer genaueren Ausführung, die aber ein jeder leicht selbst ergänzen kann, unfehlbar verschwinden. Betrachten wir zuerst die organisierende oder anbildende Tätigkeit, und zwar überwiegend unter dem

Charakter, wie sie überall und in allen dieselbige ist: so kommt auch schon die Ausbildung der Leiblichkeit eines einzelnen für die Vernunft nur in der Gemeinschaft der Generationen, wodurch sich also die Familie als der ursprüngliche Ort dieser Tätigkeit bewährt, zustande, und zwar als zusammengesetzt aus Angeerbtem oder Mitgeborenem und Eingeübtem. Handelt dann der einzelne in der Familie oder die aus solchen einzelnen bestehende Familie auf die noch nicht angebildete Natur: so wird jede solche Handlung etwas zu dem Organismus der Intelligenz hinzufügen; aber nur soweit wird dies ein und derselbe Bildungsprozeß sein, als die bildende geistige Natur dieselbe ist, und auch allen dieselbe zu bildende leibliche Natur zugewendet. Soll aber dieses Gebiet ein Gut sein: so dürfen nicht nur die einzelnen gleichmäßig nebeneinander bilden, sondern ihre bildenden Tätigkeiten müssen sich aufeinander beziehen, mithin der Prozeß ein gemeinschaftlicher sein. Nun ist jede naturbildende Tätigkeit, sofern sie an die Persönlichkeit anreiht, **Erwerbung**, und das Resultat **Besitz**; teilweise Aufhebung des Besitzes für die Gemeinschaftlichkeit des Bildungsprozesses ist **Verkehr**, und gegenseitige Bedingtheit beider, der Erwerbung und der Gemeinschaft durcheinander, ist der **Rechtszustand**. In der Einheit des höchsten Gutes ist also notwendig zu setzen ein über die ganze Erde verbreiteter Rechtszustand. Wäre jedoch dieser nur ein gleichmäßiges Verhältnis jedes einzelnen zu allen oder jeder Familie zu allen, nur in seiner Fruchtbarkeit verschieden nach Maßgabe ihrer Entfernung voneinander: so wäre nirgend bestimmte Sonderung, indem es alsdann kein anderes für sich bestehendes Naturganze gäbe, als die Familie; diese aber muß auf den Gesamtumfang der Vernunfttätigkeit bezogen als ein unendlich Kleines verschwinden, so daß das Ganze nur als ein Aggregat aus unendlich kleinen verschiedenen Elementen, mithin chaotisch erschiene. Gehen wir aber den schon gegebenen Naturdifferenzen nach: so finden wir von der klimatischen Verschiedenheit aus in jeder Volkstümlichkeit ein durch Identität der Abstammung und durch Zusammengehörigkeit des Eigentümlichen relativ abgeschlossenes Bildungsgebiet, mithin auch für das Verwandtere einen bestimmt gebundenen und von dem Fremden bestimmt gesonderten Rechtszustand, gleichviel ob unter der loseren Form einstimmig anerkannter Sitten und Gebräuche oder unter der festeren des Gesetzes und der bürgerlichen Ordnung. Innerhalb dieses Ganzen nun finden wir, daß in der Familie der Gegensatz von Besitz und Gemeinschaft sich für ihre einzelnen Glieder verliert, außerhalb der Volksbegrenzung aber erscheint ein die Gemeinschaft der Völker repräsentierendes, eben deshalb aber, verglichen mit jenem, auch nur vereinzeltes und zerstreutes Verkehr, sei es nun unter der loseren Form der ungesicherten Zulassung oder unter der festeren des Vertrages.

Gehen wir nun zurück und fassen dieselbe Tätigkeit ins Auge, so wie jedes menschliche Einzelwesen ein eigentümliches, von allen andern verschiedenes ist: so ist auch jedes in seiner anbildenden Tätigkeit ursprünglich von allen andern geschieden und mit den Wirkungen derselben in sich selbst abgeschlossen. Diese Abgeschlossenheit begründet die Unübertragbarkeit des so Angeeigneten. Das schlechthin und ursprünglich Unübertragbare, mit dem Einzelsein des Geistigen unzertrennlich Verbundene ist daher der L e i b. Diese ursprüngliche leibliche Geschiedenheit der Einzelwesen ist aber in der Familie schon zu einer möglichen Gemeinschaftlichkeit vermittelt durch die Identität der Abstammung, indem die Leiblichkeit der Geschwister abgeleitet ist von der Leiblichkeit derselben Eltern. So wie sich diese schon in der Organisation an und für sich zu erkennen gibt durch die Familienähnlichkeit: so gibt es auch in der Familie eine eigentümliche Gemeinschaft der anbildenden Tätigkeit, und die Erzeugnisse derselben möchte ich — im Gegensatz gegen das, was wir nur Besitz genannt haben, worin aber, was im gewöhnlichen rechtlichen Sinn Eigentum heißt, mit eingeschlossen ist — in einem prägnanteren Sinne des Wortes Eigentum nennen, dasjenige darunter verstehend, was beinahe ebensowenig als der Leib selbst ein Gegenstand des Verkehrs sein darf, weil es nicht übertragen werden kann, ohne von seinem sittlichen Wert zu verlieren. Wäre nun jede Familie mit diesem, wir wollen sagen zurückgesetzten, das heißt außerhalb des Verkehrs gestellten, Eigentum gänzlich isoliert: so wären diese Ergebnisse der eigentümlichen Tätigkeit in dem Gesamtumfang des höchsten Gutes nur in einem leeren Nebeneinandersein gegeben, so daß jedes für sonst niemand da wäre; und das will fast sagen, dieser Zweig der Vernunfttätigkeit wäre aus der Einheit des höchsten Gutes ausgeschlossen. Nun aber gibt es auch hier ein größeres Naturganze als das der Familie ursprünglich schon in der Volkstümlichkeit der Organisation, welche, wenn wir sie im großen betrachten, klimatisch bedingt ist durch die Beschaffenheit des Bodens, den ein Volk einnimmt. Daher auch abgesehen von großen geschichtlichen Entwicklungsknoten, welche in ein ethisches Verständnis aufzulösen nicht dieses Ortes sein kann, ein Volk sich nicht trennt von seinem Wohnsitz. Dieser ist daher der allgemeinste Gegenstand der volkstümlichen bildenden Tätigkeit, aus welchem sich die übrigen allmählich entwickeln, und daher auch mehr oder weniger mit ihren Werken untrennbar in dem Boden wurzeln, oder sich der Persönlichkeit und dem häuslichen Leben als gemeinsam charakterisierend anschließen. Allein auch dieses löst für sich noch nicht unsere Aufgabe, indem auch diese größeren Gebiete, so lange sie streng abgeschlossen sind, auch nur nebeneinander bestehen und nicht füreinander, mithin das Eigentümliche noch ganz der Gemeinschaft entbehrt. Aber die allgemeine Selbigkeit der Vernunft, welche durch die Verschiedenheit des Eigentümlichen niemals kann aufgehoben werden, behauptet auch hier ihr Recht; und was nicht auf dieselbe Weise, wie es geworden ist, nämlich als Organ im Verkehr von einem zum andern hinüber wandern kann, das soll sich wenigstens der fremden Intelligenz öffnen, um von ihr, so weit es angeht, ins Bewußtsein aufgenommen zu werden. Das ist die Bedeutung zunächst der **freien**, auf Geschäft und Verkehr nicht bezüglichen Verhältnisse der Geselligkeit, deren Mittelpunkt die Familien sind, sofern sie vorzüglich die Darstellung des Eigentümlichen, und zwar ursprünglich des Eigentümlichen der anbildenden Tätigkeit, wie es überall in dem Innern des Hauswesens zutage liegt, für die gemeinsame Vernunft beabsichtigen, ebenso aber auch der **Gastfreiheit**, sowohl der häuslichen gegen einzelne, welche nicht dem volkstümlichen Kreise der gemeinsamen Eigentümlichkeit angehören, als auch nicht minder derjenigen, welche Völker ausüben gegen einzelne, die als Repräsentanten anderer unter ihnen erscheinen. Und ebenso erklärt sich hieraus das Verlangen, welches von jeher einzelne, mit besonderem geschichtlichen Sinn begabte in die Fremde verlockt hat, nicht um des Gewinns und des Verkehrs willen, sondern um die abweichenden Gestaltungen des menschlichen Lebens kennen zu lernen, und durch diese Kunde das gemeinsame Leben, dem sie angehören, zu bereichern. Auch auf dieser Seite also haben wir an der Familie und dem Volk zwei in verschiedenem Maß für sich bestehende Naturganze, in welchen Abgeschlossenheit und Geselligkeit sich gegenseitig bedingen. Innerhalb der Familie ist das Eigentümliche der bildenden Tätigkeit immer schon von selbst verstanden, und ein Volk öffnet seine eigentümliche Abgeschlossenheit andern in dem Maß, als es schon zu der Voraussetzung entwickelt ist, daß die in allen selbige Vernunft den Schlüssel zum Verständnis jeder eigentümlichen Gestaltung in sich trägt, während die Familien innerhalb des Volks einen unbestrittenen, aber doch durch den Umfang der gemeinsamen Eigentümlichkeit bedingten Anspruch haben an die Anschauung aller besondern Gestaltungen der bildenden Tätigkeit, die der gemeinsamen Eigentümlichkeit untergeordnet sind. Und hierin wäre nun die Beschreibung der anbildenden Tätigkeit vollendet; ja wir können sagen, daß wir schon über sie hinausgegangen sind, denn die letzten hier aufgezeigten Grade scheinen schon mehr zur Manifestation der Vernunft zu gehören. Allein dies ist wegen der gegenseitigen Bedingtheit beider geistigen Funktionen durcheinander weder zu vermeiden noch zu verwundern. Andrerseits aber, wenn wir diese Gemeinschaft der Völker zum Beispiel genauer betrachten: so entsteht sie doch nicht durch diejenigen, die darin nur passiv sind, indem sie sich nicht verschließen, sondern durch die aktiven, die mit jenen anknüpfen; und nur von derjenigen Gemeinschaft ist hier die Rede, welche das Resultat einer im Interesse der bildenden Tätigkeit erfolgten Anknüpfung ist, wodurch diese immer wieder neue Impulse und einen vergrößerten Umlauf erhält.

Ehe wir aber ebenso das Gebiet der symbolisierenden Tätigkeit durchlaufen, muß zuvor bemerkt werden, daß diese Tätigkeit ihre Beziehung nicht nur hat auf das räumliche Zerteiltsein der Vernunft, sofern sie in den zugleichseienden Einzelwesen eingeschlossen ist als deren Seele, sondern auch auf die zeitliche Zerteilung derselben. Denn das zeitliche Leben ist auch seinem geistigen Gehalt nach ein Aggregat von Momenten, die jeder für sich sein würden, wie der geistige Gehalt jedes Tages für sich ist, durch die dazwischen tretende Nacht realiter getrennt von dem vorigen und folgenden, wenn nicht jeder vorige immer wieder aufgenommen würde im folgenden. Dieses Zeitlichwerden und sich als zeitlich Finden und Wiederaufnehmen der Vernunft ist nun ihr Dasein als Bewußtsein. Das Bewußtsein daher in seiner ihm wesentlichen Zeitlichkeit ist das ursprüngliche Symbol der an sich unzeitlichen Vernunft; und die ursprüngliche Aufgabe für unsere Tätigkeit ist also die, daß die ganze Vernunft Bewußtsein werde, eine Aufgabe, die sich, wie in jedem Einzelwesen, so auch in dem Ganzen des menschlichen Geschlechtes nur allmählich realisiert, indem, wenn auch jeder bewußte Moment in den folgenden wieder mit aufgenommen wird, doch der eigentliche Grund niemals zu erschöpfen ist. Diese Seite der symbolisierenden Tätigkeit ist aber von der anderen, die sich der räumlichen Zerteilung zuwendet, nicht zu trennen; was dort das Bewußtsein ist, das ist hier der durch die Leiblichkeit vermittelte Ausdruck des Innern oder die Mitteilung des Bewußtseins. Aber nicht einmal kommt diese als ein Zweites zu dem Bewußtsein selbst als einem Ersten hinzu, sondern ursprünglich schon ist beides eins; denn es gibt keine Form des Bewußtseins, die anders als mit ihrer Leiblichkeit zugleich hervortreten könnte. Der Gedanke wird erst als Sprechen, wenn auch nur als inneres und ebenso innerlich vernommenes, wirklich, vorher ist er noch nicht Bewußtsein; und ebenso ist mit jeder Empfindung schon das Differential einer mimischen, und mit jedem Affekt das einer transitiven Bewegung verbunden. Hieraus erhellt zugleich von vorneherein, wie jeder Moment organisierender Tätigkeit zugleich ein Moment der symbolisierenden wird. Denn jede Tat ist an sich selbst schon Ausdruck der ihr zum Grunde liegenden Willensbestimmung, mithin eines Bewußtseins. Aber ebenso wird auch jeder Moment der symbolisierenden Tätigkeit eine organisierende; denn jedes wirklich gewordene Bewußtsein ist auch, insofern es immer wieder aufgenommen werden kann, ein Organ der Vernunft. Sind nun also gleich beide immer ineinander: so betrachten wir doch mit Recht alle diejenigen Tätigkeiten als symbolisierende, die ursprünglich und hauptsächlich als sich entwickelndes Bewußtsein geworden sind. Das Bewußtsein entwickelt sich aber immer nur in der Gemeinschaft der Einzelwesen, indem ein sich von vorneherein einsam entwickelndes uns nicht gegeben ist, und auch nicht von uns angeschaut werden kann. Auch für diese Tätigkeit also ist die Familie der ursprüngliche Ort; und sowohl in dieser als auch hernach von ihr aus weiter entwickelt sich das Bewußtsein als ein gemeinschaftlich durch Reiz und freien Trieb bestimmtes. Unter dem letzten nämlich verstehen wir das Bestimmtsein der Vernunft durch sich selbst zum Zeitlichwerden, unter dem ersteren den Einfluß, den die Gemeinschaft im weitesten Sinne, also auch nicht nur das Wiederaufgenommensein der eignen früheren Momente, sondern nicht minder auch das Gesetztsein in die alle Gemeinschaft der menschlichen Individuen vermittelnde Natur, auf dieses Zeitlichwerden in jedem Moment ausübt. Betrachten wir nun dieses Werden und Hervortreten des Bewußtseins unter den beiden entgegengesetzten Charakteren, dem einen, vermöge dessen sich darin die in allen Einzelwesen selbige, und dem anderen, vermöge dessen sich darin die in jedem zur besonderen Seele gewordene Vernunft manifestiert: so finden wir beide freilich in keinem einzelnen Erzeugnis gänzlich getrennt, sondern in jedem Produkt des einen ist auch der entgegengesetzte, wenn auch nur auf untergeordnete Weise, mitgesetzt. Denn alles Denken im weitesten Sinne des Wortes, nicht nur den Begriff, sondern auch die Vorstellung, ja sogar das Bild d. h. die Insichaufnahme des einzelnen Gegenstandes darunter begriffen, ist allerdings das Werk der in allen selbigen Vernunft, und eben dieses die Grundvoraussetzung aller geistigen Gemeinschaft. Demohnerachtet aber ist kein einziger Gedanke oder Bild in dem einen ganz dasselbe wie in dem andern, weil das Werden derselben in jedem zugleich vermittelt ist durch seine Besonderheit, und auch diese mit auszusprechen hat. Ebenso auf der anderen Seite ist das zeitliche Selbstbewußtsein jedes einzelnen das, was ihn ausschließlich konstituiert, und deshalb an und für sich schlechthin unübertragbar. Dennoch aber, sofern es naturgemäß auch in der organischen Erscheinung der einzelnen heraustritt, gibt es auch ein Verständnis desselben. Nehmen wir nun auch dieses aus dem vorher Gesagten hier herüber, daß, wenn dieses Werden des Bewußtseins in den einzelnen auch im Sinn der Gesamtvernunft ein Gut sein soll, die einzelnen nicht nur jeder für sich sich nebeneinander als Bewußte entwickeln dürfen, sondern nur in einem wahren Zusammenwirken und Aufeinanderwirken: so setzen wir für die eine Tätigkeit eine Gemeinschaft des Denkens und Sprechens, worin jedoch die Differenz des Produktes, und also auch die Hemmung der Gemeinschaft, ins Unbestimmte zunehmen kann. Auf dem anderen Gebiet hingegen ist die Form der Gemeinschaft die, daß nur die Abgeschlossenheit des einzelnen in seinem besonderen Dasein durch die Manifestation stufenweise aufgehoben wird. Sind also auch hier Produktivität und Gemeinschaft durcheinander bedingt, indem nur so die Vernunft sich als Einheit herstellt aus der Zerspaltung in die Einzelwesen: so fordern wir auch hier eine über die ganze Erde sich verbreitende Wechselerregung und Mitteilung des Wissens, und ebenso eine überall versuchte wechselseitige Offenbarung und Erregung der zeitlichen Selbstbewußtseinszustände, des Gefühls sowohl, das heißt der mehr passiven, als auch der freien Verknüpfung, das heißt der mehr aktiven. Auch für diese wie für die erste Tätigkeit ist zwar die Familie der ursprüngliche Ort; aber auch hier wie dort fallen wir in das Chaotische zurück, wenn die Gemeinschaft nur besteht in dem unendlichen Aggregat der für das Verständnis mannigfaltig, aber unbestimmt gegeneinander abgestuften Familien. Die Richtung auf ein bestimmtes Vereinigen und Absondern in größeren Massen findet nun auf der einen Seite, nämlich der des objektiven Bewußtseins, ihre Befriedigung in derselben ursprünglichen Naturbegrenzung, wie die organisierende Tätigkeit. Denn die Verschiedenheit der Sprachen, durch welche doch allein das Denken sich mitteilt, hängt ohnstreitig zusammen mit der klimatischen und volkstümlichen Verschiedenheit der Organisation. Und wie der menschliche Geist sich als Bewußtsein nur manifestiert in der Gesamtheit der Sprachen: so ist für die Gesamtheit der einzelnen diese Manifestation nur vollendet in der Gemeinschaft aller Sprachen. Je vollständiger also jede alles Sein in ihrem Bezeichnungssystem ausdrückt; und je genauer sich alle anderen Sprachen in jeder einzelnen abspiegeln: um desto vollkommner ist von dieser Seite die Vernunft in ihrer Einheit hergestellt aus der Geschiedenheit der Vereinzelung, und dies ist die hierher gehörige Seite des höchsten Gutes.

Weit schwieriger aber ist es, die Manifestation des Besonderen in seiner Eigentümlichkeit ebenso zusammenzufassen. Doch müssen wir versuchen auch dem Hervortreten des Bewußtseins, sofern sich darin die eigentümliche Besonderheit ausdrückt, seinen Gehalt anzuweisen. Im zeitlichwerdenden unmittelbaren Selbstbewußtsein nämlich setzt das geistige Einzelwesen sich selbst als vereigentümlichend das Gemeinsame, oder als verallgemeinernd das Besondere, indem es besondere Seele in jedem Moment nur als Vernunft wird, und als in der symbolisierenden Tätigkeit begriffen zugleich die Einheit des Seins und Bewußtseins oder das absolute Schlechthinige in sich trägt, das heißt, es prägt sich aus als sittliches und frommes Bewußtsein. Und wie Zeitliches nicht ohne Ungleichheit ist, auch hierin also Ungleichheit sein muß: so bezeichnet es sich selbst als in dieser Funktion mehr oder minder gefördert oder gehemmt. Aber wie dieses höhere Leben sich in jedem Einzelwesen erst aus den mehr animalischen Zuständen entwickelt: so wird es auch nur zugleich, indem es diese ergreift und beherrscht; und diese selbst geben die unmittelbarste Kunde von ihm. Daher ist es ein und dasselbe Gebiet, in welchem die sinnlicheren und die geistigeren Lebenszustände der einzelnen als mehr oder weniger eins füreinander mitempfindbar und erregend sind; und die Kunst, welche hier ihren eigentlichen Ort hat, vermittelt in ihren verschiedenen Verzweigungen die Gemeinschaft des Daseins für diese ganze Gebiet. Denn nur in dem, was wir ein Kunstwerk nennen, verallgemeint das einzelne Leben seine Besonderheit vollkommen, oder vereigentümlicht die in allen selbe Geistigkeit auf das bestimmteste. Aber wie diese sittliche Funktion ganz auf der Besonderheit ruht: so macht sich in ihr auch diese vorzüglich geltend; die Naturbegrenzungen treten hier mehr zurück, und überall tritt zunächst die Form des wahlverwandtschaftlichen Anschließens an Einzelwesen hervor, die auf eine ausgezeichnete Weise in das Geheimnis einer dieser Symbolisierungen eingedrungen sind. Diese Konkretionen sind es, die wir Schulen nennen; sie sind ursprünglich einheimisch in der Kunst, aber auch in der Wissenschaft repräsentieren sie den untergeordneten Einfluß des Individuellen. Und hier wie dort teilen sie auch die Vergänglichkeit des individuellen Lebens; denn ihr Zusammenhang kann nur noch eine Zeitlang fortdauern, wenn derjenige nicht mehr einwirkt, der ursprünglich mit seiner anbildenden Kraft in die Masse einschlug. Diese Dauer erweitert sich nach dem Maß der Kraft des zentralen Individuums; aber nicht in dem Gebiet des Ausdrucks und der Darstellung, also nicht in irgendeinem einzelnen Kunstzweig, sondern nur für die innere Seite der Aufgabe, alle Zustände des Einzellebens mit dem schlechthin höchsten Bewußtsein zu durchdringen, läßt sich denken — vorausgesetzt, die Vernunft könne als absolut in einem Einzelwesen leben — daß ein solcher auch einen zuletzt das ganze Geschlecht dominierenden Lebenstypus hervorrufen könne, und durch diesen wahlverwandtschaftlichen Zusammenhang alle Sonderung für dieses Gebiet aufheben, so daß durch denselben jeder mit jedem vermittelt ist. Auf der andern Seite bleibt allerdings der Ausdruck, ohne den auch das geistigste Selbstbewußtsein nicht kann aus sich herauswirken und mitgeteilt werden, — sei es nun der am meisten sinnliche und unmittelbare durch die bewegte Leiblichkeit in Ton und Gebärde, oder der durch Zusammenstellung von Bildern und durch Folgen von Gedanken — immer abhängig von der Verwandtschaft der Organisation und der Sprache; und so bleibt, wenn die Kunst in allen ihren Zweigen wesentlich volkstümlich ist, auch die Religion, die sich nur durch die Kunst ausdrückt und mitteilt, mehr oder weniger hierdurch bedingt. Aber es liegt in der Natur der Sache, daß sich dennoch dieser Teil des höchsten Gutes durch ein ganz anderes Verhältnis von Sonderung und Gemeinschaft unterscheidet von den übrigen. Denn auf der Seite der organisierenden Tätigkeit tritt der Staat durchaus herrschend hervor. In der Volkstümlichkeit der Anbildung und des Rechtszustandes ist die sittliche Befriedigung ursprünglich gegeben; und alles Streben über dieses Gebiet hinaus, sowohl das mehr materielle des Verkehrs, als auch das nach einem dem Rechtszustand wenigstens ähnlichen Verhältnis der Völker, welches das formalere Streben ist, bleibt immer bedingt durch den Staat, und nie könnte die Aufgabe gestellt werden, die Staaten aufzulösen, um eine unbegrenzte Gemeinschaft des Verkehrs zu errichten. Ähnlich verhält es sich mit dem objektiven Bewußtsein. Hier ist freilich die Identität des gedachten, so oft dasselbe vernommen wird, die Grundvoraussetzung, und alle Mitteilung, mithin auch alle Entwicklung des Denkens, ruht auf diesem Glauben: aber er verspottet nur sich selbst, wenn er über die Grenze der Sprache hinausschreitet; und bald wird eingesehen, daß sich das Wissen in jeder Sprache als ein besonderes entwickelt. Zu dem wesentlichen Erkennen verhält sich jedes von diesen nur wie der gebrochene Strahl zu dem Licht an sich; aber das zeitlose wesentliche Erkennen erscheint nur wirklich in dieser Mannigfaltigkeit des Gebrochenen. Darum ist und bleibt das Wesentliche in dieser Seite des höchsten Gutes die möglichst vollständige Entwicklung des Wissens in jeder Sprache. Zugleich aber entspricht dem über die Grenzen des Staates hinausgehenden Verkehr hier die Vielsprachigkeit der einzelnen und die daraus entstehende, immer nur approximative Aneignung des in anderen Sprachen Gedachten. Den Bestrebungen aber, ein Völkerrecht zu gewinnen, entspricht die Richtung auf eine allgemeine Sprachlehre, welche zugleich alle besonderen aus sich entwickelte, und dadurch jede für alle aufschlösse, so daß auch hier die auf die innere Einheit zurückweisende gemessene Mannigfaltigkeit als das Höchste gesetzt ist. Sehen wir nun noch einmal auf die individuelle Seite der organisierenden Tätigkeit zurück: so ist auch dort eine unbegrenzte Gemeinschaft der Anschauung nur als eine leere Möglichkeit gesetzt.

Die Familie schon erschließt andern ihr Eigentum gastfreundlich nur unter der Voraussetzung, daß ihre Eigentümlichkeit verständlich werde aus der gemeinsamen lokalen oder volkstümlichen. Von wo aus aber die Gemeinschaft am meisten gefördert wird auf diesem Gebiete, ob von der öffentlichen Gastfreundschaft aus oder von der der einzelnen, das hängt vorzüglich davon ab, ob in einer Gesamtheit das Privatleben vorherrschend ist oder das öffentliche. In allen diesen drei Gebieten also ist eine Mehrheit bestimmter Gemeinschaftskreise das Festorganisierte, welchen, um eine Seite des höchsten Gutes zu realisieren, nur noch die Richtung sich gegeneinander auch zu vermitteln einwohnen muß, wenn auch in der Wirklichkeit dieser Zusammenhang nur fragmentarisch zustande kommt. Hingegen die Offenbarung der Zustände des höheren Selbstbewußtseins, wenn sie einmal den patriarchalischen Kreis der Familie überschritten hat, strebt sie auch gleich die Gesamtheit an. Gottheiten verschiedenen Ursprungs fließen zusammen, Mythologien bewegen sich, und viele kleinere Kreise werden innerhalb Eines großen vereinigt. Bleiben hingegen Religionen und Kulte mit dem ihnen angehörigen Kunstgebiet in den Grenzen eines Volks und einer Sprache: so scheint das eine Andeutung, daß das persönliche Selbstbewußtsein auch erst von dieser höheren Einheit durchdrungen ist, aber die höchste, die des Seins schlechthin, noch nicht in sich aufgenommen hat. Und so scheint, genauer betrachtet, auch dieses beides in der Tat zusammenzugehören, daß das Einzelwesen sich dieses Schlechthinigen in sich bewußt wird, und daß es auch allen ohne Unterschied zumutet, durch die Offenbarung des Zeitlichwerdens dieses Schlechthinigen in ihm mit aufgeregt zu werden. Daher, wenn wir das Verbundensein verschiedener Völker in Einen Staat nur als einen Durchgangszustand ansehen können, jedes Bestreben aber, einen Universalstaat aufzurichten, für Unsinn erklären; wenn wir ebenso auch den Gedanken, ein einiges System des Wissens trotz der Diversität der Sprache geltend zu machen, als eine falsche Tendenz bald wieder aufgeben: so finden wir es dennoch natürlich, daß jede Religion, die auf einem kräftigen Bewußtsein ruht, auch darauf ausgeht, sich allgemein zu verbreiten. Ja wir sehen hier die Vollendung nur darin, daß wirklich eine derselben in der Weltgeschichte diesen Preis erreiche, wenn sie sich dann auch, was ihre Darstellungsmittel betrifft, wieder auf mancherlei Weise teilen muß; so daß hier offenbar ein umgekehrtes Verhältnis wie dort stattfindet, indem hier nur die Zusammenfassung von allem unter einem als das feststehende gelten kann, und dieser alle Teilung definitiv nur untergeordnet sein darf.

Und alles hier bestimmter Dargelegte ist auch der Inhalt der weniger strengen Ausdrücke, mit welchen die erste Abhandlung schloß. Denn das Himmelreich ist nur als Eine, alle einzelnen gleichsam ineinander auflösende Gemeinschaft des tiefsten Selbstbewußtseins mittelst geistiger Selbstdarstellung in ernsten Kunstwerken gesetzt; aber die Vollständigkeit und bezugsweise dann auch Unveränderlichkeit des Wissens getrauten wir uns nicht ebenso als Einheit, sondern nur in der Wechselwirkung einer nebeneinander fortbestehenden Mehrheit zu denken. Unter dem goldnen Zeitalter, wie es mythisch der Herrschaft des Menschen über die Natur vorangeht, wird allerdings nur eine Zulänglichkeit derselben für die unentwickelten Zustände des Menschen gedacht. Wir haben aber den Ausdruck genommen, wie er ebenso auch die Beendigung des Kampfes mit der Natur um die Herrschaft bedeuten kann; und es soll darin gedacht werden, daß überwiegend die gestaltende Tätigkeit nur für den gemeinsamen Genuß des sich eigentümlich differentiierenden geistigen Seins in Kunst und Spiel verwendet, alles aber, sofern es dem Bedürfnis dienen soll, nur durch die von dem Wink des Menschen abhängig gewordenen Naturkräfte verrichtet wird. Der ewige Friede setzt eine Mehrheit politischer Vereine voraus, aber unter ihnen Zusammenstimmung und freie Gemeinschaft, um die Herrschaft über die Natur zu vervollständigen und stetig zu erneuern.

Daß aber in diesen Resultaten von der Wirksamkeit der Vernunft in der menschlichen Leiblichkeit nicht sollte das höchste Gut des Menschen auf dieser sich ihn immer wieder zum Herrn gebärenden Erde ausgesprochen, oder in denselben nicht alles enthalten sein, was zu dem aus sich herausgehenden und in sich zurückkehrenden Leben des Geistes in dieser Form gehören kann, dieses auch nur zweifelhaft zu machen, dürfte schwerlich gelingen, außer insofern die Vernunft selbst und ihre Tätigkeit irgendwie geleugnet würde.

Über den Beruf des Staates zur Erziehung.*)

Wir finden überall, namentlich auch, um nur bei dem Nächsten stehen zu bleiben, auf dem Gebiet unserer neu-europäischen Bildung, eine Tätigkeit des Staates in der Erziehung seiner künftigen Bürger. Aber bald ist sie fast zu nichts herabgesunken, bald wieder fast zu seiner wichtigsten Angelegenheit erhoben, so daß er strebt, sich ausschließend dieses Geschäft anzueignen, und auch diejenigen, denen es am natürlichsten obliegt und die ein früheres und größeres Recht dazu zu haben scheinen als er, nur seinen Bestimmungen zu unterwerfen. Wir finden Zeiten in der Geschichte unserer neuen Welt, wo Völker nur dadurch aus einer langen Dumpfheit und Roheit zu erwachen scheinen, daß ihre Regierung die Zügel dieses wichtigen Geschäftes in die Hand nimmt und durch andere Mittel in dem jüngeren Geschlecht die gewünschten höheren Kräfte aufzuregen sucht, welche das ältere auf dem gewöhnlichen Wege der häuslichen Erziehung deshalb nicht zu erwecken vermag, weil sie in ihm selbst nicht vorhanden oder erstorben sind. Aber es zeigt sich hier und da wohl auch

---

*) Gelesen in der Plenarsitzung der Königlichen Akademie der Wissenschaften am 22. Dezember 1814. Jonas.

das Entgegengesetzte, daß Völkern eben dadurch das Joch der Knechtschaft erschwert und verlängert wird, daß die Regierung mit gleich ehernem Zepter auch die Scharen der Unmündigen regiert und gewaltsam hindert, daß sich irgend etwas anderes in ihnen entwickele, als die Fertigkeit, dasjenige am angestrengtesten zu tun und am geduldigsten zu leiden, was ein vielleicht tyrannischer und dem innersten Geiste des Volkes ganz fremder Wille sie will tun und leiden machen. Wenn in Fällen der ersten Art jeder Menschenfreund sich freut, das große Geschäft der geistigen Entwickelung in einem größeren Stil betrieben und es schneller gedeihen zu sehen, als ohne Hinzutreten der öffentlichen Gewalt möglich wäre, und wenn die einzelnen Stimmen, welche sich vielleicht warnend erheben, daß auch hier zwar ein Nützliches sei, aber ein solches vielleicht, das doch nicht könne für gerecht gehalten werden, und also auch zu besorgen stehe, das ungerechte Gut werde nicht gedeihen, und die im Treibhaus des Staates erzwungene Bildung werde eben deshalb nicht Früchte tragen, weil der Segen der Erziehung nur da sei, wo das natürliche Recht dazu sich finde, und weil der Mensch sich nur das lebendig aneigne, wozu der Grund gelegt werde in dem Heiligtume des väterlichen Hauses, oder was wenigstens mit der väterlichen und mütterlichen Wirksamkeit zu seiner Ausbildung in freier und unmittelbarer Übereinkunft stehe, wenn diese Stimmen, sage ich, in einem solchen Falle tadelnd nur als Vorurteile gewürdiget werden, welche das Alte beschützen wollen, oder als Eigensinn der Theorie, über welchen das Leben sich hinwegsetzen muß: so sind die Fälle der zweiten Art mehr geeignet, die Frage zur Sprache zu bringen, ob es denn in der Natur der Sache liege, daß der Staat auch das Geschäft der Erziehung beherrsche und ordne, und inwiefern. Denn besonders, wenn die Tyrannei mit ihrem erstickenden Gewicht auf der ganzen Masse eines unglücklichen Volkes lastet, beruhigen wir uns nicht leicht nur damit, daß eben jede einzelne gewalttätige Unternehmung ein Mißbrauch sei der an sich rechtmäßigen Gewalt, sondern wir forschen genauer, ob auch überall ein Recht da sei, welches gemißbraucht werden könne, und ob nicht wenigstens dieses Recht nur mit seinem bestimmten Maße zugleich könne gedacht werden, denn wir wünschen, daß die Ausweichung nicht nach Belieben auch als ein Irrtum könne angesehen werden, sondern daß sie sich notwendig als ein vollkommenes und bewußtes Unrecht darstellen müsse. Wir selbst und die meisten andern deutschen Stämme, und die vielen slawischen von den Sprößlingen deutscher Fürstenhäuser regierten Völker befinden uns in dem glücklichen Falle eines seit mehreren Geschlechtern fortwirkenden höchst förderlichen Einflusses der Regierung auf die Erziehung des Volkes, und je mehr jedermann und besonders die Freunde und Beförderer der Wissenschaft hieran teilnehmen, je mehr wir uns mit Untersuchungen beschäftigen über die besten Methoden, nach denen die Regierung ihre Absicht verfolgen müsse, das Volk durch die Erziehung zu veredeln: desto mehr scheint uns die andere Frage, worauf denn das Recht des Staates beruhe, sich das Geschäft der Erziehung anzumaßen, entweder sehr unnütz oder auch völlig abgemacht. Indem ich sie wieder zur Sprache bringe, will ich mich also zunächst halten an das Interesse für den vorliegenden Fall, wieviel tiefer noch nämlich das französische Volk würde gesunken sein, wenn nur ein paar Geschlechter lang das napoleonische Erziehungssystem wäre durchgeführt worden; daran sich dann leicht die Vermutung schließt, ob nicht auch die Irrtümer, denen reine und wohlwollende Regierungen bei ihrem Einfluß auf die Erziehung wie alles Menschliche ausgesetzt sind, doch weniger gefährlich sein werden, wenn man mit der Quelle, aus welcher der Beruf des Staates zur Erziehung entspringt, auch das Gebiet erkennt, worin derselbe eingeschlossen ist: und so kommen wir darauf zurück, daß auch wohl jene einzelnen Stimmen eine Wahrheit haben mögen, welche sich gegen den Einfluß des Staates auf die Erziehung im allgemeinen erklären, eben inwiefern er sich als einen allgemeinen will geltend machen. Die Aufgabe selbst, auf die es ankommt, wäre also diese, aus den Gründen, worauf der Beruf des Staates zur Erziehung beruht, auch die Grenzen dieses Berufs zu erkennen. Und wenn die Praxis sagen möchte, die Auflösung ergebe sich jedesmal von selbst, indem doch nirgend der Staat den Beruf der Eltern zur Erziehung aufhöbe und beide Teile sich immer den Umständen nach darüber verständigten: so kann die Theorie sich nicht dabei beruhigen, die Sache auf ein solches Geratewohl auszusetzen, zumal in ihrem eigenen Gebiet schon ganz entgegengesetzte Ansichten, welche die Teilhabung des einen von beiden völlig ausschließen, vorgekommen sind. Denn bekannt ist die platonische Theorie, nach welcher die Kinder schon von Geburt an Kinder des Staates sind, und die persönliche Beziehung ganz in Schatten gestellt, ja möglichst ignoriert und verborgen gehalten wird, so daß eigentlich alle Mütter nur Ammen und Kinderfrauen, und alle Väter nur Vormünder und Versorger sind. Und schön und lachend, ja man kann sagen, das festeste Bollwerk der persönlichen Freiheit und der individuellen Entwickelung, ist auf der andern Seite die Theorie, daß das Haus, nicht freilich als Werkstatt, aber als Sitz der Familie, das Heiligtum ist, in welches die öffentliche Gewalt unter keinem Vorwande unaufgefordert eindringen darf. Die Kinder sind aber natürlicherweise im Hause, bis wenigstens der Zeitpunkt ihrer ersten Mündigkeit eintritt, und sie anfangen, an den Elementen des öffentlichen Lebens teilzuhaben und sich zur Gründung eines eigenen Hauses vorzubereiten. Wie die erste dieser beiden Ansichten allen selbständigen Einfluß der Familie auf die Erziehung aufhebt, so die andere allen ursprünglichen Einfluß des Staates. Zwischen beiden also liegen alle andern beides verbindenden Theorien und die gesamte Praxis, die, da niemals eines von jenen beiden Extremen ist realisiert worden, auf verschiedene Weise sich hier dem einen und dort dem andern nähert. Meine Absicht geht eigentlich nur dahin, eben diese mannigfaltige Praxis der Staaten nicht als ein unbestimmt Fließendes aufzufassen, das sich nur durch Willkür und Zufall hier so, dort anders gestaltet, sondern bestimmte Hauptzüge in diesen verschiedenen Gestaltungen und Gründe dazu nachzuweisen. Ich will weder Vorschriften geben, wie weit der Staat seinen Einfluß auf die Erziehung ausdehnen soll und wohin nicht, noch historische Untersuchungen anstellen, weshalb in dem einen Staat und zu der einen Zeit diese Ansicht geherrscht habe, anders aber eine andere: sondern zwischen diesen beiden Aufgaben schwebend möchte ich nur ein Fachwerk aufstellen für diese Untersuchungen, um nämlich die Staaten selbst und die Gesichtspunkte, von denen sie haben ausgehen können, zu klassifizieren, und damit zugleich ein Mittel zur Verständigung über die verschiedenen Theorien, wie nämlich die eine vielleicht unter solchen Umständen anwendbar sein könne, und die andere unter anderen. Hierzu weiß ich aber kein anderes Verfahren als dieses. Staat und Erziehung sind zwei Begriffe, welche an und für sich nicht zusammenfallen; denn der Staat ist ein Verhältnis der erwachsenen Menschen unter sich, und in dem Begriff liegt keine Beziehung darauf, woher die Erwachsenen kommen; und Erziehung ist ein Verhältnis der Generationen unter sich, indem die eine erzieht und die andere erzogen wird, und die Erziehung kann sehr gut gedacht werden ohne den Staat und vor ihm. Auch würden wir zu hoch steigen müssen und uns zu weit entfernen von der Wirklichkeit der Dinge, wenn wir zu einem gemeinschaftlichen höheren Begriff aufsteigen wollten. Also bleibt nur übrig, daß wir beide als außereinander betrachten und fragen: Gibt es etwas und was gibt es im Staat, wodurch er von der Erziehung viel oder wenig an sich reißt? und gibt es etwas und was ist es in der Erziehung, wodurch sie dem Staat oder einer bestimmten Vorrichtung desselben anheimfällt? Bestätigt und bestimmt sich gegenseitig, was wir von beiden Punkten aus finden: so werden wir dann wenig gegen unsere Untersuchung einwenden können.

Freilich scheint hier unser Vorhaben gleich anfänglich in die Unendlichkeit sich ausdehnen zu müssen, wenn doch das erste, was wir gebrauchen, ein Begriff ist vom Staat, dieser aber noch ganz streitig ist unter denen, welche über diese Gegenstände philosophieren. Wo träfe man aber nicht auf dieses Übel, wenn man aus irgendeinem Gebiet der realen Wissenschaften einen einzelnen Gegenstand der Untersuchung herausnimmt? Mit den ersten Schritten ist man bei den Prinzipien, und somit auch auf dem Gebiet eines unendlichen Streites. Und vielleicht können wir ein Großes gewinnen mit einem einzigen Schritte. Man kann nämlich die verschiedenen Begriffe vom Staat wohl auf zwei Klassen zurückführen. Die eine ist die negative, indem nämlich als das eigentliche handelnde Prinzip auf diesem ganzen Gebiet des gemeinsamen Lebens der Trieb und die Willkür der einzelnen gesetzt wird, und der Staat nur das Nebeneinanderbestehen dieser Triebe und Freiheiten sichern und den Mißbrauch verhüten soll. Einem Staate, der ein solcher sein will, ziemt es offenbar nicht, sich der Erziehung anzumaßen; oder wenn er es tut, so darf es nur interimistisch sein, weil er nämlich sein Geschäft noch nicht hinlänglich versteht, und er verspricht aufzuhören mit der Erziehung, sobald er selbst wird weiter fortgeschritten oder besser erzogen sein. Denn ein solcher muß auch die Freiheit der einzelnen als die eigentlich positive Kraft, der er dient, möglichst wenig beschränken; und wie barbarisch müßte er sein, wenn er nicht sähe, daß eben dieses eine der teuersten und genußreichsten Äußerungen der Freiheit ist, wie die Eltern ihre Kinder sich anbilden und ihr innerstes Dasein in ihnen zu vervielfältigen suchen, und daß er seinem Beruf wenig entspricht, wenn er zwar seinen Untertanen möglichste Freiheit lassen will in ihrem Verfahren mit den Dingen, mit denjenigen aber, die ihnen ja viel eigentümlicher angehören als irgend Dinge, welche sie um sich versammeln können, wolle er sie nicht verfahren lassen nach der Lust ihres Herzens und nach ihrer Vorstellung von ihrem eigenen Vorteil. Darf ihm gleich ein wenig bange sein, daß bei so ungestörter Freiheit in der Erziehung viele Menschen ganz verdorben würden für das ganze: so darf er sich doch nur vorbehalten ihr Verderben, wenn es sich hernach auf eine strafbare

Weise äußert, alsdann zu zügeln und zu lähmen, und muß vertrauen, daß doch menschlicher Wahrscheinlichkeit nach auf diesem Wege jedes künftige Geschlecht nicht nur nicht schlechter werde dargestellt werden als das vorige, sondern auch daß seine Untertanen bei möglichst freiem Verkehr und ungestörtem Gedankenwechsel schon von selbst zu einer bessern Erziehung gelangen werden. Freilich kann es ihm bequemer sein, die Menschen sich zahmer zu erziehen, als die Roheit, welche besser verhütet worden wäre, hernach durch Strafen zu bändigen. Aber diese Bequemlichkeit ist ihm nicht erlaubt; denn mit demselben Recht müßte ihm auch manches andere bequemer gewesen sein, zu bilden und positiv zu bestimmen als bloß zu verwahren und abzuwehren; und er würde hier auf dem entscheidenden Punkt umkehren und aus einem negativen ein positiver werden. Soll er sich also treu bleiben: so muß ihm seine Strafgesetzgebung nach innen zu alles sein; durch diese muß er allem zu steuern wissen, und dabei alles Falsche und Mangelhafte der Erziehung ruhig gewähren lassen. Ganz anders freilich ist es, wenn der Staat selbst nicht bloß als eine hemmende, sondern als eine selbst hervorbringende, bildende, leitende Kraft angesehen wird; und diese Voraussetzung sieht nicht aus, als wenn wir sie ebenso mit einem Strich abmachen könnten, sondern als käme es darauf an, was nun der Zweck des Staates sei, um zu bestimmen, wie nahe demselben die Erziehung liege oder wie fern. Doch vielleicht können wir auch so um die schwierige und hier nicht füglich auszumachende Frage über den Zweck des Staates herumkommen, wenn wir uns gefallen lassen, diesen Zweck ganz allgemein zu setzen, daß alles, was der Mensch auf Erden zu tun hat, durch den Staat solle hervorgebracht werden, und er die Gesamttätigkeit des Menschen bilden und leiten. Dann würde die erste und strengste Form sein, daß der Staat alles, was er hervorbringen soll, selbst täte, alle einzelnen aber nur mechanisch in seinem Dienste wären. Nächstdem aber ließe sich auch denken, daß er die einzelnen zu demjenigen, was getan werden soll, erziehe und unterrichte, wenn dieses überhaupt möglich ist, damit er der mechanischen Korrektion und Aufsicht im einzelnen überhoben sei. Man könnte auf diese Weise sagen, daß für einen solchen Staat alles andere nur Sache der Not sei und zwischen eintretendes Wesen, die Hauptsache aber, daß er die Menschen für die Geschäfte des Staates erziehe, und habe er dieses vollkommen erreicht: so brauche er es nur gleichmäßig fortzutreiben und könne in demselben Maß alles andere ruhen lassen. Ist nun der Zweck des Staates allgemein: so gehört die Erziehung als eine natürliche Tätigkeit des Menschen auch dazu, und der Staat wird zuerst unmittelbar selbst erziehen, demnächst aber auch einzelne zum Erziehen immer kräftiger und sicherer bilden, und jenes durch dieses allmählich beschränken. Ist aber sein Zweck nicht so allgemein: so bleibt dennoch die Form wesentlich dieselbe, und jeder sieht, daß der Staat zwar, was zu seinem Zweck gehört, unmittelbar selbst tun, zugleich aber darauf bedacht sein werde, die Menschen für das, was in seinem Zwecke liegt, zu erziehen, und daß er nur solange ackerbauen, handeln und mehr dergleichen selbst tun darf, bis er sich ihm und seiner eigentümlichen Natur angemessene Landbauer, Kaufleute und was sonst erzogen hat. Auf jeden Fall also fällt ein Erziehen in den Zweck des Staates; aber auf jeden Fall auch teilt es sich. Ist sein Zweck ein bestimmter: so wird er für diesen teils unmittelbar handeln und teils für ihn erziehen; ist er aber zweckmäßig ganz allgemein: so wird er unter anderem auch unmittelbar erziehen, nächstdem aber besonders die Erzieher erziehen. So daß immer wieder, und ohne sonderliche Rücksicht auf den Inhalt des Staatszweckes, alles ankommt auf das Maß, in welchem die Erziehung sein Geschäft werden kann oder nicht.

Um aber hier alles Mißverständnis zu vermeiden, müssen wir uns wenigstens erinnern, daß der Staat, sein Zweck sei auch, welcher er wolle, eine Gesellschaft sei von Regierern und Regierten, seien es auch dieselben und jeder nur in dem einen

Akt Obrigkeit und in dem andern Untertan, aber ohne diese Form gänzlich ist kein Staat, und man kann nur von demjenigen sagen, daß der Staat es tue, was durch diese Form hindurchgeht. Darüber also, daß das Erziehen eine gemeinsame und öffentliche Angelegenheit sei im Staat, kann wohl überall kein Zweifel sein nach dem obigen; aber wir werden nur im eigentlichen Sinne sagen, daß der Staat erzieht, wenn entweder die Maßregeln und Weisen der Erziehung zwar zunächst im Volk ihren Grund und Ursprung haben, aber von der Regierung entweder modifiziert oder sanktioniert werden, und sie über deren Ausführung wacht, oder noch mehr, wenn sie von der Regierung selbst ausgehen und vom Volke nur angenommen und ausgeführt werden. Nicht aber jedesmal, wenn im Volk eine gemeinsame oder auch öffentliche Erziehung stattfindet, von der aber die Regierung weiter keine Kenntnis nimmt, darf man sagen, der Staat erziehe, auch nicht, wenn die Regierung nur über das Was in Sachen der Erziehung diejenige Aufsicht führt, wie z. B. auch eine protestantische Regierung über die katholische Kirche in ihrem Lande ausübt, sondern dann erziehen immer nur die Regierten, die dann für den Staat nur als einzelne dastehen, wie fest sie auch durch Sitte und öffentliche Meinung an eine gemeinsame Weise mögen gebunden sein. Damit wir nun das Maß finden, in welchem in diesem Sinne dem Staate die Erziehung zusteht, scheint das Ratsamste, daß wir zusammenhalten den Zustand eines Volkes, ehe es Staat geworden ist, mit seinem Zustande unter der Form des Staates, und daß wir fragen, ob sich denn und was in bezug auf die Erziehung dadurch ändere, daß in dem Volke nun der Gegensatz von Obrigkeit und Untertanen herausgetreten ist. Und es scheint wirklich hierbei alles auf die Weise und die Bedingungen dieser Veränderung anzukommen, die Frage hingegen, wie man den Staatszweck zu denken habe, und wie in dem einen Staate dieser, in dem andern jener Teil desselben mehr hervortrete, diese scheint mehr auf die verschiedenen Grundsätze zu führen, nach denen die Erziehung, gleichviel, ob vom Volke oder vom Staat wird geleitet werden, als auf den Umfang, in welchem der Staat als solcher sich ihrer annehmen wird.

Es ist nicht meine Absicht, auf einen erdachten Naturstand zurückzugehen, mag er nun ein feindseliger sein oder nicht, sondern nur auf denjenigen, der uns als unmittelbar an den eigentlichen bürgerlichen Zustand grenzend, wirklich in der Geschichte gegeben ist, nämlich auf den Zustand, da mehrere Familien ohne bestimmte Form einer Verfassung ein sehr ähnliches Leben beieinander leben, mit einem allgemeinen Namen auf den Zustand der Horde. Auch in diesem Zustande lassen sich schon sehr verschiedene Stufen der Bildung denken, und nach Maßgabe derselben eine festere und zusammengesetztere Sitte oder eine losere und einfachere. In dieser sind ausgedrückt die schon gegebenen Regungen des sittlichen und religiösen Gefühls; in dieser erhalten sich die Übungen und Fertigkeiten, welche zu der der Horde eignen Erwerbsweise gehören. In dieser Sitte wächst dann auch auf und übt sich die Jugend, und wird also, wer wollte es anders sagen? wirklich erzogen. Leben die Menschen wie im dürftigen Klima die Grönländer und ihre Verwandten mehr nur nebeneinander: so wird auch die Erziehung mehr der Privaterziehung gleichen. Gibt es dagegen schon ein gemeinsames Leben miteinander und durcheinander: so wird auch jenes Analogon von Erziehung diesen Charakter annehmen und mehr einer öffentlichen Erziehung gleichen. So daß wir jenen Gegensatz schon jenseit des Staates verfolgen können, und er also nicht erst durch diesen entsteht. Wenn nun eine solche Horde schon lange patriarchalische Häupter gehabt, wenn sie schon bisweilen vorübergehend im Kriege oder bei Verhandlungen mit anderen Stämmen unter strengeren Formen gestanden hat, und diese sich nun auf die einfachste Weise in ihr festsetzen und konsolidieren, so daß sie von nun an für sich einen kleinen Staat bildet, gleichviel, unter welcher von den drei Formen er vorzüglich steht, ohne daß sie ihre Lebensweise ändert oder ihre Zwecke ausdehnt: was ist für ein Grund, daß die neuentstandene Regierung sich sollte der Erziehung annehmen? Es wäre dies eine Willkür, die in diesem Zustande nicht denkbar ist. Denn auch das ist nicht denkbar, selbst wenn Reibungen entstehen und innere Unruhen, daß ein einzelner nun aus dem Geleise der Sitte weichen und seinen Kindern eine Richtung geben sollte, welche gegen den Sinn und Geist des Ganzen anginge. Wenn also nicht ein fremdartiges Element hinzukommt, wird alles im vorigen Gange bleiben, und die Erziehung wird daran, daß die Gesellschaft die Form der bürgerlichen angenommen hat, keinen unmittelbaren Anteil nehmen. Sowohl der Charakter der Erziehung wird derselbe bleiben, als auch die Rechte der Eltern über ihre Kinder. Aus dieser einfachen Betrachtung scheint zweierlei zu folgen. Einmal, und dies ist der Hauptsatz, auf welchem alles folgende ruht, da Sitten und Gebräuche in einem Volk überall älter sind als die Verfassung, kann auch dasjenige in der Erziehung, was auf der Sitte ruht, nie, auch in einem folgenden Zustande ebensowenig als in diesem ursprünglichen, als von der Regierung ausgegangen und von ihr erzeugt angesehen werden, sondern dieses ist wohl überall auch in seinen allmählichen Umwandlungen das unbewußte Erzeugnis, freilich nicht der einzelnen als solcher, auch nicht der Weisesten und Kunstverständigsten, denn auch diese können nur allmählich und durch einen unmerklichen Einfluß daran rühren, auch nicht das Erzeugnis des isolierenden Privatlebens, sondern das gemeinsame, aber freie und nur in freier Gemeinsamkeit gedeihende unbewußte Erzeugnis des Volkes. Die Regierung kann es im besten Falle beschützen und sanktionieren, wenn hierzu ein Bedürfnis entsteht, sie kann im schlimmsten Falle dagegen kämpfen und es zu unterdrücken suchen, aber herbeiführen kann sie es nicht. Wenn man nun sagt, die Erziehung sei eigentlich nur die natürliche Äußerung des Selbsterhaltungstriebes der Gemeinheit: so ist damit gerade dieses in der Sitte begründete, sich auf sie beziehende Moment der Erziehung gemeint, und was hier tätig ist, ist also der Selbsterhaltungstrieb des Volkes, abgesehen von seiner Verfassung, nicht der Selbsterhaltungstrieb des Staates und der Regierung. Der Beweis hierzu findet sich überall, wo ohnerachtet vieler Wechsel in der Verfassung das Wesen der öffentlichen Erziehung lange Zeit dasselbe geblieben ist, und wo ohnerachtet die Verfassung ungeändert dieselbe blieb, die Maximen und Formen der Erziehung sich allmählich geändert haben. Zweitens scheint zu folgen, daß, wenn ein Volk, nachdem es diesen ursprünglichen Zustand verlassen hat, vielleicht durch harte Schicksale und schwere Kämpfe hindurch wieder in einen ähnlichen zurückkehrt, ich meine zu einer durchgreifenden und die zufälligen Abweichungen beherrschenden, seine eigentümliche Natur ausdrückenden Sitte, und zu einer nach Verhältnis seines Umfanges genaueren oder weiteren Gleichförmigkeit gemeinsamer Bildung: alsdann auch keine Ursache mehr vorhanden ist, warum die Regierung einen tätigen Anteil an der Erziehung nehmen sollte; sondern dann wird ihr höchstens übrig bleiben, durch die Sicherheit, welche sie der Erziehungstätigkeit des Volkes gewährt und durch die behütende Aufsicht, welche sie darüber führt, ihre Bestimmung zu erkennen zu geben. Weder jene ursprüngliche noch diese wiedererlangte Gleichheit wird eine absolute sein, sondern nach größerem Maßstabe bei der letzten, nach kleinerem bei der ersten, wird sich die Differenz gemeiner und edler Naturen offenbaren. Allein je konstanter und bedeutender diese Unterschiede sind, um so mehr wird von selbst durch das bloße Prinzip der Kohärenz, wie es auch vor dem Staate waltet, das Gleichere sich anziehn, und es werden sich verschiedene Kreise bilden mit einer relativ eigentümlichen Sitte, welche hindern wird, daß in der Gemeinschaft mit den Geringeren die Edleren untergehen. So wie auf der andern Seite das vorausgesetzte herrschende Prinzip der Gleichheit verursachen muß, daß das Gemeinere von dem Höheren immer befruchtet wird, und nicht unter die Fähigkeit der Gemeinschaft heruntersinkt. Bei dieser Verkettung des Allgemeinen und des Besonderen in Sitte und Bildung kann denn auch die Erziehung ohne Schaden ungestört fortgehn. Was hat denn nun den Platon bewogen, der ohngefähr diesen Fall voraussetzt, eine merkliche angeborene aber doch nicht streng angeerbte und also nicht spezifische Differenz seiner Bürger, was hat ihn bewogen, dennoch dem Staat die Erziehung nicht nur ganz in die Hand zu geben, sondern sie auch zum stärksten Motiv für denselben zu machen, in einem Grade, wie es ein pädagogisches Regale nie gegeben hat und nie geben kann? Er hat offenbar ein Mittel gesucht, aber nur ein unausführbares und also schlechtes herausgegriffen gegen das Verderben seiner vaterländischen Demokratien und Aristokratien, deren jene mit demselben Eigensinn wie die Despotien oft ganz gemeine Menschen auf eine Stelle emporheben, die ihnen nie gebühren kann, die letzten aber die äußere Dignität noch festhalten wollen, wenn die innere längst erstorben ist, und der herrschende Stamm seine ursprünglichen Vorzüge längst verloren. Indem der große Mann bei der Idee des Staats beide Gebrechen zugleich heilen will, hat ihn seine Konstruktion auf diesen Punkt geführt.

Setzen wir nun einen anderen Fall, die Horde nämlich gehe nicht durch sich selbst und nicht in sich selbst zur bürgerlichen Gesellschaft über, sondern ergreife selbst eine andere oder werde von einer andern ergriffen, und es entstehe ein Staat aus zwei früheren Gemeinheiten auf ungleiche Weise, so nämlich, daß die eine Horde die herrschende werde und die andere die dienende, welcher Fall auch diejenigen unter sich begreift, daß eine von beiden schon vorher eine bürgerliche Verfassung für sich gehabt habe: wie wird es dann mit der Erziehung werden? Offenbar kann dann nur in einem Falle alles im alten Gange bleiben; wenn nämlich der herrschende Stamm auch von Natur oder durch bildendere Schicksale der edlere in edlerer Sitte gelebt und seine Jugend zu derselben erzogen hat, der unterworfene hingegen zurückstehend hinter jenem roher und ungebildeter erscheint, und indem er seiner Sitte gemäß zu gleichem Zustande seine Jugend erzieht, keine Besorgnis erregt, daß der Eindruck der Ungleichheit zwischen beiden Teilen verschwinden könne. Wozu noch kommen muß, daß der siegende Stamm den unterworfenen auch bei seiner Lebensweise läßt, ihn von seinem Boden und aus seinen Gewerben nicht vertreibt, sondern ihn auf dieselbe Weise wie vorher, nur zu des Siegers Nutzen, fortleben läßt. In diesem und wie es scheint auch in diesem einzigen Falle wird nach einer solchen Zusammenschmelzung jeder Teil seine bisherige Erziehungsweise behalten, und also auch ohne weitere Dazwischenkunft der Regierung wie vorher fortsetzen können. Nur daß diese jede Neigung der Überwundenen, sich in die Sitten der Sieger einzuschleichen und ihre Erziehung nachahmend, ihnen ihre höheren Vorzüge zu entwenden, eifersüchtig bewachen wird. So lange nämlich wird alles so bleiben, als auch die Regierung das Verhältnis beider Teile im Staat gegeneinander nicht zu ändern gesonnen ist. Will sie aber dieses, oder sind die Verhältnisse beider Teile von vornherein nicht völlig so bestimmt: so wird zum Behuf einer solchen heterogenen Zusammenschmelzung auch das Erziehungswesen umgewälzt werden müssen, und diese Umwälzung kann dann nur von der Regierung ausgehen, so daß die Erziehung dann insoweit Sache des Staates werden muß.

Nämlich wenn entweder ursprünglich der unterworfene Stamm eine zu edle Sitte und Bildung hatte für die Lage, in die er bei der Zusammenschmelzung herabgestürzt wird, oder, wenn er sich allmählich nach langer Zeit dem herrschenden genähert hat, und zu besorgen steht, er werde bald an Sitte und Bildung von diesem nicht mehr zu unterscheiden sein, in diesen Fällen wird der Staat in die Erziehung dieses Stammes gewalttätig aber zerstörend eingreifen; er wird dessen Sitte auflösen und die Erziehung unter das Gesetz stellen, wodurch schon großenteils das innere Leben verloren geht und mit beschleunigter Geschwindigkeit die Neigung wächst, sich bei einer mechanischen Behandlung zu beruhigen. Es kann auch sein, daß der herrschende Stamm allmählich sinkt aus gewohnter Trägheit derer, welche andere für sich arbeiten lassen, und dann kann es geschehen, daß unter andern künstlichen Mitteln, ihn in seiner ursprünglichen Stellung zu erhalten, der Staat auch in die Erziehung desselben eingreift. Wie aber? Gegenüber einem unterworfenen Stamme, der im Begriff ist, sich zu heben, wird dies von einer Regierung, die selbst dem herrschenden Stamme angehört, schwerlich auf die rechte Weise geschehen. Denn das Prinzip eines solchen Staates kann nicht schlimmer gefährdet werden, als wenn der Eindruck eines Wetteifers zwischen beiden Ständen entsteht. Also anstatt der verfallenen Sitte und Bildung wieder aufzuhelfen, wozu auch im ganzen wenig Hoffnung ist, wird man durch die künstliche Erziehung suchen, dem gesunkenen Stande neue Vorzüge zu verschaffen, welche der sich hebende weniger geeignet ist, sich zu erwerben. Ich will nicht sagen, es folge streng, aber die Erfahrung lehrt es, und so ist es auch leicht zu begreifen, daß diese Vorzüge dann vorzüglich gesucht werden in der Einpfropfung irgendeines Fremden, das sich in dem allgemeinen Verkehr der Staaten gerade geltend gemacht hat; denn der herrschende Stand, welcher den ganzen Staat nach außen repräsentiert, ist ausschließend geeignet, hiermit zu prunken. Dies ist die eine Art, wie das Fremde in die Erziehung kommt durch die Bestrebungen einer aristokratisierenden Regierung, sie mag nun hierbei mehr als Gesetzgebung wirken, oder mehr als Hof; und dieses ist der zerstörende Beruf des aristokratischen Staates in der Erziehung. Kommt aber beides in einem Moment zusammen, Unterdrückung des unteren Standes durch die Erziehung und falsche künstliche Hebung des oberen: so ist das Verderben vollendet, und nur eine besonders waltende Vorsehung kann verhüten, daß entweder gänzliche Auflösung erfolge oder gewaltsame Reaktion. Denn durch Störung des naturgemäßen Erziehungsganges wird ein Volk in seinen innersten Tiefen erschüttert.

Es kann aber auch geschehen, wenigstens wollen wir den Fall setzen, daß die Regierung eines solchen Staates sich von ihrem ursprünglichen Verhältnis der Angehörigkeit an dessen oberen Stand losmacht und den Staat als wahre Einheit, was er eigentlich noch gar nicht war, ins Auge faßt. Sie strebt dann danach, ohne jedoch zu revolutionieren, daß sie beide Stände einander nähere, und, indem sie dem unteren weitere Schranken öffnet, seine Kräfte vielseitiger für das Ganze benutze und alles in ihm zur Reife bringe, wozu sich die Fähigkeiten in dem bisherigen Zustande vorbereitet haben. Dieses aber kann schwerlich geschehen, wenn nicht an beiden Enden zugleich angefangen wird, bei der eben mannhaften Generation, indem man sie vorsichtig und steigend emanzipiert, und bei der eben heranwachsenden, indem die Erziehung einen Charakter bekommt, der die bisherige beschränkende Sitte weit hinter sich läßt. Indem nun hierbei weder die ursprüngliche Sitte des Standes das eigentlich handelnde Prinzip sein kann, noch auch sein allmähliches Emporstreben, als welches sich kein richtiges Ziel mit Bewußtsein vorzustecken vermag: so muß ein unmittelbares bildendes Eingreifen der Regierung eintreten. Dieses nun ist der Zeitpunkt, wo ein solcher Staat wirklich und notwendigerweise erzieht, ja, wo man sagen darf, daß es ihm nur wohlgehen kann, wenn, um einen platonischen Spruch zu parodieren, die Regenten erziehen oder die Erzieher regieren, und an wen lieber, als an diese, sollten auch wohl die Philosophen den Anspruch abtreten, den sie selbst nicht durchführen können. Denn man kann mit Wahrheit sagen, auf diesem Übergangspunkt von aristokratischer Zweiheit zu wahrhafter Einheit, die dann immer, wenn es auch in der äußeren Form minder heraustritt, dennoch sich monarchisch gestaltet, ist das Erziehen die Hauptsache und selbst wichtiger als das richtige Verfahren bei der allmählichen Eröffnung der inneren Schranken; denn wenn hierbei etwas versehen ist: so wird die Erziehung es leicht wieder gut machen durch die Masse von berichtigenden Einsichten, die sie entwickelt. Hat man aber im pädagogischen Prozeß einen unrichtigen Weg eingeschlagen: so können dadurch die besten und richtigsten Maßregeln der inneren Verwaltung nur unwirksam gemacht und gleichsam Lügen gestraft werden. Ich möchte noch hinzufügen, hat die Regierung in diesem Sinne einmal angefangen zu erziehen: so darf sie auch nicht eher aufhören, bis jener Zustand einer Einheit der Sitte und einer gleichnamigen Bildungsstufe dem Wesen nach beide Stände miteinander vereint, sonst möchte sie das Volk in einem Zustande von Verwirrung und Ratlosigkeit sich selbst überlassen, und das zweite Übel könnte ärger werden, denn das erste.

Einige Folgerungen aus dem eben Dargestellten kann ich nicht übergehen. Große Ähnlichkeit mit dem Verhältnis zweier solcher ursprünglich ungleichartiger Stämme hat in unsern Verfassungen das Verhältnis des Adels zum Bürgerstande. Sollte man nicht sagen können, daß eigentlich die Ausgleichung zwischen beiden mit Sicherheit da beginne, wo beide an demselben Erziehungssystem teilnehmen, und in keiner Beziehung mehr besondere Anstalten getroffen werden einen auszeichnenden Charakter des Adels in dem heranwachsenden Geschlecht weder durch eigne öffentliche Bildungsanstalten noch durch Ausschließung von den nur für den Bürgerstand gestifteten hervorzurufen? Der erste Grund aber zu dieser Vereinigung wird wohl weniger durch die Regierung gelegt, als dadurch, daß die Kirche und der allmählich aus dieser hervorgehende wissenschaftliche Verein von dem politischen Unterschiede beider Stände keine Notiz nehmen. Zweitens scheint zu folgen, daß, wenn irgendwo eine Regierung die Erziehung des ganzen Volkes nach einer solchen Maxime verwaltet, wie die aristokratische Regierung die des niederen Standes, wenn sie fürchtet, er werde dem höheren zu Kopfe wachsen, oder auch, wenn sie ihn sucht in neue, außer seiner ursprünglichen Lebensweise liegende Bahnen zu führen, ohne ihn dennoch höher zu erheben, lediglich seiner Nutzbarkeit halber: so ist sie für vollkommen tyrannisch zu halten dem Geiste nach. Drittens, wenn jemals eine Regierung das ganze Volk so behandelt, wie jene aristokratische den höheren Stand, nachdem er in sich selbst einzusinken angefangen, also, wenn sie pädagogisch am Volke künstelt und schnitzelt und ihm Fremdes einimpft: so will sie einer gewissen allgemeinen Tauglichkeit für die Welt zuliebe, seine Eigentümlichkeit verfallen lassen und verrät wenig Vertrauen zur Sicherheit seines Bestehens. Oder, wenn gar ein Volk, sich selbst überlassen, diesen Weg in der Erziehung einschlägt, so daß die Volksbildung nicht mehr durch eine herrschende Sitte in einer gewissen Gleichförmigkeit erhalten wird, sondern in eine chaotische Masse von Zufälligkeiten und Willkürlichkeiten zerfällt: so leidet das Leben des Volkes in seiner innersten Wurzel, und der tiefste Verfall ist unmittelbar vorauszusehen oder eigentlich ingeheim schon vorhanden, und wird durch Erziehungskünsteleien, die doch kein dauerndes, sich selbst reproduzierendes Leben bekommen, weder verhindert noch gehemmt, sondern nur prächtiger zur Schau getragen werden.

Nun ist noch übrig von der größten Form des Staates zu reden, denn die bisher genannten sind immer nur kleine, wenn nämlich ein Staat im großen Stil sich bildet, plötzlich oder allmählich, indem er eine Menge von einzelnen Stämmen, mögen sie schon eine Verfassung gehabt haben oder nicht, in ein großes Ganzes zusammenfaßt. Ist die erste Erschütterung überstanden: so sucht denn doch jeder Stamm sein eigentümliches Dasein wieder, das Inbegriffensein in die große Einheit gestaltet sich ihm nur zu einer äußern Relation, die alte Sitte und Weise behauptet ihr Recht überall, wo sie nicht durch die nur als äußere gefühlte Gewalt gehemmt wird. In der Sitte hat die Erziehung ihren Halt und reproduziert also mit wenigen Abweichungen noch immer das alte abgesonderte beschränkte Leben des einzelnen Stammes, ohne die Einheit des großen Ganzen in sich aufzunehmen. Der Staat ist so lange eigentlich nur nach außen hin eine Einheit, nach innen aber ebensowenig, als jener aristokratische Staat, sondern nur eine noch zusammengesetztere Vielheit. Es kann nun lange Zeit gehen, zumal bei einfachen politischen Verhältnissen, daß die verschiedenen Teile des Staates nur ein Aggregat bilden und unter sich fast ebensoviel Eifersucht haben, als gegen einzelne Teile anderer ähnlicher Staaten. So lange hat auch die Regierung ebensowenig Ursache, sich in die Erziehung zu mengen, als wenn sie nur mit einem einzelnen dieser Teile zu tun hätte. Aber früher oder später wird eine Zeit kommen, wo sie es fühlen wird, daß es notwendig ist, die Vielheit in eine wahre Einheit umzuprägen, jedem organischen Teile das Gefühl des Ganzen lebendig einzubilden und diesem Gefühl das des eigentümlichen Daseins unterzuordnen, damit nicht die Liebe zum Stamm und zum Gaue, der Liebe zum Vaterlande und zum Volke entgegenstrebe. Wie vielerlei Mittel ihr nun auch hierzu zu Gebote stehen, um die erwachsene Generation zu bearbeiten, sie wird sich doch getrieben fühlen, das Werk zugleich bei der heranwachsenden zu beginnen, weil sie sonst über dem immer zu erneuernden Gebrauch jener Mittel niemals zum Ziel wirklich kommen kann. Nun also beginnt sie sich der Erziehung anzunehmen und auf dieselbe positiv einzuwirken, um die einzelnen Teile einander näher zu bringen, damit sie ebenso zu einem Gefühl ihrer Identität mit dem Ganzen kommen, wie die einzelnen Glieder des Stammes auf dieselbe Weise das Gefühl ihrer Identität mit diesem haben und immer wieder aufs neue empfangen. Es ist auch klar, daß die kleinere Einheit sich dieses Gefühl der höheren nicht aus sich selbst geben kann, sondern daß es ihr von der höheren kommen und diese sich ihr gleichsam innerlich offenbaren muß. Dies muß also ein Werk der Regierung sein, welche in einem solchen Staate von vornherein das Gefühl der Einheit des Ganzen ausschließend hat und es erst allmählich mitteilen kann, und der Staat kann unter diesen Umständen die Erziehung auch nicht in den Händen der Kirche lassen, welche ihr Bestreben, die Menschen zu einer höheren geistigen Einheit zu verbinden, an das persönliche Gefühl des einzelnen und an das allgemeinste Gefühl der menschlichen Natur anknüpft, ohne an der Bildung einer größeren Nationaleinheit einen entschiedenen Anteil zu nehmen. Ebenso klar ist, daß man nicht sagen kann, dieses Gefühl sei im Volke, wenn es auch in allen einzelnen wäre, sich aber nicht fortpflanzte. Es muß also zunächst in der Erziehung sein, und indem es in die erste Periode der Erziehung zurückgeht, worin beide Geschlechter nicht getrennt sind, kann es sich allmählich in ein angeborenes verwandeln. Hat es sich aber erst als ein solches bewährt: so ist auch kein Grund, warum die Regierung länger sollte die Erziehung, die doch von Natur nicht ihr Geschäft ist, dazu machen, und sie nicht vielmehr in die Hände des Volkes zurückgeben. Und so kommen wir auch hier wieder auf die erste Annahme zurück, und finden mit dem Grunde für diesen Beruf des Staates auch zugleich die Grenze desselben.

Dieses also ist meine Antwort auf die Frage: Wie kommt der Staat rechtmäßigerweise dazu einen tätigen Anteil an der Erziehung des Volkes zu nehmen? Dann nämlich und nur dann, wenn es darauf ankommt, eine höhere Potenz der Gemeinschaft und des Bewußtseins derselben zu stiften. Alle andern Motive sind entweder verderblich — und die Regierung setzt sich dann in Streit mit der natürlichen Entwickelung des Volkes, wie in den vorher aufgeführten Fällen — oder sie sind unhaltbar. Deren sind freilich viele beigebracht worden und könnten noch angeführt werden, wenn es lohnen könnte, willkürliche Einfälle zu prüfen, welche immer nur in den Köpfen der Theoretiker gewesen sind, niemals aber die handelnden Personen wirklich geleitet haben. Nur die Frage verdiente noch Berücksichtigung: Wie kann der Staat, wenn er an der Grenze seines Berufes angekommen ist, die Erziehung, die er so lange verwaltet hat, in die Hände des Volkes zurückgeben, ohne wenigstens vorübergehend eine Art von Auflösung und Verwirrung zu verursachen, und wie soll sich überhaupt nach dieser Zurückgabe die Erziehung gestalten? Offenbar kann sie nie wieder eine Privaterziehung werden. Diese muß vielmehr, wenn man nämlich von den Söhnen redet, welche einst mit dem Staate zu tun haben, nicht von den Töchtern, welche immer nur dem Hause anheimfallen, aber von Privaterziehung der Söhne kann, wenn ein wahres Volksgefühl wirklich lebendig geworden ist, nicht mehr die Rede sein, da eine solche nur Willkür ausbrütet und nur in der Sehnsucht nach Willkür oder in dem Mangel an Gemeinsinn ihren Ursprung hat. Also eine öffentliche Erziehung wird sie unter den Betrieb und die Leitung des Volkes selbst gestellt und durch den in demselben herrschenden gleichen Sinn in Gleichheit gehalten. Es kann aber ein großer Staat von der Art, wie wir zuletzt betrachtet haben auf der Stufe, auf die er eben durch die pädagogische Tätigkeit der Regierung gekommen ist, nicht bestehn unter andern ohne eine Kommunalverfassung, welches schon der Augenschein lehrt, auszuführen hier aber nicht der Ort ist. An diese also, die durch ihre Gemeinschaft mit der Kirche und mit dem wissenschaftlichen Verein, dessen Glieder durch sie zerstreut sind, auch intellektuell belebt wird, geht die Erziehung über und bleibt so auch mit der Regierung in dem indirekten Zusammenhang, in welchem alles, was das Volk betrifft, mit ihr stehen muß, nur daß diejenigen, die ihn vermitteln, nicht mehr eigentlich als Staatsbehörde, sondern nur die einen als Vertreter des Volkes bei der Regierung, die andern als Vertreter der Regierung beim Volke anzusehen sind. Auf diese Weise behält auch die Regierung in ihrer Gewalt diesen Übergang, für den sich doch kein Augenblick als der einzig richtige nachweisen läßt, allmählich zu veranstalten, und eben dadurch aller Verwirrung vorzubeugen. — Interessante Untersuchungen historischer Art knüpfen sich hieran, wie nämlich und warum überhaupt hier mehr, dort weniger Gewicht auf die Erziehung gelegt wird, ohne daß die Resultate bedeutend verschieden wären; wie und warum ein Staat eine lange, ein anderer eine kurze Periode eigentlicher pädagogischer Gesetzgebung und Verwaltung des Erziehungswesens durch die Regierung gehabt hat, und ob und wie dieses mit einer mehr ruhigen oder mehr stürmischen Entwicklung des ganzen politischen Daseins zusammenhängt. Diese Untersuchungen aber muß ich zur Seite liegen lassen, indem ich nicht einmal diejenige für jetzt ausführen kann, welche mir eigentlich noch obliegt.

Ich sollte nämlich nun noch von dem Begriff der Erziehung ausgehend ebenso zeigen, ob und wie denn sie vermöge ihrer Natur in den Staat hineinfällt, wie ich an der natürlichen Geschichte des Staats gezeigt habe, weshalb und inwiefern die Regierung sich des Erziehens anmaßt. Diese Untersuchung würde erst dem Resultat der vorigen seinen rechten Inhalt geben und uns zeigen, was denn nun der Staat, insofern ihm das Erziehen obliegt zu tun, und wie er zu Werke zu gehn habe. Allein anstatt dieses zu gleicher Länge mit dem vorigen auszuspinnen, will ich Zeit und Geduld schonen und mich nur auf einige Grundstriche beschränken, aus denen das andere leicht abzunehmen sein wird. Zum Glück nämlich glaube ich, daß ich mich auch hier der schwierigen Frage überheben kann, was die Erziehung sei, deren Beantwortung ja zugleich die Grundzüge eines pädagogischen Systems enthalten müßte. Denn da wir die Sache nur in Beziehung auf den Staat betrachten: so kann ich davonkommen mit einer oben abgeschöpften Beschreibung der Seite der Erziehung, welche dem Staat zugewendet ist. Wenn ich mich nun auf diesen Punkt stelle: so sehe ich aus folgendem, daß es bei der Erziehung vornämlich auf dieses beides ankomme. Ist nämlich die Erziehung vollendet: so wird der Mensch abgeliefert an den Staat als dessen Bürger, d. h. er soll tüchtig sein als lebendiger organischer Bestandteil des Ganzen zu handeln und irgendeine bestimmte Stelle in demselben einzunehmen. Der Staat aber, um als christlicher Bürger eines christlichen Staates zu reden, verlangte bis noch vor kurzem wenigstens, daß zuvor die christliche Kirche ihn als ihr Mitglied sollte angenommen haben, und der Erzieher mußte auch dieses prästieren, wobei zugleich stillschweigend bedungen wurde, daß er in allen Geschäften des Staates als Bürger keines Dolmetschers bedürfe, sondern bei der Sprache des Landes und also auch für sein Teil bei der darin niedergelegten Form und Masse des Denkens hergekommen sei. Hat nun der Erzieher dieses erwiesen, und ist sein Zögling angenommen worden: so kehrt er sich um zu der rein menschlichen Gesellschaft im Staat, und in dem Maß als er selbst sein Werk für gelungen hält und sich etwas darauf zugute tut, empfiehlt er dieser seinen Zögling als eine anmutig ausgestattete eigentümliche Natur im Besitz alles dessen, was in der Gesellschaft geachtet werde, und zwar auf eine eigentümliche Weise. Hieraus nun, wie dieses täglich geschieht, und übereinstimmend, wie sehr man sich über die Erziehung auch streite, sehe ich, daß es auf zweierlei ankommt. Zuerst nämlich, daß der Mensch gebildet werde zur Ähnlichkeit mit den großen Gemeinwesen, in denen er seinem natürlichen Schicksal zufolge leben soll, von welcher Ähnlichkeit wie ihn die Erziehung beim Anfange seines Lebens übernimmt, wenig an ihm zu sehen ist, sondern sie muß hineingebildet werden oder herausgelockt. Dann aber kommt es auch noch darauf an, daß er nicht nur äußerlich ein anderer sei, als jeder andere, sondern ohnerachtet jener Ähnlichkeit auch innerlich, und so in sich selbst eins und unteilbar und nur sich selbst gleich, ganz anders wie die Erziehung ihn empfing als eine weiche und unbestimmte Masse, in der sich nur allgemeine Regungen unterscheiden ließen. Dieses beides nun leistet freilich die eine und selbe Erziehung, aber es scheinen mir doch ihrer zwei Seiten zu sein. Und so wird wohl auch dieses wahr sein, daß wer in der Ausübung der einen begriffen ist, sich über die andere tröstet, welches am besten geschieht durch die Vorstellung des Angebornen. Wer nämlich auf die Entwicklung des freien Eigentümlichen der Natur ausgeht, der wird sich trösten, daß die Ähnlichkeit mit dem Volk und den Glaubensgenossen dem Menschen angeboren sei und sich schon von selbst mit entwickeln werde. Und woran sollte sich auch wohl das Eigentümliche zeigen, wenn nicht an einem Gemeinsamen, denn an nichts kann es sich nicht zeigen. Wer hingegen auf die Hineinbildung des Menschen in den Staat und die Kirche ausgeht, der setzt voraus, jedem sei seine eigentümliche Natur angeboren und werde sich schon mit entwickeln. Beides scheint mir völlig wahr, und ich meine, jedes wird nur dadurch falsch, wenn einer glaubt, das andere sei nicht wahr, und deshalb ganz einseitig wird in seiner Erziehung. Aber wie stehen nun diese beiden Seiten der Erziehung gegen den Staat? Betrachten wir zuerst einen Staat, der noch eine aristokratische Physiognomie hat: so ist der höhere Stand derjenige, der ganz vorzüglich berechtigt ist zu dem Vertrauen, daß ihm die Idee des Staates angeboren sei, und der also auf die Ausbildung der Eigentümlichkeit ausgeht. Derselben Meinung nun ist die Regierung auch, und läßt also den ganz frei, der nach ihrem Sinne handelt. Daher auch in solchem Staat, solange er ein wahres oder falsches Gefühl von Gesundheit hat, die Regierung sich um die Ausbildung ihres Adels wenig kümmert. Der niedere Stand hingegen strebt in dem Gefühl, daß sein Schicksal ihm doch angeboren sei, seine Jugend dem Staat anzubilden und sie ihm dadurch zu empfehlen. So wird denn die Jugend zeitig in die Mannigfaltigkeit der Gewerbe verteilt, von denen bei solcher Ehrfurcht für den Staat auch Künste und Wissenschaften eines zu sein scheinen, und in diesem löblichen Bestreben wird den ausgezeichnetsten Menschen dieses Standes eine eigentümliche Ausbildung ihrer Natur nur als Zugabe, ohne zu wissen wie, und sie besitzen sich selbst in kindlicher und heiliger Unschuld. Dies ist die höchste Glorie des Bürgerstandes in dieser ganzen Periode. Da aber nun diejenigen, welche so erziehen, im Namen des Staates handeln und zu seinem Vorteil: so muß auch die Regierung sie im Auge halten, ob sie auch treu handeln und ehrlich, und dies ist der Anfang und Grund des untergeordneten behütenden Anteils, den die Regierung unter solchen Verhältnissen an der Erziehung nimmt. Will sie aber die Stände gleich machen und ordnet deshalb selbst die Erziehung an: so kann sie nicht von der Voraussetzung ausgehen, daß die Ähnlichkeit mit dem Staate schon angeboren sei, denn sonst würde sie unmittelbar nichts zu tun haben, sondern sie will eben dieses Prinzip erst erwecken und hineinbilden. Die von ihr geordnete Erziehung wird also eine bürgerliche sein, die höhere Ausbildung der Eigentümlichkeit aber wird sie entweder von selbst kommen sehen, oder sie den Bemühungen anderer überlassen. Die Eigentümlichkeit entwickelt sich also entweder mit der allgemeinen Bildung zugleich und durch sie, oder sie entsteht als das Werk des übrigen Lebens und seiner mannigfaltigen Reibungen, oder sie fällt der Privaterziehung anheim, in welche sich dann um so mehr der pädagogische Dünkel flüchtet; denn nichts verleitet mehr zu leerer Selbstgefälligkeit als die Einbildung, diese zarteste Blüte der Natur, mag sie sich nun als Genie in der Kunst und Wissenschaft, oder als charakteristische Anmut im Leben offenbaren, durch künstliche Mittel hervorlocken und zeitigen zu können, ein Abweg, auf welchen die öffentliche Erziehung, eben weil sie nur in großen Massen arbeitet, zum Glück niemals verfallen kann.

Es wäre nun freilich noch mehreres auf dieselbe Weise auszuführen, vornämlich, wenn die Erziehung teils einen negativen Charakter hat, teils einen positiven, auf welcher von beiden Seiten der Beruf des Staates liegt; ferner, wenn irgendwo der Unterricht von der Erziehung getrennt als Gewerbe auftritt, das einzelne treiben, ob auf dieselbe Weise oder auf ganz andere eine Aufsicht des Staates darauf stattfindet, und ob diese aus demselben Prinzip wie sein Beruf zur Erziehung herfließt, welches letztere freilich besonders unsern Gegenstand ins Licht würde gesetzt haben: allein ich muß dieses, um die gewohnten Grenzen nicht zu weit zu überschreiten, einem andern Ort aufsparen.

Über den Begriff des großen Mannes.
Am 24. Januar 1826.

Die Sitte, welche unter uns eingeführt ist, Friedrichs als des Erneuerers unsers Vereins jährlich am Tage seiner Geburt öffentlich zu gedenken, würde eine unangemessene Feier sein, wenn er selbst an dieser Erneuerung nicht mehr Anteil genommen hätte, als die meisten Fürsten an den Verordnungen nehmen, die ihnen im Rate der Staatsdiener vorbereitet zur Unterschrift vorgelegt werden. Aber bei allem Werte, den Friedrich auf diese Angelegenheit legte, würde doch eine solche Feier eine lästige Verpflichtung sein, wenn abgerechnet diese Liebhaberei für die Wissenschaften der König ein dürftiger Gegenstand wäre für die Betrachtung und für die Darstellung. Allein, wenn schon lange keiner mehr unter uns sein wird, der noch ihn und sein Zeitalter gesehen hat: so wird doch den Rednern dieses Tages der Stoff nicht mangeln, ohne daß sie sich weder in solche Einzelheiten verlieren dürften, die ihrer Natur nach immer kleinlich sind, noch auch einer geraten fände, auf die Rede eines früheren zurückzukommen.

Wenn aber dieses allerdings großen Männern zukommt, unerschöpflich zu sein, so daß alles uns ergreift und in uns anklingt, was von ihnen gesagt wird, aber nach allem wir immer noch einen Ton in uns finden, der noch nicht angeschlagen worden ist: so gilt dasselbige auch von dem, was im allgemeinen über den Begriff und das eigentümliche Wesen des großen Mannes mag gesagt werden. Jede nicht ganz ungeschickte Hand von einem Auge geleitet, das nur irgend geübt ist, auf das Wahre zu sehen und in die Tiefe zu dringen, wird etwas Treffendes und Richtiges zeichnen; aber wie vieles auch schon mag aufgedeckt und ans Licht gezogen sein von den Vorzügen, welche eine Stelle erwerben unter den Lichtern und Heroen des Geschlechtes: immer noch wird der Eindruck, den jeder solcher auf uns macht, nicht ganz wiedergegeben sein und zum klaren Verständnis erhoben. Jedes Kunstwerk höherer Gattung und so auch der Begriff eines solchen schließt eine Unendlichkeit in sich, aber auch durch dieses Merkmal wird es nicht begriffen. So auch, wovon hier die Rede ist, das größte Kunstwerk der geistigen Natur. Auch das also, was hier auf Veranlassung des heutigen Tages über diesen Gegenstand angedeutet werden soll, unterliegt demselben Geschick, und kann nur höchstens ein Weniges hinzufügen wollen zu dem Vielen, was schon sonst und auch hier Anderes und Besseres von Besseren ist gesagt worden.

Wenn wir an den Helden dieses Tages zurückdenken: so entgeht uns auch an ihm nicht das Los wohl aller, welche wir durch die Benennung großer Männer auszeichnen, daß er nämlich lebend, wie er auf der einen Seite sehr zahlreiche und eifrige Verehrer und Bewunderer gehabt hat, so auch auf der andern Seite nicht minder ist gehaßt und angefeindet worden, nach seinem Tode aber seine ganze Gestalt mehr in den Hintergrund zurückgetreten ist und die verehrungsvolle Bewunderung von ihrem Glanze nicht wenig scheint verloren zu haben. Solche Ungleichheit des Urteils möchten wir gern überall, besonders aber in Beziehung auf diejenigen aufheben, welche am meisten die Gegenstände der Liebe und der Bewunderung sind. Der Gegensatz zwar unter den Mitlebenden, wissen wir, ist unvermeidlich verbunden mit jener Schwäche, von der fast nur große Männer selbst eine Ausnahme machen, die meisten aber unterliegen dem, daß ihr Urteil sich selten zur reinen Objektivität läutert, sondern mitbestimmt wird dadurch, ob ihre persönlichen Interessen verletzt erscheinen oder gepflegt, und diese Schwäche allmählich zu vertreiben, vermag nur der steigende Einfluß wahrer Philosophie, welche, indem sie zu jedem gegebenen, und als solches notwendigen, sein Gegenstück aufsucht, auch am sichersten alle Einseitigkeiten untereinander verbrüdert. Aber jene andere Ungleichheit zwischen den Mitlebenden und den Nachkommen gibt uns nur zu leicht den allerdings unerfreulichen Eindruck, daß für bei weitem die meisten Menschen die Beziehungen, welche sie machen, eingeschlossen sind in den Kreis der lebendigen Überlieferung. Was in der Kindheit einer Generation noch unmittelbar da war, was in den Erzählungen der Eltern die kindliche Phantasie aufregte, das ist eben dadurch für das Leben befestigt; alles andere aber, was schon weiter zurückliegt, zieht sich in den engen Kreis der Kundigen zurück, welchen durch die schriftliche Überlieferung alle Zeitalter gleich nahe treten.

Aber werden hier alle Eindrücke so aufbewahrt und für alle künftigen Zeiten erhalten, wie sie einst in dem lebendigen Bewußtsein der Mitlebenden waren? Oder sind nicht vielmehr fast nur die großen Männer des klassischen Altertums als einzig bevorrechtet glücklich zu preisen, welche in den Zeiten, wo sich das geistige Auge zuerst zu öffnen anfängt, der aufknospenden Phantasie dargestellt werden, alle anderen aber, wenn auch ehedem noch so groß geachtet, treten allmählich zurück, je nachdem die geschichtlichen Massen sich häufen, wie auf dem ruhigen Wasserspiegel, wenn nach einem glücklichen Wurf gewaltige Kreise sich bilden, die Spuren früherer Bewegungen bald gänzlich verschwinden, so daß fast nur am Anfang der größten und durchgreifendsten geschichtlichen Entwicklungen Gestalten stehen bleiben, welchen das Gepräge der Größe für alle Zeitalter unverlöschlich aufgedrückt ist. Daß aber nur nicht, wenn dem so ist, wie es scheint, der Begriff des großen Mannes ganz zu zerfließen droht. Wenn die Nähe mit parteiischer Vorliebe färbt und indem sie glänzend erheben will, oft durch ein fremdes Licht entstellt: so dürfen wir nicht wagen, alles groß zu nennen, was dafür gepriesen wird in den nächsten Geschlechtern. Wenn die Entfernung verschleiert und ausbleicht: so werden wir auf der einen Seite dem ohnerachtet nicht sagen dürfen, alles sei groß, was uns auch nach einer Reihe von Jahrhunderten noch so erscheint im Zauber der Darstellung, eben weil die Darstellung auch schmeichlerisch zaubert und uns wieder wie das Urteil der Mitwelt in einen Kampf von Parteien reißt, auf der andern Seite aber doch vielleicht vieles zu bedauern haben, was nur die Entfernung unserer erhebenden Bewunderung entzieht, und manches, was mit Recht als groß empfunden wurde, da es war, werden wir nicht mehr anerkennen, nur weil es uns an Mitteln fehlt, die Gestalt zu sondern aus den farblosen und namenlosen Schatten der Masse. Wenn aber dem Minos die Seelen nackt dargestellt werden ohne alle Bekleidung der äußern Verhältnisse und Umstände, damit er sie gebiete an den Weg der Gerechten oder der Ungerechten, können sie dem Zeitlosen gar nicht dargestellt werden ohne jenem veränderlichem Lichte unterworfen zu sein, damit er groß und klein scheide und die wenigen hingeleite zur Tischgenossenschaft der Götter? Worauf sieht er und wonach spricht er diesen Spruch?

Wenn die Seele entkleidet sein muß, damit der Richter nichts anderes sehe als die Art und Weise des Handelns, um gut und böse zu scheiden: so wird hingegen seinem geweiheten Auge vieles sichtbar werden müssen, wenn er entscheiden soll über groß und klein, was sonst unsichtbar und verborgen bleibt. In dem geistigen Gebiet gibt es keine Größe als Kraft, und es gibt keine Kraft, welcher die Wirkung fehlt, vielmehr Kraft und Wirkung sind einander immer gleich. Die ganze Atmosphäre der Seele muß dem Auge des Richters erscheinen, auf daß er sehe, wie weit ihr belebender Hauch sich erstreckt hat und wie viele sich an ihr genährt haben und erfrischt.

Hört eine geistige Erscheinung auf, den Eindruck der Größe zu machen, sobald sie anfängt, sich im Gewühl der Masse zu verlieren: so ist gewiß diejenige nie groß gewesen, welche nie imstande gewesen ist, sich diesem Gefühl zu entreißen und den Beschauer zu einer ausschließlich ihr geweihten Betrachtung zu zwingen. Gerecht kann eine solche Seele gewesen sein und so weit ohne Tadel; sie kann in dem reinen Ebenmaß ihrer Bestrebungen alle Elemente des Schönen in sich vereinigen und dem Auge des Wohlwollens auch so erscheinen, jenem Unerbittlichen aber ist sie doch das Kleine. Wo aber finden wir das Entgegengesetzte? und lassen sich überhaupt hier feste Punkte aufstellen? Man ist geneigt genug, diese Frage zu verneinen, und die Erfahrung drängt uns alle mächtig nach dieser Seite hin; das Bedürfnis aber und also auch die Forderung der Vernunft spricht sich aus in dem Worte eines alten Weisen, daß ja unmöglich groß und klein nur könne ein Fließendes, sondern daß auch hier wie überall in den Begriffen müsse etwas Festes sein. Ja es scheint sogar, als ob nach dieser Regel auch unsere Aufgabe zu behandeln nicht könne allzu schwierig sein, da wir ja schon in dem Veränderlichen und Fließenden selbst doch haben ein festes Element ergreifen können. Denn wenn wir sagen, der einzelne verliert sich unter der Masse, und ihn deswegen zum Kleinsein verdammen, nun so finden wir eben dadurch das Nichtverlieren, und dies führt auf eine Mannigfaltigkeit freilich von Verhältnissen zwischen dem einzelnen und der Masse, auf eine solche aber, der eine bestimmte Zahl zum Grunde liegt. Eingestanden wird wohl von allen werden, daß auf dem geistigen Gebiete der Ausdruck Masse nur in einem bestimmten und untergeordneten Sinne gebraucht wird. Wo wir eine Menge aufeinander wirkendes, durcheinander wogendes, einzelnes Leben sehen, in welcher aber weder eine wahrhaft organische Gestaltung hervortritt, noch auch das einzelne sich als Selbständiges sondert, das nennen wir Masse. Je mehr der einzelne hier nur ein Ort ist, wo die verschiedenen in der Gesamtheit waltenden Bewegungen sich begegnen, sich kreuzen und brechen oder verdrängen, je nachdem die Weise ist, wie, und die Stärke, mit welcher sie zusammenstoßen, ohne daß in dem einzelnen selbst ein den Erfolg regelndes Prinzip erscheint, um desto mehr erscheint er nur als ein Element der Masse. Denken wir uns nun das äußerste, fehlt die Eigentümlichkeit ganz, und dieser innere Regulator, der der ganze eine Faktor des Lebens sein soll, ist Null: so ist notwendig auch die ganze Erscheinung als Zahl zwar zählend, aber als eigenes geistiges Leben betrachtet, das unendlich oder absolut Kleine, und von dieser gilt auch nicht, daß sie tugendhaft sein kann oder schön, denn wenn zufällig ohne Tadel, so ist sie auch notwendig ohne Lob, und spielten in dem gestaltlosen unsteten Flimmern auch lauter anmutige Farben: so wäre doch keine Schönheit darin. Wo aber das Eigentümliche, der Charakter, nicht fehlt, und alle Einwirkungen selbstgemäß bestimmt, so daß man unterscheiden kann und als wesentlich zusammengehörig fassen, was Moment eines solchen Lebens ist: da ist in den mannigfaltigsten Abstufungen, die wir aber alle als Eines zusammenfassen, das Verhältnis der Gegenseitigkeit zwischen dem einzelnen und der Gesamtheit, einer Gegenseitigkeit des Gebens und Empfangens, des Bestimmens und Bestimmtwerdens, in freier Bewegung erscheinend, aber doch nach ewigen Gesetzen geordnet, nicht mehr das Kleine und Gemeine, aber auch nicht das Große, sondern das Gewöhnliche. Der allgemeine Ort, wo das Bessere und das Schlechtere nebeneinander wachsen, wo alle Tugenden und Trefflichkeiten gedeihen, alle Talente blühen und Früchte tragen, ja wo auch das Genie glänzt — wenn ein Gewinn ist bei dem Gebrauch solcher durch die Umprägung zweideutig gewordener Münzen, deren oft wechselnden Kurs niemand genau kennt — kurz, alles Gute und Schöne ist hier zu finden, aber das Große nicht. Sondern der große Mann zeigt sich uns erst diesem allen gegenüber nicht etwa als der schönste und kräftigste aus der Masse oder als der begünstigtste, zu dessen Förderung und Wachstum alle Bewegungen, die dort vorgehen, oft auf das Wunderbarste gelenkt werden, sondern der ist es, der nichts von ihr empfängt und ihr alles gibt. Freilich ist auch er nicht ohne die Gemeinschaft, und wie möchte einer ein großer Mann sein, ohne die ihn umgebende Welt in sich aufgenommen zu haben. Aber doch als das vollkommne Gegenteil müssen wir ihn stellen von dem, was wir als das schlechthin Kleine gesetzt haben in menschlichen Dingen. Das Empfangen und Insichaufnehmen, unentbehrlich in dem Rhythmus jedes Lebens, ist in dem seinigen immer nur, daß ich so sage, der schlechte Zeitteil, nur notwendig, um den guten zu heben, vorangehend, damit dieser sei, ja selbst von diesem so beherrscht, daß der in jenen mit hineinklingt, so daß, was er im buchstäblichen Sinne empfängt, immer nur ein Nichtseiendes ist, ein Chaos, das sich in ihm erst für ihn bildet und gestaltet kraft jenes inneren Regulators, der in ihm nicht Null ist, sondern alles. Das Wahre aber und Wesentliche, wodurch er ist, was er ist, das sind die eigentümlichen Ausströmungen seines Wesens, die Idole des Epikuros, die sich jeden Augenblick von ihm losreißen, in alles eindringen und alles in Bewegung setzen. Der große Mann ist nur der, welcher die Masse beseelt und begeistert, ganz herausgetreten aus dem Verhältnis der Gegenseitigkeit, er auf keine Weise ihr Werk, sie aber auf seine Weise das seinige. Wer aber meinen wollte, unter dem Begeistern sei etwa zu verstehen, daß die Masse dadurch, daß sie des großen Mannes Taten und Wesen anschaut mit etwas Größerem als gewöhnlich erfüllt und so über sich selbst erhoben werde, der bliebe bei etwas Geringem stehen, was auch schon jedes schöne Talent leistet; nur auf die Empfänglichkeit wirken, ist zu wenig für den großen Mann. Denn Nachahmungen hervorbringen, durch Werke und Taten ein lange fortwirkendes Urbild werden, durch sich selbst in irgendeinem Zweige menschlichen Tuns neue Bahnen brechen, zu einer unerreichten Höhe sich erheben und dort aufgestellt sein als ein immer angestrebtes, aber nie getroffenes Ziel — dies mag vielleicht mit zu dem gehören, was wir Genie zu nennen pflegen; aber so einseitig ist nicht das Wesen und Wirken des großen Mannes; und auf die letzte Art diejenigen beseelen, welche Gleiches oder Ähnliches hervorbringen, auf die erste Art aber die, welche es genießen wollen, beweiset eben die Verwandtschaft mit beiden und das Leben mit ihnen an demselben gemeinsamen Ort. Der große Mann ist gesonderter von dem allen, nicht selbst in dieses mannigfaltige Leben verflochten, aber der Urheber desselben. Oft ist es ein solcher gewesen, der, wie ein göttlicher Hauch einer noch ursprünglich starren bewegungslosen Masse mitgeteilt, das mannigfaltige Leben in ihr erregt, wie ein himmlischer Funken hineingeworfen, alle diese schönen Lichter in ihr entzündet hat, öfter noch war es ein solcher, der eine durch widriges Geschick gedrückte und in sich zusammengesunkene Masse wieder erweckt hat zu einer neuen und schöneren Periode ihres Daseins. Kurz, der große Mann ist nur der, durch welchen in irgendeiner Beziehung die Masse aufhört, Masse zu sein, durch welchen sie erregt wird, daß sie sich sondere, daß Selbstgefühl an die Stelle eines träumerischen Schlummerlebens trete, nur der ist es, durch den sie so erregt kraft des ihm einwohnenden Gesetzes sich zum organischen Gesamtleben entweder zuerst gestaltet oder auch sich nach einer Zeit des Verfalls und der Zerstörung neu entwickelt.

So wäre es also. Wo eine neue geschichtliche Entwicklung, wo ein neues oder erneutes gemeinsames Leben von einem ausgeht, da und nur da ist ein großer Mann. Bisweilen erscheint er die freieste Gabe des Himmels ungeahndet und unbegehrt, öfter nach den heftigsten Bewegungen und langem Seufzen der hilflosen Kreatur. Wenn wir aber sehen, daß an der Grenze zweier Zeitalter des Alten überdrüssig und nach Neuen ringend die geistige Kraft sich abmüht in Erscheinungen, die keinen Bestand gewinnen, ein Vergängliches das andere drängend, wie in den Zeiträumen der noch unreifen Schöpfung, ehe fortbestehende Gattungen sich bilden konnten: da kennen wir die Lösung. Die Masse ist nicht geweckt genug, um ihr neues Leben als ein gemeinsames Werk hervorzurufen; alles harrt eines schöpferischen Wesens, aber der große Mann will nicht erscheinen.

Vor diesem segensreichen Bilde seltener göttlicher Werkzeuge stehen wir als nicht vor unseresgleichen. Es sind die Heroen der Gattung, es ist jenes dämonische Geschlecht, königlich und herrschend seiner Natur nach, das aber nur in einzelnen weit voneinander entfernten Erscheinungen aus geheimnisvollen Zeugungen der Natur hervorgehend sich offenbart. Aber es ist unser Stolz, daß unsere Sprache uns übermenschliche Ausdrücke weigert. Ein großer Mann, Größeres können wir nicht sagen; ein großer Geist, ein Held, das ist weniger; jeder besondere Name gehört auch nur einzelnen Beziehungen, alle Häufungen können nur Verringerungen sein. Etwas aber gibt uns die genauere Betrachtung der hehren Gestalt an die Hand, was uns derselben wieder näher bringt. Soll freilich Einer gedacht werden, in welchem die Kraft liegt, in dem ganzen menschlichen Geschlecht aller Zonen und aller Zeiten ein neues Leben zu wecken, und das Ganze in einer alles umfassenden Organisation zu befreunden, der müßte alles menschliche Maß überschreiten, und er wäre zugleich der, welcher alle menschliche Größe vernichtet. Dieses Geheimnis aber, das in dem sich immer wieder erneuernden und immer wieder reinigenden Glauben von Millionen lebt, können wir hier nur erwähnen, um es auszulassen aus unserer Betrachtung. Alle großen Männer aber innerhalb des rein menschlichen Gebietes, wenn sie eine Masse beleben sollen und organisieren: so können sie auch nur einer bestimmten Masse angehören, innerhalb deren ihre eigentümliche Wirkung beschlossen ist; denn sehr verschieden zwar ist das Maß organischer Bildungen, aber gemessen und begrenzt sind alle. Und hier findet der zweite Teil des schon angeführten alten Wortes seine Bewährung und seine Anwendung. Nämlich an demselben Orte, wo Platon behauptet, auch das Große könne nicht bloß relativ verstanden werden, sondern etwas Festes müsse in dem Begriffe gesetzt sein, ebenda stellt er auch eine Formel dafür auf; groß, sagt er, sei, was den ganzen Umfang erfüllt, innerhalb dessen es in seiner Art noch eines sein könne. In diesen Grenzen ist auch der große Mann notwendig beschlossen; die Masse, auf die er wirkt, muß ein Zusammengehöriges und in sich Abgeschlossenes entweder schon gewesen sein oder nun durch ihn werden, damit Einheit sein könne in dem Leben, das er in ihr erweckt. Das Talent, das Genie erfreuen sich einer äußerlichen Unendlichkeit ihrer Wirkungen. Das Bildwerk, von seiner Heimat aus fernen Regionen zugetragen, wird auch dort zur glücklichen Stunde den Sinn entwickeln, den Geschmack erwecken, und seine Wirkung ist dann dieselbe. Die Dichtung, nachdem sie eine verwandte Kunst erzeugt, läßt sich in fremde Sprachen übertragen, und die Wirkung im wesentlichen ist dieselbe. Der große Mann ist mit seiner eigentümlichen Wirkung auf das ihm von der Natur angewiesene Gebiet beschränkt, er hat eine bestimmte Heimat, sei sie nun räumlich begrenzt oder durch einen geistigen Typus, welcher, wo er sich auch finde, dieser Gewalt unterliegt, außerhalb dessen sie aber ohne Wirkung bleibt.

Doch nun ist es Zeit, einer Frage zu horchen, die gewiß schon lange hat hervorbrechen wollen, ob nämlich nicht diese Rede den Ausdruck, welchen sie erläutern will, ganz gegen den Gebrauch unserer Sprache und gegen das allgemeine Gefühl auf eine viel zu enge Weise beschränkt. Denn worauf deutet das zuletzt Gesagte, als daß es große Männer nur gibt im Staat und in der Kirche. Die räumlich begrenzte Heimat, in welcher der große Mann wirkt, ist die Volkstümlichkeit, und das organische Leben derselben ist das bürgerliche. Der geistige Typus, den, wo er sich auch finde, der große Mann sich aneignet, ist die religiöse Sinnesart, und diese wird zu einem organischen Gesamtleben, wo es eine Kirche gibt, so daß auch das früher Gesagte dazu stimmt, denn es gibt keine anderen Organisationen aus der Masse als diese. Also die Gründer und Wiederhersteller der Staaten, wo hierbei einzelne auf eine ausschließende Weise geherrscht haben und gewaltet, die Stifter und die Reiniger der Religionen, das sind die großen Männer. Zwei Arten derselben gibt es, seitdem Staat und Kirche, mehr zur Besonnenheit gelangt, sich voneinander geschieden haben, und die letztere kein Reich sein will von dieser Welt; nur einartig zeigte sich der Begriff, so lange noch beide theokratisch untereinander verworren waren. Die Kunst aber und die Wissenschaft mögen sich mit dem Talent begnügen oder dem Genie; wie herrlich sich auch ihre Kraft in einzelnen Günstlingen der Natur offenbart, das Gepräge der Größe vermag sie ihnen doch nicht aufzudrücken. Ich leugne es nicht, so scheint sich mir die Sache zu stellen. Aber sollte das wirklich gegen den Gebrauch der Sprache sein und gegen unser geheimstes Gefühl? Unser Friedrich war Tonkünstler und Dichter; aber wenn er beides gewesen wäre in der höchsten Meisterschaft, würden wir ohne Bedenken sagen, auch das wären Elemente seiner Größe, oder nicht vielmehr, er wäre das gewesen noch neben dem großen Mann? Ich hätte mich zu dem letzten entschlossen, ja auch nur zu demselben, wenn sein Philosophieren sich zu dem wohlgeordnetsten und tiefsinnigsten System hätte gestalten können. Der große Mann ist nicht, was er ist, durch einzelne Werke und für einzelne Klassen; ja auch eine Schule zu stiften in der Kunst oder der Wissenschaft ist etwas weit unter seiner Aufgabe. Nicht eine Schule stiftet er, sondern ein Zeitalter. Wenn man recht hat, in demselben Sinne von einem Zeitalter des Perikles oder des französischen Ludwig zu reden — ohne es zu bejahen, seien dies nur erdichtete Beispiele — so waren dies auch Zeitalter der Kunst und der Wissenschaft, aber ohne daß der Schüler des Anaxagoras selbst wäre ein Philosoph gewesen oder der viel besungene Ludwig selbst ein Dichter. Ein Zeitalter Friedrichs hat es gewiß gegeben. Der Umfang, in welchem sein Geist belebend und organisierend wirkte, war nicht etwa sein Staat, wie er ihn fand oder wie er ihn ließ — denn das ist einmal das deutsche Geschick, daß die politischen Abteilungen wechselnd sind und zufällig —, sondern dasjenige Deutschland, welches wir, ohne es geographisch zu nehmen oder gar einen immer mehr verschwindenden Parteigeist wecken zu wollen, das nördliche nennen. Mittelbar, unmittelbar hat er hier alles belebt und gestaltet, ja selbst die Sprache, die sich hier in seinem Zeitalter bildete, und die Kunst und Wissenschaft in dieser Sprache, wiewohl von ihm selbst nicht geübt und wenig beachtet, gehört doch mit zu dem Werke seines Geistes.

So ist sein Gedächtnis ein Teil unserer Selbsterkenntnis, seine geheim fortwirkende Kraft durchströmt noch alle unsere Bestrebungen. Das größte Maß aber des großen Mannes, das Maß, worin sich jenes Übermenschliche spiegelt *)

---

*) Hier bricht das Manuskript ab. Jonas.

Personenregister.

A.

Anaxagoras 530.
Antisthenes 183.
Archidemos 48.
Aristipp 40, 62, 82ff., 89, 91, 92, 95, 116, 119, 156f., 160, 162, 173f., 232, 235.
Ariston von Chios 110.
Aristoteles 40, 44f., 59f., 81, 93ff., 107, 114, 119, 140, 159, 161, 163, 165f., 174f., 179, 209, 223, 227, 235, 237, 265, 277, 285f., 289, 308, 333, 335, 352f., 397.

B.

Barbeyrac 440.

C.

Chrysippos 48.
Cicero (Marcus Tullius) 55, 114, 116f., 119, 133, 148f., 236, 286, 303, 439.
Clarke 118.
Cousin, V., 7.

D.

Diogenes 48, 117.

E.

Epiktet 201, 266.
Epikur 16, 40, 54, 62, 83, 87, 89, 90, 93, 97ff., 107, 109, 115ff., 156f., 308, 343, 526.
Eucken 272.
Eudoros 140.

F.

Ferguson 44, 52, 55, 117.

Fichte 26ff., 47f., 56, 63f., 65, 68, 81, 94, 96, 98, 99, 101f., 109, 112, 117, 134, 146, 157, 184, 191, 193, 196ff., 200f., 204f., 207ff., 212, 214f., 217f., 220, 225, 239, 243, 245f., 267f., 272, 275, 281ff., 285, 290ff., 295, 298, 300, 309f., 315f., 329, 331ff., 340, 398, 400, 446, 453.
Friedrich der Große 520, 530.

G.

Garve 44, 67, 128, 133, 143, 167, 228, 238, 335.

H.

Hartmann, E. v., 201.
Hegesias 85.
Helvetius 55.
Heraklit 524.
Hume 117.
Hutcheson 83, 117.

K.

Kant 14, 22ff., 39f., 48f., 51, 57, 64, 66, 88f., 96ff., 109, 112, 118, 126, 129, 131, 133, 138, 141f., 143, 149f., 155, 157, 159, 165, 182f., 188, 191, 195, 197f., 200, 202ff., 206f., 209ff., 214, 217, 221, 225f., 237, 260, 267, 271, 275ff., 280f., 285f., 292, 299, 301, 317f., 330, 398, 404ff., 439, 445.

L.

Ludwig XIV. 530.

M.
Montaigne 39.

N.
Nikomachos 114.

P.
Panaitios 148, 266.
Perikles 530.
Platon 12, 34f., 37, 47, 58f., 68f., 73, 91, 95, 107f., 110, 113, 116, 158, 166, 174, 178, 232, 236, 246, 269f., 287, 290f., 309, 335, 338f., 397, 427, 507, 528.

S.
Schwarz, Karl 325.

Shaftesbury 43f., 52, 55, 62, 67, 117.
Smith 118.
Sokrates 454, 469.
Spinoza 35ff., 40, 46f., 49, 56, 58f., 68f., 73, 95, 108, 110, 113, 116, 160f., 163, 166, 177, 189, 191, 194, 197, 223, 232f., 238f., 241, 245f., 269f., 290f., 294, 296, 309, 337f.
Stobaios, Johannes 53.

T.
Tennemann, W. G., 7.
Theophrast 114.

W.
Wollaston 118.

Sachregister.

A.

Abgeratenes 423.
Abstammung 482.
Achtung (abstoßende Grundkraft) 66.
Adel 511, 518.
Affekt 161.
Allgemeine, das 318f., 326, 506.
Allgemeinen, Vereinigung des — und Eigentümlichen 63.
Analysten 8.
Aneignen 393f.
Anglikanische Sittenlehre 335f.
Anglikanische Schule s. Namenregister: Shaftesbury.
— 83f., 92., 102f., 109, 117, 202, 242.
Anglikanisches System 86.
Animalisation 413f., 461ff.
Antrieb, sinnlicher 421.
— sittlicher 421.
Aristokratie 509f., 518.
Asketik 301, 304ff., 308f.
Aufforderung, äußere 389.
Aufrichtigkeit in Aussagen 207ff.
Ausbildung und Entwicklung 196.

B.

Begehrungsvermögen 400f.
Begierde 161.
Begriffe, Einteilung der formalen 258.
Beharrlichkeit 362, 372.
Belehrung, Strafe und 225f.
Beleidigung 223f.
— Abwehr von 224.
Beruf 272, 276, 394.
„Beruf" (Fichte) 63.
Beruf, Idee eines 265.
Berufsleben 421 f.
Bescheidenheit 238.
Besiegte 508f.
Besitz, Begriff des 175f., 481f.
Besondere, das 264f., 270, 293, 318f., 326, 506.
Besonnenheit 362, 365f., 368f., 372.
Betrachtung, sittliche 430.
Betrachtungsweise, Einseitigkeit der 350ff.
Bewußtsein 478, 485ff.
— sittliches 433.
Einbilden in das 366.
Bürger 516ff.
Bürgerliche Gewalt 179.
Bürgerstand 511.

C.

Charakter, Verschiedenheit des 262.
Cyniker 49, 115, 203, 266, 315.
Cyrenaiker 55, 115.
Cyrenaische Schule 82, 191, 205.

D.

Dankbarkeit und Wohltätigkeit 217ff., 238.
Demokratie 509f.
Denken und Handeln 239.
Dialektik 397.
Dienstfertigkeit 218.

E.

Edelmütigkeit 166.
Ehe 183, 199ff., 215f., 280ff., 295f., 332.

Ehe, Freundschaft in der 285.
— Ableitung der 298.
Ehre 161, 213.
Ehrliebe 204.
Eigentum 225, 482 f.
Eigentümliche, das 265, 463 f., 478 f., 483, 517 ff.
Eigentümlichen, Ausbildung des — zur Sittlichkeit 269.
Eigentümlichkeit, geschlechtliche 282.
Einheit und Vielheit, Gegensatz von 350 f.
Einseitigkeit der Betrachtung s. Betrachtung.
Einzelwesen 479, 486 ff.
Elementarlehre 301.
Empfänglichkeit 360.
Enthaltsamkeit 132.
Entschluß 207, 252, 383 ff, 404, 447.
Epikureer 43.
Erde 461 f., 470.
Erdkunde 466.
Erfinden 321.
Erfindungslehre, Prinzipien der — in der Ethik 321.
Erhaltung, Pflicht der 195 f.
Erholung 429.
Erinnerung, Falschheit der 213.
Erkennen 361.
Erkenntnis (zu unterscheiden von der Klugheit) 229.
Erlaubnisgesetz 138 142, 439 f.
Erlaubtes 428, 433 f., 444, 453.
Erlaubtes, Begriff des 135 f., 404, 407 ff.
Erwachen, das 423 f.
Erwerbung 481.
Erziehung 328, 466, 495.
— (Recht des Staates) 497.
— (Zweck des Staates) 502 f.
Erziehungskunst 301, 324 f.
Erziehungskünsteleien 512.
Erziehungslehre 309, 322, 325.
Ethik s. a. Sittenlehre.
— Ableitung der 15, 26, 31.
— Ableitung ihrer Grundsätze 22.
— Grundsatz der 74 f.
— Tauglichkeit des Grundsatzes 76.
— Aufbauendes Verfahren 76.
— Prüfendes Verfahren 76.
— Anwendung der Idee eines Sytsems auf die 247 ff.

Ethik, angewendete 327.
— aus einer höheren Wissenschaft her zu begründen 38.
— Bedeutung der Individualität für die 261.
— Begriffe 124 f.
— Begriffe. 1. formale, 2. reale 124 f., 127 f., 179.
— Prüfung der formalen Begriffe 128 f.
— die drei Begriffe der — (Pflichten, Tugend, Güter) 312 f., 378 f.
— — — Wechselbeziehungen 379.
— Darstellung der 9 f., 127, 251, 255, 259, 273, 309, 311, 313 f., 319 f., 328, 382, 449, 451.
— — — drei Verschiedenheiten des Stiles 334 (s. auch Verfahren).
— eudemische 114 f.
— formaler Teil 313.
— genießende 252 f.
— des Genusses 169 ff., 180.
— des Handels 171, 174.
— die Idee jeder Wissenschaft in der 323.
— Inhalt der 255 f.
— — —: doppelte Forderung 1. Zugehörigkeit, 2. Vollständigkeit 255 f., 258, 273.
— der oberste Grundsatz der 17, 21.
— Kantische 100.
— Keim der wahren 345.
— negative 325.
— Nikomachische 114 f.
— praktische 171, 180 f., 187, 213, 222, 224, 250 f., 278, 294.
— propädeutische 296.
— Prüfung der Grundsätze 80 ff.
— sympathetische 213, 220 f., 224.
— verschiedene Systeme 125 ff.
— systematisch gebildete 247 f., 252.
— universeller Charakter der 108, 110.
— Vorstellung der 248.
— eine Wissenschaft 10 ff., 53, 110, 153, 241, 290, 349, 445.
— Zusammenhang der — mit der höchsten Wissenschaft 148 f.
— Zusammenhang anderer wissensch. Disziplinen mit der 466.
Ethische, das — im allgemeinen oder im Individuellen 61, 111, 261.

Ethische, das Verfahren bei Bestimmung des 74.
— Begriffe, Bildung und Ableitung 121 ff., 234 f., 243.
— Formeln, Grenzen der 302 f.
— Fortschritte 321.
— Gesetzgebung 134.
— Grundideen, Verschiedenheit der 253.
— Grundsätze, Tauchlichkeit der verschiedenen 70 ff.
— — Verschiedenheit, Mannigfaltigkeit der 38 f.
— Ideen, die drei 70.
— — höchste 214.
— Reale, das 154.
— Reflexionsbegriffe 240.
— Sprache 246.
— Systeme, Prüfung der 128 ff.
— — Vollkommenheit der — in Absicht auf deren Gestalt 301 ff.
— — Vollständigkeit der — in Absicht auf den Inhalt 259 f., 289.
— — Widerspruch in einem 299.
Ethnographie 466.
Eudämonismus 81 f., 85 f., 89, 90 f., 95, 103, 111, 115, 119, 162, 173, 177, 202, 219, 222, 264, 308.
Eudämonisten 175, 185, 232.
Eudämonistische Ethik 169, 171, 182 f., 213, 221 f., 231, 278 f., 289, 307.
— Systeme 157.

F.

Falschheit 204.
Familie 328 f., 462, 464, 472, 481 ff., 492, 498, 504.
Formalismus (Kant) 51.
Formeln des höchsten Gutes 316 f.
— Kantische 100.
— Übereinstimmung der 315.
Forschen als Pflicht 290.
Frau 199 f., 274.
Freigebigkeit 228.
Freiheit 215, 500.
— Gedanke der 25, 30.
— Kategorien der (Kant) 126.
— des menschlichen Handelns 13 ff.
Freiheitsbewußtsein 32 f.
Freimaurerei 184.
Freundschaft 181, 212, 229, 277 ff., 281, 283 ff., 329.

Freundschaft (Lust) 181.
— in der Ehe 285.
— politische 285.
— sittliche, dialektische 66.
— Verschiedenheit der Arten 285.
Friede, ewiger 465, 493.
Furcht 88, 228, 308.
Furchtlosigkeit 190.

G.

Gallikanische Schule s. Namenregister: Ferguson 111.
— Sittenlehre 84, 238, 335 f.
—s System 86.
Gastfreundschaft 182, 484, 492.
Gebieten 402.
Gebot, das 433, 438.
Gedankenerzeugung, die Tätigkeit der 437.
Gegenliebe 199.
Gehorchen 400, 402, 407.
Geist, Einteilung des menschlichen 15.
— des gemeinen Lebens 235.
— Vollkommenheit des 188.
Gemeinsame, das 463 f., 517.
Gemeinschaft 392 f., 479, 492.
— die Theorie der wissenschaftlichen und der religiösen 327.
— geistige 487 ff.
Gemeinschaftliche (gleichartige Teile der Gesamtheit) 64, 264 f., 270.
Gemütsstimmung, Verschiedenheit der 262.
Genie 526, 529.
Genießen 204.
Genuß 276, 293.
— Mäßigkeit im 197.
— Sittenlehre des 169, 172.
— Ursache eines Nichtgenusses 84.
Genüsse, sinnliche 92.
Gerechtigkeit 149, 166, 187, 205, 228 f., 236, 373.
— vergeltende 381.
Geschichtskunde 466.
Geschlecht 462, 470 f.
— menschliches 470.
Geschlechtstrieb 197 f., 200, 282.
— Verbindung des natürlichen — mit geistigen Bedürfnissen 284.
Geselligkeit 299, 484.

Geselligkeit Tugenden der freien 275.
Gesellschaft 275f., 517.
— häusliche und bürgerliche 183, 293. 507.
— wissenschaftliche 184.
Gesetz 119, 397f. 403f., 407f., 438ff.
— (das Wort) 399.
— ethischer Grundsatz in Gestalt eines 65.
— Formeln des 316f.
— politisches 65ff.
Gesetzgebung der Vernunft 330.
— jüdische 403.
Gesinnung 47.
— Begriff der 231.
— Einteilung der tätigen 162f.
— in der Tat 408.
Gesundheit 185ff., 456f.
Getrostheit 231.
Gewerbe 519.
Gewissen 240, 243, 245, 394.
— Lehre vom 283.
— Fichtes Erklärung des 48.
— Handlungsweise des 268.
Gewohnheiten 155.
Gewöhnungen 155.
Geziemende 48.
Glückseligkeit 41, 46, 49f., 65, 92, 103, 118, 149f., 218, 252f., 264, 278, 293, 299, 458f.
Glückseligkeitslehre 88, 232.
— Anwendbarkeit der Grundsätze der 88.
Gott 23ff., 470.
— Ähnlichkeit mit 73, 107, 112, 178, 376.
— Erkenntnis 74.
— Strafwürdigkeit des Menschen vor 225.
— Verähnlichung mit 59, 376f.
— ist die Weisheit 376.
— der Wille Gottes 144.
— das höchste Gut 455.
Göttliches Reich, Idee eines 237.
Griechen, Ideal der 297.
Größe, Unterschied der 94.
Größenlehre 249, 251, 342.
Größenlehre, reine, angewendete 322.
Große, Begriff des 528.
Großherzigkeit 231.

Großmut 238.
Grundlegung zur Metaphysik der Sitten (Kant) 317, 445.
Gut, das höchste 70ff., 84, 94ff., 119f., 168, 174, 252, 313, 420f., 454ff., 458ff., 469ff., 480, 488ff.
— — als Aggregat 80f.
— — das höchste (der Gebrauch des Wortes)
   1. adjektivisch 454f.,
   2. substantivisch: ethisch, politisch, ökonomisch, religiös, spekulativ 455f.
— Begriff des höchsten 445ff.
— Bestimmung des höchsten 90.
— Darstellung des höchsten 459.
— Idee des höchsten 105f.
— Konstruktion des höchsten 454.
— Hervorbringen des 168f.
— und Übel, Prüfung des Begriffs 173.
— — — 356.
— Werden des höchsten 474ff.
Güte des Herzens 164.
Güter 179, 436.
Güter, Begriff der 128f., 167, 170f., 175, 236, 304f., 312, 314.
— Geschichte des Begriffs der 176.
— des Leibes 185.
— in der Seele und außer der Seele 176f.
— Unterschied zwischen den 173.
— Vorstellung von einzelnen 184.
Gutmütigkeit 238.

H.

Handeln 361.
— als das Bilden und Darstellen 107f.
— Freiheit des menschlichen 13.
— unwillkürliches 77.
— willkürliches 77.
— Grenzbestimmung des 138f.
— Grund des 107.
— pflichtmäßiges und pflichtwidriges 356, 382.
— das „Wie" des 259.
— Wissenschaft des 331.
Handlung, das eigentlich Reale der 252.
— Gehalt der 273.
— Gesetzlichkeit und Sittlichkeit einer 380.
— Maxime einer 57.
— Richtigkeit der 384.

Handlung, sittliche 379.
— Trennung von Anfang und Fortgang 310.
— Trennung vom Werk 450.
— in jeder vollkommenen — alle Tugenden wirksam 153.
— Verhältnis einer — zur Formel 381.
— Vollendung, Vollkommenheit einer naturgemäßen 44ff., 266.
Handlungen, Ähnlichkeit der 259.
— erlaubte 430f., 435.
Haushaltungskunst 322, 324, 326.
Herz 268.
Himmelreich 493.
Hochmut 211.
Horde, Zustand der 504f., 507.
Hunger 426.

I.

Ich, Unabhängigkeit des 96.
— die innerste Bestimmtheit des 408.
Ichheit, Bedingungen der 101f.
Idee des Guten 398.
Ideen, Ursprung der 19.
Imperativ, disjunktiver 404.
— hypothetischer 404ff.
— kategorischer 400, 404ff., 445.
Individuen, Mehrheit der 101f.
Individuelles (und Allgemeines) 61f.

K.

Kasuistik 301f., 304, 306ff.
Kategorischer Imperativ (Kant) 400, 404ff., 445.
Keuschheit 201f.
Kirche 184, 295f., 327, 510, 529.
Klugheit 149, 187, 205, 229ff.
— Maßregeln der 213.
Knabenliebe 279.
Kommunalverfassung 515.
Kraft, sittliche 98.
— tätige 154.
Kräfte, handelnde 154.
Kräfte, innere, handelnde 153f.
Krieg 299.
Kritik der gewöhnlichen Kritik 9.
— Grundsatz der eigenen 10.
— der praktischen Vernunft (Kant) 317f.

Kunst 291f., 295, 306, 363f, 478, 489f., 492.
Künste, schöne 452.
— Verbindung der — mit der Ehrfurcht vor den Göttern 293.
— Werke der 184.

L.

Laster 157f., 203.
— Begriff der 128f.
Leben, Erhaltung des 190.
— ein fremdes retten 194.
— Entwicklung unseres 462, 472f.
Lebensentwicklung, Eintreten der Intelligenz in die 472f.
Leidenschaft 161.
Liebe 199f., 215, 277ff., 362, 372ff., 394.
— (anziehende Grundkraft) 66.
— erziehende 374.
— pathologische 280.
— zum Vaterland 513.
Liebespflicht, Verwandlung der — in Rechtspflicht 217.
Lob 240ff.
Lüge, innere 206.
Lust 41f., 44f., 64f., 204, 276.
— als das Ziel der Sittlichkeit 52, 61.
— der Beruhigung 308.
— als Bestimmungsgrund 92.
— des Reizes 308.
— (als Ziel) 173, 179.
— Sittenlehre der 184f.
— System der 46, 52, 54f., 81, 91, 189.
— die Unzulänglichkeit des Grundsatzes bei allen Systemen 91.
— Übergang in einen Zustand größerer Kraft 46.
— Art und Weise des Todes 46.
— Ursache der Unlust 84f.

M.

Mann, der Begriff des großen 521ff.
— der große 507.
Masse, die 524.
Mäßigung 149, 187, 229, 233, 236, 364.
Mäßigkeit 197f., 201.
Materialismus der Sittenlehre (Kant) 51.

Mechanisierung des ganzen Gesamtlebens 392.
Mechanismus, äußerer oder innerer 112.
Mensch, Begriff des — als Gattung 61, 473.
— Erkenntnis des — als besondere Natur 312.
— (Werkzeug des Gesetzes) 309.
— Wohlberatenheit des 93.
Menschliche Natur 318.
Methodenlehre 301.
Mitgefühl 222.
Mitteilung, freie (Allgemeines) 274 ff.
Mitteldinge, Begriff der 108 ff.
Monologen 5.
Moralische Werte, Anspruch auf 210 f.
Moralisten, rationelle 433.

N.

Nachsicht 223 ff.
Natur, Musterbild der menschlichen 67 f.
Naturgaben 154.
Naturgemäßheit 41, 63, 101, 115.
Naturgesetz 394 ff., 406 ff., 415, 453 f.
Naturkunde 466.
Naturnotwendigkeit 433.
Naturrecht 329 ff.
— (Fichtes) 27, 331.
Naturtrieb 33, 56 ff., 101, 156, 215.
Naturwissenschaft 342 f., 449.
— und Sittenlehre (entgegengestellt) 397, 415.
Neid 202, 223.
Neigungen 161.
— innere 389.
— (unsittliche) 93.
Nemesis 223, 229.
Notstaat 183, 300, 332.

O.

Obrigkeit 407, 503.
Ökonomik 306.
Ordnung 197.
Organisation 474 ff.

P.

Peripatetiker 116, 175, 179, 181, 186 f., 265.
Person 480.

Pflicht 260, 303, 433.
Pflichten, allgemeine und besondere 146, 216.
— bedingte und unbedingte 147 f.
— aus der Selbsterhaltung abgeleitet 197.
— Begriff der 128 f., 132 ff., 139, 146, 151 ff., 157, 246, 256, 260 f., 311, 314 f., 328, 378 ff., 417, 432, 459 f.
— einfache und zusammengesetzte 140 ff.
— Einteilung der 149.
— Einteilung in vollkommene und unvollkommene 138 ff., 141 f., 238.
— der Erhöhung der sittlichen Vollkommenheit 214.
— gegen Gott 143 ff.
— Pflichten gegen Leib, Intelligenz und Mehrheit freier Wesen 148 f., 190 ff.
— gegen sich als moralisches Wesen 203 f.
Pflichten gegen sich und gegen andere 143 ff., 210.
— ist das Sittliche in einer Tat 138.
— der verschiedenen Stände 297.
— System der 244.
— Universalität der 135.
— Verhältnis der — zum Gut 169.
— der Selbsterhaltung 190.
— verpflichtende 145.
— Widerstreit der 141, 157 f., 164.
Pflichtbegriff, Behandlung des 384 f.
— Entwicklung des 379 f.
— unbestimmter 227.
— im Widerspruch mit anderen 227.
— und Tugendbegriff, Verwechselung des 216 f.
Pflichtenlehre 446 f., 450, 460, 466.
Pflichtformel 139 ff., 314, 380 ff., 386, 389 f.
— allgemeine 390.
— zwei besondere 392.
— zwei ergänzende 393.
Pflichtgefühl 268.
Pflichtmäßige, das 417 ff., 428 f., 433 f., 443.
Pflichtmäßigkeit 226.
Pflichtwidrige, das 417 ff., 433 f., 443.
Phantasie 25, 271.

Philosophie, idealistische 332.
— theoretische und praktische, allgemeine 22, 25.
— Einteilung bei den Alten 21 f.
Physikotheologie 24.
Politik 309, 328 f.
Politische, das 236.
Privaterziehung 518.
Prüfen einer Wissenschaft, Gehalt u. Gestalt der Darstellung 254.

R.

Rache 223.
Reale der Handlung, das 252.
Recht, das 394.
Rechtlichkeit 307.
Rechtsbegriff 331.
Rechtsgesetz 65.
Rechtslehre 446.
Rechtspflichten 139 ff., 146.
Rechtspflicht. Formel der 394.
Rechtszustand 481 f., 491.
Reden über Religion 5.
Reichtum 161, 179, 306, 456 f.
— Theorie des 326.
Regierung 505.
Religion 490 ff.
Ruf, Kränkung des guten 225.

S.

Sanftmut 223.
Schadenfreude 223.
Schamhaftigkeit 202.
Scherz 276 f.
Schlaf 426 f.
Schmaus (Kant) 183.
Schmerz 88, 222, 308.
— sinnlicher 364.
Schöne, Erhaltung des 188.
Schönheit 185.
Schulen 490.
Seele 70.
— Einteilung der 238 f.
— Güter der 186.
— Schönheit und Stärke 187.
— Vermögen der 163.
Seelenlehre, Zusammenhang mit der Sittenlehre 239.
Selbständigkeit, sittliche 393.
Selbstbejahung, sittliche 432.

Selbstbewußtsein 487, 489, 492 f.
Selbsterhaltung, Einheit des Begriffs 194.
— Gesetz der 44, 190 ff., 238.
— natürlicher Trieb der 55, 115, 419, 505 f.
— ohne Lust 83.
Selbsterkenntnis 203, 214.
Selbstgefälligkeit 519.
Selbstliebe 221.
Selbstmord, partieller 195, 300.
Selbstschätzung 211 f., 214, 240, 245.
Selbsttätigkeit 29 ff., 360, 408.
— Begriff der 101.
Selbsttötung 192.
Selbstverachtung 204.
Sieger 508 f.
Sinnlichkeit 401.
Sittengesetz 73, 394 ff., 406 ff., 415, 453 f.
— höchste Idee der Ethik 34.
Sittenlehre s. a. Ethik.
— (Fichtes) 27, 65, 146 f., 298, 331, 446, 453.
— Gleichgültigkeit gegen die wissenschaftliche 449.
— ihre Anordnung und Einteilung 16 ff.
— Kritik der 456, 458.
— anwendbare 101.
— Auffassung und gegenwärtiger Gebrauch des Wortes 16 f.
— eigener Entwurf der 349.
— Einteilung der Alten in wissenschaftliche und paränetische 307.
— des Genusses 264.
— keinem anderen Endzweck untergeordnet 10.
— Konstruktion der 401.
— Mangel der bisherigen 73.
— Mittelpunkt der Alten 115.
— und Naturwissenschaft (entgegengestellt) 397.
— physikokratische 295.
— Prüfung der bisherigen 5, 9.
— reine angewandte 316 ff.
— der Staatslehre untergeordnet 114.
— tätige 183 f., 250, 253.
— Technik der 304.
— Unförmlichkeiten der bisherigen 315.
— verbunden mit Staatslehre (Aristoteles) 45.

Sittliche, Begriff des 262.
— das — als Beschränkung 93.
— Bewußtsein des 189.
— das — ein einfaches Reales 160.
— Erkenntnis des 156.
— Gefühl für das 240 ff.
— dem — Gesetzmäßigkeit zugeschrieben 132 f.
— Gleichförmigkeit alles 267 ff.
— das — als Quelle der Lebensführung 47, 56.
— das — als Tätigkeit 58, 62 f.
— im Tugendbegriff, das — dargestellt als Kraft 357.
— Verwechslung des — mit dem Rechtlichen 137.
— Geistesgegenwart 243.
— Gesinnung 158 f., 165.
— Grenz- und Größenbestimmung 136.
— Vollendung 64.
Sittlicher Charakter, der einzig mögliche 269.
Sittliches, Gegenstand des Verstandes 155.
— inneres, äußeres 155.
— Konstruktion des 139.
— Gefühl, Stärke und Feinheit des 188.
— Handeln als schaffend oder beschränkend 54 ff., 95 f.
Sittlichkeit ästhetischer Vorbegriff der 155.
— allen gemeinschaftlich 94.
— des weiblichen Geschlechts 274.
— (Fichtes Prinzip 400.
— Negativität des Begriffes von der 339 f.
— Urteil anderer über unsere 214.
Soll, das, mit der sittlichen Erkenntnis verbunden 403.
Sollen 400 ff. 408 f.
Sprache 488, 490 f.
— Reinigung und Sichtung der 356.
Sprachgebrauch 353, 355.
Sparsamkeit 197, 205.
Staat 183 f., 276, 291 ff., 296, 326 f., 328, 331 f., 373, 452, 472, 491, 510.
— Aufhörung des 294.
— Beruf des — zur Erziehung 495 ff.
— (Gegner) 497.

Staat (Grenzen dieses Berufes) 498, 514 f.
— im großen Stil 512 ff.
Staatskunst 322, 324.
Staatskunde, Verbindung der — mit dem Wissen 293.
Staatslehre, der Sittenlehre übergeordnet 114.
Staatsverfassung 466.
Staatsverwaltung 466.
Stände, Einteilung der 300.
— geschlossene 184.
Stärke 185.
Starkmütigkeit 166.
Stoiker 47 f., 53, 55 f., 60, 63 f., 94, 96 ff., 101 f., 109, 115 ff., 119, 128, 131, 133, 137, 150, 153, 158, 167, 175, 179, 181 f., 183, 186 f., 189, 195, 203, 221 f., 224 ff., 229 ff., 236, 243, 266, 275, 277, 280, 286, 298, 300, 315, 337, 341, 352, 362, 369, 398.
Stoisches Paradoxon 82.
Stoische Schule 191.
Strafe 225, 402.
— und Belehrung 225 f.
Strafen 501.
Strafgesetzgebung 501.
Strafwürdigkeit 65.
Synonymie in verschiedenen Schulen 353.
System, Idee eines 247 f., 255.
— Untauglichkeit eines 258.

T.

Tadel 240 ff.
Talent 529.
Tapferkeit 149, 187, 228 ff., 232 f., 299, 372.
Tätigkeit 152, 155.
— anbildende 482, 484 f.
— freie 274. 450, 452.
— belebende — des Höheren 363.
— innere 273 f.
— reine 44.
— Sittenlehre der 185.
— sittliche 97.
— System der 46, 54 f., 108, 172, 189, 414.
— Unterschied in den Darstellungen 55.
— Unterschied der Systeme 47.

Tätigkeit s. Vernunfttätigkeit.
— äußere 429.
— pflichtmäßige 427 ff.
— symbolisierende 485 f.
— Trennung vom Werk 450.
Tätigkeitsethik 94, 265.
Teilnahme 221 ff.
Theologie, transzendentale 24.
Trägheit 204.
Treue 375.
— in Versprechungen 207 ff.
— Pflicht oder Tugend der 208.
Trieb, gedoppelter (zweifacher) 48, 52 f.
— höherer 56.
— (im Ich) 32 f.
— reiner 56, 101.
— sittlicher 56 ff., 93, 108 f., 283.
Tugend 41 ff., 107, 156, 175 f., 227, 303.
— Begriff der 124, 128 f., 142, 150 ff., 237, 304 ff., 308 f., 311, 314, 350, 359 ff. 434 f., 458 f.
— Bewußtsein der 158.
— Einteilung der 160.
— Einteilung nach Zwecken und Gegenständen 165.
— entwerfende und ausführende 366.
— erkennende 370.
— eine Erkenntnis 155, 158.
— Erklärung der 228.
— gesellige 166.
— kämpfende 370.
— und Laster 110, 238, 356 f.
— (Ort des Gesetztwerdens) 228.
— soziale und egoistische 165.
— Verhältnis zur Pflicht 152 f.
— Wesen der 151.
— zweite Einteilung: 1. vorstellende, 2. darstellende 361.
— zwiefältige: 1. belebende, 2. bekämpfende 359 f.
— als bleibende, einwohnende Eigenschaft 60.
Tugenden als Güter 186.
— in einer Handlung 261.
— praktische 232.
— aus der Selbsterhaltung abgeleitet 197.
— Unterscheidung der 187.
— des Verstandes und Willens 163.
— vier 149, 186 ff., 229, 236.

Tugendbegriff, eine neue Darstellung des 350, 352.
— wissenschaftliche Darstellung 351 f., 354.
Tugendbegriff, Verwechselung des Pflicht- und 216 f., 227.
Tugendformeln 314.
Tugendhafte, der 189.
Tugendlehre (Kant) 157, 446, 450, 460, 466.

U.

Übel 436.
— Begriff der 128 f., 167.
— Grund des 271.
Übeltätigkeit 223.
Übertretungen, Begriff der 128 f.
Umgang, Gesetze des 275.
Unendliche, Das — notwendiger Ausgangspunkt objektiver Philosophie 38.
Unerschrockenheit 190.
Universalstaat 492 f.
Unlust, Ursache der Lust 84 f.
Unschuldige, das 420.
Unsittliches, Begriff vom — (Stoiker) 53.
Unsterblichkeit 24 f.
Untertanen 503.
Unvollkommenheit 163.
Urteil der Mitwelt 523.
— geschichtliches 522 f.

V.

Vegetation 412 ff.
Verbindungsbegriff, Mannigfaltigkeit des 103.
Verbot 438.
Verfahren, das aufbauende und ableitende 91.
Verfahren, Beurteilung des 350.
Verfahren, dogmatisches — in der Ethik 336.
— heuristisches — in der Ethik 338 f.
— ein rhapsodisches und tumultuarisches — in der Ethik 335.
Verfassung 331.
Vergeltung 219.
Vergnügen 161.

Verkehr 481, 483, 490f.
Vernunft 271, 461ff., 471f., 478f., 485.
— menschliche, als gesetzgebend gedacht 403f.
— praktische 400.
Vernunftgehalt in der vorstellenden Tätigkeit 363.
Vernunftgesetz 399, 409.
Vernunftlehre 249, 342.
Vernunfttätigkeit
    1. organisierende 475ff., 480f.
    2. symbolisierende 475ff.
Verstand, vollkommener 164.
— und Wille 292.
Verstandestugenden 363.
Verteidigung 225.
Vervollkommnung, System der 305.
Volk (Völker) 464f., 472, 484, 491.
Völkerrecht 491.
Vollkommenheit 41, 46, 49f., 64, 67, 103, 149f., 163, 165.
— Pflicht der Erhöhung der sittlichen 214.
Vollkommenheitsethik 104, 269.
— endet in Untätigkeit 106.
Vorgezogenes 423.
Vorstellen 361.

W.

Wahnsinn 274.
Wahrhaftigkeit, äußere 207ff.
— innere 206.
Wahrheit 213f.
Wahrheitsliebe 212.
Weise, der 151, 165, 189, 225f., 275, 313f.
— (der — als ethische Idee) 70f., 90, 112, 119.
— Formeln des 316f.
— das Ideal des 262, 270.
— die Idee des 85f., 120.

Weise, Urbild des 266.
Weisheit 372ff.
Weltkörper 409ff., 470.
„Wesen, ein vernünftiges" (Kant) 51.
Wille 154.
— göttlicher 403.
— sittlicher 156.
— unendlicher 144.
— vernunftmäßiger 404.
Willen, Anmutung an den 409.
— Selbstherrschaft des 40.
— Verhältnis des — zur ethischen Idee 156.
Willensbestimmungen 443, 447f.
Wissen 488, 491.
— seine Ableitung 288.
— ethische Konstruktion des 288.
— lebendiges 309.
— Verachtung des 289.
Wissenschaft, Einteilung aller 397.
— und Kunst 287.
Wissenschaften, Nützlichkeit der 289.
— praktische 322.
Wissenschaftslehre 20, 26.
Witz 276f.
Wohlgebautheit 185ff.
Wohltätigkeit, Begriff der 124, 209, 223, 238.
Wohltätigkeit und Dankbarkeit 217ff.
— Verpflichtungsgrund zur 219.

Z.

Zeitalter Friedrichs des Großen 530.
— Grenze zweier 527.
— Ludwigs XIV. 530.
— des Perikles 530.
Zorn 223.
Zünfte 184.
Zweck 119.
Zweckbegriff 78, 371, 375, 450f.
Zweckbegriffe, Entwerfen der 366.

Bemerkungen zur Textbehandlung.

I. Kritik der Sittenlehre.

Dem Texte liegt zugrunde der Druck vom Jahre 1846 in den „Sämtlichen Werken" (Georg Reimer, Berlin, Abteilung III, Band 1), da nach dieser Ausgabe fast allgemein zitiert wird. Die neue Orthographie kam durchgängig zur Anwendung, dagegen habe ich jetzt veraltete Wendungen oder Wortformen, wie „zum Grunde liegen", „hieher" usw. stehen lassen. Die Interpunktion wurde bis auf die Kommata im wesentlichen beibehalten; zur größeren Klarheit sind Anführungsstriche gelegentlich eingefügt.

Schleiermacher gibt uns selbst ein Recht, die Kommata zu ändern, denn er schreibt am 19. Oktober 1803 an Brinkmann: „Der Sezer hat mir ein paartausend Komma angedichtet, an die meine Seele nicht dachte. Dagegen habe ich, aus heimlichem Grauen davor, daß der Sinn so oft aus sein soll, viel zu wenig Punkte gemacht, und dieses zusammen bildet ein abscheuliches Ganzes: doch du kennst meine alte Klage über unsre Interpunktion, die mich gleichgültiger macht gegen mich und den Sezer. Entweder sollten wir ein viel größeres, komponierteres System von Zeichen haben, oder ganz zu der alten Simplicität zurückkehren" (Aus Schleiermachers Leben. In Briefen. IV, 79). Die sonst einem Texte gegenüber ja unerlaubten Veränderungen durch Sperrung und weitere Gliederung sind nach reiflichster Überlegung aus dem Gesichtspunkte vorgenommen, daß in diesem Falle die äußerliche Genauigkeit der sachlichen Notwendigkeit geopfert werden muß. Es war in dieser Ausgabe ein wesentlicher Zweck, den schwer verständlichen Text durch kleine Änderungen lesbarer zu machen. Das dürfte wohl — wenn nicht philologisch, so doch philosophisch gerechtfertigt sein. Über die Absätze schreibt Schleiermacher übrigens an Brinkmann, 14. Dezember 1803: „Mit den Absätzen habe ich gedacht, daß wer sie nicht selbst findet, dem würden auch die Andeutungen auf dem Papier nicht helfen, und diese schienen mir um so weniger schicklich, da in der Sprache eigentlich gar kein Absatz ist, sondern jede Periode grammatisch betrachtet auf gleiche Art mit der andern verbunden." Darin liegt eine Überschätzung des lesenden Publikums schon jener Tage; um so mehr müssen wir uns bemühen, für den heutigen Leser die Lektüre zu erleichtern. Wenn auch die Sprache als solche keine Absätze hat — der Gedanke bedarf der Gliederung.

Verglichen wurde vor allem genau mit dem Urtexte von 1803. Es ergab sich aber, daß die Abweichungen nur in unwichtigen Wortänderungen, Umstellungen usw., vermutlich vom Korrektor herrühren, bestehen. Die Abweichungen der ersten drei Bogen füge ich zur Probe bei:

Seite	Zeile	
11	letzte	ihr das Recht gibt *berechtiget*.[1]
14	4 von oben	solche *welche*.
14	6 „ unten	dieser Begriff *er*.
15	3 „ „	fehlt: *wir müssen*.
16	7 „ oben	wie ... möge *(denn auch gezählt pflegen sie zu werden)*.
19	6 „ unten	jede ... Forderung *jede jedem die Forderung* (nach Druckfehlerverzeichnis jedem statt Idee).
20	3 „ oben	wozu dieser *zu welcher er*.
		vor *gehören* + *Sätze*.[2]
21	14 „ unten	vor *unsern* + *ist, kann*.
21	13 „ „	Doch ... selbst *Nun von diesem Vorläufigen über den Zweck zur Sache selbst*.
21	2 „ „	des Daseins derselben *ihres Daseins*.
22	6 „ oben	und ... umfaßt *und wie sie das Gebiet der Erkenntnis dieser Art umfassen*.
22	18 „ unten	was nämlich ... betrifft ∼ ebensoweit ... abgeschnitten.[3]
24	5 „ oben	des ... ihm *und mit Einem*.
26	14 „ unten	Entwicklung *Analyse*.
27	7 „ oben	vorgezogen hat ... zu bilden *lieber hat bilden wollen*.
27	10 „ „	vor als + *lieber*.
28	14 „ unten	eingeschwärzt *eingeschlichen*.
32	10 „ oben	eingeschwärzt *eingeschlichen*.
34	12 „ unten	dem Faden, welchen *dem, welches*.

---

[1] Text 1803 kursiv.
[2] = 1846 fügt hinzu Sätze
[3] = 1846 stellt um ...

Seite	Zeile	
34	6 von oben	vor *schon* + *soll*.
35	15 „ unten	die höchste ~ eben wie Fichte.
39	13 „ „	vor *gebrauchen* + *dabei*.
40	8 „ oben	genannten *jenen*.
40	13 „ unten	welche *unter welcher*.
40	12 „ „	läßt *bleibt*.
40	12 „ „	daß *welche*.
40	9 „ „	unterscheiden sollen *unterscheidet*.
40	8 „ „	diesem *ihm*.
42	11 „ oben	daran *davon*.
42	17 „ unten	vor *nachfolgende* + *der vorigen*.
43	12 „ „	dort immer *bei ihnen*.
43	4—1 „ „	(Mehrere Umstellungen der Worte.)
44	2 „ oben	Shaftesbury *sie*.
44	8 „ „	vor *das Handeln* + in diesem System.
44	14 „ „	welches ... sind — *lauter Beziehungen auf die Lust*. —
45	6 „ „	weil *daß*.
45	14 „ „	davon *daran*.
45	4 „ unten	die Lust *sie*.
46	15 „ oben	diese *sie*.
47	7 „ unten	vor *jenen* + *doch*.
48	7 „ „	sonach ..., woraus *sonach die praktische als eine Wissenschaft von den Endzwecken der Dinge, als eine Einsicht, woraus*.

II. Akademieabhandlungen.

Dem Text liegt der Druck in den S. W. zugrunde, verglichen wurde mit den ersten Drucken in den Abhandlungen der Berliner Akademie — es ergaben sich keine nennenswerten Abweichungen.

www.ingramcontent.com/pod-product-compliance
Lightning Source LLC
Chambersburg PA
CBHW060407300426
44111CB00018B/2848